Über dieses Buch Die Entzauberung der »goldenen« Zwanziger Jahre ist seit langem im Gange. Gleichwohl trifft die Beschäftigung mit der Kultur der Weimarer Republik auch über die Landesgrenzen hinaus weiterhin auf größtes Interesse. Dieses Jahrzehnt stand schließlich nicht nur im Zeichen einer der größten politischen Krisen, sondern zugleich im Zeichen einer staunenswerten kulturellen Produktivität.

Um dieses Nebeneinander klären und erklären zu können, bedarf es einer Perspektive, die sowohl den politischen, ökonomischen und sozialen als auch den ideologischen, kulturellen und ästhetischen Aspekten des Themas die gebührende Aufmerksamkeit einräumt.

Die Autoren legen mit ihrem Buch eine Untersuchung vor, die sich erstmals der Gesamtheit dieser Phänomene widmet und dabei gleichzeitig die einzelnen Bereiche der Kultur – Literatur, Theater, Film, Musik, Architektur, visuelle Künste – in ihrer Besonderheit erschließt.

Dabei richten die Autoren ihr Augenmerk vor allem auf diejenigen kulturellen Strömungen, die – im Gegensatz zu den konservativen und faschistischen sowie den kommerziellen und massenverbreiteten Formen der Kultur – eine aufklärerische und demokratisierende Funktion von Kunst realisieren wollten.

Die Autoren JOST HERMAND, geboren 1930 in Kassel, ist Professor für Neuere deutsche Literatur an der University of Wisconsin in Madison.

Veröffentlichungen: Epochen deutscher Kultur, 5 Bde. (zusammen mit Richard Hamann, 1959–1975); Synthetisches Interpretieren (1968); Pop International (1971); Streitobjekt Heine (1975); Konkretes Hören (1981); Kultur und Wiederaufbau. 1945–1965 (1986); Nazi-Utopien (in Vorbereitung für 1988).

FRANK TROMMLER, geboren 1939 in Zwickau, ist Professor für Neuere deutsche Literatur an der University of Pennsylvania in Philadelphia.

Veröffentlichungen: Roman und Wirklichkeit (1966); Sozialistische Literatur in Deutschland. Ein historischer Überblick (1976); Amerika und die Deutschen. Bestandsaufnahme einer 300jährigen Geschichte (als Hrsg., 1986).

JOST HERMAND/FRANK TROMMLER

Die Kultur der Weimarer Republik

Mit 70 Fotos und
11 Textillustrationen

Fischer Taschenbuch Verlag

Ungekürzte Ausgabe
Veröffentlicht im Fischer Taschenbuch Verlag GmbH,
Frankfurt am Main, Juli 1988

Lizenzausgabe mit freundlicher Genehmigung
der Nymphenburger Verlagshandlung GmbH, München

Umschlaggestaltung: Buchholz/Hinsch/Hensinger
unter Verwendung einer Zeichnung »Die Republik« von Th. Th. Heine (1927)
mit freundlicher Genehmigung von Herrn Erich Seemann

Druck und Bindung: Clausen & Bosse, Leck
Printed in Germany
ISBN 3-596-24397-1

JOST HERMAND / FRANK TROMMLER

Die Kultur der Weimarer Republik

Mit 70 Fotos und
11 Textillustrationen

Fischer Taschenbuch Verlag

Ungekürzte Ausgabe
Veröffentlicht im Fischer Taschenbuch Verlag GmbH,
Frankfurt am Main, Juli 1988

Lizenzausgabe mit freundlicher Genehmigung
der Nymphenburger Verlagshandlung GmbH, München

Umschlaggestaltung: Buchholz/Hinsch/Hensinger
unter Verwendung einer Zeichnung »Die Republik« von Th. Th. Heine (1927)
mit freundlicher Genehmigung von Herrn Erich Seemann

Druck und Bindung: Clausen & Bosse, Leck
Printed in Germany
ISBN 3-596-24397-1

Inhaltsverzeichnis

Film 261

Musik 299

Visuelle Künste 353

Vorwort

Nach dem Zusammenbruch des Dritten Reiches war für die meisten Deutschen die ›Kultur der Weimarer Republik‹, obwohl sie erst dreizehn Jahre zurücklag, nur noch eine Mär aus alten Zeiten. Schließlich hatten die Nationalsozialisten alle Spuren, die an diese Ära erinnerten, aufs gründlichste zu tilgen versucht. Das ›Konzept Weimar‹ lebte damals vor allem in den Erinnerungen jener Exilierten weiter, welche der faschistische Staat zwischen 1933 und 1938 als Vertreter eines jüdischen und/oder kulturbolschewistischen Ungeistes aus Deutschland vertrieben hatte. Da der Kommunismus die bestorganisierte Kraft im antifaschistischen Kampf gewesen war, gingen viele dieser Exilierten (Bertolt Brecht, Friedrich Wolf, Ludwig Renn, Anna Seghers, Hanns Eisler, John Heartfield) nach 1945 in die sowjetische Besatzungszone, aus der 1949 die Deutsche Demokratische Republik wurde. In diesem Teil Deutschlands war ein Anknüpfen an gewisse Kulturtendenzen der Weimarer Republik noch am ehesten möglich, wenn auch modifiziert durch die Erfahrungen des Stalinismus, der Volksfront-Ideologie und der konkreten Erfordernisse der Aufbauphase nach 1945. Hier konnte man etwas ›integrieren‹, was sich zugleich zur politischen, gesellschaftlichen und kulturellen Legitimierung dieses Teilstaates heranziehen ließ.

Im westlichen Deutschland, in das nur wenige der prominenten Vertreter der Weimarer Kultur zurückkehrten, lagen dagegen die Verhältnisse von Anfang an völlig anders. Die meisten der ›bürgerlichen‹ Flüchtlinge zogen es nach 1945 vor, in ihrer Exil-Heimat zu bleiben (Kurt Weill, Arnold Schönberg, George Grosz, Max Beckmann) oder kehrten aus den USA nach Frankreich (Alfred Döblin) und in die deutschsprachige Schweiz (Thomas Mann) zurück. Angesichts dieser Situation war die ›neue Generation‹ in den westlichen Besatzungszonen erst einmal ohne Leitbilder, was zu Ausflüchten ins Existentialistische oder zu ebenso abstrakten Humanitätsforderungen führte. Dieser Trend wurde noch stärker, als die westliche Ideologiebildung nach 1947 in den Sog des Kalten Krieges und seiner Totalitarismus-These geriet. Indem man von nun ab Kommunismus einfach mit Faschismus gleichsetzte, traten alle gesellschaftsrelevanten Kulturformen immer stärker in den Hintergrund. Auf diese Weise wurde es geradezu unmöglich, innerhalb der westlichen Trizone und dann der Bundesrepublik Deutschland an die hochideologisierte Kultur der Weimarer Republik anzuknüpfen. Was an die Stelle solcher Kulturkonzepte trat, war weitgehend eine Ideologie der Ideologielosigkeit, die überhaupt kein Geschichtsbewußtsein mehr entwickelte und lediglich den ewig einen Status quo vertrat. All das führte auf kulturellem Sektor zu einer konsequenten Fortsetzung der ideologischen Ausweichtendenzen der sogenannten ›Inneren Emigration‹ und dann zu einer bewußten Restaurierung jener ›Moderne‹ des Expressionismus und der absoluten Abstraktion, bei der sich das Inhaltliche weitgehend zu artistischen Leerformeln verflüchtigte.

Eine gewisse Änderung dieser Situation trat erst in den späten fünfziger Jahren ein, als im Zuge der allmählichen Aussöhnung der bürgerlichen Exilierten mit den Westdeutschen der ›Geist von Weimar‹ durch Publikationen und Ausstellungen bislang Vergessener und Verschollener auch auf die Bundesrepublik zurückzustrahlen begann. Allerdings geschah das meist in Form einer nostalgischen Verherrlichung der Weimarer Republik, die sich vor dem inneren Auge der inzwischen gealterten Flüchtlinge – nach den Erfahrungen des Dritten Reiches, des nordamerikanischen Kulturschocks und des Kalten Krieges – mehr und mehr zu den Golden Twenties verklärte. Und in dieser Aufmachung ließ sich die Kultur von Weimar, welche die kulturbestimmenden Schichten der Bundesrepublik bisher als einen ideologischen Fremdkörper empfunden hatte, durchaus in die Wirtschaftswunder-Welt der Adenauer-Ära integrieren, nämlich als eine Kultur des stabilisierten Kapitalismus, der kulturellen Opulenz, der ›guten Europäer‹, der politischen Verständigung und Aussöhnung, kurz: als eine Kultur der bürgerlichen Moderne, die sich bestens zur Legitimierung des wirtschaftlichen Stabilisierungskurses und der Verständigungspolitik eines Adenauer und de Gaulle heranziehen ließ.

Nach Jahren des Verschweigens und Vertuschens wurde so vor allem das Berlin der ›Zwanziger Jahre‹ immer stärker in den Mittelpunkt der deutschen Kultur der letzten 100 Jahre gerückt. Die Metropole Berlin galt plötzlich als jene Stadt, die in Theater, Musik, Literatur, Architektur, Film, ja geradezu allen freien und angewandten Künsten die kulturelle Vorrangstellung von Städten wie Paris und London wenigstens für die Dauer eines Jahrzehnts überrundet hatte. Um dieser These die nötige Durchschlagskraft zu geben, wies man auf glanzvolle Namen und Titel wie Erwin Piscator, Walter Gropius, Kurt Weill, Max Reinhardt, Alfred Döblin, Arnold Schönberg, die *Dreigroschenoper*, das *Kabinett des Dr. Caligari*, *Metropolis* oder die *Weltbühne* hin. Immer wieder wurde an dieser Dekade nur das Leuchtende, Positive, künstlerisch Wertvolle herausgestellt, als ob es in diesen Jahren keine Inflation, keine Arbeitslosen, keine Weltwirtschaftskrise, keine NSDAP und keinen Hitler gegeben hätte. Ebenso konsequent verschwieg man die Vorstöße der Linken innerhalb der Kunst der Weimarer Republik. Hervorgehoben, und zwar auf allen Gebieten, wurde lediglich die geradezu unglaubliche Freiheit und der aus ihr resultierende künstlerische Innovationsgeist dieser Ära.

Was also die westlichen Kritiker aus der Kultur von Weimar auswählten, war vornehmlich das Avantgardistische. Meist fixierte man dieses Jahrzehnt einfach auf die bürgerliche Avantgarde der Bauhaus-Tendenzen oder der Zwölftonmusik, die sich um eine bewußte Abstrahierung bemüht hätten, um so die ästhetische Überlegenheit der westlichen Moderne gegenüber dem altmodischen Wirklichkeitsabklatsch des Sozialistischen Realismus unter Beweis zu stellen. Anstatt auch an Abbildhaftes, gesellschaftlich Vermitteltes anzuknüpfen, blieb man vor allem in Malerei und Musik weitgehend im Bereich ästhetischer Abstraktionskonzepte und landete so, im Zuge der Verdrängung aller gesellschaftskritischen Elemente, immer wieder bei der Ideologie der Ideologielosigkeit. Daher war auch in den späten fünfziger Jahren in der Bundesrepublik noch wenig von Brecht, Wolf, Eisler, Heartfield, Dix, Grosz, ja nicht einmal von den Malern der Neuen Sachlichkeit zu sehen oder zu hören. Was weiterhin kulturell tonangebend blieb, war jener formale Innovationismus, dessen einziges weltanschauliches Ziel in einer abstrakten Freiheitsforderung gegenüber allen totalitären Ansprüchen bestand.

Erst nach 1961 kam es im Zuge der versuchten Vergangenheitsbewältigung auch in Westdeutschland zu einer neuen Einstellung gegenüber der Kultur von Weimar. Indem sich zwischen 1961 und 1967 die Studentenbewegung und die Außerparlamentarische Opposition entwickelten, ja die Bundesrepublik ihre erste wirtschaftliche Rezession und ein Aufflackern neofaschistischer Tendenzen erlebte, setzte nach langen Jahren einer ungebrochenen CDU-Herrschaft eine immer stärkere Polarisierung ein, die in manchem durchaus an die politische Situation innerhalb der Weimarer Republik erinnerte. Auf diese Weise wurde es auch den bundesrepublikanischen Kritikern wieder möglich, die Kultur von Weimar als ein Spannungsfeld erster Ordnung zu erkennen, auf dem sich die verschiedensten Strömungen und Parteien gegenüberstanden. Das Ergebnis dieser Umorientierung war ein deutlicher Linksruck, durch den die bisherige Expressionismus- und Abstraktionsbegeisterung immer stärker in den Hintergrund trat. Daran änderte auch der vehemente Einspruch Theodor W. Adornos nichts, der 1962 im *Merkur* die höchst subjektive Kunst eines Schönberg oder Kandinsky gegen jenen Richtungskollektivismus auszuspielen versuchte, der bereits 1924 eingesetzt und dann in letzter Konsequenz zum Faschismus geführt habe. Andere Linke und Liberale spürten dagegen in der Kunst der zwanziger Jahre überall Verwandtes, was sie als Legitimationsbasis ihrer eigenen Bemühungen heranzuziehen versuchten. All das führte zu einer Fülle von Neuentdeckungen und Renaissancen, vor allem auf dem Gebiet der Reportage, des Politischen Theaters, der Benjaminschen Medientheorien, des Eislerschen Songs, des Brechtschen Lehrstücks, der Malerei des Verismus und der ASSO (Assoziation revolutionärer bildender Künstler Deutschlands), denen in der westdeutschen Kunst der späten sechziger Jahre die Hinwendung zu den neuen Medien, zum Dokumentarismus, zum engagierten Theater, zum Protestsong, zum Realismus in der Malerei und ähnliche Phänomene entsprachen, wodurch nicht nur die politische, sondern auch die künstlerische Szene eine deutliche Polarisierung durchmachte.

Das Bild der Weimarer Republik ist seitdem in der Bundesrepublik recht facettenreich geworden und spiegelt – genau besehen – geradezu alle politischen Richtungen wider, die diesem Staat sein Gepräge geben: vom neofaschistischen Interesse am Gedankenkreis der Konservativen Revolution über das liberaldemokratische Liebäugeln mit der Neuen Sachlichkeit bis zur äußersten Linken, die selbst der Neuen Sachlichkeit eine Tendenz zum Weißen Sozialismus unterschiebt und nur noch Brechts Lehrstücke, die *Rote Fahne*, die *Linkskurve* und den *Roten Eine-Mark-Roman* gelten läßt. Eine kritische Analyse der wissenschaftlichen Erforschung der Weimarer Republik und ihrer Kultur, die von unmittelbarer Identifikation bis zu totaler Verwerfung reicht, hätte daher fast Lehrstückcharakter und würde einen aufschlußreichen Einblick in die antagonistische Struktur unserer eigenen Epoche erlauben. Daß man noch immer so heftig auf die Weimarer Republik reagiert, ist bei einer Ära, die politisch höchst gespalten war und obendrein erst fünfzig Jahre zurückliegt, wohl kaum zu vermeiden. Von den damals in Gang gesetzten Tendenzen und Ideologien reichen eben noch zu viele in unsere unmittelbare Gegenwart hinein. Man täte daher Unrecht, von einer Wissenschaft, die sich mit der Kultur der Weimarer Republik beschäftigt, in erster Linie interesselose Dokumentation zu verlangen. Schließlich legitimiert sich jede historische Wissenschaft immer zugleich aus der Fähigkeit, für die Lösung der aktuellen Probleme grundsätzliche Argumente bereitzustellen.

Andererseits sind fünfzig Jahre in unserem schnellebigen Jahrhundert bereits eine beträchtliche Zeitspanne, die zu Vorsicht und Distanz mahnen sollte. Und so wirken große Teile jenes Materials zur Weimarer Republik, das in den letzten zehn bis fünfzehn Jahren wissenschaftlich aufbereitet worden ist und jetzt in gewaltigen Mengen vor uns ausgebreitet liegt, schon wieder recht fremd und veraltet. Trotz mancher äußerlichen Ähnlichkeiten ist vieles an dieser Epoche bereits das ganz Andere geworden. Geschichte wiederholt sich nun einmal nicht – selbst wenn die politischen, gesellschaftlichen und ökonomischen Voraussetzungen, welche die Weimarer Republik und die Bundesrepublik gemeinsam haben, noch so ähnlich sind. Daher sind selbst in Westdeutschland die Werke der Weimarer Kultur (oder der Weimarer Kulturen) inzwischen zu einem ›Erbe‹ geworden, das es nicht nur positiv oder negativ, sondern auch kritisch anzueignen gilt. Es wäre deshalb unangebracht, lediglich den Modell-Charakter der Weimarer Republik herauszustellen. Das Erkenntnisfördernde bei der Betrachtung dieser Jahre sind vor allem die Einblicke in die politischen und kulturellen Widersprüche, die man dabei gewinnt. Und von dieser Widersprüchlichkeit bleibt selbst das progressive Erbe dieser Ära nicht verschont, das uns letztlich nur noch in seinem Elan, aber nicht mehr in seinen inhaltlichen Zielsetzungen, die notwendig zeitgebunden sind, befeuern kann.

Die folgenden Kapitel verzichten darum sowohl auf die Ausflucht ins rein Annalistische als auch auf die Ausflucht in ideologische Selbstbestätigungen. Es sollen weder wahllos Stoffmassen ausgebreitet noch eindeutig ›Erbe‹-fixierte Standpunkte bezogen werden. Ziel des Ganzen ist eher eine kritische Auseinandersetzung mit der Gesamtheit all jener bürgerlich-liberalen, sozialdemokratischen und kommunistischen Tendenzen innerhalb der Weimarer Kultur, die dieser ihr vorwärtsweisendes Gesicht gaben und sie damit überhaupt erst zur ›Kultur der Weimarer Republik‹ machten. Unter diesem Begriff wird deshalb im folgenden kein bloßes Sammelsurium von Diesem und Jenem, ja nicht einmal eine Perlenkette sogenannter Meisterwerke, sondern vornehmlich jene Kunst verstanden, die den Anspruch des ›Demokratischen‹, das heißt Massenhaften dieser Republik wirklich ernst nahm und sich zugleich gegen alles bloß Reaktionäre wandte. Bevorzugt behandelt werden darum Künstler, Werke und Richtungen, die in Antizipation oder erster Verwirklichung über die elitären Kunstkonzepte des bürgerlichen Wilhelminismus hinaus in die Welt der modernen Industrie- und Massengesellschaft vorzustoßen suchten, um somit ihrem republikanischen Anspruch gerecht zu werden. Weimarer Kultur bedeutet daher im besten Sinne des Wortes stets progressive Massenkultur. Daß sich von diesem Programm das meiste nicht realisieren ließ oder im bloßen Gegenentwurf steckenblieb, läßt sich leider nicht leugnen. Schließlich entwickelte sich dieses Bemühen um kulturelle Demokratisierung innerhalb eines relativ unveränderten konservativen politischen Systems und wurde obendrein, falls es sich als profitabel erwies, sofort ins Kommerzielle umgelenkt. Doch all jene Ansätze, wie sie in den Programmen der bürgerlichen Radikaldemokraten oder der sozialistischen Konfrontationstheoretiker zum Ausdruck kommen, sollte man nicht vergessen. Sie sind zum Teil wichtiger als alles, was die bürgerlich-progressive oder frühsozialistische Kunst in den voraufgegangenen Jahrzehnten entwickelt hat. Denn in ihnen wird, aufgrund avancierterer Wirtschaftsverhältnisse, die Frage nach einer modernen Massenkultur zum erstenmal in jener Schärfe gestellt, die im Rahmen einer antagonistischen Gesellschaft nun einmal unabdingbar ist. Solche Konzepte sind daher auch heute noch relevant. Ja, auf einigen Gebieten ist der westliche Kulturbetrieb inzwischen wieder hinter manche der bereits damals erreichten Lösungen oder zumindest Problemstellungen zurückgefallen. So betrachtet, wirkt die Kultur der Weimarer Republik allerdings noch immer höchst aktuell.

Die Novemberrevolution und ihre Folgen

Als sich die Kieler Matrosen am 28. Oktober 1918 weigerten, in hoffnungsloser Situation noch einmal gegen die Engländer in See zu stechen, kam es auch in anderen deutschen Städten zu öffentlichen Ausbrüchen eines seit langem schwelenden Unmuts gegen die offiziellen Durchhalte- und Siegesparolen. Überall bildeten sich Arbeiter- und Soldatenräte, die auf eine sofortige Beendigung des Krieges und eine revolutionäre Umwälzung des bestehenden Systems drangen. Im Zuge dieser Entwicklung setzte Kurt Eisner, der Vorsitzende der Unabhängigen Sozialdemokraten in Bayern, am 8. November den bayrischen König einfach ab und machte sich selbst zum Staatsoberhaupt. Einen Tag später strömten auch in Berlin die erregten Massen im Stadtzentrum zusammen und verlangten Frieden und Beseitigung der Hohenzollerndynastie. Die bürgerlichen Parteien, die sich 1914 geschlossen hinter Kaiser und Reich gestellt hatten, wurden durch diese Entwicklung weitgehend paralysiert und überließen die Initiative vorübergehend den Linken. Und diese, bisher ebenso loyal, ja zum Teil nicht minder hohenzollernhörig und kriegsbegeistert, stellten sich zwar den Massen, versuchten sie aber sofort in ihre Bahnen zu lenken. So proklamierte Philipp Scheidemann, einer der Führer der Mehrheitssozialisten, am 9. November kurz nach 2 Uhr vor dem Reichstagsgebäude spontan die »Deutsche Republik«, während Karl Liebknecht, einer der spartakistischen USPD-Vertreter, um 4 Uhr vom Balkon des alten Kaiserschlosses die »Freie sozialistische Republik Deutschland« ausrief. Damit war von vornherein klar, daß die Linken alles andere als eine geschlossene Einheitsfront bildeten. Genau besehen, gab es in diesem Lager nicht nur zwei, sondern drei verschiedene Republik-Konzepte: die Mehrheitssozialisten wollten das bestehende Reich möglichst intakt in eine demokratische, das heißt bürgerlich-parlamentarische Republik überführen; die Unabhängigen bestanden zwar auch auf einer demokratischen Republik, verlangten jedoch gleichzeitig durchgreifende Sozialisierungsmaßnahmen; der Spartakusbund setzte sich dagegen von Anfang an für eine sozialistische Räterepublik ohne bürgerlichen Parlamentarismus ein. Alle weiteren Entwicklungen standen im Zugzwang dieser Konstellation. Theoretisch lag dabei die Macht – trotz der weiterbestehenden Arbeiter- und Soldatenräte – weitgehend beim sogenannten ›Rat der Volksbeauftragten‹, dem drei Mitglieder der MSPD (Friedrich Ebert, Philipp Scheidemann, Otto Landsberg) und drei Mitglieder der USPD (Hugo Haase, Wilhelm Dittmann, Emil Barth) angehörten. Doch dieser Rat wurde nie wirklich funktionsfähig, da sich Ebert schon am Abend des 10. November der tatsächlichen Macht, nämlich der Unterstützung der ins Reich heimkehrenden Truppen unter dem General Wilhelm Groener, versicherte, wobei er Groener als Gegenleistung einen vorsichtig taktierenden Stabilisierungskurs versprochen hatte. Am 15. November unterzeichneten Carl Legien und Hugo Stinnes ein ähnliches Stillhalteabkommen zwischen Gewerkschaften und Unternehmern, um auch auf diesem Sektor der Möglichkeit einer wirklichen Revolution zuvorzukommen.

Damit mußte im Laufe des Dezember 1918 die Spannung zwischen den Linken zwangsläufig immer größer werden. Ebert, konfrontiert mit einer unübersehbaren Gärung in den breiten Volksmassen, trat in diesen Wochen entschieden für Ruhe und Ordnung ein und bestand auf sofortigen Wahlen zu einer verfassunggebenden Nationalversammlung, um die veränderten Verhältnisse so schnell wie möglich zu legalisieren. Als er diese Wahlen auf den 19. Januar 1919 festsetzte, verließen die drei Mitglieder der USPD den Rat der Volksbeauftragten und versuchten ihre Forderungen auf dem immer noch tagenden Rätekongreß durchzusetzen. Ja, der Spartakusbund, dem selbst diese Maßnahme nicht radikal genug war, gab sich Ende Dezember den Namen ›Kommunistische Partei Deutschlands‹, hoffte auf einen großen Massenaufstand gegen die reaktionären Maßnahmen der rechten SPD und lehnte jede Teilnahme an den bevorstehenden Wahlen ab. Zu diesem Massenaufstand kam es dann auch, und

George Grosz: *Der weiße General* (1923) Estate of George Grosz, Princeton, N. J.

zwar in Form eines Generalstreiks, der am 5. Januar in Berlin ausgerufen wurde und dem sich die Spartakus-KPD sofort anschloß. Doch diesen Aufstand ließ Gustav Noske als ›Volksbeauftragter‹ der SPD mit Unterstützung des streng konservativen Generals Walther von Lüttwitz rücksichtslos niederschlagen, wobei auch Rosa Luxemburg und Karl Liebknecht von Freikorpsmitgliedern umgebracht wurden.

Und das alles während der Wahlkampagne zur Nationalversammlung, die gerade von den rechten und mittleren Parteien, die an sich noch weitgehend monarchistisch gesinnt waren, höchst lebhaft betrieben wurde, da diese Parteien im Schlagwort der Demokratischen Republik den letzten rettenden Strohhalm vor der drohenden Gefahr der ›Bolschewisierung‹ Deutschlands erblickten. Als Bewahrer des ›Erbes‹ traten dabei die Deutschnationale Volkspartei (DNVP) und die Deutsche Volkspartei (DVP) auf, die sich als Nachfolgeparteien der alten Konservativen und des rechten Flügels der Nationalliberalen mehr oder minder direkt zu allem bekannten, was aus dem Arsenal des wilhelminischen Chauvinismus stammte: nämlich zu überspitzten Ehrbegriffen, preußischem Pflichtbewußtsein und Anerkennung der Tradition, wohinter sich oft ein blinder Hurrapatriotismus verbarg. Indem sie jede Kritik an solchen Idealen als Vaterlandsverrat hinstellten, bereiteten sie schon damals der sogenannten ›Dolchstoßlegende‹ den Boden. Nicht ganz so wilhelminisch gebärdete sich das Zentrum unter Matthias Erzberger, das zwar auch jedweden Terrorismus von links scharf verurteilte, sich aber fest auf den Boden der neuen Freien deutschen Volksrepublik stellte, wobei man in alter Tradition vor allem christliche Ideale wie moralische Zucht, Ehebindung und seelische Aufrichtigkeit in den Vordergrund rückte. Die neugegründete Deutsche Demokratische Partei (DDP) unter Friedrich Naumann, die aus den alten Fortschrittlern und dem linken Flügel der Nationalliberalen hervorging, trat dagegen wesentlich entschiedener für einen ›Geist der Erneuerung‹ ein. Zwar distanzierte auch sie sich deutlich von jeder Form des ›bolschewistischen Terrors‹, appellierte jedoch an den selbständigen Mittelstand, das heißt vor allem an die Industriellen und die Intelligenzkreise, sich rückhaltlos in den Dienst der neuen Republik zu stellen. Die Kapitalisten unter ihren Anhängern sahen darin vornehmlich die Aufgabe, den ›Sozialismus‹ der SPD, vor dem viele noch immer Angst hatten, in einen »Sozialidealismus« oder »Kulturidealismus« zu vergeistigen, wie der Industrielle Robert Bosch bereits am 21. November 1918 erklärte. Dabei waren die Wahlparolen der SPD alles andere als umstürzlerisch. Auch sie plädierte in erster Linie für eine freiheitliche Grundordnung, die jedem Staatsbürger die gleichen Aufstiegsmöglichkeiten garantiere, wie es auf den Wahlaufrufen der MSPD hieß, während sie allen unerfüllbaren Utopien, das heißt allen Räte-Konzepten auf das entschiedenste entgegentrat. Die USPD verhielt sich dagegen völlig schwankend, indem sie sich zwar für gewisse Sozialisierungsmaßnahmen einsetzte, aber davor zurückschreckte, diese Maßnahmen notfalls auch mit Gewalt durchzuführen. Sie wollte Räte, aber keinen Terror; sie wollte Klassenkampf, aber nur mit »geistigen Mitteln«. Sie verdammte daher auf ihren Wahlplakaten die SPD für ihr Bemühen, die Revolution »zu erdrosseln« oder »in stille Bahnen zu lenken«, trat aber letztlich ebenso unrevolutionär auf. Wirklich revolutionär verhielten sich in diesen Wochen nur die Räte und Teile der KPD. Sie waren deshalb die einzigen, welche die Wahlen zur Nationalversammlung boykottierten.

Das Ergebnis dieser Wahlen fiel wesentlich ›rechter‹ aus, als die SPD erwartet hatte, zumal Ebert in letzter Minute den Frauen das allgemeine Wahlrecht verliehen hatte, was vor allem den konservativen und konfessionellen Parteien zugute kam. Und so ging zwar die SPD aus den Wahlen vom 19. Januar 1919 als die größte Partei hervor, errang jedoch nicht die erhoffte absolute Mehrheit und mußte mit dem Zentrum und der DDP eine Koalition schließen, um weiter an der Macht zu bleiben. Die Mandate innerhalb der Nationalversammlung verteilten sich wie folgt: USPD 22, SPD 165, DDP 74, Zentrum 89, DVP 22, DNVP 42. Daß Ebert Reichspräsident und Scheidemann Reichskanzler wurde, bedeutete zweifellos einen Sieg für die SPD. Aber die neue Verfassung wurde weitgehend von Vertretern der DDP (Hugo Preuß, Friedrich Naumann) ausgearbeitet und erhielt so das Gepräge einer rein bürgerlichen Demokratie. Es wurde zwar auch eine Sozialisierungskommission gebildet, doch trat diese nie wirklich in Erscheinung.

Das Ergebnis der Novemberrevolution war also nicht der sozialistische Volksstaat, den die USPD und die Spartakisten erhofft hatten, sondern eine parlamentarische Demokratie mit starker Präsidialmacht, die im Laufe der Jahre fast den Charakter eines Ersatzkaisertums bekam. Genau besehen, war es eine ›Deutsche demokratische Republik‹, die sich ideell an den liberalen Träumen von 1848 orientierte, was durch die neuen Landesfarben (Schwarz-Rot-Gold statt Schwarz-Weiß-Rot) und die neue Nationalhymne (»Deutschland, Deutschland über alles«), die von 1841 stammte, ausdrücklich unterstrichen wurde. Damit hatte man zwar eine Republik geschaffen – aber wer identifizierte sich schon mit ihr? Sicher nicht die Linken, die darin eine bloße ›Geldsack-Republik‹, eine ›Schieber-Republik‹, eine ›Bürger-Republik‹ sahen. Und ebensowenig die Rechten, von denen weite Kreise noch in einer autoritär-monarchistischen Gesinnung befangen waren. Ja, selbst das mittlere Bürgertum empfand dies nicht als ›seine‹ Republik. Diesen Schichten erschien die Weimarer Republik als eine Republik der verbürgerlichten SPD und damit als eine recht zweitrangige Republik, der man nur aus Angst vor der Bolschewisierung Deutschlands zugestimmt hatte, um so den revolutionären Elementen etwas Wind aus den Segeln zu nehmen. Wirkliche Anhänger, ja Verteidiger dieser Republik waren anfangs nur die SPD, die ihr vertrauenden Arbeitermassen und die liberalen Intellektuellen, die sich die Aufgabe stellten, inmitten des Monopolkapitalismus und des verschärften Klassenkampfes eine freiheitliche Grundordnung zu schaffen, die auf den Idealen einer zwar aufgeklärten, aber vorindustriellen Bourgeoisie beruhte. Daß daher die Nationalversammlung in Weimar tagte, war nicht nur als Absage an den ›Geist von Potsdam‹ gedacht, sondern zugleich als ein Bekenntnis zu den humanitär-progressiven Idealen des frühen Bürgertums, die den auf Ruhe und Ordnung bedachten Kreisen auch im Jahre 1919 noch absolut verbindlich erschienen.

Die erste Phase (1919-1923)

Somit ging aus der Weimarer Nationalversammlung zwar eine Republik hervor, die jedoch nur ein Teil der deutschen Bevölkerung wirklich als die ihre empfand und die daher von vornherein auf höchst unsicherem Boden stand. Denn diese Republik war zu Anfang nur ein Kaiserreich ohne Kaiser – oder eine »negative Monarchie«, wie sich Kurt Tucholsky 1922 ausdrückte (I, 993), in der in Verwaltung, Bildungswesen, Justiz und Armee weiterhin die alten Mächte dominierten. Es gab deshalb in diesen Jahren mehr negative als positive Definitionen der Weimarer Republik. Zwar habe man den Kaiser abgeschafft und Deutschland vor einer Räterepublik bewahrt, behaupteten viele der Enttäuschten oder der eingefleischten Reaktionäre, aber was habe sich sonst noch verändert?

Die Unzufriedenheit im rechten und linken Lager wurde darum nach dem 19. Januar 1919 nicht kleiner, sondern eher größer. Wie schnell sich diese Polarisierung vollzog, beweisen bereits die Wahlen zum 1. deutschen Reichstag am 6. Juni 1920, bei denen die sogenannte Weimarer Koalition aus MSPD, DDP und Zentrum eine empfindliche Schlappe erlitt, während die rechts- und linksradikalen Parteien beachtliche Stimmengewinne verbuchen konnten. Im 1. Reichstag hatte die SPD nur noch 113 statt 165, die DDP nur noch 45 statt 74, das Zentrum nur noch 69 statt 89 Sitze. Andererseits stieg die Zahl der Mandate bei der DVP von 22 auf 62, bei der DNVP von 42 auf 66, bei der USPD von 22 auf 81. In diesen Zahlen wird deutlich, wie unzufrieden damals weite Schichten der Bevölkerung mit dieser Republik waren.

Doch das beweisen nicht nur die Wahlergebnisse, sondern auch die vielen nationalen und lokalen Putschversuche, die in der ersten Phase der Weimarer Republik, also zwischen Januar 1919 und November 1923, stattfanden. Vom Berliner Spartakusaufstand im Januar 1919 war bereits die Rede. Er wurde von der SPD ebenso blutig niedergeschlagen wie die Münchener Räterepublik im März/April 1919 durch die von der SPD entsandten Truppen und Freikorpsverbände unter dem berüchtigten General Ritter Franz von Epp oder die Berliner Arbeiterunruhen vom Jahre 1920, bei denen die Noske-Polizei 42 Demonstranten niederschoß. Nicht minder erfolglos waren die von der KPD angezettelten Aufstände in Mitteldeutschland im März 1921. Selbst der große kommunistische Putschversuch im Oktober 1923 währte nicht lange. Dabei hatte zu diesem Zeitpunkt, angesichts der Inflation und der Besetzung des Ruhrgebiets durch französische Truppen, zum erstenmal seit Kriegsende wieder eine echte ›Novemberstimmung‹ geherrscht, zumal zwischen 1920 und

1922 große Teile der USPD zur KPD übergegangen waren und daher die KPD eine ganz andere Schlagkraft bekommen hatte. Außerdem waren damals in Thüringen und Sachsen gerade Koalitionsregierungen aus KPD- und linken SPD-Vertretern am Ruder, von denen man sich eine energische Unterstützung versprach. Selbst das Komintern-Büro riet in dieser Situation zum Losschlagen. Doch auch dieser Aufstand scheiterte, da die Weimarer Koalition wiederum die Reichswehr zu Hilfe rief und die legalen Regierungen in Thüringen und Sachsen einfach absetzen ließ.

Nicht minder erfolglos waren alle Aufstandsversuche von rechts, obwohl diesem Lager ganz andere Hilfsorganisationen wie die Freikorps, die Schwarze Reichswehr, der monarchistische Stahlhelm, die Baltikumer und schließlich die SA zur Verfügung standen. Doch bereits der Kapp-Lüttwitz-Putsch im März 1920, der von Baltikumern und Freikorpsverbänden durchgeführt wurde, dauerte nur wenige Tage, und zwar nicht weil sich die Reichsregierung zu einem entschiedenen Handeln aufraffte, sondern weil sich die Arbeiterklasse zu einem sofortigen Generalstreik entschloß. Noch kläglicher verlief der berühmte Marsch auf die Münchener Feldherrnhalle am 9. November 1923, der von Adolf Hitler und Erich Ludendorff angeführt wurde. Hier war es die bayerische Landespolizei, die das Ganze auseinandertrieb. So einfach war die Weimarer Koalition nun doch nicht zu stürzen. Dazu gehörten ganz andere Massenaufgebote, wie sich später zeigen sollte.

Auf wessen Seite sich die Justiz und die Armee bei diesen Aufstandsversuchen schlagen würden, war leicht vorauszusehen. So wurde Ludendorff für seine Teilnahme am Marsch auf die Feldherrnhalle von der Polizei überhaupt nicht zur Rede gestellt, während man viele Linke wegen ähnlicher Vergehen sofort einsperrte. Als Hitler 1924 vor Gericht in seiner Verteidigung über die »November-Verbrecher« herzog, ließ ihn der Richter ruhig gewähren. Für die 314 politischen Morde, die zwischen 1919 und 1921 von Rechten an Linken verübt wurden, erhielten die Täter lediglich 31 Jahre Gefängnis. Für die 13 politischen Morde, die im gleichen Zeitraum von Linken an Rechten verübt wurden,

wurden dagegen acht der Täter zum Tode verurteilt, während die übrigen insgesamt 176 Jahre Gefängnis aufgebrummt bekamen. Und damit wurde für jeden klar, wer in diesem Staate das Steuer in der Hand hatte. Die Siegerin in all diesen Auseinandersetzungen blieb stets die gehobene Bourgeoisie, der es letztlich nicht um Monarchie oder Republik, sondern vornehmlich um die Durchsetzung ihrer ökonomisch-gesellschaftlichen Interessen ging. Daran änderten zwischen 1919 und 1923 auch die ständig wechselnden Koalitionsabsprachen nichts, an denen sich – außer der USPD und DNVP – alle Weimarer Parteien beteiligten. Immer wieder kam es zu kleinen oder großen Koalitionen, das heißt Regierungen mit oder ohne Beteiligung der SPD, die sich jedoch nur in Verfahrensfragen und nicht in ihrer grundsätzlichen Einstellung unterschieden. Dieses Grundsätzliche blieb nach wie vor die ›Gefahr aus dem Osten‹, die es zu bannen galt. Die Putschversuche von rechts galten dagegen eher als Aktionen uneinsichtiger Heißsporne, die immer noch nicht eingesehen hätten, daß selbst die SPD kein Freund, sondern ein unerbittlicher Gegner des Kommunismus sei.

Daß die Phase der revolutionären Unruhe dennoch bis 1923 andauerte, obwohl der entscheidende Sieg über die Linken bereits im Frühjahr 1919 mit der Niederwerfung des Spartakusaufstandes und der Münchener Räterepublik errungen worden war, hängt vor allem mit der unnachsichtigen Politik der westlichen Siegermächte zusammen. Sie verurteilten Deutschland durch ihre weitergeführte Blockade, die Abtrennung industriell wichtiger Randgebiete, die Rheinlandbesetzung und die übermäßigen Reparationszahlungen zu einer erst schleichenden und dann galoppierenden Inflation, die im Spätherbst 1923 ihren Höhepunkt erreichte, als der Wert des nordamerikanischen Dollars die Billionengrenze überschritt. Erst die Einführung der Rentenmark im November 1923 setzte dieser Entwicklung ein Ende und bewirkte im Laufe des Jahres 1924 eine relative Stabilisierung des wirtschaftlichen Gefüges.

Daß es zu dieser Stabilisierung kam, war jedoch nicht nur das Ergebnis der Währungsreform, sondern beruhte auch auf der Einsicht der Westmächte, vor allem der Nordamerikaner, daß man Deutschland nicht erneut der Gefahr der Bolschewisierung aussetzen dürfe. Der ›Rote Oktober‹ des Jahres 1923 war doch manchen arg in die Knochen gefahren. Charles Dawes, der Vizepräsident der USA, schlug daher Anfang 1924 ein weitreichendes Anleihesystem vor, das dann als ›Dawes-Plan‹ in die Geschichte eingegangen ist. Es war das Ziel dieses Plans, die deutsche Wirtschaft, die aus der Währungsreform gestärkt hervorgegangen war, da ihr Kapital hauptsächlich in Sachwerten und nicht in Sparbeträgen bestand, wieder auf Hochtouren zu bringen. Dies sollte Deutschland einerseits gegen den Kommunismus immunisieren, andererseits in die Lage versetzen, die unterbrochenen Reparationszahlungen fortzusetzen. In beider Hinsicht erwies sich der Dawes-Plan als außerordentlich erfolgreich.

Und damit beginnt im Sommer 1924 die Periode der »relativen Stabilisierung des Kapitalismus«, wie sie von Historikern und Volkswirtschaftlern allgemein genannt wird. Die USA leisteten bereits im ersten Jahr dieses Plans eine Anleihe von 110 Millionen Dollar, die weitgehend der Modernisierung, das heißt der Rationalisierung der deutschen Wirtschaft zugute kam. Gleichzeitig wurden mehr und mehr Stimmen laut, die den verarmten Volksmassen weiszumachen suchten, daß die alleinige Lösung der sozialen Frage in der Akzeleration des technischen Fortschritts liege, daß also die Beseitigung der Klassenunterschiede nur auf dem Wege einer geschickten Rationalisierung zu erreichen sei. Solche Phrasen zogen jedoch nur beim mittleren und gehobenen Bürgertum. Die Kleinbürger und Angestellten, die in der Währungsreform von 1923 all ihre Ersparnisse eingebüßt hatten, fühlten sich dagegen von der Weimarer Republik betrogen und ließen sich zusehends in den Dunstkreis irgendwelcher nationalistischen Ideologien ziehen. Noch erbitterter waren die Kurzarbeiter und Ungelernten, von denen im Winter 1923/24 fast drei Millionen aus den Gewerkschaften austraten.

Als daher am 4. Mai 1924 die Wahlen zum 2. Reichstag stattfanden, gewannen die rechten und linken Flügelparteien weiterhin an Boden, während die Parteien der Weimarer Koalition nochmals große Stimmenverluste hinnehmen mußten. So gingen die Mandate der SPD von 113 auf 100, der DDP von 45 auf 28, der DVP von 62 auf 44 zurück. Lediglich das Zentrum konnte

George Grosz: *Friede zwischen Kapital und Arbeit* (1923) Estate of George Grosz, Princeton, N. J.

seinen Stand behaupten. Dagegen stiegen die Sitze der NSDAP von 0 auf 32, der DNVP von 66 auf 106, der KPD von 2 auf 62. Dieses Stimmenverhältnis ist ein guter Gradmesser, wie ungesichert das Republik-Konzept selbst zu diesem Zeitpunkt noch war. Doch weder die Rechte noch die Linke waren damals in der Lage, der Weimarer Koalition mit irgendwelchen erfolgversprechenden Gegenprogrammen entgegenzutreten, da sie sich – nach den gescheiterten Putschversuchen von 1923 – weitgehend in erbitterten Fraktionskämpfen verzehrten. Bei der NSDAP handelte es sich um die Auseinandersetzung zwischen der stärker sozialistisch orientierten Strasser-Gruppe im Norden und der eindeutig chauvinistisch ausgerichteten Hitler-Gruppe im Süden. Bei der KPD ging es um den Kampf zwischen den Pragmatikern und den Linksradikalen, der zur Ablösung der Brandler/Thalheimer-Gruppe durch die Fischer/Maslow-Gruppe führte. Eine Beruhigung trat hier erst im Jahre 1924 ein, als man den Linksradikalismus immer stärker in den Hintergrund drängte und eine Reorganisation der Kommunistischen Partei im leninistischen Sinne vornahm, die mit der Machtübernahme Ernst Thälmanns im Jahre 1925 ihren ersten Abschluß fand.

Angesichts dieser Polarisierung sahen sich die Weimarer Koalitionsparteien 1924 zu einer Öffnung nach rechts gezwungen und beteiligten bei den nächsten Regierungsbildungen auch die DVP, ja sogar die DNVP, um überhaupt regierungsfähige Mehrheiten zustandezubringen, wobei die SPD meist die Rolle des Stillen Teilhabers übernahm. Im Zuge dieser Entwicklung gaben die Rechtsbürgerlichen ihre Republik-Feindschaft allmählich auf und wandelten sich in ›Vernunftrepublikaner‹. Wohl das beste Beispiel dafür ist Gustav Stresemann, der bis 1918 ein rabiater Annexionspolitiker und bis 1920 ein erklärter Monarchist war – und sich erst jetzt fest auf den Boden der stabilisierten Republik stellte. Diese Politik, die unmittelbar mit der Steigerung der Industrieproduktion und der Verminderung der Arbeitslosigkeit einherging, machte sich für die rechte Mitte, die jetzt allgemein die Parole »Hinein in den Staat!« befolgte, nur allzu schnell bezahlt. Das bezeugten die Wahlen zum 3. Reichstag, die am 7. Dezember 1924 stattfanden und bei denen der Mittelblock zum erstenmal wieder Stimmengewinne verbuchen konnte. Die Sitze der SPD stiegen diesmal von 100 auf 131, der DDP von 28 auf 32, des Zentrums von 65 auf 69, der DVP von 44 auf 51, der DNVP von 106 auf 111. Die NSDAP fiel dagegen von 32 auf 14. die KPD von 62 auf 45 Sitze zurück. Zum Reichskanzler wurde von den neuen Abgeordneten der Parteilose Hans Luther gewählt, der sich auf eine Koalition von DDP, DVP, DNVP, Zentrum und Bayerischer Volkspartei stützte und Gustav Stresemann, den Vorsitzenden der DVP, zu seinem Außenminister ernannte. Diese Koalition, bei der die SPD wiederum den Stillen Teilhaber spielte, ging erst 1927 in die Hände des Zentrumspolitikers Wilhelm Marx über, der einen etwas rechteren Kurs einschlug, das heißt bei seiner Koalitionsbildung sowohl auf die SPD als auch auf die DDP verzichtete.

Es sind daher die Jahre zwischen 1924 und 1929, die von den rechtsbürgerlichen Parteien und ihren Wählern als die Jahre ›ihrer‹ Republik empfunden wurden, während die *Rote Fahne*, das Zentralblatt der KPD, diesen Staat 1925 als eine »monarchistische Bourgeois-Republik« der »weißen Generäle und Kapitalistenhyänen« bezeichnete. Wie stark in diesen Jahren der alte Chauvinismus wieder die Oberhand bekam, zeigte nicht nur die am 16. April 1925 erfolgte Wahl Hindenburgs zum neuen Reichspräsidenten, sondern auch die Entscheidung gegen die entschädigungslose Enteignung der Fürstenhäuser sowie die Einführung der schwarz-weiß-roten Fahne als offizieller Fahne der deutschen Handelsmarine. All das wurde von den Rechten als Zeichen eines neuen Selbstbewußtseins der Weimarer Republik gewertet und somit als teilweise Überwindung der ›Schmach von Versailles‹ hingestellt. Solche Parolen verfehlten nicht ihre Wirkung, vor allem nicht beim Bürgertum, das noch immer weitgehend nationalistisch eingestellt war.

Die Arbeiter ließen sich dagegen von solchen Parolen nicht so leicht überrumpeln. Für sie wirkte sich dieser neue Burgfrieden, den die Bourgeoisie mit der Republik geschlossen hatte, viel weniger vorteilhaft aus. Schließlich waren selbst diese Jahre, die man oft die ›goldenen‹ genannt hat, weitgehend Jahre einer geborgten Prosperität, hinter deren glitzernder Fassade viel Not und Armut weiterbestand. So sank zwar die Arbeitslosigkeit von 30 Prozent im Oktober 1923 auf 11,4 Prozent im Jahre 1924, blieb aber in den folgenden Jahren stets zwischen 8 und 10 Prozent, da die fortschreitende Rationalisierung zwar zu einer Erhöhung der Industrieproduktion, zugleich aber zu einer Abnahme der Arbeitsplätze führte. Vor allem in den Jahren 1926 und 1929 standen jeweils über 2 Millionen Arbeitslose auf der Straße. Von solchen Dingen ist in den bürgerlichen Zeitungen dieser Jahre allerdings selten oder nie die Rede. Was man hier liest, sind weitgehend optimistisch stimmende Berichte über die

Thomas Theodor Heine: *Die Republik* (1927)

steigende Produktion, die 1928 erneut die Höhe von 1913 erreichte und damit Deutschland auf dem Gebiet der industriellen Gütererzeugung wieder - nach den USA – an die zweite Stelle in der Welt rücken ließ. Solche Ziffern nahmen sich zweifellos viel eindrucksvoller aus als irgendwelche Berichte über Kurzarbeiter oder gar Arbeitslose. Auch daß diese Entwicklung zu einer gewaltig anschwellenden Monopolisierungswelle führte, wurde meist verschwiegen. So beherrschten 1927 die Konzerne, Kartelle und Trusts bereits 65 Prozent des gesamten deutschen Aktienkapitals. Vor allem im Bergbau, in der Eisen- und Metallgewinnung (Vereinigte Stahlwerke, gegründet 1926), der chemischen Industrie (IG Farben, gegründet 1925), der Elektrizitätsherstellung, im Baugewerbe und in der Feinmechanik war diese Vertrustung Mitte der zwanziger Jahre zu einem allesbestimmenden Faktor geworden.

Unter welchen Opfern diese Scheinblüte erkauft wurde, zeigte sich bei den Wahlen zum 4. Reichstag am 20. Mai 1928. Angesichts der rapiden wirtschaftlichen Sanierung hatten die bürgerlichen Parteien damals allgemein mit einem Rechtsruck gerechnet. Doch das Gegenteil trat ein, da sich die Kurzarbeiter und Arbeitslosen nach wie vor von der Regierung betrogen fühlten. Alle rechten oder mittleren Parteien mußten daher diesmal leichte Stimmeneinbußen hinnehmen. So ging die NSDAP von 14 auf 12, die DNVP von 111 auf 78, die DVP von 51 auf 45, das Zentrum von 69 auf 61, die DDP von 32 auf 25 Mandate zurück. Die Sitze der SPD und der KPD stiegen dagegen an: die der SPD von 131 auf 153, die der KPD von 45 auf 54. Und so kam es nach Jahren eines Rechtsblocks wieder zu einer Großen Koalition, die sich auf SPD, DDP, DVP, Zentrum und Bayerische Volkspartei stützte und Hermann Müller (SPD) zu ihrem Kanzler wählte. Damit war man erneut zu jenen Kräfteverhältnissen zurückgekehrt, die bereits in der Nationalversammlung von 1919 geherrscht hatten, nur daß die DDP inzwischen wesentlich kleiner geworden war.

Eine so gefestigte Regierung und eine gleichbleibende wirtschaftliche Prosperität schienen für die folgende Legislaturperiode eine relative Stabilität zu garantieren, was alle Republik-

Freunde im Gefühl einer durchaus soliden Zuversicht bestärkte. Doch sie unterschätzten zwei Dinge: erstens die höchst prekäre Abhängigkeit der deutschen Wirtschaft von der US-Wirtschaft, zweitens die latente Gefahr von rechts, die jeden Augenblick neue Formen annehmen konnte. Als daher am 24. Oktober 1929 die Kurse an der New Yorker Börse geradezu ins Bodenlose fielen und ein allgemeines Wirtschaftschaos einsetzte, wurde Deutschland von dieser Krise am stärksten mitbetroffen. Denn nach dem Schwarzen Freitag in Wallstreet blieben nicht nur die nordamerikanischen Kredite aus, es mußte auch jeder Export in die USA eingestellt werden, was zu enormen Auftragseinbußen führte. Und einem so krisenhaften Zustand war selbst die relativ gefestigte Weimarer Koalition von 1928 nicht gewachsen.

Die dritte Phase (1929-1933)

Genau besehen, setzte diese Krise bereits im Winter 1929/1930 ein, als es auch in Deutschland allenthalben zu Konkursen und Bankzusammenbrüchen, zu Preisverfall und rapide anwachsender Arbeitslosigkeit kam. Schon Ende 1929 gab es wieder 14,6 Prozent Arbeitslose; 1930 waren es bereits 22,7 Prozent. All das mußte bei Arbeitern und Kleinbürgern, denen jahrelang automatisch steigender Wohlstand verheißen worden war, notwendig republikfeindliche Stimmungen hervorrufen. Bei den Arbeitern, vor allem den arbeitslosen unter ihnen, kam es zu einem Anwachsen kommunistischer Tendenzen; die Kleinbürger wandten sich verstärkt dem Nationalismus zu, der die Befreiung von der herrschenden ›Zinsknechtschaft‹ versprach. Die politische Spannung wuchs darum 1930 geradezu von Monat zu Monat, von Woche zu Woche und nahm schließlich die Form eines Endkampfes zwischen Nationalismus und Sozialismus an. Unter diesem Druck trat Hermann Müller schließlich zurück und ließ für den 14. September 1930 Neuwahlen ausschreiben. Alle mittleren Parteien, und zwar vom halblinken bis zum halbrechten Flügel, verloren bei diesen Wahlen jene Stimmen, die sie 1928 wieder mühsam dazugewonnen hatten, während die KPD und vor allem die NSDAP große Gewinne für sich verbuchen konnten. So stieg die Zahl der Sitze für die KPD von 54 auf 77, die der NSDAP von 12 auf 107.

Am eindrucksvollsten wirkte zweifellos der Sieg der NSDAP, dem eine ungewöhnlich intensive und brutal geführte Wahlkampagne vorausgegangen war. Daß Hitler finanziell dazu überhaupt in der Lage war, verdankte er seinen seit 1926 mit Industriellen und dann auch mit der DNVP geführten Koalitionsgesprächen. Als Schlüsselfigur fungierte dabei Alfred Hugenberg, der sich im Laufe der zwanziger Jahre vom Krupp-Direktor zum Vorsitzenden der DNVP und zugleich zu einem höchst einflußreichen Film- und Zeitungszar gemausert hatte, dessen Unterstützung von nicht zu überschätzender Bedeutung war. Als daher 1928 die SPD und die KPD zusammen 42 Prozent der Wähler hinter sich versammeln konnten, wurde für Hugenberg und die ihn stützenden Kreise immer klarer, daß man sich in Zukunft mit der radikalen Rechten liieren müsse, um nur ja keine neuen Bolschewisierungstendenzen aufkommen zu lassen. Diese Gefahr war schließlich durch den Ausbruch der Weltwirtschaftskrise eher größer als kleiner geworden. Also mußte sich die Großindustrie ab 1930 auch politisch ganz anders ins Zeug legen, wenn sie diesen Kampf gewinnen wollte. Während sie anfangs die SPD und dann den bürgerlichen Rechtsblock für ihre Zwecke unterstützt hatte, erschien ihr in einer so brenzligen Situation nur noch die radikale Rechte geeignet, die gewünschten Kastanien aus dem Feuer zu holen. »An dem völkischen Teil der deutschen Industrie hängt der Vorwurf, daß sie die Mörder finanziert«, schrieb Kurt Tucholsky schon 1930 (III, 443).

Allerdings kam es nach den Wahlen vom 14. September 1930 erneut zu einem bürgerlichen Rechtsblock unter dem Zentrumskanzler Heinrich Brüning, der einerseits mit der stillen Duldung der SPD, andererseits mit der Unterstützung des Reichspräsidenten Hindenburg regierte, dem im Rahmen der Weimarer Verfassung durch den Paragraphen 48 ein erhebliches Mitspracherecht zustand. Brünings Regierungsprogramm beschränkte sich – angesichts der Krise – fast ausschließlich auf wirtschaftspolitische Maßnahmen. Er bediente sich dabei einer Reihe von

›Notverordnungen zur Sicherung von Wirtschaft und Finanzen‹, die eine spezifisch deflationistische Wirkung haben sollten. Dazu gehörten unter anderem eine drastische Steuererhöhung, eine Senkung der Ausgaben für Arbeitslose, Kürzungen der Löhne und Gehälter und eine Herabsetzung der Preise. Doch selbst solche drakonischen Maßnahmen konnten den Gang der Entwicklung nicht mehr aufhalten, da in Deutschland noch immer das Gespenst der verhinderten Revolution von 1918/19 umging. Während in anderen westlichen Demokratien wie England und den USA solche staatlichen Eingriffe zu einer allmählichen Beruhigung der Situation führten, brachen in Deutschland immer stärker bürgerkriegsähnliche Verhältnisse aus. Fast jede Partei unterhielt damals milizartige Privatarmeen, um sich ihren Gegnern nicht widerstandslos auszuliefern. Man denke nur an die SA- und SS-Formationen der NSDAP, den Stahlhelm, den kommunistischen Rot-Front-Kämpferbund oder auch das Reichsbanner Schwarz-Rot-Gold, das von der SPD unterstützt wurde. Außerdem gab es die Gruppe Oberland, den Werwolf, die Schwarze Front der Strasser-Leute, den Jungdeutschen Orden, die organisierte Landvolk-Bewegung und eine Reihe anderer Gruppen und Bünde, die aufgrund der steigenden Arbeitslosigkeit, die 1932 44,4 Prozent erreichte, dauernd neuen Zulauf erhielten.

Die Regierung Brüning konnte sich darum nur bis zum Sommer 1932 halten. In dieser Zeit zog Hindenburg immer stärker die Macht an sich, der 1932 noch einmal mit 19 Millionen Stimmen gegen Hitler (13,4 Millionen Stimmen) und Thälmann (3,7 Millionen Stimmen) zum Reichspräsidenten gewählt wurde. Er ließ für den 31. Juli 1932 erneut allgemeine Wahlen ausschreiben, die wiederum den radikalen Flügelparteien neue Stimmengewinne eintrugen. So stiegen die Mandate der KPD von 77 auf 89, die der NSDAP von 107 auf 230. Damit wurden die Nationalsozialisten zur weitaus stärksten Partei im 6. Reichstag. Wenn auch Hindenburg eindeutig nach rechts tendierte, so konnte er sich zu diesem Zeitpunkt noch immer nicht mit der Idee einer Kanzlerschaft des ›Gefreiten‹ Hitler anfreunden und ließ den ›Parteilosen‹ Franz von Papen an der Macht, der nach dem Sturz

Gerd Arntz: *Wahldrehscheibe* (1932)

Brünings am 30. Mai ein ›Kabinett der nationalen Konzentration‹ gebildet hatte – was bereits das Ende der Weimarer Republik als Republik bedeutete. Doch selbst dieses Kabinett, hinter dem nur eine parlamentarische Minderheit stand, erwies sich als unfähig, die immer gespannter werdende Lage zu meistern. Am 6. November 1932 wurden daher noch einmal Reichstagswahlen abgehalten, bei denen die NSDAP nur 196 statt 230 Sitze gewann, während die KPD die Zahl ihrer Mandate von 89 auf 100 vergrößern konnte.

Damit wurde die Situation für die Rechte immer brenzliger. Hindenburg entschied sich in diesem Dilemma für eine Interimsregierung unter dem General Kurt von Schleicher, dem früheren Reichswehrminister, der sich im Herbst 1932 als republikfreundlich erwiesen hatte, indem er gegen die Papenschen Staatsstreichpläne und die dahinter stehende Idee eines deutschen Ständestaates aufgetreten war. Doch sowohl die ostelbischen Junker als auch gewisse Großindustriellenverbände drängten Hindenburg, endlich Hitler die Macht zu übergeben – und damit die Gefahr von links ein für allemal zu bannen. Zu diesem Schritt entschloß sich Hindenburg dann auch und übertrug am 30. Januar 1933 einer Koalition aus NSDAP und DNVP mit Hitler an der Spitze die Regierungsgewalt, wodurch ein Bündnissystem etabliert wurde, das durch den Staatsakt in der Potsdamer Garnisonskirche am 21. März seine endgültige Legitimität erhielt.

Mit diesem Rückschritt von Weimar nach Potsdam war das Schicksal der Weimarer Republik nicht nur de facto, sondern auch de jure besiegelt. Nach dem 21. März hatte die Demokratie in Deutschland keine Chance mehr. Was folgte, waren der Reichstagsbrand, das Ermächtigungsgesetz, das Verbot von SPD und KPD, die Auflösung sämtlicher anderen Parteien und Gewerkschaften, die Erhebung der NSDAP zur offiziellen Staatspartei und damit die Gleichschaltung aller Deutschen unter dem im Führer Adolf Hitler verkörperten ›Volkswillen‹. Nicht die fortschrittlichen Kräfte hatten gesiegt, sondern der finsterste Abhub der Reaktion, der alles in seiner Macht Stehende skrupellos dazu benutzte, der deutschen Arbeiterbewegung den Todesstoß zu versetzen, indem er sich im Zeichen eines ›nationalen Sozialismus‹ als der einzig legitime Vertreter der breiten Massen des deutschen Volkes hinstellte. Die Weimarer Republik, die an sich durch und durch bürgerlich war, galt seitdem nur noch als eine Zeit linker Unterwanderung, in der sich volksfremde, das heißt jüdische und bolschewistische Demagogen als die Sklavenhalter der durch den Ersten Weltkrieg niedergeschlagenen Deutschen aufgespielt hätten, um sie noch weiter zu erniedrigen, ja schließlich ihrer Seele zu berauben. Hitler dagegen wurde von seiner Partei stets als messiasähnlicher Retter aus Schmach und Erniedrigung hochgejubelt, der 1933 einen Staat errichtet habe, in dem wieder das deutsche Volk und nicht die Agenten fremder Mächte den Ton angäben. Mit ihm sei Deutschland, wie es damals hieß, endlich wieder zu sich selbst gekommen.

Kulturelle und ideologische Strömungen

Die Kultur der Weimarer Republik wirkt auf den ersten Blick genauso chaotisch wie die politische und sozio-ökonomische Situation der Jahre zwischen 1919 und 1933. Sie entfaltete sich auf labiler materieller Grundlage und geriet in den Sog einer politischen Entwicklung, die in kurzer Zeit drei höchst verschiedene Phasen durchlief und in keiner dieser Perioden ihre innere Zerrissenheit verlor. Sowohl im politischen und sozialen wie im kulturellen Bereich wurde die Weimarer Republik zu einem Schulbeispiel für die krisenhafte Entwicklung so mancher modernen Demokratie, in der liberale, sozialistische und faschistische Strömungen um die Macht konkurrieren. Um sich in diesem chaotischen Umfeld sinnvoll orientieren zu können, soll im folgenden vornehmlich von der Frage ausgegangen werden: Welches sind die Ideologien und Kulturkonzepte, die sich für eine Demokratisierung im bürgerlich-liberalen oder sozialistischen Sinne eingesetzt haben, die also das wilhelminische Kaiserreich in Richtung Republik, Demokratie oder gar klassenlose Gesellschaft überwinden wollten? Im Gegensatz zu den üblichen ›Kulturfahrplänen‹, die einfach die Gesamtheit der kulturellen Überlieferung annalistisch ausschütten, wird weitgehend das im positiven Sinne Demokratische in den Vordergrund gerückt, womit jene politischen, sozialen und kulturellen Konzepte gemeint sind, die sich im Spannungsfeld zwischen Alt und Neu ›nach vorn‹ entschieden, wie Ernst Bloch gesagt haben würde. Dazu gehören vor allem gewisse Richtungen des Spätexpressionismus, die Sachlichkeits-Vorstellungen der überzeugten Demokraten und schließlich die Konzepte der Linken aus den letzten Jahren der Weimarer Republik, von denen sich – neben den Agitprop-Tendenzen – die sogenannte Materialästhetik als besonders folgenreich erwies.

Mit der Novemberrevolution traten Ende 1918 erst einmal jene expressionistischen Kulturprogramme in den Vordergrund, die sich mit einem hoffnungsfrohen Oh-Mensch-Pathos zu einer »Religion des Sozialismus« (Kurt Eisner), einer kommunistischen »Liebesgemeinde« (Gustav Landauer), einem »Kommunismus des Herzens« (Leonhard Frank), einer »Mischung aus Marx und Gebet« (Ernst Bloch) oder einem »Kommunismus der Liebe« (Heinrich Vogeler) bekannten. Viele dieser Konzepte gehen bereits auf die Zeit vor 1914 zurück. Schließlich hatten manche Expressionisten schon vor dem Ersten Weltkrieg am Wilhelminismus geradezu alles gehaßt: die satte Bürgerlichkeit, das autoritäre Schulsystem, die patriarchalische Familienstruktur, die Häßlichkeit der modernen Großstädte, den ausbeuterischen Charakter des Kapitalismus, den preußischen Militarismus und den brutalen Imperialismus. Und bereits damals hatten die Tataktivisten innerhalb dieser Bewegung dem Wilhelminismus einen aus Hoffnung, Traum und Utopie geborenen Idealstaat entgegengestellt, in dem sich der Mensch wieder wie im Paradies in absoluter Freiheit, Ungehemmtheit, ja totaler Natürlichkeit entfalten könne. In ihrer Negation des Bestehenden waren sie dabei oft zu einer satirischen Schärfe vorgestoßen, welche die entschiedenen Vertreter des wilhelminischen Regimes – vor allem nach Kriegsausbruch – als höchst systemkritisch, wenn nicht revolutionär empfunden hatten. So mancher Expressionist ging daher nach 1914 ins Exil, um sich der ständigen Bespitzelung und Zensur zu entziehen. Im Gegensatz zur Schärfe ihrer Kritik waren jedoch viele Vertreter dieser Richtung in ihren positiven Zielsetzungen häufig im Bereich des Unklaren, Verschwommenen oder Romantisch-Utopischen geblieben. Auf diesem Sektor hatte man sich meist mit einem hochgespannten Subjektivismus, einer ekstatischen Naturschwärmerei, einem Kult der Intensität oder einer leidenschaftlichen Simultaneitätsgebärde begnügt – und damit Utopien gefördert, die ideologisch auf den Überhaupt-Staat, die Überhaupt-Kultur oder den Überhaupt-Menschen hinausliefen.

Wie fast alle bürgerlichen Rebellionsbewegungen war der frühe Expressionismus weitgehend von der Idee der kleinen Gruppe, der Sezession, der geistigen Elite ausgegangen, welche den revolutionären Funken in die notleidende Menge wirft. Seine Hauptvertreter hatten sich gern als eine Bewegung neuer Heilande oder »Messiasse im Plural« hingestellt, die sich bemühten, immer steilere Höhen eines neuen Menschentums oder einer neuen Kultur zu erklimmen und damit den anderen den Weg ins Gelobte Land zu weisen. Bis 1918 waren solche Verlautbarungen weitgehend als Literatur aufgefaßt – und dementsprechend bewundert worden. Als jedoch einige Expressionisten im Zuge der Novemberrevolution diese Vorstellungen auch auf die Wirklichkeit zu übertragen suchten, waren sie plötzlich keine Literatur mehr, sondern Realität – und wurden dementsprechend belächelt. Aufgrund dieser ernüchternden, ja geradezu peinlichen Erfahrung wurde die Gruppe der ›wahren‹ Expressionisten nach 1919 wesentlich kleiner. Viele, die bisher eher zu den Konjunkturrebellen als zu den eigentlichen Revolutionären gehört hatten, ergaben sich nach diesem Zeitpunkt einem blasierten Zynismus und stellten diesen als die neueste Mode hin. Andere verstummten aus Gründen persönlicher Scham und wandten sich völlig vom öffentlichen Leben ab. Wieder andere paßten sich einfach an und priesen die antiexpressionistischen Strömungen mit der gleichen journalistischen Inbrunst, mit der sie bis dato den Expressionismus hochgejubelt hatten. Doch einige Vertreter dieser Bewegung blieben auch in den folgenden Jahren ihren utopischen Hoffnungen treu. Sie sahen zwar genau, was sich auf der politischen Ebene abspielte: nämlich einerseits die Entmachtung der Arbeiter- und Soldatenräte, die Niederschlagung des Spartakusaufstandes und das schmähliche Ende der Münchener Räterepublik, andererseits die unheilige Allianz zwischen Reichswehr, Kapital und SPD, die weitgehend unrevolutionär gestimmte Weimarer Nationalversammlung und die aus ihr hervorgehende Weimarer Koalition. Doch all das hinderte sie nicht, weiterhin ekstatisch, utopisch, ja sogar revolutionär zu denken und zu empfinden. Denn diese Entwicklung hatte zwar zu einer Republik geführt (was von der Mehrheit der Expressionisten durchaus begrüßt wurde), aber eben zu einer Republik, die – gemessen an ihren Idealen – als ›negative Monarchie‹, als ›Spießer-Eldorado‹, als ›Schieber-Republik‹ weit hinter jenen Zielvorstellungen absoluter Freiheit, absoluter Gleichheit und absoluter Brüderlichkeit zurückgeblieben war, nach denen sich die Überhaupt-Expressionisten gesehnt hatten.

Die politisch Radikalen innerhalb der expressionistischen Gruppen unterstützten daher ab Frühjahr 1919 weitgehend ultralinke Splitterverbände wie die KAPD (Kommunistische Arbeiterpartei Deutschlands), die AAU (Allgemeine Arbeiter-Union) oder die FAUD (Freie Arbeiter-Union Deutschlands), in deren Reihen romantisierende Sowjetstaatvorstellungen und ein ebenso schwärmerischer Proletkult vorherrschten. So wurde beispielsweise Franz Pfemfert, einer der führenden politischen Köpfe unter den Berliner Expressionisten, kein Mitglied der USPD oder KPD, sondern führte erst seine eigene Partei, die ASP (Antinationale Sozialisten-Partei), weiter, zu der sich zeitweilig auch Karl Otten, Hans Siemsen und Carl Zuckmayer bekannten, und trat dann im Frühjahr 1920 in die KAPD ein, die sich in ihrem Linksradikalismus zur KPD ungefähr so verhielt, wie sich die USPD zur SPD verhalten hatte. Pfemfert empfand die Weimarer Nationalversammlung als einen »infamen Schwindel« und setzte sich in seiner *Aktion* immer stärker für eine unmittelbare Räte- oder Volksherrschaft ein, die auf der freien Mitverantwortung und Mitbestimmung aller beruhen sollte. Auch Ludwig Rubiner träumte von einer solchen allgemeinen Verbrüderung, schrieb aber in seinen *Kameraden der Menschheit* (1919) im Hinblick auf die Verschiedenartigkeit der einzelnen Gesellschaftsschichten: »Der Proletarier befreit die Welt von der wirtschaftlichen Vergangenheit des Kapitalismus; der Dichter befreit sie von der Gefühlsvergangenheit des Kapitalismus« (175). Verwandte Ideen finden sich in dem Buch *Die Wiederkehr der Kunst* (1919) von Adolf Behne und der Zeitschrift *Das Forum*, die von dem USPD-Mitglied Wilhelm Herzog herausgegeben wurde und für eine sozialistische Republik eintrat, die hauptsächlich von Intellektuellen und Arbeitern getragen wird. Auch die Architektengruppe Die gläserne Kette und der Verband der

Kölner Progressiven, der sich vor allem aus Malern und Grafikern zusammensetzte, sympathisierten mit solchen Tendenzen.

Diesen Gruppen ging es nicht mehr primär um Künstlerisches, sondern um Politisches. Je deutlicher sich die gesellschaftliche und ökonomische Wirklichkeit als eine Fortsetzung des wilhelminischen *Juste milieu* entpuppte, wie Carl Sternheim 1920 behauptete, desto aggressiver wurde zum Teil der politische Utopismus dieser Kreise. Statt sich an eine Umgestaltung Deutschlands von Grund auf heranzuwagen und eine sozialistische Volksrepublik zu gründen, die den Intellektuellen und Arbeitern endlich die lang erhoffte Befreiung gebracht hätte, sei 1918/19, wie diese Radikalexpressionisten erklärten, nur ein Machtwechsel auf höchster Ebene eingetreten, durch den sich faktisch nichts geändert habe. Ihre Forderungen wurden daher von Monat zu Monat ekstatischer, ihre Schreie immer schriller, ohne daß sich noch irgendwer darum scherte. Doch wer hätte auf sie hören oder ihnen folgen sollen? Die meisten Intellektuellen vertraten eher bürgerlich-liberale Republik-Ideale und fühlten sich in dem von Sternheim angegriffenen *Juste milieu* relativ wohl, während die überwältigende Mehrheit der Arbeiterschaft weiterhin der SPD die Treue hielt und die Weimarer Republik trotz Hunger, Inflation und Kurzarbeit doch als einen echten Fortschritt gegenüber dem autoritären Kaiserreich Wilhelms II. empfand. Schließlich war Friedrich Ebert, einer der Ihren, in dieser Republik zum Staatsoberhaupt aufgestiegen.

Die radikalen Utopiker gerieten deshalb seit 1920 immer stärker in eine politische, soziale und auch kulturelle Abseitslage. Die Verantwortungsbewußteren unter ihnen, Männer wie Walter Gropius, Bruno Taut, Adolf Loos, Ernst Bloch, Karl Korsch und Walther Rathenau, hatten zwar eine Fülle an neuen Ideen anzubieten: etwa auf dem Gebiet des Siedlungswesens, der Wohngemeinschaften, rätehafter Werkkommunen, neuer Bau- und Formkonzepte, neuer Schulsysteme, neuer Vorstellungen von geistiger Arbeit. Aber wen interessierten noch Forderungen, in denen von »wahrer Gemeinschaft« oder vom »wahren Sozialismus« die Rede war? Als Literatur hatten solche Träume selbst einigen Bürgern gefallen, aber als Vorschläge zu gesellschaftlicher Praxis fanden sie all diese Utopien höchst lächerlich. Viele Expressionisten wurden daher in ihrer Vereinzelung und Abseitigkeit an sich selber irre oder schlossen aus dem Mißerfolg ihrer ideologischen Leitbilder, für welche die Mehrheit der Banausen und Spießer eben noch nicht reif sei, auf eine ganz besondere Qualität ihrer Konzepte. Manche der spätexpressionistischen Utopien, denen entweder Gefühle der Frustrierung oder der Arroganz zugrunde liegen, wirkten schon damals so überspannt und unglaubwürdig, daß es für die abgebrühten Journalisten dieser Ära ein leichtes war, sie als bloße »Firlefanzereien« abzutun. Beispiele dafür sind zwischen 1921 und 1923 überall mit Händen zu greifen. Man denke an Werke wie Curt Corrinths Roman *Bordell* (1921), Johannes R. Bechers Lyrikband *Um Gott* (1921) oder Arnolt Bronnens Drama *Exzesse* (1923), die in immer steilerer Emphase nach dem »unendlich blendenden Tag unserer menschlichen Erfüllung« lechzen (Becher, 14). Es nimmt daher nicht wunder, daß man 1923, zu Anbruch der zweiten Phase der Weimarer Republik, den Expressionismus in den meisten Journalen und Gazetten endgültig für tot erklärte. Daß man sich darin irrte, wird sich später zeigen. Doch für 1923 hatte dieses Diktum erst einmal Gültigkeit.

Auf dem ›Boden der Tatsachen‹

Mit dem Zusammenbruch des kommunistischen Aufstandes im Spätherbst 1923 und der gleichzeitigen Sanierung der Deutschen Mark setzte nach Jahren expressionistischer Gewitterstimmungen auch im Bereich des geistigen und kulturellen Lebens ein wesentlich beruhigteres Klima ein. Doch es bedurfte noch des nordamerikanischen Dollarsegens, der mit dem Dawes-Plan verbunden war, um 1924 jene »relative Stabilisierung des Kapitalismus« herbeizuführen, mit der die zweite Phase der Weimarer Republik beginnt. Dieser Stimmungsumschlag führte zu einer auffälligen Baisse aller utopisch klingenden Ideen. Für die bürgerlichen Intellektuellen bedeutete das zumeist einen heilsamen Schock. Denn dadurch wurde zwar der revolutionäre Elan der ersten Nachkriegsjahre endgültig aufgegeben und somit die Hoffnung auf eine grundlegende Änderung der bestehenden Verhältnisse abgebaut, aber zugleich in der Anpassung an die gegebene Situation eine neue Vernünftigkeit erreicht. Sich auf den ›Boden der Tatsachen‹, das heißt auf den Boden der Weimarer Republik zu stellen und aus dieser Republik das Bestmögliche zu machen, war in der Situation von 1924 vielleicht doch sinnvoller, als irgendwelchen utopisch-überspitzten Literatenträumen nachzuhängen, hinter denen keine wirklichen gesellschaftlichen Kräfte oder gar Massenbewegungen standen.

Man hört darum ab 1923/24 immer mehr Stimmen, die sich bewußt zum neuen Staat bekennen, die entweder stolz darauf sind, Bürger der ersten deutschen Republik zu sein, oder die sich aus rein pragmatischen Umständen mit den gegebenen Verhältnissen abfinden und sich als ›Vernunftrepublikaner‹ bezeichnen. Während die Expressionisten stets vom Prinzip des »Alles oder nichts« ausgegangen waren, wie Franz Heinrich Staerk 1919 in der *Neuen Bücherschau* im Hinblick auf Ernst Blochs *Geist der Utopie* geschrieben hatte (H.6,1), bemühten sich diese Kreise, auch geistig bescheidener, einsichtiger, vernünftiger zu werden – ein Vorgang, den sie als eine Wende zur Sachlichkeit oder Neuen Sachlichkeit bezeichneten. Und nach soviel gescheiterten Hoffnungen empfanden das viele als das einzig Richtige. So charakterisierte etwa Otto Flake, einer der früheren Expressionisten, das Jahr 1926 in der *Neuen Rundschau* ausdrücklich als ein Jahr, das man »loben« solle, da es das Bürgertum endlich zur Einsicht gebracht habe, sich auf den »Boden der Tatsachen« zu stellen, anstatt sich weiterhin irgendwelchen chauvinistischen oder expressionistischen Illusionen hinzugeben. Wie auf politischem und sozialem Sektor sei damit auch auf kulturellem Gebiet endlich die Zeit der »mittleren Lösungen« gekommen, die Flake als die einzig sinnvollen empfand (38, 1927, 1).

Und doch gab es selbst in der zweiten Phase der Weimarer Republik, die man gern als die Zeit der Goldenen Zwanziger Jahre bezeichnet, immer noch eine Reihe expressionistischer Außenseiter, welche diese Wendung zum Pragmatismus nicht mitmachten und weiterhin ihren utopistischen Idealen treu zu bleiben versuchten. So ritt etwa Kurt Hiller, einer der führenden Geistidealisten der Novemberrevolution, 1926 in der *Neuen Bücherschau* eine scharfe Attacke gegen Willy Haas, den Herausgeber der *Literarischen Welt*, der sich als Vertreter der Neuen Sachlichkeit auf den Boden der Tatsachen gestellt hatte. Und zwar nannte Hiller seinen Aufsatz bezeichnenderweise »Die Fahne«, um sich von vornherein gegen jede Form eines neusachlichen Indifferentismus auszusprechen. Welche Fahne damit gemeint ist, bleibt unklar. Doch darum ging es Hiller gar nicht. Was für ihn zählte, war allein das Engagement (4, 1926, 97). Er und seine Gesinnungsgenossen vertraten daher weiterhin ein linksliberales Außenseitertum, das den Begriff der »freischwebenden Intelligenz« nicht als Schimpfwort, sondern als Ehrentitel empfand. Diese Zirkel wollten mit der »schlechten Realität« der Weimarer Republik keinen Burgfrieden schließen, sondern setzten sich weiterhin für irgendeinen expressionistischen Idealstaat ein.

Und mit solchen Forderungen standen sie nicht allein. Es gab in der zweiten Phase der Weimarer Republik selbstverständlich auch andere Gruppen, die sich in offener oder versteckter Opposition gegen diesen Staat befanden und sich nicht auf den ›Boden der Tatsachen‹ stellen wollten. Das war auf der einen Seite die KPD, welche sich zwar aus einer revolutionären Randgruppe in eine offizielle Partei verwandelt hatte, die aber in ihrem offenen Bekenntnis zur Sowjetunion und ihrer Forderung nach einer Dikatur des Proletariats die Weimarer Republik als ein rein plutokratisches Gebilde angriff, das bedauerlicherweise von den ›Sozialfaschisten‹ innerhalb der SPD am Leben erhalten werde. Doch die weitaus größere Gefahr drohte dieser Republik seit Anbeginn von seiten der Rechten, die sich in diesen Jahren aus einem bunten Gemisch alter Monarchisten, ostelbischer Junker, gewisser Kreise der Großindustrie, Freikorpsverbände, kleinbürgerlicher Untertanen, Stahlhelmer und faschistischer Gruppen zusammensetzte. Daher sah man an bestimmten Feiertagen, bei Protestmärschen oder Aufzügen nicht nur die schwarz-rotgoldene, die offizielle Fahne dieser Republik, sondern auch jene roten oder schwarz-weiß-roten Fahnen, hinter denen sich die erklärten Feinde dieses Staates versammelten.

Diese Kräfte waren jedoch in den Jahren zwischen 1924 und 1929 noch nicht stark genug, um der Weimarer Republik ernstlich zur Gefahr zu werden. Dazu waren sie einerseits innerlich noch nicht geschlossen genug, und dazu war andererseits die wirtschaftliche Lage – im Vergleich zur Notsituation der Inflationsjahre – trotz weiterbestehender Arbeitslosigkeit doch für breite Schichten der Bevölkerung besser geworden. Deshalb erfreute sich die Weimarer Koalition aus Industrie, bürgerlicher Intelligenz und sozialdemokratisch organisierter Arbeiterschaft, die sich zur schwarz-rot-goldenen Fahne bekannte, in dem Jahrfünft zwischen 1924 und 1929 tatsächlich einer relativ stabilen Unterstützung. Hinter dieser Koalition standen wirklich breite Schichten, die davon überzeugt waren, daß sich der Burgfrieden zwischen Großindustrie und Arbeiterschaft zum Wohle der Gesamtgesellschaft auswirken würde. Und sie hofften zugleich, daß aus diesem Bündnis eine innerlich und äußerlich gefestigte Demokratie hervorgehen würde, um den Deutschen endlich jene autoritätsgläubige Untertanenmentalität auszutreiben, die ihnen durch die preußisch-wilhelminischen Kräfte innerhalb der deutschen Geschichte immer wieder aufs Neue eingebläut worden war.

Zugegeben: diese Kreise wirkten als politische Meinungsmacher nicht besonders mitreißend oder gar enthusiasmierend, doch einen solchen Gefühlsaufwand empfanden sie nach den expressionistischen Exzessen nicht gerade als politisches Ideal. Sie waren weitgehend Pragmatiker oder Realpolitiker, die nach »mittleren Lösungen« suchten – eine Einstellung, die im Rahmen der Weimarer Gesamtsituation den Linken nicht links genug und den Rechten viel zu links erscheinen mußte. Anstatt mit hochtönenden und damit massenwirksamen Phrasen aufzutreten, bemühten sie sich lieber, ihre Anhänger durch Nüchternheit, Sachlichkeit und Pragmatismus zu überzeugen. Sie wollten nicht noch einmal dem Fehler der Novemberliteraten verfallen, in allen Dingen den fünften Schritt vor dem ersten zu machen. Diese Leute waren ganz bewußte Pragmatiker des *ersten* Schritts. Anstatt die anderen mit ihren eigenen Träumen und Wünschen zu belästigen, denen man nur allzu leicht die persönliche Frustrierung ansah, versuchten sie, von den Sachen selbst auszugehen. Ihr eigenes Ich schoben sie bewußt in den Hintergrund. Subjektive Velleitäten schienen ihnen in einer modernen Industriegesellschaft nicht mehr das Vordringlichste; im Gegenteil, all das empfanden sie als ausgesprochen romantisch, ja geradezu peinlich. Ihr Ideal war weder ein Paradies des Natürlichen noch ein Paradies des Seelenvollen, wie es Rathenau oder Landauer vorgeschwebt hatte, sondern eine reibungslos funktionierende Planungsgesellschaft jenseits aller überspannten Radikalideologien, in der man erst einmal die Steigerung der industriellen Produktion – als der Basis jedes vernünftigen Fortschritts – ins Auge faßt. Anstatt also zum Endkampf zwischen Kapital und Arbeit anzutreten, setzten sie ihre Hoffnung eher auf einen Burgfrieden zwischen diesen beiden, was notwendig die Gefahr eines Weißen Sozialismus in sich einschloß und bei jeder Krise sofort zu neuen Konflikten führen konnte.

All diese Gedankengänge klingen sehr nüchtern und wirken nicht besonders inspirierend. Und doch war ein solcher Pragmatismus allem überlegen, was die Rechte nach 1923 an Ideen anzubieten hatte. Im Lager der Reaktionäre knüpfte man unverdrossen an einen abgestandenen Wilhelminismus, eine verlogene Bauernverherrlichung, einen imperialistisch ausgerichteten Pangermanismus, einen militanten Rassismus, das Fronterlebnis des Ersten Weltkrieges und andere völkische Konzepte an, die man immer stärker ins Irrationale vernebelte, um so die breiten Massen in den Dunstkreis nationalistischer Erwähltheitsvorstellungen zu ziehen. Dort empfand man den Ersten Weltkrieg nicht als den letzten aller Kriege, wie es im Lager der linksliberalen Pazifisten hieß, sondern als eine unverdiente Niederlage, die es durch neue Siege wieder wettzumachen gelte. Diese Kreise zogen nur falsche, das heißt chauvinistische Lehren aus der unmittelbaren Vergangenheit. Sie priesen nicht das Ideal einer ›sachlich geplanten Gütererzeugung‹, sondern verlangten nach Stärkung der Rasse, wirtschaftlicher Autarkie, Volksgesundung auf bäuerlicher Grundlage und doch verstärkter Rüstungsindustrie, um Deutschland von der ›Schmach von Versailles‹ zu erlösen – eine Haltung, die ihren berüchtigtesten Ausdruck in der Dolchstoßlegende fand. Die Rechten betrachteten die Weimarer Republik nur als einen Verrat an der deutschen Seele, als ein schmähliches Zwischenreich, als einen Un-Staat, gegen den sie den kleinbürgerlichen Haß auf alles Technische, Großstädtische, Liberalistische, Emanzipierte zu mobilisieren versuchten.

Verglichen mit solchen Konzepten hatten die bürgerliche Mitte und die SPD, die sich auf den ›Boden der Tatsachen‹ stellten, allerdings mehr anzubieten: eine Vermittlungsstrategie gegenüber der Sowjetunion (Vertrag von Rapallo, 1922), eine Versöhnung mit Frankreich (Locarno-Verträge 1925), eine positive Einstellung zum technischen Fortschritt, eine Auflockerung der alten Untertanenmentalität, einen neuen Liberalismus im Bereich der zwischenmenschlichen Beziehungen und sogar einen gewissen Humanismus. Statt die Linksradikalen einfach niederzuknüppeln, wie das zwischen 1919 und 1923 geschehen war, versuchte man in den Jahren zwischen 1924 und 1929 – neben weiterbestehenden Unterdrückungsmaßnahmen – doch auch ein wenig mit den Linken zu konkurrieren, indem man die Forderung nach dem Achtstundentag wie überhaupt einer größeren Arbeiterwohlfahrt und damit fortschreitenden Demokratisierung und Homogenisierung der Bevölkerung aufgriff. All das war nicht gerade viel – und wurde obendrein von den bürgerlichen Partnern der SPD immer wieder zu ihren Gunsten verfälscht und korrumpiert. Aber gegenüber dem autoritären wilhelminischen Reich, in dem die Arbeiterklasse überhaupt keine Möglichkeit zur Mitsprache gehabt hatte, war das immerhin ein kleiner Fortschritt. Welche explosiven Widersprüche diesen Bemühungen zugrunde lagen, zeigte sich 1929 beim Ausbruch der großen Weltwirtschaftskrise, als sich dieser Burgfriede zwischen Kapital und Arbeit als eine Illusion entpuppte.

Die ›guten Europäer‹

Eins der ersten Leitbilder, das gewisse Liberale dem Chauvinismus der wilhelminischen Ära entgegensetzten, war das der ›guten Europäer‹. Diese Gruppe war relativ klein, jedoch unübersehbar, da sie sich weitgehend aus jenen großbürgerlichen Schichten zusammensetzte, denen alle Möglichkeiten der Publizität von vornherein offenstanden. Die meisten Vertreter dieses Denkens rekrutierten sich aus jenen kapitalkräftigen Kreisen, die schon vor dem Ersten Weltkrieg auf gesellschaftlichem, wirtschaftlichem und kulturellem Sektor zu Ländern wie England und Frankreich recht enge Beziehungen gepflegt hatten. Sie waren es auch, die sich jetzt mit besonderer Emphase hinter die Verständigungsstrategie eines Gustav Stresemann und Aristide Briand stellten und alles Chauvinistische als altmodisch, als 19. Jahrhundert bezeichneten. Doch gerade in diesem Internationalismus zeigt sich zugleich die Begrenztheit dieser Politik. Denn ein solches ideologisches Leitbild war trotz seiner positiven Verständigungsstrategie nicht wirklich republikbezogen oder gar demokratisierend, sondern knüpfte einfach an die hergebrachte adlig-großbürgerliche, individualistisch-impressionistische Geschmackskultur der Jahrhundertwende an. Schließlich hatten diese Kreise schon im wilhelminischen Reich ihre Herrenanzüge aus London und ihre Damenkleider aus Paris bezogen. In diesem Punkte war also kaum ein Wandel eingetreten. Schon damals hatten die wahren Snobs dieser Gesellschaft über das Nur-Deutsche, das heißt das Grobe, Unelegante und Ungepflegte, höchst verächtlich die Nase gerümpft.

Viele der ›guten Europäer‹ in den goldenen Jahren der Weimarer Republik blickten deshalb nostalgisch auf die Koterien der Dandies, Snobs und Globetrotter des Fin-de-siècle zurück. Ihr höchstes Ideal war nicht die Sachlichkeit, so sehr sie sich auch auf den ›Boden der Tatsachen‹ stellten, indem sie alle expressionistischen Utopien als kindische Träume wildgewordener Kleinbürger belächelten, sondern das Individuelle, Pikante, Ausgefallene, Fashionable, Pittoreske, das Interessante im weitesten Sinne des Wortes. So behauptete etwa Oskar A. H. Schmitz, einer der zähesten Vertreter der impressionistischen Geschmackskultur um 1900, in seinem Buch *Wespennester* (1928) ausdrücklich, daß durch die Zunahme »kollektivistischer« Ideologien (77) das Ideal der »Persönlichkeit« merklich im Schwinden sei (17), worin er den eigentlichen »Untergang des Abendlandes« sah.

Wohl seinen prägnantesten Ausdruck fand dieser großbürgerliche Internationalismus, der das kultivierte Einzel-Ich weit über die unkultivierten Massen stellte, in modebewußten Zeitschriften wie *Der Querschnitt* (1921–1936) oder *Die literarische Welt* (1925-1933). Der *Querschnitt*, der von Alfred Flechtheim gegründet und von H. von Wedderkop herausgegeben wurde, vertrat die Ideologie der ›guten Europäer‹ wohl am reinsten. Was auf seinen Seiten gepriesen wird, ist immer wieder ein großbürgerlich-genießerischer Pluralismus, der in völliger Ideologie- und Vorurteilslosigkeit einen ›höheren Standpunkt‹ bezieht und sich dann aus dem vielfältigen Angebot der verschiedenen Kulturländer das Beste auswählt, wobei England und Frankreich deutlich gegenüber ›vulgären‹ Ländern wie den USA oder der Sowjetunion bevorzugt werden. Auf einer solchen Basis bezeichnete Wedderkop den *Querschnitt* 1924 programmatisch als »die einzige deutsche Zeitschrift wahrhaft europäischen Gepräges«, die sich um eine absolute »Vorurteilslosigkeit« bemühe und vom ideologischen »Gerede« wieder zu den »Tatsachen« zurückkehren wolle. Ihre »Sachlichkeit« bestehe in einem »Internationalismus« auf »persönlicher Basis«, wie es ausdrücklich heißt, der von jener »geistigen Elite« getragen werde, die sich für alles interessiere, was »salonfähig« sei (5,90 ff.). Die »älteste Plage der Welt« sah Wedderkop in jenen unleidlichen »Verbesserern« (sprich Expressionisten), die unbedingt alles »anders« machen wollten (5,289). Er schrieb deshalb 1925 in seiner »Jahresbilanz«, daß der *Querschnitt*, wie schon sein Name sage, ein Blatt »ohne Richtung« sei. Diese Zeitschrift bejahe die »heterogensten Tatbestände, aus denen sie das Beste sauge« (6,195).

Und so sieht das Ganze denn auch aus, vor allem in den Jahren zwischen 1923 und 1929. Überall bekommt man im Sinne eines älteren Dandyismus oder Ästhetizismus bloße Modeneuheiten vorgesetzt. Immer wieder geht es vornehmlich um das, was schick, pikant, ausgefallen, das heißt *à tout prix up to date* ist, wobei neben deutschen auch französische oder englische Texte auftauchen. Alles wird zu modischem Nippes stilisiert oder einfach journalistisch zerplaudert. So liest man von berühmten Damenfrisören, dem Lebensstil der *Eaton Boys*, reichen Sammlern, exquisiten alten Möbeln, Filmstars, Wintersportvergnügen in St. Moritz, teuren Pelzmänteln, Poloturnieren, Proust-Romanen, den Vorführungen der Spanischen Reitschule, Auktionsrekorden, Ibach-Flügeln, seltenen Schoßhündchen, Antiquitäten, Kostümfesten der High Society, neuesten Delikatessen, Luxusautos, Eintänzern in vornehmen Lokalen, Ministersöhnchen, den Tennisspielen in Wimbledon – das heißt von allem, was *taste* oder *goût* verrät. Was daneben an Künstlern auftaucht, sind vor allem Maler wie Pascin, Kisling, Dufy, Marie Laurencin oder Schriftsteller wie Musil, Thomas Mann, Benn, Pound, Valéry und Cocteau, denen man die üblichen Feuilletons widmet. Doch um auch Vorurteilslosigkeit und Weltaufgeschlossenheit zu demonstrieren, bringt man im Bildteil – schon um einen pikanten Kontrast zu erzielen – ebenso gern Fotos von Boxern, Jazz-Kapellen, Sportsheroen, Vergnügungsstars wie Josephine Baker und Maurice Chevalier, ja sogar von einfachen Soldaten und Arbeitern, die sich neben einem Rockefeller, der auf Wolkenkratzern Tennis spielt, besonders interessant ausnehmen. Wer so modern und schick sein will wie der *Querschnitt*, stellt eben Shaw nicht nur im Smoking, sondern auch in der Badehose dar.

Ein ähnlicher Pluralismus des Interessanten herrscht in der *Literarischen Welt*. Auch hier wird man nicht mit einem Programm konfrontiert, sondern bekommt vorwiegend Bedeutsames und Ausgefallenes aufgetischt. Statt einer klar umrissenen Weltanschauung dominiert auch in diesem Blatt ein »Internationalismus« auf »persönlicher Basis«, wodurch wiederum das Subjektive, diesmal in der Form der Verlegersorgen, des Werkstattgesprächs, des spontanen Interviews in den Vordergrund tritt. Fast nirgends geht es um größere Themen, Richtungen oder Programme. Die Welt ist hier rein die »Literarische Welt«, das heißt die Welt jener Schichten, die auch im Literarischen über das Feinste, Beste, die Werke der ›guten Europäer‹ informiert werden möchten. Während im *Querschnitt* die Großbürger unter sich bleiben, bleiben hier die Literaten unter sich. Das wirkt zwar auf Anhieb, vor allem im Hinblick auf das Werkstattmäßige, höchst sachlich, dringt aber selten zu übersubjektiven Zielsetzungen vor. Hier herrscht jener Geist, den in den gleichen Jahren auch gewisse Völkerbund-Schwärmer oder ein Mann wie der Graf Coudenhove-Kalergi, der Führer der paneuropäischen Bewegung, vertraten, der 1927 in seinem Buch *Held oder Heiliger* behauptete, daß es das Ziel der westeuropäischen Demokratien sein müsse, »aus ihrer Mitte eine neue Aristokratie zu schaffen« (227). Doch mit solchen Thesen konnte man nur die Hochkulturschichten und nicht die breite Masse der Bevölkerung gewinnen. Das Leitbild der ›guten Europäer‹, so reklamewirksam es auch vertreten wurde, hatte darum nur einen gewissen Achtungserfolg. Wer es im Umkreis der Weimarer Koalition wirklich ernst mit dem Gedanken einer durchgreifenden Demokratisierung Deutschlands meinte, schloß sich nach 1923 eher dem Leitbild Amerika an, das keinen aristokratischen Beigeschmack hatte und daher eine viel größere Massenwirksamkeit entfalten konnte.

Die USA als Leitbild technischer Vernunft

Während also gewisse großbürgerliche Schichten – unter Berufung auf die Stresemann-Briand-Politik – weiterhin dem Konzept der ›guten Europäer‹ anhingen, gingen Teile des fortschrittlichen Mittelstands wie auch der Intellektuellen und Gewerkschaftsführer um 1923/24 eher dazu über, die USA als das maßgebliche Vorbild der zukünftigen Entwicklung in Deutschland hinzustellen. Kurz nach 1919 hatte in Deutschland – wegen der Enttäuschung über die Nichtdurchführung von Wilsons Vierzehnpunkte-Programm – auf ideologischem Sektor erst einmal eine deutliche Amerika-Baisse geherrscht. Doch dann wurden die USA geradezu über Nacht zum entscheidenden Leitbild der Weimarer Koalition im Hinblick auf Ankurbelung und Stabilisierung des wirtschaftlichen Getriebes. Allerdings sah man die USA dabei so, wie man sie unter neo- oder postkapitalistischer Perspektive sehen wollte: als ein Land des Pragmatismus, des Tatsachenkults, der sachbezogenen Arbeitsverhältnisse, das heißt als eine nüchtern geplante, durchrationalisierte Industrie- und Leistungsgesellschaft, deren Lebensstandard dem aller anderen Länder in der Welt haushoch überlegen sei. Hier glaubte man eine wohlfunktionierende Demokratie mit voll ausgebildeter Massenkultur vor Augen zu haben, die im Gegensatz zu Frankreich oder England alle veralteten Ideologiekonzepte der bisherigen High Society einfach über Bord geworfen habe. Dies sei eine Demokratie, liest man immer wieder, die aufgrund ihres hohen Lebensstandards so reibungslos funktioniere, daß man dort über den von der Weimarer Koalition so gefürchteten Radikalismus bloß noch lache.

Der Amerikanismus der mittleren zwanziger Jahre ist daher nicht nur ein Produkt des Dawes-Plans und des mit ihm verbundenen Dollarsegens, sondern muß ideologisch in wesentlich größeren Zusammenhängen gesehen werden. Er beruht auf einer mit Furcht gemischten Bewunderung vor dem mächtigsten Industriestaat der Erde, der aus dem Ersten Weltkrieg als die Weltmacht Nr. 1 hervorgegangen war und sich damit – gewollt oder ungewollt – allen anderen westlichen Industrienationen als politisches, gesellschaftliches und kulturelles Vorbild aufdrängte. Schließlich waren die USA nicht nur das Land mit der höchstentwickelten Industrie, die 1923 49% aller in der Welt hergestellten Fertigwaren produzierte, sondern zugleich der Staat, der auch auf allen anderen Gebieten jene Gleichzeitigkeit von Produktion, Kultur und Lebensgefühl erreicht hatte, für die es in Westeuropa lediglich erste Ansätze gab. Dort war bereits das eingetreten, wonach sich die Ideologen anderer kapitalistischer Länder immer noch sehnten: ein Burgfriede zwischen Kapital und Arbeit, der zu steigenden Löhnen, einem rapide anwachsenden Konsum und damit zu einer ungeahnten wirtschaftlichen Prosperität geführt hatte. In den USA, behaupteten viele, gebe es kaum noch Klassen oder Stände. Dort besitze bereits jeder das gleiche Häuschen, das gleiche Auto, die gleiche individuelle Mobilität, die gleiche Freiheit. Und damit sei jedes rebellische Klassenbewußtsein unter den Arbeitern verschwunden. Jeder habe dieselbe gesellschaftliche Chance, jeder bediene sich derselben Abzahlungssysteme und trage damit direkt oder indirekt zur Massenherstellung sorgfältig standardisierter Industrieerzeugnisse bei. Während in Westeuropa die ökonomischen Bedürfnisse immer noch auf Klassenansprüchen beruhten, sei in den USA durch den Aufbau von Riesenkonzernen und geschickt gezielte Reklame, das heißt durch eine demokratisch ausgerichtete Bedürfniserweckung, bereits ein positiver Trend ins Massenhafte entstanden, der zu einer systematischen Verbürgerlichung der Handarbeiter und damit einer weitgehenden Homogenisierung des gesellschaftlichen Gefüges geführt habe. Gezielte *sunshine campaigns* hätten hier jene optimistisch stimmende Atmosphäre geschaffen, in der Arbeit und Kapital keinen absoluten Gegensatz mehr bildeten, sondern zu gesellschaftlichen Bündnispartnern innerhalb des gleichen Konkurrenzsystems geworden seien. Statt auch in der US-Gesellschaft auf die weiterbestehenden Widersprüche zwischen kollektiver Produktion und privatwirtschaftlicher Aneignung hinzuweisen, wurde diese Form der Sozialpartnerschaft fast ausschließlich als ein Prozeß ins Integrative hingestellt, von dem man nur lernen könne. In diesem Lande sei man endlich sachlich geworden, heißt es immer wieder. Hier sehe man in der Forderung nach steigendem Lebensstandard weniger ein ideologisches Problem als ein Problem avancierterer Technologie. Das Ergebnis dieser Einstellung sei ein größerer Pragmatismus, eine bessere Organisation und ein zufriedenstellendes Betriebsklima, die zu höherer Produktivität, besseren Löhnen und einem größeren Wohlstand für alle geführt hätten.

Die beiden großen Schlagworte, die im Zusammenhang solcher betriebswirtschaftlichen Überlegungen meist fallen, sind Taylorismus und Fordismus. Unter Taylorismus verstand man jene Methode des *scientific management*, die Frederik Taylor, ein Ingenieur der ›Midvale Steel Company‹, bereits vor dem Ersten Weltkrieg entwickelt hatte und die auf der Zerlegung der Herstellungsweise eines bestimmten Produkts in Hunderte, ja manchmal Tausende von genau kalkulierten Einzelvorgängen beruhte, wodurch jeder Arbeiter nur noch den berühmt-berüchtigten ›einen Griff‹ zu leisten brauchte. In der industriellen Praxis führte diese Methode zu einer fortschreitenden Rationalisierung und Verwissenschaftlichung der gesamten Betriebsführung, was sich als Eliminierung aller unnützen Arbeitsgänge und damit als gewaltige Produktionssteigerung auswirkte. Hand in Hand mit dieser ›Taylorei‹ ging die Einführung von Stoppuhr, Stücklohn und Akkordarbeit, die teilweise zu einer Vervierzig- bis Versechzigfachung der Produktion führten, aufgrund derer sich die Kapitalherren ruhig gewisse Lohnerhöhungen leisten konnten. Auch Henry Ford hatte diese Methode schon vor dem Ersten Weltkrieg aufgegriffen und 1913 in seinen Detroiter Automobilfabriken die Fließ- oder Gleitbandherstellung eingeführt. So bestand etwa der Herstellungsprozeß des bekannten Modell T in den zwanziger Jahren aus 7882 einzelnen Arbeitsgängen. Durch diese betrieblichen Reformen wurde der Arbeitsrhythmus nicht mehr vom Arbeiter selbst, sondern von Stoppuhr und Band bestimmt und dem einzelnen somit die Möglichkeit genommen, sich unzulässig von seinem Arbeitsplatz zu entfernen. Auf der Basis des kombinierten Taylorismus und Fordismus gelang es der nordamerikanischen Schwerindustrie, zwischen 1919 und 1927 zehnmal so schnell zu wachsen wie in den Jahren zwischen 1900 und 1919. Daher wurden diese Methoden schließlich auf alles übertragen: selbst auf Kleinbetriebe und Büros, wo man durch Einführung des Hollerith-Systems, der maschinellen Buchung und der statistischen Kundenerfassung schnell eine weit größere Effektivität erzielte.

In Deutschland erfuhr man von diesen Ideen vor allem durch Henry Fords Autobiographie *Mein Leben und Werk*, die 1923 erschien und schnell zu einem Bestseller wurde, von dem sich in kurzer Zeit 200000 Exemplare absetzen ließen. Dieses Buch galt in manchen Kreisen geradezu als die Bibel der Weimarer Stabilisierungsepoche. Hier fand man alles, wonach man suchte: die These von der Sozialpartnerschaft von Kapital und Arbeit, die Forderung nach strikter Rationalisierung, die Hoffnung auf einen unaufhaltsamen Anstieg des Lebensstandards und all die anderen Wunschträume der Strategen einer sozialen Marktwirtschaft. Statt sich mit Ideologien abzugeben, stellt Ford all diese Dinge als reine Organisationsprobleme hin. Höhere Löhne führen nach seiner Theorie zu größerer Kaufkraft, größere Kaufkraft zu größerem Konsum, größerer Konsum zu größerer Nachfrage, größere Nachfrage zu größerer Produktion und schließlich größere Produktion zu höheren Löhnen. Und zwar wird dieser

Gerd Arntz: *Fabrik* (1927)

Zyklus nicht als Kapitalismus, sondern als neue Ethik hingestellt. Ein solches System ist für Ford ein »*social service*«, wie er auch den Unternehmer nicht als Konzernherrn, sondern als Diener an der Allgemeinheit bezeichnet. Wie politisch das Ganze gemeint war, geht aus seiner Beteuerung hervor, daß man den Bolschewismus, worin auch er die Hauptgefahr sieht, nur durch den eben beschriebenen Zyklus und den durch ihn in Gang gehaltenen Massenkonsum bannen könne. Er schreibt darüber in seinem Buch *Das große Heute und das noch größere Morgen* (1927) mit bemerkenswerter Deutlichkeit: »Gutbezahlte Arbeiter beteiligen sich an keiner sinnlosen Umwälzung« (326).

Solche Thesen lösten in Deutschland, vor allem bei der Weimarer Koalition, also der SPD, den Gewerkschaften und den kapitalistisch ausgerichteten Parteien, verhohlene Anerkennung, ja geradezu offene Bewunderung aus. Wie schnell dieser Fordismus um sich griff, beweist etwa das Buch *Ford-Betriebe und Ford-Methoden* (1925) von Paul Rieppel, in dem Henry Ford als organisatorisches Genie ohnegleichen, als der erste Diener seines Staats, als der »größte Preuße Amerikas« hingestellt wird (29), der nicht von Profitgier, sondern von Dienstleistungswillen beseelt sei – was fast an die Vorstellung jenes »preußischen Sozialismus« anklingt, wie ihn Oswald Spengler damals forderte. Auch Friedrich von Gottl-Ottlilienfeld vertrat in seinem Buch *Vom Sinn der Rationalisierung* (1929), das mit einem Geleitwort von Carl Friedrich von Siemens herauskam, die These, daß der Fordsche »Großbetrieb«, der von den Rohstoffquellen über die industrielle Fertigung bis zu den Einzelhändlern alles im Rahmen eines genau durchkalkulierten Systems organisiere, ein Gebot der »technischen Vernunft« sei, da sich nur durch eine solche stromlinienförmige Rationalisierung die fabrikatorische »Ertriebswucht« steigern lasse (V). Ja, schon in seinem Buch *Fordismus* (1924) stellte Gottl-Ottlilienfeld, ein späterer Nationalsozialist, wie Ford die These auf, daß der moderne Kapitalismus weniger auf »Profit« als auf »Dienst am Ganzen« ziele – und somit bereits eine Reihe sozialistischer Elemente in sich aufgenommen habe. Ford sei kein Reaktionär, heißt es hier, sondern ein Progressiver, der die Gefahr des »unheimlich leuchtenden roten Sozialismus« durch einen »weißen Sozialismus der reinen, tatfrohen Gesinnung« zu bannen versuche (37).

Angesichts solcher Publikationen, zu denen auch Bücher wie *Bei Henry Ford* (1924) von Fritz Bredow und *Rationalisierung des industriellen Produktionsprozesses* (1924) von A. E. Honisch gehören, hatte es ein Buch wie *Ford oder Marx* (1924) von Jakob Walcher relativ schwer, sich überhaupt Gehör zu verschaffen. Walcher wendet sich in dieser Schrift scharf gegen Sozialdemokraten wie Heinrich Ströbel, die 1923, nach Erscheinen der Fordschen Autobiographie, Ford als einen »willkommenen Verbündeten des Sozialismus« hingestellt hatten. Er findet im Gegensatz zu den Liberalen die soziale Frage im Rahmen des Kapitalismus nicht lösbar und verdammt daher den trügerischen Burgfrieden zwischen Kapital und Arbeit, der sich bei der erstbesten Krise sofort als illusionär erweisen werde. Obendrein weist Walcher auf den eklatanten Antisemitismus, das Konzept einer gemeinsamen Arbeitsfront, die Gegenüberstellung von raffendem und schaffendem Kapital und all jene Elemente in den Fordschen Schriften hin, die später von den Nationalsozialisten als demagogische Tricks aufgegriffen wurden. Ähnliche Einsichten finden sich in dem Buch *Abbe und Ford. Kapitalistische Utopien* (1927) von Hilde Weiss, die Gottl-Ottlilienfelds These vom »weißen Sozialismus« als eine infame »Unternehmer-Ideologie« zu entlarven suchte (26), da im Kapitalismus selbst durch eine »Diktatur der Vernunft« der alte »Widerspruch zwischen gesellschaftlicher Kooperation und privater Aneignung« nicht verschwinde. Schließlich habe die ›Ford Motor Company‹ die höchste Profitrate in der Welt.

Doch Walcher und Weiss blieben einsame Stimmen. Die meisten Intellektuellen ließen sich nicht nur durch die Versprechungen Taylors und Fords, sondern durch den amerikanischen Wohlstand, den amerikanischen Traum einer absolut gerechten Demokratie, ja den *american way of life* schlechthin in den Bann schlagen. Ab 1923/24 sind daher die deutschen Zeitungen und Zeitschriften voller Bekenntnisse eines begeisterten Amerikanismus. Überall erscheinen Amerika-Bücher, in denen die USA nicht mehr als das Fremde, Vulgäre, Kolonienhafte, sondern als das Bessere, Entwickeltere, Modernere hingestellt werden, da man dort bereits eine Sozialisierung der Technik und damit eine Demokratisierung der Gesellschaft erreicht habe. An die Stelle des expressionistischen Ekstatikers, Philosophen, Dichters oder Intellektuellen tritt daher als journalistisches Leitbild mehr und mehr der »amerikanoide Pragmatiker«, wie es in der *Neuen Bücherschau* 1924 heißt (2,38). So stellt etwa Julius Hirsch in seinem Buch *Das amerikanische Wirtschaftswunder* (1926) die blühenden Vereinigten Staaten nicht mehr wie bisher als jenes Land hin, in dem eine geistige Nivellierung und Kulturlosigkeit herrsche, sondern wo man unter dem Slogan »Wohlstand für alle« eine wahrhaft soziale Demokratie geschaffen habe. Er fordert daher am Schluß – im Hinblick auf das zurückgebliebene Deutschland – geradezu apodiktisch: »Schnelle Anpassung ist notwendig« (252). Das gleiche behauptet Theodor Lüddecke in seinem Aufsatz »Amerikanismus als Schlagwort und Tatsache«, der 1930 in der *Deutschen Rundschau* erschien und in dem er den deutschen Ideologen mit dem nordamerikanischen Pragmatiker konfrontiert. Geredet habe man in Deutschland genug, heißt es hier, jetzt sei endlich die Zeit gekommen, sich auf den »Boden der Tatsachen« zu stellen und auf die Stimme der »technischen Vernunft« zu hören. »Durch Reden erzeugt man weder Kartoffeln noch Automobile«, schreibt Lüddecke. »Wirtschaftliche Werte« würden nur durch einen amerikanischen Pragmatismus, das heißt durch »sachliche Arbeit« geschaffen (218). Max Rychner beantwortete 1928 in der *Neuen Rundschau* die Frage nach einer möglichen »Amerikanisierung Europas« mit einem emphatischen »Ja«, da nur ein solcher Einfluß zu einer Revitalisierung dieses Kontinents führen könne (39,234). Ja, Claus Schrempf schrieb einige Jahre später in der gleichen Zeitschrift, daß mit der »technokratischen Heilslehre« der Nordamerikaner ein völlig »neues Zeitalter der Menschheitsgeschichte« angebrochen sei (44,603). Und so konstatierte Edgar A. Mowrer schon 1928 in seinem Buch *Amerika. Vorbild und Warnung* das allmähliche Ineinanderwachsen der USA und Westeuropas zu einem Großraum, den er die »Vereinigten Staaten einer euro-amerikanischen Kultur« nannte.

Durch solche Konzepte wurde die bisherige Kritik an den nivellierenden Einflüssen der westlichen Zivilisation, die sich von Langbehns *Rembrandt*-Buch (1890) bis zu Thomas Manns *Betrachtungen eines Unpolitischen* (1918) findet, im Rahmen der Weimarer Koalition bewußt in den Hintergrund gedrängt. Die Avantgardisten unter den Vertretern dieser Richtung setzten sich nicht mehr für eine Rückkehr zu traditionellen Kulturvorstellungen ein, sondern bekannten sich ganz offen zu den Segnungen der modernen Zivilisation: der Technik, der Großstadt, dem Massenkonsum, weil sie nur darin den einzig sinnvollen Weg zu größerer Demokratie und einem allgemein steigenden Wohlstand sahen. Diese Kreise gaben alle neoromantischen oder repräsentationsbewußten Allüren der älteren High Society auf und wandten sich Gesellschafts-Konzepten zu, die auch die breiten Massen berücksichtigten. Auf diese Weise wurden nordamerikanische Zivilisations-Phänomene wie Technik, Sport, Jazz, Wolkenkratzer, die man bisher als Ausgeburten des Häßlichen oder Kulturlosen angeprangert hatte, plötzlich zu Leitbildern einer wahrhaft demokratischen und damit freien Welt. Eins der besten Beispiele dieser Gesinnung ist wohl das *Amerika*-Buch (1926) von Erich Mendelsohn, in dem die USA – auf der Basis von Fotografien monströser Wolkenkratzer – als die »Hoffnung einer neuen Welt« begrüßt werden.

Im Vergleich zu den Fortschritten der nordamerikanischen Zivilisation schien diesen Autoren die deutsche Kultur reichlich altmodisch, ja geradezu abgestanden. Was sie propagierten, war darum vor allem eine rasche Ankurbelung der Industrie, um Deutschland wieder auf den letzten technischen Standard zu bringen. Und dazu eignete sich nun einmal am besten das Vorbild der USA. Auf der Grundlage der bereits vorhandenen Industriekapazität und des reichlich fließenden Kreditsegens erlebte deshalb die deutsche Wirtschaft nach 1923 einen solchen Aufschwung, daß sie 1928 wieder den Vorkriegsstand und damit die zweite Stelle in der Rangliste aller Industrienationen der Welt erreichte. Daraus ergaben sich nicht nur für die relative Stabilisierung des Kapitalismus und der Weimarer Koalition, sondern auch für das Lebensgefühl, die Ideiologiebildung, das Mode- und

Kulturbewußtsein dieser Jahre entscheidende Folgen. Auf geradezu allen Gebieten schwor man – auf der Basis der steigenden Güterproduktion – plötzlich auf Amerika. Bei diesem Glorifizierungsprozeß wurden die USA zum Leitbild einerseits einer wahrhaft demokratischen Zivilisation, andererseits eines wohlfunktionierenden Kapitalismus erhoben. Daß sich hinter diesem Doppelleitbild eine Fülle von Widersprüchen verbarg, deren Auflösung eher in Richtung Kommerz als in Richtung Demokratie drängte, wollten die Idealisten unter diesen Theoretikern der technischen Vernunft nicht wahrhaben. Ihnen ging es erst einmal um die Durchsetzung der Demokratie, und zwar ganz gleich, welcher Mittel man sich dabei bediente. Und da diese Mittel nun einmal die Mittel des Monopolkapitalismus waren, handelte man sich notwendig auch die Konsequenzen dieser Mittel ein.

Technik und Arbeit

Die erste Folgerung aus diesen zivilisatorischen Sachlichkeits-Thesen war eine immer positivere Bewertung alles Technischen, Maschinellen und Durchorganisierten, die teilweise zu einem überspannten Technikkult und einer ebenso forcierten Maschinenschwärmerei führte. Während die kulturbewußten Kreise der Intelligenz bisher der Technik weitgehend feindselig gegenübergestanden hatten, ohne allerdings auf den durch sie möglich gewordenen Komfort zu verzichten, trat man jetzt solchen Phänomenen wesentlich aufgeschlossener entgegen. Was die Liberalen um 1925 verklärten, waren nicht mehr großbürgerliche Ideale einer parasitären Muße, eines Glücks der *happy few*, sondern eher Konzepte eines größeren Verantwortungsbewußtseins der arbeitenden Bevölkerung gegenüber. Die Masse der Menschen arbeite nun einmal in Fabriken, an Maschinen, in Konstruktionsbüros, hieß es, wo sich jene Produktionssteigerung vollziehe, ohne die jede Forderung nach Anhebung des allgemeinen Wohlstands notwendig illusorisch bleiben müsse. Es war daher die Vorstellung einer sich ständig verbessernden Technologie, die dem bürgerlich-liberalen Optimismus den stärksten Auftrieb gab. So schrieb Graf Coudenhove-Kalergi 1925 in seinem Buch *Praktischer Idealismus*: »Die Technik hat die Tore des Paradieses gesprengt: durch den schmalen Eingang sind bisher nur wenige geschritten (die Dollarmillionäre), aber der Weg steht offen, und durch Fleiß und Geist kann einst die ganze Menschheit jenen Glückskindern folgen« (113). Nicht minder emphatisch heißt es in der Gedichtsammlung *Die Sache ist die* (1924) von Hannes Küpper und Max Vallentin, daß die Befreiung aller nur das Werk einer avancierteren Technologie sein könne (62).

In der Zeit nach 1923 kamen daher zahlreiche Bücher heraus, welche die bisher von der bürgerlichen Intelligenz verachtete Technik als etwas ästhetisch Schönes, Bedeutsames, meisterlich Operierendes hinstellten. So erschienen 1928, auf dem Höhepunkt dieser Technikbegeisterung, gleich drei Bücher mit Titeln wie *Schönheit der Technik* von Otto Wagner, *Schönheit der Technik* von Franz Kollmann und *Bildungswerte der Technik* von Hermann Weinreich. Heinrich Hauser brachte im gleichen Jahr sein Buch *Friede mit Maschinen* heraus, das weitgehend auf sachlichen Industriebeschreibungen beruht und sich ebenfalls gegen die latente Maschinenfeindschaft wendet. Technik sei heute kein »Wunder« oder »Dämon« mehr, heißt es hier, sondern eine absolute Notwendigkeit.

Dahinter stand selbstverständlich viel echter demokratischer Wille. Indem sich jedoch diese Vervollkommnung des Technischen im Bereich einer kapitalistisch strukturierten Industrie vollzog, bekamen solche Konzepte zwangsläufig eine gewisse Ambivalenz. Doch diese Widersprüchlichkeit wurde meist, bewußt oder unbewußt, übersehen. Was die Vertreter der technischen Vernunft herausstellten, war erst einmal das Positive. Und dieses Positive sahen sie vor allem in der Befreiung des Arbeiters aus der bisherigen Knochenmühle der Handarbeit. Die Maschine galt daher in diesen Kreisen nicht mehr als minderwertiger Apparat, sondern als das höchste Meisterwerk des menschlichen Geistes schlechthin, weil es zu einer Verbesserung des realen Lebens beitrage und damit die älteren Formen religiöser und ästhetischer Kompensation für ungelebtes Leben allmählich hinfällig mache. Kein Wunder, daß sich die Produzenten solcher Maschi-

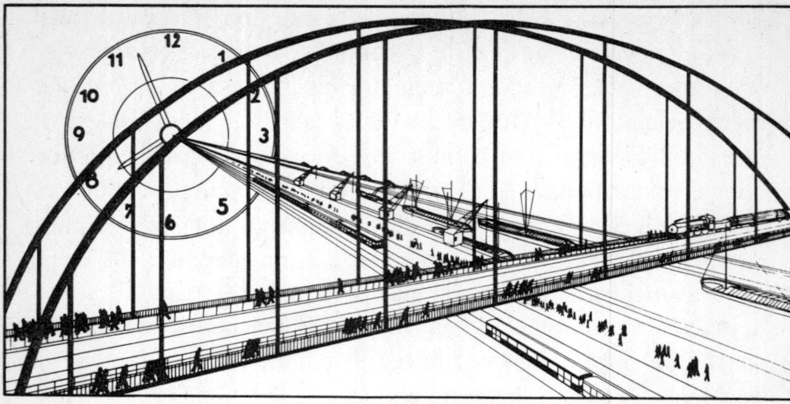

Oskar Nerlinger: *Straßen der Arbeit* (1923)

nen plötzlich einer enormen Hochschätzung erfreuten. Während früher das künstlerische Genie auf der obersten Sprosse der bürgerlichen Verehrungsskala gestanden hatte, sah man jetzt in den Erfindern oder Ingenieuren die eigentlichen Wegbereiter der Humanität. Die Poeten, die Philosophen, die Geisteswissenschaftler fielen als Leitbilder immer stärker hinter der technischen Intelligenz, hinter einer Madame Curie oder einem Einstein zurück. Der Geniekult wurde überhaupt geringer. Dafür betonte man eher die Gleichheit, die gemeinsame Zielrichtung, die Hingegebenheit an die Sache, aber nicht die eigene oder irgendeine andere Person. Es gab sogar solche, die sich als Teil eines großen Heers von Arbeitsmännern hinstellten, das sich – angeführt von Technikern und Ingenieuren – bloß noch der einen großen Sache, nämlich der Verbesserung der Technik, widmet, als ob alle Fabriken und Werkstätten bereits Gemeineigentum wären. Immer wieder ist daher von einer positiven Eingliederung in den allgemeinen Arbeitsprozeß die Rede, wo jeder im Sinne der herrschenden tayloristischen und fordistischen Anschauungen nur noch die Rolle eines freiwillig Dienenden am Ganzen spielt.

Dies wurde von vielen als der einzig gangbare Weg zu einer endgültigen Entfeudalisierung der deutschen Gesellschaft und damit Überwindung des Wilhelminismus mit seinen Adligen, Offizieren, Geheimräten und Fabrikanten empfunden. Ja, manche sahen darin noch mehr, nämlich ein vorsichtiges Lavieren zwischen Kapitalismus und Sozialismus, das heißt einen ›Dritten Weg‹, der sich die positiven, aber nicht die negativen Elemente beider Systeme einverleibe. Nur in einer Gesellschaft, die nicht mehr auf Repräsentation, sondern auf sachliche Verbesserung von Wirtschaft und Staat bedacht sei, behauptete man immer wieder, könne sich ein wahrhaft demokratischer Geist entwikkeln. Das zukünftige Deutschland wurde daher von den Theoretikern der technischen Vernunft gern als ein einziger großer Werkbund, ein einziges großes Bauhaus, eine einzige große Wirtschaftsdemokratie hingestellt, wo sich alle um das Los aller bekümmern, indem sie sich einer Sachlichkeit jenseits von Kapitalismus und Sozialismus befleißigen, die auf Kriterien wie Typisierung, Mechanisierung und Automatisierung beruht. Selbst manche SPD-Mitglieder oder Gewerkschaftsführer betrachteten nach 1923 den ›organisierten Kapitalismus‹ als die beste Lösung der sozialen Frage, da diese Form der Wirtschaft noch am ehesten zur Anhebung des allgemeinen Lebensstandards beitragen könne. Im Hinblick auf die ökonomischen Verhältnisse im 19. Jahrhundert habe Marx durchaus recht gehabt, liest man jetzt,

Bruno Taut: *Wohnhaus* (1927)

jedoch nicht mehr im Hinblick auf die avanciertere Technologie und die mit ihr verbundenen Rationalisierungsmaßnahmen des 20. Jahrhunderts. Hier seien durch bessere Planung, soziales Verantwortungsbewußtsein und Steigerung der Arbeitsproduktivität ganz andere Möglichkeiten geschaffen worden, eventuelle Krisen zu verhindern. Was man daher feierte, war weitgehend ein Kapitalismus ohne Kapitalismus, ohne Imperialismus, ohne Profitgier, ohne plutokratische Entartungen, ohne politischen Lobbyismus, das heißt einen Kapitalismus, den es in der ›wirklichen‹ Wirklichkeit überhaupt nicht gab.

Eine ähnliche Ambivalenz liegt den daraus resultierenden Arbeitskonzepten zugrunde. So läßt sich einerseits beobachten, wie das Phänomen Arbeit, dem die bürgerliche Intelligenz bisher ebenso aus dem Wege gegangen war wie dem Phänomen Technik, in den zwanziger Jahren zu einem durchaus positiven Kriterium aufsteigt, während es andererseits in der erwähnten Ideologie des Dritten Weges befangen bleibt. Positiv zu werten ist erst einmal die Tatsache, daß die expressionistischen Schlaraffenland-Utopien in diesen Jahren schnell an Kurswert verloren. An die Stelle jener Reiche der Seele, der entfesselten Triebe, der poetischen Imagination, der verantwortungslosen Muße und anderer herrschaftsfreier Räume, von denen man um 1918/19 geträumt hatte, tritt jetzt eindeutig die Verpflichtung zur Arbeit in einem gesamtgesellschaftlichen Sinn. Nicht mehr der Bohemien, der Ekstatiker oder visionär begabte Wesenssucher, sondern der tätige, mit der Technik vertraute Mensch, der Ingenieur oder Erfinder, der sich der Sache der Allgemeinheit widmet, wird nach 1923 zum gesellschaftlichen Leitbild. Und daraus ergibt sich die gleiche Widersprüchlichkeit wie auf dem Gebiet der technischen Organisation. Denn auch hier wird die entscheidende Frage nach den Eigentumsverhältnissen entweder idealistisch überspielt – oder einfach so getan, als habe man schon den Zustand des Gemeinbesitzes erreicht.

Als das oberste Ideal galt damals allgemein der Großbetrieb, in dem sich die Arbeit zwar mechanischer, aber zugleich anonymer und damit sachlicher abspiele. Während der Arbeiter oder Angestellte in den bisherigen Kleinbetrieben meist in patriarchalische Bindungen verstrickt gewesen sei, werde er in einem Großbetrieb lediglich als eines der vielen Schrauben und Rädchen angesehen, die man nicht dauernd nachzuprüfen brauche. Hier herrschen nicht mehr die hergebrachte kleinbürgerliche Muffigkeit, die Kuhstallwärme des Patriarchalismus oder andere Zwangspartnerschaften. Hier werde der Mensch nicht mehr nach seinem Charakter, seinem Auftreten, seiner Familienzugehörigkeit oder anderen unsachlichen Qualitäten, sondern allein nach seiner Leistung beurteilt. In solchen Betrieben sei daher der Mensch endlich frei. Anstatt also den Verlust der älteren Bindungen sentimental zu bedauern, wurde die Bindungslosigkeit im Rahmen pluralistisch-demokratischer Gesellschaftsordnungen durchaus positiv beurteilt. Denn eine Entwicklung, die in einer positiv gesehenen Entfremdung kulminiere, um es paradox zu formulieren, führe schließlich neben Verlusten auch zu Gewinnen, nämlich zum Zuwachs an Eigenverantwortlichkeit, anonymem Spielraum und damit einzelpersönlicher Freiheit. Indem der Staat, der Fabrikbesitzer, der Meister, der Bürovorsteher nicht mehr für alles die Verantwortung übernehme, für alles sorge und damit alles kontrolliere, werde der Mensch im Rahmen solcher Arbeitsverhältnisse, in denen er nur eine Nummer sei, endlich freigesetzt, für sich selbst zu sorgen, das heißt seine Chance innerhalb der auf Fairneß aufgebauten Leistungsgesellschaft zu nutzen. Der Übergang zum Großbetrieblichen wurde daher von den Vertretern der technischen Vernunft durchaus nicht als Entfremdung oder Entleerung gesehen, also von Gefahren bedroht, denen man regressive Ideale wie Rückbindung an Familie oder Patriarchat entgegensetzen müsse, sondern als ein erster Vorstoß in einen wirklich herrschaftsfreien Raum, nämlich den einer sachlich geplanten Marktwirtschaft, die jedem Staatsbürger eine ökonomische und gesellschaftliche Sicherheit garantiere, ohne ihn in seiner einzelpersönlichen Subjektivität zu versklaven. Deshalb wurden selbst Taylorismus und Fordismus von diesen Kreisen nicht als Einordnung, Eingliederung oder gar latente Faschisierung, sondern als enorme gesellschaftliche Befreiung in Richtung Anonymität empfunden.

All das kulminierte letzten Endes in der Idealvorstellung, an die Stelle des bisherigen autoritären Personenkults eine allgemeine Sachkultur zu setzen, die auf den jeweiligen Beiträgen der einzelnen zum Gesamten beruht und schließlich in eine reine Dienstleistungsgesellschaft überleitet, die fast sozialistische Züge trägt. Die Befürworter des rein technologischen Fortschritts traten daher, wie gesagt, neben einer drastischen Verkürzung der Arbeitszeit vor allem für eine durchgreifende Rationalisierung des gesamten wirtschaftlichen Gefüges ein. Was andere als steigende Entfremdung hinstellten, empfanden sie als die eigentliche Befreiung. Staat und Wirtschaft waren für sie nur dazu da, ein möglichst reibungsloses Funktionieren der Gesellschaft zu garantieren. Alles andere – vor allem die Verfügung über die arbeitsfreie Zeit – sollte nach ihrer Meinung dem Belieben des einzelnen anheimgestellt werden. Schließlich sei der Staat nicht jener Vater oder allmächtige große Bruder, der die einzelnen Mitglieder einer Familie ständig an die Hand nehmen müsse, sondern nur ein anonym operierender Mechanismus, der für die nötige Fairneß bei der Aufteilung von Arbeit und Freizeit zu sorgen habe.

Großstadtleben

Die logische Konsequenz aus dieser Einstellung war eine immer positivere Bewertung der Großstadt. Während Bewegungen wie die Heimatkunst, der Jugendstil und ein Großteil des Expressionismus die ›Große Stadt‹ als Ausgeburt des modernen Ungeistes, das heißt der Verhäßlichung und Vermassung, noch scharf abgelehnt hatten, sahen die Vertreter der Sachlichkeit nach 1923 gerade im Großstädtischen den reinsten Ausdruck der sich allmählich anbahnenden Demokratisierung und Liberalisierung. Das Leben in der Provinz, in den Kleinstädten oder gar auf dem flachen Lande, das den Wandervögeln und der Freideutschen Jugend noch als das ›eigentliche‹ Leben erschienen war, wie es Theodor W. Adorno später formulierte, galt in diesen Kreisen plötzlich als altmodisch, zurückgeblieben und damit nicht mehr *up to date.* Was die bürgerliche Jugend um 1900 noch als patriarchalisch-anheimelnd, idyllisch, nachbarlich, bindungsreich, vorindustriell oder volks- und vaterlandsverbunden umschwärmt hatte, ließ die meisten Intellektuellen der mittleren zwanziger Jahre weitgehend kalt. Sie ereiferten sich eher für das Gegenteil: die ›Große Stadt‹, und das gerade wegen ihrer gesellschaftlichen Atomisierung, Bindungslosigkeit, Anonymität und damit Liberalität. Hier konnte man ungesehen untertauchen. Hier brauchte man sich nicht dauernd von seinen Nachbarn in den Kochtopf gucken zu lassen. Hier wurde man nicht unentwegt durch die lokale Klatschmühle gedreht. Hier war man endlich ein ›freier‹ Mensch – solange man über das nötige Kleingeld verfügte.

Das bedeutet allerdings nicht, daß man die Natur völlig ablehnte. Jede Form einer sentimentalen Naturschwärmerei galt selbstverständlich als ebenso veraltet wie die Kleinstadt- oder Dorfromantik der Heimatkunstbewegung um 1900. Auch für die expressionistische Naturverherrlichung, die sich meist an Bildern wilder Exotik entzündete, hatte man nicht mehr viel übrig. Was dagegen die Vertreter des Sachlichkeitsprinzips an der Natur auch jetzt noch schätzten, war das Ungekünstelte, Einfache, Natürliche, was zu einer zunehmenden Entromantisierung im Verhältnis zu Berg, Wald und Meer beitrug. Natur war jetzt nicht mehr etwas, wo man Sonnenaufgänge bewunderte, Lagerfeuer anzündete oder in empfindsame Stimmungen verfiel, sondern wo man sich aus gesundheitlichen Gründen aufhielt, das heißt, wo man sich erholte oder Sport trieb. Natur sollte nicht mehr das Ferne, Unerschlossene, Andere, sondern das Leichterreichbare, Zugängliche, Zivilisierte sein. Kurzum: auch die Natur wurde in erster Linie als Sache betrachtet.

Das zeigt sich am deutlichsten an den Städteplanungskonzepten, die man zwischen 1924 und 1929 entwickelte. Überall ist in diesen Jahren plötzlich von einer konsequenten Freiflächenpolitik, von neuen Grüngürteln, Parkanlagen, Sportplätzen oder Trabantenstädten die Rede, um der Allgemeinheit mehr Möglichkeiten einer gesundheitsstärkenden Freizeit zu bieten. Während die Natur bisher vornehmlich ein Reservat vermögender Touristen war, sollte sich jetzt jeder an ihr erfreuen können. Und so wurden von den gemeinnützigen Baugenossenschaften dieser

Jahre keine Mietskasernenviertel mehr gebaut, sondern jene mit Grün durchsetzten Siedlungsanlagen, die inzwischen zum Bestandteil aller modernen Großstädte geworden sind. Wie im Hinblick auf Fabrik und Büro, setzte sich auch im Hinblick auf die Großstadt die Idee eines streng rationellen Verteilersystems durch. So wie man das menschliche Leben in Arbeit und Freizeit einteilte, wollte man auch die Städte einerseits in Fabrik- und Bürogegenden, andererseits in Wohngebiete, Sport- und Grünanlagen einteilen. Alles, ob nun Arbeits-, Freizeit- oder Wohnstätten, sollte für jedermann gleich zugänglich und bequem erreichbar sein, um so jene Kluft zwischen einer parasitären *leisure class* und der Masse der schwer Arbeitenden zu überwinden, die im Rahmen der bisherigen Großstädte zu einer strikten Trennung in Villen- und Mietskasernenviertel mit all ihren gesellschaftlichen und ökonomischen Konsequenzen geführt habe. Auch die kleinen Angestellten und Arbeiter sollten in Zukunft durch eine großzügigere und gerechtere Streuung von Freiflächen an den Vorzügen des Großstadtlebens beteiligt werden, statt wie bisher in ihren muffigen und dunklen Vierteln eingeschlossen zu bleiben, aus denen sie nur an Sonntagen entfliehen konnten – und auch dann nur in naheliegende Schrebergärten, aufs Sportfeld oder auf einen Rummelplatz. Durch diese Umstrukturierung der Großstädte in demokratische Verteilersysteme hoffte man auf typisch radikaldemokratische und damit idealistische Weise, allen Bürgern jene Freizügigkeit und Bequemlichkeit zu ermöglichen, die sich nur auf der Basis eines gerechten, interessanten und gesunden Großstadtlebens realisieren ließen.

Das Bild der ›Großen Stadt‹ nimmt deshalb nach 1923 in den Theorien der Sachlichkeitsvertreter von Jahr zu Jahr immer leuchtendere Farben an. So wie man die Arbeitsverhältnisse immer vielversprechender anpries, stellte man auch die Möglichkeiten zu einer abwechslungsreichen Freizeitgestaltung immer anziehender dar. Auch auf diesem Sektor glaubte man, endlich Verhältnisse schaffen zu können, die dem einzelnen keine gemeinschaftsbedingten Zwänge von seiten eines Familien- oder Arbeitsverbandes mehr auferlegen, sondern ihm in allen Dingen die anonyme und damit freie Wahl erlauben. Der Sachlichkeit im Betrieblichen sollte auch eine Sachlichkeit im Privatleben und in der Freizeit entsprechen. In beide, hieß es, dürfe der Staat nur noch als formal regulierender Mechanismus, als Verteilersystem und nicht als alles bestimmende Ordnungsmacht hineinragen. Die Voraussetzungen für solche Verhältnisse glaubte man nur in der Großstadt gegeben, weil dort alle ökonomischen und gesellschaftlichen Vorgänge bereits den Grad jener massenhaften Anonymisierung erreicht hätten, der die einzige Basis einer befreienden Versachlichung aller zwischenmenschlichen Beziehungen bilde. Hier könne man an allem teilnehmen, erlebe alles aus erster Hand – und brauche sich doch nicht persönlich zu exponieren, wie man immer wieder behauptete. Für viele, die aus kleinstädtischen Verhältnissen kamen, bedeutete das einen ungeheuren Zuwachs an Mobilität und zugleich eine verstärkte Teilnahme an einer politischen, gesellschaftlichen und kulturellen Öffentlichkeit, von der es vor dem Ersten Weltkrieg in Deutschland nur Ansätze gegeben hatte. Erst jetzt entwickelten sich plötzlich Formen eines Massenerlebens, eines demokratischen Dabeiseins und Mitgehens, die vor allem von der bisher relativ unbeweglichen, kleinbürgerlichen Untertanenbevölkerung als etwas frappierend Neues erlebt wurden. Während sich die bürgerlichen Schichten bis dahin als weitgehend unpolitisch verstanden hatten, gerieten sie nach 1918/19 durch die häufigen Reichstagswahlen, das verstärkte Reklamewesen und die neuen Massenmedien in den Sog eines Kollektivbewußtseins, der sie immer stärker aus ihrer bisherigen Haltung der *splendid isolation* herausriß. Auch sie wurden plötzlich in Demonstrationen und Diskussionen verstrickt, bei denen oft nicht allein die Tatsache, was dort verhandelt wurde, sondern das bloße Faktum des Dabeigewesenseins von entscheidender Bedeutung war. Die Psychologen dieser Jahre sprachen daher immer stärker von einem großstädtischen Massenverhalten, dessen Hauptkonditionierungsfaktor das pausenlose Bombardement mit politischen, gesellschaftlichen oder kulturellen Eindrücken sei, wodurch sich der Einzelmensch zusehends in ein System »bedingter Reflexe« verwandele, wie es 1926 im *Tagebuch* hieß (7, 1638).

Als ideologisches Fundament dieser anonymisierenden Versachlichung der großstädtisch-modernen Menschenauffassung diente meist jener Behaviorismus, wie er sich seit 1912 in den USA als führende psychologische Lehrmeinung entwickelt hatte. Diese Richtung trat mit dem Anspruch der totalen Verobjektivierung aller auf den Menschen bezogenen Verhaltensforschung auf. Nach den Lehren des Behaviorismus, der eine entschiedene Gegenbewegung zur bürgerlichen Individualpsychologie der Wundt-Schule darstellte, gibt es kein subjektives Empfinden, keine idealistischen Seelenvorstellungen, kein einzelpersönliches Bewußtsein, sondern nur durch bestimmte Reize ausgelöste Reaktionen. Alles, was darüber hinausgeht, bezeichneten die strikten Behavioristen als bloße Metaphysik. In ihren Augen war der Mensch lediglich ein Reaktionsmodell, ein Reizapparat, ein manipulierbares Input-Output-System. Das kommt am deutlichsten in dem Buch *Behaviorism* (1924) von John B. Watson heraus, das sich vornehmlich mit »*conditioned reflexes*« und »*responses*« beschäftigt und jede introspektive oder subjektive Psychologie von vornherein verwirft (8). Hier ist der Mensch nur noch das Produkt eines gewissen »*habit forming*« (28). Nach Watson wollen alle Menschen in erster Linie Ansehen erringen, Macht haben, Reize empfinden. Seele oder ideelle Motivationen werden daher einfach geleugnet. Das klingt in manchem höchst radikal, ist aber letztlich eher integrativ gemeint. So nennt Watson gesellschaftliches Verhalten nur dann »*good*« und »*desirable*«, wenn es auf Reaktionen beruht, »*that will not disturb its recognized and established order of things*« (121). Mit solchen Thesen wurde zwar viel Geschwafel über Seele, Gemüt und Inspiration verabschiedet, aber zugleich eine Verhaltenslehre geschaffen, die rein mit Kriterien wie Stimulus, Reaktion, Verstärkung, Deprivation, Generalisierung und ähnlichen Phänomenen auszukommen glaubt und alle politischen und sozialen Faktoren einfach verdrängt. Im Rahmen dieser Anschauungen wird so getan, als ob alle Menschen bereits völlig gleich seien, als ob alle den gleichen Stimulierungsbedingungen unterlägen, auf die sie mit den gleichen Reflexen antworteten. Und damit erscheint jeder einzelne als das Produkt einer demokratisch homogenisierten Gesellschaft, die überhaupt keine Klassenunterschiede mehr kennt.

Aufgrund solcher Vorstellungen wurde von den Liberalen auch in Deutschland mehr und mehr der moderne Großstadtmensch, das heißt der freie, unabhängige, bindungslose Mensch, der keine sozialen Unterschiede mehr anerkennt und sich unter allen Menschen wie unter seinesgleichen fühlt, zum gesellschaftlichen Leitbild erhoben. Bei der Schaffung dieses Typs ging man meist von der mittleren Angestelltenebene aus, die als die entscheidende Integrationssphäre der sich allmählich ausbreitenden Demokratisierung und Homogenisierung der Gesamtgesellschaft galt. Es waren deshalb vor allem folgende Typen, welche die Sachlichkeitstheoretiker in den Jahren nach 1923 als gesellschaftlich wegweisend empfanden: den Mann mit Tempo, den Chauffeur-Typ, den Sportler, den Ingenieur, den Lindbergh-Typ, den Fachmann ›ohne‹ politische Vorurteile, die berufstätige Frau mit Pfiff, die Tennisspielerin, das Revuegirl oder den Flapper-Typ. Schließlich waren es diese Typen, die man sich sowohl im Beruf als auch in der Freizeit vorstellen konnte. Und zwar wurden dabei als die Hauptformen zeitgemäßer Freizeitbeschäftigungen vor allem der massenhaft anschwellende Sportenthusiasmus und die verschiedenen Möglichkeiten der ebenso massenhaft anschwellenden Vergnügungsindustrie hingestellt.

Vergnügungsindustrie

Das Bedürfnis nach Unterhaltung, das sich im Deutschland der Nachkriegsära entwickelte, ist ohne jeden Vergleich. Einen solchen Vergnügungshunger hatte es vor 1914 nicht gegeben – schon gar nicht einen Vergnügungshunger, der seiner ideologischen Intention nach durchaus demokratisierende Tendenzen enthielt. Während vor 1923 zwischen der kulturellen Unterhaltung der High Society und der derben Volksbelustigung eine unüberbrückbare Kluft bestanden hatte, wurden jetzt immer mehr ästhetische Formen und Genres entwickelt, die deutlich auf eine mittlere Kunstebene und damit auf eine Allgemein-Kunst hinausliefen. Viele, die diesen Trend zu unterstützen versuchten, gingen dabei von der Idee einer bereits weitgehend homogenisierten Gesellschaft aus. So sprach etwa Siegfried Kracauer am 4. April 1926 im Feuilleton der *Frankfurter Zeitung* vom »homogenen Weltstadt-Publikum Berlins, das vom Bankdirektor bis zum Handlungsgehilfen, von der Diva bis zur Stenotypistin eines Sinnes ist«. Kracauer meinte damit, daß sich dieses Publikum auch kulturell bereits nach den gleichen Vergnügungen, Zerstreuungen und Entspannungen sehne und immer stärker die Gewohnheiten der amerikanischen Gesellschaft übernehme.

Solche Anschauungen sind natürlich leicht übertrieben. Doch manches stimmt schon an Kracauers These, nämlich daß sich auch die deutsche Gesellschaft nach 1923 allmählich dem Zustand jener Gleichzeitigkeit von industrieller Produktion und Massenkultur näherte, den die USA – aufgrund ihrer mangelnden feudalistisch-großbürgerlichen Traditionen – bereits wesentlich früher erreicht hatten. Während man im Vorkriegsdeutschland als Hochformen der Kultur noch fast ausschließlich Genres wie die Oper, das Kunstlied, die Lyrik, das große Drama, das Ausstellungsgemälde oder den Roman angepriesen hatte, wurden in den zwanziger Jahren von den bürgerlichen Kunstkritikern plötzlich auch wesentlich niedrigere Genres wie die Jazzmusik, der Chaplin-Film, die Ausstattungsrevue oder die Boulevard-Komödie als zeitgemäß und damit künstlerisch hingestellt. Im Gegensatz zu den kapitalistischen Managern der aufblühenden Vergnügungsindustrie, die in dieser Wendung nach unten eine günstige Chance für eine fortschreitende Kommerzialisierung der verschiedenen Künste erblickten, von der sie sich zurecht eine ungeheure Profitmaximierung versprachen, sahen die neusachlichen Verfechter einer sogenannten Allgemein-Kultur in dieser Öffnung nach unten eher eine gleichmacherische, demokratisierende Tendenz, die zur gesellschaftlichen Stabilisierung der Weimarer Republik beitragen würde. Sie wollten endlich die fatale Kluft zwischen E-Kunst (Elitärer oder ernster Kunst) und U-Kunst (Unterhaltungskunst), zwischen höchster Raffinesse und krudester Trivialität überwinden und damit der Kunst die Chance geben, sich allmählich auf der Ebene einer neuen A-Kunst (Allgemein-Kunst) einzupendeln. Sie setzten deshalb ihre Haupthoffnungen weniger auf ältere Kulturinstitutionen wie Opernhäuser, Staatstheater, Kammerspiele, Meisterkonzerte oder Rezitationsabende als auf technisierte und damit in ihrem Sinne notwendig massenbezogene Medien wie Radio, Film, Illustrierte oder Schallplatte. Auf diese Weise wollten sie die Kunst, die bisher weitgehend den oberen Zehntausend zur Verfügung gestanden hatte, endlich in die Sphäre der allgemeinen Öffentlichkeit ziehen und in eine demokratische Kunst im weitesten Sinne des Wortes verwandeln.

Auf allen Gebieten der kulturellen Produktion und Reproduktion setzte darum Mitte der zwanziger Jahre eine bewußte Steuerung in Richtung Öffentlichkeit ein. Ihr Resultat war jene Widersprüchlichkeit, die mit der Vorstellung einer liberaldemokratisch gemeinten A-Kunst im Rahmen eines kapitalistischen Systems nun einmal notwendig verbunden ist. Die Unterhaltungs- und Vergnügungskunst dieser Sachlichkeitsvertreter wirkt deshalb zwar öffentlicher, aber auch kommerzialisierter, zwar volkstümlicher, aber auch trivialisierter, zwar zeitgemäßer, aber auch manipulierter. Zugegeben: diese Kunst hatte durchaus Wirkungen in der Praxis, aber diese Wirkungen lösten lediglich Diskussionen aus, die im Sinne der dahinterstehenden Marketingstrategien immer wieder auf sich selbst, das heißt auf die jeweils anstehende Ware, verwiesen. Daher wurde zwar seit 1923 wesentlich mehr demokratische Kultur produziert als je zuvor, aber zugleich nahm das kapitalistische Management dieser Art von Kultur zu. Was entstand, war zweifellos ein Mehr an Kultur für die größtmögliche Zahl, aber zugleich auch ein Mehr an Un-Kultur. Denn schließlich diente der Spaß, den man an dieser Kultur hatte, nicht nur der Entspannung der breiten Massen, sondern trug ebensogut zu ihrer ideologischen Verdummung bei. Aus diesem Grunde war das meiste dieser demokratisch gemeinten Kultur weniger in einem positiven Sinne populär als in einem negativen Sinne trivial.

Die Vergnügungs- und Kulturindustrie dieser Ära, die sich in den durch die fortschreitende Arbeitszeitverkürzung gegebenen Freiräumen entwickeln konnte, erinnert in vielem an die Struk-

Ernst Aufseeser: *Charleston* (1927)

tur der tayloristisch durchrationalisierten Industrieproduktion. Vieles davon wirkt wie eine Kultur vom fließenden Band, die ein geschickt eingerichtetes Verteilersystem zu den vergnügungshungrigen Massen schleust. Es handelt sich um eine Kunst, die weniger an ihrem Ideologie- oder Aufklärungswert als an ihrem Tausch- und Vergnügungswert, also ihrem Konsumwert, gemessen werden muß. Wie im Bereich der fordistisch ausgerichteten Industrie, die sich am Modell T als dem Grundtyp einer massenhaften Konsumgütererzeugung orientierte, findet man auch in diesem Bereich immer wieder die gleichen Grundformen, Archetypen oder Serienfabrikate. Sogar auf dem Sektor Kultur, auf dem bisher bürgerlicherseits Werte wie Einmaligkeit, Originalität und subjektivstes Gefühl dominiert hatten, wird plötzlich das Prinzip der Wiederholung zur allgemein anerkannten Grundstruktur. Wie die Massenprodukte der Industrie werden darum auch die der Vergnügungsindustrie für die breiten Massen zwar erschwinglicher als die bisherigen Luxusprodukte auf industriellem und kulturellem Gebiet, aber zugleich auch bedeutungsloser. Sogar hier zählt plötzlich nicht mehr die undemokratische Qualität, sondern der billigste Nenner – denn die größte Menge bringt nun einmal den größten Profit.

Daher wurden manchmal selbst die niedrigsten Formen einer total kommerzialisierten Massenkultur als Formen einer positiven Demokratisierung begrüßt und gegen die verkalkten Kulturideale der älteren High Society ausgespielt. Das gilt vor allem für Genres wie die Revue, den Schlager, den Horrorfilm, die Kriminalgeschichte oder den trivialen Bestseller. Und zwar wird der demokratische Nutzwert solcher Formen meist mit ihrem hohen Tauschwert gerechtfertigt und die gewaltige Nachfrage nach diesen Produkten in den Vordergrund gerückt. Doch der Circulus vitiosus, der sich daraus ergibt, hat nicht nur ideologische, sondern auch psychologische Ursachen. Die ältere Hochkunst, die weitgehend der seelischen Erbauung der Nichtarbeitenden diente, konnte ruhig etwas langweilig sein. Eine solche Langeweile wurde in Kreisen, die auf Distanz und Vornehmheit bestanden, eher begrüßt als bedauert. Die Produkte der modernen Vergnügungsindustrie, die der Entspannung der Arbeitenden dienen sollen, müssen dagegen wesentlich mehr triviale Spannungselemente enthalten, um die durch die Intensität der Arbeit angespannten Nerven überhaupt anzusprechen. Und so hat die billige Spannung, welche die Vergnügungsindustrie mit Liebesgeschichten, Krimis, Horrorgeschichten und Science-Fiction-Handlungen erzielt, durchaus einen ›demokratischen‹ Charakter. Sie wendet sich schließlich an die Masse der Arbeitenden, die jedoch in Wahrheit eine Masse von Einzelnen ist, die nach ihrer

Arbeit unbefriedigt nach Hause kommen und daher nach aufputschenden Surrogaten greifen müssen, um sich emotional abzureagieren.

Die eigentlichen Stars dieser Ära, die in den Massenmedien geradezu vergöttlicht wurden, waren daher nicht mehr die Hochkulturkünstler, sondern die Künstler und Kunstfiguren der A-Ebene: Detektive wie Sherlock Holmes, Tänzer wie Josephine Baker und Fred Astaire, Operettensänger wie Fritzi Massary und Richard Tauber, Vamps wie Marlene Dietrich, Divas wie Greta Garbo oder Leinwandliebespaare wie Willy Fritsch und Lilian Harvey. Ähnliches trifft auf die Lieferanten dieser Vergnügungsindustrie zu. So waren Chansonfabrikanten wie Friedrich Hollaender, Marcellus Schiffer und Mischa Spoliansky, ganz zu schweigen von Operettenkomponisten wie Franz Lehár, Paul Abraham, Ralph Benatzky und Eduard Künnecke den Massen wesentlich vertrauter als seriöse Komponisten wie Hans Pfitzner oder Paul Hindemith. Wer kannte schon *Palestrina* oder den *Cardillac*? Das *Land des Lächelns*, *Die Blume von Hawai* und das *Weiße Rößl* kannten dagegen alle. Das gleiche gilt für den Bereich der Bühnenkunst. Was hier als zeitgemäß galt, waren nicht mehr die raffinierten Regiekünste Max Reinhardts, sondern eher Werke wie die *Dreigroschenoper* oder all jene Revuen, die man im Berliner Admiralspalast oder im Metropoltheater sehen konnte und die sich in ihrer Ausstattung und Frivolität teils an den Folies-Bergères, teils an nordamerikanischen Girl-Revuen orientierten. Doch als noch zeitgemäßer empfanden die breiten Massen, die gerade erst die Kultur zu entdecken begannen, selbstverständlich die Filmkunst. Die wahren Zentren dieser Art von Unterhaltungsindustrie waren deshalb die großen Berliner Uraufführungsfilmpaläste wie das Capitol, das Marmorhaus oder der Gloria-Palast, in denen neben vereinzelten kinematographischen Höchstleistungen all jene sentimentalen Schmachtfetzen, Liebesgeschichten, heroischen Geschichtspanoramen und Horrorfilme zum erstenmal über die Leinwand flimmerten, die Tausenden, Hunderttausenden, ja Millionen von Zuschauern wie die Erfüllung ihrer geheimsten Träume erschienen.

Fast noch typischer als die Vergnügungsindustrie, die es zum Teil schon früher gegeben hatte, ist für den Geist der aufkommenden Sachlichkeit jener mächtig anschwellende Sportenthusiasmus, der in den zwanziger Jahren Formen annimmt, die bis heute bestimmend geblieben sind. Und zwar wurden zu seiner Rechtfertigung oft die gleichen Argumente ins Feld geführt, die man auch zur Unterstützung der These von der ›mittleren Kulturebene‹ gebrauchte: Sport bilde Öffentlichkeit, Sport integriere, Sport beseitige Klassenschranken, Sport trage zur steigenden Homogenisierung der Gesellschaft bei. Unter Sport verstanden die Sachfanatiker – im Gegensatz zu den Sporttheoretikern vor 1914 – stets ein Massenphänomen. Vor dem Ersten Weltkrieg war der Sport weitgehend ein Phänomen der *leisure class* gewesen, die sich vornehmlich für seine exklusiven Varianten wie Tennis, Polo, Reiten oder Jagen interessiert hatte. Die breite Masse der Bevölkerung, die damals noch geradezu pausenlos in den Arbeitsprozeß eingespannt war, konnte vor 1914 am Sport kaum teilnehmen. Die Mädchen hatten etwas Gymnastik getrieben, die Männer ab und zu geturnt oder Fußball gespielt. Ja, für die meisten Männer war damals der militärische Drill das einzige ›Sporterlebnis‹ ihres Lebens gewesen.

In diesem Punkte setzte – bedingt durch die zunehmende Arbeitzeitverkürzung – Anfang der zwanziger ein grundsätzlicher Wandel ein. Erst jetzt wurde der Sport zum wirklichen Massenphänomen, zum zentralen Gesprächsgegenstand, zur »Weltreligion des 20. Jahrhunderts«, wie Hans Seiffert 1932 witzelnd-resigniert im *Querschnitt* behauptete (12, 385). Was dabei in den Mittelpunkt des Interesses trat, waren vor allem Sportarten, die aufgrund ihrer enormen Spannungselemente als massenhafte Zuschauererlebnisse genossen werden konnten: also Fußballspiele, Boxkämpfe oder Sechstagerennen, die durchschnittlich 12 000 Fans anlockten. Wie im Kino wurde hier den Arbeitenden als Entspannung wiederum Spannung geboten, weshalb alle ›langweiligen‹ Sportarten, die keinen Wettkampfcharakter hatten, in der Publikumsgunst merklich zurücktraten. Bei solchen

Kämpfen fühlten sich auch jene, die im »Werktag um Entscheidungen betrogen werden«, wie Herbert Jhering 1927 in seinem Aufsatz *Boxen* behauptete, an wirklichen Auseinandersetzungen beteiligt (T 8, 587). Während daher im Kino die Horror- und Hollywoodfilme dominierten, wurde auf dem Sportplatz vor allem amerikanisierter Massensport betrieben. In den USA war der Sport schon damals ein vollintegrierter Bestandteil der herrschenden Freizeitindustrie geworden und somit aus dem Amateur- längst in den höchst lukrativen Profizustand übergegangen, was zu einem Sieg der kommerzialisierenden über die demokratisierenden Elemente geführt hatte. In diesem Lande seien bereits alle »monomanisch versportet«, schrieb Arnold Hahn 1927 unter dem Titel »Kalokidiotia oder moderner Sportbetrieb« im *Tagebuch*, um sich von jener »Massenverblödung« abzusetzen, die aufs engste mit der Kommerzsport-Bewegung zusammenhänge (8, 95). Im Deutschland der Weimarer Republik herrschte dagegen noch immer ein gewisser amateurhafter Enthusiasmus, vor allem für jene sechseinhalbtausend eingetragenen Fußballklubs, die es Mitte der zwanziger Jahre in diesem Lande gab. Doch in anderen Teilbereichen zeigten sich bereits erste Übereinstimmungen, die mit der kapitalistischen Grundstruktur dieser beiden Länder zusammenhingen, wie Kurt Pinthus bereits 1925 erkannte (T 6, 437). Aus diesem Grunde stiegen selbst hier bestimmte Mannschaften oder Sportler, wie Max Schmeling, kometenhaft zu allgemein anerkannten Größen auf und wurden neben den Filmstars zu erklärten Publikumslieblingen, die in allen Massenmedien eine gewaltige Publicity erhielten.

Doch beim Sport kamen – noch stärker als in der Vergnügungsindustrie – auch eine Reihe anderer ideologischer Elemente ins Spiel. Der Sport war nicht nur ein Teil der allgemeinen Freizeit- und Entspannungsindustrie, sondern auch eine Sache, die in Bereiche wie Politik und Wirtschaft übergriff. Daher wurde er sogar für die einzelnen Parteien der Weimarer Republik zu einem wichtigen Faktor im allgemeinen Kräftespiel. Die KPD, die diesen neuen Massencharakter des Sports früh erkannte, versuchte das Interesse am Sport vor allem zur Stärkung der ideologischen Solidarität unter den Arbeitersportlern einzusetzen. Auch die SPD unterstützte selbstverständlich den Sport, hegte aber eine gewisse Befürchtung vor einer steigenden Militarisierung der Jugend durch zuviel Sport. Wesentlich stärker traten dagegen bürgerliche Parteien wie die DVP für ein allgemeines Fitness-Programm nach nordamerikanischem Vorbild ein und sorgten dafür, daß zwischen 1924 und 1930 in Deutschland mehr Sportarenen, Sporthallen und Sportpaläste gebaut wurden als je zuvor. Sie sahen im Sport vor allem einen Ersatz für den verlorengegangenen militärischen Drill der Wehrdienstjahre, die ja in der Weimarer Republik weggefallen waren, und eine Regenerierung der Arbeitskraft. Angesichts der zunehmenden Verschlechterung des allgemeinen Gesundheitszustandes setzten sich daher führende bürgerliche Sportfunktionäre wie Theodor Lewald und Carl Diem für einen Sport ein, der nicht nur die Schaulust der untätigen Massen befriedigt, sondern wirklich etwas zur Volksgesundung (sprich Erhaltung von Arbeitskraft) beiträgt und damit der wirtschaftlichen Expansion Deutschlands zugute kommt. Solche Parolen wurden von der Wirtschaft natürlich sofort aufgegriffen und in die Tat umgesetzt. So unterhielten in Berlin Firmen wie Siemens, Osram, Peek & Cloppenburg und die Reichskreditgesellschaft regelrechte Werksportvereine, die sie sonntags gegeneinander antreten ließen, um so den firmenmäßigen Zusammenhalt zu stärken und zugleich von gewerkschaftlichen Interessen abzulenken. Noch reaktionärere Kreise, die vor allem um die Schwächung der Wehrkraft besorgt waren, traten daher ganz offen für eine Drosselung der Soziallasten zugunsten der Förderung ›völkischer‹ Leibesübungen ein, um Deutschland eine neue ›Schlagkraft‹ zu geben.

Neben diesen offiziellen Verlautbarungen in Sachen Sport meldete sich selbstredend auch die ›freischwebende Intelligenz‹ zu diesem Thema zu Worte. Das belegt ein Buch wie *Der Sport am Scheidewege* (1928), das von Willy Meisl herausgegeben wurde und an dem sich unter anderen Egon Erwin Kisch, Arnolt Bronnen, Frank Thieß und Bertolt Brecht beteiligten. Allerdings findet man auch hier kein einheitliches Konzept, sondern wiederum nur eine Fülle divergierender Meinungen. Da wären erst einmal jene, die am Sport vor allem das genau kalkulierte Training und die sich daraus ergebenden Rekordleistungen schätzten. Ihr Ideal war ein Sport, der ganz im Zeichen der Stoppuhr steht und sich daher fast als ›taylorisierter‹ Sport bezeichnen läßt. Auch ihnen ging es vor allem um das reibungslose Funktionieren der Einzelteile innerhalb eines größeren Ganzen, was oft zu einem Vergleich einzelner Körperteile mit Maschinenteilen führte. Hier wie dort versuchte man die absolute Höchstleistung durch eine steigende Rationalisierung und Verwissenschaftlichung zu erreichen. Höchster Traum war darum die Sportsmaschine, die durch ein geradezu mathematisch errechnetes Trainingsschema so weit gebracht werden kann, daß sie einen Rekord nach dem anderen erzielt.

Neben diesen ingenieurhaft-tayloristisch orientierten Sachlichkeitsfanatikern wären außerdem jene zu nennen, die am Sport – im Sinne von Wolfgang Graesers Manifest *Körpersinn* (1927) – vor allem die vitalistische Komponente schätzten. Den Vertretern dieser Richtung erschien der Sport als etwas Gesundes, Stärkendes und damit als ein notwendiger Gegenpol zur einseitigen Büro- und Betriebsarbeit. Ihr Ideal war der schöne, sportgestählte Körper, der sich als Leitbild für Beherrschung, Tatkraft und Entschlossenheit verwenden ließ. Statt ihren Körper weiterhin in wilhelminische Gesellschaftstoiletten mit Wespentaillen oder Fräcke zu zwängen, empfanden sie den schlichten Sportdress oder Trainingsanzug als wesentlich zeitgemäßer. Doch mehr als das. Diese Kreise wollten sich nicht nur vom gesellschaftlichen, sondern auch vom seelisch-kulturellen Ballast des Wilhelminismus befreien, wenn sie sich dem Sport zuwandten. Manche von ihnen empfanden das Sachliche am Sport geradezu als eine »Befreiung aus dem Treibhaus des ›Seelischen‹«, wie Franz Matzke 1930 in seinem Buch *Jugend bekennt: so sind wir!* behauptete (144). »Gestern weinte man über das Schicksal Gretchens«, schrieb er, »und las die Klassiker, und las von der Sonne, die draußen schien. Heute steht man selber draußen, den Tennisschläger in der Faust, schlagbereit, an keine Sonne denkend, aber von ihr gebräunt. Gestern blätterte man in Alpenansichten. Heute springt man in St. Moritz. Gestern übte man Gefühle. Heute trainiert man Dauerschwimmen« (147).

Doch nicht nur diese offensichtliche Abhärtung und Befreiung vom Ballast des Seelischen, wie sie zeitweilig auch Brecht propagierte, sondern auch die spezifisch demokratisierenden Elemente des Sports wurden von den Sachlichkeitsvertretern begrüßt. Sport erschien ihnen (selbst wenn sie »man« sagten und damit die Ski-Elite von St. Moritz meinten) als etwas ausgesprochen Gleichmacherisches, als etwas, bei dem nicht Gemüt, Charakter oder Beziehungen, sondern allein die durch Training erzielte Leistung den Ausschlag gibt. Frank Thieß bezeichnete daher in seinem vielbeachteten Essay »Die Geistigen und der Sport«, der 1927 in der *Neuen Rundschau* erschien, den Sport als eine der wichtigsten Antriebskräfte in Richtung Demokratie. Während man in der Vorkriegsära noch weitgehend bestimmte Ständetypen – Offiziere, Geheimräte, Politiker, Fabrikanten oder auch Künstler – als gesellschaftliche Leitbilder empfunden habe, heißt es hier, werde das Gesicht der deutschen Gesellschaft heute – wie in den USA – fast ausschließlich vom »*Cityman*« oder »*Sportsman*« geprägt, bei denen man nicht mehr nach »Herkunft und Titel«, sondern nur noch nach der jeweiligen Leistung frage (38, 295). Durch diese Wendung zur anglo-amerikanischen Form der Sportlichkeit und des Fair-Play sei endlich die Chance gegeben, wie Thieß behauptet, daß sich der »autoritätsstramme Deutsche« der wilhelminischen Ära in einen »selbstverantwortlichen Republikaner« verwandeln werde (298). Doch Thieß war zugleich einsichtig genug zu erkennen, daß diesem erstrebenswerten Ziel sowohl der rekordsüchtige Professionalismus als auch die kommerzielle Ausschlachtung des Sports im Wege standen. Daher appellierte er mit idealistischer Emphase an alle Intellektuellen, unbedingt neue Leitbilder einer leibseelischen Synthese aufzustellen, um aus dem Sport endlich einen wahren Kulturfaktor zu machen.

Mit solchen Bekenntnissen stand Thieß nicht allein da. Auch andere Intellektuelle verkündeten in diesen Jahren, daß dem Sport die wichtige Aufgabe zufalle, die junge Generation von den Idealen einer falschen Verinnerlichung und damit von allen veralteten Frustrierungen zu befreien. So behauptete etwa M. M. Gehrke 1930 im *Querschnitt*, daß der Sport alle bisherigen Individualitätskonzepte über den Haufen werfe und zur Schaffung eines ganz bestimmten »Typenkörpers« beitrage, der fast ans Normierte grenze (10, 598). Noch deutlicher wurde 1932 E. Günther Gründel in seinem Buch *Die Sendung der jungen Generation*, in dem er sich zu einer neuen »Sportethik« bekannte (137). Er sah im Sport vor allem eine willkommene »Ableitung unrealisierbarer erotischer Spannungen« und damit eine Überwindung der bürgerlichen »Lüsternheit« (134). Der Sport diene nicht nur der völkischen Gesundung oder der Regenerierung der Arbeitskraft, sondern schaffe endlich ein neues, sachliches Verhältnis der Geschlechter zueinander. Als Sportler, heißt es hier, stehe man dem anderen Geschlecht wesentlich kühler, unbefangener und damit »nüchterner« gegenüber (136). Und daraus entwickle sich eine ganz neue Moral, eine Moral der Kameradschaft, deren Ergebnis sachliche, entfrustrierte und freie Menschen seien.

Liebe und Sexualität

Die eben zitierten Äußerungen deuten bereits darauf hin, daß sich mit der neuen Einstellung zu Großstadt, Vergnügungsindustrie, Freizeitgestaltung und Sport notwendig auch das Verhältnis der Geschlechter zueinander ändern mußte. Schließlich lösten sich in diesem Jahrzehnt immer mehr Menschen aus ihren kleinstädtischen, kleinbetrieblichen und patriarchalisch-familiären Bindungen und schlossen sich jenen Millionenheeren an, die in den Betrieben und Büros der großen Städte untertauchten. Allerdings zeigte sich dabei, daß Änderungen auf dem Gebiet der Moral wesentlich mehr Zeit beanspruchen als auf ökonomischem oder kulturellem Sektor. Hier wirkten einfach zu viele religiöse, politische, soziale und ethische Leitbilder weiter, hinter denen zum Teil jahrtausendealte Traditionen stehen. Von wirklich eingreifenden Wandlungen läßt sich daher *in eroticis* kaum sprechen. Es kam lediglich zu Änderungen im Bereich des Leitbildlichen, die nur von einer bestimmten großstädtischen Schicht auch tatsächlich in die Tat umgesetzt wurden.

Manche gebärdeten sich dabei recht gewagt und sorgten auf diese Weise für die gewünschten Sensationen. So sprach man plötzlich allenthalben vom Typ der emanzipierten Frau, durch die das gesamte bürgerliche Liebes- und Ehesystem in Unordnung gerate. Die Zahl der emanzipierten Frauen blieb jedoch relativ klein. Obendrein wurden die meisten dieser Frauen sofort in bereits bestehende Moralklischees gepreßt und damit das emanzipatorische Element wieder unschädlich gemacht. Als solche Klischees boten sich die *femme fatale* und die *femme enfant* an, denen – nach sattsam bekannter Tradition – die altbewährte Trennung in Dirnen- und Madonnentypen zugrunde liegt, nur daß man diesen Typen im Rahmen der verschiedenen Modeströmungen jeweils neue Namen gab.

So wurde aus der esoterischen Art-Nouveau-Figur der *femme fatale* im Laufe der zwanziger Jahre mehr und mehr der auf Massenerfolg spekulierende Typ des Vamps, wie ihn vor allem die Filmindustrie zu popularisieren suchte. Mit diesem Typ glaubte man ein geeignetes Mittel gefunden zu haben, die verdrängten Gelüste der Männermassen auf eine höchst harmlose Weise entsublimieren zu können. Daß sich an diesem Geschäft nicht nur die Filmindustrie, sondern auch die Kabaretts, die Nachtklubs, die Illustrierten und Trivialromane beteiligten, versteht sich von selbst. Doch fast noch wichtiger als der Vamp wurde das weitverbreitete Leitbild des *girl*. Unter dieser Figur verstand man jene knabenhafte *femme enfant*, die in diesen Jahren als Mannequin, als Schönheitskönigin und als beineschwingendes Revuegirl auftrat und ihre erotische Attraktivität in möglichst sachlicher Verpackung zur Schau stellte. Als daher 1923 die ›Tiller Girls‹ zum erstenmal nach Deutschland kamen, wurden sie allgemein als Ausdruck des modernen »Großstadtrhythmus« aufgefaßt, wie Friedrich Giese 1925 in seinem Buch *Girlkultur* behauptete, in denen sich das »freie Amerika« manifestiere (11).

Von jenen *girls* oder Nixchen, wie man um 1900 gesagt hätte, ist es nicht weit zum Typ des Sportmädels, des Großstadtmädchens, der ›kessen‹ Berlinerin oder zum nordamerikanischen Flapper-Typ, der sich in allen Lebenslagen als zeitgemäß, als *up to date* auszugeben versteht. Auch diese Frauen, wie uns die Modebilder oder Gemälde der zwanziger Jahre zeigen, waren knabenhaft schlank, hatten weder Busen noch Hüften und versuchten, sich eine bewußt unweibliche, staksige Gestik anzueignen. Wer also wirklich Busen und Hüften hatte und dennoch modisch auftreten wollte, mußte sich die erforderliche Magerkeit durch Fasten oder Sport erkämpfen. Gekleidet waren solche Frauen meist in bewußt untaillierte Kleider, kniefreie Röcke oder männlich wirkende Kostüme. Um die Vermännlichung noch zu vervollständigen, trugen sie obendrein gern Herrenhemd und Schlips und ließen sich eine Frisur machen, die man ab 1928/29 als »Herrenschnitt« bezeichnete. In den Illustrierten dieser Jahre taucht dieser Typ meist als betont sportlich aussehende Tennispartnerin oder als selbstbewußtes Mädchen am Steuer, also als verkappter Mann, auf. Als ebenbürtige Partnerin oder Kameradin, die einen voll entwickelten Eigenwert hat, erscheint dagegen die Frau in der bürgerlichen Ideologie höchst selten. Lediglich Franz Matzke schreibt einmal in seinem *Jugend*-Buch von 1930, wie er sich eine solche Frau vorstellt: »Aufrecht und selbständig, straff und frei, voll Freude an der Welt, dabei tätig in Arbeit und Sport“ (180).

Und so blieb das neue Leitbild der Frau weitgehend das des Vamps oder des Flappers, das heißt das der Sexbombe oder des kessen Modetyps, weil sich solche Leitbilder noch am ehesten in die großstädtische Vergnügungs- und Sportindustrie integrieren ließen. Neu an diesen Leitbildern ist – im Gegensatz zu bisherigen maskulinen Typisierungen des Weiblichen – lediglich die größere Sachlichkeit. Ob nun Vamp oder Flapper, Verführerin oder Pseudo-Emanzipierte: beide Typen empfand man als Geschöpfe, die nicht zu langzeitlichen Bindungen verpflichten. Mit ihnen konnte man verkehren, ohne sich seelisch hinzugeben, sich zu verpflichten, das heißt ohne seine Freiheit zu opfern. An der einen schätzte man eher das Spannende, an der anderen das Sportliche. Beide boten einen Genuß ohne Reue, eine Form prickelnder Geselligkeit, die nicht gleich in Gemeinschaftlichkeit übergeht. Kurz: bei beiden blieb man auf Distanz und damit im Bereich jener pluralistisch-demokratischen Ungebundenheit, als deren oberstes Prinzip man die befreiende Anonymität empfand.

DER GEIST
DER NEUEN
MODE

ENTSPRICHT DEM GEIST
DER NEUEN ARCHITEKTUR

Aus einem Modeheft des Lette-Hauses (1929)

Von Liebe ist daher in diesem Zusammenhang selten oder nie (und wenn, dann nur in einem negativen Sinne) die Rede. Wovon man spricht, sind eher Dinge wie Vergnügen, Abwechslung, Genuß oder sportlicher Flirt. Aber man spricht über solche Dinge überhaupt nicht mehr so viel wie früher, da man die seelische Entblößung scheut. »Bloß keine Sentimentalitäten!«, liest man immer wieder. Liebe, Leidenschaft, Eifersucht, ja das ganze Gerede von Treue, seelischer Verbundenheit oder gar Ewigkeit: all das galt in diesen Kreisen als veraltet, bürgerlich, geschmacklos oder peinlich. Auch in diesen Dingen, welche die ältere Generation viel zu wichtig genommen habe, gab man sich Mühe, endlich sachlich zu werden, das heißt den Akzent vom Menschlichen auf das Sachliche, vom Seelischen auf das Körperliche zu verschieben. Während frühere bürgerliche Liebespaare – jedenfalls in der Literatur – beim ersten Kuß gleich an die Ewigkeit gedacht hatten, wollte man jetzt von solchen Dingen nicht mehr so viel Aufhebens machen und sie eher von der leichten Seite nehmen. Nur noch die bürgerlichen »Spießer« seien heute eifersüchtig und neigten zum Dramatischen in der Liebe, schrieb Brecht in jener Zeit (20, 589), da man ihnen seit 150 Jahren weisgemacht habe, daß die Liebe das Wichtigste im Leben sei, um sie von anderen, wesentlich wichtigeren politischen und gesellschaftlichen Problemen abzulenken. Er und andere plädierten daher für mehr Nüchternheit in diesen Angelegenheiten, um nicht dauernd in den Sumpf der üblichen Liebestragödien abzusacken. Nicht mehr das Schwüle, Geheimnisvolle, Unerklärliche oder Magisch-Dräuende der ›Himmelsmacht Liebe‹ sollte im Vordergrund stehen, sondern ihr effektiver Gebrauchswert. Ein Witzbold verkündete darum 1927 im *Querschnitt*, daß man endlich eine »Anti-Kuß-Liga« gegründet habe, um die immer noch weiterbestehende *Gartenlauben*-Mentalität zu bekämpfen (392).

Und so pries man schließlich in aller Offenheit die genießerischen, erotischen und sexuellen Aspekte jenes modernen Liebes-Lebens, das auf dem Prinzip der »kleinen Erlebnisse« beruhe, wie sich Carlotto Graetz 1925 im *Tagebuch* ausdrückte (6, 1102). Treue sei heute kein Wert mehr, liest man immer wieder, sondern basiere lediglich auf Einfalls- oder Temperamentlosigkeit. Wer sexuelle Bedürfnisse habe, solle sie auch befriedigen! Dies sei nicht nur genußreich, sondern auch gesund. So wandte sich Franz Matzke, der ein gutes Barometer dieser Einstellung ist, in seinem *Jugend*-Buch von 1930 einerseits gegen jede »ideale Verbrämung« des Geschlechtstriebes (164), welche die Menschen auf ewig zusammenschmiede, doch andererseits auch gegen jene »Überbewertung des Geschlechtlichen« (166), die zu Raserei führen könne, und pries statt dessen Dinge wie Sachlichkeit, Offenheit und wechselseitige Duldung. Alfred Döblin, der noch vom Expressionismus herkam, schrieb 1931 im *Querschnitt* resigniert, daß man die Liebe heute wie einen »Sport« betreibe, daß man sich lediglich »amüsiere« oder »natürliche Bedürfnisse« befriedige. »Sie sporteln Sexualität«, war Döblins Fazit dieser neuen Einstellung (11, 761). Friedrich Sieburg nannte es in der *Weltbühne* den »entgötterten Beischlaf« (20, 1924, 267), während Arnold Hahn im *Tagebuch* von einer »zivilisierten Sexualität« sprach, die sich von älteren Liebes-Konzepten weitgehend emanzipiert habe und nur noch auf den »erreichbaren Lusteffekt« abziele (5, 1924, 1589).

Daß bei einer so pragmatischen Einstellung, durch welche man die Liebe von ihrem bürgerlichen Gefühlsballast befreien wollte, wiederum die Vereinigten Staaten, die von solchen Traditionen angeblich nicht so belastet seien, als Vorbild herangezogen wurden, ist kaum verwunderlich. So setzte sich etwa Otto Flake in seinem Buch *Die erotische Freiheit* (1928) für eine »hygienische Moralität« ein (68), die überhaupt keine Verbote mehr anerkennt, ja die bisherigen sexuellen »Scheuklappen« endlich in die Rumpelkammer wirft (84), und stellte als Vorbild eines unkomplizierten, sachlicheren, »helleren Lebens«, wie er es nannte, vor allem die USA hin. Doch nicht nur die Vereinigten Staaten, auch die Sowjetunion wurde in diesem Punkt als Leitbild herangezogen, da dort Anfang der zwanziger Jahre – im Zuge der kommunistischen Umwälzungen – Dinge wie Ehebruch, Inzest, Homosexualität und Abtreibung aus dem Bereich der strafbaren Handlungen herausgenommen worden waren. Ja, nicht nur das. Dort hatte man mit dem bekannten Slogan vom »Glas Wasser«, das der eine dem anderen nicht verweigern solle, wenigstens für ein paar Jahre den Weg zu einer wesentlich pragmatischeren Einstellung zur Sexualität eingeschlagen, die auf allen Sentimentalitätsballast verzichtet und den praktizierten Sex vor allem als notwendige Enthemmung und damit Freisetzung gesellschaftspolitischer Aktivität betrachtet. Dieses Land sei das erste auf der Welt, schrieb Alfons Goldschmidt 1927 triumphierend im *Tagebuch*, in dem die »unbeschnüffelte Liebe« herrsche (8, 1923). Ähnliche Äußerungen finden sich in der Zeitschrift *Die Kommunistin*, die ab 1919 als Kampfblatt der KPD von Clara Zetkin herausgegeben wurde und sich vor allem für die Aufhebung des Paragraphen 218 einsetzte. Ja, Elfriede Friedländer, die spätere Ruth Fischer, verfocht 1920 in ihrem Buch *Sexualethik des Kommunismus* die These, daß der Mensch von Natur aus polygam veranlagt sei und daher die bürgerliche »Besitzehe« mit der Abschaffung der kapitalistischen Gesellschaftsordnung wieder verschwinden werde. Indem Friedländer unter Sozialismus in erster Linie die Aufhebung aller staatlichen Reglementierung verstand, stellte sie auch die Liebe als eine reine »Privatangelegenheit« (49) hin und trat energisch für freie Abtreibung, öffentlichen Vertrieb von Präventivmitteln wie auch Duldung von Bigamie, Homosexualität, Ehebruch, Polygamie und für staatliche Kinderfürsorge ein.

Auf der Grundlage solcher – teils liberaler, teils sozialistischer – Theorien kam es auch im Deutschland der zwanziger Jahre zu einer immer größeren Offenheit sexuellen Fragen gegenüber, die bis dahin in der bürgerlichen Gesellschaft weitgehend tabuiert worden waren. Selbst sogenannte Abarten oder Verirrungen – wie Homosexualität, Lesbiertum, Fetischismus und ähnliche Phänomene – sah man plötzlich viel sachlicher, nämlich als natürliche Gegebenheiten, die überhaupt nichts Anstößiges hätten. Und so wurde der Markt schnell mit Sittengeschichten oder Aufklärungsbüchern überschwemmt, die von betont sachlichen Sexualforschern oder neugegründeten Instituten für Sexualforschung herausgegeben wurden. Sogar viele bürgerliche Ehepaare versuchten mit dieser sexuellen Revolution Schritt zu halten und kauften sich zu Hunderttausenden das Buch *Die vollkommene Ehe* (1926) von Theodor Hendrik van de Velde, wohl das bekannteste Aufklärungsbuch dieser Ära, in dem man sich über empfängnisfreie Tage, Verhütungsmaßnahmen, mögliche Positionen beim Geschlechtsverkehr und andere höchst nützliche Dinge unterrichten konnte.

Auf der Basis dieser neuen Offenheit sexuellen Fragen gegenüber entwickelten sich zugleich die ersten Reformkonzepte in Liebes- und Ehefragen. Schließlich strebten die meisten Sachlichkeitsvertreter nicht nach der vollkommenen Ehe, sondern nach einem möglichst spannenden, abwechslungsreichen und genüßlichen Sexualleben. Offene Promiskuität wurde allerdings nur in Ausnahmefällen gepriesen. Meist begnügte man sich mit einer gewissen Reform der Ehe im Sinne heutiger *Open Marriage*-Vorstellungen. Die Ehe sei immer noch die beste Form des Zusammenlebens, schrieb Vally Schwarzschild 1928, wenn man sie mit gewissen »gamischen oder andrischen Episoden« bereichere (T 9, 1660). Der gleiche Tenor herrscht in dem 1929 von Friedrich M. Huebner herausgegebenen Buch *Die Frau von Morgen wie wir sie wünschen*, in dem die jeweiligen Partner nicht mehr als Ehefrauen oder Ehemänner, sondern einfach als Weggenossen, Lebensgefährten oder gute »Kameraden« bezeichnet werden (180). Alfons Paquet, Axel Eggebrecht und Frank Thieß betonten hier jene Gleichrangigkeit, die sich nur dann einstelle, wenn beide Partner durch einen Beruf die gleiche finanzielle Unabhängigkeit hätten. Nur so glaubte man sich von der mittelalterlich-religiösen Fessel der totalen Bindung zu befreien und ein sachlicheres, helleres Verhältnis zueinander zu bekommen. Bücher wie *Die Kameradschaftsehe* (1927) von Ben B. Lindsey und Wainwright Evans oder *Ehe zu dritt* (1928) von Georges Anquetil, die eine Legalisierung außerehelicher Verhältnisse oder gewisse Formen von Probeehen propagierten, wurden daher auch in Deutschland lebhaft diskutiert und von Liberalen als wegweisend hingestellt. Dabei berief man sich häufig auf die revolutionierende Wirkung der neuen Verhütungsmittel, vor allem der Gummipräservative, die George Bernard Shaw als eine der wichtigsten Erfindungen der gesamten Neuzeit bezeichnete. Kinder seien jetzt kein Schicksal mehr, behauptete man, und damit habe die Monogamie, die vor allem im Hinblick auf die Aufzucht der Kinder konzipiert worden sei, ihre innere Legitimation verloren. Ja, Bertrand Russell schlug Mitte der zwanziger Jahre vor, Dinge wie Liebe, Ehe, Abtreibung oder Scheidung ein für allemal als reine Privatangelegenheiten zu betrachten und damit der staatlichen Bevormundung zu entziehen. Auch ihm erschien Freiheit wichtiger als Tugend, Geburtenkontrolle wichtiger als kirchliche Moral, sexuelle Zufriedenheit wichtiger als spießbürgerliche Heuchelei.

Die ältere Generation, die aufgrund ihrer fixierten Lebensbedingungen zu solchen Wandlungen nicht mehr fähig war, stand natürlich derartigen Konzepten abwartend, skeptisch oder negativ gegenüber. Um so begeisterter wurden sie dafür von der bürgerlich-liberalen Jugend aufgegriffen. Schließlich hatten Ben B. Lindsey und Wainwright Evans schon in ihrem Buch *The Revolt of the Youth* (1925) das Recht auf eine gelockerte Moral als das unabdingbare Naturrecht eines jeden jungen Menschen hingestellt. Lindsey und Evans hatten hier die Angehörigen der jungen Generation beschworen, sich zu einem eigenen, freien, ungebundenen Leben zu bekennen, anstatt sich weiterhin von frustrierten Pastoren, gehemmten Spießern oder heuchlerischen Puritanern ans Gängelband nehmen zu lassen. Im Hinblick auf das Erotische heißt es bei ihnen einfach: »*Sex is simply a biological fact*« (127). Statt also weiterhin den Idealen romantischer Liebe nachzuhängen, die doch nur zu Gehemmtheiten und Eifersüchteleien führten, waren sie von den realen Bedürfnissen junger Menschen ausgegangen und hatten zugleich versucht, auf die Notwendigkeit von Jugendberatungsstellen, Aufklärungsaktionen, Verhütungskampagnen und Heimen für unverheiratete junge Mütter hinzuweisen. All diese Thesen wurden auch in Deutschland von vielen jungen Liberalen lebhaft verteidigt. Man sah darin nicht nur eine fortschreitende Versachlichung, sondern auch eine fortschreitende Demokratisierung der bisherigen Liebesvorstellungen und in der neuen, versachlichten Liebe vor allem ein Jugend-Phänomen, was dazu verführte, sich immer stärker einer spezifisch biologistischen Weltsicht zuzuwenden und nur noch in Altersschichten, Jugendreihen oder Generationen zu denken. Die gesamte Gesellschaft wurde bereits als so homogenisiert empfunden, daß man nicht mehr in Ständen oder Klassen dachte, sondern soziologische Konzepte – wie es viele nordamerikanische Gesellschaftstheoretiker dieser Jahre taten – nur noch aus den Unterschieden der jeweiligen Altersgruppen ableitete.

Jugend

Dieses Konzept einer ›Neuen Jugend‹ läßt sich seit 1927/28 geradezu mit Händen greifen. Ganz so neu war ein solches Denken ja nicht, wenn man sich an die Jugendrevolten der voraufgegangenen Jahrzehnte erinnert. Doch selbst im Alten kommt hier Neues zum Durchbruch. Anders als die jungen Expressionisten von 1914, deren Rebellentum sich meist am Vater-Sohn-Konflikt entzündet hatte, ja selbst im Unterschied zum neuromantisch-subjektivistischen Geist des Wandervogels und der Freideutschen Jugend, welche sich 1921 aufgelöst hatten, ging die bürgerliche Jugend der späten zwanziger Jahre, wenn sie über sich selbst reflektierte, stets vom Gefühl einer anonymen Zeitgenossenschaft aus, die als etwas spezifisch Überindividuelles empfunden wurde. In ihren Reihen sprach man nicht mehr von sich selbst und eigenem Erleben. Man betonte eher das Kollektive, das von *allen* Erlebte und Empfundene. Von größter Bedeutung war hier – neben dem Gefühl einer Jahrgangs-Gemeinschaft – der Begriff ›Generation‹, in dem viele Jugendliche den wichtigsten soziologischen Bestimmungsfaktor sahen. Wie auf Verabredung wies man nach 1927/28 allerorten auf den gewaltigen Generationsgegensatz zwischen den Fünfzigjährigen, deren Mentalität noch vom Geist der wilhelminischen Ära geprägt sei, und den Fünfundzwanzigjährigen hin, die ihre wichtigsten Anregungen erst im Krieg und in der Frühphase der Weimarer Republik empfangen hätten. So schrieb etwa Richard von Coudenhove-Kalergi 1927 in seinem Buch *Held und Heiliger:* »Während früher Väter und Söhne in einer annähernd gleichen Welt lebten, da der Fortschritt sich nur langsam vollzog, trennen heute Väter und Söhne nicht Jahrzehnte, sondern Jahrhunderte. Die Vorkriegsgeneration und die Nachkriegsgeneration sprechen eine andere Sprache, wie zwei fremde Völker, zwei fremde Rassen, zwei fremde Welten« (114).

Die Vertreter strikter Sachlichkeit setzten sich daher oft in ihren Theorien über ältere Klassenvorstellungen hinweg und sprachen nur noch von Altersgruppen, Generationen, Jahrgängen oder bestimmten biologischen Typen. Ihrer Meinung nach war die Weimarer Gesellschaft – im Gegensatz zum wilhelminischen Ständestaat – bereits so ›klassenlos‹, so demokratisiert, daß sie sich berechtigt fühlten, Begriffe wie ›man‹, ›wir‹ oder ›die neue Jugend‹ zu verwenden. Nicht mehr die Unterschiede der einzelnen Klassen, sondern die der einzelnen Altersgruppen standen im Vordergrund. Der Geist der Jugend – als eigentlicher Avantgarde – wurde zum jeweils ›herrschenden‹ erklärt, und so konnte man diese biologisch-deterministische Weltsicht, die sich nichtsdestoweniger als demokratisch verstand, auf die gesamte Entwicklung der Menschheit übertragen und daraus eine universale Generationstheorie ableiten. So teilte Wilhelm Pinder 1926 die gesamte Kunstgeschichte, Alfred Lorenz 1928 die gesamte Musikgeschichte und Julius Petersen 1930 die gesamte deutsche Literaturgeschichte in geradezu mathematisch abrollende Generationsfolgen ein, als ob es immer die jeweils neue Generation, die neue »Jugendreihe« gewesen sei, die das Gesicht einer Zeit und damit auch ihren künstlerischen Ausdruck bestimmt habe.

Welch gesteigertes Selbstbewußtsein dieser Auffassung von Vergangenheit und Gegenwart zugrunde lag, zeigt sich in einer Reihe programmatischer Verlautbarungen dieser Jahre, in denen dieses bürgerliche Jugend-Konzept ins Gesamtgesellschaftliche ausgeweitet wird. Anfänglich überwog dabei eine Perspektive, die den Geist der Neuen Jugend noch durchaus im Sinne der Neuen Sachlichkeit sah, während nach 1930 die meisten dieser Jugend-Theoretiker aufgrund ihrer biologistischen Ausrichtung immer stärker ins völkische oder nationalsozialistische Lager einschwenkten. Doch ob nun sachlich oder biologisch: ließ sich eine solche Jugend-Idee innerhalb einer noch deutlich zerklüfteten Klassengesellschaft überhaupt sinnvoll definieren? Mußten dabei nicht notwendig vage, abstrakte Plattheiten herauskommen, selbst wenn man sich noch so objektiv gab?

Genau besehen, wirken fast alle diese Bekenntnisse seltsam unkonkret, leer oder verquollen. Den Auftakt bildet meist eine radikale Absage an jede Form romantischer oder expressionistischer Überspanntheit. Man will Großstädter sein, heißt es immer wieder, und zwar Großstädter, der rein im Hier und Heute lebt, der eher zu Härte und Nüchternheit als zu Seele und Zärtlichkeit neigt. Franz Matzke sprach daher in seinem Buch *Jugend bekennt: so sind wir!* (1930) im Hinblick auf die neue Jugend von einer »Generation ohne Gemüt« (45), die nicht mehr ihre Gefühle zur Schau stelle, sondern eher karg, ernst, zurückhaltend, ja geradezu »unpersönlich« sei (52). Statt sich in die eigene Subjektivität zu versenken, wende sich diese Jugend immer stärker den Sachen zu. »Tragik« ist deshalb in den Augen Matzkes eine reine »Privatsache«, die niemanden etwas angehe (53). Überhaupt sind für ihn die »Methoden« wichtiger als die »Ansichten«, »Distanz« empfehlenswerter als »Nähe«. »Nur keine Ideale!«, liest man bei ihm immer wieder. Als das letztlich Entscheidende empfindet Matzke die »Liebe zum Adäquaten«, zum »Zweckmäßigen« (54). Statt weiterhin übersubjektiven Zielsetzungen nachzuhängen oder sich in das eigene Ich zu versenken, schätzt er eher unpersönliche Skepsis. Und so landet er schließlich – inmitten aller »Sachlichkeit« und »Sinnlosigkeit«, wie es ausdrücklich heißt – bei einem »Heroismus des Alltags«, der nicht mehr aufbegehrt, sondern eher die »Bereitschaft zur Unterordnung« propagiert (97). Etwas positiver klingt dagegen das betont sachlich internationalisierte und demokratisierte Jugend-Konzept, das der junge Privatdozent Labude in Erich Kästners *Fabian* (1931) verkündet. Von ihm heißt es, daß er bei einer studentischen Versammlung gesagt habe: »Diese Jugend sei im Begriff, in absehbarer Zeit die Führerschaft in Politik, Industrie, Grundbesitz und Handel zu übernehmen, die Väter hätten abgewirtschaftet, und es sei unsere Aufgabe, den Kontinent zu reformieren. Ich sagte, diese neue Front, diese Querverbindung der Klassen, sei möglich, da die Jugend, wenigstens ihre Elite, den hemmungslosen Egoismus verabscheue. Wenn es schon ohne Klassenherrschaft nicht abgehe, sagte ich, dann solle man sich für das Regime unserer Altersklasse entscheiden« (106).

In solchen Äußerungen zeigt sich recht deutlich, worauf diese neusachliche Jugend-Idee in Wirklichkeit hinauslief: auf den Führungsanspruch einer bürgerlich-liberalen Jugendelite, die ganz sie selbst sein wollte und sich doch einem gewissen, noch nicht näher bezeichneten Kollektivwillen unterwarf. Einerseits pries man – wie alle Sachlichkeitstheoretiker – die Freiheit der Bindungslosigkeit, den neuen Liberalismus und demokratischen Pluralismus, andererseits verfiel man einer typisch bürgerlichen Avantgardevorstellung, die letztlich der modischen Welle innerhalb eines kapitalistischen Warenangebots entspricht. Darum zeigt sich selbst hier noch einmal jene innere Korrespondenz zwischen Demokratisierung und Kommerzialisierung, die schon die neusachlichen Konzepte von Arbeit, Großstadt, Freizeitgestaltung, Vergnügungsindustrie, Sport und Sexualität mitbeeinflußt hatte. Da man eine Demokratie auf kapitalistischer Basis anstrebte, wurde man sogar auf diesem Sektor – gewollt oder ungewollt – in den allgemeinen *Nouveauté*-Rummel einbezogen, der nun einmal im Rahmen eines solchen Wirtschaftssystems alles, selbst das Geistige und Ästhetische, in einem modischen Sinne überformt. Die Neue Jugend bekam daher schnell den Charakter einer Warenmarke, einer Frage des Lebensstils, eines avantgardistischen Trends, bei dem vor allem die Zeitgemäßheit, das ›Dransein‹ im Hier und Heute im Vordergrund stand. Allerdings war dies um 1927/28 noch durchaus ein neusachliches Leitbild und wurde erst nach der Krise von 1929 in jene präfaschistischen Bahnen umgelenkt, die Büchern wie *Die junge Generation in Europa* (1930) von Hans Hartmann, *Das Gesicht unserer Zeit* (1931) von Broder Christiansen, *Die Generation als Jugendreihe und ihr Kampf um die Denkform* (1932) von Eduard Wechßler und *Die Sendung der jungen Generation* (1932) von E. Günther Gründel ihre Gepräge gaben. Für diese These sprechen wohl am deutlichsten die Schlußsätze von Matzkes *Jugend*-Buch, wo es noch ganz im liberalistisch-modebewußten Sinne heißt: »Wir sind nur eine Welle im Strom, der ohne Anfang und Ende ist, dessen Wesen Strömen ist und sonst nichts. Aber diese Welle, *unsere* Welle, steht jetzt oben. Eine Weile schwebt sie und hat ringsum Täler. Diese Weile ist uns gegeben« (274).

Wie wir wissen, währte diese »Welle« nur wenige Jahre. Als Franz Matzke die eben zitierten Sätze im Jahre 1930 veröffentlichte, war sie an sich schon wieder im Abebben und begann ganz neuen Wellen zu weichen. Nach dem 14. Oktober 1929, dem Schwarzen Freitag in New York, und nach den Septemberwahlen des Jahres 1930, bei denen die Zahl der Mandate der NSDAP sprunghaft von 12 auf 107 anstieg, zeigte sich immer klarer, daß sich die Weimarer Koalition, welche die Jahre zwischen 1923 und 1929 relativ stabil überstanden hatte, auf einer schiefen Ebene befand, die durch die wirtschaftliche Misere von Monat zu Monat, ja von Woche zu Woche ein immer bedrohlicheres Gefälle bekam. Bis dahin war für die Verfechter der Republik alles einigermaßen glatt gelaufen. Die Sozialdemokraten und die bürgerlichen Parteien wie auch die Gewerkschaften und die Arbeitgeber hatten zum Wohle der Republik und der wirtschaftlichen Expansion einen Burgfrieden geschlossen, durch den ein relativ stabiles Arbeitsklima entstanden war. Aufgrund dieser Entwicklung lag Deutschland nach 1923 mit seiner Industrieproduktion – hinter den USA – bald wieder an zweiter Stelle in der Welt. Doch nicht nur das. Sowohl die Gefahr der Bolschewisierung, wie es in den Kreisen der Weimarer Koalition hieß, als auch der Putschismus von rechts waren erst einmal gebannt worden. Dafür war eine Republik entstanden, die im technischen Fortschritt den wichtigsten Garanten für einen allmählich steigenden Lebensstandard und eine damit verbundene Homogenisierung und Demokratisierung des gesellschaftlichen Gefüges zu besitzen schien.

Doch mit dem 14. Oktober 1929 änderte sich diese Situation geradezu über Nacht. Durch die ökonomische Krise, die schnell um sich griff, wurde die Weimarer Koalition wieder in die Krisensituation des Jahres 1923 zurückgeworfen. Die fallende Produktionsrate, die sinkende Kaufkraft, die Arbeitslosenheere, die Radikalisierung der politischen Oppositionsorganisationen führten mehr und mehr zu bürgerkriegsähnlichen Verhältnissen, an denen die Weimarer Koalition schließlich zerbrach. Denn in dieser Situation sahen die bürgerlichen Parteien in der SPD, die zusehends Stimmen einbüßte, keinen absoluten Garanten für die Aufrechterhaltung der Republik mehr. Obwohl die SPD-Führung eisern am Konzept von Weimar festhielt, fürchteten die bürgerlichen Parteien eine allmähliche Abwanderung der SPD-Wähler nach links, zu den Kommunisten – und öffneten sich deshalb stärker nach rechts, um dort neue Koalitionspartner zu gewinnen: erst bei den traditionell konservativen Schichten und dann immer stärker bei den Nationalsozialisten, was 1932 zur Bildung der Harzburger Front, einer Koalition der DNVP mit der NSDAP, führte. Die innenpolitische Krise der Weimarer Republik wurde also nicht durch eine gleichzeitige Radikalisierung des ultrarechten und ultralinken Flügels eingeleitet, wie die Vertreter der Totalitarismus-These gern behaupten, sondern vornehmlich durch eine immer stärkere Abwanderung der bürgerlichen Parteien nach rechts. Und so vertraten schließlich nur noch die SPD, die Staatspartei und das Zentrum die ursprüngliche Republik, während alle anderen bürgerlichen Gruppen nach den Septemberwahlen von 1930 in aller Offenheit mit einer rechtsautoritären Macht wie der NSDAP, als der wahren Vertreterin ihrer Interessen, zu liebäugeln begannen, ja schließlich zu ihr überliefen und damit die Republik verrieten.

Dieser Umschichtungsprozeß hatte selbstverständlich nicht nur politische, sondern auch ideologische und kulturelle Konsequenzen. Während die alten Herzensmonarchisten nach 1923 zum Teil Vernunftrepublikaner geworden waren, wurden aus diesen Vernunftrepublikanern jetzt immer stärker Vertreter völkischer, bündischer und faschistischer Programme. Angesichts einer linken Gefahr, die sich vor allem im Anwachsen der KPD äußerte, erschien es ihnen nach den Erfahrungen der Jahre zwischen 1923 und 1929 töricht, weiterhin einfach auf betont konservativen Positionen zu beharren. Aus diesem Grunde wurden viele der rechtsbürgerlichen Politiker in ihren massenstrategischen Überlegungen in den folgenden Jahren wesentlich flexibler und geschickter. Sie hatten eingesehen, daß sich der Wunsch nach alternativen Wirtschafts- und Gemeinschaftsformen, der nach 1929 immer dringlicher wurde, am besten mit eigenen alternativen Gemeinschaftsprogrammen auffangen ließ. Anstatt sich also auf jene wilhelminisch-konservativen oder liberal-pluralistischen Vorstellungen zu stützen, die von der ökonomischen Krise immer stärker in Frage gestellt wurden, propagierten die rechtsbürgerlichen Kreise in den folgenden Monaten und Jahren eine geradezu überwältigende Fülle an sozialistisch klingenden Bindungs-Ideen, um so den Kommunisten, die sich durch die Krise in ihren Revolutions- und Änderungsvorschlägen bestätigt fühlten, den ideologischen Wind aus den Segeln zu nehmen.

An die Stelle der bisherigen Sachlichkeits-Thesen, die sich inmitten des allgemeinen Tohuwabohus nach 1929 nicht mehr aufrechterhalten ließen, traten darum zusehends auf seiten der bürgerlichen Ideologie geschickt verbrämte Gemeinschaftsparolen, die sich in ihrem völkischen Irrationalismus vor allem an die politisch Verunsicherten wandten und bei diesen eine gewaltige Wirkung zeigten. In einer solchen Situation, als sich nach Zeiten relativer Stabilität die Klassenfronten plötzlich wieder verhärteten, konnten es sich die kapitalistisch orientierten Gruppen nicht länger leisten, sich weiterhin auf die Parolen des unaufhaltsamen Fortschritts, der technischen Verbesserung, des Fordismus, der steigenden Demokratisierung oder der Überholtheit des Klassenkampfs zu berufen. Dazu war der Gegensatz zwischen den besitzenden und den nur kurzarbeitenden oder arbeitslosen Schichten zu deutlich geworden. Wenn man also der Gefahr der Bolschewisierung und einer möglichen kommunistischen Revolution entgegentreten wollte, mußte man in einer solchen Situation notwendig selber von oben ›bolschewisieren‹.

Starr an der Republik festzuhalten, erschien deshalb den Mittelstandspolitikern immer problematischer. Bis 1929 hatten sie diesen Staat durchaus unterstützt oder wenigstens als ein Rahmenprinzip geschätzt. Nach diesem Zeitpunkt wurde dagegen die Republik von den gleichen Kreisen, die nicht in die allgemeine Krise hineingezogen werden wollten, einfach mit dem Wunsch nach Ruhe und Ordnung gleichgesetzt. Schließlich genügte selbst das nicht mehr. Also griff man immer stärker zu Parolen wie »Bindung«, »Gemeinschaft« oder »Volk«, um von der sich zuspitzenden Klassenkampfsituation abzulenken. Von dem

Slogan, daß man schließlich im gleichen Boot sitze, war es dann nicht mehr weit bis zur Forderung nach wahrer Volksgemeinschaft und schließlich – angesichts der wachsenden Stärke der Kommunisten – zum offenen Übertritt ins nationalsozialistische Lager. Denn eine Nationalsozialistische Deutsche Arbeiterpartei, die zugleich an das Nationale wie an das Sozialistische appellierte, schien den meisten dieser Bürger das geeignetste Mittel, der steigenden Flut sozialistischer Forderungen wirkungsvoll entgegentreten zu können.

Die KPD

Die KPD hatte sich von Anfang an gegen eine Republik ausgesprochen, die vornehmlich kapitalistischen und damit bürgerlichen Interessen diente. Statt also wie die SPD – ob nun aus evolutionistischen oder demokratischen Erwägungen heraus – für einen vorläufigen Burgfrieden zwischen Kapital und Arbeit einzutreten, setzte sie alles daran, die versäumte sozialistische Revolution von 1918/19 nachzuholen und so den Arbeitern, die mit ihren Streiks, ihrem Kampf, ihrem Blut eine bürgerliche Republik geschaffen hätten, zu einem wahren Volksstaat zu verhelfen. Aus diesem Grunde empfanden die Kommunisten die neusachlichen Gesellschafts-Vorstellungen der Jahre zwischen 1923 und 1929, die auf einen demokratisch verbrämten Kapitalismus hinausliefen, lediglich als einen infamen Sozialfaschismus, mit dem sich die SPD den korrumpierenden Umarmungsmanövern der Großindustrie ausgeliefert habe. Von Demokratie, Homogenisierung und Fordismus wollte man daher – im Gegensatz zu manchen SPD- und Gewerkschaftsführern – innerhalb der KPD nichts hören. Diese Partei setzte sich weiterhin für einen radikal geführten Klassenkampf ein, an dessen Ende die siegreiche Diktatur des Proletariats stehen werde. Wer diese Ideen nicht teilte, konnte in ihr schwer Fuß fassen. Die KPD blieb deshalb während der sogenannten Prosperitäts-Periode zwischen 1924 und 1929 relativ isoliert: isoliert von den Massen der Fabrikarbeiter, die der SPD anhingen, und isoliert von der Mehrheit der linkslibera-

Käthe Kollwitz: *Demonstration* (1931)

len Intellektuellen, die sich vom aggressiven Kollektivismus und Sowjetismus der KPD abgestoßen fühlten und weiterhin ihre Individualität verteidigten.

Vor 1929 waren darum den kulturellen Aktivitäten der KPD, vor allem wegen ihrer pro-sowjetischen und pro-proletarischen Ausrichtung, deutliche Grenzen gesetzt. Für solche Ideen ließ sich in diesen Jahren noch keine breite Anhängerschaft gewinnen. So wurde zwar die Sowjetunion häufig und zum Teil auch positiv in einer Reihe von Reiseberichten vorgestellt, blieb jedoch trotz dieser Darstellungen eindeutig im Schatten des alles überstrahlenden Leitbilds der USA. Die wenigen Autoren, die sich nicht vom Dollarglanz der Vereinigten Staaten blenden ließen, bestätigen da nur die Regel. So sah etwa Alfons Goldschmidt in seinem Buch *Deutschland heute* schon 1928 innerhalb der deutschen Wirtschaft – gerade wegen der forcierten Rationalisierung und Taylorisierung – überall deutliche »Krisenzeichen« (165) und stellte dem wirtschaftlichen Amerikanismus die Sowjetunion als Modell einer wahrhaft modernen Wirtschaftsordnung entgegen. Ähnlich scharf griff er 1929 noch einmal in der *Neue Rundschau* die These an, nur wegen der Einführung des »fließenden Bandes«, einiger »rationalisierter Kohlengruben« und der »Vertikaltendenz des Fordschen Unternehmens« in den USA von »Sozialkapitalismus« zu sprechen. Gerade dort sah er einen krassen »Wirtschaftsimperialismus« ohne jede »kooperative Sicherung« für die Arbeiter am Werk, der in Zeiten ökonomischer Krisen zu gewaltigen gesellschaftlichen Erschütterungen führen müsse (40,249).

Vor dem Schwarzen Freitag im Oktober 1929 wirkten solche Thesen, vor allem wenn sie von einem Sympathisanten der KPD stammten, noch wie übelste Zweckpropaganda, zu deren Widerlegung man auf den ständig steigenden Wohlstand in den USA hinwies. Doch nach dem großen Wallstreet-Debakel gewannen dieselben Thesen für die von der nun einsetzenden Großkrise Betroffenen einen ganz anderen Klang. Die Millionen Arbeitslosen, die plötzlich auf den Straßen standen, wie auch die linken Intellektuellen, die von dieser Krise ebenfalls materiell betroffen wurden, fanden solche Thesen mit einemmal immer überzeugender. Und so wuchs die KPD seit Ende 1929 immer stärker zu einer ernstzunehmenden Partei, ja Millionenpartei an, die von vielen als das einzige Bollwerk gegen jene Kräfte der Reaktion betrachtet wurde, die diese Krise zu einem machtvollen Gegenstoß von rechts benutzten, der dann in der Machtübernahme durch die Nationalsozialisten kulminierte. Vor allem nach den Septemberwahlen von 1930 wurde vielen Wählern klar, daß sich der Endkampf um die politische Macht von nun ab zwischen der NSDAP und der KPD abspielen werde. Was damit zur Wahl stand, waren in den folgenden Jahren vor allem das ›deutsche‹ Deutschland und das ›sowjetische‹ Deutschland, das heißt die Entscheidung für den Chauvinismus oder den Kommunismus.

Aufgrund dieser Entwicklung zog die KPD seit 1929 für ihre politische Propaganda immer stärker das Vorbild der Sowjetunion heran, die 1928 mit der Durchführung ihres Ersten Fünfjahresplans begonnen hatte und gerade in diesen Jahren, als die Industrieproduktion im Westen fast zum Stillstand kam, Riesenfortschritte in der allgemeinen Technisierung ihres Landes machte. In den folgenden zwei Jahren erschienen darum eine Reihe ausgesprochen parteilich gefärbter Darstellungen der Sowjetunion, wie die Reportagen von F.C. Weiskopf, in denen die Riesenkombinate von Magnitogorsk, die neuen sozialistischen Städte, der Komsomolzengeist und die allgemeine Steigerung der Produktion verherrlicht wurden. Hier herrsche Zielstrebigkeit, liest man immer wieder, hier gebe es keine Wirtschaftskrisen – und damit auch keine Arbeitslosen und keine freischwebende Intelligenz. Hier erfülle jeder – ob im Großen oder Kleinen – eine volkswirtschaftlich sinnvolle Aufgabe und sei daher für den Rest seines Lebens ökonomisch abgesichert. Wohl eine der wirkungsvollsten Publikationen dieser Art war das Buch *Der Staat ohne Arbeitslose* (1931), herausgegeben von Alfred Kurella, F.C. Weiskopf und Ernst Glaeser, das wie ein großes Fotoalbum über die Sowjetunion angelegt ist und in dem vor allem der allgemeine Aufbauwille, der Kollektivgeist, der Brigadecharakter der sozialistischen Arbeit hervorgehoben wird (während man auf Bilder von Stalin ausdrücklich verzichtet). Solche Bücher hatten in der deutschen Krisensituation von 1931/32, in der das

Problem der Arbeitslosigkeit zum Hauptproblem geworden war, das von seiten einer kapitalistisch operierenden Demokratie nicht gelöst werden konnte, durchaus eine Wirkung.

Was darum die KPD in diesen Jahren gegen die kapitalistische Mechanisierung, Funktionalisierung, Versachlichung und damit Entmenschung ins Feld führte, war in steigendem Maße die Vorstellung einer Gemeinschaftlichkeit, die nicht auf atavistische Konzepte wie ›nordische Rasse‹ oder ›erwähltes Volk‹ zurückgreift, sondern von einem Begriff des Kollektivs ausgeht, der einzig und allein in der Solidarität der unterdrückten und ausgebeuteten Arbeiterklasse verankert ist. In dieser Beschränkung aufs Proletarische bestand die Stärke und zugleich die Schwäche der kommunistischen Politik dieser Jahre. Denn damit wurde zwar die politische Reinheit und Einheitlichkeit gewahrt, aber allen kleinen Angestellten, liberalen Intellektuellen, linken Sozialdemokraten und anderen Gutwilligen der Zugang zur Partei weitgehend versperrt. Man denke an Johannes R. Bechers emphatisches Loblied auf die »Breitschultrigen«, die sich ohne mit der Wimper zu zucken in die »roten Heere« eingliedern und nur noch auf die Funksprüche der UdSSR hören, das er 1929 im ersten Heft der *Linkskurve* abdrucken ließ (1f.). Das gleiche gilt für jene säuberlichen Abgrenzungsversuche gegenüber allen linksliberalen Intellektuellen, die Kurt Kersten wenige Seiten später vornahm, wo er nicht die »Rebellen des Geistes«, sondern die »Revolutionäre von Leuna, von der Ruhr« als die entscheidenden politischen Antriebskräfte hinstellte und jede bloß linksliberale Einstellung als ein zwar niveauvolles, aber sinnloses »Landauertum« abwertete (21). Dieser Kurs war von vornherein zu eng und trug leider dazu bei, daß es angesichts der immer größer werdenden nazistischen Gefahr nicht zu einer Volksfront aller antifaschistischen Kräfte kam. Ja, nicht nur das. Der am Leitbild der Sowjetunion – dem einzigen »Staat ohne Arbeitslose« – orientierte Kurs führte zwar zu einer verstärkten Anhängerschaft unter den Arbeitslosen, stieß aber zugleich viele Arbeiter und Angestellten, die als *deutsche* Arbeiter und Angestellte ernst genommen werden wollten, vor den Kopf. Deutschland, das im Ersten Weltkrieg eine tiefgehende nationale Krise durchgemacht hatte und – nach der ›Schmach von Versailles‹ – nach einem neuen nationalen Selbstbewußtsein lechzte, war mit einer Propaganda, die letzten Endes darauf hinauslief, sich ein anderes Volk zum Vorbild zu nehmen, nicht zu gewinnen. Die prosowjetische Politik der KPD stellte daher in diesen Jahren nicht unbedingt den besten innenpolitischen Kurs dar. Man erwog zwar für eine Weile einen stärker nationalbolschewistischen Kurs im Sinne Richard Scheringers, ließ jedoch diese Idee wieder fallen. Und so hatten die Nationalsozialisten, welche an das politische Selbstgefühl der Deutschen appellierten (und ihnen zugleich ein paar unklare Sozialisierungsparolen auftischten), ein allzu leichtes Spiel.

Völkische, bündische und faschistische Ideologiekomplexe

Die Nationalsozialisten, die auf Nummer Sicher gehen wollten, stützten sich bei ihrer Propaganda von Anfang an auf das deutsche Nationalbewußtsein. Sie stellten nicht das russische, sondern das deutsche Volk als das überragendste auf Erden hin. Und sie ließen nichts unversucht, dieses Volk mit allen Regeln der Kunst mit völkischen Erwähltheitsparolen einzuseifen, wozu sie vor allem die glorreiche Vergangenheit der deutschen Nation heranzogen. Als daher 1929 die große Weltwirtschaftskrise ausbrach, mobilsierten die Nationalsozialisten geradezu alle herkömmlichen kleinbürgerlichen Affekte gegen die moderne Technik, die Industrie, den Kapitalismus und beschworen dafür das Bild einer heilen, vorindustriellen Welt wahrer Volksgemeinschaft. Während die KPD vor allem die Klassensolidarität der Werktätigen meinte, wenn sie von neuer Gemeinschaftlichkeit sprach, verstanden die Nationalsozialisten unter gemeinschaftsstiftenden Faktoren hauptsächlich Dinge wie Rasse, völkische Bindung, Bauerntum, Blut und Boden, deutsche Romantik und ähnlich irrational vernebelte Begriffe.

Dabei konnten sie sich auf jene völkischen Ideenkomplexe stützen, die sich bereits im frühen 19. Jahrhundert entwickelt und in der Gründerzeit und beim Kriegsausbruch von 1914 breite

Resonanz gefunden hatten. Während man um 1900 diese Richtung meist unter dem Schlagwort der ›Fortschrittlichen Reaktion‹ zusammengefaßt hatte, taucht dafür seit Mitte der zwanziger Jahre der Begriff der ›Konservativen Revolution‹ auf, dem sich ein breites Spektrum rechter Organisationen verpflichtet

Rudolf Schlichter: *Illustration* (1929)

fühlte. Zu den bekanntesten dieser Organisationen, die auf etwa 500 geschätzt werden, zählten damals die Freikorps, die Baltikumer, die Schwarze Reichswehr, der Wiking, der Bund Oberland, der Werwolf, der Stahlhelm, der Jungdeutsche Orden, die Jungkonservativen, die Völkischen: alles Gruppen und Grüppchen, welche sich nach 1921/22 aus altkonservativ-monarchistischen Organisationen allmählich zu Trägern einer nationalen Opposition entwickelten, die in der Weimarer Republik nur einen Wartesaal oder schlimmstenfalls ein Zwischenreich erblickten. Um 1930 schlossen sich dieser Richtung noch die Landvolkbewegung, die Nationalbolschewisten und der Kreis um die Zeitschrift *Die Tat* an. Doch die einzige Gruppe dieser Art, die nach 1929 zu einer Massenpartei anschwoll, war die NSDAP, die dann bei der Machtübernahme im Frühjahr 1933 fast alle anderen völkischen, nationalen oder bündischen Gruppen sofort unterdrückte oder gleichschaltete, um als der alleinige Sieger dazustehen.

Ideologisches Ziel fast all dieser Organisationen war eine neue Gemeinschaft, die auf halbem Wege zwischen Kapitalismus und Sozialismus angesiedelt sein sollte. Was man daher vorschlug, und zwar mit zunehmender Intensität, war ein ›Dritter Weg‹, ein Weg zum Deutschen Sozialismus. Einige wurden dabei recht konkret. Während die alten Völkischen im Sinne Lagardes und Langbehns lediglich von einer ewigen Wiedergeburt des deutschen Wesens geschwafelt hatten, tendierte man im Rahmen dieser Gruppen zu einem aggressiven Nationalbolschewismus, der sich wie ein Lauffeuer verbreitete, da er das Nationale und das Sozialistische – die beiden Hauptschlagworte dieser Ära – miteinander zu verbinden wußte. Die DNVP, die immer noch vorwiegend konservativ eingestellt war, mußte angesichts solcher Richtungen zusehends an Stimmen verlieren, ja sah sich am Schluß gezwungen, sich auf Gedeih und Verderb den Nationalsozialisten anzuschließen.

Am einflußreichsten innerhalb dieser »Linken Leute von rechts« erwiesen sich – bevor die Nationalsozialisten die Macht an sich rissen und alles gleichschalteten – folgende Gruppen und Ideologien. Da wäre erst einmal das rein biologische Jugend-

Konzept, das fast alle diese rechten Gruppen propagierten. Im Gegensatz zu jedem Klassendenken wird hier Jugend einfach als letzter Wert, als Garant einer neuen Gemeinschaftlichkeit, als völkischer Jungbrunnen hingestellt. So vertritt etwa Hans Hartmann in seinem Buch *Die junge Generation in Europa* (1930) die These, daß die überwiegende Mehrheit der deutschen Jugend »bündisch« denke, das heißt nur das Prinzip »Führer und Gefolge« anerkenne. Unter gleich scharfer Ablehnung des sowjetischen Kommunismus und der westlichen Demokratien träumt er von einem »sozialen Volksstaat«, der auf einem »überparteilichen selbständigen Jugendwillen« beruht (59). Dem östlichen Kollektiv und der westlichen Gesellschaft werden hier Gemeinschaftsformen wie Bund, Orden und Aktionsgruppe entgegengestellt, in denen ein »neuer Rhythmus des Blutes« pulsiere (87). Ähnliche Ansichten vertritt E. Günther Gründel in seinem Manifest *Die Sendung der jungen Generation* (1932), in dem ebenfalls mit emphatischen Worten von einem »Aufbruch der Jugend« die Rede ist, der die Namen Nietzsche, George und Walter Flex auf sein Banner geschrieben habe. Statt sich weiterhin abgewirtschafteten Leitbildern wie der »Neuen Sachlichkeit«, der amerikanischen »Prosperity« (46), der falschen Maxime *»to have a good time«* (79), dem Kapitalismus, dem Liberalismus, dem Parlamentarismus und Demokratismus, denen die ältere Generation noch anhänge, zu verschreiben, stützt sich auch Gründel fast ausschließlich auf den Idealismus und Radikalismus der jüngeren Generation. Gegen die kommunistische Idee einer Diktatur des Proletariats wie auch die vergreiste Unzeitgemäßheit des demokratischen Parlamentarismus wird daher die Idee eines von der Jugend erhofften »Volkssozialismus« ausgespielt. Dem entspricht, daß die Erfolge der Nationalsozialisten seit den Septemberwahlen des Jahres 1930 von Gründel bereits als Triumphe der Jugend gedeutet werden.

Auf etwas höherer Ebene wurde die Ideologie des ›Dritten Weges‹, die letztlich eine Ideologie des ›Zweiten Weges‹ war, von Hans Zehrer und seinen Freunden in der Zeitschrift *Die Tat* vertreten, die damals wohl die einflußreichste politische Zeitschrift innerhalb der Rechten war. Vor allem in den Beiträgen von Zehrer selbst, aber auch in denen von Ernst Wilhelm Eschmann und Ferdinand Fried, wird immer wieder dieselbe Forderung aufgestellt: nämlich zwischen Nazis und Kommunisten eine ›Dritte Front‹ aufzurichten, die sich für einen wahrhaft deutschen Sozialismus einsetzt. Mit höchst kritischen Ausfällen gegen Großstadtunwesen, Kommerzialisierung, Kapitalismus einerseits und enges Klassendenken, Kollektivismus, Sowjethörigkeit andererseits wird hier eine ›Volksgemeinschaft von oben‹ beschworen, der man eine rein bündische Struktur geben will. Angesichts der großen Wirtschaftskrise, welche die Hinfälligkeit des alten Systems zur Genüge bewiesen habe, erscheinen daher Zehrer alle älteren politischen Weltanschauungen, ob nun Wilhelminismus, Konservativismus, Liberalismus, Sozialdemokratismus oder Kommunismus, als unzeitgemäß, wenn nicht verrottet. Trotz aller vordergründigen Gegensätze verberge sich dahinter immer wieder das gleiche System: nämlich ein sich auf Klassen oder Parteien stützender Gruppenegoismus, der jeden Sinn für das Ganze verloren habe. Sein Ideal ist daher – wie bei Gründel – ein sozialer Volksstaat mit stark ländlicher Komponente, mit freiwilligem Arbeitsdienst, mit Neusiedlungen für die Jugend, mit nationaler Planwirtschaft, das heißt ein »Wehrverband, Grenzlandverband, Siedlungsverband, Arbeitsverband« (12, 1931/32, 78). Um dieses Ideal zu verwirklichen, fordert Zehrer eine sofortige Aufteilung aller großen Güter und eine Überleitung sämtlicher »großen Vermögen« in »Gemeinbesitz« (23, 384). Seine Haupthoffnung setzte dabei auch er auf die aktivistisch-gestimmte Jugend, das heißt auf die zwanzig- bis dreißigjährigen Idealisten innerhalb der radikalen Rechten *und* der radikalen Linken, die er mit einer augesprochen nationalbolschewistischen Ideologie für seine »Neue Volksgemeinschaft« zu gewinnen suchte (23, 559). Denn nur diese Gruppen – und nicht die Vertreter des Weimarer Systems – hielt er für fähig, den Deutschen den Weg zu nationaler Besinnung und sozialer Gerechtigkeit zu weisen.

Doch selbst solche Vorstellungen waren den Nationalsozialisten noch zu links, zu nationalbolschewistisch. Sie operierten zwar auch mit der Ideologie des ›Dritten Weges‹ – das waren sie schließlich ihrem Namen, dem einer Nationalsozialistischen

Deutschen Arbeiterpartei, schuldig. Doch sie gingen dabei wesentlich primitiver und darum effektiver vor. Für Leute wie Hitler und Rosenberg war die sozialistische Komponente innerhalb ihres Parteiprogramms nur ein Trick, um den linken Flügel der NSDAP bei der Stange zu halten und zugleich den durch die Weltwirtschaftskrise verunsicherten und nach sozialer Gerechtigkeit verlangenden Wählermassen Sand in die Augen zu streuen. Wenn sie von neuer Gemeinschaft sprachen, dachten sie gar nicht daran, die großen Güter aufzuteilen und die großen Vermögen in Gemeinbesitz überzuleiten. Im Gegenteil. Sie wollten das kapitalistische System der Weimarer Republik lediglich in eine neue Staatsform hinüberretten. Hitler sprach sich zwar für eine ›deutsche Revolution‹ aus, aber doch für eine Revolution, die letztlich nicht den Umsturz, sondern die Bewahrung im Auge hatte. Und eine Revolution, die sich für eine Erhaltung der bestehenden Verhältnisse einsetzte, eine konservative Revolution also, erschien den deutschen Durchschnittsbürgern damals wesentlich sinnvoller als eine radikale Änderung des gesamten Systems. Daher siegte die NSDAP und nicht die KPD im großen Endkampf um die Wählermassen, der sich zwischen 1930 und 1932 abspielte. Und die Nationalsozialisten siegten nicht nur, weil sie Teile des Großkapitals auf ihrer Seite hatten, sondern weil sie auf geschickte Weise den Kommunisten den Wind aus den Segeln nahmen, indem sie sich ebenfalls als Sozialisten hinstellten. Ja, nicht nur das. Sie siegten, weil sie alles, aber auch alles in ihre Ideologie integrierten, von dem sie sich einen Stimmengewinn versprachen. Während die Kommunisten vor allem auf die politische Stringenz ihrer Lehre bedacht waren, verschmähten es die Nationalsozialisten nicht, gerade an die niedrigsten Instinkte jener kleinbürgerlichen Schichten, die in diesem Kampf das Zünglein an der Waage bildeten, zu appellieren: an ihre Affekte gegen die ›Entartung‹ der deutschen Kultur, ihren latenten Antisemitismus, ihre unklare Wut gegen die ›Zinsknechtschaft‹ und ihre völkischen Ressentiments, welche die Nationalsozialisten immer wieder mit dem Hinweis auf die ›Schmach von Versailles‹ aufzuputschen versuchten. Und gegen ein so massives Trommelfeuer von Halbwahrheiten, Lügen und irrational aufgewühlten Emotionen, wie Ernst Bloch und Wilhelm Reich schon 1933 feststellten, war nun einmal mit rein rationalen Mitteln nicht anzukämpfen. Das gilt vor allem für die SPD, die sich immer wieder als die ›Stimme der Vernunft‹ bezeichnete. Aber das gilt auch für die Kommunisten, die zwar auf emotional aufwühlende Argumente nicht ganz verzichteten, jedoch nie ins Heuchlerische abglitten.

Die Kunstszene

Einheit oder Vielheit?

Wie problematisch es ist, einfach von der Kultur der zwanziger Jahre oder der Weimarer Kultur zu sprechen, als ob es sich hierbei um einen unbezweifelbaren, ja geradezu monolithischen Einheitskomplex handele, hat bereits das letzte Kapitel gezeigt. Um wieviel problematischer muß es deshalb sein, in diesem Konglomerat der verschiedensten Ideologien und ihrer kulturellen Ausprägungen einen durchgehenden Stil, einen sogenannten Ismus aufzuspüren, der umfassend genug wäre, all diese Phänomene unter einen Hut zu bringen. Und doch hat man sowohl das eine als auch das andere immer wieder versucht. Es wäre hochmütig, darin nur eine verlorene Liebesmüh zu sehen. Denn Wissenschaft, die es mit den Künsten zu tun hat, bedarf nun einmal – wie jede andere historische Wissenschaft – der Klassifizierung, der Typologisierung und schließlich auch der Periodisierung, wenn sie mit der Fülle des überlieferten Materials einigermaßen zu Rande kommen will. Leider ist man bei solchen Versuchen nur allzu häufig vom Vorbild jener älteren Ismen ausgegangen, die sich von 1850 bis 1920, das heißt vom Bürgerlichen Realismus bis zum Expressionismus, wie eine lückenlose Folge klar umgrenzter Kunstperioden aneinanderreihen und selbst in den frühen zwanziger Jahren in sogenannten Neben-Ismen wie Dadaismus, Verismus und Konstruktivismus noch eine Weile weiterzublühen scheinen. Doch nach diesen Neben- oder Seiten-Stilen war es mit den beliebten Ismen plötzlich zu Ende. Nach 1923 gibt es auf einmal keine stiltypologischen Einheitswerte mehr, die sich im Sinne strukturalistischer Homologieverfahren in allen Künsten gleichzeitig nachweisen ließen. Ja, seit 1923 entwickeln sich in Deutschland überhaupt keine künstlerischen Bewegungen mehr, die man als vollentwickelte Stile charakterisieren kann.

Um die Mitte der zwanziger Jahre scheint also im Verhältnis

der Gesamtgesellschaft zu den Künsten wie auch der Künste untereinander – und das nicht nur in Deutschland, sondern in allen westlichen Industrienationen – ein grundsätzlicher Wandel eingetreten zu sein, der bis heute weiterwirkt. Vergangen sind die Tage klar erkennbarer Stile, heraufgezogen ist eine Ära, die immer vielschichtiger, immer unüberschaubarer und damit immer begriffsloser geworden ist. Was diesen Wandel ausgelöst hat, steht nun schon seit fünfzig Jahren zur Diskussion. Und zwar werden dabei gern folgende Faktoren ins Feld geführt: Die einen machen für diesen Vorgang vor allem die zunehmende Spezialisierung der einzelnen Künste im Rahmen immer komplizierterer Herstellungs- und Distributionssysteme verantwortlich, die es sowohl den Künstlern als auch den Wissenschaftlern zusehends erschwerten, ihr eigenes Tun noch im Rahmen gesamtkultureller Bemühungen zu sehen. Nun, eine solche These läßt sich schwerlich bestreiten – jedenfalls wenn man die höchst disparaten Kunstbemühungen seit 1923 mit dem vorausgehenden Expressionismus vergleicht, der sich noch weitgehend als eine gesamtkünstlerische Bewegung verstanden hat und daher auch von den Wissenschaftlern häufig als interdisziplinäres Phänomen gewürdigt worden ist. Eine andere Gruppe führt diesen Zustand der Ismenlosigkeit auf die fortschreitende Technisierung und damit wesentlich leichtere Multiplizierbarkeit von Kunst zurück, wodurch in den kapitalistisch-strukturierten Ländern ein immer krasserer Zerfall in eine massenwirksame U-Kunst und eine elitäre E-Kunst eingetreten sei. Im Gegensatz zu früher habe in diesen Ländern die E-Kunst jenen repräsentativen Charakter verloren, den manche Schichten des gebildeten Bürgertums sogar noch dem Expressionismus zugestanden hätten. Die gesamte nachexpressionistische E-Kunst, behauptet diese Gruppe, werde dagegen selbst von den oberen 4,76 Prozent nicht mehr als vollgültiger Ausdruck von Ideologie und Kultur, sondern nur noch als modischer Avantgardismus empfunden. Und eine solche Kunst noch mit einem bedeutungsvollen Ismus auszuzeichnen, finden die Vertreter dieser Richtung etwas übertrieben.

Daß alle diese divergierenden Tendenzen bereits um die Mitte der zwanziger Jahre mit Händen zu greifen sind, ist ein kaum zu leugnendes Faktum. Deshalb war der Versuch, die Kunst dieser Ära unter dem Hilfsbegriff der Neuen Sachlichkeit zusammenzufassen, von vornherein zum Scheitern verurteilt. Denn die sogenannten Zwanziger Jahre waren nun einmal auch auf ästhetischem Gebiet geradezu ein Schlachtfeld, wo es zwar zu vorübergehenden Siegen, aber nicht zu einem endgültigen Friedensschluß kam. Daher wäre für diesen Zeitraum ein neuer Gesamt-Ismus fehl am Platze. Ein so striktes Homogenisierungsverfahren würde der Vielfalt der Erscheinungen, die zum Teil durchaus antagonistischen Charakter haben, nicht gerecht und eine falsche, weil formalistische Einheit stiften. Allerdings wäre es ebenso verkehrt, auf der Grundlage solcher Einsichten von vornherein auf alle typologischen Kriterien zu verzichten und sich mit einer aufzählenden Konstatierung der widersprüchlichsten Erscheinungen begnügen zu wollen. Denn schließlich weisen manche dieser Erscheinungen doch eine gewisse Verwandtschaft auf, die in manchen Fällen fast an die Ähnlichkeit feindlicher Brüder erinnert. Aber wen wundert das? Warum sollten nicht jene Strömungen, die zwischen 1919 und 1933 auf der politischen, ökonomischen und gesellschaftlichen Ebene zu ständig wechselnden Konstellationen führten, jedoch in ihren Taktiken zwangsläufig aufeinander bezogen blieben, auch in den Künsten zu dialektischen Verschränkungen führen, deren Gemeinsamkeit gerade in ihrer besonderen Art der Verschiedenheit besteht? Freilich handelte es sich dabei manchmal um eine höchst prekäre Brüderlichkeit, die 1933 bis zum Brudermord führte.

Mit Begriffen wie Einheit, Stil oder Ismus ist darum in dieser Periode nicht viel anzufangen. Wenn man überhaupt bestimmte Trends konstatieren will, muß man zwangsläufig von den gewandelten produktions- und rezeptionsästhetischen Bedingungen für Kunst ausgehen, um nicht von vornherein in überholte Stilkonzepte zurückzufallen, die auf die neue Massen- und Mediengesellschaft dieser Ära überhaupt nicht mehr zutreffen. Doch nicht nur das. Man muß zugleich eine gewisse ideologische Vorentscheidung treffen und sich die Aufgabe stellen, im Laufe der Darstellung vor allem jene Kräfte zu akzentuieren, die sich – wie im Bereich der Ideologiebildung – ›nach vorn‹ entschieden. Es wird daher im folgenden weitgehend von der Frage ausgegangen: Welches sind die Kräfte, die das Erbe des Wilhelminismus auch ästhetisch überwinden wollten, indem sie etwas zur Förderung des Demokratischen, Republikanischen oder gar Sozialistischen beizutragen versuchten? Eine solche Akzentsetzung klingt schon wesentlich überzeugender als ein rein annalistisches Verfahren. Aber auch sie stiftet noch keine Einheit. Denn selbst Begriffe wie Demokratie, Republik oder Sozialismus sind höchst vielschichtig und müssen stets in ihrem jeweiligen Funktionszusammenhang gesehen werden. Auch im Hinblick auf sie sollte man sich fragen, wer hier was im Auge hatte, wenn er während der Weimarer Republik demokratische, sozialdemokratische oder sozialistische Forderungen auf die Tagesordnung setzte. Schließlich sind auch solche Begriffe nicht so unschuldig, wie manche immer noch annehmen. Wie hätte sich sonst die NSDAP 1933 ausgerechnet als ›sozialistische‹ Partei durchsetzen können?

Doch mit dieser Wendung nach vorn ist wenigstens eine Richtung angegeben, nämlich die zur Masse der Bevölkerung, zum allgemeinen Gebrauch, zum ideologischen Nutzwert. Für die meisten Künstler, die sich diesen Konzepten anschlossen, bedeutete eine solche Neuorientierung erst einmal: weg von der bisherigen Kunstverkultung im Rahmen jener avantgardistischen Stile, die allgemein mit Epochenbezeichnungen wie Impressionismus, Symbolismus oder Jugendstil umschrieben werden. Und das hieß für viele: weg von jener Moderne, die sich in erster Linie als machtgeschützte Innerlichkeit, als Fluchtraum schöner Seelen, als *paradis artificiel* verstand. An die Stelle solcher Vorstellungen, die erst jetzt ihres vorgetäuschten universalen Charakters entkleidet und als spezifisch bürgerlich hingestellt wurden, trat nach 1918/19 in allen fortschrittlich gesinnten Kreisen eine Vorstellung von Kunst, die nicht mehr in erster Linie Stilprodukt, Repräsentationselement oder gar Kultgegenstand sein sollte, sondern die sich jener allgemeinen Wirklichkeit zuwandte, die anfangs erst einmal als ›Leben‹ und dann immer stärker als ›Öffentlichkeit‹ bezeichnet wurde. Diese Wendung zur Wirklichkeit ist selbstverständlich eine höchst komplexe und widersprüchliche. Doch etwas anderes ist in diesen Jahren, die zu den dramatischsten der deutschen Geschichte des 20. Jahrhunderts gehören, wohl kaum zu erwarten. Schließlich ist auch die dahinterstehende Wendung zur Demokratie, zur Republik, zum Sozialismus höchst komplex und widersprüchlich. Denn die Weimarer Republik blieb nun einmal – trotz oder wegen der vielen Aufstandsversuche zwischen 1919 und 1923 – weitgehend ein mehr oder minder geschickt kaschierter Autoritätsstaat auf kapitalistischer Grundlage, in dem die fortschrittlichen Kräfte gegen die wilhelminische Reaktion nur mühsam an Boden gewannen und schließlich von den Nationalsozialisten überrollt wurden. Wenn man also überhaupt von einer Weimarer Kultur spricht und das Ganze nicht von vornherein als weiterwirkenden Wilhelminismus oder als Inkubationszeit des Faschismus hinstellt, kann man eigentlich nur die progressiven Elemente innerhalb dieses Spannungsfeldes hervorheben.

Diese Kräfte kommen in drei verschiedenen Wellen zum Durchbruch, die ungefähr den drei Phasen der Weimarer Republik entsprechen: 1. in Form eines weiterwirkenden und erst jetzt wirklich ›zu sich selbst‹ kommenden Expressionismus, dessen revolutionäre Grundantriebe auch in Neben-Ismen wie dem Dadaismus und Konstruktivismus erhalten bleiben; 2. in Form einer stärker republikbezogenen Neuen Sachlichkeit zwischen 1923 und 1929, die bei dem Versuch, auch das noch weitgehend monarchistisch gesinnte Bürgertum in die Republik zu integrieren, trotz mancher höchst fortschrittlichen Elemente zugleich eine gewisse Tendenz zur Affirmation innerhalb des kapitalistisch dirigierten Kunst- und Kulturbetriebes fördert; 3. in Form eines Vorstoßes der Linken, der gegen Ende der Republik immer schärfere Konturen annimmt und schließlich die Kunst – ob nun im Bereich der linken Materialästhetik oder im Rahmen einer proletarischen Gegenöffentlichkeit – nur noch als Waffe gegen die Bourgeoisie gelten läßt.

Schon diese kurze Aufzählung zeigt, daß selbst in den fortschrittlichen Tendenzen zwischen 1919 und 1933 alles andere als eine klar nachweisbare Einheit herrscht. Da gibt es demokratische, radikaldemokratische, liberale, linksliberale, sozialdemokratische und kommunistische Antriebskräfte, die den verschiedenen Kunsttendenzen jeweils eine andere Ausprägung und Zielrichtung geben. Doch nicht nur in ihrer parteipolitischen Programmatik oder Klassenbezogenheit, auch in ihren ästhetischen Begriffsbildungen weichen diese Richtungen zum Teil scharf voneinander ab. Neben Künstlern, die sich vorwiegend als Repräsentanten ihrer Partei oder ihrer Klasse empfinden, gibt es in diesen Jahren auch Avantgardisten, die nicht auf das frühere Stil- und Ismen-Denken verzichten können. Allerdings geschieht das nicht mehr im Sinne jener Kunstverkultung, die für die Stilkunst um 1900, ja sogar noch für den Expressionismus typisch ist, sondern eher im Sinne jener geistesgeschichtlichen Stil-Forschung der zwanziger Jahre, die gerade im Ismus, durch den die Einzelqualität des jeweiligen Künstlers zugunsten eines überindividuellen Einheitswerts in den Hintergrund gedrängt wird, ein homogenisierendes und damit demokratisierendes Element erblickte. Von Oswald Spenglers expressionistisch typologisierender Studie über den *Untergang des Abendlandes* (1918–1922) bis zu Richard Hamanns neusachlicher *Geschichte der Kunst* (1933) ließen sich dafür Hunderte von Beispielen anführen. Indem man sich in diesen Jahren gern als Mitglied einer Gruppe, einer Bewegung, eines Jahrgangs, einer Jugendreihe, einer Generation hinstellte, erhielten Begriffe wie Expressionismus, Dadaismus, Konstruktivismus und Neue Sachlichkeit, so sehr sie auch von den politischen, gesellschaftlichen und ökonomischen Entwicklungen überholt wurden, geradezu zwangsläufig eine positive Bedeutung, und zwar nicht so sehr als Kunst-, sondern als Gruppenphänomene. Allerdings geht das nicht so weit, daß man daraus für die Kunst der zwanziger Jahre eine klar erkennbare Folge von Ismen ableiten könnte. Nicht nur die neuen Produktionsbedingungen, auch die gewandelten Distributions- und Rezeptionsverhältnisse verbieten eine solche Sicht. Durch die Verschiedenheit der jeweiligen Antriebskräfte gibt es selbst im Bereich der progressiven Kunsttendenzen nicht nur ein Nacheinander, sondern auch ein Nebeneinander, manchmal sogar ein konkurrierendes Nebeneinander ähnlicher Wirkungsabsichten. Und doch: obwohl die eben erwähnten Richtungen oft gegeneinander aufgetreten sind, haben sie auch manches Gemeinsame, zumal sich bei vielen Künstlern – trotz parteipolitisch abweichender Meinungen – immer wieder vom Leitbild des Republikanischen inspirierte Tendenzen zum ›Fortschrittlichen an sich‹ einstellten, um dem heraufziehenden Faschismus mit einer möglichst breiten Abwehrfront demokratischer Vorstellungen entgegentreten zu können. Ja, selbst unter den fortschrittlichen Künstlern und Schriftstellern, die sich nach 1933 im Exil der Volksfront anschlossen, findet sich noch manches Gemeinsame, was sich ästhetisch in selbstgewählten Direktiven wie Konkretisierung, stärkere Zeitbezogenheit, dokumentarische Authentizität und politische Anwendbarkeit äußert.

Der weiterwirkende Expressionismus

Die Kunst der Weimarer Republik beginnt nicht mit dem »Tod des Expressionismus«, wie so viele eilfertige Journalisten behauptet haben. Im Gegenteil. Die Kunst der Weimarer Republik beginnt mit einem Teilerfolg des Expressionismus, der vor 1914 eine relativ esoterische Angelegenheit war, im Ersten Weltkrieg weitgehend unterdrückt wurde und sich erst jetzt stärker entfalten konnte. Zugegeben: in Literatur und Malerei hatte der Expressionismus schon vor 1918 erste Höhepunkte erlebt. Wie stand es jedoch mit der Architektur, dem Film, dem Theater, der Musik? Wurde nicht in diesen Bereichen überhaupt erst seit 1918/19 von Expressionismus gesprochen? Und sind nicht diese Künste ebenso wichtig wie die Ölmalerei oder die Dichtung, die in der bisherigen Expressionismus-Forschung unziemlich im Vordergrund standen? Überhaupt hat man bisher eher die freien als die angewandten oder kollektiven Künste dieser Ära ins Auge gefaßt, was zu einer ungerechtfertigten Überschätzung des Frühexpressionismus führte. Dabei wurde viel zu wenig bedacht, daß es während des Ersten Weltkrieges kaum möglich war, sich auf dem Gebiet der angewandten oder kollektiven Künste in irgendeiner Form expressionistisch, das heißt revolutionär zu betätigen. Der Expressionismus vor 1918 war – genau besehen – weitgehend ein Expressionismus des stillen Kämmerleins gewesen, während der Expressionismus, der sich als Totalaufstand gegen die bestehende wilhelminische Ordnung mit all ihren militaristischen, kapitalistischen und imperialistischen Begleiterscheinungen empfand, erst nach 1918 wirklich zu sich selber kam und seine rebellische Grundgesinnung auch in der Öffentlichkeit vertreten konnte.

Daß dieser Triumph des Expressionismus, der mit dem Durchbruch zu einer allgemeinen Novembergesinnung zusammenhängt, dennoch so kurzlebig war, lag vor allem an seiner Herkunft aus der spätwilhelminischen Boheme und damit einem überspitzten Subjektivismus, durch den die Künstler über bürgerlich-liberalistischen Idealen wie Natur, Erotik und fesselfreiem Ich immer wieder das Endziel der Revolution, nämlich eine utopisch erhoffte Gemeinschaftskultur, aus dem Auge verloren. Als sich ihre Ideale nicht sofort in die Wirklichkeit umsetzen ließen, sondern auf energischen Widerstand stießen, wurden häufig gerade solche Expressionisten, die bisher ihre Überzeugung am lautesten vertreten hatten, als erste zu sachlichen Zynikern. Dazu kommt, daß in der materiellen Notsituation der Nachkriegszeit die Praktiker unter den Expressionisten, vor allem die Architekten und Formgestalter, kaum an die Realisierung ihrer Projekte gehen konnten, so daß zwischen 1919 und 1923 zumeist die Ekstatiker, die *fauves,* die Radikalinskis, die eine Revolution auf Büttenpapier zu entfesseln suchten, den Expressionismus in der Öffentlichkeit repräsentierten. Dadurch gerieten auch überlegtere Expressionisten in die ungewollte Situation, ihre wildgewordenen Mitstreiter durch noch radikalere Forderungen überbieten zu müssen, um überhaupt noch die Aufmerksamkeit des gaffenden oder zahlenden Publikums auf sich zu ziehen. Für das Bürgertum – vom Proletariat ganz abgesehen – gewann dadurch der Expressionismus nur den Stellenwert eines ästhetischen Modephänomens, das man kommerziell auswerten und dann fallen lassen konnte.

Die Kritiker der frühen zwanziger Jahre hatten es daher mit ihren »Tod-dem-Expressionismus«-Parolen, hinter denen viel Zweckpropaganda steckte, nämlich mit dem Expressionismus zugleich den Novembrismus aus der Welt zu schaffen, relativ leicht. Sie brauchten sich nur an die einseitige Betonung des Exotischen, Ekstatischen, Visionären, Religiösen oder Mystisch-Sexuellen zu halten, mit der sich manche Expressionisten nur allzu offensichtlich der Kritik ausgesetzt hatten. Was nicht in dieses Konzept eines überspannten Radikalexpressionismus paßte, vor allem die Tendenz ins Konstruktivistische und das mit ihr verbundene Verwandlungs- und Produktionsethos, wurde durch diese Kritiker von der expressionistischen Gesamtbewegung einfach abgespalten und als modischer Stil hingestellt. Mit ebendieser Tendenz ins Konstruktivistische hatten aber Expressionismus und Dadaismus ein künstlerisches Formenarsenal entwickelt, aus dem die politisch und ästhetisch progressiven Künstler in der Folgezeit immer wieder schöpfen konnten, auch wenn man den Expressionismus offiziell zu Grabe trug. Unruheelemente und Störfaktoren lassen sich nun einmal nur für kurze Zeit verdrängen, falls sich die politische und gesellschaftliche Situation nicht grundlegend ändert. Und die änderte sich nun einmal nicht. Daher blieb neben der Idee des Sozialismus auch in den sogenannten Goldenen Jahren der Weimarer Republik der Impuls des Expressionistischen weiterhin virulent und brach immer wieder in unverfälschter, korrumpierter oder modifizierter Form an die Oberfläche durch.

Neue Sachlichkeit

Noch widersprüchlicher ist, was man mit dem Begriff Neue Sachlichkeit im Zusammenhang mit der Weimarer Kultur umrissen hat. Denn die im vorigen Kapitel skizzierte kulturelle Homogenisierung, die nach 1923 betrieben wurde, führte nicht nur zu einer stärkeren Demokratisierung, sondern auch Trivialisierung und ermöglichte in der Massenreproduktion von Kunst zugleich eine höchst fragwürdige Massenbeeinflussung. Die Künstler, die sich dem ›Prinzip Sachlichkeit‹ verschrieben, mußten über kurz oder lang erkennen, daß die Demokratisierung dort halt machte, wo die Marktinteressen ihrer Brot- und Auftraggeber berührt wurden. Das trat am stärksten beim Film hervor, wo die monopolistisch dirigierte, nur auf Einspielergebnisse ausgerichtete Struktur ein kritisch-realistisches Engagement weitgehend verwehrte. Das galt ebenso für den staatlich kontrollierten Rundfunk, der ab 1923 immer mehr am Aufbau von Öffentlichkeit beteiligt war und auch bei Schriftstellern und Musikern Interesse an neuen Kommunikationsformen weckte. Zwar lautete die Parole, der Rundfunk stehe über den Parteien und der Tagespolitik, doch zeigte sich in der Praxis ein recht anderes Bild. Die von ihm geschaffene Öffentlichkeit richtete sich deutlich an den Interessen des Bürgertums und seiner Verbände aus und wies eine aktive Rolle der Arbeiter zurück. Als Forum für die Kritik der Linken kam er nicht in Betracht, wurde aber bereits vor 1933 der Rechten mehr und mehr zugänglich. Auch in der Massenpresse war die Situation für kritische Stellungnahmen nicht besonders günstig. Gab es im Ullstein-Verlag hin und wieder eine ›Nische‹ für unkonventionelle Publizisten, so schloß Alfred Hugenbergs Scherl-Konzern selbst diese (schwachen) Möglichkeiten aus. Was den liberalen oder linksliberalen Künstlern als Betätigungsfeld eines gesellschaftskritischen Engagements übrigblieb, waren somit eher die alten Hochkulturformen, das heißt Buch, Theaterstück oder Einzelgemälde – also Formen, die sich für ihre Absichten an sich gar nicht eigneten, sondern eher ein Sanktuarium der inzwischen zurückgestuften Hochkultur bildeten. Doch anstatt zu resignieren, versuchten sie wenigstens diesen Formen eine neue Funktion zu geben: nämlich Ausdrucksmittel der Öffentlichkeit zu werden. Ihr Konzept einer massenorientierten Gebrauchskunst ging deshalb weniger vom bloßen Unterhaltungseffekt als vom gesellschaftlichen Erkenntniswert für die Massen aus. Was sie unter Kunst verstanden, sollte nicht trivial, sondern in dem Sinne populär sein, daß es für die Interessen dieser Massen Partei ergriff.

Die Künstler, Schriftsteller und Publizisten dieser Richtung gingen dabei selten wirklich systemkritisch vor. Sie rückten in ihren Reportagen, Romanen, Zeitstücken oder betont veristischen Gemälden zumeist das scheinbar tendenzlose Aufdecken vereinzelter Mißstände in den Vordergrund, argumentierten von den Fakten her und schoben ideologische Fragen beiseite. Ihr Ideal war der ›Skandal der Tatsachen‹, das heißt die Herbeiführung eines aufklärerischen Schocks, der weitgehend durch das bloße *faktum brutum* eines Verbrechens oder einer ausbeuterischen Maßnahme ausgelöst wird. In ihren besten Vertretern, die nicht nur modisch mitplätscherten, nicht nur amüsieren oder Geschäfte machen wollten, verstand sich diese Richtung durchaus als aufklärerische Zweckkunst, welche dem Konzept der kapitalistisch gesteuerten U-Kunst das einer Allgemein-Kunst entgegenzuhalten versuchte, die zwar etwas anspruchsvoller als die gängige Unterhaltungsware ist, jedoch stets so allgemeinverständlich bleibt, daß sie die Massen erreichen kann. Autoren wie Egon Erwin Kisch, Kurt Tucholsky, Ferdinand Bruckner, Erik Reger, Peter Martin Lampel, Siegfried Kracauer, Hans Fallada und Maler wie Otto Dix, Georg Scholz oder Karl Hubbuch stellten eine angewandte Kunst, eine Gebrauchskunst her, welche die Öffentlichkeit mit jenen Informationen zu versorgen suchte, die in den Massenmedien – mit Ausnahme von Zeitungen wie dem *Berliner Tageblatt* oder der *Frankfurter Zeitung* – meist verschwiegen oder verschleiert wurden. Diese Künstler – wie auch die Vertreter des realistischen Films und der Zeitoper – glaubten weiterhin an die Überzeugungskraft der Fakten und die Möglichkeit einer freien Diskussion. Insofern sie auch im Zeitalter eines verschärften Klassenkampfes auf die aufklärerische Wirkung einzelner kritischer Demokraten vertrauten, stellten sie die wohl charakteristischsten Repräsentanten der Weimarer Kultur dar. Die meisten von ihnen bewegten sich innerhalb der Vorstellung einer »freischwebenden Intelligenz«, wie sie Alfred Weber nach 1920 formulierte und Karl Mannheim um 1930 systematisierte. Sie erkannten kaum oder erst spät, daß sie den Politikern und Manipulatoren dieser Gesellschaft durch ihre Kritik häufig nur die Legitimation lieferten, von einem freien und toleranten Staat zu sprechen.

In diesem Sinne wurde auch der Beiklang des Zeitgemäß-Pluralistischen im Begriff Neue Sachlichkeit für viele Zeitgenossen zum bloßen Alibi für die politische und kommerzielle Nutzung dieses Terminus. Die Tendenz zu fortschreitender Standardisierung, Massenbezogenheit, Technisierung und Aktualität, die im künstlerischen Bereich stimulierend wirkte, ließ sich ebenso für andere Interessen in Anspruch nehmen. Vor dieser Inanspruchnahme schützte auch die prätendierte Ideologielosigkeit nicht, mit welcher Schriftsteller, Künstler und Intellektuelle den Begriff Neue Sachlichkeit verwandten. Sie setzten voraus, was politisch erst noch zu erreichen war: eine homogene demokratische Gesellschaft. Sogar ihre besten Werke – die nichts als A-Kunst sein wollten – blieben daher widersprüchlich. Wo gab es denn diese Demokratie und diese homogene Gesellschaft schon? Wer diese Frage in der Weimarer Republik nicht grundsätzlich reflektierte, blieb auch im künstlerischen Bereich in einem illusionären Zirkel befangen.

Die Neue Sachlichkeit wurde darum trotz ihres Eindringens in weite Bereiche der künstlerischen Wirklichkeitserfassung (Literatur, Publizistik, Film, Malerei, Foto) und Formgestaltung (Architektur, Reklame, Innenausstattung, Mode) doch kein wirklich durchgreifender Stil, ja nicht einmal die absolut dominierende Strömung innerhalb der Stabilisierungsperiode zwischen 1923 und 1929. Sie ist lediglich der ästhetische und ideologische Ausdruck jener im liberalen Sinne republikbezogenen Kreise, die sich von der fortschreitenden Rationalisierung der Industrie und ihrem eigenen künstlerischen Einsatz eine Stärkung der Republik versprachen. Doch ihre Hoffnung auf eine Demokratie, in welcher der Unterschied der Klassen mehr und mehr verschwinden würde, erwies sich angesichts der weiterbestehenden Arbeitslosigkeit als zu trügerisch, um von allen Schichten der Bevölkerung geteilt zu werden. Es gibt daher in den Künsten – trotz der Neuen Sachlichkeit – auch in diesem Zeitraum keinen stilgeschichtlich erfaßbaren Einheitskomplex. Dazu bleibt einfach zuviel ›draußen‹. So verhielten sich die Rechten, die weitgehend von älteren Stilkunst- oder Heimatkunst-Idealen herkamen, dieser Richtung gegenüber anfänglich äußerst reserviert. Und auch die Linken blieben zum Teil älteren naturalistischen wie auch expressionistisch-konstruktivistischen Stilvorstellungen treu oder stießen in den Bereich einer kommunistischen Agitprop- und Konfrontationskunst vor, die Kriterien wie Republikbezogenheit oder Sachlichkeit entschieden von sich wies. Ja, nicht einmal alle bürgerlichen Liberalen teilten die Ansichten dieser Richtung und bekannten sich entweder zu wesentlich traditionelleren oder wesentlich linkeren Vorstellungen, falls sie es nicht überhaupt vorzogen, in ihrem künstlerischen Schaffen ins Unpolitische auszuweichen.

Die Neue Sachlichkeit blieb daher trotz ihres guten Willens nicht nur widersprüchlich, sondern auch isoliert. Sie hatte zwar zum Teil die ehrliche Absicht, in einem idealistischen Sinne demokratisierend zu wirken. Aber welcher Demokratie-Vorstellung verschrieb sie sich eigentlich? Meist der eines funktionsgerechten, pluralistischen Verteilersystems, wodurch sie von den Ideologen und Manipulatoren dieser Jahre nur allzu leicht vereinnahmt werden konnte. Ja, selbst da, wo sie sich – wie im Siedlungswesen – gegen solche Korrumpierungstendenzen zu sperren suchte, wurde sie durch die ökonomische Übermacht der Geldgeber zum Teil ins rein Funktionalistische verfälscht oder zu einer bloßen Kommerzkunst degradiert. Dennoch sollte man ihren Beitrag zu einer modernen Massenkunst nicht zu gering veranschlagen. Nicht nur in Architektur und Design leistete sie Vorbildliches, auch in der Herausbildung literarischer und publizistischer Dokumentations- und Diskussionsformen, die ja in Deutschland ohnehin nur eine schwache Tradition besaßen, stellte sie einen entscheidenden Schritt nach vorn dar.

Linke Materialästhetik

Für eine grundsätzliche Kritik der Neuen Sachlichkeit sind bereits um 1930 auf der Linken, etwa in Brechts *Dreigroschenprozeß,* die zentralen Argumente dargelegt worden. In mancher Hinsicht lassen sich die Vorstöße linker Künstler und Theoretiker zu einer konsequenten Materialästhetik, die sich in diesen Jahren herauszubilden beginnt, überhaupt erst im Zusammenhang mit dieser Kritik voll erfassen. Sie wurden vor allem durch zwei Aspekte bestimmt: zum einen von der radikalen Infragestellung der Funktion künstlerischer Tätigkeit innerhalb der modernen kapitalistischen Gesellschaft und zum anderen von der

Wendung an ein anderes Publikum, das diese neuen Formen nicht nur verlangte, sondern auch mitentwickeln half. Wesentlich stärker als nach 1918 erfolgte daher um 1930 eine Orientierung an den Arbeitern und ihrem politischen Kampf, was zu einer neuen Welle politischer Tendenzkunst führte.

Stimmen, die sich gegen den Objektivismus der Neuen Sachlichkeit wenden, werden daher im linken Lager seit 1928/29 unüberhörbar. So warf Durus (Alfred Kemeny) am 24. Januar 1928 dieser Richtung in der *Roten Fahne* einen »bornierten Nasenspitzenrealismus« vor, der auf einer völlig fetischisierten Einstellung zur Wirklichkeit beruhe. Béla Balázs charakterisierte sie im gleichen Jahr in der *Weltbühne* als Ausdruck jener »taylorisierten Welt«, die sich aus der fortschreitenden Amerikanisierung und Vertrustung der deutschen Gesellschaft ergebe (24, 917). Auf der gleichen Linie liegt der Angriff Hanns Eislers gegen die »relative Stabilisierung in der Musik«, den er am 3. Juli 1928 in der *Roten Fahne* vorbrachte, wie auch Brechts sarkastisches Gedicht *700 Intellektuelle beten einen Öltank an,* das sich gegen den neusachlichen Technikkult wendet. Doch auch sonst finden sich in dieser Zeit zahlreiche literarische und essayistische Attacken auf die Illusionen der linksbürgerlichen Intelligenz. Ihre Schärfe hängt zum Teil damit zusammen, daß die vorwiegend bürgerlichen Verfasser in ihrer Abwendung von der Neuen Sachlichkeit eine Art Selbstabrechnung vollzogen. Die entscheidenden Argumente ergaben sich dabei aus der Zuspitzung der politischen Konfrontation in Deutschland. Zu diesem Zeitpunkt zielte alles – wenn man von der Abgrenzungspolitik der KPD einmal absieht – auf den Appell an die linksbürgerliche Intelligenz, politisch Stellung zu beziehen und sich aktiv zu engagieren, da eine neutrale Position gegenüber den Parteien nicht mehr möglich sei. So nahm Walter Benjamin 1931 in der Zeitschrift *Die Gesellschaft* die »Linke Melancholie« von Autoren wie Erich Kästner, Kurt Tucholsky und Walter Mehring aufs Korn, deren politischen Lippenbekenntnissen überhaupt keine Aktionen mehr entsprächen (8, 181).

Angeregt von der Produktionsästhetik in der Sowjetunion, die mit dem 1928 einsetzenden Fünfjahresplan eine neue Aktualisierung erfuhr und 1930 von Sergej Tretjakow in Berlin erläutert wurde, formulierten Brecht und Benjamin damals wichtige Überlegungen zu einer Produktionskunst, deren politische Qualität nicht allein als Tendenz greifbar werde. Erwin Piscator hatte dieser Richtung mit seinem skrupellosen Gebrauch überlieferter Kunst-Materialien auf der Bühne bereits den Weg bereitet. Von Eisler und Brecht stammen die entscheidenden Anstöße in Richtung Musik und Theater, von John Heartfield diejenigen im Bereich der Fotomontage. Das Konzept ihrer Ästhetik beruht vor allem auf folgenden Kriterien: direkte Wendung an die neue Klasse, steigende Aktivierung des Zuschauers, Lesers und Betrachters, Hinwendung zu nichttraditionellen Künsten wie Film und Fotomontage, Kanalisierung und dialektische Verknüpfung von künstlerischer und sozialer Phantasie, kollektiver Ausbau der Künste und schließlich eine neue Auffassung des künstlerischen Materials, das nicht mehr als tote Materie, sondern als lebendiges, prozeßhaftes Material der Wirklichkeit verstanden wird, um so den Zusammenhang zwischen Gesellschaftsrevolution und Materialrevolution hervorzuheben. All das verbindet diese Richtung mit jenem »planvollen Experimentieren«, das bereits die Konstruktivisten um 1920/21 propagiert hatten, um das sachgerechte Denken der avantgardistischen Kunst mit der neuen Denkkultur des dialektischen Materialismus zu verknüpfen. Hier wie dort drang man auf eine ›induktive Methode‹, mit der auch der Rezipient in die jeweilige ›Operation‹ einbezogen und zum Koproduzenten gemacht werden soll.

Damit gehören sowohl der spätexpressionistische Konstruktivismus als auch die linke Materialästhetik um 1930 in den Gesamtzusammenhang jener Tendenzen, die sich seit dem späten 19. Jahrhundert im Zeichen einer zunehmenden Abstraktion gegen die ›bürgerliche Einfühlung‹ wenden – ein Trend, der im Expressionismus seinen ersten Höhepunkt erlebte. Die beliebte Reihenfolge – erst Expressionismus, dann Dadismus, dann Neue Sachlichkeit, dann zunehmende Polarisierung zwischen rechts und links – greift daher auch in diesem Punkt etwas zu kurz. Schließlich bildeten gerade Expressionismus und Konstruktivismus im Zuge der fortschreitenden Abstrahierung von allem naturhaft Gegebenen ein Formenarsenal heraus, das Künstler wie Brecht, Eisler, Grosz, Piscator und Heartfield zutiefst beeinflußte, selbst wenn sie sich manchmal aus subjektivem Mißverständnis gegen diese Erbschaft verwahrt haben. In der Expressionismus-Debatte der Kommunisten Mitte der dreißiger Jahre waren sie die ersten, die sich zu Verteidigern und Verfechtern dieser allgemein diskretierten Bewegung aufwarfen und damit indirekt die Bedeutung des Expressionismus für die auf ihn folgende Kunstentwicklung bestätigten.

Dabei soll nicht übersehen werden, daß die unter den Bedingungen der Weimarer Republik entstandenen Werke, die man als Beispiele dieser Materialästhetik heranziehen könnte, meist nur erste Ansätze darstellen. Auf Gebieten wie Film und Rundfunk, wo die neuen Medien ins Spiel kamen, mußten Künstler und Theoretiker wie Brecht und Benjamin vorerst ins Utopische ausweichen. Zwar ließen sie an ihrer Wendung zu einer proletarischen Gegenöffentlichkeit keinen Zweifel, doch führte das keineswegs automatisch zu einer reibungslosen Zusammenarbeit. Gerade auf diesem Gebiet, wo die geistigen, kulturellen und gesellschaftlichen Gegensätze oft sehr kraß waren, gab es viele Mißverständnisse. Dennoch sind die weiterwirkenden Impulse dieser linken Materialästhetik sowohl im Theoretischen als auch im Literarischen, Musikalischen und Bildkünstlerischen bis auf den heutigen Tag unübersehbar.

Ansätze zu einer proletarischen Gegenöffentlichkeit

So leicht es ist, zu dem eingefahrenen Begriff vom ›bürgerlichen Kulturbetrieb‹ den Gegenbegriff zu bilden, so schwer fällt es, die Ansätze zu einer proletarischen Gegenöffentlichkeit in der Weimarer Republik auf einen Nenner zu bringen. Zweifellos darf dieser Bereich bei der Fülle kultureller Aktivitäten, vor allem in öffentlichen Veranstaltungen, nicht übergangen werden. Erst mit ihm wird die ›Inszenierungskultur‹ dieser Ära voll einsehbar, insofern sich in ihm ein gewichtiger Teil jener Massenkultur – und zwar in direkter Anteilnahme der Massen – artikulierte, die am Ende der Weimarer Republik bereits als ein Charakteristikum dieser Epoche galt. Viele Hoffnungen auf eine Massenkultur, die nach 1918 aktiv wurden, orientierten sich gerade am Phänomen des Theatralischen. Vor allem die vom Arbeiter-Bildungsinstitut Leipzig zwischen 1920 und 1924 veranstalteten Massenspiele, die den Vorbildern des sowjetischen Proletkults folgten, vermittelten entsprechende Eindrücke. Auf eine andere Art von Massenwirkung zielten die großen Buchgemeinschaften der Buchdruckergewerkschaft (Büchergilde Gutenberg), der SPD (Der Bücherkreis) und der KPD (Universum-Bücherei für Alle). Sie schufen sich ein Publikum, das weit über die Parteipresse hinausreichte. Doch nicht nur die Massenspiele und Buchgemeinschaften, auch die Volksbühnen, die verschiedenen Bildungsinstitutionen und die weitverzweigte Vereinskultur der Arbeiterorganisationen (Arbeiter-Theater-Bund mit etwa 600000 Mitgliedern, Arbeiter-Sängerbund mit etwa 370000, Arbeiter-Radio-Klub, dazu die zahlreichen proletarischen Jugend- und Sportverbände) boten höchst eindrucksvolle Zeugnisse einer intensiven Kulturarbeit. Da lag die Schlußfolgerung nahe, hier gäbe sich etwas von jenem neuen Massenpublikum zu erkennen, das die Umwandlung der Künste in den gesellschaftlichen und ökonomischen Zusammenhängen verstehen und unterstützen werde.

Diese Schlußfolgerung wurde allerdings kaum gezogen, mit Ausnahme vielleicht unter Kommunisten um 1930/31, als die Agitproparbeit der Theatergruppen ihren Höhepunkt erreichte und Dramatiker wie Brecht und Friedrich Wolf einen intensiven Kontakt mit dem Arbeiterpublikum suchten. Bis zu diesem Zeitpunkt hatte die Fülle der Aktivitäten eher intern gewirkt, sei es im Sinne einer repräsentativen Selbstdarstellung, wie vor allem in der SPD und den Gewerkschaften, oder im Sinne einer organisatorischen und ideologischen Festigung, wie – vor allem ab 1925 – bei den Kommunisten. Das klassische Konzept blieb über weite Strecken hinweg die von der Sozialdemokratie seit dem späten 19. Jahrhundert verfolgte Auffassung von der Arbeiterbewegung als einer Kulturbewegung, wobei die kritische Vermittlung vorhandener Kultur- und Bildungswerte die entscheidende

Rolle spielte. Das aber genügte in der gegenüber dem 19. Jahrhundert stark gewandelten Situation nicht mehr, um die erwähnte Schlußfolgerung zu ziehen und eine fest umgrenzte politische Gegenöffentlichkeit zu schaffen.

In den ersten Jahren der Republik hatten sich die USPD und die linkskommunistische KAPD um eine Aktualisierung beziehungsweise Umwandlung des sozialdemokratischen Kulturkonzepts bemüht, um den Kampf für die sozialistische Gesellschaft möglichst umfassend voranzutreiben. Besonders die Linkskommunisten entwickelten kulturrevolutionäre Programme, die das statische Kulturdenken der Arbeiterfunktionäre herausforderten, bei Jüngeren und linken Intellektuellen aber lebhaften Anklang fanden. Jedoch verloren sich in der Stabilisierungsphase diese vom Anarchismus mitgespeisten Impulse. Mitte der zwanziger Jahre unternahmen linke Sozialdemokraten einige Anstrengungen, in der Parteiorganisation neben der politischen und ökonomischen (gewerkschaftlichen) auch die kulturelle als ›dritte Säule‹ zu verankern, hatten aber kaum Erfolg. Aktuelles Forum der Kulturarbeit (vor allem der proletarischen Kulturkartelle in zahlreichen Städten) war die vom Arbeiter-Bildungsinstitut Leipzig herausgegebene Zeitschrift *Kulturwille*. Nicht geringe Bedeutung besaß dabei die von der SPD mit unterschiedlichem Geschick gespielte Rolle einer Staatspartei, genauer: der diesen Staat tragenden Partei. Damit blieben die meisten Aktivitäten, zumal in der Phase der Regierungsbeteiligung zwischen 1928 und 1930, im Bannkreis des Repräsentativen. Nur auf dem linken Flügel – hier seien Anna Siemsen und Karl Schröder erwähnt – wurde eine kritische und kämpferische Kulturpolitik verfochten. Dazu gehörten (begrenzte) Kontakte zu linken Schriftstellern und Künstlern.

Die Kommunisten begannen erst relativ spät, eine eigene kulturpolitische Linie zu entwickeln, die über das sozialdemokratische Konzept der Kulturbewegung hinausführte. Ihr Interesse galt in noch stärkerem Maße der Organisation, wofür nach 1925 sowjetische Modelle richtungweisend wurden. Die Aufmerksamkeit rückte, vereinfacht gesagt, von den Kulturorganisationen zur Organisationskultur. In der Kulturarbeit folgte die KPD dem 1924 von der Komintern vorgegebenen Agitpropkonzept, widmete sich aber erst ab 1927 intensiver den Agitpropabteilungen und dem Gedanken einer proletarischen Kampfkultur. Das ging mit der Frontstellung gegen die SPD in den meisten Kulturorganisationen der Arbeiterbewegung einher und mündete vielfach in die Gründung eigener Verbände. 1929 vereinigte man in der Interessengemeinschaft für Arbeiterkultur (IfA) alle kommunistischen Kulturorganisationen und Kartelle. Um auch den kommunistischen Schriftstellern und Malern einen organisatorischen Rückhalt zu geben, wurden 1928 der Bund proletarisch-revolutionärer Schriftsteller (BPRS) und die Assoziation revolutionärer bildender Künstler Deutschlands (ARBKD oder ASSO) gegründet. Seit 1924 existierte außerdem die Arbeiterkorrespondentenbewegung, die sich der kritischen Unterrichtung über den proletarischen Alltag widmete.

Mit dieser Organisationspolitik schuf sich die KPD eine eigene Öffentlichkeit. Allerdings bedeutete die ideologische und politische Abgrenzung von der SPD auch ein großes Hindernis beim Bemühen, eine wirklich breite proletarische Öffentlichkeit herzustellen. Zwar erfaßte die KPD um 1930 eine wachsende Zahl von Erwerbslosen und jungen Arbeitern, konnte aber die sozialdemokratischen Betriebsarbeiter, die an den Schalthebeln standen, kaum zu sich herüberziehen. Um so wichtiger war neben der populären Theaterarbeit der Agitproptruppen die Rolle Willi Münzenbergs, dessen publizistische und kulturelle Unternehmungen über die strenge kommunistische Parteibindung hinauswiesen. Die von seinem Pressekonzern publizierte *Arbeiter--Illustrierte-Zeitung (AJZ)* mit einer zeitweiligen Auflage von 300000 wurde auch von vielen Nichtkommunisten als repräsentatives Organ des Proletariats angesehen, und seine geschickt aufgemachte Abendzeitung *Welt am Abend* stellte vor 1933 das populärste Arbeiterblatt Berlins dar. In seinen Unternehmungen – zu deren erfolgreichsten auch die Zeitschriften *Der Arbeiterfotograf* und *Der Weg der Frau* gehörten – manifestierte sich ein durchdachtes Propagandakonzept, das den von den Arbeiterparteien vernachlässigten modernen Medien, vor allem Massenpresse, Fotografie und Film, eine Schlüsselfunktion zuwies.

Schon in der 1921 gegründeten Internationalen Arbeiterhilfe (IAH) hatte Münzenberg eine Organisation aufgebaut, die ihre politischen Ziele mit einer einfallsreichen Einbeziehung kultureller Veranstaltungen als Ziele des ganzen Proletariats verfolgte.

Der Name Münzenberg wurde in den zwanziger Jahren zum Synonym für eine politische Publizistik, welche die Arbeitermassen wirklich erreichte. Hier lagen die wohl wichtigsten Ansätze für eine proletarische Gegenöffentlichkeit in der modernen Massen- und Mediengesellschaft. Allerdings läßt sich diese Erscheinung nur würdigen, wenn zugleich erwähnt wird, daß Münzenberg von der Bemühung um eine spezifisch proletarische Kultur, die der bürgerlichen gegenübergestellt werden sollte, nichts hielt. Er maß die Möglichkeiten politisch-publizistischer Arbeit an den aktuellen technischen und ökonomischen Bedingungen. Zu dieser Nüchternheit gehören seine Bemühungen um linksbürgerliche Intellektuelle auch zu der Zeit, da die KPD sich von ihnen scharf abgrenzte. Er hielt kontinuierlichen Kontakt mit den Koryphäen des wissenschaftlichen und kulturellen Lebens, die er für überparteiliche Aktionen gewann, und arbeitete damit bereits der späteren Volksfront vor.

Im Hinblick auf Münzenbergs Erfolge überrascht es kaum, daß er nicht nur auf der Linken, sondern auch auf der Rechten Bewunderung weckte. Münzenberg demonstrierte, wie effektvoll die modernen Medien für politische Ziele eingesetzt werden konnten. Daß er bei den Nationalsozialisten bis hin zu Joseph Goebbels Nachahmer fand, überrascht daher kaum. Andererseits ist es bezeichnend, daß es Goebbels nicht gelang, Münzenbergs *Welt am Abend,* jenes populärste Arbeiterblatt Berlins, nach 1933 unter nationalsozialistischem Vorzeichen einfach nachzuahmen. Eine bloße Beherrschung der Techniken genügte eben nicht.

Die Frage nach den typischen kulturellen Repräsentanten der Weimarer Republik hat seit jeher weniger die Schriftsteller als die Akteure von Theater, Film und Design ins Blickfeld gerückt. Immer wieder wurden Erwin Piscator und Fritz Lang, Walter Gropius und Marlene Dietrich als Beispiele für den Geist dieser Ära genannt. Das Neue, das Andere, das diesen Zeitraum charakterisiert, äußert sich vor allem im Theatralischen, Öffentlichen und Visuellen, und zwar im Sinne einer Öffnung zur Massenkultur, um nicht zu sagen einer kulturellen Demokratisierung, welche schon vor dem Ersten Weltkrieg einsetzte, jedoch erst mit dem Versuch einer deutschen Republik konkretere Formen annahm.

Für die Literatur, die in Deutschland ihre Herkunft aus engen Studierstuben auch dann kaum verbarg, wenn man sie mit dem Lorbeer des Klassischen umkränzte, wurde diese Öffnung zur Massenkultur zu einer tiefgreifenden Herausforderung. Schon lange vor den zwanziger Jahren waren die Konzepte von Literatur als gesellschaftlich konzessioniertem Feierabendtraum, als Kompensation für eine schlechte Wirklichkeit brüchig geworden. Im Vormärz und im Naturalismus hatte sich auch in Deutschland eine politische und gesellschaftskritische Literatur herausgebildet. Seit dem Ende des 19. Jahrhunderts waren die Massenmedien immer mehr ins Bewußtsein der literarischen Öffentlichkeit getreten. Die Bedeutung der Literatur trat somit hinter die der visuellen Künste und Medien zurück. Selbst das Theater büßte sein Bildungsmonopol ein und mußte mit Showgewerbe, Varieté und Kabarett, Gemeinschaftsspiel, Massentheater und Revue konkurieren. Mit alledem verlor die Domäne dichterischer Imagination, nämlich der einzelne und sein vom deutschen Bürgertum unendlich geduldig verfolgter innerer Bildungsweg, an Symbolkraft.

Im Expressionismus hatten sich die Schriftsteller noch einmal zu Tribunen der Weltveränderung aufzuschwingen versucht. Um

1 Raoul Hausmann: *Tatlin at home* (1920). Stockholm, Moderna Museet

2 Paul Klee: *Paukenorgel* (1930). Oberlin College, Museum
3 Franz Wilhelm Seiwert: *Die Arbeitsmänner* (1925). Düsseldorf, Kunstmuseum

4 Heinrich Hoerle: *Zwei Frauenakte* (1930). Köln, Museum Ludwig

5 Georg Scholz: *Industriebauern* (1920). Wuppertal, Von-der-Heydt-Museum

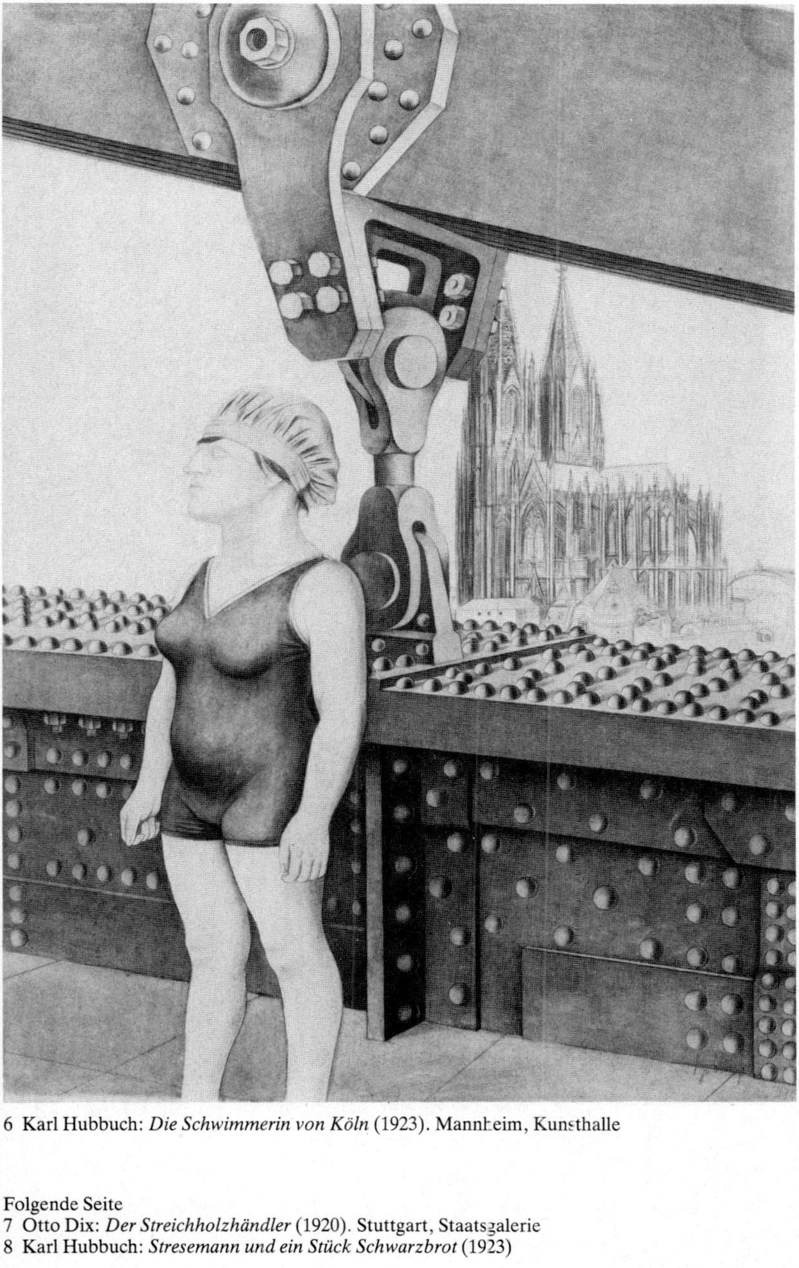

6 Karl Hubbuch: *Die Schwimmerin von Köln* (1923). Mannheim, Kunsthalle

Folgende Seite
7 Otto Dix: *Der Streichholzhändler* (1920). Stuttgart, Staatsgalerie
8 Karl Hubbuch: *Stresemann und ein Stück Schwarzbrot* (1923)

GERMANIA
Lebensmittel-H
Koalitions
Presse
Stresem
S.P.D.
D.V.P.
Dem
D.N.

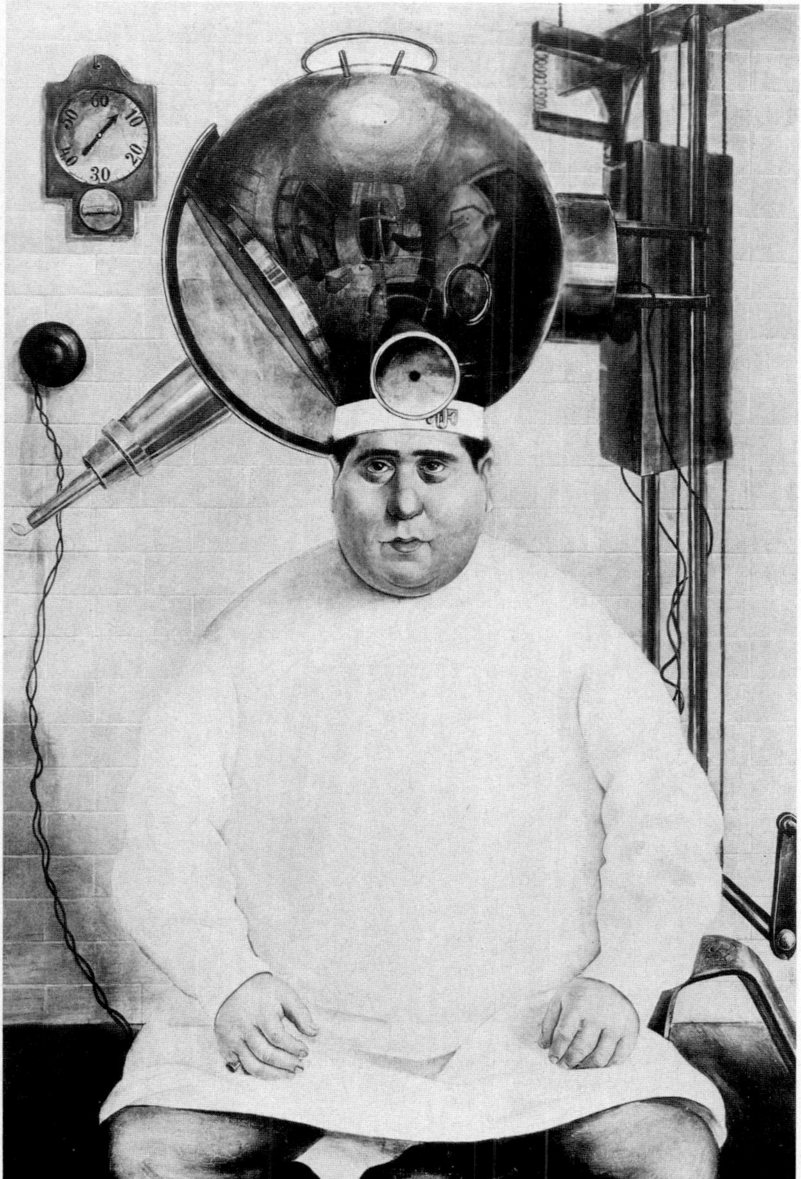

9 Otto Dix: *Dr. Mayer-Hermann* (1926). 58 ¾ x 39". Collection, The Museum of Modern Art, New York. Gift of Philip Johnson

10 Otto Griebel: *Fabrikarbeiter* (1921)

11 Otto Dix: *Bildnis* (1922)

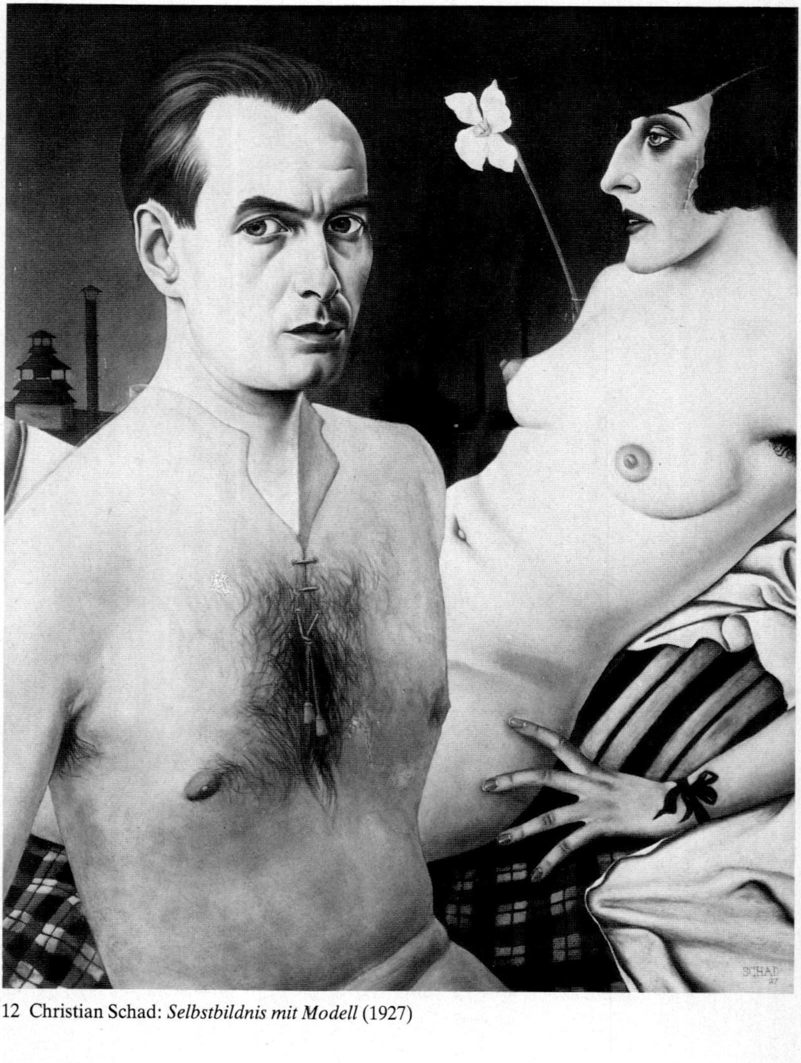

12 Christian Schad: *Selbstbildnis mit Modell* (1927)

13 Otto Dix: *Dirnen* (1922)

Folgende Seite
14 Georg Scholz: *Selbstbildnis vor Litfaßsäule* (1926). Karlsruhe, Kunsthalle
15 Georg Scholz: *Fleisch und Eisen* (1923)

MEIER

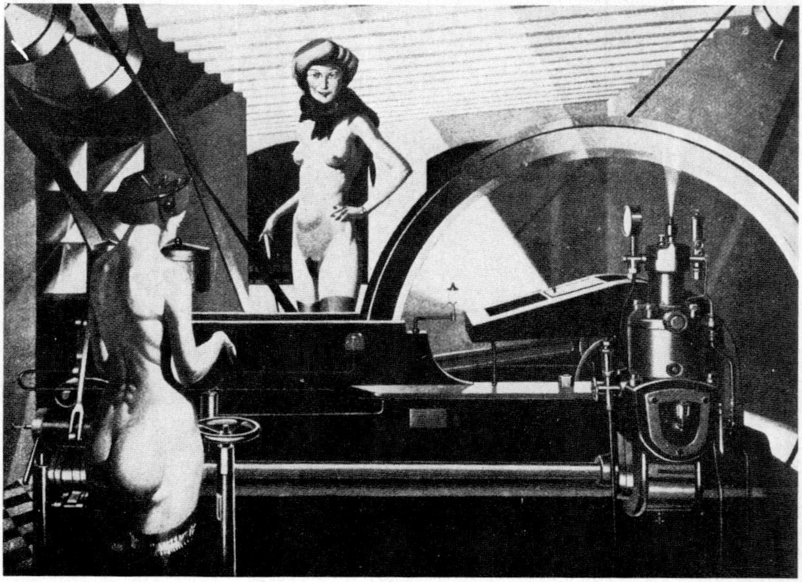

16 Karl Grossberg: *Brücke über die Schwarzbachstraße in Wuppertal* (1927). Wuppertal, Von-der-Heydt-Museum

Folgende Doppelseite
17 Hans Mertens: *Stilleben mit Hausgeräten* (1928). Hannover, Niedersächsische Landesgalerie
18 Ernst Thomas: *Im Trödelladen* (1926). Hannover, Niedersächsische Landesgalerie
19 Rudolf Dischinger: *Elektrokocher* (1931). Stuttgart, Staatsgalerie
20 Eberhard Viegener: *Stilleben* (1927). Wuppertal, Städtisches Museum

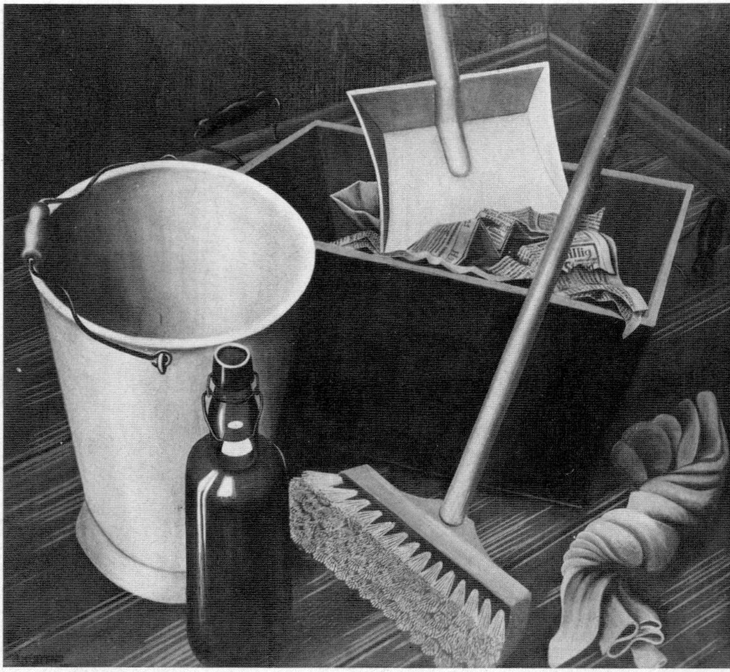

21 Oskar Nerlinger: *An die Arbeit* (1930). Halle, Staatliche Galerie Moritzburg

so größer war ihre Enttäuschung, als in den zwanziger Jahren ihre gesellschaftliche Randstellung unübersehbar wurde. Die Literatur dieser Dekade reflektiert diese Tatsache in den verschiedensten Formen, mehr noch, sie läßt sich ohne diese Reflexion in ihrer Eigenheit nicht erfassen. Ihre Hervorbringungen lösten sich häufig vom traditionellen Standard großer künstlerischer Werke. Es wurde zu einem Kennzeichen dieser Periode, daß viele ihrer künstlerischen Leistungen nicht im Streben nach klassisch-überzeitlichen Schöpfungen entstanden, sondern im Streben dagegen. Der Stellenwert dieser Werke liegt in der Überzeugungskraft, mit der das Verhältnis von Individuum und Masse, Individualerfahrung und Massenkultur künstlerisch durchdrungen wurde, das heißt mit der Schriftsteller die noch unvertrauten Probleme von Technisierung, Fortschritt und Entfremdung in der kapitalistischen Massengesellschaft gestalteten. Dazu gehört auch die Auseinandersetzung mit der Politik, zumal mit der Polarisierung in Rechts und Links während der Weltwirtschaftskrise; hier prägten sich vielfältige Formen des politischen Engagements sowie des Rückzugs in die poetische Verinnerlichung aus, in einer bis heute an- und aufregenden Kontrastierung. Wenn also im folgenden zunächst von der Literatur die Rede ist, bevor Theater, Film, Musik und visuelle Künste erörtert werden, so geschieht das, weil in diesem Bereich die Problematik der künstlerischen Umbrüche in ihren individuellen und intellektuellen Aspekten am klarsten veranschaulicht werden kann.

Zur historischen Einordnung

Die Tatsache, daß die Literatur der zwanziger Jahre in den Literaturgeschichten bisher so wenig Kontur gewonnen hat, hängt eng mit der undifferenzierten Anwendung der Begriffe Expressionismus und Neue Sachlichkeit zusammen. Die bloße Kontrastierung von Ismen und Stilen verhalf kaum zu einer Klärung der Gesamtsituation. Genauere Aufschlüsse gelangen erst dort, wo die ästhetischen Wandlungen im Kontext des gewandelten Verhältnisses von Literatur und Gesellschaft analysiert wurden. So ging es Bertolt Brecht nicht um die Herstellung eines neuen Ismus oder Stils, als er nach dem Ersten Weltkrieg den Expressionismus zur Zielscheibe seiner Kritik machte und gegen Hanns Johsts hochgestimmtes Drama vom unverstandenen Dichter Grabbe, *Der Einsame* (1917), ein Antistück schrieb, den *Baal*. Sein Hauptziel war, die künstlerische und idealistische Anmaßung des Expressionisten bloßzustellen und ins sichtbar Materialistische zu travestieren. Allerdings griff er dabei selbst zu zahlreichen expressionistischen Motiven und Formen, ohne die sein Aufstieg als Dramatiker nicht zu denken ist. Brecht selbst wußte nur zu gut, daß die Expressionisten höchst brauchbare ästhetische Neuerungen gebracht hatten, und stattete Georg Kaiser verschiedentlich seinen Dank ab. (Nicht von ungefähr wurde Brecht in den zwanziger Jahren für viele zum Prototyp des zeitgenössischen Künstlers, der sich von überallher Formen und Inhalte ohne Rücksicht darauf holte, als Plagiator gescholten zu werden.) Woran Brecht von vornherein keinen Zweifel ließ, war die Absage an eine Kunst, die, auch wo sie sich gegen die Bürgerwelt stellte, in ästhetischer Selbstanmaßung steckenblieb.

Auf die Fragwürdigkeit solcher Anmaßung machte 1921 kein Geringerer als Wilhelm Worringer, der ›Prophet des Expressionismus‹, aufmerksam, der nicht wenig dazu beigetragen hatte, dem Expressionismus das Selbstbewußtsein einer Bewegung zu vermitteln. Worringer, der die neueren Kunsttendenzen mit dem der ›Einfühlung‹ entgegengesetzten Begriff ›Abstraktion‹ auf einen Höhenkamm der Weltkultur gehoben hatte, charakterisierte den Expressionismus nun als tönernen Koloß, als ein »tragisches Als-Ob«, als »eine große Torschlußpanik der an sich selbst verzweifelnden Kunst«. »Was aber war es, das uns Mut zu dieser letzten kühnsten Fiktion der Kunstgeschichte gab?« fragte er 1921 in dem Aufsatz »Künstlerische Zeitfragen«. »Zögernd, aber unausweichbar kam die Antwort: die Furcht vor der Leere. Die Kühnheit des Expressionismus war eine Flucht nach vorn« (*Fragen und Gegenfragen,* 1956, 110). Worringers Resümee ist fast zu eingängig, um wahr zu sein, zumal er es eher für die Malerei als für die Literatur formulierte. Aber indem er von der Haltung der Künstler zur Wirklichkeit ausging, von einer in zunehmendem Selbstzweifel um so ichbewußteren und realitätsfeindlicheren Haltung, traf er die entscheidende Gemeinsamkeit der Expressionisten. Von hier aus erschlossen sich nicht nur der von einer bestimmten Generation getragene Aufstieg der Bewegung, das Pathos des Höhenflugs und die Bruchlandung nach Krieg und Revolution, sondern auch die formalen Neuerungen, das Antimimetische, Antipsychologische, Theatralische, Visuelle, Rhetorische und Montagehafte. Nicht zuletzt rückte auch die spezifisch deutsche Komponente ins Blickfeld, insofern es nirgendwo sonst zu einem solchen »tragischen Als-Ob« kam, für das ein Geistglaube Voraussetzung bildete, der in seiner Realitätsferne immer noch den Geruch der engen Studierstuben an sich hatte. Im einzelnen existierten durchaus formale und motivische Überschneidungen mit den anderen künstlerischen Bewegungen dieser Dekade, vor allem mit Futurismus und Kubismus, die ihren Protest, ihre Provokation häufig noch radikaler vortrugen. Nur in Deutschland rückte man noch einmal die Technik, die Industrie als Sujet beiseite und akzeptierte die Scheidung zwischen beseeltem und psychologischem Menschen, wie sie Paul Kornfeld in seinem exemplarischen Aufsatz im *Jungen Deutschland* 1918 definierte, wo es von der Kunst heißt, ihre Mission sei, »daß sich dem Menschen durch sie die Sinnlosigkeit dieser seiner Welt erweist, daß sich ihm erweist, daß eine andere ihm die gemäßere ist: jene, in der die höheren Eigenschaften seiner höheren, seiner beseelten Natur lebendig sind, und sei es auch, daß diese sich zu einem anderen Kampf, vielleicht sogar zu einem anderen Chaos verdichten« (1, 7).

In dieser Übersteigerung des Erlösungsanspruchs der Kunst liegt zugleich auch die Wurzel für die übersteigert schroffe Reaktion gegen den Expressionismus in Deutschland. Natürlich ernüchterte die deutsche Niederlage im Ersten Weltkrieg. Und die Revolution hielt nicht, was man sich von ihr – zumeist nachher – versprach. Aber ohne die Tatsache, daß die expressionistische Generation ihren Protest gegen die alte und ihren Entwurf für eine neue Welt so stark im Sinne eines ästhetischen Ismus – des von Worringer definierten »Als-Ob« – formulierte, hätte die Reaktion darauf nicht den Charakter einer grundsätzlichen ästhetischen Demontage annehmen können. Erst damit erhielt die Forderung nach einer neuen Sachlichkeit ihre Durchschlagskraft – als sei nun endlich der neue, bessere Ismus gefunden worden.

Die Forderung nach Faktentreue und Authentizität gab vielen Schriftstellern den Mut, die vernachlässigte Problematik des modernen Alltags literarisch aufzubereiten, nicht zuletzt deshalb, weil das Publikum in der Phase der ökonomischen Stabilisierung in der zweiten Hälfte der zwanziger Jahre mit diesem Schlagwort ein eigenes Interesse verband. Zeichen für die Bereitschaft bildete nach 1925 die schnelle Übertragung des von dem Kunsthistoriker Georg Friedrich Hartlaub für die neue Malerei geprägten Begriffs »Neue Sachlichkeit« auf Literatur und das moderne Lebensgefühl überhaupt. Allerdings zeigte es sich recht bald, daß das zugkräftige Schlagwort von der Sachlichkeit zu einem Eigenleben tendierte, das mit den jeweiligen Hervorbringungen vielfach nur markttechnisch verbunden war. Oft genug monierten Kritiker, daß zwischen der Behauptung der Autoren, authentische Berichte zu liefern, und der literarisierenden Darstellung ein Widerspruch bestehe. Andererseits vermochten es nur die wenigsten Beobachter, über der eingefahrenen Stilsuche und -kunde die neuen Sujets und ihre Bedeutung für Literatur und Kunst kritisch aufzuarbeiten. Es fiel nicht schwer, den Begriff der Neuen Sachlichkeit zur Bestätigung der vorhandenen gesellschaftlichen und ökonomischen Zustände einzuspannen, ein Vorgehen, das von Industrie und Handel in der Prosperitätsperiode weidlich genutzt wurde (wobei natürlich Architektur und Design im Vordergrund standen). Ohne die Prosperitätsmentalität ging dieses Interesse wieder stark zurück. Um 1930 erhielt der Terminus Neue Sachlichkeit fast überall eine negative Bedeutung. Die optimistische Note, die in ihm eine Zeitlang mitgeklungen hatte, verlor sich zugunsten der kulturpessimistischen Anklage gegen Technisierung und Vermassung. Unter dem Eindruck der Weltwirtschaftskrise formte sich auch bei linksbürgerlichen Schriftstellern eine kritische Einstellung zur bloßen Sachlichkeit aus. So schnell sich dieser Begriff verbreitet hatte, so schnell büßte er seine Attraktivität wieder ein.

Natürlich lassen sich genügend künstlerische Ausformungen

des Technikoptimismus und nüchtern-modernen Lebensgefühls in den zwanziger Jahren erkennen, die dem Terminus Neue Sachlichkeit eine konkrete Basis geben. Besonders in Design, Architektur und Malerei, aber auch in Literatur und Musik entstanden Werke, die dieses Lebensgefühl auf unverwechselbare Weise vertraten. Die Aufarbeitung der verschiedenartigen Strömungen und ihrer Verbindung mit entsprechenden ausländischen Entwicklungen ist noch lange nicht abgeschlossen. Nach wie vor bleibt jedoch die kritische Plazierung dieser Erscheinungen in den skizzierten Kontext kultureller und gesellschaftlicher Wandlungen unumgänglich. Für die Entwicklung der Literatur liegen die Einschnitte gleichsam unterhalb der Stilentwicklung, nämlich dort, wo die Legitimation künstlerischer Tätigkeit selbst in Frage gestellt wurde, wo die vom Vitalismus der Jahrhundertwende erneut beflügelte Hoffnung, die Welt mit Hilfe eines geistig-poetischen Mediums in die Schranken weisen zu können, in Ratlosigkeit umschlug. Mitte der zwanziger Jahre wurde endgültig deutlich, daß die Schriftsteller nicht nur ihre Arbeit, sondern auch ihre Position in der Gesellschaft neu einzuschätzen hatten. Nach einer äußerst bewegten Periode, in der sie für ihre Experimente und Programme gewisse Anerkennung fanden, ließ die Stabilisierung des politischen und ökonomischen Klimas keinen Zweifel mehr daran, daß sie zu Produzenten einer nicht sehr marktkonformen Ware geworden waren.

Dada und die Herausforderung der Kunst

Der entscheidende Impuls für die Infragestellung bisheriger Positionen kam vom Ersten Weltkrieg und seinen barbarischen Massenschlachten. Sein Gewicht für die Bewußtseinsentwicklung in der Weimarer Republik kann gar nicht überschätzt werden, auch wenn der Krieg in den ersten Jahren verdrängt wurde, bevor die Erinnerung an ihn die öffentliche Imagination in einer Weise okkupierte, als bilde er die eigentliche Bühne für die Erfahrung der Gegenwart. Daß die Rechte in der Krise um 1930 weiterging und den Krieg zur Basis nicht nur der Erfahrung der

Gegenwart, sondern für ihre Bewältigung machte, trug bekanntlich zum Erfolg der nationalsozialistischen Bewegung bei. In der im August 1914 jenseits aller Parteien formierten ›Volksgemeinschaft‹ liege, so verkündeten die Faschisten, ein Modell für den neuzuschaffenden deutschen Staat. Auch im Denken der Linken spielte der Weltkrieg zumindest strategisch eine zentrale Rolle; immerhin hatte erst er die Russische Revolution ermöglicht, und die deutsche Revolution war aus Massenkampagnen gegen den Krieg hervorgegangen. In welcher Form er auf der Linken als Erfahrung gewertet wurde, umriß Erwin Piscator 1929 am Anfang seines Buches *Das politische Theater,* wo es heißt: »Meine Zeitrechnung beginnt am 4. August 1914. Von da ab stieg das Barometer: 13 Millionen Tote, 11 Millionen Krüppel, 50 Millionen Soldaten, die marschierten, 6 Milliarden Geschosse, 50 Milliarden Kubikmeter Gas. Was ist da ›persönliche Entwicklung‹? Niemand entwickelt sich da ›persönlich‹. Da entwickelt etwas anderes ihn.« Piscators eigenwilliger Weg zum prominentesten Regisseur des politischen Theaters in der Weimarer Republik scheint diese Feststellung zu korrigieren, jedoch kann kein Zweifel darüber herrschen, daß ihn erst ebendiese Kriegserfahrung auf die Spur setzte. Mitbestärkt wurde er dabei vom Dadaismus, jener Bewegung, die unter dem Eindruck des Ersten Weltkrieges die provokanteste Herausforderung der geläufigen ›hohen‹ Kunstkonzepte formuliert hat.

Die einfachste Formel zum Phänomen Dadaismus lautet: Es gelang ihm als einziger künstlerischer Bewegung, die Bürgerwelt wirklich zu schockieren, und zwar deshalb, weil er nicht nur gegen die Bürgerwelt, sondern sogar gegen die Kunst antrat. Gegen die Bürgerwelt waren auch die Expressionisten angetreten, und das schon vor 1914. Die Zeugnisse dieser Rebellion, angefangen bei den ins Groteske und Mythische reichenden Gedichten Georg Heyms und dem schwarzen Humor eines Hoddis und Lichtenstein, gehören neben den Wortkunst-Experimenten und den Darstellungen der Ich-Zersplitterung – die immer auch das Ich erhöhten – zu den wichtigen literarischen Dokumenten der Epoche. Daran besteht kein Zweifel. Die Dadaisten selbst zweifelten kaum daran, griffen vielmehr auf die Formen der Expressionisten zurück, die auf den öffentlichen Vortrag, auf ein rhetorisch-theatralisches Ritual der Provokation zielten und damit die Erscheinungsform von Literatur veränderten. Als Hugo Ball im Februar 1916 durch eine Pressemeldung »die junge Künstlerschaft Zürichs« einlud, »sich ohne Rücksicht auf eine besondere Kunstrichtung mit Vorschlägen und Beiträgen« am Programm des von ihm gegründeten *Cabaret Voltaire* – dem Geburtsort von Dada – zu beteiligen, waren, wie man festgestellt hat, die revolutionären Formen in den Werken und Manifesten vor allem der Futuristen und des *Sturm*-Kreises schon weitgehend fixiert. Noch Monate später, nach Vereinheitlichung des Programms unter der Flagge von Dada, ließ die Gruppe am *Cabaret Voltaire* andere Ismen zu und nahm so etwas wie »eine erste Synthese der modernsten Kunst- und Literaturrichtungen« für sich in Anspruch. Was schließlich Dadas Wirkung ausmachte, war jedoch mehr als eine formale Innovation, war eine bisher ungehörte Radikalisierung der Provokation, die in eine generelle Verneinung nicht nur der Bürgerwelt (die noch im Publikum saß), sondern auch der von den Bürgern gepflegten Heilsbringer aus Literatur und Philosophie mündete. Es geschah mit dem Imponiergehabe intellektueller Künstler, wie Hugo Balls Tagebucheintragung vom 14. April 1916 belegt: »Unser Kabarett ist eine Geste. Jedes Wort, das hier gesprochen und gesungen wird, besagt wenigstens das eine, daß es dieser erniedrigenden Zeit nicht gelungen ist, uns Respekt abzunötigen. Was wäre auch respektabel und imponierend an ihr? Ihre Kanonen? Unsere große Trommel übertönt sie. Ihr Idealismus? Er ist längst zum Gelächter geworden, in seiner populären und seiner akademischen Ausgabe.« Jene Geste aber war nicht nur Arroganz, es war eine wohlkalkulierte Travestierung: »Die Bildungs- und Kunstideale als Varietéprogramm: das ist unsere Art von ›Candide‹ gegen die Zeit« (16.6.1916). Es war schließlich der Weg zu Blödsinn und Unsinn, schockierend und primitiv, banal und kindlich, um dem Publikum den ästhetischen Selbstgenuß bei der Provokation, der die Expressionisten durchaus als Dichter bestätigt hatte, auch noch auszutreiben.

Der Dadaismus, den Richard Huelsenbeck von Zürich nach Berlin brachte, erhielt in dieser Stadt eine stark politische Stoßrichtung, die sich von dem, was in Zürich, Paris oder New York geschah, unterschied. Davon zeugt schon die Tatsache, daß unter den Berliner Dadaisten neben Huelsenbeck, Raoul Hausmann, Johannes Baader und anderen der Zeichner George Grosz, der Verleger Wieland Herzfelde und der ›Fotomonteur‹ John Heartfield hervortraten, die sich aktiv zum Kommunismus bekannten. Die Politisierung mußte in Deutschland nicht erst erzeugt werden. Wer nach dem Zusammenbruch des Kaiserreiches auch noch lautstark den Zusammenbruch von Kunst und Kultur konstatierte, und zwar unter zynischem Gelächter, der tat nichts anderes, als dem Bürgertum, das sich wenigstens diesen Bezirk der Selbstidentifikation erhalten wollte, Salz in die Wunden zu streuen. Die Empfindlichkeit gegen den Nihilismus der Dadaisten war politisch, mußte politisch sein und wurde bezeichnenderweise auch von der Kommunistischen Partei geteilt. So fand die *Rote Fahne* die hohen, menschheitsbefreienden Ziele der proletarischen Revolution, deren ›Vorschein‹ die Sozialdemokratie seit ihrer Gründung in den großen Werken der Kunst und Literatur gefeiert hatte, von den Dadisten in schnöder Weise desavouiert. Symptomatisch ist die sogenannte Kunstlump-Kontroverse 1920, die sich an einem Appell des Malers Oskar Kokoschka entzündete, Straßenkämpfe in Zukunft dort auszutragen, wo kulturelle Werte nicht gefährdet würden. (Während des Kapp-Putsches hatte eine Gewehrkugel ein Rubens-Gemälde im Dresdner Zwinger beschädigt.) In ihrer Zeitschrift *Der Gegner* antworteten Grosz und Heartfield mit einer scharfen Attacke auf die bürgerliche Kunst. »Oskar Kokoschka«, heißt es, »der wie die Zofe mit der Herrschaft bangt und zittert, daß ihr der Arsch mit Grundeis geht, ist uns nur der Anlaß, um die bürgerliche Kunst entlarven zu können, ist eine symptomatische Person, mit deren Anschauungen über Kunst das ganze Kunstbeamtentum, der Kunstmarkt, die öffentliche Meinung über Kunst sich dekken, und indem wir ihn angreifen, wollen wir alles treffen, was sich hinter ihm an Kunstdummheit und -gemeinheit und -arroganz versteckt. Den ganzen unverschämten Kunst- und Kulturschwindel unserer Zeit. Kokoschkas Äußerungen sind ein typischer Ausdruck der Gesinnung des ganzen Bürgertums.« Dazu kam die politische Konsequenz: »Das Bürgertum stellt seine Kultur und seine Kunst höher als das Leben der Arbeiterklasse. Auch hier ergibt sich wiederum die Folgerung, daß es keine Versöhnung geben kann zwischen der Bourgeoisie, ihrer Lebenseinstellung und Kultur, und dem Proletariat« (1,10). Diese Polemik erwiderte die kommunistische Kritikerin Gertrud Alexander, eine Schülerin Franz Mehrings, in der *Roten Fahne* mit dem Vorwurf des »Vandalismus«. Der Arbeiter werde nicht so töricht sein, den Bau seiner eigenen neuen Kultur damit zu beginnen, die großen Werke der Bürgerkunst in den Museen zu zerstören. Die von den meisten Sozialisten vertretene Vision der neuzuschaffenden Kultur hatte mehr mit den hochgereckten Gestalten Schillers und Meuniers als mit den satirischen Zeichnungen von Grosz, mit Heartfields Fotomontagen und Piscators proletarischem Theater zu tun.

Für viele Zeitgenossen enthielt der Expressionismus noch eine große Portion von dem, was sie ›ideale Gesinnung‹ nannten, und wenn sie sich auch gegen die exaltierten Verkündigungen und Werke der Maler und Dichter wandten, goutierten sie doch die jugendliche Genieexzentrik, die in Deutschland seit dem Sturm und Drang das Bild des Dichters mitgeprägt hat. Manchem, der sich angesichts des plötzlichen Einbruchs der Politik in das geordnete Deutschland und unter dem Eindruck der Niederlage nach Verheißungen umschaute, schien auch der Expressionismus zu bezeugen, daß Hilfe nur jenseits der Niederungen zu erlangen war, im Bereich des Höheren, Geistigen, des ›wahrhaft‹ Revolutionären. Nicht von ungefähr setzte sich der Expressionismus mit Stücken von Georg Kaiser, Reinhard Goering, Ernst Toller, Walter Hasenclever und Fritz von Unruh zu dieser Zeit sehr schnell auf den Bühnen durch. Die Aufhebung der Zensur und das Bedürfnis des Publikums, die neugewonnene kulturelle Freiheit auszukosten, ermöglichte der expressionistischen Dramatik, die seit 1916 vereinzelt den Weg zur Bühne gefunden hatte, den Durchbruch. Und es dauerte nicht lange, bis die revolutionär aufgeregten Stücke – je aufgeregter, desto besser – zu Schlagern der Saison avancierten, so daß Siegfried Jacobsohn in der *Weltbühne* schreiben konnte: »Alles, was auch noch so unberechtigt als Revolution abgestempelt werden kann, ist heute ein gutes Geschäft.« Schon 1920 beklagte Kasimir Edschmid in seiner Rede zur Eröffnung der 1. Deutschen Expressionisten-Ausstellung in Darmstadt, daß die Äußerungen leidenschaftlichen Strebens einer Avantgarde zum modischen Spielzeug für Philister, Pfarrerstöchter und Fabrikantenfrauen geworden seien. Iwan Goll war 1922 in seiner dramatischen Groteske *Methusalem oder der ewige Bürger* noch drastischer, als er die utopischen expressionistischen Losungen dem Gelächter aussetzte und an seinem Fabrikanten Methusalem zeigte, daß die revolutionäre Begeisterung beim Verkauf von Schuhen höchst förderlich eingesetzt werden könne.

Wenn auch die Kommerzialisierung des Expressionismus den Beteiligten neue Publizität und Einkünfte verschaffte, so mußten sie doch bald erkennen, daß damit eine Stagnation ihrer Ideen einherging. In den Bemerkungen, die Kurt Pinthus 1922 der 1919 sofort berühmt gewordenen Anthologie expressionistischer Lyrik, *Menschheitsdämmerung,* voranstellte, wird die Resignation über das Sterilwerden der Bewegung erkennbar. Schriftsteller wie Franz Werfel, Walter Hasenclever, Albert Ehrenstein und Ernst Toller verloren in ihren Gedichten den revolutionären Optimismus, ließen Enttäuschung und Resignation zu Wort kommen. Selbst Johannes R. Becher, der die Hoffnung auf das revolutionäre Neue am lautstärksten formuliert hatte, versank eine Zeitlang in Pessimismus und mystisches Grübeln.

In Tollers Stück *Hoppla, wir leben!*, einer kritischen Abrechnung mit den politischen Entwicklungen seit der Revolution, ist viel von dieser Enttäuschung eingegangen. Um so überraschter reagierten die Zeitgenossen darauf, daß das Werk 1927 von Erwin Piscator als Eröffnungsstück für seine eigene Bühne in Berlin gewählt wurde. Denn Piscator hatte seinen Erfolg als politischer Regisseur mit Aufführungen und Stücken errungen, in denen die expressionistische Wandlungsdramaturgie, die man auch mit dem Namen Tollers verband, nicht mehr im Zentrum stand. Piscators politische Stellungnahme, genauer: die Stellungnahme, zu der er die Zuschauer zu führen suchte, entwickelte sich nicht aus messianischer Stilisierung und Emotionalisierung, sondern aus einer Verarbeitung der dadaistisch-futuristischen Montage zu argumentierender Abfolge von Bühnensituationen. In diesem Sinne inszenierte Piscator dann auch *Hoppla, wir leben!*, wobei er kurze Filmszenen einbezog. In seiner Regiearbeit wurde die gewandelte Einstellung gegenüber Literatur und Theater am klarsten – und skandalumwittertsten – deutlich. Er verabschiedete die ›hohen‹ Konzepte um Dichter und Dichterisches. An ihre Stelle trat Nüchternheit gegenüber dem literarischen Material, gegenüber Autor und Bühne. Bei Piscator gewann das epische Theater seine erste Form, erzählend, vorführend und argumentierend. Er gab der These vom bloßen Materialwert vorhandener Literatur ihre erste Ausformung. Dabei ist der Anteil des Dadaismus nicht zu übersehen. Noch 1928 erinnerte George Grosz im Programmheft zu Piscators Inszenierung der *Abenteuer des braven Soldaten Schwejk* daran, wenn er ironisch auf seine und John Heartfields Erfindung der Fotomontage anspielte und anfügte: »Jedenfalls setzte Erwin die Photo-Montage sinngemäß in den Bühnenrahmen ein, montierte den alten Kulissenzauber glatt um und gab der Bühne wieder jene Lebendigkeit und Geschehnisfülle, die das richtige Theater haben muß.«

Politisierung und Theatralisierung

Solange die politisch-ökonomische Entwicklung in Deutschland noch alle Zeichen des Übergangs trug, solange Attentate, Freikorpsumtriebe, Arbeitslosigkeit und Inflation die Gemüter aufs stärkste beunruhigten und die revolutionären Bemühungen andauerten, schlug das Pendel zwischen Nihilismus und idealer Gesinnung noch heftig hin und her. Die Erregung der Zeit teilte sich am unmittelbarsten in den darstellenden und bildenden Künsten mit, wo der öffentliche Austausch von Künstler und Publikum möglich war, während die Literatur, vor allem die Prosaliteratur, wie schon im Expressionismus im Hintergrund blieb. Romane, wie die von Jakob Wassermann erreichten zwar ein großes Publikum (das sich zu dieser Zeit besonders von Dostojewski beeindrucken ließ), bestimmten aber kaum die öffentliche Diskussion. Auch Prosaisten wie Leonhard Frank und Otto Flake, die hoch geschätzt wurden, blieben in ihrer Wirkung begrenzt, ganz zu schweigen von Bernhard Kellermann, Alfred Döblin und Kasimir Edschmid.

Das einzige Prosabuch, das nicht nur zum Bestseller aufstieg, sondern auch in seinem politischen Engagement bestimmend wirkte, war schon vor dem Krieg fertiggestellt worden: Heinrich Manns Roman *Der Untertan,* der Ende 1918 erschien. Heinrich Mann hatte in einer großangelegten Satire mit dem Deutschland Wilhelms II. abgerechnet. Beides sprach unmittelbar an, die Satire und das Thema wilhelminische Gesellschaft. Denn nach wie vor sah man sich von den Repräsentanten dieser Gesellschaft umgeben, die nun, nachdem die Möglichkeit einer demokratischen Republik gegeben schien, grotesk und monströs anmuteten. *Der Untertan* wurde insofern symptomatisch, als er in seiner Kritik der Vorkriegsgesellschaft noch immer Gegenwärtiges traf. Er zeigte die Ursachen des deutschen Irrweges auf, machte darüber hinaus aber auch deutlich, daß die für ihn Verantwortlichen noch höchst lebendig und mächtig waren.

In diesem Sinne führte ein Großteil der künstlerischen Zeitkritik in den Nachkriegsjahren vorhandene Motive und Impulse weiter, griff auf das Typenreservoir der wilhelminischen Gesellschaft zurück, um Aktuelles zu treffen. Waren vor 1914 im *Simplicissimus*, bei Wedekind, Heinrich Mann oder Sternheim aus der Reibung an dieser Gesellschaft satirische Funken gesprungen, so entwickelte sich daraus nun ein ganzes Feuerwerk, verbunden mit Namen wie Grosz, Huelsenbeck, Kurt Tucholsky, Klabund und Walter Mehring. Das Wort von der ›entfesselten‹ politischen Satire, das man auf diese Periode angewandt hat, verweist recht deutlich darauf, daß hier etwas losbrach, was sich schon seit einiger Zeit angestaut hatte. Wenn George Grosz, der schärfste Satiriker dieser Zeit, bemerkte, er habe bereits vor dem Kriege ein mehrbändiges Werk *Von der Häßlichkeit der Deutschen* geplant, so ist zu Recht hinzugefügt worden: Dieses Werk kam auch zur Ausführung, nun allerdings unter ungleich politischerem Aspekt. Die ästhetische Attitüde, vor 1914 notwendige Voraussetzung einer breiteren öffentlichen Wirkung, trat zugunsten direkt politischen Engagements zurück – ohne jedoch ganz zu verschwinden. 1918 brachte Siegfried Jacobsohn die bisher der Welt des Theaters verpflichtete *Schaubühne* auf einen neuen, politischen Kurs und nannte sie von nun an *Die Weltbühne*. Demgegenüber geschah bei der wesentlich konservativeren literarischen Zeitschrift *Die neue Rundschau* erst 1925 eine Umorientierung ins Politische. Auch nach dem Krieg, angesichts der, wie es schien, chaotischen Umbruchszeit, konzedierte ein Großteil des Publikums der ästhetisch-künstlerischen Perspektive noch eine Weile spezifisches Gewicht für die Analyse der Gegenwart.

Natürlich erschien vieles an dem hektischen literarischen Betrieb in Deutschland neu, vor allem die Sicherheit (die meisten nannten es Frechheit), mit der in Kabarett und politischem Chanson die ›niederen‹ literarischen Formen als Ausdruck der Zeit gefeiert wurden. Kurt Tucholsky, der mit Walter Mehring das politische Chanson in Deutschland als Waffe der Gesellschaftskritik durchsetzte, war sich über die Ambivalenz dieser Anerkennung im klaren. Häufig beklagte er, daß die Kunst, das heißt das Können, das in die Form des Chansons eingehe, von den Deutschen zwar genossen, aber ästhetisch nicht anerkannt werde. »Bei uns wollen sie sich scheckig lachen (drei Poängten pro Zeile) und hinterher verachten sie das«, bemerkte er. Zum besten Forum dieser Kunst wurde in Berlin das Kabarett *Schall und Rauch* mit Darstellern wie Paul Graetz, Rosa Valetti, Kate Kühl, Trude Hesterberg und Gussy Hell, die den Chansons von Tucholsky, Mehring und Klabund zu großer Popularität verhalfen. Hier und in anderen Kabaretts wie dem *Künstler-Cafe* und der Leipziger *Retorte* entwickelte sich mit den Attacken gegen Militärs, Junker, Kriegsgewinnler, Schieber und Politiker eine Hoppla-jetzt-kommen-wir-Stimmung, die das Publikum wie ein Aufputschmittel zu sich nahm. Grundstruktur bildete die Suggestion, dabei zu sein und zugleich witzig darüber zu stehen – durchaus ein demokratisierendes Element, jedoch kaum eine Hilfe für die politisch aktiven Parteien. Die Gesellschaftskritik lebte aus dem Gestus öffentlichen Mitvollzugs und hob sich über verinnerlichte Romantik und individuellen Trotz hinaus. Aber ihre Radikalität war eher eine der Sprache als der politischen Aktion.

Richtete man zu dieser Zeit bereits mehr und mehr die Augen auf Berlin als Kristallisationsort der kulturellen Ereignisse (in Unterschätzung der tatsächlich von den Provinzmetropolen gelieferten Impulse), so zog München doch noch eine Zeitlang mit, zumindest mit den seit langem etablierten Theater- und Kabarettaktivitäten. In München lernte Brecht Entscheidendes beim Kabarettisten Karl Valentin, in München erhielt Brecht 1922 seine Chance als Autor von *Trommeln in der Nacht*, seiner Absage an die klägliche deutsche Revolution, mit der er dank des Eintretens von Herbert Jhering, der von Berlin extra angereist kam, über Nacht bekannt wurde. Arnolt Bronnen, mit Brecht in dieser Phase eng befreundet und wie dieser ein Hecht im Karpfenteich des Nachexpressionismus von Polemik umwittert, hat in seinen Erinnerungen *Tage mit Bertolt Brecht* davon gesprochen, daß München, »jener Naturschutzpark des Geistes«, damals in den letzten Zügen lag, jedoch mit den letzten Resten seines antipreußischen Liberalismus am Hut. Es heißt bei Bronnen: »Noch gab es – während bereits ein Käseblättchen, genannt ›Der Miesbacher Anzeiger‹, die bayrische Ordnungszelle mit rasch wachsender Auflage propagierte – den ›Simpl‹, die ›Torggel-Stube‹, Fingerabdrücke von Frank Wedekind, die ›Schlawiner‹ von Schwabing, die Kathi Kobus, den Ringelnatz, den Karl Valentin als Vorstadtphänomen ohne Snobs, und über diesem bunten Gewimmel die Schußspuren an den Häusern, die an die blutigen Apriltage 1919 mahnten.« Am schnellen Verfall von Münchens Bedeutung für die deutsche Kulturszene läßt sich etwas von dem schnellen Wandel im ästhetisch-kulturellen Bewußtsein Mitte der zwanziger Jahre erkennen. Nun rückten die Aspekte des modernen, nüchternen Lebensgefühls in Technik, Design, Massenproduktion und -konsumtion endgültig – scheinbar endgültig – ins Zentrum. Das bestätigte Berlin endgültig – scheinbar endgültig – als Metropole des modernen Deutschland, als diejenige Stadt, in der über Kunst und Kultur entschieden wurde, auch wenn ein Großteil der Leistungen in der Provinz entstand.

Bronnens Stück *Vatermord* kam erst mit der Berliner Aufführrung unter Berthold Viertel 1922 zu seinem durchschlagenden Erfolg. Die neugegründete Junge Bühne hatte damit ihre erste Skandalpremiere, und Jhering schrieb: »Diese Vorstellung rettet die Ehre der Theaterstadt Berlin« gegenüber der Provinz. Bronnen und Brecht taten in der Folge nicht wenig, um Berlins Ehre als Ort der Konfrontation mit dem verrotteten Alten zu festigen. Dabei ging es nicht weniger radikal zu als in Bronnens Stück, in dem der Sohn den Vater ersticht. Brecht ließ den etablierten literarischen Größen, insofern sie Kunst als etwas Höheres werteten, nur geringen Spielraum. Seine rhetorische Rauflust fand in dieser Stadt ein höchst aufnahmebereites Publikum.

Sucht man bei der Zusammenfassung der ästhetisch bewegenden Kräfte dieser Zeit über das Etikett ›chaotisch‹ hinauszukommen, kann man nicht umhin, die – seit langem eingeleitete – Theatralisierung als Faktor obenan zu stellen. Der skizzierte Gestus öffentlichen Mitvollzugs läßt sich bei den meisten der bewußt zeitbezogenen literarischen Äußerungen finden, er prägte die Chanson-Lyrik und die Kabarett-Satire, aber auch Heinrich Manns schwungvolle Essays über die notwendige Demokratisierung der Deutschen und die utopischen Schriften der Jüngeren zur politischen und künstlerischen Erneuerung. Er machte sich in den antipsychologischen Tendenzen und dem Zweifel an den Aussagemöglichkeiten der Sprache ebenso bemerkbar wie bei der Verknappung komplexer Vorgänge ins Dialogische, Modellhafte, Verhaltensmäßige. Fast zwangsläufig drängt sich der Film ins Blickfeld, und zwar der Stummfilm, der zu dieser Zeit zunehmend als eigene Kunstgattung verstanden wurde. Im Stummfilm war die Theatralisierung von äußeren und inneren Erfahrungen zugleich mit einer Distanzierung vom geläufigen Theater übereingegangen, so daß sich daraus auch für die Theaterleute neue Aspekte ergaben. Brechts zeitweiliges Schwanken zwischen Theater und Film gibt darüber Aufschluß. Seine interessanten Filmskripts zeigen, wie viel im Umgang mit dem Film zu lernen war, und zwar weniger von der expressionistischen Stilisierung, wie sie deutsche Filmregisseure teilweise unter dem Eindruck des literarischen und malerischen Expressionismus entwickelten, als von der sozial und psychologisch geradezu augenöffnenden Gestik Charlie Chaplins. Natürlich gehört der expressionistische Film zu den großen Leistungen dieser Periode. Er war exemplarisch sowohl im Inhaltlichen, im ständigen Abheben zur Sphäre von Traum und Grauen, als auch im Formalen, in der Zersplitterung, Rhythmisierung und verfremdenden Neuschöpfung des Bildmediums. Wenn auch nicht allzu viele Kritiker und Autoren im Film mehr als Unterhaltung und Geschäft sahen, so wirkten doch die Stimmen derjenigen keineswegs verloren, die damals ihre Hoffnungen für eine Erneuerung der Kunst im Zeitalter der Massen auf den Film richteten.

Nach dem Chaos: Neubesinnung

Als Bronnen Bertolt Brecht 1922 fragte, was er mit dem neuen Stück *Im Dickicht der Städte* habe sagen wollen, soll der junge Autor geantwortet haben: »Den letzten Satz.« Der lautet: »Das Chaos ist aufgebraucht. Es war die beste Zeit.« In diesem Satz ist bereits etwas von dem Gefühl getroffen, dem viele Schriftsteller bald darauf kritisch Ausdruck gaben, als sie sich damit auseinandersetzten, daß mit der Beendigung der Inflation 1923 und der Stabilisierung der politischen und ökonomischen Situation die bewegte Nachkriegszeit abgeschlossen sei. Das Chaos hatte nicht nur Gewehrschüsse, Selbstzweifel und materielles Elend, sondern auch eine Fülle von utopischen, künstlerischen Konzepten gebracht. Die Inflation bedeutete einen entscheidenden Einschnitt. Sie enteignete einen Großteil der kulturinteressierten Schichten, die nun von einem verzweifelten Kampf gegen die Proletarisierung absorbiert wurden. Andererseits wuchs mit der Rationalisierung und Bürokratisierung in Industrie und Handel eine neue Angestelltenschicht heran, deren kulturelle Bedürfnisse sich sehr viel stärker an den Massenmedien orientierten. Was in der öffentlichen Meinung unter dem höchst zweifelhaften Begriff ›Normalisierung der Verhältnisse‹ lief, entließ die Schriftsteller und Künstler gerade nicht in die Normalität. Oder war das doch die Normalität, die man über den Gewehrschüssen und künstlerischen Provokationen nur nicht ernstgenommen hatte? Die Äußerungen der Ratlosigkeit über die Funktion der Künste nahmen zu dieser Zeit dramatisch zu. Schriftsteller zeichneten ein düsteres Bild vom Stand der Literatur. Unter ihrem Tun war das Netz gerissen; das Publikum konzedierte keine gefühlshaft-poetische Vorgabe mehr. Die Dadaisten hatten die Herausforderung des Künstlerbewußtseins noch in Ulk eingebettet, waren selbst Künstler gewesen. Nun wirkte die Herausforderung unmittelbar aus dem Alltag eines unverstellten – und wieder erfolgreichen – Kapitalismus heraus, aus dem Alltag der modernen Massengesellschaft.

Siegfried Kracauer, dessen Essays und Kritiken zu den aufschlußreichsten Kommentaren über die zwanziger Jahre gehören, sprach 1928 in der *Frankfurter Zeitung* von einer »merkwürdigen Verstocktheit«, die seit dem Ende der Inflation in Deutschland herrsche. »Es ist, als sei in jener Zeit, in der die soziale Umschichtung und die Rationalisierung der Betriebe vor sich ging, das deutsche Leben empfindlich gelähmt worden« (1. 12. 1928). Solche Beobachtungen, denen sich andere zur Seite stellen ließen, deuten nicht gerade auf eine entschlossene Eroberung der kulturellen Szene durch einen neuen Stil, die Neue Sachlichkeit, hin. Überall wurde gefragt, wie es weitergehen solle, in den Berichten über die Prosa, die Lyrik, selbst über das Theater. In der Zeitschrift *Die neue Bücherschau*, die sich in der Folgezeit am aktivsten für eine neue, sozial engagierte Literatur einsetzte, stellte der Herausgeber Gerhart Pohl 1925 eine Diskussion über die Gegenwartsliteratur unter das hoffnungsvolle Motto »Der Weg aus dem Nichts«, stimmte aber in seinem Beitrag zunächst Wilhelm Michels Feststellung zu: »Die Künste haben nicht mehr das Ohr der Zeit, weil sie vom Lebendigen der Zeit getrennt sind.« Pohl klagte die deutschen Geistigen an, freiwillig aus dem Leben geschieden zu sein, »wie ein gebildeter Mann freiwillig das Lokal verläßt, aus dem man ihn gewaltsam entfernen kann und will. Sie degradierten sich zu Arabesken des Lebens für wohlhabende Salons, verfertigten eine ›gängige‹ Mixtur, die von den Besitzenden, tee- oder eßlöffelweise, in philosophischem Extrakt oder feuilletonistischem Verschnitt, nach Tisch oder vor dem Zubettegehen geschluckt oder bei Appetitlosigkeit beiseite geschoben wird.« Längst sei deutlich geworden, daß die Republik nicht den goldenen Weg der Freiheit gewiesen, vielmehr die Diktatur des konzentrierten Kapitals gebracht habe. Die jungen Geistigen müßten endlich der Metaphysik und Romantik entsagen und die Gegenwart in ihren sozialen und politischen Aspekten analysieren lernen. Die Aufgabe sei, »die Erkenntnis zu erhärten und zu vermitteln, daß wir vor dem Nichts angelangt sind, und ausziehen, die Quelle eines Neuen zu suchen«. Pohl propagierte deshalb für die Literatur soziales Engagement und lieferte recht konkrete formale Anregungen, wenn er zum Beispiel auf »den statistischen Kollektiv-Roman, die soziale short story, die aktivistische Lyrik und die politische Revue« hinwies (4, 1925).

Wesentlich schärfer formulierte Johannes R. Becher den Appell an die deutschen Intellektuellen, sich sozialistisch zu engagieren, um der Literatur eine neue Basis zu schaffen. In seiner Antwort auf Angriffe von Hans Reiser und Hans Brandenburg in der literarischen Zeitschrift der Rechten *Die schöne Literatur* schrieb er 1925 in deren Organ: »Geben Sie mir eine gesunde Gesellschaftsgrundlage, und mir soll nicht bange sein, Ihnen bald andere Kunstwerke, als wie sie heute geschaffen werden, vorweisen zu können. Lieber die Kunst ›entwürdigt‹ und mit dieser ›entwürdigten Kunst‹ der Arbeiterbewegung ein Stück vorwärtsgeholfen, als ›reine Kunst‹ zu exkrementieren, die Illusionen schafft und so tut, als ob wir nicht im Zeitalter des Imperialismus leben, sondern in der Biedermeier-Ära der Post-Kutsche, und als ob nicht bereits ein neuer Krieg, d. h. Giftgaskrieg, vor der Tür stünde, sondern ein minniglich Duell wegen eines wundermilden Herzensmägdelein« (25, 11, 486f.). Bechers Marschrichtung lag hier schon fest. Sie führte von der Arbeitsgemeinschaft kommunistischer Schriftsteller zur Sammlung sozialistischer Autoren im Bund proletarisch-revolutionärer Schriftsteller (BPRS). Becher, dessen Wandlung vom ekstatischen Expressionisten zum parteigläubigen Kommunisten immer wieder als exemplarisch herausgestellt worden ist, wurde in der Tat beispielhaft mit seinem Eintreten für eine Erneuerung der Literatur durch Engagement für das Proletariat. Wenn er 1926 vom »toten

Punkt« in der Literatur sprach, so stand dies in unmittelbarem Zusammenhang mit seinem Glauben an eine künstlerische Erneuerung, den er als Expressionist ausgebildet hatte und nun an einem gesellschaftlichen Objekt festmachte, das er dichterisch zugleich aufs stärkste stilisierte. Auch bei Bechers Bekenntnissen zum Proletariat schwang noch die alte, bereits von Richard Wagner 1849 formulierte Hoffnung der Künstler mit, daß die Revolution die Kunst erneuern würde; das von Wagner apostrophierte schöpferische Volk war bei ihm die proletarische Masse, der er die meisten Gedichte dieser Phase widmete. Bis Ende der zwanziger Jahre hielt sich bei Becher und anderen sozialistischen Autoren wie Kurt Kläber die thematische Orientierung an der – bildlich einprägsam zu fassenden – proletarischen Masse, nicht an der politischen Partei. Daß Masse und Proletariat in diesen Jahren von linken Schriftstellern häufig gleichgesetzt wurden, hatte zum Teil mit dem enormen Eindruck zu tun, den die 1926 gegen die Zensur durchgesetzte Aufführung von Eisensteins Film *Panzerkreuzer Potemkin* machte. Für die zunehmenden Bemühungen um proletarisch-revolutionäre Literatur und Kunst besaß dieser Film der russischen Matrosenrevolte von 1905, die die Massen in Bewegung setzte, eine kaum zu überschätzende Bedeutung.

Einen ersten Schritt zur Sammlung linksgerichteter Schriftsteller, die im politischen Engagement eine entscheidende Voraussetzung für eine relevante und wirksame Literatur sahen, bildete 1925 die Formung der Gruppe 1925, die in Berlin Autoren wie Alfred Döblin, Brecht, Becher, Rudolf Leonhard, Egon Erwin Kisch, Tucholsky, Leonhard Frank und Albert Ehrenstein zusammenführte. Dabei kam es den Teilnehmern der Zusammenkünfte offensichtlich mehr auf eine generelle Verständigung über die Aufgaben des Schriftstellers als auf spezifische Inhalte, spezifische Stilforderungen an. In Protesten gegen Zensurmaßnahmen von seiten des Staates begannen sich nach 1925 Schriftsteller verschiedentlich zu solidarisieren; so wurde das Hochverratsverfahren gegen Becher 1928 aufgrund der Proteste in- und ausländischer Autoren eingestellt.

Die ebenfalls 1925 erfolgte Gründung der Zeitschrift *Die lite-*

rarische Welt geschah nachdrücklich unter der Flagge des Pluralismus, zumindest wie ihn der junge Herausgeber Willy Haas (und sein Förderer Ernst Rowohlt) verstand, der später anmerkte, man habe zu dieser Zeit auf den großen Sturm künstlerischer Erneuerung zurückgeblickt und empfunden, daß allmählich »eine Epoche des Hellenismus und Alexandrinismus, der herbstlichen Ernte« hereingebrochen sei. Das neue Organ, dessen bewußt banalen Titel Egon Erwin Kisch bei einer Zusammenkunft mit Verlegern, Sortimentern und Autoren vorschlug, verstand sich als ein Umschlagplatz dafür. Den Erfolg verdankte die Zeitschrift vor allem ihrem Forumscharakter, der in geschickter journalistischer Einkleidung der sich liberal verstehenden Zeitstimmung entgegenkam. Es war gewiß die unterhaltsamste Art, Fragen über die aktuelle Stellung der Literatur in der Gesellschaft zu beantworten – in der öffentlichen Institutionalisierung ihrer Diskussion. Wie wenig damit allerdings literarisch gefördert wurde, zeigte das von der *Literarischen Welt* 1926 veranstaltete Preisausschreiben für Lyrik, Prosa und Dramatik der jungen Generation, zu dem Brecht, Döblin und Jhering als Jury bestellt wurden. Die Reaktion der Preisrichter war Erschrecken über »Zeitunkenntnis und Rückwärtsbewegung« (Döblin) der Jungen, über ihre unberechtigte Selbstzufriedenheit und die »Stubenluft der dramatischen Texte« (Jhering). Brechts Verdikt über die Realitätsferne der Lyrik ist inzwischen ein vielzitierter Text geworden. In dem *Kurzen Bericht über 400 (vierhundert) junge Lyriker* lehnte Brecht alle Einsendungen ab und stellte der vorherrschenden harmlosen Gefühlslyrik das Gedicht über einen Sechs-Tage-Radrennfahrer *He! He! The Iron Man!* von Hannes Küpper entgegen, dem er einen gewissen dokumentarischen Wert für die Gegenwart zusprach. Brecht plädierte für eine Lyrik, die man »ohne weiteres auf den Gebrauchswert untersuchen« könne (18, 55).

Auch Brechts Äußerungen dieser Jahre zeigen keineswegs ein durchdachtes literarisches Programm. Seine Überlegenheit resultierte aus der Illusionslosigkeit gegenüber dem tatsächlichen Stellenwert von Literatur in der Gegenwart. Während andere Beteiligte der literarischen Szene beklagten, daß das dichterische

Werk bei den Massen, die sich von Sport, Technik, Radio, Film und anderem absorbieren ließen, kaum eine Rolle spiele, wertete er das als positiv, da diese Dinge zweifellos sehr viel interessanter seien als ein Roman von Thomas Mann, ein Drama von Gerhart Hauptmann oder ein Sonett von Stefan George. Brecht gehörte mit Lion Feuchtwanger und Bronnen zu den eifrigsten Sympathisanten der angloamerikanischen Welle in Deutschland, die sich Mitte der zwanziger Jahre voll entfaltete, nachdem das Interesse vieler Intellektueller zunächst Rußland, und zwar eher Dostojewski und Tolstoi als der Revolution, gegolten hatte. Die meiste Bewunderung galt den USA, wo man das moderne Zeitalter voller Exotik, ohne die Attribute des Bourgeoisen, zu entdecken glaubte. Boxen, Ringkampf, Sechs-Tage-Rennen erschienen als symbolische Formen des Kampfes ums Dasein, dem sich keiner durch die Flucht in eine literarische Ersatzwelt entziehen dürfe. Brecht begann mit dem deutschen Schwergewichtsboxmeister Samson-Körner das Werk *Die menschliche Kampfmaschine* zu schreiben und sprach sich 1928 in dem Beitrag *Die Krise des Sports* dagegen aus, den Sport zu einem Kulturgut zu machen, schon darum, weil er wisse, was diese Gesellschaft mit Kulturgütern alles treibe – und dazu sei der Sport wirklich zu schade. Immer wieder stellte er sich gegen den überkommenen Kultur- und Literaturbegriff, ja, er schwankte eine Zeitlang, ob er sich überhaupt der Literatur verschreiben solle. Wenn er dabei bliebe, notierte er, müsse er aus dem Spiel Arbeit machen, einen Plan aufstellen und ihn ausführen, um Tradition zu bekommen. Ohne Zweifel bildete die illusionslose Einschätzung der Literatur eine wichtige Basis, als Brecht Ende der zwanziger Jahre aus dem Spiel Ernst machte und die ersten Ansätze seines epischen Theaters erarbeitete.

Kracauer sprach von der »Lähmung« des deutschen Lebens Mitte der zwanziger Jahre, was nicht gerade auf eine konsequente Durchsetzung der Neuen Sachlichkeit als Stil oder Bewegung schließen läßt. Steht das jedoch nicht im Widerspruch mit der eingangs gemachten Beobachtung von der Intensität, mit der schließlich auch in der Literatur die Neue Sachlichkeit gegen den Expressionismus ausgespielt wurde? Doch sollten die Hinweise auf die Ideologisierung des Begriffs Neue Sachlichkeit deutlich genug gewesen sein, denn erst vor dem Hintergrund von Ratlosigkeit und Selbstzweifel wird seine Durchschlagskraft verständlich. Seit Beginn der zwanziger Jahre hatte man sich gegen den Expressionismus gewandt und aus der antiexpressionistischen Haltung das künstlerische Selbstgefühl bestätigt. Daraus war aber nicht schon eine neue literarische Bewegung hervorgegangen, die dem einzelnen Schriftsteller konkrete Konzepte an die Hand gegeben hätte. Um so mehr trat der in den bildenden und angewandten Künsten mit Unterstützung von Industrie und Handel propagierte Terminus Neue Sachlichkeit ins Zentrum, auch wenn er nur andeutungsweise eine Orientierung vorgab. Seine Ideologisierung, das heißt seine Verselbständigung im Begrifflichen, war nicht Ausdruck künstlerischer Selbstsicherheit, sondern eher voll Unsicherheit und Anlehnungsbedürfnis, und sei es häufig auch nur gegenüber einem Publikum, das mit dem Schlagwort der Authentizität angesprochen werden konnte und wollte. Die Diffamierung des Expressionismus erreichte aus ebendiesen Gründen schließlich eine solche Heftigkeit, daß einsichtige Beobachter wie der Kunstkritiker Adolf Behne und der Schriftsteller Hermann Kesser protestierten. In der *Neuen Bücherschau* (1928, 11) äußerte Kesser, daß der Expressionismus wesentlich mehr künstlerische Formen und Anregungen gebracht habe als etwa der Naturalismus. Jedoch solle man die Kategorisierung in Ismen überhaupt vermeiden.

Angesichts dieser Entwicklung läßt sich verstehen, weshalb die gesellschaftskritischen Schriftsteller in der zweiten Hälfte der zwanziger Jahre so schwer unter ein neusachliches Konzept einzuordnen sind. Für Brecht (*Mann ist Mann*, 1926) und Feuchtwanger (*Erfolg*, 1930), Arnold Zweig (*Der Streit um den Sergeanten Grischa*, 1927) und Oskar Maria Graf (*Wir sind Gefangene*, 1927), Alfred Döblin (*Berlin Alexanderplatz*, 1929) und Ödön von Horváth (*Italienische Nacht*, 1930), die der Literatur eine nüchterne Verantwortung für die Gegenwart zumaßen und mit ihren politischen oder weniger politischen Werken erhebliches Echo fanden, war ein eigenwilliger künstlerischer Erfahrungs- und Reflexionsprozeß maßgebend. Das gilt letztlich auch für Autoren wie Erich Kästner und Joseph Roth, Erik Reger und Erich Maria Remarque, die man routinemäßig zur Neuen Sachlichkeit gerechnet hat, weil sie dem selbst entgegenkamen. Sie berührten sich in ihrem nüchternen Stil und der darin eingefangenen Zeitstimmung, mehr aber noch in der Art und Weise, wie sie die Herausforderung der modernen Massengesellschaft als Zeitgenossen und Schriftsteller annahmen. Dafür ist nichts so kennzeichnend wie ihre Herabstufung der Literatur in eine vor allem in Deutschland ungewohnte Alltäglichkeit. Die bereits im Naturalismus sichtbare und heftig angegriffene, vom Expressionismus noch einmal faszinierend überspielte Abwertung der ›hohen‹ Literatur als ›hoher‹ Kunst erreichte zu dieser Zeit ihre stärkste Ausprägung, was scharfe Gegenreaktionen konservativer, häufig auch völkisch-nationaler Kritiker herausforderte. Insofern Neue Sachlichkeit bedeutete, die Literatur ›nur‹ als aufklärendes und unterhaltendes Medium, als nützliches Element im öffentlichen Kommunikationsprozeß einzustufen, erlangte der Terminus spezifische Kontur; hier lag im übrigen ein wichtiger Unterschied zu seinem Gebrauch in den bildenden und angewandten Künsten. Diese niedrige Einstufung der Literatur war einerseits durch die unverstellte Marktsituation für kulturelle Produkte bedingt, fand andererseits aber einen Ausgleich im Interesse des liberal und pluralistisch eingestellten Publikums dieser Markt-Gesellschaft – solange der Markt da war und sich das Publikum Liberalität leisten konnte. Ein Teil des Bürgertums und der neuen Angestelltenschichten ließ sich die Entmythologisierung überkommener kultureller Formen eine Zeitlang gefallen, insofern sie mit dem generellen Gefühl der Modernisierung übereinging, das sich zu dieser Zeit der wirtschaftlichen Blüte zum Kult des Technischen und zum Amerikanismus steigerte.

Die Aktualisierung der Mythen

Das Bild des Schriftstellers in der Weimarer Republik wäre allerdings unvollständig, wenn über den Zweifeln und Umorientierungen nicht auch die Manifestationen eines starken Selbstbewußtseins beachtet würden. Die Herabstufung des traditionellen Repräsentationswertes der Literatur zugunsten ihres Gebrauchswertes schloß die Überzeugung, als Autor eine spezifische Aufgabe zu erfüllen, nicht aus. Im Gegenteil: Gerade darin lag für viele spätere Emigranten die Anziehungskraft des Literaturbetriebes in der Weimarer Republik, vornehmlich Berlins, daß sie aus der Pflege dieses Gebrauchswertes brauchbare, auch finanziell brauchbare Legitimation bezogen hatten. Die Konzentration des literarischen Marktes und der literarischen Öffentlichkeit in der Hauptstadt erlaubte auch in Deutschland noch einmal literarische Existenzen, die man früher in Paris gefunden hatte und auf die Ludwig Marcuses Wort über Klaus Mann zutraf: »Er war der homo literatus. Die Literatur war seine Welt.« Fast kann man von einem Menschenschlag sprechen, der sich solcherart profilierte, mochte Klaus Mann, der Sohn des großen epischen Meisters, auch ein von den Zeitgenossen häufig angegriffenes und bespötteltes Extrem darstellen. Daß neben das abfällige Wort ›Kaffeehausliteraten‹ auch das von den ›Asphaltliteraten‹ trat, bezeichnet das Spannungsfeld, in dem diese Ercheinung blühte. Die Attacken völkischer Kritiker waren nicht nur von den Ängsten vor der Modernisierung geprägt, der sich ebendiese Literaten verpflichtet fühlten, nicht nur von Antisemitismus und Großstadthaß, sondern auch vom Vorwurf ökonomischer Manipulation, das heißt unstatthafter Dominanz des literarischen Marktes.

Allerdings, es waren nicht viele Autoren, die ohne Schwierigkeiten von der Literatur und für die Literatur leben konnten. Auch für Klaus Mann trennten sich literarisches und bürgerliches Leben, während sein Vater es zu Beginn des Jahrhunderts unter dem Aspekt der Repräsentanz noch einmal verbunden hatte. Thomas Mann verstand sich, auch wo er aktiv an Umfragen und öffentlichen Veranstaltungen teilnahm, vornehmlich als Repräsentant. Sein politisches Eintreten für die Republik, das ihm im Bürgertum viele Feinde machte, wurde doch immer nachdrücklich vom Bemühen begleitet, sein Werk in einer der alltäglichen Publizistik enthobenen Sphäre zu plazieren. Damit zog er einen anderen Teil des bürgerlichen Publikums an und vermittelte das

Gefühl, daß die großen Fragen der Gegenwart in würdiger Weise behandelt werden konnten. Nicht von ungefähr machten Autoren wie Brecht den 1924 erschienenen Roman *Der Zauberberg* zur Zielscheibe direkter und indirekter Angriffe. Viele der jüngeren Intellektuellen sahen darin vor allem ein Monument jener Bildungsdichtung, die den Bedürfnissen und Problemen der modernen Massengesellschaft nicht mehr gerecht würde. Hunderte von Seiten über zwei schwächliche Jünglinge in einem Schweizer Sanatorium! Aber der *Zauberberg* verkaufte sich gut, der Ruhm des Verfassers der *Buddenbrooks* erneuerte sich, 1929 erhielt er den Nobelpreis.

Ohne Zweifel orientierte sich ein Großteil der kulturellen Medien an den traditionellen literarischen Überzeugungen und Werken, wie man überhaupt davon gesprochen hat, daß die kulturelle Szene der zwanziger Jahre weitaus konservativer war, als es angesichts der Fülle progressiver Künstler und Schriftsteller im Rückblick scheinen mag. Diese Seite soll nicht unterschlagen werden, insofern zahlreiche Autoren den Blick über die neuen Erfahrungen mit Technik, Großstadt, Massenunterhaltung und sozialen Kämpfen hinweg auf ›Bleibendes‹ richteten, besonders im Bereich der Natur und des Mythischen. Der Einschnitt Mitte der zwanziger Jahre ist für diese Tendenzen deshalb bedeutsam, weil nun die Rückwendung zu Autoren und Werken, die dem Expressionismus vorangingen oder sich von ihm unbeeinflußt zeigten, oftmals eine fast programmatische Note erhielt. Nun erst, angesichts des geradezu offiziellen Durchbruchs von Sachlichkeit und Nüchternheit, schien sich das moderne Zeitalter in seiner Entzauberung der alten Werte voll zu erkennen zu geben – für zahlreiche Zeitgenossen der Anlaß zu einer ästhetisch-politischen Erneuerung des Konservatismus im Paradox der Konservativen Revolution. Hugo von Hofmannsthals Rede *Das Schrifttum als geistiger Raum der Nation* wurde 1927 zu einem Signal für diese Bestrebungen. Sein bereits um die Jahrhundertwende poetisch formulierter Platonismus weckte dann um 1930 neues Interesse, seine Kontrastierung der Vergänglichkeitserfahrung mit der Herstellung eines dauerhaften Seins wurde bei Schriftstellern, besonders bei Lyrikern, erneut aktuell.

Es war nicht zuletzt das Thema der Zeit, ihrer Dauer und Vergänglichkeit in einem, das Thomas Manns *Zauberberg* eine so große Resonanz verschaffte. Mit Hans Castorp, der in den sieben Jahren lehrreichen Aufenthalts in dem Schweizer Sanatorium seine Zeitbegriffe verlernt, hatten die Leser selbst eine gemächlichere Gangart einzuschlagen: die Mammutlektüre dieses Werkes ließ sich nicht im Stil des schnellen Literaturverzehrs erledigen, auf den die literarischen Produzenten und Konsumenten dieser Periode eingerichtet waren. Thomas Mann isolierte den Schauplatz nachdrücklich von den Ereignissen der Gegenwart. Er lieferte seine große Auseinandersetzung über die Möglichkeiten des Menschseins in der modernen Zeit in historischer Distanz (vor dem Ersten Weltkrieg), in hermetischer Welt (fern vom »Flachland«), in großen rhetorischen Passagen (den Dialogen der symbolischen Figuren Settembrini und Naphta). Nur so erzielte der Roman unter dem Vorzeichen epischer Ironie den Ausgleich der Gegensätze, den Thomas Mann als Grundlage humanen Daseins postulierte, womit seine Lebensmaxime – sich zum »Herrn der Gegensätze« zu machen – notwendigerweise zur Literatur zurückstrebte. Weit entfernt von Stefan Georges geistigem Führerdenken und Rilkes solipsistischer Verinnerlichung argumentierte er durchaus demokratisch, aber im Sinne einer geistigen Demokratie des Ausgleichs der Polaritäten, für die es in der Realität noch kaum eine Basis gab. Thomas Manns spätere Stellungnahme für die SPD als (großer, aber schwacher) Ausgleichspartei dieses Staates war konsequent, und zwar auch dort, wo er auf die Macht der Moral baute, ohne die Moral der Macht kritisch-politisch zu diagnostizieren.

Zu dieser Zeit – Ende der zwanziger Jahre – folgte auch Thomas Mann der seit langem wachsenden Tendenz, Mythen und Mythisches für die geistige Bewältigung der Gegenwart zu aktualisieren. Diese spätestens seit Wagner und Nietzsche in Deutschland wirksame Tendenz hatte inzwischen an Brisanz gewonnen, insofern sie von vielen gefordert wurde, die ihr emotional und ästhetisch bestimmtes Bilddenken als Waffe gegen neusachliche Rationalität und Nüchternheit verstanden. Die Klage über die mythoslose Gegenwart, wie sie Rudolf Kayser, lange Zeit Chefredakteur der *Neuen Rundschau*, 1923 in der Schrift *Die Zeit ohne Mythos* vorbrachte, hatte sich inzwischen intensiviert. Ihr galten zahllose Essays, Romane und Traktate, die auf der völkischen Rechten in Alfred Rosenbergs gefährlich konfusem Buch *Der Mythus des 20. Jahrhunderts* gipfelten, das zuerst noch *Philosophie der germanischen Kunst* geheißen und 1928 den zugkräftigeren Titel erhalten hatte. In vielerlei Schattierungen zwischen der Trauer über den Verlust der Mitte und einer neuen Gemeinschaftsverherrlichung, dem Preis des einfachen Lebens und der Hoffnung auf einen neuen Menschentypus wurde aus der Mythensuche eine Mythenstiftung, die gerade in ihrer unpolitischen Ausrichtung politisch wirkte, indem sie der argumentierenden Demokratie etwas ›ganz Anderes‹ entgegenstellte und damit den autoritären und völkisch-nationalen Strömungen direkt in die Hände arbeitete. Mythenstiftung geschah bei der Stilisierung des Weltkriegserlebnisses zum existentiellen Daseins- und Kampferlebnis schlechthin, wobei Ernst Jünger die moderne Technik als Erfahrungsfeld durchaus mit einbezog; Mythenstiftung geschah bei der Neubelebung der Heimatkunst, des Sippen- und Bauernromans, wie in Friedrich Grieses *Der ewige Acker* (1930) und anderen Werken, wo das Individuum sich aus der Geschichtlichkeit herausbewegt und ein überindividuelles Schicksal, ein Blut-und Boden-Mythos, zur (un-)verantwortlichen Kraft wird.

Doch ist es nicht damit getan, diese Tendenz zur Mythisierung allein durch den Hinweis auf ihre Verwendung bei der völkisch-nationalen Rechten zu kategorisieren. Nicht nur Thomas Mann setzte das darin zum Ausdruck kommende Bedürfnis nach Überwindung des ›bloß‹ Gegenwärtigen, Zeitlichen zu einem Element der epischen Struktur um, andeutungsweise im *Zauberberg*, grundsätzlich dann im *Joseph*-Roman, von dem der erste Band 1933 in Deutschland erschien. Für die Versuche, die epische Gattung zu erneuern, spielte diese Tendenz auch bei anderen Romanciers dieser Periode eine Rolle, die in der Durchrationalisierung und -technisierung der Welt den Tod des Romans besiegelt sahen, ohne daß sie die Rationalisierung in der gesellschaftlichen Sphäre ablehnten. Alfred Döblins langwährende

Bemühung um eine mythenschöpfende Epik wird nur in diesem Kontext verständlich. Nach dem ›indischen‹ *Manas*-Epos rückte er auch den scheinbar so aktuellen Roman *Berlin Alexanderplatz* in eine mythische Konstellation, die am Ende sogar über die bloße Hiob-Parallele hinausweist. Exemplarisches Zeugnis solcher Rückversicherung am Mythischen stellt James Joyces Epos *Ulysses* dar, das in diesen Jahren zu wirken begann und Epiker wie Hermann Broch in seinen Bann schlug. Broch sprach sogar von der »mythischen Erbschaft der Dichtung« und konzipierte die Epochentrilogie *Die Schlafwandler* (1928–1931) als einen aus der Kritik der Sachlichkeit hervorwachsenden Appell, die nichtrationalen Kräfte der Gegenwart unter Kontrolle zu bringen, das heißt die mystisch-mythische Erfahrung zu aktualisieren und zu humanisieren. Auch Robert Musil setzte in seinem großen Romanentwurf *Der Mann ohne Eigenschaften*, dessen erster Band 1930 erschien, bei der Kritik alltäglichen Geschehens und seines fragwürdigen Wirklichkeitscharakters an und führte die Reflexion geschichtlicher Vorgänge – der Selbstauflösung der österreichisch-ungarischen Monarchie – zunehmend an die Schwelle der Transzendierung von Realität. Unübersehbar ist auch hier die Aufforderung, den Bereich des »Nicht-Ratioiden«, wie ihn Musil nannte, zu durchdringen, um zur ›wirklichen‹ Utopie vordringen zu können, ein Impuls, für den der Autor die Nähe zum Vorgehen der Mystiker bereitwillig konzedierte.

All diese Werke sind groß angelegt, vom Bestreben geprägt, dem Roman mit einer möglichst vielschichtigen Perspektive zu neuem Erkenntniswert zu verhelfen, auch wenn damit die Grenzen seiner Tragfähigkeit als literarischer Form sichtbar werden sollten. Für diese Autoren schien sich der Roman erst im Überschreiten dieser Grenzen als Erkenntnismedium für die Probleme der Gegenwart zu legitimieren, anders als bei den Vertretern des Reportageromans, welche die Reibung mit der formalen Gestaltung um der Authentizität des Beobachteten willen möglichst zu reduzieren suchten. In der Vielschichtigkeit der Romanstrukturen manifestierte sich immer auch die Stellungnahme gegen eine einsträngige politische oder journalistische Authentizität; sie spiegelt das Bemühen, den Charakter der Wirklichkeit selbst der Reflexion zu unterwerfen und diese Reflexion als Erkenntniselement konstant im Bewußtsein zu erhalten. Das entfernt die genannten Werke zugleich von den Unternehmungen völkisch-nationaler Schriftsteller, die mit der Wendung zum Mythos immer wieder die vollständige Abkehr von bloß rationalistischer Welthaltung propagierten. Nicht ohne Grund wurde Thomas Mann von diesen Autoren jenen ›Zivilisationsliteraten‹ zugerechnet, die er während des Ersten Weltkrieges – gegen seinen Bruder Heinrich gewandt – selbst als Gegner deutscher Dichtung angegriffen hatte. Im Roman von Joseph und seinen Brüdern ließ der *Zauberberg*-Verfasser über seine rationale Behandlung des Mythos keinen Zweifel: er bestimmte ihn wohl als »zeitlose Immer-Gegenwart«, jedoch in geschichtlichen Formen, und unterwarf ihn der psychologischen Analyse. »Denn tatsächlich ist die Psychologie das Mittel«, schrieb er an Karl Kerényi, »den Mythos den faschistischen Dunkelmännern aus den Händen zu nehmen und ihn ins Humane ›umzufunktionieren‹« (11, 651). Im Jahr 1934, bereits in der Emigration, resümierte Thomas Mann in einem anderen Brief an den Mythenforscher Kerényi: »Um jene ›Rückkehr des europäischen Geistes zu den höchsten, den mythischen Realitäten‹, von denen Sie so eindrucksvoll sprechen, ist es wahrhaftig eine geistesgeschichtlich große und gute Sache, und ich darf mich rühmen, in meinem Werke gewissermaßen teil daran zu haben. Aber ich vertraue auf Ihr Verständnis, wenn ich sage, daß mit der ›irrationalen‹ *Mode* häufig ein Hinopfern und bubenhaftes Über-Bord-Werfen von Errungenschaften und Prinzipien verbunden ist, die nicht nur den Europäer zum Europäer, sondern sogar den Menschen zum Menschen machen« (11, 631).

Es gibt nicht viele Äußerungen, in denen sich Stärken und Schwächen der Beschäftigung kritischer bürgerlicher Schriftsteller mit dem Mythischen zur Zeit des heraufkommenden Nationalsozialismus deutlicher abzeichneten. Einerseits wird der Blick auf die höchst notwendige Auseinandersetzung mit dem Phänomen des Irrationalen und Antirationalen gelenkt, eine Auseinandersetzung, die, wie Ernst Bloch in *Erbschaft dieser Zeit* im einzelnen aufrechnete, nicht mit der bloß rationalen, bloß politischen, bloß klassenkämpferischen Parole erledigt werden konnte – wie es bei den Arbeiterparteien und einer gewichtigen Gruppe der linken Intelligenz zum Teil geschah. Was Broch im dritten Teil der *Schlafwandler*-Trilogie, *Huguenau oder Die Sachlichkeit*, ins Zentrum rückte, bezeugt die Notwendigkeit dieser Auseinandersetzung: die Beobachtung, daß gerade in der völligen Rationalisierung des Lebens, in der Relativierung überkommener Wertbegriffe zugunsten bloßer Sachlichkeit, erschreckende Elemente des Irrationalen aufbrechen konnten, mit denen der Mord – Huguenaus an Esch – möglich wurde, der sich dann bei den Nationalsozialisten in einem breiten Durchbruch des Inhumanen vertausendfachte. Nicht von ungefähr bedienten sich die Nationalsozialisten bei aller Ratiofeindlichkeit in vielen Kernfragen des plattesten Rationalismus, waren sie sich doch bewußt, daß sich die irrationalen Strebungen eines Großteils der Bevölkerung, mit denen durchaus Drang zu Aufklärung übereinging, gerade damit befriedigen und in die eigenen Bahnen lenken ließen. Mit der bloßen Gleichsetzung von Faschismus und Irrationalismus war es jedenfalls nicht getan. Wie auch Heinrich Mann – in Sorge um die ›richtige‹ Aufklärung – schon frühzeitig bemerkte, konnte Rationalismus in bestimmten Ausprägungen zu einem gefährlichen Zuträger des Inhumanen werden.

Ob allerdings die Umfunktionierung des Mythos beziehungsweise des Mythischen ins Humane, wie sie Thomas Mann vornahm, dieser Entwicklung begegnen konnte, ist fraglich. Hier zeigt sich das ›andererseits‹ der zitierten Äußerungen: Thomas Mann bewegte sich bei seinen Unternehmungen auf einem dünnen Grat und war trotz ironisch-rationaler Grundhaltung in der Gefahr, sich an seinen Stoff zu verlieren und das Bekämpfte auf seine Weise zu bestätigen. Wie an Brochs Stellungnahmen, etwa dessen Bergroman, ersichtlich, war das Vorhaben, den Nationalsozialisten im Bereich des Mythischen zu begegnen, höchst undankbar und zwiespältig, nicht zuletzt im Gegenüber zu so prononciert politischen Engagement, wie es Autoren wie Heinrich und Klaus Mann nach Hitlers Machtübernahme vertraten. Fast erübrigt es sich, auf die Diskrepanz zwischen dem handfesten Gebrauch nationaler, biologischer und historischer Mythen durch die Nationalsozialisten und der Differenzierung des Mythischen in einer komplizierten Literatur aufmerksam zu machen.

Von solchen Konzepten ist der Sprung zu Hermann Hesses Werk beträchtlich. Dennoch gehört Hesse in den Zusammenhang dieser Literatur, insofern auch er – dessen Schriftstellerlaufbahn lange vor dem Ersten Weltkrieg begann und vom Expressionismus weitgehend unberührt blieb – die literarische Stellungnahme zu den Problemen der Zeit in die Reflexion mystisch-mythischer Traditionen einbettete, in deutlicher Distanz zu den jeweils aktuellen literarischen Postulaten. Besondere Bedeutung gewann Hesse, dessen gut lesbare Romane *Demian* (1919) und *Der Steppenwolf* (1927) ein breites Publikum erreichten, mit der konsequenten Orientierung am Individuellen, oft Privaten. Indem er die Fragestellungen der Zeit als Bewährungsprobleme des Ich behandelte, und zwar nicht im politischen oder gesellschaftlichen Engagement, sondern als existentiell-geistigen Kampf mit sich selbst, erschien er vielen seiner deutschen Leser als neuer Repräsentant des traditionell Dichterischen, nämlich individuell Deutenden und Mahnenden. In den Abgründen des Außenseitertums, die der Steppenwolf Harry Haller an sich aufdeckt, fand mancher bürgerliche Leser genau das Quantum an Opposition zur bürgerlichen Welt, das er, ohne seine Klassenschranken übersteigen zu müssen, als provozierend goutieren konnte. Was Hesse über die Fragwürdigkeit der Literatur und des Intellektuellen in der Gegenwart vorbrachte, wies kaum über private Lösungsversuche hinaus.

Bei solcher Stilisierung individueller Entwicklungswege ergaben sich Berührungen mit Entwicklungsromanen konservativer, aber auch mancher linker Autoren, zumindest Anfang der zwanziger Jahre. Breite Resonanz hatte nach wie vor das von Knut Hamsun exemplarisch ausgeformte Bild vom Helden als einem Rebellen, der gegen die Gesellschaft antritt, ohne für eine andere Gesellschaft kämpfen zu können oder zu wollen, als einem Wanderer, der von der Irrationalität des Daseins getroffen wird, ohne selbst eine andere Weltordnung anzuerkennen, und der versucht, diesen Nihilismus im rauschhaften Erlebnis, in Vitalismus und Naturgläubigkeit zu überwinden. Bevor Ende der zwanziger Jahre die auf soziale Reportage gegründete Zeitliteratur das Feld beherrschte, fand ein Großteil kritischer Prosa aus diesem anarchischen Heldenbild heraus Formulierung, wobei auf der Linken ohne Zweifel Jack London mit seinen Schilderungen abenteuerlichen Tramplebens (aber auch mit dem sozialistischen Roman *Die eiserne Ferse*) den Ton angab. Die Tatsache, daß ein gewichtiger Teil dieser Literatur aus dem Ausland kam, tat ihrer Wirkung keinen Abbruch. Im Gegenteil: Das Flair des Exotischen wirkte, wie schon bei Brecht angedeutet, für ein breites Publikum als Zeichen des Ausbruchs aus den engen deutschen Zuständen und – speziell unter jüngeren Autoren – aus der herkömmlichen bürgerlichen Literatur. In diesem Kontext muß auch der große Erfolg des von der gewerkschaftlichen Büchergilde Gutenberg publizierten B. Traven genannt werden, dessen Romane von den Klassenauseinandersetzungen in Mexiko und den USA handeln. Ihre Verbreitung ging, ebenso wie die der Romane Upton Sinclairs, weit über die der Werke von Franz Jung, Albert Daudistel oder Kurt Kläber hinaus, die als ein erster Ansatz proletarischer Prosaliteratur in Deutschland galten.

Noch einmal sei jedoch zur Tendenz der Mythisierung zurückgekehrt, um neben den Berührungen auch die Distanzierungen von Vertretern der Rechten und Linken deutlicher zu machen. Symptomatisch ist die Debatte, die 1929 um Gottfried Benn entbrannte, der seit den expressionistischen Provokationen zunehmend als der große, abseitsstehende Lyriker gerühmt worden war und nun von Max Herrmann-Neiße in der *Neuen Bücherschau* wegen seiner Betonung der Autonomie der Kunst gegen die politisch engagierten Schriftsteller ausgespielt wurde. Herrmann-Neiße feierte »das Beispiel des unabhängigen und überlegenen Welt-Dichters« (1929, 376), dessen radikale Gedanken und Metaphern sich über vordergründige Tagesparolen hinwegsetzten, und gab damit den kommunistischen Schriftstellern Johannes R. Becher und Egon Erwin Kisch den Anlaß, unter heftiger Polemik gegen aristokratischen Ästhetizismus das Redaktionskomitee der genannten Zeitschrift zu verlassen. Benn meldete sich selbst mit einem Beitrag zu Wort, der Herrmann-Neißes Angriff gegen die linke Literatur noch verschärfte, indem er die geschichtlich-mythische Überlieferung als eine Art konterrevolutionäres Potential gegen jede sozialrevolutionäre Aktivität ins Feld führte. Wenn Bewunderer wie Klaus Mann Benns ästhetischen Irrationalismus zu dieser Zeit noch beiseite schoben, so mochte dabei die selbstbewußte Einschätzung der Kunst, die dieser dichtende Haut- und Geschlechtsarzt gegen die Sinnlosigkeit der Geschichte vorbrachte, eine wichtige Rolle spielen. Es bedurfte noch einiger Erfahrungen im Vorfeld des Faschismus und einer weiteren Kontroverse, die sich 1931 aus Benns ›irreführender‹ Rede über Heinrich Mann entwickelte, bis sich die Bewunderung auch bei Klaus Mann in Ablehnung verwandelte, die 1933 in scharfen Attacken gegen Benns Eintreten für den Nationalsozialismus Ausdruck fand.

Wie intensiv es in all dem nicht nur um einzelne Figuren, sondern um die generelle Stellung der Literatur in der Gesellschaft ging, zeigt die Diskussion *Können Dichter die Welt ändern?*, die Becher und Benn 1930 im Rundfunk austrugen. Gegenüber Becher, der die Stellungnahme des Schriftstellers für den sozialen Kampf als Legitimation aktueller Kunst ins Feld führte, rechtfertigte Benn die Dichtung aus ihrer Befähigung zum »metaphysischen Trost« im Sinne Nietzsches.

Der Durchbruch des Zeitromans

Allzu lange hat es gedauert, bis neben den Bemühungen von Schriftstellern um ›Bleibendes‹ auch solche literarische Leistungen historisch gewürdigt wurden, die sich, teilweise unter dem Motto der Neuen Sachlichkeit, sehr bewußt aufs Vergängliche richteten. Eine übergreifende Einordnung dieser Aktivitäten fällt immer noch schwer. Immerhin dürften ihre Voraussetzungen deutlich geworden sein, vor allem die Gründe dafür, daß vielen Autoren die Tendenz zum Authentischen, Faktischen als einziger handfester Richtungsweiser in einem wenig überschaubaren Terrain erschien. Die Tatsache, daß es in Deutschland nicht zur Bewegung des Surrealismus kam, hat damit viel zu tun. Gegenüber dem Protest von Künstlern gegen die Trennung von Kunst und Leben im Siegerland Frankreich, wo zudem die Demokratie seit langem etabliert war, stellte man in Deutschland erst einmal die Notwendigkeit heraus, das Verhältnis von Kunst und Leben neu zu bestimmen. Wenn hier der Drang nach Authentizität von Künstlern geradezu fetischisiert wurde, so erwuchs das eben nicht aus einem lang erprobten Tatsachensinn und einer festen künstlerischen Realismustradition, vielmehr aus Mangel daran. Wer hier Boden unter die Füße bekommen wollte, bewegte sich zwangsläufig in eine Richtung, die sich am überzeugendsten in der englischen Literatur ausprägte, mit deren Tatsachensinn und Nüchternheit man in Deutschland nur wenig anzufangen wußte.

Es ist höchst aufschlußreich, daß Lion Feuchtwanger – in England nicht ohne Grund wohl der populärste deutsche Autor dieser Jahre – 1928 die englische Literatur mit Worten charakterisierte, die auch auf die neuen Tendenzen in der deutschen Literatur hätten angewandt werden können. »Das französische Buch von heute ist ein Ziergegenstand, ein Objekt für die Vitrine, für den Feiertag, etwas, was unter Glas zu stellen ist«, bemerkte Feuchtwanger in der Rede *Von den Wirkungen und Besonderheiten des angelsächsischen Schriftstellers*. »Aber die Generation nach dem Krieg weiß mit solchen Dingen nicht viel anzufangen. Sie prüft, bevor sie irgendwo Geld, Anteilnahme, Leben investiert, sorgfältig den Bedarf. Die angelsächsische Literatur ist Bedarfssache und somit verlangt und beliebt. Sie gibt wenig ›Tiefe‹ und Romantik, liefert Poesie nur als Zutat. Ihre Hauptbestandteile sind Tatsachen, geordnet und gestaltet von gesundem Menschenverstand. Der Angelsachse verlangt von seinen Schreibern, daß sie im wirklichen Leben Bescheid wissen. Er sieht es lieber, wenn seine Schriftsteller sich auf Experimente, Statistiken, Akten berufen als auf Seele. Er findet in einem Buch lieber Material, Information als die Ansichten des Schreibers, Angeschautes lieber als Anschauung. Er will nicht ein Aug, in holdem Wahnsinn rollend, als vielmehr ein klarordnendes Hirn« (*Centum Opuscula*, 1956). Feuchtwanger berief sich dabei neben den Amerikanern Sinclair Lewis, Upton Sinclair und Jack London vor allem auf Autoren wie George Bernard Shaw, Arnold Bennett, John Galsworthy, H. G. Wells, Somerset Maugham. An anderer Stelle sprach er von diesen »prachtvollen, gutgelüfteten Büchern, die kein Volk in solcher Trockenheit« hervorbringe wie die Engländer.

Will man die Leistungen deutscher Schriftsteller für die Prosaliteratur dieser Zeit würdigen, so ergeben sich von hier aus wichtige Argumente. Feuchtwangers Romane, von der historischen Schilderung aus dem 18. Jahrhundert *Jud Süß* (1925), die ihm Weltruhm einbrachte, bis zum Zeitroman *Erfolg* (1930) über die politischen und gesellschaftlichen Zustände in Bayern zwischen 1918 und 1923, bezeugen selbst diesen wohlgeordneten Tatsachensinn, bei dem gesellschaftliche Verhältnisse mit einer überlegten und bisweilen etwas trockenen Typisierung gestaltet werden und Poesie nur als Zutat vorkommt. Feuchtwangers Engagement für das »Buch von dem Menschen, gestellt zwischen Tun und Nichttun, zwischen Macht und Erkenntnis«, wie er es 1927 formulierte, machte ihn bei den zeitgenössischen Lesern populär, verschaffte ihm aber in der deutschen Literaturgeschichte nicht den Platz, den er dank seiner Übersicht – für Brechts Weg in den zwanziger Jahren hat er eine zu wenig gewürdigte Bedeutung – und Urbanität verdiente. Sollte Urbanität jemals zu einer Kategorie deutscher Literaturgeschichtsschreibung werden, so wären neben Feuchtwanger zahlreiche andere Autoren zu nennen, die wie Joseph Roth, Hermann Kesten, Erich Kästner, Bruno Frank, Erich Maria Remarque, Robert und Alfred Neumann, Vicky Baum, Franz Carl Weiskopf, Theodor Plivier oder Hans Fallada in diesen Jahren zu Ruf und Ansehen kamen und neben Arnold Zweig und Heinrich Mann, Kurt Tucholsky und Egon Erwin Kisch, Stefan Zweig und Emil Ludwig, Alfred Döblin und Leonhard Frank das Bild der deutschen Literatur zu bestimmen begannen. Die Kategorisierung des Urbanen würde innerhalb der Literaturgeschichte verdeutlichen, was aus den Bemühungen um eine zeitgerechte, nicht mehr auf spezifische literarische Zirkel ausgerichtete Literatur Ende der zwanziger Jahre in Deutschland wurde – Bemühungen, die mit der in diesen Jahren demokratisierten Öffentlichkeit zusammenhängen, in der sich die Tugenden rationaler Argumentation auch literarisch erfolgreich ausspielen ließen. Natürlich ist eine solche Kategorisierung fragwürdig, indem sie leicht zu einer Mythisierung jener Phase tendiert. Aber das Beispiel der englischen Literatur sollte erkennbar machen, daß in dem von Feuchtwanger angesprochenen, nüchternen, am Markt orientierten Austausch von Schriftstellern und einem interessierten Massenpublikum innerhalb einer Demokratie literarische Leistungen zum Tragen kamen, die, von deutschen Kritikern mangels Tiefe oder politischer Entschiedenheit oft gering geschätzt, im internationalen Verständnis als unterhaltender und nützlicher Beitrag aus Deutschland hoch gewertet wurden. Wenn von der Herausforderung der deutschen Literatur durch die moderne Massenkultur die Rede gewesen ist, so darf diese Entwicklung nicht übersehen werden, deren Stärken und Schwächen auch im Kontext späterer Demokratisierung von Interesse sind.

Neben Feuchtwanger ist auch Arnold Zweig in der Literaturgeschichtsschreibung nicht allzu gut weggekommen, der 1927 mit *Der Streit um den Sergeanten Grischa* ein besonders eindrucksvolles Beispiel eines Zeitromans lieferte. Zweig hatte die Geschichte des russischen Sergeanten Grischa Paprotkin, der 1917 aus einem deutschen Kriegsgefangenenlager entflieht, wieder eingefangen, zum Tode verurteilt und nach langen Verhandlungen erschossen wird, Anfang der zwanziger Jahre zu einem Drama zu verarbeiten versucht. Hier waren die Ereignisse, die den Kampf in der deutschen Kriegsmaschinerie um Gerechtigkeit, das heißt um das Leben dieses Mannes, zum Inhalt haben, noch grob schematisiert worden. 1926/27 gelang es dann dem Autor, den Stoff in einer Prosaversion so umfassend und mitreißend darzustellen, daß das Werk zu einem großen Erfolg wurde. Sehr geschickt verband Zweig die versuchte Rettung des anfangs lebenslustigen Grischa mit dem langsamen Verlauf des Krieges im Osten, der enden soll und nicht endet, so daß der Leser im Mitgehen mit Grischas Schicksal zugleich den Krieg selbst unmittelbar verfolgt und verdammt. Anders als Johannes R. Becher in seinem genialisch-formlosen Antikriegspamphlet *Levisite* (1925) entmythologisierte Zweig den Krieg mit Hilfe einer

Fülle von nüchtern ausgebreitetem historischen Material, das mit der Perspektive auf eine Einzelgestalt allgemein zugänglich wird.

Daß Feuchtwanger und Zweig die zahlreichen politisch-gesellschaftlichen Details in einem überschaubaren Geschehen spannungsvoll zu ordnen vermochten, hatte viel mit ihrer langdauernden Beschäftigung mit dem Theater zu tun. Wenn der Zug zur Episierung in den zwanziger Jahren auch generell beherrschend war, so darf doch darüber die ständige Auseinandersetzung der Schriftsteller mit dem Theater, mehr noch: mit dem Phänomen des Theatralischen nicht übersehen werden. Sie läßt sich bis in die Strukturierung der Romaninhalte nach gesellschaftlichen Rollen und Modellsituationen erkennen. Von deutschen Autoren wirkte darauf am ehesten Heinrich Mann mit dem *Untertan* ein, in dem er die wilhelminische Gesellschaft anhand eines Negativtypus (Diedrich Heßling) bis hin zum Musterproletarier Napoleon Fischer als System von Rollen und Ritualen entlarvt hatte. Die unverstellt menschliche Haltung wird dabei höchstens dem Beobachter zugebilligt. Heinrich Manns Romanveröffentlichungen in den zwanziger Jahren zeigen allerdings auch die Probleme dieser Darstellungsweise für eine demokratisierte Gesellschaft. Während er in dem wenig erfolgreichen Roman *Der Kopf* (1925) noch einmal weit ausholend auf die deutsche Gesellschaft zwischen 1890 und 1917 zurückgriff, vermochte er in den nachfolgenden Werken wie *Mutter Marie* (1927), *Die große Sache* (1930), *Ein ernstes Leben* (1932) nur einige Aspekte des Lebens in der Republik zu fassen. Von den ›expressionistischen‹, ins Satirische und Groteske weisenden Darstellungsformen ging er nicht den Weg zu Dokumentation und Authentizität (der dann erst in den Geschichtsromanen über Henri Quatre in neuer Funktion überzeugend eingeschlagen wurde), sondern stilisierte seine Stoffe ins Märchenhafte, bewußt Überwirkliche. Er übernahm, wie inzwischen nachgewiesen worden ist, intensiv filmische Mittel, von der Rückblende und Überblendung bis zum Tempo von Filmabläufen, wie auch expressionistische Verkürzungen und surreale Bilder.

Mehr Resonanz erlangten Autoren, die bei ihrer romanhaften Entlarvung gesellschaftlicher Rollen und Klischees ins Dokumentarisch-Authentische strebten. In ihrer Darstellung kleinerer Ausschnitte aus der Gesellschaft gewann die bei Heinrich Mann angewandte kritische Perspektive des individuellen Beobachters oder Miterlebenden stark an Gewicht. An den Veröffentlichungen von Joseph Roth, der zunächst mit stilistisch brillanten Reportagen und Feuilletons bekannt wurde, läßt sich die Verbindung von Authentizität und individueller Perspektive unter dem Vorzeichen der Neuen Sachlichkeit beispielhaft aufzeigen. Den 1927 publizierten Roman *Die Flucht ohne Ende*, der die desillusionierende Wanderung eines ehemals österreichischen Offiziers aus russischer Kriegsgefangenschaft quer durch Deutschland nach Paris zum Inhalt hat, nannte Roth einen »Bericht«. Er stellte ihm die Bemerkung voran: »Im Folgenden erzähle ich die Geschichte meines Freundes, Kameraden und Gesinnungsgenossen Franz Tunda. Ich folge zum Teil seinen Aufzeichnungen, zum Teil seinen Erzählungen. Ich habe nichts erfunden, nichts komponiert. Es handelt sich nicht mehr darum, zu ›dichten‹. Das wichtigste ist das Beobachtete.« Schon darin wird erkennbar, wie Roth den Anspruch des Dokumentarischen auf Authentizität im individuellen Erlebnis verengte. Das unterscheidet sich deutlich von Feuchtwangers sehr viel umfassenderem Anspruch im Roman *Erfolg*, dem eine ähnlich erklärende Bemerkung des Autors beigegeben ist. Sie lautet: »Kein einziger von den Menschen dieses Buches existierte aktenmäßig in der Stadt München in den Jahren 1921/24: wohl aber ihre Gesamtheit. Um die bildnishafte Wahrheit des Typus zu erreichen, mußte der Autor die photographische Realität des Einzelgesichts tilgen. Das Buch ›Erfolg‹ gibt nicht *wirkliche*, sondern *historische* Menschen.« Feuchtwanger legte wirkliche Rechenschaft ab. Er reflektierte die Notwendigkeit der romanhaften Typisierung um der Wahrheit der geschichtlichen Analyse willen. Demgegenüber nahm Roth gerade die »photographische Realität des Einzelgesichts« für sein Werk in Anspruch. Allerdings diente das vor allem dazu, die individuelle Perspektive glaubwürdig zu machen, und blieb damit ein romanhaftes Element.

Wie stark Roth einer Zeitströmung entgegenkam, ist nicht zu

übersehen. Ebensowenig läßt sich über die Erfolge des Zeitromans nach 1927 hinwegsehen, in dem sich individuelle Perspektive und authentischer Anspruch verbanden. Triumphal war der Erfolg des Weltkriegsromans *Im Westen nichts Neues*, in dem Erich Maria Remarque 1928 diese Verbindung im Schicksal (und der Perspektive) des Soldaten Paul Bäumer und der Ausrichtung auf das Erlebnis einer ganzen Frontgeneration beispielhaft formulierte. Bezeichnend ist bereits die Art und Weise, wie Remarque im Vorspruch die historische Erfahrung als Teil gegenwärtigen Bewußtseins qualifizierte, wie er für den Leser Identifikation mit dem Berichteten und Erkenntnisfindung für das eigene Schicksal gleichstellte: »Dieses Buch soll weder eine Anklage noch ein Bekenntnis sein. Es soll nur den Versuch machen, über eine Generation zu berichten, die vom Kriege zerstört wurde – auch wenn sie seinen Granaten entkam.« Gerade die Überschaubarkeit des Schicksals von Paul Bäumer und seinen Kameraden ermöglichte die Identifikation, und wenn dem Buch vorgeworfen wurde, es habe den Krieg nicht als Ganzes mit seinen Ursachen behandelt, so traf das durchaus den Tatbestand. Demgegenüber wählte der Autor die Authentizität des Individuellen, um seine Botschaft an den Mann zu bringen, formte »*wirkliche*«, nicht »*historische*« Menschen, um Feuchtwangers Unterscheidung umzukehren. Darin dürfte der Grund dafür zu finden sein, daß Remarques Werk die zahlreichen bereits vorhandenen Kriegsbücher in den Schatten stellte.

Auf der Linie dieses erzählerischen Vorgehens liegen auch die meisten anderen Erfolge des Zeitromans dieser Jahre. Ein weiteres prominentes Beispiel bietet das in Ich-Form berichtende Buch *Jahrgang 1902*, in dem Ernst Glaeser 1928 die Stimme der jungen Generation gegenüber dem Krieg zu Gehör brachte. Die Perspektive des Kindes beziehungsweise Heranwachsenden wird sehr geschickt eingesetzt: in der Teilnahme am Leben der Erwachsenen, die sich in den Weltkrieg hineinjubeln, und zugleich im kritischen Danebenstehen, woraus die berühmt gewordene Feststellung hervorgeht: »*La guerre, ce sont nos parents.*« Das Ich in Glaesers Roman ist kein Rebell gegen die Gesellschaft wie in früheren kritischen Romanen, sondern ein Angepaßter, der nicht angepaßt ist, ein Insider als Outsider, ein Erlebender als Beobachtender. Mit solchen Helden teilen sich nicht nur Sachverhalte mit, sondern eine Haltung. Für manche Autoren, wie etwa Erich Kästner, wurde die Plege dieser Haltung geradezu ein Hauptinhalt des Schreibens. Kästners kritisch-sentimentale Gedichte vermitteln immer wieder diese Haltung, bestärken darin auf unterhaltsame Weise. Ihr Grundgestus wechselt zwischen Desillusionieren und Desillusioniertsein. In seinem 1931, zur Zeit der Weltwirtschaftskrise, sehr erfolgreichen Buch *Fabian. Die Geschichte eines Moralisten* verselbständigt sich diese Haltung zu einer teils amüsanten, teils larmoyanten Krisenphilosophie. Fabian, Werbetexter in einem Reklamebüro, geht durch das krisengeschüttelte Berlin als ein Zuschauer, der die Position des Darüberstehens als Moral des rationalen Ausgleichs gesellschaftlicher Gegensätze gern in die Tat umsetzen möchte. Aber er kann es nicht, wie sein Autor deutlich macht. Am Ende ertrinkt Fabian beim Versuch, ein Kind zu retten. »Er konnte leider nicht schwimmen«, heißt der Schlußsatz. Der Junge rettet sich selbst; Fabian ist nicht geeignet, in die Welt einzugreifen. Ist dieses Eingreifen in die Welt nicht aber trotzdem nötig? Eine Warnung schwingt mit. Es sind Kinder, die bei Kästner handeln, etwa in seinem berühmten Buch *Emil und die Detektive* (1928). Auf den Straßen Berlins stellen sie gemeinsam einen Gauner. Kästners Kinderbücher brachten auf ihre Weise eine neue Sachlichkeit in dieses Genre, indem sie nicht mehr die Exotik fremder Länder ausbreiteten, sondern die scheinbar vertraute Umgebung der Großstadt zum Schauplatz hatten.

Einen anderen Weg ging Hans Fallada, wenn er in seinen Büchern zu einer recht umfangreichen Präsentation der deutschen Gesellschaft ausholte. Im Roman *Bauern, Bonzen und Bomben* (1931), der vor dem Hintergrund der Landvolkunruhen die Politisierung einer norddeutschen Kleinstadt behandelt, verknüpfte er eine Vielfalt exemplarischer Handlungen und Schicksale, und in *Kleiner Mann – was nun?* (1932) gab er tiefen Einblick in die Lebensformen des von der Wirtschaftskrise betroffenen und gedemütigten Kleinbürgertums in Berlin. Die gesellschaftskritische Perspektive ist offenkundig. Ebenso offenkundig ist aber auch die Tatsache, daß Falladas Erfolg bei den Lesern Anfang der dreißiger Jahre vor allem auf der Einbettung dieser Perspektive in eine passive Zeugenschaft beruhte, wozu gehört, daß er die mögliche Auflehnung der Beteiligten in der privaten Idylle abfing. Dieser Rückzug ins Individuelle, das Aufzeigen der Nicht-Auflehnung in der Krise, wirkte authentisch. Selbst Becher sagte: »Von Fallada war immer zuverlässig zu erfahren, wie der kleine Mann denkt. In diesem Sinne konnte er weder über sich noch über seine Figuren sich erheben.« Es ist eine Leistung, diesen authentischen Einblick ins Kleinbürgertum geliefert zu haben. Es wäre eine andere Leistung gewesen, sich dieser Erfahrung politisch zu stellen. Doch auch Becher kann vor 1933 nicht als Kronzeuge für eine realistische Politik gegenüber dem deutschen Kleinbürgertum genannt werden. Er bekannte es später selbst.

Sogar der Roman *Union der festen Hand*, in dem Erik Reger 1931 eine nur mit Feuchtwangers ausladenden Kompositionen zu vergleichende Abrechnung mit der Ruhrindustrie lieferte, verharrt am Ende in der Perspektive des desillusionierten Zeitgenossen, ohne einen Appell zur Änderung der Zustände. Wie Regers ›polemischer Roman‹ *Das wachsame Hähnchen* (1932), ist das Buch höchst eindrucksvoll durch eine Fülle von Einsichten in die Mechanismen der deutschen Gesellschaft. Geht es hier um die latent faschistischen Strategien der Schwerindustrie und die schwache Politik der Arbeiterorganisationen, so dort um die wirtschaftliche und bürokratische Aufblähung der deutschen Verwaltungsapparate in den zwanziger Jahren. In dieser Ausführlichkeit steht das nach 1930 ohne Parallele da und wurde von einem beachtlichen Teil der Öffentlichkeit honoriert. Reger bekam 1931 – zusammen mit Ödön von Horváth – von Carl Zuckmayer den Kleist-Preis zuerkannt. Der Hinweis auf Feuchtwangers ausladende Komposition läßt sich im Hinblick darauf ergänzen, daß Reger das riesige zeitgeschichtliche Material in vergleichbarer Form organisierte. Davon zeugt schon die ›Gebrauchsanweisung‹, die er der *Union der festen Hand* voranstellte. (Die auffällige Verwendung solcher Gebrauchsanweisungen zu dieser Zeit wäre eine eigene Betrachtung wert.) Sie lautet:

»Man lasse sich nicht dadurch täuschen, daß dieses Buch auf dem Titelbild als Roman bezeichnet wird. Man beachte, daß in diesem Buche nicht die Wirklichkeit von Personen oder Begebenheiten wiedergegeben, sondern die Wirklichkeit einer Sache und eines geistigen Zustandes dargestellt wird.« Die Nähe zu Feuchtwangers Intention in *Erfolg* ist augenscheinlich. In der Tat zielte Reger nicht auf die Verlebendigung erlebter Wirklichkeit von Personen und Begebenheiten, mit der sich der Leser identifiziert, sondern auf die nüchterne, Distanzierung und Einsicht schaffende Typisierung historischer Ereigniskomplexe. Allerdings fallen auch die Unterschiede ins Auge, vor allem wenn die bei Feuchtwanger vermerkte stilistische Trockenheit bei Reger zuweilen zu einer Dürre wird, in der die poetischen Zutaten um ihre Existenzberechtigung zu kämpfen haben. Während Feuchtwanger nirgendwo den engagierten Schriftsteller verleugnet, läßt Reger den engagierten Sozialforscher erkennen, der sich der Fiktionalisierung bedient.

Es hat verwundert, daß die am Ende des Romans spürbare Resignation in Regers gleichzeitigen Artikeln zur Gegenwartslage fehlt. War dieser Zeitkritiker so davon überzeugt, angesichts des breiten Materials im Buch auf die direkte Polemik verzichten zu können, die er in den Artikeln vorbrachte? Oder stand anderes dahinter? Die Desillusionsstruktur, die auch hier, wenngleich viel schwächer als in den zuvor genannten Romanen, wirksam ist, bildet ein zu wichtiges Element des Romangenres, als daß ihre Eigenbewegung übergangen werden dürfte. Auch Reger glaubte offensichtlich, daß sie im Roman ihre Wirkung tun werde, wie es Roth, Remarque, Kästner, Glaeser und andere Autoren glaubten.

Ohne die Desillusionsstruktur läßt sich das aufklärende Moment einer auf individuellen Erfahrungen aufbauenden Erzählung gesellschaftlicher Sachverhalte kaum denken, zumindest nicht dort, wo der Schriftsteller seine Kritik als Anstoß und nicht als Gegenstoß versteht, als Anstoß innerhalb demokratischer Veränderungsmöglichkeiten, nicht als deren Sprengung. Insofern gehören die erwähnten Bücher in eine spezifische Kategorie, deren Plazierung den Interpreten nicht zuletzt deshalb so schwer gefallen ist, weil die Tradition des Desillusionierungsromans, wie er sich in den westlichen Demokratien Frankreich und England entfaltet hat, in Deutschland so schwach ist. Die Projektion dieser Bücher auf den Begriff der Neuen Sachlichkeit kann ihre literaturhistorische Stellung nur verunklären, wenn nicht deutlich wird, daß sie sich ihre Legitimation als Gesellschaftsanalyse aus der Authentizität der Desillusionierung und Entlarvung verschafften, und daß diese Authentizität durchaus im Individuell-Subjektiven durchzuschlagen vermag. Statt einen Dokumentationsstil festzumachen, könnte man eher davon sprechen, daß diese Bücher und verwandte Gedichte, Erzählungen und reportagehafte Werke in Deutschland etwas nachholten, was es in anderen Literaturen seit langem gegeben hat, und daß das eng mit der Demokratisierung der Öffentlichkeit verbunden ist, wobei natürlich Berlin eine entscheidende Rolle spielte. Allerdings werfen die Vorgänge, die zum Ende der Weimarer Republik führten, darauf einen schweren Schatten: Besaßen die linksbürgerlichen Schriftsteller mit all der Desillusionierungs- und Entlarvungsliteratur nicht eine illusionäre Vorstellung von dieser deutschen Demokratie? Hätten sie, wie die Fälle Reger und Fallada zeigen, nicht nur auf Anstöße, sondern auf Gegenstöße zielen müssen, da die von ihnen vorausgesetzte Demokratie kaum noch funktionierte?

Gewiß ist, daß die Dokumentationsliteratur der Berichte, Biographien, Reportage- und Geschichtsromane, die zu dieser Zeit blühte, zumeist auch einen Fluchtraum des Individuellen einräumten, und daß es gerade dieser Fluchtraum war, der ihre Massenauflagen ermöglicht hat. Bemerkte Robert Neumann über die Reportage, sie sei so etwas wie eine »geschriebene Menschen-Landkarte« und der Reportageleser erführe schließlich von Napoleon erst in zweiter Linie, daß er die Schlacht bei Waterloo geschlagen habe, und in erster, was er an jenem Tage zum Frühstück zu sich nahm (*Die Literatur* 30, 1927/28, 4), so äußerte André Maurois in der *Neuen Rundschau* über »Die Biographie als Kunstwerk«: »Es gibt nichts Köstlicheres, wenn man eine Biographie schreibt, als durch die Memoiren und Briefe hindurch die Jagd auf diese lebendigen Details aufzunehmen.

Manchmal liest man hundert Seiten und findet nichts anderes als ganz allgemeine, folglich falsche Ideen. Dann erscheint plötzlich bei einer Satzwendung das Leben, und der treue Leser stellt sein Wild« (40, 1929, 245). Beide Äußerungen sind symptomatisch für die Art und Weise, wie man in Reportage und Biographie den »Hunger nach Unmittelbarkeit« (Kracauer) auf besonders effektvolle Weise befriedigte. Im Essay *Die Biographie als neubürgerliche Kunstform* legte Kracauer 1930 dar, daß die biographische Welle nicht auf dem Bedürfnis nach Heroenkult, sondern nach Authentizität daherrolle. Der Biograph müsse individuelles Schicksal nicht erst romanhaft erschaffen, sondern könne es »übernehmen« und habe im historischen Ablauf auch bereits »die Garantie der Komposition«. Die Moral der Biographie sei, daß sie im Chaos der gegenwärtigen Kunstübungen die einzige scheinbar notwendige Prosaform darstelle.

Von hier aus wird vollends deutlich, warum die meisten Erzähler, die am Erschaffen fiktiver Schicksale festhielten, so stark betonten, authentisch zu sein. Das war keineswegs gleichbedeutend mit einer ausführlichen Unterrichtung des Lesers »über äußere Tatbestände, soziologische und psychologische Fragen«, wie Feuchtwanger ausdrücklich betonte. Er bezeichnete die Neue Sachlichkeit als legitimes Kunstmittel, nicht als Selbstzweck. Der heutige Roman, bemerkte er 1932, überlasse diese Information wie der frühere der Wissenschaft und dem Bericht des guten Reporters. »Er will nicht auf die Wißbegierde, sondern auf das Gefühl des Lesers wirken, allerdings ohne mit der Logik und dem Wissen des Lesers in Konflikt zu kommen. Sein Ziel ist, was von jeher das Ziel der Kunst war, dem Empfangenden das Lebensgefühl des Autors zu übermitteln. Nur weiß der Autor von heute, daß er das nicht kann, wenn ihm nicht die Ergebnisse heutiger Forschung zu einem organischen Teil seines Selbst geworden sind« (436f.).

Feuchtwangers Feststellung klingt optimistisch, wohl zu optimistisch im Hinblick auf das Selbstgefühl der Romanautoren. So kontinuierlich, wie er es im Krisenjahr 1932 hinstellte, hatte sich deren literarische Produktion durchaus nicht entwickelt, und so selbstverständlich war ihr Austausch mit dem aktuellen Wissensstand auch nicht gewesen. Immerhin aber läßt sich der ›Manipulationswert‹ der Sachlichkeitstendenzen ablesen, wie man ihn Anfang der dreißiger Jahre verstand. Mit ihm ergeben sich wichtige Gesichtspunkte, wenn man der Frage nachgeht, warum diese Tendenzen, die der deutschen Literatur ein neues Gesicht verschafften, nur kurze Zeit in den Vordergrund traten und dann der kulturellen Restauration Raum gaben.

Es war keineswegs ins Blaue gesprochen, als Autoren Mitte der zwanziger Jahre die Literatur auf Sachlichkeit und Authentizität hin programmierten. Mit dem Reportagenband *Der rasende Reporter* (1924) hatte Egon Erwin Kisch ein breites Publikum gefunden, und sein Bekenntnis aus dem Vorwort wurde zahllosen Zeitberichterstattern zur Maxime: »Nichts ist verblüffender als die einfache Wahrheit, nichts ist exotischer als unsere Umwelt, nichts ist phantasievoller als die Sachlichkeit. Und nichts Sensationelleres gibt es in der Welt als die Zeit, in der man lebt!« Bei Kisch erhielt die Bruchstückhaftigkeit der Welt, der man sich ausgesetzt sah und welche die Dadaisten grotesk übersteigert hatten, einen neuen Sinn: in ihr erfuhr man nicht Fremdsein, sondern Zugehörigkeit, insofern er sie als Zeugnis aktueller Welterfahrung erlebbar machte. Die einzelnen Situationen rückten, ohne daß die Bruchstellen überkleistert worden wären, wie im Film zueinander. Kisch nannte den Band ein »Album«.

Wenn in den folgenden Jahren die Berichterstattung aus Technik, Industrie und Großstadt Unterhaltungswert gewann und als adäquater Ausdruck der Zeittendenzen in die literarische Diskussion Eingang fand, so kam dabei die Überzeugung zum Ausdruck, der moderne Kapitalismus vermöge nach einer Periode politischer und wirtschaftlicher Unruhe zu wirklicher Prosperität zu verhelfen, an der die arbeitenden Massen, wie es

Henry Ford im Bestseller *Mein Leben und Werk* verkündete, breiten Anteil hätten. ›Amerika‹ war dafür das Schlüsselwort. Es wirkte nicht nur mit der Assoziation des Modernen als Abenteuer, als exotisch-unbürgerliche Erfahrung, sondern mehr noch als Garantie, daß der ökonomische Aufschwung unaufhaltsam sei. Diese Zuversicht band die heterogenen Elemente der Gegenwart zusammen. Man entdeckte den Reiz der Bruchstückhaftigkeit, der Kontraste zahlloser Momentbilder, verkündete, nur in ihnen liege Authentizität, und weckte Animosität gegen alle übergreifenden Systementwürfe. Dieser Geist wirkte bis hin zu den knappen, funkelnden Zeitkritiken in *Weltbühne* und *Tagebuch* und zu den ausgefeilten Gedankenübungen an scheinbar nebensächlichen Details bei Walter Benjamin, Max Horkheimer oder Siegfried Kracauer, der den Essay *Das Ornament der Masse* mit den Worten einleitete: »Der Ort, den eine Epoche im Geschichtsprozeß einnimmt, ist aus der Analyse ihrer unscheinbaren Oberflächenäußerungen schlagender zu bestimmen als aus den Urteilen der Epoche über sich selbst.«

Es war eine Periode der literarischen Stofferoberung, wie sie zuvor höchstens der Naturalismus gebracht hatte, auf dessen Verdienst Autoren wie Döblin – mit gewichtigen Einschränkungen – hinwiesen. Vom sozialen Idealismus der Naturalisten rückte man allerdings ebenso ab wie von den gescheiterten Höhenflügen der Expressionisten. Und auch die Stilisierungen des Arbeiterdaseins bei Arbeiterdichtern wie Heinrich Lersch, Karl Bröger oder Erich Grisar galten als allzu pathetisch. Viele der nach 1928 hervortretenden Autoren von Reportageromanen begnügten sich mit einem Ausschnitt aus der Welt, die sie besonders gut kannten. Zu den kämpferischen Romanen über das Proletariat, die vom Bund proletarisch-revolutionärer Schriftsteller gefördert wurden, traten Schilderungen der Arbeitslosigkeit wie Bruno Nelissen-Hakens *Der Fall Bundhund* oder Richard Euringers *Die Arbeitslosen* und des Großstadtelends, etwa *Mich hungert* von Georg Fink und *Dritter Hof links* von Günter Birkenfeld. Aber auch breiter angelegte, stilistisch teilweise beeindruckende Romane über die deutsche Gesellschaft wie Karl Jakob Hirschs *Kaiserwetter*, Joseph Breitbachs *Rot gegen Rot*, Hans

Sochaczewers *Sonntag und Montag*, Hans Natoneks *Geld regiert die Welt*, Heinz Pols *Entweder – Oder* und *Patrioten* profitierten von der soziologischen Sichtweite. Spezielle Bedeutung errang die von den Arbeiterparteien und ihnen verbundenen sozialistischen Autoren vernachlässigte Welt der Angestellten, über welche Kracauer 1930 seine reportagehaft angelegte wegweisende Untersuchung *Die Angestellten* veröffentlichte. Neben Werken wie Christa Anita Brücks *Schicksale hinter Schreibmaschinen* und Werner Türks *Konfektion* sind hier vor allem *Herrn Brechers Fiasko* von Martin Kessel und das kämpferisch gestimmte Buch *Das Mädchen an der Orga Privat* von Rudolf Braune zu nennen. Im allgemeinen wurde die Aufmerksamkeit der Autoren von den Überlebenstechniken der einzelnen in den anonymen Mechanismen der Gesellschaft absorbiert. In der Weltwirtschaftskrise war vom ästhetischen Reiz der Bruchstückhaftigkeit der modernen Welt nicht mehr viel die Rede, hier trat deren Realität in Arbeitslosigkeit, Vereinsamung, Entindividualisierung unverhüllt zutage.

Damit sind allerdings auch die Grenzen dieser literarischen Stofferoberung berührt. Hatten die Schriftsteller mit der Ausrichtung am Authentischen neue Bahnen beschritten, so stellte sich angesichts der scharfen politischen und ökonomischen Spannungen die Frage, wem diese Einblicke zugutekommen konnten. Es war zugleich die Frage, ob die neue literarische Legitimation auch in der Krise Halt gewähren konnte. In dieser Situation rächte sich die Tatsache, daß die meisten Autoren ihre Stellung zu den Kräften und Institutionen der Öffentlichkeit, die ihre Arbeit selbst bedingten, nicht in gleicher Weise durchforscht hatten wie die neuen Stoffbereiche. Damit rutschten ihre Darstellungen gleichsam in das Bild zurück, das sie von der Realität hatten abheben wollen. Wenn Kracauer 1930 feststellte, die Wirklichkeit sei eine Konstruktion, so waren sich die Schriftsteller dessen durchaus bewußt. Sie verwandten Montage, Reportage, Zitat, Rückblende und andere, teilweise im Futurismus und Expressionismus bereits benutzte Formen der Tatsachendokumentation. Aber ohne deren genauere gesellschaftlich-politische Verankerung setzten sie nun ihr Tun genau dem Vorwurf aus, den sie überwunden glaubten: dem der Willkürlichkeit, Oberflächlichkeit und bloßen Affirmation. In der Tat bedienten sich Schriftsteller der Rechten ebenso wie der Linken dieses Formenarsenals und nahmen literarische Authentizität mit nicht weniger Verve für sich in Anspruch. Diesen Autoren wuchs mit der Krise gleichsam politische Authentizität zu, während sich linksbürgerliche Schriftsteller häufig auf die Authentizität des Individuellen zurückzogen.

Daß sich die Schriftsteller der ökonomischen und medienpolitischen Faktoren, die ihre Existenz bestimmten, zu wenig bewußt waren, prangerten linke Kritiker an und nutzten rechte Politiker aus. Ein Beispiel dafür ist ihr Verhältnis zum Rundfunk, den sie zwar als technisches Medium mit der Kapazität zur massenwirksamen Verbreitung von Literatur feierten, dem sie aber in seiner Qualität als politisch-publizistisches Monopol kaum genügend Aufmerksamkeit schenkten. Das wurde auf der einzigen größeren Tagung von Schriftstellern und Rundfunkintendanten 1929 in Kassel deutlich, die unter dem Titel »Dichtung und Rundfunk« zu einer engeren Zusammenarbeit dieser Bereiche beitragen sollte. In geschickter Weise vermochten die Rundfunkleute, vor allen der Leiter des Westdeutschen Rundfunks, Ernst Hardt, und der Intendant der Berliner Funkstunde, Hans Georg Flesch, die Frage der Zensur aus der Diskussion herauszuhalten. Auch hier setzte sich die von den linken Arbeiterorganisationen als Augenwischerei angeprangerte Maxime, der Rundfunk sei unpolitisch, durch. Nur als Arnolt Bronnen die Teilnehmer, zu denen unter anderen Arnold Zweig, Döblin, Alfred Wolfenstein, Herbert Jhering, Hermann Kasack, Alfons Paquet, Friedrich Schnack, Ina Seidel, Ernst Glaeser gehörten, mit bereits nationalsozialistischen Gedankengängen provozierte, regte sich einiger Widerspruch, zumal – später – von Döblin. Er hatte Bronnen eingeladen und wußte von dessen durchaus verdienstvoller Vermittlung zwischen Autoren und der Berliner Funkstunde. Bronnens Forderung, den Rundfunk dem Dienst an der Nation zugänglich zu machen, bei dem »eine schamlose Zunft verantwortungsloser, dem eigenen Volk entfremdeter, keiner Rasse, keiner Landschaft verhafteter Literaten« keinen Platz habe, wurde in den folgenden Jahren, endgültig 1933, erschreckende Wirklichkeit.

Verdienst der Tagung war es, die Zusammenarbeit zwischen Schriftstellern und Rundfunk intensiviert zu haben, die bis dahin vielen Zufälligkeiten überlassen worden war. (Von einem der darauf folgenden Rundfunkgespräche über die Position des Schriftstellers in der Gegenwart zwischen Becher und Benn ist bereits die Rede gewesen.) In der Kasseler Diskussion bemühte man sich, die rundfunkspezifischen Formen herauszustellen, ein Thema, das 1929/30 auch in der Praxis Belebung fand: Zu dieser Zeit gelang dem Hörspiel mit Werken von Ernst Johannsen, Arno Schirokauer, Walter Erich Schäfer, Friedrich Wolf, Hermann Kasack, Döblin (*Die Geschichte vom Franz Biberkopf*), Erich Ebermayer, Hans Kyser und anderen der Durchbruch als selbständiges und zeitgemäßes Genre. Wichtige Vorarbeiten hatten Alfred Braun, Ernst Hardt und vor allem Friedrich Bischoff, der Leiter der schlesischen Funkstunde, geleistet. Das Hörspiel rückte neben das Sendespiel, wie man die Funkadaption vorhandener Werke des Theaters und der Literatur nannte. Natürlich war es auch die Zeit der Pionierleistungen in Zeitreportage und -dokumentation, in Interview und Konferenzschaltung, das heißt in den Formen, die an den großen und kleinen Momenten der Gegenwart teilnehmen ließen und das Gefühl der Zugehörigkeit zu den vielfältigen Lebenssituationen dieser Welt bestärkten. Die Tatsache, daß der Rundfunk, dessen erste öffentliche Sendung am 29. Oktober 1923 in Berlin erfolgte, vorwiegend als reproduktives Medium galt, hielt ihn allerdings lange Zeit in der Wertschätzung der Schriftsteller sehr gering, auch wenn viele von ihnen vor dem Mikrofon aus ihren Werken lasen oder an Diskussionen teilnahmen.

Alfred Döblin, der den Roman *Berlin Alexanderplatz* mit der Ausrichtung an Lokaldialekt, Reklamesprache, Politjargon und Bibelrhetorik geradezu radiogemäß angelegt hatte, sah in dieser niederen Position Möglichkeiten für die Demokratisierung der Literatur. Von dieser Demokratisierung war bei linksbürgerlichen Autoren in der zweiten Hälfte der zwanziger Jahre immer wieder die Rede, kaum allerdings mit Vorschlägen, die den individuellen Schöpfergestus angetastet hätten. »Sie kennen die fatale, ja grausige Lage unserer Literatur«, sagte Döblin in der Kasseler Rede *Literatur und Rundfunk.* »Alles drängt nach Spitzenleistungen, es besteht eine Riesenkluft zwischen der eigentlichen, schon überartistischen Literatur und der großen Volksmasse. Die große Literatur ist bald für 100, bald für 10000, höchstens für kaum 100000 Menschen da. Gelegentliche Massenauflagen können darüber nicht wegtäuschen. Diese überaristokratische Haltung sterilisiert uns, sie ist ungesund und unzeitgemäß. Wieder tritt da der Rundfunk vor uns, die er eben aufgefordert hat, die Drucktype zu verlassen, und fordert uns auf, unseren kleinen gebildeten Klüngel zu verlassen« (*Dichtung und Rundfunk* 1930, 10f.). Im selben Jahr ging Döblin in der Gedenkrede für Arno Holz sogar so weit, eine »Senkung des Gesamtniveaus der Literatur« zu verlangen. Dennoch spannte auch er den Rundfunk kaum intensiver in seine Bemühungen ein (von denen zu dieser Zeit besonders sein Engagement in der Sektion Dichtkunst der Preußischen Akademie der Künste erwähnenswert ist). Die individuelle Verantwortung des Epikers wollte er nicht angetastet wissen.

Anders Bertolt Brecht, der Döblin nahestand. Obgleich Brecht vom Radioprogramm der ersten Jahre wenig hielt, wertete er den Rundfunk als Mittel, den individuellen Schöpfergestus zu überwinden und zu einem wirklichen Austausch mit den Massen zu gelangen, sehr hoch. Er machte konkrete Vorschläge, um den Reproduktionscharakter dieses Mediums – bislang eines »akustischen Warenhauses« – abzubauen (*Vorschläge für den Intendanten des Rundfunks*) und entwarf 1932 das Konzept vom Rundfunk als Kommunikationsapparat: »Der Rundfunk ist aus einem Distributionsapparat in einen Kommunikationsapparat zu verwandeln. Der Rundfunk wäre der denkbar großartigste Kommunikationsapparat des öffentlichen Lebens, ein ungeheures Kanalsystem, das heißt, er wäre es, wenn er es verstünde, nicht nur auszusenden, sondern auch zu empfangen, also den Zuhörer nicht nur hören, sondern auch sprechen zu machen und ihn nicht zu isolieren, sondern ihn in Beziehung zu setzen« (18, 129). Bei seinem Radioprojekt *Der Flug der Lindberghs* (später

Der Ozeanflug) unternahm er 1929 bereits einige Versuche in dieser Richtung. Entscheidend war in dieser Phase die Möglichkeit, die pädagogische Intention, unter die er die Kunst zunehmend stellte, mit Hilfe des funkischen Mediums auf ein größeres Publikum zu übertragen. Brecht zielte nicht nur thematisch auf die Notwendigkeit der Integration des Individuums ins Kollektiv (die er mit *Mann ist Mann* 1926 beispielhaft auf dem Theater demonstrierte), sondern auch formal, insofern er einen kollektiven Lernprozeß ansteuerte. Hier wie in der Arbeit an den anderen Lehrstücken suchte Brecht mit der Entindividualisierung Ernst zu machen. Allerdings verband sich das Kollektivpathos selbst bei ihm kaum zwingend mit politischer Aussage und wurde zumeist ›nur‹ als Ausdruck einer allgemeinen Zeitströmung verstanden.

Die Eintracht auf der Kasseler Tagung, die Bronnen von der Rechten her aufbrach, hätte Brecht von der Linken her gewiß nicht weniger erschüttert. Im Hinblick auf den Rundfunk formulierte er einige der schlagendsten Aussagen über die Abhängigkeit des Schriftstellers von der Kulturindustrie. In den *Anmerkungen zur Oper ›Aufstieg und Fall der Stadt Mahagonny‹* hieß es 1930 unter Hinweis auf Schriftsteller und Musiker in verallgemeinerter Form: »Denn in der Meinung, sie seien im Besitz eines Apparates, der in Wirklichkeit sie besitzt, verteidigen sie einen Apparat, über den sie keine Kontrolle mehr haben, der nicht mehr, wie sie noch glauben, Mittel für die Produzenten ist, sondern Mittel gegen die Produzenten wurde, also gegen ihre eigene Produktion (wo nämlich dieselbe eigene, neue, dem Apparat nicht gemäße oder ihm entgegengesetzte Tendenzen verfolgt)« (17, 1005). Die kritischste Analyse zum Problem der Abhängigkeit, und zwar nicht nur des Künstlers, sondern des Kunstwerks selbst, lieferte Brecht dann bei seiner Auseinandersetzung mit der Filmindustrie, für die G. W. Pabst eine von Brecht nicht gebilligte Version der *Dreigroschenoper* hergestellt hatte. In *Der Dreigroschenprozeß. Ein soziologisches Experiment* exemplifizierte er 1930 am Film, wie das künstlerische Produkt vom Markt her aufgebaut werde und das »individuelle Kunstwerk« zerfalle. Die Radikalität, mit der hier die Marktbestimmtheit des ästhetischen Produkts bis in die Formen hinein seziert wird, hat diese Analysen bis heute aktuell erhalten. Hier wurden die Konsequenzen der in den zwanziger Jahren zutagegetretenen Entwicklung beim Namen genannt, bis hin zu der Überlegung am Ende der Untersuchung, daß man, wenn man in der modernen ästhetischen Produktion nicht die Funktion des Kunstwerks mitliquidieren wolle, vorsichtig auf den traditionellen Kunstbegriff verzichten müsse. »Ist der Begriff Kunstwerk nicht mehr zu halten für das Ding, das entsteht, wenn ein Kunstwerk zur Ware verwandelt ist«, heißt es, »dann müssen wir vorsichtig und behutsam, aber unerschrocken diesen Begriff weglassen, wenn wir nicht die Funktion dieses Dinges selber mitliquidieren wollen, denn durch diese Phase muß es hindurch« (18, 201).

Brecht machte den Gegensatz zu denjenigen linksbürgerlichen Autoren deutlich, welche die gesellschaftliche Authentizität ihrer Werke angesichts der Krisensituation um 1930 in Frage gestellt sahen und zur individuellen ›Bewältigung‹ tendierten. Während ihnen der Manipulationscharakter der Sachlichkeitstendenzen von bürgerlichen Kritikern als Schwächung dichterischer Aussage vorgeworfen wurde, sah Brecht gerade in diesen Formen und Tendenzen ihre entscheidende Leistung – allerdings mit dem Vorbehalt, daß sie diese nicht richtig verwertet hätten. Der »alte Begriff der Kunst, vom Erlebnis her« falle aus, hielt er im *Dreigroschenprozeß* dagegen. »Denn auch wer von der Realität nur das von ihr Erlebbare gibt, gibt sie selbst nicht wieder.« Man müsse »etwas ›Künstliches‹, etwas ›Gestelltes‹« aufbauen (18, 162). Brecht bezog sich jedoch nicht auf eine einfache Übernahme der Parteiideologie, wie sie in den meisten Veröffentlichungen im Bund proletarisch-revolutionärer Schriftsteller praktiziert wurde. Vielmehr rückte er diese Situation in den Zusammenhang der generellen Entwicklung des Kapitalismus. Wie bei Marx ausgesprochen, bedeute der Siegeslauf des Kapitalismus die Zertrümmerung der bürgerlichen Ideologie. Brechts Resümee lautete: »Die Technik, die hier siegt und nichts anderes zu können scheint, als den Profit einiger Saurier und damit die Barbarei zu ermöglichen, wird, in die rechten Hände gelangt, durchaus anderes können. Es ist unsere Aufgabe, ihr in die richtigen

Hände zu verhelfen« (18, 204). Das forderte im folgenden auch Walter Benjamin, der diese teilweise auch auf Hanns Eisler zurückgehenden Analysen in *Das Kunstwerk im Zeitalter seiner technischen Reproduzierbarkeit* geschichtsphilosophisch verallgemeinerte.

Überhaupt tendierten diese Überlegungen trotz aller Durchleuchtung konkreter Abhängigkeiten ins Abstrakte, Abgehobene. Offen blieb, was Benjamin, der über die Literatur des BPRS kein Wort verlor, unter der »Solidarität mit dem Proletariat« konkret verstand, die er bei den Schriftstellern voraussetzte, denen ihre abhängige Stellung im Produktionsprozeß bewußt geworden war. Unbestimmt blieb die Definition der so viel gebrauchten Begriffe Technik und Produktion, selbst in Benjamins Ansprache von 1934 *Der Autor als Produzent*, die eine harte Attacke gegen die linksbürgerlichen Autoren enthält. Verschiedentlich wurde die vor 1925 als Expressionismus, Futurismus oder Konstruktivismus bezeichnete künstlerische Avantgarde nun in eine neue, dem technischen Zeitalter gemäße Terminologie heimgeholt. Daran hatte die Entwicklung in der Sowjetunion einigen Anteil, wo aufgrund der Bemühungen, die Zurückgebliebenheit des Landes zu überwinden, Begriffe wie Technik und Produktion eine ganz andere Aura besaßen. Es ist bekannt, welch starken Eindruck Sergej Tretjakow mit seinen Experimenten einer Produktionskunst auf Schriftsteller wie Brecht und Benjamin machte. In der Sowjetunion waren die Überlegungen zur Produktionskunst, das heißt zur »Liquidierung der historisch bedingten Grenzen zwischen der künstlerischen und der allgemeinen sozialen Technik« (Boris Arwatow), seit dem Proletkult nicht abgerissen. Mit den Nöten und Enttäuschungen, welche die Wirtschaftskrise in Deutschland brachte, hatte das wenig zu tun. Nicht von ungefähr fanden Brechts und Benjamins Analysen für den Umgang mit den Medien erst in den sechziger Jahren wirkliche Resonanz. In ihnen sind die konkreten Probleme jener Zeit des nationalsozialistischen Vormarsches nur am Rande angesprochen, etwa das tatsächliche Verhalten der Massen und das tatsächliche Verhalten der Arbeiterparteien gegenüber dem Nationalsozialismus, aber auch die Frage eines Bündnisses mit den linksbürgerlichen Autoren, von denen Benjamin Heinrich Mann, Döblin, Kästner, Mehring und Tucholsky als symptomatisch herausstellte. Wenn Jahrzehnte später der Vorwurf der »linken Melancholie« recht eingängig erscheint, sollte damit allerdings auch die Frage verbunden werden, ob nicht auch die Abgrenzungspolitik der KPD und des BPRS gegenüber allem, was sich rechts von ihnen befand, zu dieser Melancholie beigetragen hat.

Ohnehin macht die Distanz, welche die Kritiker zwischen sich und diese Literatur legten, ihre Nähe nur um so deutlicher, ging es doch immer wieder darum, deren ›technische‹ Errungenschaften aufzunehmen und umzufunktionieren. Was dann bei der Polemik Ernst Blochs und Brechts mit Georg Lukács in den dreißiger Jahren auf den Nenner gebracht wurde, daß das Bürgertum auch im Stadium des Verfalls ästhetische Formen produziert habe, an welche sozialistische Künstler anknüpfen könnten, anknüpfen müßten. Demgegenüber verurteilte Lukács den Expressionismus als subjektiv-rhetorisch und dekadent und kritisierte die Reporterromane nicht nur linksbürgerlicher, sondern auch proletarischer Schriftsteller wie Willi Bredel und Otto Gotsche als oberflächlich-beliebig. Unter Hinweis auf Tolstoi, Balzac, Gorki und Thomas Mann propagierte er das Kunstwerk, das mit dem repräsentativ erlebenden Individuum eine Entsprechung zur Totalität der Wirklichkeit anziele.

Über den innermarxistischen Debatten der dreißiger Jahre ist zu Unrecht die Tatsache in den Hintergrund getreten, daß ein Großteil der Analysen zum Produktionscharakter der Kunst bereits Mitte der zwanziger Jahre von Lu Märten geleistet worden ist. In mancher Beziehung war die Auseinandersetzung dieser marxistischen Kunsttheoretikerin, die von den Kommunisten als trotzkistisch eingestuft wurde, mit Karl August Wittfogel in der *Linkskurve*, dem Organ des BPRS, eine Vorausnahme der Brecht-Lukács-Kontroverse späterer Jahre. Ihr Hauptwerk *Wesen und Veränderung der Formen (Künste). Resultate historisch-materialistischer Untersuchungen*, dessen Abstraktheit an dem geringen Echo nicht unschuldig ist, erschien 1924. Marx' Definition der Kunst als spezifischer Form der Produktion ist hier bereits ausführlich im Hinblick auf Architektur, Musik, bildende Kunst, Kunstgewerbe und Literatur ausgewertet. Lu Märten plädierte für eine Neubestimmung der Kunst von den Produktivkräften anstatt von spezifischen Inhalten her und sah in den zeitgenössischen ästhetischen Techniken wichtige Ansatzpunkte. Revolutionäre Kunst bedeute, schrieb sie 1925 in *Kunst und Proletariat*, sich von der Zwangsvorstellung ›Kunst‹ überhaupt loszumachen, statt unter Beibehaltung vorhandener Kunstmittel bloß die jeweiligen Gefühle und Parolen zu verkünden. Diskurse über Materialbedingtheiten und die Logik der Maschinen seien fruchtbarer als »all das Phrasengewäsch, das in Arbeiterkreisen über Kunst verredet wird« (A 15, 1925, 665). Diese Position stand in starkem Kontrast zu der Alternative, die George Grosz und Wieland Herzfelde im selben Jahr in der Schrift *Die Kunst ist in Gefahr* aufstellten: der heutige Künstler könne, wenn er die »reine Kunst« aufgebe, »nur zwischen Technik und Klassenkampfpropaganda wählen« (32). Die Klassenkampfpropaganda der proletarisch-revolutionären Autoren nach 1928 kam weitgehend dieser Alternative nach. Die von Lu Märten umrissenen und später von Brecht formulierten Probleme einer revolutionären Kunst sind vor 1933 in Deutschland nicht wirklich ausgetragen worden.

Die Krise

Wie stark die Literatur ab 1929 in den Sog der ökonomischen und politischen Krise gezogen wurde, dürfte bereits sichtbar geworden sein. Die politische Polarisierung zwischen links und rechts erfaßte auch die Schriftsteller. Spätestens ab 1930 nahmen die staatlichen Eingriffe in den Bereich der Publizistik neben den Angriffen seitens der Nationalsozialisten einen gewichtigen Teil ihrer Aufmerksamkeit in Anspruch. Allerdings gewährt das Links-Rechts-Schema nur einen allgemeinen Zugang zu dem, was die meisten Autoren dieser Zeit bewegte.

Mit der Veränderung des politischen, wirtschaftlichen und intellektuellen Klimas sahen sich viele Schriftsteller genötigt, ihre

Haltung zur Realität generell zu überprüfen. Angesichts der extrem schwierigen Probleme, welche die Gesellschaft zu bewältigen hatte, fand die Frage, was der Schriftsteller ausrichten könne, eine erneute, diesmal existenzentscheidende Ausformung. Hier bildeten sich die spezifischen, für die weiteren Jahre höchst folgenreichen Stellungnahmen zugunsten stärkerer Politisierung und Aktivierung einerseits und stärkerer Distanzierung und Individualisierung andererseits heraus. Häufig war die Entscheidung, sich aktiv zu engagieren, weniger ideologisch als psychologisch und moralisch begründet, was sich in dem Schwanken zwischen sozialistischen und nationalen Vorstellungen und der Hoffnung, sie verbinden zu können, in mancherlei Variationen ausprägte. So gestanden einander kommunistische Intellektuelle und Vertreter des Kreises um die nationale Zeitschrift *Die Tat* ohne weiteres Tatgesinnung zu; der Fall des zur KPD übergegangenen Reichswehroffiziers Richard Scheringer gewann weite Publizität. Immer wurde das Verlangen nach Tat, Entscheidungswillen und sichtbarem Engagement für die Zukunft zum entscheidenden Kriterium. Es brachte linksradikale Schriftsteller und Kommunisten zusammen.

Auch die Haltungen der Distanzierung lassen sich nicht allein ideologisch einordnen. Hier kam eine Poetik der Verinnerlichung zum Zuge, die sich als Antwort auf die Sachlichkeitstendenzen verstand, darüber hinaus aber gegen jedes politische Engagement richtete. Daneben manifestierte sich die Reaktion von Schriftstellern, die sich eine Zeitlang engagiert hatten und nun von der Nutzlosigkeit ihres Tuns überzeugt waren. Auch dabei gibt es Berührungspunkte mit Positionen auf der Rechten, doch hielten Autoren wie Oskar Loerke und Wilhelm Lehmann oder die Naturlyriker um die 1929–1932 existierende Zeitschrift *Die Kolonne* ihre eigene Linie, ganz zu schweigen von späteren Exulanten wie Joseph Roth, der 1930 den legendarischen Roman *Hiob* und 1932 den *Radetzkymarsch* veröffentlichte, Stefan Zweig (*Heilung durch den Geist*, 1931) oder Franz Werfel (*Realismus und Innerlichkeit*, 1931).

Ohne diese Berührungen und Überschneidungen läßt sich kein differenziertes Bild von der literarischen Entwicklung in dieser Periode herstellen, das heißt von den Konsequenzen der Umbesinnung und Umstrukturierung in den zwanziger Jahren. Zweifellos fühlten sich Schriftsteller nicht erst zu dieser Zeit von den Phänomenen Masse, Gemeinschaft, Kollektiv angerührt. Wohl aber mußten sie nun wie kaum zuvor Stellung dazu nehmen – was sie auch taten, sei es voller Faszination, sei es voller Resignation. Zweifellos berührten sich nicht erst jetzt die Kollektivkonzepte auf der Rechten mit denen der Linken. Nun aber entschied der politische Tageskampf, wo und wie sie eingesetzt wurden. Gewiß geschah es nicht erst in dieser Situation verstärkter Politisierung, daß linksbürgerliche Publizisten und Schriftsteller eine Position über den Parteien anstrebten, von der aus sie im kantisch-ethischen Sinne Vernunft und Moral durchzusetzen suchten. Aber nun schien die politische Konfusion, wie Heinrich Mann, Kurt Hiller, Döblin, Carl von Ossietzky und andere Autoren betonten, mehr denn je nach kritischer Stellungnahme zu rufen. Und natürlich lagen die weltanschaulich getrennten Gruppen und Gemeinden, die sich um bestimmte Publikationen, Autoren und Verlage scharten, schon seit langem in Fehde miteinander. Aber erst jetzt erhielten sie wirklich politisches Gewicht, indem sie Zugehörigkeit und Bekenntnismöglichkeit boten. Die kulturellen Medien waren, von den Zeitschriften bis zu Theater und Film, auch zuvor ökonomisch häufig gefährdet gewesen. Nun aber mußten sie um das Überleben kämpfen, und ihre Einschränkungsmaßnahmen trafen Tausende von Autoren, Schauspielern, Künstlern. Was die großen Feuilletons – allen voran die des *Berliner Börsen-Couriers*, des *Berliner Tageblatts*, der *Vossischen Zeitung*, der *Frankfurter Zeitung* – sowie die Kulturzeitschriften und Verlage weiterhin leisteten, geschah unter nicht geringen Schwierigkeiten.

Wenn es heißt, die Krise habe die Kulturszene getroffen, so ist unbedingt zu ergänzen: sie traf vor allem auch den höchst umfangreichen Komplex der Medien und offenbarte nicht nur dessen finanzielle, sondern generelle Verletzbarkeit und ermöglichte mehr und mehr Eingriffe von seiten des Staates und politischer Interessenmonopole. Wohin diese Eingriffe in der Ära der Notverordnungen tendierten, braucht kaum erläutert zu werden.

Abgesehen von den Maßnahmen gegen die *Weltbühne* und ihren – zur Verteidigung der Republik entschlossenen – Chefredakteur Carl von Ossietzky, gegen Werke von Brecht, Unruh, Plivier, Friedrich Wolf und anderen Autoren, kam es zu ständigen Verboten linker – kaum jedoch rechter – Publikationen, schließlich zu verschiedenen Verordnungen, die den Kampf gegen die linke Publizistik absegneten. Die nationalsozialistischen Eingriffe fanden nach der ›erfolgreichen‹, mit Verbot gekrönten Störung des Remarque-Films *Im Westen nichts Neues* 1930 immer unverhüllter offizielle Duldung, ja Billigung.

Geht man von den staatlichen Maßnahmen und den Angriffen der Rechten aus, wirkt dieser Komplex der Medien und Künste in starkem Maße exponiert. Es fragt sich, ob dieses Exponiertsein den wirklichen Verhältnissen entsprach, das heißt, ob der Literatur und Publizistik, den Theatern und künstlerischen Darbietungen tatsächlich so viel Bedeutung zukam, wie diese Aktionen implizierten. Offensichtlich hatte sich etwas herausgebildet, das über seine reale Funktion hinaus zu einem weithin sichtbaren Symbol für Elemente geworden war, welche die Rechte an dieser Republik besonders schroff ablehnte. Es gab kaum eine bessere – und verletzlichere – Zielscheibe für Angriffe. Nur so konnte auf der anderen Seite auch die Selbsttäuschung vieler Schriftsteller, Publizisten und Künstler entstehen, die sich stark beachtet fanden, wobei jedoch zwischen behördlicher Intervention und tatsächlicher Rezeption oft eine beträchtliche Kluft existierte. Noch im Rückblick besteht die Versuchung, die Aktivitäten der Schriftsteller, speziell der kommunistischen, die besonders aktiv waren, in ihrem Gewicht zu überschätzen. Es ist notwendig, die Verfolgung von Radikaldemokraten und Kommunisten ohne Abstriche wahrzunehmen (und auch deren Haltung zur Republik zu analysieren), doch lassen sich Schlüsse über Selbstgefühl und jeweilige Wirkung nur im breiteren Kontext ziehen.

Darauf hat Ludwig Marcuse, nicht ohne Selbstkritik am damaligen Verhalten, in seiner Autobiographie *Mein 20. Jahrhundert* aufmerksam gemacht. »Wir waren also nicht mehr als ›pessimistisch‹ – mit längeren Strecken von Sorglosigkeit«, schrieb er. »Es rückte uns auf den Leib, wir sagten es auch – hielten es aber für ausgeschlossen. Wir waren nur prophylaktisch Verkünder des kommenden Unheils. Es war, wie es heute mit der Atombombe ist. Man malt den Welt-Untergang an den Horizont, um ihn abzuwenden; nicht, weil man ihn ernstlich vorwegnimmt. 1930, 1931, 1932 waren gefährliche Jahre – mit sehr viel gemütlichem Zwischenspiel« (125). Das wirft zugleich Licht auf das Verhalten der meisten deutschen Schriftsteller, einschließlich der kommunistischen, bei der nationalsozialistischen Machtergreifung Anfang 1933, auf ihre Überraschung und Ahnungslosigkeit gegenüber den realen Vorgängen. Selbst die erste Exilphase wurde noch davon geprägt. Es bedurfte der barbarischen Bücherverbrennung durch die Nationalsozialisten am 10. Mai 1933, um in den Exilierten so etwas wie das Gefühl einer gemeinsamen Front gegen den Faschismus Wirklichkeit – und Tat – werden zu lassen. Zu dieser Zeit waren die Organisationen der Arbeiterparteien, anders als das ›Fußvolk‹, immer noch stark mit den gegenseitigen ideologischen und politischen Abgrenzungen beschäftigt.

In diesem Zusammenhang gewinnt auch das Phänomen schärfere Kontur, daß der Kampf kommunistischer Schriftsteller vor 1933, die mit dem BPRS den bestorganisierten und kampfentschlossensten Verband aufwiesen, sich in einem stark umgrenzten Aktionskreis bewegte, der über den der Partei kaum hinauswirkte und damit allgemein zu wenig rezipiert worden ist. Ohne die Tatsache, daß Autoren die politische Isolation mitvollzogen, aus der die KPD einen Teil ihres Selbstgefühls gewann, läßt sich die gewiß kämpferische, oft aber realitätsferne Euphorie noch 1933 nicht erklären. Die Prosaliteratur, die im Umkreis des BPRS entstand, von Willi Bredels *Maschinenfabrik N & K* und Hans Marchwitzas *Sturm auf Essen* bis zu Klaus Neukrantz' *Barrikaden am Wedding,* haben somit als Zeugnisse des kommunistischen Kampfwillens nur Stellenwert innerhalb der sozialistischen Literaturtradition bewahrt. Nur wenige, wie etwa Adam Scharrer (*Vaterlandslose Gesellen,* 1930) und der von rechts hinzugestoßene Ernst Ottwalt (*Denn sie wissen, was sie tun,* 1931), griffen erfolgreich darüber hinaus. Erwähnenswert ist, daß die kommunistische Autorin, die in diesen Jahren den Grundstein zu dem wohl gewichtigsten – inzwischen zur Weltliteratur zählenden – Romanwerk über die Kämpfe deutscher Sozialisten legte, bei den einfachen menschlichen Erfahrungen, ja bei den Niederlagen ansetzte und damit oft überzeugender kämpferisch gewirkt hat als andere, die nur die Kampfgesinnung allegorisierten. Doch muß hinzugefügt werden, daß sich Anna Seghers, die 1928 mit *Aufstand der Fischer von St. Barbara* bekannt wurde, erst in der Folgezeit voll durchsetzte.

Auch in den zu Unrecht vergessenen Romanen des linken Sozialdemokraten und Leiters der SPD-Buchgemeinschaft Der Bücherkreis, Karl Schröder, ist Allegorisierung vermieden. Schröder, der aktiv gegen den Faschismus kämpfte und dafür ins Zuchthaus kam, lieferte mit *Aktien-Gesellschaft Hammerlugk* (1928), *Der Sprung über den Schatten* (1928), *Die Geschichte Jan Beeks* (1929), *Familie Markert* (1931) und *Klasse im Kampf* (1932) eine Reihe engagierter Zeitromane, in denen die sozialistische Perspektive angewendet, nicht allegorisiert wird. Mit Hilfe neusachlicher Berichttechnik rückte Schröder die verschiedenen gesellschaftlichen Kräfte, einschließlich der Nationalsozialisten, ins Bild. *Klasse im Kampf* ist ein bewegendes Zeugnis gegen die Spaltung der Arbeiterklasse im Angesicht des nationalsozialistischen Vormarsches.

An dieser Stelle dürfen schließlich die Bemühungen einzelner Publizisten um eine gemeinsame Front gegen die Rechte nicht unerwähnt bleiben, allen voran die von Carl von Ossietzky in der *Weltbühne.* An Ossietzky läßt sich beispielhaft erkennen, was ein ›Einzelkämpfer‹ an treffender politischer Analyse leisten konnte, aber auch, wie verletzbar er als ›Institution‹ war, ohne den Rückhalt in einer Partei.

Von hier aus erscheint der Sprung zu Schriftstellern auf der Rechten sehr groß. Wo wären vergleichbare literarische Namen, wo wären literarische Zeugnisse, die überlebt hätten? Brachte etwa der Roman *Volk ohne Raum* (1926) von Hans Grimm die realistische Einsicht in die Gegenwart, mit der die Nationalsozialisten, als sie die Titelparole in die Tagespolitik übernahmen, ihren Sieg erfochten? Lieferten Hans Friedrich Blunck, Erwin Guido Kolbenheyer, Walter Bloem, Franz Schauwecker Darstellungen, die die geschichtliche Situation klarer erfaßten? So gewiß es ist, daß sie den erwähnten Autoren feindlich gegenüberstanden, so wenig lassen sie Alternativen erkennen, die nicht auf einer Rücknahme ästhetischer und politischer Positionen basierten, zu denen sich jene Schriftsteller in der Auseinandersetzung mit der modernen Massengesellschaft durchgerungen hatten.

Einzig Ernst Jünger wäre zu nennen, der sich den Phänomenen Technik, Sachlichkeit, Industrie, Massendasein nicht ins bloße Ressentiment entzog, sondern sie im Gegenteil scharfsinnig analysierte und unter Rückbezug auf das Kriegserlebnis in neuer, gefährlich faszinierender Art den Zeitgenossen darstellte. Damit hat er für den Vormarsch des Nationalsozialismus unter den Gebildeten ohne Zweifel Antriebe geliefert. Jüngers Stern ging mit der allgemeinen Thematisierung des Krieges Ende der zwanziger Jahre auf, als sich nach dem Erfolg der (Anti-)Kriegsbücher von Arnold Zweig, Remarque, Ludwig Renn (*Krieg,* 1928), Georg von der Vring (*Soldat Suhren,* 1927), Siegfried Kracauer (*Ginster,* 1928), Theodor Plivier (*Des Kaisers Kuli,* 1929), Edlef Köppen (*Heeresbericht,* 1930) die nationalistischen Schilderungen von Werner Beumelburg, Edwin Erich Dwinger, Franz Schauwecker, Hans Zöberlein und Josef Magnus Wehner in den Vordergrund schoben. Unter Rückbezug auf das rauschhaft-ekstatische und doch völlig entindividualisierte Kampferlebnis des Krieges als unübertroffener Begegnung mit der Technik projizierte Jünger in Fiktion und Essay eine technikbezogene, aber zugleich elementar-atavistische Haltung. Während sich die Vertreter der Neuen Sachlichkeit mit dem Vorwurf auseinanderzusetzen hatten, den einzelnen an die seelenlose Technik auszuliefern, stilisierte Jünger die Technik in den Bereich der gesuchten seelisch-elementaren Erfahrung und formulierte damit ein zentrales Element faschistischer ›Modernität‹. In der totalen Mobilmachung, die er in der Schrift *Der Arbeiter* 1932 umriß, bildet der kollektive Kampfverband des Krieges das Modell für das zu schaffende gesellschaftliche System, wobei der Typus des stählernen Frontsoldaten den des Arbeiters präfiguriert, der die Bürgerwelt endgültig zertrümmert. Indem Jünger Technik und die kulturellen Massenphänomene der Gegenwart (Rundfunk, Film,

Presse, Sport etc.) unter dem Vorzeichen der Organisierung und Manipulierung betrachtete, fand er zu erschreckenden Vorausnahmen der totalitären Herrschaftspraxis des Nationalsozialismus.

Demgegenüber blieben die Kriegsdarstellungen der erwähnten völkisch-nationalen Autoren in der Herstellung eines militanten Gemeinschafts- und Kampfgefühls befangen – was allerdings in der Ratlosigkeit dieser Jahre, besonders bei der Jugend, schwer genug wog. Ihre Schilderungen entfernen sich keineswegs grundsätzlich von der Bestandsaufnahme individuellen Erlebens, wie sie Remarque formulierte. Doch beließen sie es nicht bei der Identifikation mit dem individuellen Gefühl der Sinnlosigkeit. Sie bezogen diese Erfahrung auf den neu zu schaffenden deutschen Staat, unterlegten ihr den Charakter eines Opfers für die kommende Gemeinschaft und projizierten damit im Rückgriff auf den Krieg, wonach die Zeitgenossen so dringend verlangten: Sinnhaftigkeit gemeinschaftlichen Erlebens.

Hauptthema der sich als zeitkritisch verstehenden völkisch-nationalen Autoren bildete die ›sinn-volle‹ Einordnung des Individuums in die Gemeinschaft. Die Ausrichtung auf Heimat-, Kriegs- und Geschichtsroman begründet sich damit. In allem manifestiert sich Ausweichen vor der Entzauberung der modernen Welt, der sich die bekämpften Autoren der »radikalen Sachlichkeit«, wie es Heinz Kindermann 1930 nannte, gestellt hatten. Kindermann postulierte im Aufsatz »Vom Wesen der ›Neuen Sachlichkeit‹« (*Jahrbuch des Freien Deutschen Hochstifts,* 1930) gegen die »radikale« die »idealistische« Sachlichkeit. Dieses Postulat ist recht aufschlußreich, insofern es die Begegnung mit der modernen Welt nicht ableugnet, sie aber mit Hilfe dichterischer Magie zu überdecken versucht. Wenn es sich mit manchem berührt, was die der Neuen Sachlichkeit zugeordneten Autoren tatsächlich unternahmen, so sind die Unterschiede trotz all deren Unsicherheiten nicht zu übersehen, sowohl im Politischen und Weltanschaulichen als auch in der Art und Weise, wie sie die Reflexion ihrer schriftstellerischen Möglichkeiten in die Literatur einbrachten. In der problemlosen Erneuerung des Bildes vom Dichter als Sprecher des Volkes oder einer anderen ewigen Institution äußerte sich nicht die Erhöhung der Literatur, wie sie die völkischen Autoren für sich in Anspruch nahmen, sondern ihre endgültige Erniedrigung. Ohne die Reflexion ihrer eigenen Stellung in der Gesellschaft verlor die Literatur jede Möglichkeit, ihre politische Verwertung halbwegs zu kontrollieren. Sie konnte zum Zulieferer für die Idylle der Volksgemeinschaft werden, deren Unversehrtheit man dann später durch den Bau von Konzentrationslagern absicherte. Dem entspricht, daß die ›Radikalität‹, mit der die Neusachlichen die Probleme der Literatur in der Massengesellschaft behandelten, als ein Schüren der Krise hingestellt wurde. Von rechts lastete man diesen Autoren nicht nur die Entwürdigung der Literatur, sondern auch die Mitverantwortung für die gesellschaftliche Krise an.

Damit rückt zum Abschluß ins Blickfeld, wie intensiv die Entwicklung der neueren deutschen Literatur, insofern sie sich der Herausforderung der modernen Massenkultur stellte, mit der Krise um 1930 verknüpft ist. Die Krise wurde zu der zentralen Bewährungsprobe für das Verhältnis der Schriftsteller zu der authentischen Wirklichkeit, die sie so nachdrücklich als Basis der Literatur beschworen. Und da der Krise mit Faschismus und Krieg, mit Verfolgung, Isolation und materiellem Elend weitere Bewährungsproben folgten, ja eine Zeit der Bewährung überhaupt, sind die um 1930 gestellten Weichen in der Literatur für die anschließenden zwei, drei Jahrzehnte bestimmend geblieben. Die Weichen wiesen, wie schon in der zweiten Hälfte der zwanziger Jahre angekündigt, auf eine Literatur, die nicht mehr aus der Selbstgewißheit des ästhetischen Experiments und Appells lebte, sondern sich mit dem Thema der humanen Bewährung in der Wirklichkeit selbst zu bewähren hatte. Hier brauchen die Linien des kämpferisch-poltischen Engagements und des Rückzugs in den Bereich individuell-existentiellen Überlebens nicht mehr im einzelnen ausgezogen zu werden. Angesichts der nationalsozialistischen Verfolgung und Einschüchterung, angesichts des Spanischen Bürgerkrieges, der Enttäuschungen über die westliche *Appeasement*-Politik und die stalinistischen Säuberungen gab es ohnehin viele Überschneidungen. Wenn damit ein Bogen von den zwanziger Jahren über die Zeit des Dritten Reiches hinweg bis zur Nachkriegsliteratur gespannt wird, so bedeutet das keine Unterschätzung des Datums 1933 für den Lauf der deutschen Literatur. Dieses Datum, mit dem für Tausende von Schriftstellern und Künstlern das Exil begann, kann gar nicht überschätzt werden. Aber es darf auch nicht den Zugang zu den tatsächlichen Entwicklungen in den zwanziger Jahren verstellen.

Der öffentliche ›Apparat‹

Das Theater galt in den zwanziger Jahren als einer der wenigen Bereiche, in denen die Revolution von 1918 wirkliche, ja wirksame Spuren hinterlassen hatte. Man verwies dafür weniger auf die Inhalte von Theaterstücken als auf die mit der Errichtung der Republik verbundene weitgehende Übernahme des Theaterapparats durch die öffentliche Hand. Während vor dem Ersten Weltkrieg, abgesehen von Hoftheatern und einigen städtischen Bühnen, das Geschäftstheater dominiert hatte, wozu auch das subventionierte Pachttheater zählte, stand nun das staatlich oder kommunal betriebene ›gemeinnützige‹ Theater im Vordergrund. Indem die öffentlichen Organe der Republik die Förderung des Theaters als eine maßgebliche Verpflichtung anerkannten, ermöglichten sie, zusammen mit großen Besucherorganisationen, eine breitgefächerte, kontinuierliche und vielfach auch wagemutige Theaterarbeit, die, mit Ausnahme der sowjetischen Theaterpolitik, nicht ihresgleichen hatte. Allerdings wurde in Deutschland kein »Theateroktober« wie unter Meyerhold im revolutionären russischen Staat ausgerufen. Hier sprachen die Sozialdemokraten 1919 höchstens vom »Geist der neuen Volksgemeinschaft«, wie eine richtungsweisende Publikation der neuen Reichszentrale für Heimatdienst hieß, und suchten diesem Geist mit Hilfe starker Subventionierung aufzuhelfen. Damit kam es zwar zu keiner ›Volksgemeinschaft‹ (die entstand unter faschistischem Vorzeichen vierzehn Jahre später), wohl aber zu einer ständig diskutierten politischen Verantwortung des Theaters. Verschiedene Kritiker argwöhnten, daß die politischen Impulse, die darin sichtbar wurden, eigentlich der Revolution zugedacht gewesen waren. Dafür spricht einiges; jedenfalls bedeutete es nichts Neues in diesem Land, wo sich die Tendenz, die Revolution auf das Theater zu verlagern, schon bei früheren Gelegenheiten manifestiert hatte.

Man zählte in dieser Ära etwa 150 Bühnen, die weitgehend von der öffentlichen Hand gestützt wurden. Der Großteil dieser Bühnen lag in der Provinz, mit einigen Zentren wie Frankfurt, Dresden, Hamburg, Darmstadt, Düsseldorf und München. Das Erstaunen der Zeitgenossen richtete sich immer wieder auf die zahlreichen Anregungen, die von diesen Bühnen ausgingen, auf den Mut, mit dem hier einige der schwierigsten, besten und entlegensten Stücke der Öffentlichkeit und – der Hauptstadt Berlin zugänglich gemacht wurden. Denn die Tatsache, daß das Berliner Theaterleben stark vom privaten Geschäftstheater geprägt wurde, machte diese Stadt zwar zum Schauplatz interessanter Theaterereignisse, jedoch nicht unbedingt zum Ort kontinuierlicher künstlerischer Arbeit. Die Entdeckungen geschahen häufig in der Provinz; die nationale Anerkennung gab es in vollem Umfange erst in Berlin. Nur die Hauptstadt verfügte über ein Publikum und eine Presse, mit denen ein Ereignis gemacht oder verhindert werden konnte.

Während das kommerzielle Theater in den Kriegsjahren noch einmal einen großen Aufschwung genommen hatte, geriet es Anfang der zwanziger Jahre, endgültig nach Ende der Inflation, in eine schwere Krise. Kurz vor Kriegsende war ein Teil der expressionistischen Autoren noch in Privattheatern der Provinz durchgesetzt worden, allen voran Georg Kaiser, dessen 1912/13 geschriebene *Bürger von Calais,* ein Stück von der Geburt des neuen Menschen, 1917 unter Arthur Hellmers Regie am Neuen Theater die Phase des ›Frankfurter Expressionismus‹ eröffnete. Später konzentrierte sich die Aufmerksamkeit der Geschäftstheater, wenn man von Max Reinhardts Bühnen absieht, fast ausschließlich auf den Bereich der leichten Unterhaltung, zumal in der Inflationszeit, in der das Revuetheater weit nach vorn rückte. Auch Reinhardt, der dem Expressionismus mit dem Verein Das junge Deutschland in Matineeaufführungen am Deutschen Theater in Berlin eine Zeitlang organisatorische Unterstützung gewährte, hatte in der Folge mit den Problemen des Geschäftstheaters zu kämpfen und viele Kompromisse zu schließen. Berühmt ist das Theaterkartell *Reibaro,* das er mit den Direktoren Barnowsky und Robert gründete. Es sollte mit einem gemeinsamen Abonnement die Existenz von sechs Theatern sichern. Anders als die Gebrüder Rotter, deren finanzkräftiger Theaterkonzern bis tief in die Weltwirtschaftskrise hinein standhielt, hatte Erwin Piscator nach seinem Bruch mit der Volksbühne 1927 wenig Glück mit einem ›eigenen‹, das heißt von einem Gönner subventionierten Theater. Schon 1928 stand er vor dem Bankrott, der sich 1929 nach der aufwendigen und wenig erfolgreichen Inszenierung von Walter Mehrings *Der Kaufmann von Berlin* wiederholte.

Piscators Bruch mit der Volksbühne wurde von vielen bedauert, wobei man die Schuld erfahrungsgemäß der schwerfälligen Volksbühnenorganisation anlastete. Seit jeher hatten sich Künstler und Politiker an dieser Institution gerieben, die von einer engagierten Organisation kulturell interessierter Sozialisten zu einem kleinbürgerlichen Konsumentenverein herabgesunken war. Volksbühnen, die dem Berliner Modell folgten, existierten in zahlreichen Städten. Der 1920 gegründete Verband der deutschen Volksbühnen umfaßte 1930 mehr als 300 Volksbühnenvereine mit über 500 000 Mitgliedern. Neben festen Ensembles verfügte er über sechs Wandertheater, die in kleinen und kleinsten Orten spielten. Die Volksbühnenbewegung bildete – auch bei den späteren Kämpfen um die politische Linie – das Paradebeispiel für die Rührigkeit, mit der in Deutschland Theaterarbeit organisiert wurde. Ihrem Vorbild folgte der Bühnenvolksbund, die Theaterorganisation der Rechten, mit einer, wie es hieß, christlichen und nationalen Ausrichtung und ebenfalls Hunderttausenden von Mitgliedern. Aber die Volksbühne galt auch als Paradebeispiel für die künstlerische und politische Trägheit allzu gemeinnütziger Theaterunternehmungen. An ihr exemplifizierte ein Kritiker wie Herbert Jhering in *Der Volksbühnenverrat* (1928), daß in der öffentlichen Organisation eines weitverzweigten Theaternetzes auch Gefahren für das Theater lauerten.

Natürlich hielt sich die Zahl der staatlichen und städtischen Bühnen, die zu dieser Zeit wirkliche künstlerische Zeichen setzten, in Grenzen. Die Bereitschaft zu Wagnissen mußte oft genug in Parlamenten, die über das Budget Einfluß nehmen konnten, erkämpft oder verteidigt werden. Die bequeme Parole von der

›Kulturmission des Theaters‹ verlor, wenn an parteipolitische Themen gerührt wurde, schnell an Durchschlagskraft.

Immerhin existierte mit der Intendanz Leopold Jessners am Preußischen Staatstheater in Berlin (1919–1930) ein weit ausstrahlendes Vorbild, und zwar nicht nur im Stilistischen (die berühmte Jessner-Treppe gelangte als Bühnenrequisit bis nach Oberschlesien und an den Rhein), sondern auch im Sinne eines republikanischen Engagements. Mit der Berufung des sozialdemokratischen Königsberger Intendanten durch den preußischen Kultusminister Konrad Haenisch zog ein neuer Geist in das ehemalige Königliche Schauspielhaus am Gendarmenmarkt ein. Jessners erste Inszenierungen von Schillers *Wilhelm Tell,* Wedekinds *Marquis von Keith* und Shakespeares *Richard III.* wirkten elektrisierend. Hier verband sich Theater wieder mit Bekenntnis zum Fortschritt, hier wurde es zum Forum des Kampfes gegen die Despotie und den Bourgeois und für die Stärkung der neu erworbenen Freiheit. Jessner setzte auf Konfrontation. Sein *Wilhelm Tell* Ende 1919 hatte nichts Klassisch-Idyllisches mehr, sondern trieb vor kargen, symbolischen Kulissen das Problem von Macht und Freiheit auf die Spitze. Das Spiel von Albert Bassermann als Tell und Fritz Kortner als Geßler entfesselte einen solchen Tumult im Publikum, daß im 3. Akt der Vorhang fallen mußte und es danach zu einer Saalschlacht kam. Hier wurde in der Tat nicht nur Theater ›verhandelt‹. Die großen Regisseure der zwanziger Jahre, wie Jürgen Fehling, Erich Engel, Erwin Piscator, sind ohne Jessners republikanisch-radikaler Funktionalisierung der Bühne nicht zu denken. Jessner stellte die Weichen für die vielfach variierten Bemühungen, das Theater zum Ort von Erkenntnissen zu machen, es als Politikum zu inszenieren.

Wie stark im Theater Politik und Gesellschaft der Gegenwart ›verhandelt‹ wurden, bezeugte nicht zuletzt die Theaterkritik, genauer: die Bekenntnishaltung der Theaterkritiker, die, vor allem in der ersten Hälfte der zwanziger Jahre, Wertungen und Strategien vortrugen, als seien sie Feldherrn in einer ständig neu zu schlagenden Schlacht. Außer den Kontrahenten Alfred Kerr und Herbert Jhering fochten Siegfried Jacobsohn (der allerdings 1918 mit der Umwandlung der Zeitschrift *Die Schaubühne* in

Die Weltbühne das Theater bereits hinter die Politik gerückt hatte), Bernhard Diebold, Alfred Polgar, Monty Jakobs, Paul Fechter, Alfred Klaar, Emil Faktor, Julius Bab, Paul Wiegler, Fritz Engel und viele andere. Erneut bestätigte sich das in Deutschland traditionelle Übergewicht der Theaterkritik über die Literaturkritik, und die Premierenberichterstattung der großen Zeitungen bildete nicht nur einen unabdingbaren Bestandteil der Theaterszene, sondern der kulturellen Auseinandersetzung überhaupt.

Als sich dann in der zweiten Hälfte der zwanziger Jahre die Zweifel an der Wirksamkeit des Theaters häuften, bot auch die etablierte Kritik Angriffsflächen. Ihre Vermittlung – von den Theaterschaffenden vielfach eher für den finanziellen als den geistigen Erfolg der Produktion gewertet – schien sich vom Publikum zu entfernen, und Jhering formulierte 1928 in einer Flugschrift das Wort von der »vereinsamten Theaterkritik«. Jhering betonte die Sonderstellung der Theaterkritik, die sich zu einer Zeit überlebt habe, da Dramatiker und Journalisten zusehends auf die Straße, in die Sportpaläste, ins Parlament, in die Gerichtssäle gingen. Das Publikum sei zersplittert und schließe sich in Organisationen zusammen, während der Theaterkritiker noch einem individuellen Standpunkt nachjage, der den Erfordernissen kritischer Vermittlung nicht mehr gerecht werde. Wie üblich skizzierte Jhering gleich den Hintergrund der Entwicklung mit. Er sprach von der Lockerung des »ganzen Komplexes ›Theater‹«, von den neuen Bindungen der Bühne an andere Publikumsschichten, sprach davon, daß die Schranken zwischen den Theatern fielen, Konzerne gemeinsame Abonnements auflegten, die Schauspieler hin- und herschössen und »das ganze Berliner Theatersystem unstarr und flüssig« geworden sei. Damit habe die Kritik den Anschluß verloren. Früher seien ihr die »Auftraggeber« bekannt gewesen: Bürgertum und Künstler, zwischen denen sie vermittelt habe. Heute schreibe die Kritik »ohne Auftrag« (J 27).

Allerdings: war demgegenüber der »Auftrag« des Theaters so einfach auszumachen? Die Frage gewann zunehmend an Brisanz. Der »ganze Komplex ›Theater‹« stellte keine Maschinerie dar, die sich selbsttätig steuerte und den neuen Entwicklungen anglich, vielmehr ein höchst labiles Gebilde, das von der skizzierten Krise im Selbstverständnis der Künste Mitte der zwanziger Jahre stark getroffen wurde. Wenn auch ›der Betrieb‹ weiterging, machte sich doch Ratlosigkeit darüber breit, wie der Herausforderung der neuen Medien, der Wandlung des Publikums, der Veränderung der politischen Auseinandersetzung zu begegnen sei. Mit der ökonomischen und politischen Stabilisierung nach dem Ende der Inflation verlor das Theater viel von dem gewohnten Flair symbolischer Zeitgenossenschaft. Die aktuelle gesellschaftliche Profilierung mußte erst hergestellt werden. Die Bühnen hatten es nun schwer, um ein Publikum zu kämpfen, das den Bildungserlebnissen die Unterhaltung vorzog und dafür zu den neuen Medien Kino und Radio sowie zu Sportveranstaltungen und anderen Darbietungen abwanderte.

Der Erfolg des Zeitstücks, das lange Zeit als der spezifische Beitrag der zwanziger Jahre zur dramatischen Literatur gegolten hat, ist ohne diese Entwicklung nicht zu denken. Die dokumentarische Dramaturgie, die Piscator unter Einbezug von Film und Diaprojektion entwickelte, verschaffte dem Theater eine neuartige Verankerung in der geschichtlichen Wirklichkeit, neuartig, aber auch labil, insofern die Authentizität, die nun als Grundlage dramatischer Aussage erschien, das Selbstverständnis des Theaters als eigenständiges künstlerisches Medium zugleich bestätigte und in Frage stellte. Der Erfolg des Zeitstücks währte nicht lange, er ließ nach, als der Bühne in den authentischen Konfrontationen der politischen Kräfte um 1930 kaum mehr Platz für eigene Aussagen blieb. Während in der Weltwirtschaftskrise die Subventionen versiegten und die Behörden politische Beiträge mehr und mehr zensierten, schwenkte nicht nur ein Großteil des Publikums – sofern es finanziell überhaupt in der Lage war – zur leichten Unterhaltungsware um, sondern auch eine Vielzahl von Regisseuren und Autoren.

Es überrascht kaum, daß zu dieser Zeit, wie schon in den Krisenjahren 1922/23, die Initiative zur Durchsetzung aktueller und brisanter Stücke häufig von Theatergruppen ausging, die nicht in den etablierten Betrieb eingebunden waren. In Schauspielerkollektiven suchten Mitglieder von experimentellen Studio-Bühnen engeren Kontakt mit einem engagierten Publikum. Bald bildeten diese Kollektive für viele arbeitslose Schauspieler den letzten rettenden Hafen. So wurde das zugkräftigste Zeitstück, *Revolte im Erziehungshaus* von Peter Martin Lampel, 1928 von der Gruppe junger Schauspieler durchgesetzt, aber auch Piscator, Friedrich Wolf, Gustav von Wangenheim und andere politisch engagierte Theaterleute errangen einige ihrer Erfolge um 1930 mit solchen Gruppen. Hingewiesen sei nur auf Wangenheims Truppe 1931, die mit dem Stück *Die Mausefalle* eine eigene Form lehrhaft unterhaltenden Theaters entwickelte.

Damit öffnet sich der Blick auf die weit ausgreifende Theaterarbeit außerhalb der institutionalisierten Bühnen in Hunderten von Gruppen, Spielgemeinschaften und politischen Kollektiven. Ohne sie wäre das Bild des Theaters in der Weimarer Republik unvollständig. Für die spezifische Theaterbegeisterung dieser Ära sind die Aktivitäten außerhalb des etablierten Theaterapparats fast noch kennzeichnender als die offiziellen. Zumindest machen sie die Feststellung unabweisbar, daß es mit einer zufälligen Ansammlung großer Talente und ihrer öffentlichen Subventionierung nicht getan war, sondern daß eine allgemeine Ausrichtung auf Theater und theatrale Ausdrucksformen hinzugehörte, um eine so breite Skala von Bühnenereignissen zu ermöglichen. Dabei ging es um mehr als das Dilettantentheater, das auf Tausenden von Liebhaberbühnen seit langem am Feierabend Entspannung geboten hatte. Angesichts der aufwühlenden Vorgänge in Kriegs- und Nachkriegszeit begnügten sich viele der neu entstehenden Gruppen nicht mehr mit einer Imitation des Berufstheaters. Sie zielten auf neue, eigene Erfahrungen in der Theaterarbeit, Erfahrungen, die dem Gemeinschaftsdenken Ausdruck verleihen und darüber hinaus spezielle politische Einstellungen manifestieren sollten. In ebendieser Überzeugung, daß sich politische und gesellschaftliche Erfahrungen über das Theaterspiel öffentlich artikulieren ließen, und in der Tatsache, daß ein gewichtiger Teil der Bevölkerung von diesen Aktivitäten angerührt wurde, liegt das Besondere dieser Ära. Es bildet die Grundlage für Massenspiel, Sprechchorbewegung, Gruppenlehrtheater ebenso wie für das agitatorische Theater der Kommunisten und verschiedener politischer Jugendgruppen, so unterschiedlich die politischen Auffassungen auch jeweils waren.

Wie viele generelle Impulse von dieser Theaterarbeit ausgingen, die über die Routine der institutionalisierten Bühne hinausreichte, ist inzwischen wieder erkannt worden. Hier vollzog sich etwas von der vielbeschworenen, bereits von Bühnenrevolutionären wie Richard Wagner anvisierten Verschmelzung von Bühne und Publikum. Hier berührten sich Konzepte gemeinschaftlicher Bewußtseinsschulung mit der Bemühung um eine neue Fundierung des Theaters aus den politischen Erfahrungen der Gegenwart. Von besonderem Gewicht war dabei Erfassung und Stimulierung neuer Publikumsschichten, vor allem unter Arbeitern und Jugendlichen.

Wenn auch diese Theaterarbeit auf der politischen Linken, von Piscators proletarischem Kabarettheater Anfang der zwanziger Jahre bis zum chorischen Lehrtheater von Brecht, Weill und Eisler um 1930, bedeutende Experimente mit heraufführte, so läßt sich doch nicht übersehen, daß die Theatralisierung politischer Bewußtseinsformen – ob nun zum Zweck der Lehre oder der Unterhaltung – vielerlei Zielen dienstbar gemacht werden konnte. Im allgemeinen entschied nicht die Form der Theaterarbeit über die politische Bewußtseinsbildung; die politische Entscheidung stand längst fest und rückte die Theaterarbeit von Spiel- und Agitationsgruppen in den entsprechenden Kontext. Es ist bezeichnend, daß das rituelle Moment, so verschieden es sich äußerte, von den Beteiligten keineswegs abgeschwächt wurde. Im Gegenteil. Bei der theatralischen Inszenierung öffentlicher Veranstaltungen lag darin oft das wirksamste politische Potential: die Erzeugung von Zugehörigkeit, die Bestätigung gemeinsamer politischer Überzeugungen.

Gewiß bedeutete es in Deutschland nichts Neues, daß der Politisierung des Theaters eine Theatralisierung der Politik entsprach. Kaiser Wilhelm II. war sich Ende des 19. Jahrhunderts über das Politische am naturalistischen Theater im klaren gewesen und hatte diese Opposition scharf bekämpft. Sein Gespür für das Theatralische der Politik stand damit in enger Verbindung, und er vermochte die Welt zum fassungslosen Zuschauer seiner Schau-Spiele zu machen. Aber in keiner Periode schoben sich beide Erscheinungen so auffällig, ja aufregend ineinander wie in den Jahren zwischen 1918 und 1933. Der Erste Weltkrieg brachte die tiefgreifenden Erschütterungen des gesellschaftlichen Bewußtseins und die sinnlich-direkte Begegnung mit den Massen, welche die Theatralisierung der Politik auf breiter Ebene ermöglichten. Dazu kamen die neuen technischen Entwicklungen im Bereich von Transport und Medien, Rundfunk und Film, Projektion und Mikrofon. In den zwanziger Jahren vollendete sich die Abwendung von der in sich geschlossenen dramatischen Struktur; man suchte eine neue Verankerung des Dramas in der politischen Wirklichkeit. Während sich das autonom Dramatische auflöste, wurde das Element Theater stärker als zuvor von der politischen Aktion vereinnahmt. Politisierung des Theaters und Theatralisierung der Politik: das bedeutete nach 1930 schließlich mehr als nur die Entscheidung darüber, wohin der deutsche Theaterapparat gelenkt werden sollte. Bereits vor 1933 erlangten die Nationalsozialisten nicht nur in den öffentlichen Theatern eine Schlüsselrolle, sondern auch im Theater der deutschen Öffentlichkeit.

Die Dominanz der Inszenierung

In der Tatsache, daß das dramatische Interesse während der zwanziger Jahre in starkem Maße dem Inszenatorischen galt, liegt ein wichtiger Grund dafür, weshalb es im nachhinein nicht immer leicht fällt, die Begeisterung der Zeitgenossen nachzuvollziehen, denn die überlieferten dramatischen Texte allein vermitteln dafür nicht genügend Anhaltspunkte. Von den gefeierten Stücken jener Zeit haben nur wenige überlebt. Die nach wie vor lebendigen Dramatiker lassen sich an den Fingern einer Hand abzählen. Bezeichnend ist auch die geringe Wirkung der damaligen deutschen Dramatik im Ausland, wo die Tendenz zum Theatralischen, Politischen und Grotesken weit geringer ausgeprägt war.

Am ehesten gelang es Ernst Toller, der bis 1924 für seine Beteiligung an der Münchener Räteregierung 1919 in Haft gehalten wurde, Interesse zu erwecken, vor allem mit dem Revolutionsstück *Masse Mensch* (1920), das in den USA, mehr aber noch in der Sowjetunion Resonanz fand. Eine Zeitlang galt Toller als der bekannteste politische Dichter Deutschlands. Auch seine Stücke *Die Maschinenstürmer* (1922) und *Hinkemann* (1923) wurden stark beachtet, allerdings stimmten die Beobachter darin überein, daß dafür weniger Tollers dramatische Begabung als seine Biographie verantwortlich sei. In dieser tragischen Biographie ließ sich nicht zuletzt das Gefühlspathos seiner Sprache begründen. Ähnliches geschah im Falle Fritz von Unruhs, der als ein Pazifist und Demokrat gewordener ehemaliger Offizier Schlagzeilen machte und neben Gerhart Hauptmann als eine Art offizieller Künder und Mahner der Republik angesehen wurde. Bei den Dramen *Ein Geschlecht* (1916) und *Platz* (1920), in denen Unruh mit steilem Pathos das »Werden einer neuen Welt aus dem Geiste der Jugend« anzeigte, lag die Wirkung eher in der biographischen Symbolik als in der dramatischen Substanz.

Dagegen zog Georg Kaiser auch durch seine neuartige Dramaturgie die Aufmerksamkeit auf sich, über den ›Fall‹ des einsamen, eigenmächtigen, letztlich inkommensurablen Künstlers hinaus, als der er sich 1920 vor Gericht verteidigte, nachdem er wegen Unterschlagung angeklagt worden war. Zweifellos lag für viele in der Beharrlichkeit, mit der dieser Dramatiker auf der Unverletzbarkeit seines Terrains beharrte, das Bemerkenswerte, und wenn er sich mit der Vielfalt seiner Stoffe, Formen und Aussagen dem einfachen Verständnis verschloß, so verstärkte das eher noch seinen Ruhm. An Kaiser und seinen Stücken *Die Bürger von Calais* und *Von morgens bis mitternachts,* die beide 1917 uraufgeführt wurden, sowie *Die Koralle* (1917), *Gas I* (1918), *Gas II* (1919) und *Hölle Weg Erde* (1919) orientierte sich häufig die Vorstellung von Expressionismus im Theater. Das bedeutete einerseits Beeindruckung angesichts der ›Gewalt‹ der Sujets (von der Hoffnung auf individuelle Läuterung und der Geburt des neuen Menschen bis zur pessimistischen Utopie einer weltzerstörenden Technokratie), andererseits Distanzierung im Hinblick auf das allzu Gekünstelte der dichterischen Erfindung. Aber mit dem trotzigen Beharren auf dem spezifisch Bühnenmäßigen verband sich, wie gesagt, eine so neuartige Dramaturgie, daß Kaiser für andere Dramatiker bis hin zu Bertolt Brecht anregend wirkte. Es waren darum weniger die expressionistischen Stücke, die wirklichen Zulauf hatten und zu den meistgespielten der Ära gehörten, als jene Werke der zweiten Hälfte der zwanziger Jahre, in denen Kaiser die Formen von Komödie, Parodie und Revue aufnahm, wie *Kolportage* (1924), *Zweimal Oliver* (1926), *Papiermühle* (1927) und *Zwei Krawatten* (1929). Sein »Volksstück 1923« *Nebeneinander* öffnete ihm den Zugang auch zum Berliner Publikum; es war mit drei simultan angelegten Handlungen auf populäre Wirkung berechnet und beeinflußte die späteren Zeitstücke. Daß Kaiser seine gesellschaftskritische Distanz nicht aufgab, bewies er nicht zuletzt mit dem Stück *Die Lederköpfe,* worin er 1928 mit einer legendenhaften Parabel die Funktionsweisen einer militärischen Diktatur vorführte oder besser vorwegnahm.

Die Erwähnung von Toller, Unruh und Kaiser ergibt sich aus ihrer herausragenden Stellung in der damaligen Öffentlichkeit. Ihr Ruf als Dramatiker hing eng mit dem jeweiligen ›Fall‹ zusammen. Ihre Dramatik griff über das einzelne Werk hinaus, ähnlich wie bei den jungen Rebellen Brecht und Bronnen. Wie rasch der ›Fall‹ allerdings verdrängt werden konnte, zeigt das Schicksal Tollers. Er mußte nach der Entlassung aus der Haft 1924 erkennen, daß das Revolutionäre seiner Existenz und seines Werkes in der Phase politischer und ökonomischer Stabilisierung schnell beiseite gerückt wurde. Immerhin vermochte er 1927 in *Hoppla, wir leben!*, mit dem Piscator seine Bühne eröffnete, eine – resignierte – Bilanz seiner Erfahrungen zu ziehen. Was der Held Karl Thomas erlebt, ist stark autobiographisch geprägt: die Rückkehr eines Revolutionärs nach langen Jahren Haft in die Wirklichkeit von 1927, eine ökonomisch und politisch korrumpierte Wirklichkeit, in der er keinen Platz mehr findet. In dieser Auseinandersetzung mit der Revolution trat der ›Fall‹ Toller noch einmal hervor, und Piscator wurde wegen seiner Kooperation verschiedentlich angegriffen. Toller war sich der

Probleme bewußt; er machte interessante Vorstöße in den Bereich der zeitkritischen Komödie mit *Der entfesselte Wotan* (1923) und des Zeitstücks mit *Feuer aus den Kesseln* (1930), worin er die Revolte der Matrosen Köbis und Reichpietsch 1917 aus den Dokumenten erarbeitete. Er erhielt dafür Lob von der Kritik, aber nicht allzu viel Zuspruch von den Zuschauern.

Wie stark das Inszenatorische dominierte, belegt beispielhaft Piscators Inszenierung von *Hoppla, wir leben!* Charakteristisch ist der Satz, mit dem Monty Jakobs seine Premierenkritik in der *Vossischen Zeitung* einleitete: »Nach dem alten Maßstab würde man messen: ein dürres Stück, eine hinreißende Regieleistung« (R 792). Noch mehr sei geschehen: Piscator habe, indem er den Autor nur als »Manuskriptverfertiger« gelten lasse, seine Absicht, die Grenzen der Kunst zu verschieben, durch neuartige Theaterformen vorangetrieben, wenn auch abzuwarten bleibe, ob die propagandistische Intention ihr Ziel erreichen werde. Piscator ließ Bühnenszenen in zeitdokumentarischen Film übergehen und fesselte die Aufmerksamkeit mit der Etagenbühne, auf der simultan verschiedene Schauplätze einander kommentierten. Neben Traugott Müllers Bühnenaufbau faszinierte Edmund Meisels aufreizende, die verschiedenen Stimmungen verstärkende und kontrapunktierende Musik. Es war ein großes Theaterereignis, in dem die Erfahrungen der russischen Konstruktivisten, die Raumbühnenexperimente Friedrich Kieslers, der direkte Appell des proletarischen Theaters ebenso wie – in der Irrenhausszene gegen Ende – die Schrei-Dramaturgie der Expressionisten verwertet wurden.

Piscator hatte Tollers Stück, das den individuellen Fall aufrollte, zu einer politischen Aktion erweitert, die sich aus einer Vielzahl von Bühnen-›Argumenten‹ zusammensetzte. Eine politische Aktion? Piscators eigene Äußerungen wiesen in diese Richtung. Die bürgerlichen Zuschauer hielten sich zumeist eher an das Spektakel. Schon Monty Jakobs' Zweifel machen deutlich: Hier bestand die Möglichkeit, daß sich über dem Genuß der Zuschauer am Inszenatorischen die Aufnahmenbereitschaft für die politische Aussage verlor. Ein beliebter Vorwurf an Piscator lautete: er bringe die kommunistischen Gedankengänge vor das falsche Publikum von Berlin, das bloß die Sensation und das Dabeisein wolle, sonst nichts. Dem erwiderte der Regisseur, ein so aufwendiges, progressives Theater könne von den Geldern der Arbeiter allein nicht finanziert werden. Dem wiederum hielt man die Frage entgegen, ob sein Theater überhaupt der Linken nütze. Wenn sich Brecht einige Zeit später dagegen wandte, zu viele Dinge zu »vertheatern«, gab er einem Unbehagen Raum, daß sich verschiedentlich äußerte. Die Zurichtung von aktuellen Themen für das Theater mochte eine breitere Öffentlichkeit ansprechen, konnte aber im selben Moment auch ästhetische Verharmlosung bedeuten. Schon hier läßt sich folgern, daß, um die gesellschaftliche Wirkung des Theaters zu messen, nicht der Nachvollzug des jeweiligen stofflichen Arrangements genügt, vielmehr ebenso der ›Fall‹ gesehen werden muß, die Umstände, unter denen ein Regisseur wie Piscator so breit, so kontrovers wirkte, die Tatsache, daß er und sein Theater ein Symbol für den mitreißenden Geist der Linken wurde, auch wenn er sich polemisch vom bloßen Theatererlebnis distanzierte.

Im übrigen gab es für die Distanzierung vom bloß Theatralischen Vorläufer in der Weimarer Republik, vor allem bei den politisch engagierten Regisseuren. Das hatte früh angefangen, bereits mit Jessners Inszenierungen. Im Motto »Los von Reinhardt!« fand es Anfang der zwanziger Jahre seine Formulierung, mit der man das Kulinarische zugunsten des politisch Demonstrativen zurückzudrängen suchte. Mit »Reinhardt« erfaßte man den Inbegriff von kulinarischem Theater, von einer hohen, festlichen, geistvollen, spielerischen Theaterkultur, in die das kulturrepräsentative Denken der Jahrhundertwende eingeflossen war, das zu den wilhelminischen Führungsschichten in Opposition *und* Entsprechung gestanden hatte. Mit »Reinhardt« erfaßte man das anerkannt verfeinerte Theater des Bürgertums, an dem man teilhatte, an dem man sich maß und dessen spielerischen Witz und festliche Gestimmtheit man doch überwinden wollte, um das Publikum nicht mehr ästhetisch zu entführen, sondern gesellschaftlich zu aktivieren.

Ohne Zweifel hatte in Deutschland kein anderer Regisseur so viel zur Aufwertung der Theateravantgarde beigetragen wie Max

Reinhardt. Kein anderer hatte die neuen Bühnentechniken, insbesondere Drehbühne und Scheinwerfer, so umfassend für neue Darstellungsmöglichkeiten genutzt, kein anderer hatte so imaginativ Schauspieler zu stimulieren vermocht und daneben die Choreographie von Massen entwickelt. Reinhardts Durchbruch war spätestens 1905 mit einer Inszenierung von Shakespeares *Sommernachtstraum* erfolgt. ›Sein‹ Deutsches Theater in Berlin galt mit den danebenliegenden Kammerspielen, die er 1906 eröffnete, lange Zeit als wichtigste Bühne des Landes. Seine unbestrittensten Erfolge lagen in der Dekade vor 1914, als er sich von Otto Brahms sozialkritischem Theater des Naturalismus und dem Historismus des 19. Jahrhunderts entfernte und die Bühne ganz der Phantasie, dem Spiel, dem Theatereffekt öffnete. Reinhardt löste die Klassiker von Shakespeare und Molière bis zu Goethe, Schiller und Hebbel aus dem klassizistischen Kostüm, machte sie ebenso ›modern‹ wie einen Großteil der zeitgenössischen Dramatiker von Strindberg und Wedekind bis zu Sternheim und den Expressionisten, die dem Publikum zunächst allzu bizarr erschienen – und er tat es nicht selten auf Kosten eben dieses Bizarren. Das alles bildete ein wichtiges Element in der allgemeinen Theatererneuerung zu Anfang des Jahrhunderts, auch darin, daß spezifische Inhalte zugunsten des Theaters *als* Inhalt in den Hintergrund traten. Reinhardt zog bekannte bildende Künstler herab, immer bestrebt, den Bühnenraum zu vertiefen und zu verlebendigen. Er holte sich Anregungen von Adolphe Appia, Emile Jacques-Dalcroze, Edward Gordon Craig, wobei er allerdings weniger systematisch vorging als Wsewolod Meyerhold. Höchste Anerkennung fand Reinhardt nicht zuletzt mit den Bemühungen um ein Theater der Masse, wobei er Gedanken von Romain Rolland und Craig über ein festliches Theater des Volkes in einem riesigen Vorstellungsraum aufnahm, das dem der Antike vergleichbar sein sollte. Im gemieteten Zirkus Schumann brachte er 1910 vor 5000 Zuschauern Sophokles' *Ödipus* zur Aufführung, unter Einbezug einer gewaltigen Treppenszenerie als Schauplatz und monumental bewegten Volksmassen als Chor. Mit Karl Vollmoellers *Mirakel* stellte Reinhardt dann sein Massentheater in verschiedenen Weltstädten zu Schau. Doch er erprobte auch andere Theaterformen, von der Guckkastenbühne bis zur Arena, vom intimen Kammerspiel bis zum Domplatz, inszenierte die verschiedensten dramatischen Gattungen, gebrauchte die verschiedensten Stile. Mit dem Massentheater, das auch auf den Film einwirkte, wurde es besonders augenfällig: Er theatralisierte nicht nur das Theater, er theatralisierte die Wirklichkeit. Es verwundert nicht, daß viele Zeitgenossen, die im Bereich der Politik auf Theaterwirkungen aus waren, zu seinen Bewunderern zählten, und daß sich später Sozialisten ebenso darunter fanden wie Nationalsozialisten.

Natürlich war es keineswegs Reinhardts Intention, Theater zum Stil der Politik zu machen, und seine Absage an die Nationalsozialisten, die ihm seine Theater in Berlin, Salzburg und Wien wegnahmen, konnte nicht schärfer ausfallen. Doch lassen sich die politischen Konsequenzen seiner Regiearbeit ebensowenig übergehen wie seine Kritik der politischen Indienstnahme des Theaters, die bei seiner vorübergehenden Abkehr von Berlin Anfang der zwanziger Jahre eine wichtige Rolle spielte. Das gerade verlieh der Parole »Los von Reinhardt!« die Delikatesse: daß manches, was andere Theaterleute zur Durchsetzung ihres gesellschaftlichen Engagements gegen sein Theater herausstellten, von ihm selbst mit angeregt, oft sogar ausprobiert worden war. Auf der einen Seite hatten seine Inszenierungen 1919/1920 in dem von Hans Poelzig zum Großen Schauspielhaus umgebauten Zirkus Schumann Elemente politischer Massenwirkung sichtbar gemacht, wohl am stärksten in der Aufführung von Rollands *Danton* 1920, welche die Zuschauer von den Sitzen riß und eine momentane Einheit von Agierenden und Zuschauern herstellte. Auf der anderen Seite lag auch in der Tatsache, daß Reinhardt, als er mit seinem festlich-spielerischen Theater in Berlin nicht mehr in der gewohnten Form durchdrang, mit Hugo von Hofmannsthal die Salzburger Festspiele ausbaute und trotz der Notsituation 1920 eine feierliche *Jedermann*-Aufführung voranstellte, eine politische – unverkennbar konservative – Stellungnahme. Jedenfalls ist das festlich-erhöhende Gruppen- und Massentheater nach 1919 ohne ihn nicht zu denken. Sozialisten, die ab 1920 die Leipziger Massenspiele veranstalteten, bezogen nicht nur von den Massenaufführungen im revolutionären Rußland, sondern auch von Reinhardt Anregungen.

Als sich Reinhardt in Wien mit dem Theater in der Josefstadt eine weitere feste Basis schuf, kommentierte Hugo von Hofmannsthal, in Berlin sei »das höhere Theaterwesen« unmöglich. Dieser Vorwurf bildete gleichsam die Erwiderung auf die Parole »Los von Reinhardt!«, eine konservative Erwiderung, die zugleich die Distanz des Theaters in Österreich von dem erkennen läßt, was in Berlin zu dieser Zeit dominierte. Es ging in der deutschen Hauptstadt tatsächlich nicht um die Weiterführung oder Neugestaltung von Traditionen eines höheren Theaterwesens, so viel sich an Spiellust und -leidenschaft damit auch verband. Hofmannsthals Wort trifft ungewollt ins Schwarze: es war durchaus etwas ›Niedriges‹, das auf der Bühne dieser Jahre Wirkung erzielte, eine Tendenz zum Abbau oder zumindest zur Verfremdung des hohen Anspruchs, ohne daß damit das Theater als Aussageform aufgegeben wurde.

Auch dafür lagen die Wurzeln schon vor 1914, ja vor 1900. Reinhardt selbst hatte daran teilgehabt, als er zu Beginn seiner Karriere das Kabarett *Schall und Rauch* leitete: nämlich in dem explosiven Element ›Kabarett‹, aus dem sich ein gewichtiger Teil der Theatererneuerung herleitete. Schon 1896 hatte Oskar Panizza dieses Element unter der bezeichnenden Überschrift *Der Klassizismus und das Eindringen des Variété* umrissen, hatte, indem er Varieté beziehungsweise Kabarett als ein fruchtbares Prinzip, eine augenöffnende Perspektive definierte, bereits einen Großteil dessen erfaßt, womit Frank Wedekind dann einen kaum zu überschätzenden Einfluß auf das deutsche Theater ausübte. »Das Variété ist aber weit entfernt von jedem billigen Spaß«, schrieb Panizza in der *Gesellschaft* . »Es ist weit eher das Gegenteil. Das Variété setzt sich meist auf eine seriöse Kunstform auf, oder tritt mit dem Anschein und dem Anspruch einer älteren, anerkannten Kunstgattung, deren Kleider es borgt, an die Rampe, um dann durch eine kecke *saltimbanque,* eine Grimasse oder erotische Volte den Feierlich-Gestimmten, den Philister, zu überraschen, zu übertölpeln, und so Aufmerksamkeit und Beifall *à tout prix* sich zuzuwenden, wobei die alte, die mißbrauchte

Kunstform in Trümmer geht. Es ist also ein ganz raffiniertes – wenn es mit Absicht geschähe! –, in jedem Falle den *brav' homme* tief verletzendes, zerstörend wirkendes Verfahren, welches die zweite Hälfte des neunzehnten Jahrhunderts erzeugt hat, und weit entfernt von der harmlosen Spaßmacherei früherer Zeiten ist« (4, 1896, 1254).

Das »Los von Reinhardt!« bedeutete in diesem Zusammenhang, daß die Fülle an neuen, unkonventionellen Theatertechniken und -motiven zur Herausforderung überkommener Denk- und Sehweisen zugespitzt und nicht in einem ›höheren‹ Theatererlebnis aufgefangen wurde. Die Groteske sollte wirklich sichtbar werden, als Struktur, nicht nur als Ornament. In diesem Sinne war Wedekind von der naturalistischen Dramenform ausgegangen und hatte seine ›groß‹ entworfenen Figuren grotesk verfremdet, so daß sie zugleich ›niedrig‹ wirkten, als Karikaturen. Nicht zufällig wählte Jessner den *Marquis von Keith* für seine zweite Inszenierung 1920 in Berlin, Wedekinds brillante Abrechnung mit der Spießergesellschaft, in der die wilden Spielmöglichkeiten die papierne Sprache mitreißen. Jessner zielte auf das Groteske, ließ den Zirkus wieder erkennen, von dem Wedekind so viel gelernt hatte, machte das »Tschingtara-Bumbum« dröhnen, wie Jhering in seiner Kritik schrieb: »Tempo ist alles. Trommelwirbel sprengen weiße und rote Türen auf, die über sich, hinter sich schwarze Unendlichkeit haben, und werfen schwarzgekleidete Menschen auf schwarzes Podium und schwarze Stühle. Die Energie des Auftritts bleibt die Energie der Rede. Die Personen sprechen, donnern, rasen aneinander vorbei. Sie wühlen die Worte aus dem Körper und den Körper in die Worte. Das Gespräch hat die Glut der zelotischen Predigt und die Elektrizität der zynischen Pointe. Es ist tragisch-geschwollen, sarkastisch-hart und witzig-scharf. Geräusche sind Schüsse, Paukenschläge und Orchestergetön. Ein Fest wird zum tobenden Cancan. ›Das Leben ist eine Rutschbahn‹, sagt der Marquis von Keith. Und auf dieses Wort hin war das Stück inszeniert« (R 214f.).

Jessner brachte die Spekulanten- und Schiebergesellschaft der Nachkriegsgegenwart auf die Bühne des ehemals Königlichen

Schauspielhauses. Mit seiner Inszenierung ließ sich in der »älteren, anerkannten Kunstgattung« deutlich die Grimasse erkennen. Das »den *brav' homme* tief verletzende, zerstörend wirkende Verfahren« wurde sichtbar. Zu keiner Zeit erlangte es eine solche Wirkung wie in den ersten Jahren der Weimarer Republik. Die Zusammenhänge mit Expressionismus und Dadaismus sind schon erwähnt worden, vor allem im Hinblick auf die Blüte der Kabarettsatire in dieser Periode. Wenn sich in der szenischen Form des Grotesken Hohes und Niederes, Pathos und Parodie berührten (und kommentierten), so waren dafür nach Wedekind von den Expressionisten weitere Weichen gestellt worden. Mit ihren pathetischen, auf das Wort abgestellten Visionen einer Erneuerung des Menschen hatten sie noch einmal gewisse Sinnstrukturen gliedernd vorgegeben, damit aber den Auseinanderfall des Szenischen nicht wirklich aufgehalten. Indem sie antimimetische, antipsychologische Bühnenmittel einsetzten, verhalfen sie dem neuen Stil zum Durchbruch. Bezeichnenderweise sprachen die Kritiker häufig davon, daß weniger die Stoffe als ihre Theatralisierung an- und aufrege. Zentrale Wirkung gehe von der Brechung traditioneller dramatischer Formen aus. Dabei trete die Verkündigung neuer geistiger und gesellschaftlicher Programme hinter der Fähigkeit zurück, die Wirklichkeit in Distanz zu rücken, neu zu beleuchten, kritisch zu durchdringen. Wedekinds *Marquis von Keith* wurde darin als symptomatisch empfunden, daß die Kritik der Bürgergesellschaft nicht in einem politischen Appell erstarrte, sondern sich aus dem Spiel selbst ergab, gleichsam als fortwährende Vergegenständlichung der zynischen Einsicht »Das Leben ist eine Rutschbahn«.

Das Gewicht des Inszenatorischen manifestierte sich in starkem Maße auch in den Veränderungen des Schauspielerstils, die sich mit großen Namen wie Fritz Kortner, Werner Krauss, Agnes Straub, Gerda Müller, Heinrich George, Alexander Granach und anderen verknüpften. Regisseure wie Jessner, Karl-Heinz Martin, Jürgen Fehling, Ludwig Berger, Richard Weichert, Berthold Viertel suchten zu intensivieren, was schon am Beginn des Jahrhunderts in den Forderungen Gordon Craigs nach dem

Schauspieler als Übermarionette zum Ausdruck gekommen war. Die neue Schauspielerführung zielte auf die Abkehr von der ›natürlichen‹ Verkörperung und Illusionierung. Der Schauspieler sollte die Spannungsbögen des Stücks einsehbar machen, die Verfremdungen im Typus, im Klischee, im Gestus bewußt anstreben. Hierbei bahnte sich auch in Deutschland ein distanzierender, beweglicher, satirischer Stil an, wie er in Rußland von Meyerhold und Alexander Tairow ausgebildet wurde.

Der ins Groteske tendierende Stil entsprach in Deutschland der radikalen Infragestellung überkommener Werte zu Beginn der zwanziger Jahre. Dieser Stil zog seine Wirkung nicht aus einer zielgerichteten politischen oder ideologischen Agitation, sondern aus der kritischen Verzerrung und Stilisierung des Bekannten. Auch in ihm manifestierte sich etwas von der skizzierten Hoppla-jetzt-kommen-wir-Stimmung des gleichzeitigen Kabaretts. Auch hier rückte der verzerrende Gestus öffentlichen Mitvollzugs in den Vordergrund: Der Zuschauer nahm am Drama teil und wurde ihm zugleich gegenübergestellt. Damit ließen sich politische Einblicke in die Gegenwart erzielen. Brecht, der diese Techniken genau verfolgte, zeigte wenige Jahre später, wie die Verfremdung im Theatralischen wesentlich präzisere und radikalere politische Aussagen ermöglichen konnte.

Theaterexperimente und Tanz

In einem Rückblick auf die Entwicklung des zeitgenössischen Dramas sprach Bernhard Diebold, einer der einflußreichen Theaterkritiker der Weimarer Republik und Autor des Buches *Anarchie im Drama* (1921), 1928 vom »Ende der Dramaturgie«. Gustav Freytag habe noch eine »Technik des Dramas« im Sinne jener architektonischen Kompositionsmethode aufgestellt, »deren ewiges Schulbeispiel im ›König Ödipus‹ des Sophokles gegeben ist und deren vom Chor erlöste Exempel der Neuzeit Racines ›Phaedra‹ und Schillers ›Maria Stuart‹ heißen« (*Jahrbuch des Freien Deutschen Hochstifts,* 1928, 237). Damit sei es nun vorbei, resümierte Diebold. Inzwischen habe die Technik des Theaters die Technik des Dramas in sich aufgesogen und überflüssig gemacht. Aus dem Barock-Guckkasten der traditionellen Bühne sei der Einheitsbegriff des Theaters in eine Vielzahl von Theatertypen übergegangen. Zirkus, Arena, Kammerspiele, Reliefbühne, Symbolszene, Raumbühne ermöglichten dem Dramatiker eine Vielzahl von Techniken. Die Folge sei, daß er in der Zwanglosigkeit seines raschen Produzierens überhaupt keine technische Arbeit mehr leisten könne, weil ihn keine bestimmte äußere Form mehr erziehe und verpflichte. Die Bühne sei keine Hemmung des dramatischen Genius mehr, sondern sie erlaube seiner Phantasie die Phantasmagorie. Die optische Dramaturgie siege über die literarische. Diebold schloß an: »Die Dichtung, die moderne Dichtung, wehrte sich nicht gegen diese optische Poesie. Sie verfiel ihr. Unter dem Eindruck der Revue, des Filmtempos, der Tanz-Pantomime wurden statt Dramen Libretti verfertigt, zu denen der Regisseur die eigentliche Kunst zu schaffen hatte. Der Regisseur liefert mehr Phantasie als der Dichter« (242).

Diebold machte die Bedeutung der modernen Darstellungstechniken für die Struktur der Stücke deutlich. Er charakterisierte damit einen gewichtigen Teil der in den zwanziger Jahren und zuvor im Expressionismus entstandenen Bühnenwerke. Doch betonte er, auf Shakespeare verweisend, daß hier kein völlig neues Phänomen sichtbar geworden sei. Schon Shakespeares Stücke lebten nicht aus der Technik des Dramas. Vielmehr sei für ihre Einheit die Technik des Schauspielers entscheidend. Die Nachfolge Shakespeares bis zu Wedekinds Nachfahren habe das Drama der Technik der Bühne ausgeliefert. Der Hinweis auf Shakespeare und seine Nachfolge hat seine Berechtigung. Er lenkt die Aufmerksamkeit darauf, daß das Theater seit jeher nicht allein aus Tragödie oder Komödie bestanden hat, vielmehr aus den vielfältigsten Formen der Schau-Stellung, des Spiels und des Rituals. Was Anfang des 20. Jahrhunderts geschah, gehört somit zwar in den Zusammenhang der Zerstörung der vom Bürgertum fixierten künstlerischen Strukturen, läßt sich jedoch zugleich als Experiment der Rückgewinnung der vielfältigen Formen des Theaters verstehen. Über der vielbeschworenen Zuordnung der Krise des Theaters zur Krise der bürgerlichen Gesellschaft darf dieser Aspekt nicht verlorengehen. Bezeichnend für den Innovationswert des Theaters ist die große Rolle, die es für Programm und Selbstverständnis der Futuristen, Expressionisten, Dadaisten und Konstruktivisten spielte, ebenso aber auch für die Popularisierung der Russischen Revolution in den Theaterabteilungen des Proletkult und den Massenaufführungen des ›Theateroktober‹.

Der große Beitrag bildender Künstler zu diesen Experimenten mit dem Theater – von Kokoschkas frühen Stücken und Kandinskys abstrakten Visionen in *Der gelbe Klang* bis zu den systematischen Versuchen Oskar Schlemmers und László Moholy-Nagys im Bauhaus – kann hier nur erwähnt werden. Er war außerhalb Deutschlands mit den Aktivitäten von Marc Chagall, Picasso, Henri Matisse, Jean Cocteau, den russischen Konstruktivisten und den Künstlern um Diaghilews *Ballets Russes* noch intensiver wirksam. In Deutschland kam es zu viel grundsätzlicher Besinnung, auf die Richard Wagners Vorstellung einer neuen Synthese der Künste nachwirkte. Nicht zu übersehen ist die vielfach geäußerte Hoffnung auf Überwindung eines bloßen Individualismus zugunsten einer neuen Kollektivität. Das Bauhaus, das auf die Zusammenführung der verschiedenen Künste zielte, förderte das Theater als synthetische Kunstform. Moholy-Nagy beschäftigte sich intensiv mit den Möglichkeiten eines ›totalen‹ Theaters, in dem sich der Mensch total, das heißt mit allen Beziehungen in Raum, Bewegung, Licht, Ton beispielhaft verwirkliche, und erprobte die modernen Medien für die Bühnenaktion. Die Vision des Totaltheaters ist ebenso mit Studien von Walter Gropius, dem ersten Leiter des Bauhauses verbunden, der einen vielpublizierten Entwurf für Piscator lieferte. Gropius strebte nach einem flexiblen Bühnenbau mit vielfacher Verwendungsfähigkeit für Schauspiel, Oper, Film und Tanz, für Chor- und Instrumentalmusik, für Sportveranstaltungen und Versammlungen. Er hoffte, daß das Publikum seine Trägheit abschütteln werde, wenn es den Überraschungseffekt des verwandelten Raumes erlebe, und umriß das Theater als Aktionsraum. Allerdings hat das Konzept vom Theater als Aktionsraum nicht in

Gropius' Formulierung nach dem Zweiten Weltkrieg breiten Widerhall gefunden, sondern in der ungleich provozierenderen Vision Antonin Artauds. Der französische Theaterexperimentator leitete aus der Forderung, daß die Zuschauer nicht mehr *voyeurs* sein, sondern sich aktiv an der Vorstellung beteiligen sollten, die Konzeption eines Arenatheaters ab, in dem das Publikum in der Mitte sitzt und von allen Seiten mit Reizen bombardiert wird. Mit der gleichen Rücksichtslosigkeit betrieb Artaud die Eliminierung spezifisch gesellschaftspolitischer Inhalte, die in vielen dieser Experimente erkennbar ist. Die Revolte gegen die rationale Sprache und für die theatralische Ekstase verhalf somit einem neuen Mystizismus, ja einem neuen Irrationalismus zum Durchbruch.

Für solche Bezüge läßt sich im deutschen Umkreis auf Felix Emmels Buch *Das ekstatische Theater* (1924) und das Wirken Lothar Schreyers verweisen, der auf der ›Sturmbühne‹ Stücke des Wortkünstlers August Stramm aufführte und 1921–1923 die Bauhausbühne leitete. Allerdings fand Schreyer mit seinen Versuchen, ein Theater mit sakral-expressionistischer Tendenz zu entwickeln, wenig Anklang. Die Bauhaus-Studenten zogen mimisch-clowneske Darbietungen vor, die vom Dadaismus angeregt waren und im Werk von Oskar Schlemmer, Schreyers Nachfolger, starke Spuren hinterließen. Das gleiche gilt für Kurt Schwitters, der mit der ›Merzbühne‹ eine Dynamisierung und Verräumlichung seiner Collagen propagierte.

Mit dem *Triadischen Ballett,* das 1922 im Württembergischen Landestheater Stuttgart uraufgeführt wurde, lieferte Schlemmer eine Bühnenkomposition, in der sich Raum, tänzerischer Ausdruck und visuell-malerische Grundformen beziehungsreich verbanden. Auch hier war ›Handlung‹ nicht inhaltlich, sondern aus der Abfolge theatralischer Konstellationen bestimmt. Schlemmer sah im Tanz als einer elementaren Form der Begegnung von Mensch und Raum körperliche und räumliche Gesetzmäßigkeiten wirksam werden, die er in den Kostümen der Tänzer ins Große stilisierte. Im Programmheft der Premiere erläuterte er: »Das Triadische Ballett, Tanz der Dreiheit, das mit dem Heiteren kokettiert, ohne der Groteske zu verfallen, das Konventionelle streift, ohne mit seinen Niederungen zu buhlen, zuletzt Entmaterialisierung der Körper erstrebt, ohne sich okkultisch zu sanieren, soll die Anfänge zeigen, daraus sich ein deutsches Ballett entwickeln könnte, das, im Stil national verankert, so viel Eigenwert in sich trägt, um sich gegenüber vielleicht bewundernswerten, doch wesensfremden Analogien zu behaupten (russisches, schwedisches Ballett)« (*Europa-Almanach,* 1925, 191). Schlemmer betonte auch im Spielcharakter seiner Bühnenexperimente die ordnende, rationalisierende Tendenz. »Nicht Jammer über Mechanisierung, sondern Freude über Präzision!«, formulierte er 1926 im Zeichen der Sachlichkeit. »Die Künstler sind bereit, die Schattenseiten und Gefahr ihres mechanistischen Zeitalters in die Lichtseite exakter Metaphysik umzumünzen. Wenn die Künstler von heute Maschinen und Mechanik lieben und die Organisation, wenn sie das Präzise statt des Vagen, Verschwommenen wollen, so ist es die instinktive Rettung vor dem Chaos und die Sehnsucht nach Gestaltung unserer Zeit« (*Briefe und Tagebücher,* 1958, 199). Schlemmer führte seine Bühnenexperimente auch außerhalb des Bauhauses weiter. Wie Moholy-Nagy und Giorgio de Chirico entwarf er Bühnenausstattungen für die wichtigste deutsche ›Experimentieroper‹ die 1927–1931 von Klemperer geleitete Krolloper in Berlin.

Das von Schlemmer anvisierte »deutsche Ballett« entwickelte sich in den zwanziger Jahren nicht in der von ihm propagierten Richtung. Später mußte sich Schlemmer sogar gegen den Vorwurf des Mechanistischen und Maschinellen, der von Vertretern des Tanzes erhoben wurde, verteidigen (*Schrifttanz* 4, 1931 27ff.), obwohl ihn von der Technikbegeisterung russischer Konstruktivisten wie Nikolai Foregger einiges trennte. Einen *Tanz der Maschinen,* wie Foregger 1923 seine bekannteste Choreographie nannte, hat Schlemmer nicht entworfen. Der Tanz, der in Deutschland einen enormen, nur mit den USA vergleichbaren Aufschwung nahm, entwickelte sich als Ausdruckstanz. Die vor allem von Rudolf von Laban und Mary Wigman geprägte Bemühung um eine Bewegungskunst, mit der das Verhältnis von Körper und Raum auf neue Weise dynamisiert werden sollte, äußerte sich auf ›nicht-konstruktivistische‹ Weise.

Die Tendenz, seelische Haltungen im körperlichen Ausdruck aufs äußerste zuzuspitzen, war zweifellos expressionistisch. Allerdings wurden mit diesem vielstrapazierten Begriff zahlreiche Mißverständnisse erzeugt. Was sich in Deutschland als Neuer Tanz, Moderner Tanz, Ausdruckstanz oder German Dance gegen das klassische Ballett durchsetzte, bedeutete nicht nur expressionistische Gestik ohne Worte. Rudolf von Laban, dessen Systematisierung der Bewegungsformen – später auch in einer Tanzschrift – grundlegend wirkte, machte geradezu eine tänzerische Weltanschauung verbindlich, die von vielen ideologiehungrigen Jüngern des Tanzes in den zwanziger Jahren nur allzuoft an die Stelle konkreter tänzerischer Technik gerückt wurde. Wenn Laban, etwa in der Schrift *Die Welt des Tänzers* (1920), daran ging, die von den Theaterexperimentatoren angestrebte Einheit der Künste im Tanz zu lokalisieren, so förderte das zwar den Respekt vor der Symbolik der Bewegungsformen, zugleich aber auch die Bildung von Sekten und Gemeinden, die alle *das* wahre Konzept der tänzerischen Verschmelzung von Individuum und Gemeinschaft gepachtet zu haben behaupteten.

Trotz der Vernebelung mit tänzerischer Weltanschauung ist der Beitrag des Tanzes, zumal seiner bekanntesten Exponenten Laban und Mary Wigman, zu Theater und Theatralik der zwanziger Jahre unübersehbar. Laban, der den Tanz als festliche Erhöhung des Lebens verstand, löste die Massenchoreographien dieser Ära mit der Einstudierung von Bewegungschören vollends aus dem bloßen Schulungszeremoniell und verlieh ihnen den Charakter des chorischen Spiels. Seine in Hamburg nach 1922 aufgeführten Bewegungschöre *Lichtwende, Agamemnons Tod, Schwingender Tempel, Titan* fanden mit ihren Konzepten Raum, Licht, Symbol, Rhythmus überall Nachfolge, nicht zuletzt in den Organisationen der Arbeiterschaft, für die Laban neben seinem Schüler Martin Gleisner verschiedentlich arbeitete. Wie stark diese Aktivitäten vom Gefühl einer kulturellen Erneuerung begleitet waren, bezeugt die Kulturzeitschrift der Sozialdemokraten *Kulturwille,* in der die Übertragung des ›freien Tanzes‹ auf die Massen mit den Worten kommentiert wurde: »In diesen Massengruppentänzen liegt der Keim zu einer radikalen

Umwandlung der alten Schaubühne und zum Aufbau einer wahrhaft volkstümlichen szenischen Kunst« (1, 1924, H. 2, 22).

Labans eigenes Auftreten als Tänzer wurde allerdings von dem Mary Wigmans in den Schatten gestellt, die den – häufig gegen eine größere Gruppe abgesetzten – Solotanz zum ›absoluten Tanz‹ entwickelte. Sie tanzte ihre abstrakten Visionen und Suiten als »Wesensäußerung« des Künstlers, fern von spezifischen Inhalten, vom Pantomimischen und Illustrativen, gemäß ihrem Anspruch: »Nicht ›Gefühle‹ tanzen wir! Sie sind schon viel zu fest umrissen, zu deutlich. Den Wandel und Wechsel *seelischer Zustände* tanzen wir, wie er sich in jedem einzelnen auf seine besondere Art vollzieht und in der Sprache des Tanzes zum Spiegel des Menschen, zum unmittelbarsten Symbol alles lebendigen Seins wird« (Nr. 34, 1923, 1022). Auch ihre Gruppentänze konzipierte Mary Wigman nicht als Handlung. In der Formung des Raumes durch Bewegung und Rhythmus, wie es auf andere Weise auch im Theater dieser Jahre angestrebt wurde, lag das Schwergewicht. Das von der Tänzerin am meisten geschätzte Gruppenwerk *Totenmal,* das sie 1930 zusammen mit Albert Talhoff choreographierte, verstand sich als eine Art Weihe- und Trauertanz, als ein lebendiges Denkmal für die Gefallenen des Krieges.

Mit ihrem Hinweis auf das Vertanzen seelischer Zustände traf Mary Wigman einen zentralen Impuls der Theaterfaszination dieser Periode. Die Resonanz, die der Ausdruckstanz fand, ergab sich nicht trotz, sondern wegen seiner Abstinenz vom Wort. Auch bei dieser Verabsolutierung der theatralen Aktion ist die Gefährdung durch Mystizismus und Irrationalismus offenkundig. Auf diese Gefährdung machten Kritiker immer wieder aufmerksam, und politisch engagierte Tänzer wie Hans Weidt und Otto Zimmermann suchten um 1930 neue Kräfte gegen die abstrahierenden Tendenzen des Ausdruckstanzes mobil zu machen. Dennoch gerieten zahlreiche Tänzer und Choreographen in den Sog des Nationalsozialismus.

Die Blütezeit des Tanzes lag in Deutschland Ende der zwanziger Jahre, als neben Laban und Wigman in großen Veranstaltungen Tänzer wie Yvonne Georgi, Harald Kreutzberg, Gret Palucca, Valesca Gert, Vera Skoronel, Rosalia Chladek Erfolg hatten, als 1500 Schüler an der Wigman-Schule in Dresden und an anderen Orten studierten und die Wigman-Technik zu einem Exportartikel aufstieg, als auf drei großen Tänzerkongressen (1927, 1928, 1930) Diskussion, Programm und Leistung des deutschen Tanzes öffentlich demonstriert wurden, als in progressiven Opernhäusern tänzerisch-choreographische Elemente Eingang fanden und moderner Tanz die klassischen Balletteinlagen verdrängte. Zu dieser Zeit formte sich ein genau konturierter Charaktertanz aus, dem Kurt Joos in der Folkwang-Tanzbühne Essen eine zeitkritische Richtung gab, am aufsehenerregensten mit der Choreographie *Der grüne Tisch* über die verantwortungslose internationale Diplomatie, mit der er beim Choreographischen Wettbewerb in Paris 1932 den ersten Preis errang. Allerdings gelang dieser Richtung kein breiter Durchbruch. In der Weltwirtschaftskrise verlor der Tanz nicht nur schnell an öffentlicher Unterstützung, sondern erstarrte in den einmal gefundenen Formen und Riten, so daß mit Recht davon gesprochen wurde, der deutsche Ausdruckstanz habe sich bereits vor der nationalsozialistischen Machtübernahme als kreative Kraft überlebt und sei dann von den Nationalsozialisten relativ leicht ihren Inszenierungen eingefügt worden.

Laienspiel, Sprechchor und Agitprop

Die Erwähnung chorischer Massenspiele im Zusammenhang mit Labans Bewegungschoreographien rückt bereits einen wichtigen Teil des Laientheaters dieser Ära ins Blickfeld. Wie gesagt, ging es dabei nicht um das Dilettantentheater traditioneller Prägung, vielmehr um eine vielgestaltige Theaterbewegung von Laien, mit welcher sich häufig der Anspruch auf eine Erneuerung des Theaters vom Volk beziehungsweise von der Masse her verknüpfte. Der Anspruch war schon vor 1914 von den Massenaufführungen der Bildungsanstalt von Jacques-Dalcroze in Hellerau ausgegangen, danach hatte ihn die Jugendbewegung und besonders Martin Luserke in die Spiele der Freien Schulgemeinde Wickersdorf aufgenommen, bis er nach 1918 auch in proletarische Jugendgruppen Einlaß fand.

Den leitenden Impuls bildete das Bemühen um Selbstdarstellung und Festigung der jeweiligen Gemeinschaft. Dem kam vor allem in der ersten Hälfte der zwanziger Jahre große Bedeutung zu, so lange die Ideologien und politischen Abgrenzungen noch nicht scharf konturiert waren und bereits ein allgemeines Gefühl von ›Jugend‹ oder ›Proletariat‹ gesellschaftliche Identifikation vermittelte. Als mit dem Einsetzen der Stabilisierungsphase 1924 eine nüchternere Haltung Platz griff und das Bedürfnis nach gemeinschaftlicher Ausdrucksfindung zugunsten konsumierenden Freizeitverhaltens auch in der Jugend zurückging, gerieten die verschiedenen Formen des Massen- und Gemeinschaftsspiels in eine Krise. Am stärksten wirkte sich das auf die Sprechchorbewegung aus, die, nach einigen Ansätzen unter Wilhelm Leyhausen und in der Jugendbewegung vor 1914, nach dem Krieg schnell an Boden gewonnen und eine Zeitlang im Vordergrund der Aktivitäten gestanden hatte.

Die ersten größeren Sprechchor-Aufführungen, die vor allem von Gruppen der SPD beziehungsweise USPD veranstaltet wurden, schlugen nach 1918 in unerwarteter Weise ein. Hier wurde mit literarischen Vorlagen und künstlerischen Mitteln gearbeitet, die über die bloße chorische Umsetzung von Gedichten – die zunächst in Ermangelung von Spieltexten geschah – hinausgingen. Für die großen Feiern entstanden spezielle Chorwerke, bei denen nicht die Masse durchgängig sprach, sondern einzelne Sprechgruppen mit Einzelsprechern abwechselten. So stellte man etwa den roten Chor (Arbeiterklasse) dem schwarzen (Reaktion) gegenüber, oder man konfrontierte den ›Chor der Jungen‹ mit dem ›Chor der Alten‹, den ›Männerchor‹ mit dem ›Frauenchor‹. Für die Entwicklung vom Sprechchor (abgestufte Kollektivrezitation politischer und lyrischer Texte) zum Sprechchorwerk (Massenvorführung mit mehreren Sprechgruppen und Solosprechern) ist vor allem das Wirken von Bruno Schönlank herauszuheben. Er schrieb die bekanntesten Chorwerke der zwanziger Jahre, von denen *Der gespaltene Mensch* 1927 einen Höhepunkt darstellte: eine eindrucksvolle Umsetzung des

Fließbandrhythmus ins Sprachliche (mit Anlehnungen an August Stramms verkürzende Wortkunst), eine Kritik von Industriearbeit, Arbeitslosigkeit, Kolonialausbeutung im Lichte der Entseelung und Entwürdigung des Proletariats. Für den oratorienhaften Charakter von Sprechchorwerken setzte Ernst Toller mit den Chorwerken *Der Tag des Proletariats* und *Requiem den gemordeten Brüdern* 1920 den Ton. Sie waren dem Andenken Karl Liebknechts und Gustav Landauers gewidmet und wurden von vielen proletarischen Gruppen aufgeführt. Später äußerte Johannes R. Becher sogar die Erwartung, daß das neue proletarische Drama aus dem Sprechchor hervorgehen werde. Sein »Entwurf zu einem revolutionären Kampfdrama« *Arbeiter. Bauern. Soldaten* (1924) legt davon mit seinen Massenszenen beredtes Zeugnis ab.

Solche Ausdrucksformen gesellschaftlichen Engagements konnten so lange aktivieren, als Gefühlsbekenntnisse in der öffentlichen Selbstdarstellung ›politisch‹ wirkten. Das geschah in der zu Anfang des 20. Jahrhunderts zutiefst aufgewühlten und dann gespaltenen deutschen Arbeiterbewegung zumindest bis 1923. Danach verlor sich der politische Impuls zugunsten der Selbstverklärung des Proletariats, des sozialistischen Aufbruchs, der baldigen Befreiung, und es fiel den kommunistischen Kritikern nicht schwer, darin die Entpolitisierung der ausgedehnten sozialdemokratischen Kulturarbeit anzuprangern. In der Tat täuschte die nach 1923 einsetzende – stark von Laban beeinflußte – Bereicherung des Sprechchors durch Bewegungschoreographie bis hin zu regelrechten Tanzszenen über die Erstarrung dieses Genres hinweg. Die komplizierten, von Sprechchorspezialisten wie Karl Vogt, dem Leiter des Berliner Volksbühnen-Sprechchors, und Adolf Johanneson systematisierten Spielformen blieben immer wieder einem abstrakten Gefühlsappell verhaftet. Insofern diese Formen zum Ziel hatten, die in der politischen Auseinandersetzung ›übergangenen‹ Gefühle zu binden, mochten sie auch für die sozialistische Bewegung nützlich werden, doch ließen sie sich, wo die politische Argumentation überhaupt verdrängt wurde, auch leicht von der Rechten verwenden. Das geschah bei der zunehmenden Irrationalisierung um 1930 immer nachdrücklicher. Dem Sprechchor fiel bei der kultischen Ausrichtung der nationalsozialistischen Volksgemeinschafts-Propaganda schließlich eine zentrale Rolle zu.

Von den eigentlichen Sprechchorveranstaltungen war das ›chorische Spiel‹ von Jugendgruppen zumeist deutlich unterschieden. Man benutzte diesen Begriff im Umkreis der sogenannten Laienspielbewegung, die in Schule, Gemeinde und Jugendpflege ihre Stützpunkte besaß und sich unpolitisch verstand, obwohl die nationalen und völkischen Obertöne bei weitem überwogen. Im chorischen Spiel kamen spätmittelalterliche Totentänze und Mysterienspiele, Fastnachtsspiele von Hans Sachs und einige moderne Stücke zur Aufführung. Vieles wurde eigens neu verfaßt; hier sei nur auf den ›Laienspielpapst‹ Rudolf Mirbt hingewiesen, der die *Münchener Laienspiele* herausgab und zahlreiche Laienspielwochen veranstaltete. Der Indienstnahme dieser Bewegung seitens der Nationalsozialisten leisteten viele der Beteiligten aktiven Vorschub, wenngleich die ursprünglich enge Verknüpfung mit den Kirchen nicht übersehen werden sollte. In die theatralische Verkultung der Gemeinschaft ließen sich leicht nationale und völkische Inhalte einschieben.

Die Krise des chorischen Massentheaters fand vor allem in der Kritik an der inhaltlichen Unbestimmtheit und der formalen Schwerfälligkeit Ausdruck. Exemplarisch waren 1922 die Überlegungen, die der aus der Freideutschen Jugend hervorgegangene Kommunist Karl August Wittfogel anstellte, als er sich gegen die Massenspiele wandte, die das Leipziger Arbeiter-Bildung-Institut jedes Jahr mit riesigen Sprech- und Bewegungschören veranstaltete und deren Vorbilder in den Massenaufführungen des sowjetischen Proletkults lagen. Wittfogel, der an Piscators Proletarischem Theater mitgearbeitet hatte und davon zum Schreiben politischer Stücke angeregt worden war, rückte die dort erprobten kabarettistischen Formen ins Zentrum eines neuen politischen Laientheaters. In seiner Programmschrift *Grenzen und Aufgaben der revolutionären Bühnenkunst* plädierte er für die kritisch-satirische Puppenbühne, die keinen großen Aufwand erfordere, für den Sketch und den personenarmen Einakter, wofür er im ›Telefonspiel‹ *Der Flüchtling* 1922 ein eindrucksvolles Beispiel gab. Wittfogels Vorschlag lautete: »Mehrere derartige Einakter, unterbrochen durch Rezitationen und Musik, wären übrigens als Programm für ein wirklich gutes und ein wirklich revolutionäres Kabarett sozusagen das Naturgegebene« (*Der Gegner* 3, 1922, H. 2, 43). Damit umriß er bereits die Form des Agitproptheaters, mit dem kommunistische Spieltrupps in der zweiten Hälfte der zwanziger Jahre auf großen und kleinen Veranstaltungen agitierten.

Mit dem auf Improvisation und Verfremdung gegründeten Stück *Wer ist der Dümmste?* (1923) lieferte Wittfogel zudem einen wichtigen Beitrag zum Lernspiel, der im Lehrtheater um 1930 seine Spuren hinterließ. Das Werk wurde von vielen proletarischen Spielgruppen aufgeführt; Gustav von Wangenheim erarbeitete mit dem Schauspielerkollektiv Truppe 1931 eine neue Fassung, die noch im Februar 1933 auf die Bühne gelangte. Die Tatsache, daß Wittfogel 1930 die Diskussion nach Brechts Lehrstück *Die Maßnahme* leitete, kam nicht von ungefähr. Zu dieser Zeit nahm man die Klagen über fehlende Lern- und Lehrstücke wieder ernst, welche die zwanziger Jahre durchziehen. Wie viele Möglichkeiten sich hierfür eröffneten, belegte 1925 das Theater-Sonderheft der wohl besten Jugendzeitschrift dieser Ära, *Junge Menschen,* mit Beiträgen von Rudolf Braune, Berta Lask, Oskar Herbst, Martin Luserke, Johannes Resch und Bruno Schönlank. Hingewiesen sei auch auf das von Asja Lacis und Walter Benjamin 1928 entworfene Programm für ein proletarisches Kindertheater, in dem durch gestisch-spielerische Improvisation ein befreites Lernen ermöglicht werden soll.

Für den Aufstieg des politischen Agitationstheaters von Laien setzten Piscator und Felix Gasbarra mit der *Revue Roter Rummel* 1924 die Zeichen. Auf sie beriefen sich die ›Roten Rummel‹ und ›Roten Revuen‹, die mit Unterstützung von Willi Münzenbergs Internationaler Arbeiterhilfe (IAH) entstanden, vom Kommunistischen Jugendverband aufgenommen wurden und in den Agitpropabteilungen der KPD ihre organisatorische Heimat fanden. Sie bekamen allerdings erst 1927 volle Unterstützung, als die erfolgreiche IAH-Tournee der sowjetischen Agitproptruppe Die blaue Bluse die propagandistischen und künstlerischen Möglichkeiten vor Augen führten. Die bekanntesten Agitpropkollektive bestimmten mit ihren Tourneen bald die politischen Veranstaltungen der Kommunisten mit und wurden auf der Rechten nachgeahmt. Das rote Sprachrohr, die wichtigste der Truppen, übernahm unter der Leitung von Maxim Vallentin von Berlin aus mit der gleichnamigen Zeitschrift die zentrale Schulung. Nach anfänglicher Unsicherheit setzten sich die Kurzszene und der kurze Sprechchor als Hauptgattungen durch. Einer der bedeutendsten Mitarbeiter des Roten Sprachrohrs wurde Hanns Eisler, der seine Kompositionen für das Kollektiv selbst am Klavier vortrug. Bei aller Rohheit wertete er diese Arbeit sehr hoch, da sie einen wechselseitigen Kontakt mit dem Publikum ermöglichte, der bei normalen Konzerten ausgeschlossen war. Mehr noch als die Arbeiterchöre verbreiteten die Agitproptruppen einige seiner neuen Kampflieder, die dann wirklich als kommunistische Massenlieder gesungen wurden.

Andererseits muß aber auch erwähnt werden, daß so ›agitpropbewußte‹ Theaterleute wie Piscator, Friedrich Wolf und Wangenheim eine gewisse Distanz aufrechterhielten, ja bisweilen direkte Kritik an den allzu primitiven Darstellungsformen übten. Nachdem sich die deutsche Agitpropbewegung um 1930 auf einem Höhepunkt befand, wurde sie bald nicht nur von den immer schärferen Eingriffen der staatlichen Behörden behindert, sondern auch von interner Kritik getroffen. Der Vorwurf lautete, daß die Reduzierung gesellschaftlicher Zustände auf bloße Schwarz-Weiß-Zeichnung nicht genüge, um in der aktuellen Auseinandersetzung politische Aufklärung zu betreiben und an andere Gesellschaftsschichten heranzukommen. Es sei gefährlich, wenn die Nummern – unter geänderten Titeln – mit denen der Gegner austauschbar würden (*Das rote Sprachrohr,* Sonderheft 2, 1932, 39).

Immerhin traten zu dieser Zeit eine Vielzahl von politischen Laientheatergruppen auf, die sich – unter christlichem oder nationalsozialistischem Vorzeichen – nicht nur in den Wahlkämpfen als Konkurrenten empfanden. Auch die SPD und die ihr verbundene Sozialistische Arbeiterjugend stellten Agitproptruppen zusammen. Die ›Spiel-Trupps‹ der SA und der Hitler-Jugend –

mit Namen wie Stoßtrupp, Sturmtrupp oder Die Braunhemden – schenkten den ländlichen Gemeinden viel Aufmerksamkeit, ohne sich auf dieses Gebiet zu beschränken. Ihr Programm bestand zumeist aus einem unterhaltenden Teil mit Volksliedern und Volkstänzen sowie einem lehrhaften Teil mit Streitgesprächen oder politischen Zeitbildern. Neben die Laiengruppen traten 1931 ›Gaubühnen‹, die auf ihren Tourneen auch längere agitatorische Stücke vorführten.

Die Revue

In der Revue, die sich ohne feste dramatische Struktur auf die Schauwerte des Theaters ausrichtet, fand die Überzeugung, daß das Theater nicht allein vom Drama, speziell der Tragödie, verkörpert werde, ihren schlagendsten und populärsten Ausdruck. Diebolds Überlegungen zum »Ende der Dramaturgie« bezogen sich in besonderem Maße auf die Einwirkung dieser Bühnenform auf das Theater der zwanziger Jahre. An ihr ließ sich aufzeigen, daß der Verlust des Kulturbürgertums als Hauptadressat des Theaters zugleich auch eine Öffnung des Theaters bedeutete, eine Öffnung zu Publikumsschichten, denen es in seinen wichtigsten Leistungen finanziell und intellektuell im allgemeinen nur schwer zugänglich war. Ebenso ließ sich an der Revueform aufzeigen, daß das Theater die neuen technischen Medien zu akzeptieren und integrieren vermochte und Stoffe, die es bisher aus seinem Darstellungskanon ausgeschlossen hatte, zugänglich machen konnte. Natürlich erhoben sich auch genau entgegengesetzte Stimmen, die den Vormarsch der niederen Form der Revue als Aushöhlung des Theaters ansahen und sich scharf gegen diese Aufwertung unmoralischer, sensationslüsterner Unterhaltung wandten. Schließlich waren neben progressiven und kulturkonservativen Stellungnahmen auch solche zu vernehmen, die den Zuwachs an aktueller Unterhaltung neben Film und Rundfunk begrüßten und wenig danach fragten, ob er nun zur bloßen Ablenkung der Massen von den drängenden Problemen des Alltags oder zur Demokratisierung der Kultur beitrug.

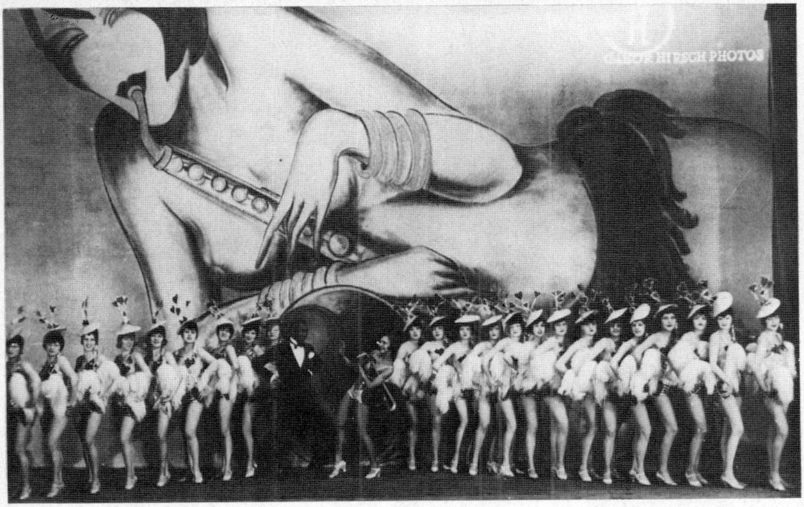

22 Mary Wigman: *Tanz der Seherin* (1925)
23 *Wann und Wo?* Haller-Revue im Berliner Admiralspalast (1927)

24 Paul Leni: *Das Wachsfigurenkabinett* (1924)
25 Friedrich Wilhelm Murnau: *Nosferatu* (1921)

26 Fritz Lang: *Metropolis* (1927)
27 Piel Jutzi: *Mutter Krausens Fahrt ins Glück* (1929)

28 Traugott Müller: Bühnenmodell zu *Hoppla, wir leben!* von Ernst Toller. Regie: Erwin Piscator (1927)
29 Edward Suhr: Bühnenmodell zu *Sturmflut* von Alfons Paquet. Regie: Erwin Piscator (1926)

30 Aufführung der *Matrosen von Cattaro* von Friedrich Wolf durch die ›Truppe im Westen‹. Regie: Hermann Greid (1930)
31 Caspar Neher: Szenenentwurf zur *Dreigroschenoper* von Brecht/Weill. Regie: Erich Engel (1928)

32 Andreas Weininger: Abstrakte Revue für das Dessauer Bauhaus (1926)
33 Egon Wilden: Szenenentwurf zu *Schwergewicht* von Ernst Křenek für das Stadttheater Barmen-Elberfeld (1929)

Rechte Seite
34 Der rote Wedding: Hinterhausauftritt in Berlin (um 1930)

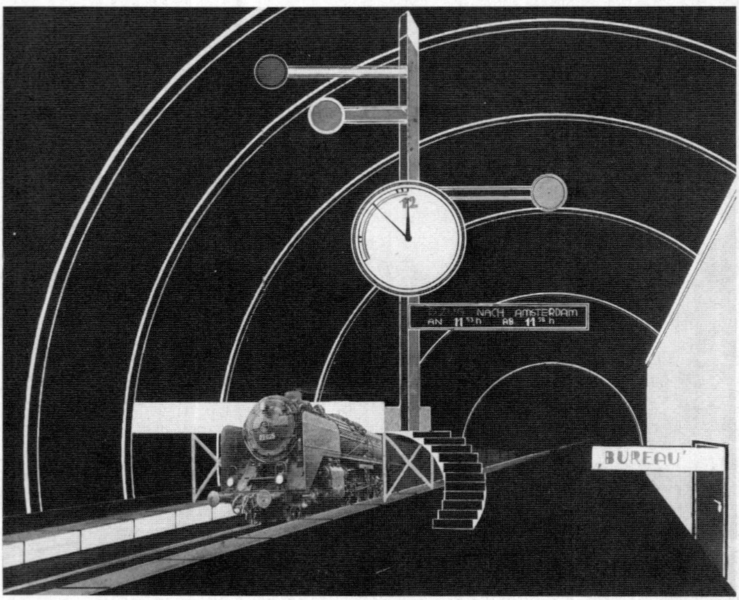

35 Teo Otto: Szenenentwurf für *Jeux* von Claude Debussy an der Berliner Krolloper (1930)
36 Roman Clemens: Szenenentwurf zu *Jonny spielt auf* von Ernst Křenek (1928). Bauhaus-Projekt

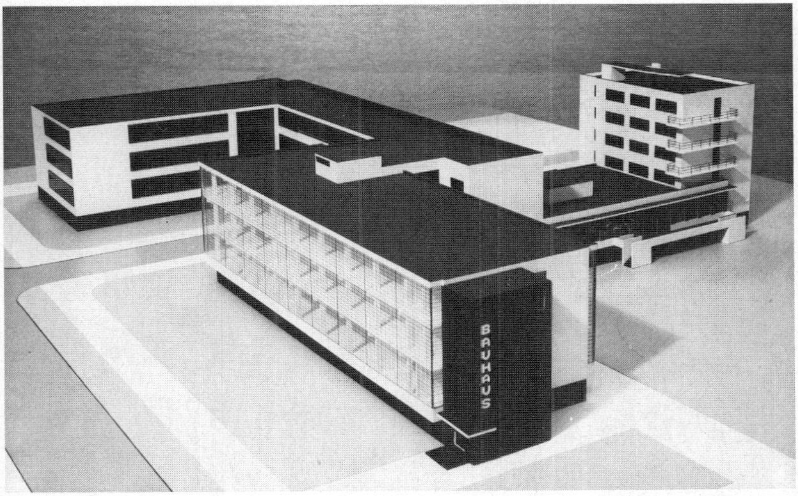

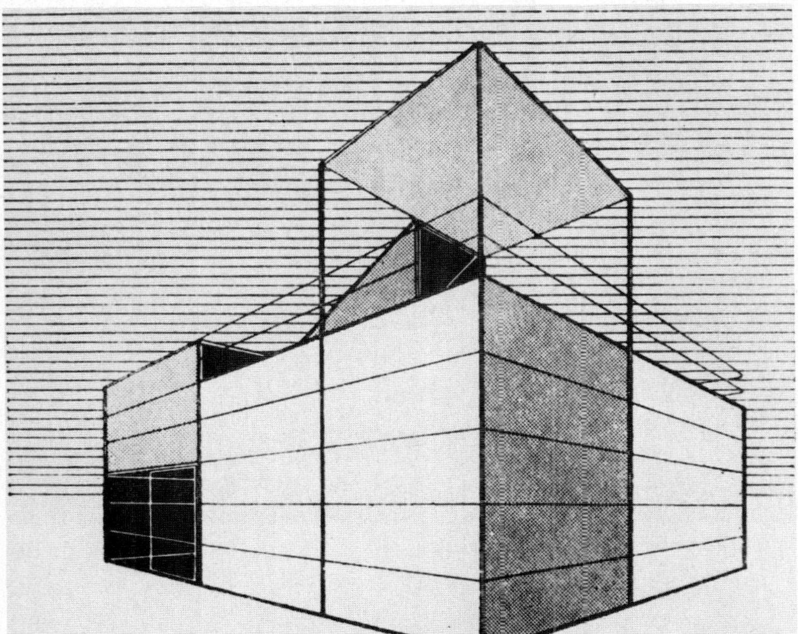

37 Walter Gropius: *Entwurf des Bauhaus-Gebäudes in Dessau* (1925)
Foto: Friedrich, Berlin
38 Marcel Breuer: *Montage – Kleinhaus aus Stahl* (1926)

39 Emil Fahrenkamp: *Geschäftshaus in Berlin* (1928)

40 Wassili und Hans Luckhardt: *Siedlungsprojekt* (1929)
41 Städtisches Hochbauamt Stuttgart: *Hallenschwimmbad* (um 1930)

42 Ernst May: *Siedlung Praunheim* (1927). Frankfurt am Main
43 Wassili und Hans Luckhardt: *Plan für den Umbau des Alexanderplatzes in Berlin* (1929)

44 Georg Muche und Richard Paulick: *Stahlhaus in Dessau-Törten* (1926)
45 Erich Mendelsohn: *Warenhaus Schocken* (1927). Chemnitz

48 Marcel Breuer: *Stahlrohrtische* (um 1925)
49 Walter Gropius: *Typenmöbel* (1927)

Linke Seite
46 Joseph Knau: *Teemaschine* (1926)
47 Walter Gropius: *Kantine* (1926). Dessau, Bauhaus

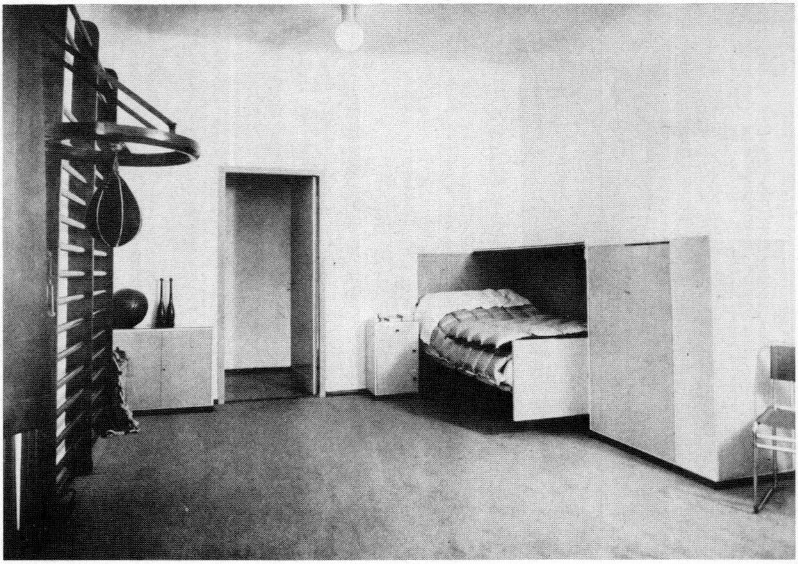

50 O. H. W. Hadank: *Werbeplakat* (um 1930) Foto: Gnamm, München
51 Walter Gropius: *Adler Cabriolet* (1930)
52 Marcel Breuer: *Schlafzimmer für Erwin Piscator* (1927)

Die Revue hatte auch in Deutschland schon vor 1914 in den ›Jahresrevuen‹ Verbreitung gefunden, nachdem sie in Paris, London und den Vereinigten Staaten aus den verschiedensten Genres des Show-Geschäfts entwickelt worden war. Als eine Synthese theatralischer Darstellungsformen mitsamt Musik, Dekoration und möglichst wenigbekleideten *girls* präsentierte sie eine lockere Reihung von Szenen, Bildern, Sketches, Tänzen und Solonummern und verdrängte als Ausstattungsrevue in den zwanziger Jahren eine Zeitlang die Operette als populärstes Unterhaltungsmedium. Alles war auf den Schau- und Reizeffekt abgestellt, der nun, in Ablösung expressionistischer Wortkaskaden, auch das intellektuelle Publikum der aufgewühlten Nachkriegszeit anzog. Die Welt wurde ins Sinnlich-Schaubare transformiert, was einen ständig aktuellen Bezug erforderte, damit aber auch einen ebenso schnellen modischen Verschleiß mit sich brachte. Diese Ausrichtung auf ein möglichst breites Durchschnittspublikum verhinderte jede übergreifende Thematik, die nicht die Schaustruktur in sich aufnahm. Die Demonstration aktueller Teilnahme bildete selbst schon den Inhalt. Die Revue machte, wie es hieß, das pulsierende Leben der Zeit sichtbar.

In Berlin bestimmten vor allem drei Produzenten die Entwicklung der Ausstattungsrevue. Eric Charell inszenierte 1924–1927 drei große Revuen (*An Alle!, Für Dich!, Von Mund zu Mund*) und ging dann zur Revueoperette über, einem Trend zur Abkehr von der bloßen szenischen Reihung folgend. Symptomatisch war einerseits die Tatsache, daß Charell 1924 das von Reinhardt aufgegebene Große Schauspielhaus wieder belebte, andererseits aber auch seine spätere Mitverfasserschaft an der überaus erfolgreichen Operette *Im Weißen Rößl* (1930), zu der Ralph Benatzky die Musik schrieb. Um 1930 stand wieder die Operette mit ihren durchgehenden Klischeehandlungen im Zentrum der leichten Unterhaltung, wobei auch eine wichtige Rolle spielte, daß sie mit ihrer von vornherein akustischen Ausrichtung den Anschluß an den immer populäreren Rundfunk fand. Demgegenüber erwuchs der Ausstattungsrevue nach Erfindung des Tonfilms mit dem Revuefilm Ende der zwanziger Jahre eine starke Konkurrenz.

So liegen auch die großen Erfolge von Charells Konkurrenten Hermann Haller (Theater im Admiralspalast) und James Klein (Komische Oper) in der Mitte dieses Jahrzehnts. Auch bei ihnen bestimmten Tanz und Gesang die Abfolge der Bilder. Hallers Übernahme der ›Original Lawrence-Tiller-Girls‹ 1924 in *Noch und Noch* mit ihren exakten Tanznummern setzte Charell 1925 die ›John-Tiller-Girls‹ entgegen. Große Stars wie Claire Waldoff und Trude Hesterberg hielten die Verbindung zur Operette, wo Fritzi Massary die wohl größten Erfolge eines Unterhaltungsstars der zwanziger Jahre errang.

Nicht von ungefähr erhofften sich Mitte der zwanziger Jahre verschiedene Kritiker, welche die Krise in Drama und Theater analysierten, von der Revue neue Impulse. Walter von Hollander sprach 1925 sogar von einer »Erziehung durch Revue«, wenngleich er nicht verhehlte, daß viele der gegenwärtigen Revuen recht fade seien (*Die Premiere* 1, 1925, H. 3, 11). Als Zielbild dieser Verjüngung des Theaters erschien »ein rhythmisches Ineinanderspiel von geistigen und sinnlichen Elementen, ein dynamischer Ablauf an Stelle eines rein Handlungsmäßigen«, wie es Adam Kuckhoff formulierte (*Die Volksbühne* 3, 1928, H. 1, 5). Dabei gingen die wohl stärksten Anregungen von der virtuosen, sinnlich-körperhaft betonten Regiekunst Alexander Tairows aus, der auf zwei Europatourneen des Moskauer Kammertheaters 1923 und 1925 größte Erfolge mit seinem ›Entfesselten Theater‹ erzielte. Er zeigte beispielhaft, wie man aus einem häufig unbedeutenden Stoff unter Einsatz von Musik, Tanz, Harlekinade, Gesang, Akrobatik und Lichteffekten neue Triumphe des Theaters arrangieren konnte.

Zugleich machte sich aber auch das Unbehagen an der Revue Luft. Die völlige Ausrichtung am Schauwert verschliß diese Form in der allabendlichen Routine. Man forderte kritischeres Engagement. Der Tenor dieser Überlegungen läßt sich in dem Gedanken zusammenfassen, daß neben die Erziehung *durch* Revue auch die Erziehung *der* Revue zu treten habe. »Allen Revuen fehlt das Einzige, was das Genre unbedingt haben muß«, schrieb Axel Eggebrecht in der *Weltbühne*: »Der Einfall, die Meinung, die kritische Distanz. Eine Gesinnung« (1926, H. 28,

75). Die Kabarettsatire, die Anfang der zwanziger Jahre so erfolgreich gewesen war, sollte eine neue Verbindung mit der Revue eingehen. Hollander schlug in dem erwähnten Beitrag vor: »Den richtigen Revuedichter, auf den alle warten, kann man zwar nicht aus dem Boden stampfen, aber man kann ruhig die witzigen Köpfe Deutschlands bemühen (die Mynona, Mehring, Peter Panter, Weinert, meinetwegen auch Roda Roda, Meyrink, Rößler), um den prächtigen Revuerahmen mit Zeitgeist und Zeitenergie zu füllen.« Dafür wurde am ehesten Rudolf Nelson mit seinen Kleinen Revuen wegweisend, die in dem relativ intimen Rahmen des Theaters am Kurfürstendamm eine Kombination von mondäner Ausstattungsshow und aktuell-satirischen Nummern darstellten, mit zugkräftigen Couplets der von Hollander genannten Schriftsteller. Zum Meister der zeitkritischen Kabarettrevue stieg der Autor und Komponist Friedrich Hollaender auf, der 1926 im Berliner Renaissancetheater mit *Laterna Magica* begann und 1927 mit *Bei uns um die Gedächtniskirche rum* einen Volltreffer landete. Neben Hollaender hatte Marcellus Schiffer größte Erfolge, von denen hier die mit dem Komponisten Mischa Spoliansky geschriebene Kabarettrevue *Es liegt in der Luft* erwähnt sei, die 1928 mit dem Duett von Marlene Dietrich und Margo Lion *Wenn die beste Freundin* zum Schlager der Saison wurde.

Es waren diese, teilweise aggressiv satirischen Revuen, die Axel Eggebrecht 1928 von einer Belebung des Theaters sprechen ließen: »Reinhardtsche Inszenierungen, Kurfürstendamm-Erfolge waren vielleicht weniger an dieser Wende beteiligt als jene kleinen Berliner Revueparodien, als die merkbare Steigerung der Regieleistungen in Operetten, Lustspielen, Klassikererneuerungen« (LW 4, H. 8). Wenn nun kurze Zeit danach Brecht, Kurt Weill und Erich Engel mit der *Dreigroschenoper* eine große revuehafte Opernparodie herausbrachten, so traf das die Stimmung und Erwartung des Publikums und führte zum größten Theatererfolg dieses Jahrzehnts. Das Werk wurde nicht trotz, sondern wegen seiner sozial aggressiven Texte als Ausdruck der Gegenwart konsumiert. Mit gewisser logischer Konsequenz fügte Jhering seinem Lob der *Dreigroschenoper* die Bemerkung an: »Brecht und Weill hatten vor, für die Stadt Essen eine Ruhrrevue zu schreiben. Die Form liegt hier bereitet. Diese Revue für die Ruhr, eine andere für Berlin muß kommen. Eine Revue der Arbeitenden, nicht der Nichtstuer« (R 882).

In diesem Kontext steht nicht zuletzt Piscators Beschäftigung mit der Revue, der vielleicht wichtigste Beitrag zu der Erziehung *durch* Revue und *der* Revue in dieser Dekade. Nachdem Piscator in den kabarettnahen Szenen seines Proletarischen Theaters einen episch-demonstrativen Stil entwickelt und zu den Bunten Abenden der Internationalen Arbeiterhilfe engen Kontakt mit dem proletarischen Publikum gehalten hatte, machte er die disparaten Elemente der Revue zu Argumenten in einer parteilichen Diskussion der Gegenwart. Er selbst hob in *Das politische Theater* (1929) die Disparatheit und direkte Wirkung der Bühnenelemente als den Hauptvorzug der Revue heraus, der eine direkte Aktion in propagandistischer Absicht gestatte, während die herkömmlichen Stücke mit ihrem schwerfälligen Bau und dem Abgleiten ins Psychologisieren »immer wieder eine Mauer zwischen Bühne und Publikum aufrichteten« (60). Hier lagen die Gründe für die stimulierende Wirkung seiner *Revue Roter Rummel* (1924) auf die Theaterbegeisterten in der Arbeiterschaft.

Dennoch sollte nicht übersehen werden, daß Piscator schon in der »Historischen Revue aus den Jahren zwischen 1914 bis 1919 in 24 Szenen mit Zwischenfilmen« *Trotz alledem!* (1925) den großen Bogen der politischen Entwicklung zwischen Kriegsbeginn und der Ermordung von Liebknecht und Rosa Luxemburg in einer Weise herausarbeitete, daß ein dramatischer Effekt erzielt wurde. Über das entsprechende Kapitel im *Politischen Theater* setzte er die Überschrift »Das dokumentarische Drama«. Darin zeichnet sich neben dem Neuen, der teilweise filmischen Dokumentation der Zeitgeschichte, auch das Alte ab: eine der optimistischen Tragödie verwandte Dramaturgie. Piscators Leistung, den Revueformen auf der Bühne eine *propagandistisch* zwingende Funktion verschafft zu haben, ist also nicht ohne die Tatsache zu denken, daß er die Revueformen sehr bald auch in eine *dramaturgisch* zwingende Bewegung einband.

Ende der Dramaturgie? Auch in den zwanziger Jahren war es nur eine begrenzte Anzahl von Theaterleuten, die sich mit dieser Problematik grundsätzlich auseinandersetzten. Der Hauptteil der Energien floß ohnehin zunächst in die Aufrechterhaltung des etablierten Theaterapparats, in die alltägliche Aufführung, in den ›Betrieb‹. Anders als Literatur muß Theater jeden Abend neu veranstaltet werden. Bis neue Dramaturgien durchsickern, dauert es einige Zeit. In den zwanziger Jahren besaß die Komödie einen gewissen Vorsprung. Sie galt als theatergerecht, vor allem im harten Konkurrenzkampf mit dem Kino. Sie galt als zeitgemäß. Sie bedeutete Absage an die Visionen und Utopien der Expressionisten wie Georg Kaiser, Paul Kornfeld und Walter Hasenclever, die diesen Umschlag unter starker Anteilnahme der Öffentlichkeit vollzogen. Kaiser hatte, wie erwähnt, mit seinen Komödien große Erfolge, und Hasenclever wurde mit den Lustspielen über Heiratsschwindel und Ehe *Ein besserer Herr* (1927) und *Ehen werden im Himmel geschlossen* (1928) geradezu ein Repräsentant dieses Genres. Dabei ging allerdings der harte Angriff auf Schwächen und Fehler der Gesellschaft verloren, wie er in der Groteske und Kabarettsatire Anfang der zwanziger Jahre, beispielhaft bei Iwan Goll und seinem satirischen Drama *Methusalem oder Der ewige Bürger* (1922), Ausprägung fand. Statt dessen dominierte die Bemühung um eine neue Balance, der Kornfeld am Anfang seiner Charakterkomödie *Palme oder Der Gekränkte* (1924) die vielzitierte Formulierung gab: »Nichts mehr von Krieg und Revolution und Welterlösung! Laßt uns bescheiden sein und uns anderen, kleineren Dingen zuwenden –: einen Menschen betrachten, einen Narren, laßt uns ein wenig spielen, ein wenig schauen, und wenn wir können, ein wenig lachen oder lächeln.«

Auch darin äußerte sich eine Möglichkeit, die Stellung des Theaters wieder zu festigen, insofern es der Haltung der alten und neuen Mittelschichten in der Periode der Stabilisierung nach 1923 entgegenkam. Während die Groteske die Zweischneidigkeit jeder Situation aufdeckte und den Abgrund hinter der bürgerlichen Fassade sichtbar machte, kam das bewährte Genre der Boulevardkomödie bereits im Formalen dem Bedürfnis nach bürgerlicher Ordnung entgegen, weil es einen Ausgleich der menschlichen Interessen in einem festen ästhetischen Rahmen vorführt. Charakteristisch war die häufige Betonung der handwerklichen Qualität bestimmter Komödien: In diesen Stücken fand das Theater gleichsam zum guten alten Handwerk zurück und konnte den berühmten Stars, welche die Kassen füllten, Gelegenheit zur Entfaltung geben. Mit den Komödien von Curt Goetz (*Ingeborg, Der Lügner und die Nonne, Hokuspokus, Dr. med. Hiob Prätorius, Die tote Tante oder Das Haus in Montevideo*), Bruno Frank (*Perlenkomödie, Sturm im Wasserglas*), Hans José Rehfisch (*Wer weint um Juckenack*), Alexander Lernet-Holenia (*Österreichische Komödie, Ollapotrida, Parforce*) und anderen, teilweise vom Expressionismus kommenden Schriftstellern war man nicht mehr auf französischen und englischen Import angewiesen, wenngleich ausländische Autoren wie George Bernard Shaw, Luigi Pirandello oder Louis Verneuil einen festen Platz im Spielplan behaupteten. Sternheim, der zu den meistgespielten Komödiendichtern gehörte, vermochte in *Der Nebbich* (1922) und *Die Schule von Uznach oder Neue Sachlichkeit* (1926) nicht mehr die Schärfe früherer Gesellschaftskritik zu erreichen, ja kam dem *Juste milieu* bedenklich nahe.

Als größter Triumph des Theaters Mitte der zwanziger Jahre galt ohne Zweifel die Komödie, mit der sich ein früherer Mitläufer des Expressionismus zum Realismus des Volksstücks bekehrte: *Der fröhliche Weinberg* von Carl Zuckmayer. Das Stück hatte Ende 1925 Premiere und erlebte Hunderte von Inszenierungen, zu deren Resonanz nicht wenig die Skandale beitrugen, die von rechtsradikalen Kreisen gegen die »unglaubliche Schweinerei« des Stückes, gegen die Verhöhnung von Christentum und Nation organisiert wurden. Kerrs Satz »Sic transit gloria expressionismi« faßt den Tenor der Theaterkritik präzis zusammen. Geradezu jubelnd konstatierten die Rezensenten, daß dem Theater nach dem Ende des Expressionismus ein neuer Durchbruch zum Publikum gelungen sei, und zwar weder mit »literarischer Hochstapelei«, wie Friedrich Hollaender anmerkte, noch mit einer erneuten Verfeinerung der Komödie, vielmehr durch deren Rückbindung an derben Spaß, Weinseligkeit, Mundart, blutvolles Temperament, Saft und Kraft. Die Art und Weise, wie Klärchen, die Tochter des alternden Weingutbesitzers Gunderloch, nicht auf den verkrachten ehemaligen Korpsstudenten Knuzius, sondern den vitalen Rheinschiffer Jochen zusteuert, wie Gunderloch zu einer neuen Ehe bekehrt wird und sogar Knuzius am Ende, als er auf dem Misthaufen aus seinem Rausch erwacht, ein Mädchen abbekommt, empfand die herkömmliche Theaterkritik als natürlich, ursprünglich, überzeugend und pries Zuckmayer dafür, die abgegriffenen Lustspielsituationen und -typen von der Wirklichkeit, vor allem von der sprachlichen Wirklichkeit her erneuert zu haben.

Zuckmayer lieferte jedoch erst 1931 mit dem *Hauptmann von Köpenick* – nach den volksstückhaften Werken *Schinderhannes* (1927) und *Katharina Knie* (1929) – seinen großen Beitrag zur deutschen Komödie. Ihm gelang eine beziehungsreiche und witzige Dramatisierung des berühmten Possenstreichs, in dem der Schuster Voigt 1906 mit Hilfe einer alten Hauptmannsuniform einen Trupp Soldaten von der Straße abkommandiert und das Rathaus von Köpenick besetzt hatte, um sich dort die Stadtkasse, vor allem aber Aufenthalts- und Arbeitspapiere zu verschaffen. Neben der Geschichte des Schusters gewinnt die der Uniform eigenes Gewicht; die Annäherung ans Tragische und Melodramatische, welcher der Autor Raum gibt, wird dadurch mit einer satirischen Zeichnung von Bürokratie und Untertanengeist balanciert. Daß das Stück trotzdem nicht so politisch wurde, wie die scharfe Reaktion der Rechten vermuten läßt, machte Jhering bereits nach der Premiere deutlich. In seine lobende Besprechung mischte er die Bedenken, daß Zuckmayers Intention, die Welt zu zeichnen, wie sie ist, als Kritik nicht ausreiche. Jhering konstatierte, der eine Zuschauer könne darin den Militärschwank, der andere eine leicht soziale Anklage, der dritte die Satire sehen (R 1078). Der Kritiker implizierte, daß die Stellungnahme in einer politisch so prekären Zeit klarer ausfallen müsse. Andererseits war es ebendiese Distanz von spezifisch politischer Tendenz, die dem *Hauptmann von Köpenick* seinen Erfolg auf der deutschen Bühne, den letzten großen einer Komödie vor 1933, ermöglichte.

In diesem Zusammenhang ist der Sprung zu den Volksstücken von Ödön von Horváth nicht allzugroß, den Zuckmayer hoch schätzte und 1931 für den Kleistpreis vorschlug. Horváth, der trotz seiner Übersiedelung nach Berlin die Bindung an die süddeutsch-österreichische Sprach- und Bühnentradition beibehielt und für das Theater fruchtbar machte, setzte sich 1931/32 mit *Italienische Nacht* und *Geschichten aus dem Wienerwald* auf der Berliner Bühne durch. Nach der Premiere von *Kasimir und Karoline* 1932 in Leipzig geriet sein Stück *Glaube Liebe Hoffnung* Anfang 1933 bereits unter die Räder der nationalsozialistischen Machtergreifung; es mußte von den Uraufführungsproben im Deutschen Theater unter Heinz Hilpert abgesetzt werden. Auch bei Horváth reagierte die politische Rechte mit scharfen Angriffen, wandte die politische Linke ein, daß es nicht damit getan sei, alles nur zu zeigen, wie er seine Intention selbst beschrieben hatte. Zweifellos verband ihn mit Zuckmayer der Rückgriff auf die Form der Komödie und die realistische Gesinnung des Volksstücks und seiner Sprache. Jedoch entwickelte Horváth eine ungleich schärfere Gesellschaftskritik, indem er die Sprache nicht mehr als Ausdruck ›natürlicher‹ Lebensformen erscheinen ließ, vielmehr als Verhinderung solcher Lebensformen entlarvte und zugleich deutlich machte, wie stark das Kleinbürgertum in dieser Sprachlichkeit gefesselt sei und politischer Verführung zugänglich werde.

Horváth hielt sich im Sinne der Neuen Sachlichkeit an die Analyse der gesellschaftlichen Realität seiner Zeit, ohne zum dokumentarischen Zeitstück überzugehen, vermochte aber zugleich die Elemente des Unheimlichen und Grotesken, die Anfang der zwanziger Jahre kraß herausgestellt wurden (und die auch im Wiener Theater tief verwurzelt sind), in der Darstellung wirksam werden zu lassen. Damit gelang ihm wie keinem anderen Dramatiker dieser Jahre, das Heraufkommen des Faschismus im kleinbürgerlichen Alltag sichtbar zu machen, zunächst an den heimlichen Brutalitäten der Inflationszeit (*Sladek oder Die schwarze Armee,* 1927), dann am offenen Überfall einer faschistischen Kampfgruppe auf ein republikanisches Gartenfest in einer kleinen süddeutschen Stadt (*Italienische Nacht,* 1930). Wie schon beim grotesken Bühnenstil zu Beginn des Jahrzehnts findet sich bei Horváth keine Allegorisierung vorgeformter politisch-gesellschaftlicher Analysen, vielmehr eine theatergemäße Entlarvung von Verhaltensformen, nun allerdings pointiert im Herausstellen des sprachlichen Verhaltens. Seine Faschismusanalyse ist von der theatralisch-sprachlichen Vergegenständlichung nicht abzulösen, was zugleich auf ihre Generalisierungsmöglichkeiten hinweist. Typisch ist Horváths verallgemeinernde Äußerung zur *Italienischen Nacht* in der Wiener *Allgemeinen Zeitung:* »Es geht nicht gegen die Politik, aber gegen die Masse der Politisierenden, gegen die vor allem in Deutschland sichtbare Versumpfung, den Gebrauch politischer Schlagworte« (5.7.1931).

Horváths Theater ist das eines analysierenden Zeigens. Die Wiederentdeckung und der Aufstieg seiner Stücke in den sechziger Jahren wäre ohne Brechts verfremdendes Theater nicht möglich gewesen, doch stand Horváth dem Augsburger mit der Haltung des Beobachters, der mit seinen Figuren ein gewisses Stück mitleidet, fern. Die ›Beschränktheit‹ von Horváths Figuren bedeutet Befangenheit in sentimentalen, pseudomoralisch-rationalisierenden Klischees. Darüber hinaus aber läßt sie eine existentielle Befangenheit erkennen, die im Publikum, das sich zunächst über den Klischeejargon amüsiert, Betroffenheit auslöst. Besonders die Frauengestalten der Stücke fordern diese Reaktion heraus, von Marianne in *Geschichten aus dem Wienerwald,* die den langsamen Tod in der Ehe stirbt und der brutalen Liebe des Metzgers Oskar nicht entrinnt, und Karoline in *Kasimir und Karoline,* die dem Unmenschen Schürzinger anheimfällt, bis zu Elisabeth in *Glaube Liebe Hoffnung,* die schließlich ins Wasser geht. Wohl zerstörte Horváth die Unterhaltungsrituale des traditionellen Volksstücks, am eindrucksvollsten in *Geschichten aus dem Wienerwald,* der »literarischen Reaktion auf die Legende Wien« (Jhering), wo vor dem Hintergrund von Walzerseligkeit und Badefreuden an der schönen blauen Donau die unbarmherzige Welt der Kleinbürger ersteht. Doch eröffnet diese Desillusionierung – wie sie sich zu dieser Zeit auch in der Prosa feststellen läßt – keine gesellschaftliche Maxime. Sie zielt ins Individuelle, gemäß Horváths Satz: »Erkenne dich bitte selbst.«

Bei seinem Umgang mit der Komödie zielte Brecht demgegenüber nachdrücklich gegen jede Aufwertung von Schicksalsmomenten. In seinem teilweise als Komödie der Neuen Sachlichkeit verstandenen Stück *Mann ist Mann*, das 1926 in Darmstadt Premiere hatte und 1928 unter Erich Engels Regie in Berlin einen gewissen Erfolg errang, suchte er aus dem Verlust der Individualität eines Menschen jeden tragischen Oberton zu eliminieren, indem er die Elemente komödienhaft-kabarettistischer Inszenierung im Spiel unübersehbar machte. Die Verwandlung des braven Packers Galy Gay in den blutrünstigen Soldaten Jeraiah Jip wird mit Hilfe eines Kampfgeschäfts um einen selbstgebastelten Elefanten künstlich herbeigeführt, aber eben damit als ein gesellschaftlich bezeichnender Vorgang erkennbar. Hier sollen dem Publikum die Augen für die Komödie in der Wirklichkeit geöffnet werden – aber zugleich auch dafür, daß es keine Komödie ist. So sagt im *Dialog zu Bert Brechts ›Mann ist Mann‹* der enttäuschte Zuschauer: »Der Witz dieses Stückes macht mich nicht lachen und sein Ernst nicht weinen« (17, 979). Die Erwartungen des Zuschauers werden enttäuscht: Anders als in den Boulevardkomödien, wo er lachend die Unabänderlichkeiten der menschlichen Natur bestätigt findet, soll er stutzig werden, einen Schritt zurücktreten und sich selbst beim Zuschauen beobachten. Auch das vollzieht sich im Rahmen der Komödie, jener zumal, die mit Hilfe grotesker Verfremdungen das Zufällige, Gemachte, Veränderbare an der Wirklichkeit aufdeckt.

Brecht systematisierte diese Verfremdung in der Folgezeit, löste sie als Element epischer Darbietung verschiedentlich ganz von Komik und Groteske. Doch kehrte er immer wieder zur Komödie zurück, sei es bei der erfolgreichen Mitarbeit an der Bühnenversion des *Schwejk* für die Piscator-Bühne 1928, sei es mit dem Volksstück *Herr Puntila und sein Knecht Matti*, in dem man eine kritische Abrechnung mit Zuckmayers *Fröhlichem Weinberg* erkannt hat. Bei der Probe zur *Dreigroschenoper* 1955 machte er Giorgio Strehler ausdrücklich darauf aufmerksam, daß epische Spielweise am ehesten in Komödien möglich sei, »weil dort sowieso verfremdet wird« (*Bertolt Brechts Dreigroschenbuch*, 1960, 134). Wenn Brecht hinzusetzte, man solle deswegen Stücke auf die Komödie hin inszenieren, so widersprach er nur scheinbar seinem Vorgehen bei der *Mann ist Mann*-Aufführung von 1931. In dieser Zeit inszenierte er das Stück ausdrücklich von der Komödie weg, und zwar als Lehrstück, in dem Galy Gays Aufgehen im Kollektiv der Kolonialarmee als negativer, abschreckender Vorgang erscheinen soll. Brecht verlieh den Soldaten, in deren Hände Galy Gay fällt, ein grotesk-häßliches Äußeres, strich das Spielerisch-Komödienhafte radikal. Offensichtlich fand er die ursprüngliche Komödie nicht mehr voll am Platze, strebte nach intensiverer Verfremdung, intensiverer politischer Aussage, machte ein Warnbild daraus. (Später bezog er Gays Wandlung sogar direkt auf die SA.) Allerdings erweckte er mit seiner Stilisierung des Stücks ins Nüchtern-Didaktische beim Publikum scharfen Protest. Brecht habe eine recht originelle Komödie verdorben, hieß es.

Auf dem Wege zum epischen Theater

Der kritische, ja zersetzende Umgang mit der Komödie ist vor allem für die Anfangs- und Schlußphase der Weimarer Republik kennzeichnend. Er findet sich bei Autoren, die zum idealistischen Pathos vieler Expressionisten gewisse Distanz hielten und damit manchen Enttäuschungen – einem wichtigen Auslöser für Komödien – entgingen. In ihrem Gebrauch expressionistischer Groteskformen hielten sie sich von vornherein stärker an animalisch-irdische Bereiche. Sie gaben ihren Einstand mit einigen aufwühlenden Inszenierungen Anfang der zwanziger Jahre, zielten aber letztlich auf eine Revision der Konzepte vom Drama schlechthin.

Das gilt im besonderen für die Richtung, die man unter Hinweis auf die frühen Werke von Arnolt Bronnen, Brecht, Ernst Weiß, Hans Henny Jahnn sowie auf Hermann Essig »schwarzen Expressionismus« genannt hat, insofern hier ein düsteres, von

Brutalitäten, Mordlust und Sexualität geprägtes Menschenbild sichtbar wurde, das die utopischen Programme desavouierte. Wie sich an Bronnens *Vatermord* und *Die Geburt der Jugend* sowie Essigs Stücken zeigt, war diese Richtung teilweise schon im Expressionismus mitgelaufen. Um 1922 bekam sie, speziell durch Moritz Seeler und seine Junge Bühne in Berlin, ihre Chance und sorgte mit Skandalen schnell für entsprechende Resonanz in der Öffentlichkeit. Sie wurde von Jhering gefördert, der hoffte, daß sie gegen die aufkommende Theaterroutine und Komödiensucht ein Gegengewicht bilden würde. Er stellte Brechts *Trommeln in der Nacht* nach der Premiere in München 1922 sofort groß heraus (was eine spezielle Fehde mit Alfred Kerr über Brecht einleitete) und formulierte 1923 über die Premiere von Brechts *Im Dickicht* den kennzeichnenden Satz: »Brechts dämonisch nihilistisches, über die Ränder quellendes, chaotisch reiches, wucherndes Drama, in dem die Menschen vampirhaft einander aussaugen, in dem Wohltaten zerstören, in dem man vor der Einkreisung des Guten ins Gefängnis flieht, in dem der Sumpf Licht ausstrahlt und die Gestalten mit schwankenden Umrissen in die Dämmerung zurücktauchen, aus der sie kommen – Brechts flackerndes Drama, in dem auch vereinzelte Banalitäten einen unheimlichen Unterton haben, mußte die Ruhe eines Staatstheaters jäh durchbrechen« (R 448). In Jherings Feststellung finden sich bereits die meisten Stichworte, die im Zusammenhang mit den Stücken dieser Autoren gebraucht wurden, vor allem wenn er auf das Dämonische und Nihilistische, auf das Vampirhafte in den Beziehungen der Menschen untereinander und – an anderer Stelle der Rezension – auf Brechts suggestive Sprache hinwies. (Manches trifft auch erstaunlich direkt auf den expressionistischen Film dieser Jahre zu.) Jhering verlieh der Faszination gegenüber diesem provozierenden Vorstoß ins Ursprüngliche, Animalische, Verdrängte menschlichen Daseins beredten Ausdruck. Hierher gehört auch sein (und Jürgen Fehlings) beharrliches Eintreten für die schwer verständlichen und vom Publikum nicht voll akzeptierten Dramen von Ernst Barlach.

Zu den erwähnten aufwühlenden Inszenierungen zählen neben den Premieren von Brecht die von Bronnen (*Vatermord*, 1922; *Anarchie in Sillian*, 1924; *Katalaunische Schlacht*, 1924; *Die Exzesse*, 1925), in denen man bis Mitte der zwanziger Jahre die Avantgarde am Werk sah, außerdem die Aufführung von Hans Henny Jahnns *Pastor Ephraim Magnus* (1923), einer kaum zu überbietenden Steigerung des brutalen Theaters, des Dramas *Olympia* (1923) von Ernst Weiß und einiger anderer Werke. Hier führten nicht nur der Inszenierungsstil, sondern Stoff und Struktur der Stücke den Ansatz Wedekinds weiter, mit einer im deutschen Theater bemerkenswerten Orientierung am Sinnlichen, Triebhaften und Abgründigen. Bronnens hektische Aktivitäten verführen dazu, das Explodieren der Triebsphäre selbst schon als Hauptthema anzusehen, wie es der Titel *Exzesse* impliziert. Gewiß hatten die Skandalerfolge Bronnens, bei denen die Kritiker Expressionismus auf Exhibitionismus reimten, hierin ihre Basis. Dieser Autor überstieg, besonders in dem genannten Drama mit der simultan demonstrierten Brunst eines getrennt lebenden Liebespaares, das Maß öffentlich tolerierter Obszönität und verlor sich wiederholt in intellektuellem Sexualkitsch. Die Explosionen waren jedoch zumeist von der Darstellung der Fesselung, Befangenheit, ja Gefangenschaft des einzelnen überlagert und vermochten das Gefühl des Unerlöstseins nicht zu sprengen. Bezeichnenderweise hoben die Kritiker die naturalistischen Züge in den Stücken des brutalen Theaters auf eine Weise hervor, als komme ihnen nun eine verfremdende Funktion auf der Bühne zu. Die Körperlichkeit, die aus der Silhouette des ›neuen‹ Menschen herausgeschnitten worden war, entdeckte man als eigene Wirklichkeit wieder. Nach der idealen Stilisierung der Jugend im Expressionismus wurden deren Erschütterungen in Kriegs- und Nachkriegszeit als reale Erfahrungen, nicht nur als seelische oder geistige Faktoren erkennbar.

Mit diesem neuen Selbstgefühl der Jugend verbindet sich auch die Beobachtung, die Brecht anläßlich seiner Regie an Bronnens *Vatermord* in die Worte faßte: »Unsere Freunde waren junge Burschen, die Platinteile aus Heerestelephonen verschoben oder die Broschüren von Lenin verschlangen, aber unser Publikum waren jene Väter, die wir in unseren Stücken auf der Bühne umbringen ließen« (17, 975). Die jungen Autoren und Regisseure arbeiteten in einer Frontstellung nicht nur gegen die alte Generation, sondern auch gegen ein obsolet werdendes Publikum, das im Theater Bildungserlebnisse suchte und seinem Sozialprestige aufhalf. Die Treue dieser Zuschauerschaft mochte noch einmal für den Durchbruch des expressionistischen Dramas eine wichtige Rolle gespielt haben. Immerhin waren zahlreiche expressionistische Stücke – von Unruh bis Hasenclever – noch so stark vom Bildungsmäßig-Literarischen getragen, daß sie von größeren Teilen des bürgerlichen Publikums als exzentrischer Protest der Geistigen goutiert werden konnten. Nun aber verloren die expressionistischen Appelle mit den neuen ökonomischen und politischen Zwängen und dem Sichtbarwerden der Massengesellschaft den Charakter der menschlich und geschichtlich notwendigen Provokation. Für das ›Als Ob‹ ihrer Helden ging der Glaube verloren. Brecht bemühte sich, dem neuen Publikum in den Sport- und Massenveranstaltungen der Gegenwart auf die Spur zu kommen. Er stellte seine Theaterarbeit immer mehr unter das Vorzeichen dieser Bemühung. Angesichts der Krise des alten Bildungstheaters, von der er sprach, sollten seine Stücke *Im Dickicht* und *Mann ist Mann* das Theater als Erkenntnisstätte für die neuen menschlichen Verhaltensformen relevant machen. Es ging ihm um eine Untersuchung der gegenwärtigen Gesellschaft mit den Mitteln des Theaters, nicht um eine Propagierung ideologisch-politischer Inhalte.

Brecht zielte darauf ab, den in der Nachfolge Wedekinds verfremdenden Bühnenstil nicht nur als Darstellungsform, sondern als neue Haltung zum Publikum zu definieren und auszubauen. Das Analytische und Demonstrative sollte im Unterhaltenden des Theaters selbst beheimatet sein. Die Anregungen dafür kamen von den verschiedensten Seiten. Außer der bereits erwähnten Verpflichtung Brechts gegenüber Kaiser ist vor allem die zeitweilige Zusammenarbeit mit Karl Valentin zu erwähnen, der die Kompliziertheit menschlichen Verhaltens und menschlicher Kommunikation an den einfachsten Situationen höchst amüsant demonstrierte. Tiefen Eindruck machten die Filme Charlie Chaplins mit ihrer genauen sozialen Bezugnahme des mimisch-gestischen Spiels – ebenfalls ohne Verzicht auf den unterhaltenden Charakter. Brecht hielt zeitlebens an seiner Bewunderung für Chaplins gestischen Stil fest, der im Verfremden von Verhaltensformen ihre gesellschaftliche Substanz sichtbar mache. Valentin und Chaplin dürften auch die Tendenz zur Vereinfachung der szenischen Mittel bestärkt haben, die Brecht zusammen mit dem Bühnenausstatter Caspar Neher geradezu zu einem persönlichen Markenzeichen entwickelte: ›Kaschemmenbühne‹ mit bloßem Spielpodest und ›Brecht-Gardine‹.

Angesichts dieser Spielauffassung lagen die Anregungen, die Brecht Mitte der zwanziger Jahre von Piscator erhielt, weniger im Szenisch-Ausstattungsmäßigen (wo Piscator von der Einfachheit seines Proletarischen Theaters abgerückt war), als in der epischen Aufbereitung geschichtlich-gesellschaftlicher Sachverhalte, die sich zum erstenmal 1924 in der Volksbühneninszenierung von Alfons Paquets *Fahnen*, dem ›dramatischen Roman‹ über den Haymarket-Aufstand 1888 in Chicago, andeutete. Zu dieser Zeit drängte sich überall das Historienstück in den Vordergrund. George Bernard Shaws episch geordnete, ironisch gebrochene Historie *Die heilige Johanna*, die Reinhardt 1924 mit großem Erfolg am Deutschen Theater inszenierte, wurde beispielhaft für eine distanziert-rationale Annäherung an die Geschichte. Lion Feuchtwanger hatte bereits um 1920 unter historischer Perspektive die Anschauungen vom Dramatischen und Epischen zu revidieren begonnen. Er suchte in dem ›dramatischen Roman‹ über die Desillusionierung eines jungen Dramatikers durch Krieg und Revolution, *Thomas Wendt*, eine Mischform aus beiden Gattungen herzustellen. Sowohl Brecht wie Feuchtwanger haben einander Beeinflussung beim Konzept der Episierung zugestanden. Wichtigstes Zeugnis ihrer gemeinsamen Arbeit an einem distanzierenden Darstellungsstil ist die Neufassung von Marlowes historischem Stück *Edward II.* 1924 in der Ausstattung von Carpar Neher. 1926 wurde dann Piscators Inszenierung von Schillers *Räubern* am Berliner Staatstheater zu einem Markstein kritisch aktualisierender Deutung vorgegebener Stoffe, zum Exempel einer Klassikdeutung, genauer: Klassikverwendung, dem auch Brecht, der die »gipsige« Klassikerpflege angriff, Beifall spendete. Bei seiner Aktualisierung machte Piscator die Figur Spiegelbergs in der Maske Trotzkis zum Mittelpunkt des Dramas. Mit diesem kritischen Beobachter entlarvte er Schillers idealistisch-ethisches Pathos und ermöglichte Einsichten in die realen, das heißt sozialen Gegensätze in der Gesellschaft. Natürlich erhoben sich scharfe Proteste gegen eine solche Behandlung der Klassik, vor allem auf der Rechten.

Was diese Theaterexperimente verband, war die Tatsache, daß die Brechung der Historie in die Gegenwart nicht (poetische) Überwindung, vielmehr (rationale) Intensivierung der Distanz bedeutete. Die im herkömmlichen Drama strukturbildende Heroisierung des Individuums sollte wieder in die geschichtliche Wirklichkeit zurückgebogen werden. Damit ließen sich zugleich neue Einsichten in die gegenwärtige Stellung des einzelnen finden. Brecht verabschiedete mit dem alten Helden gleich auch das alte Drama. Sein Stück *Mann ist Mann* brachte die Demontage selbst ins Bild. In dem Rundfunkgespräch über das epische Drama, das Brecht, Fritz Sternberg, Jhering und Ernst Hardt 1929 führten, summierte Sternberg die Entwicklung in der Frage: »Was aber geschieht nun weiter, da doch nun einmal in der Wirklichkeit das Individuum als Individuum, als Individualität, als Unteilbares, als Unvertauschbares immer mehr schwindet, da im Ausgang des kapitalistischen Zeitalters wieder das Kollektive bestimmend ist?« Worauf Jhering antwortete, da müsse »man eben die ganze Technik des Dramas preisgeben«, und auf das epische Drama hindeutete. Brecht erläuterte dieses Drama als keineswegs neue, jedoch absolut notwendige Form. Für diese Notwendigkeit stand ihm in starkem Maße die Haltung des Publikums ein. Brecht verwies auf »jene kühle, forschende, interessierte Haltung, nämlich die Haltung des Publikums im wissenschaftlichen Zeitalter« (*Brecht im Gespräch*, 1975, 29).

Die intensive Orientierung am Publikum ist offenkundig, zugleich aber auch eine positive Stilisierung des Publikums aus dem Fortschritts- und Wissenschaftsoptimismus der zweiten Hälfte der zwanziger Jahre heraus. Bei Brechts Feldzug gegen die herkömmliche einfühlende und konsumierende Haltung der Zuschauer vermischten sich zweifellos Wunsch und Wirklichkeit, wenn auch deutlich unter dem Gesichtspunkt, die neuen Theaterformen im Aktuell-Gesellschaftlichen, nicht bloß im Poetologischen zu begründen. Hierbei zog er sich verschiedentlich den Vorwurf zu, er setze ein Publikum bereits voraus, das in »jener kühlen, forschenden, interessierten Haltung« erst noch zu schaffen sei. Doch war er sich wohl dessen bewußt, da er sich sonst Ende der zwanziger Jahre nicht so intensiv darum bemüht hätte, für seine Vorstellungen vom epischen Theater das entsprechende Publikum außerhalb des etablierten Theaters zu suchen. Er begann mit Schüler- und Arbeitergruppen zu arbeiten, zunächst an Schulopern (zusammen mit Kurt Weill), dann am politischen Lehrstück (zusammen mit Hanns Eisler). Wie wenig das herkömmliche Publikum bereit war, sich von der kulinarischen Einstellung zu lösen, zeigte sowohl die Aufführung der *Dreigroschenoper* im Theater am Schiffbauerdamm, die unter Erich Engels Regie mit Weills Musik zu einem Triumph führte, als auch die der ›epischen‹ Oper *Aufstieg und Fall der Stadt Mahagonny*, die, ebenfalls mit Weills Musik, 1930 in Leipzig einen Skandal verursachte.

Mit dem Lehrtheater knüpfte Brecht an die Praxis des Gruppentheaters für Laienspieler an. Das Spiel im Kollektiv fürs Kollektiv weckte Ende der zwanziger Jahre allgemein Interesse. Bezeichnend ist, daß auch Brecht und Weill zunächst die Einübung des einzelnen in den Geist des Kollektivs zum zentralen Inhalt erhoben. Bei der Arbeit an der Schuloper *Der Jasager*, die dem japanischen Stück *Taniko* nachgebildet war, entschieden sie sich, wie Weill berichtet, dafür, »den Begriff ›Einverständnis‹ hinzuzunehmen«, damit der Knabe, die Hauptfigur, zeigen kann, »daß er gelernt hat, für eine Gemeinschaft oder für eine Idee, der er sich angeschlossen hat, alle Konsequenzen auf sich zu nehmen« (*Die Szene* 20, 1930, 233). Was hier und in anderen Experimenten wie dem *Badener Lehrstück vom Einverständnis* (1929) als gesellschaftliche Haltung mitvollziehbar gemacht wurde, erhielt dann in dem Lehrstück *Die Maßnahme*, das Ende 1930 in Berlin zur Aufführung kam, einen klaren Bezug zum Kommunismus. Hier entwickelt sich die Lehre aus dem falschen Verhalten eines jungen Revolutionärs, der beim Kampf in China die leninistische

Taktik mißachtet und die Kameraden aufs äußerste gefährdet. Als er verfolgt wird und eine schwere Belastung darstellt, erklärt er sich mit seiner Tötung einverstanden, die dann die zurückgekehrten Agitatoren vor dem Kontrollchor zu rechtfertigen haben. Der Tod des jungen Genossen hebt den Widerspruch zwischen dem menschlichen Drang, den Kulis unmittelbar zu helfen, und der Notwendigkeit, deren Aufstand mit konspirativer Taktik vorzubereiten, auf. Damit wird die Schwierigkeit der Lehre nicht verborgen. Doch hielt Brecht fest: »Der Zweck des Lehrstücks ist also, politisch unrichtiges Verhalten zu zeigen und dadurch richtiges Verhalten zu lehren.« Er fügte hinzu: »Zur Diskussion soll durch diese Aufführung gestellt werden, ob eine solche Veranstaltung politischen Lehrwert hat« (17, 1034). Dieser Zusatz ist wichtig. Er zeigt, wie ernsthaft Brecht diese Theaterpraxis mit der politischen Arbeit um 1930 zu verbinden suchte, ohne ihr den Experimentcharakter zu nehmen. Die im Anschluß an die Aufführung veranstaltete Diskussion stand unter diesem Zeichen.

Allerdings beruhte die Wirkung der *Maßnahme*-Aufführung bei dem politisch aufgewühlten Publikum von 1930, das in der Septemberwahl neben dem Anwachsen der KPD den enormen Aufstieg der NSDAP beobachtet hatte, weniger auf der Experimentierhaltung als darauf, daß es eindrucksvolle Manifestation der Kommunisten war. Der Demonstrationswert der Aufführung, die mit Ernst Busch, Helene Weigel, Alexander Granach und drei Arbeiterchören in der Berliner Philharmonie stattfand, läßt sich also nicht mit einem Erfolg von Brechts Lehrstückpraxis gleichsetzen. Ohnehin näherten sich die Aufführungen mit der chorisch-musikalisch begleiteten Opferung des jungen Genossen stark dem Rituellen. Ernst Busch, der wichtigste kommunistische Schauspieler dieser Jahre, der sowohl im Berufs- wie im Agitproptheater auftrat, bemerkte später, es sei »kein Theaterstück, sondern ein Oratorium, ein Podiumsstück«. Er erinnerte sich: »Ich spielte die Rolle des Jungen Genossen, mit dem alle Mitleid hatten« (*Die Maßnahme*, hrsg. von Rainer Steinweg, 1972, 465f.).

Demgegenüber erhielten Brechts andere Lehrstückexperimente, die für Schulen und politische Organisationen bestimmt waren, wesentlich weniger politische Aufmerksamkeit, auch von der KPD. Wenn sich in der Abkehr vom kommerziellen Theater und der Zuwendung zum Proletariat auch seine Zuversicht manifestierte, jenes oft beschworene aktive, aufklärungswillige Publikum gefunden zu haben, so bedeutete das noch nicht, daß das proletarische Publikum seiner Einschätzung dessen, was Theater bedeuten sollte, folgte. Dieses Publikum akzeptierte viel eher die Agitationsstücke von Friedrich Wolf, der sich um 1930 zunehmend vom Berufstheater ab- und politischen Spieltrupps zuwandte, ohne direkt Agitproptheater machen zu wollen. Wolf erzielte, unter starkem Einfluß von Piscator, mit einer das Gefühl und den Verstand gleichermaßen ansprechenden Dramaturgie die größten Erfolge des Polittheaters zwischen 1928 und 1932. Ebenso wie mit den Zeitstücken *Cyankali* und *Die Matrosen von Cattaro* gelang es ihm mit den für den Spieltrupp Südwest geschriebenen Stücken *Bauer Baetz*, *Wie stehen die Fronten* und *Von New York bis Shanghai* 1932/33 das proletarische und teilweise kleinbürgerliche (und vor allem jugendliche) Publikum für die aktuell notwendigen politischen Einsichten mitzureißen.

Näher am episch-verfremdenden Theater Brechts stand Gustav von Wangenheim, der ebenfalls sowohl für Berufstheater als auch für politische Laientheater arbeitete. Mit dem Schauspielerkollektiv Truppe 1931 erzielte er 1931/32 große Erfolge bei den von den Linken vernachlässigten Angestellten und bürgerlichen Mittelschichten. Wie Erich Weinert bei seinen Rezitationsvorstellungen bezog Wangenheim bewußt dieses Publikum ein, suchte der Gefahr der Ritualisierung des Agitations- oder Lehrtheaters im homogenen proletarischen Publikum zu begegnen. Mit den kollektiv erarbeiteten Stücken *Die Mausefalle* (1931), *Da liegt der Hund begraben* (1932) und *Wer ist der Dümmste?* (1932) bot die Truppe ein Lehrtheater, in dem sich die Bewußtwerdung einer klassenkämpferischen Position mitvollziehen läßt. Die Truppe 1931 erläuterte die Bühnenvorgänge, brachte eine Mischung von Kabarett, Chor, filmischen Elementen, Allegorien und handfesten politischen Dialogen. In der *Mausefalle* leistet die nach Shakespeares *Hamlet* montierte Theaterszene

Aufklärungshilfe. Das Spiel im Spiel fördert die Bekehrung des Angestellten Fleißig vom bürgerlichen Individualismus zum proletarischen Kollektivismus.

Wangenheims spielerische Verfremdung bezieht sich auf die Lehre, nicht auf die menschliche ›Substanz‹ und hält sich damit außerhalb des Bereichs von Tragödienassoziationen, die sich bei Brechts *Maßnahme* mit ihrer Vernichtung des einzelnen einstellten. Auch später – bis hin zur *Mutter Courage* – hatte Brecht mit der epischen Dramaturgie des negativen Beispiels, des Nicht-Sondern, gegen Tragödienassoziationen zu kämpfen. Wie engagiert er das tat und wie nachdrücklich er darin den Kampf gegen das überkommene dramatische Bildungstheater führte, zeigt bereits seine Zurücknahme von Schillers romantischer Tragödie, das 1930 fertiggestellte Stück über die Krise des Kapitalismus und die falsche Art, ihr zu begegnen: *Die heilige Johanna der Schlachthöfe*.

Während dieses Werk vor 1933, abgesehen von Ausschnitten im Rundfunk, nicht mehr zur Aufführung kam, brachte Brecht das Lehrstück *Die Mutter* 1932 zuerst vor ein bürgerliches, dann vor ein proletarisches Publikum, womit sich sehr verschiedene Reaktionen verknüpften. Bezeichnenderweise setzten die behördlichen Eingriffe erst mit dem Umzug vom Theater am Schiffbauerdamm zum Arbeiterpublikum im Berliner Norden ein. Plötzlich standen die Aufführungen unter strenger Aufsicht der Polizei und wurden schließlich abgewürgt. Brecht zeigte sich befriedigt über die Reaktion der Arbeiter und Arbeiterfrauen gegenüber dem Stück, das eine Bearbeitung von Gorkis berühmtem Roman über den Lernprozeß einer Revolutionärin darstellt. Zufrieden stellte er fest, daß »die Arbeiter auf die feinsten Wendungen der Dialoge sofort reagierten und die kompliziertesten Voraussetzungen ohne weiteres mitmachten«, während »das bürgerliche Publikum nur mühsam den Gang der Handlung und überhaupt nicht das Wesentliche« begriff (17, 1075f.). Das setzte eine ungewöhnliche Anerkennung des Konkreten und Realen voraus, sofern dies den politischen Kampf aus der Perspektive des Proletariats betrifft. Der Unterschied zum Modellhaften der vorangegangenen Lehrstücke ist offenkundig. Man hat sogar von einer Kompensation für deren Abstraktionstendenz gesprochen. Zweifellos stellen sowohl die *Mutter* wie die anderen Lehrstücke Extreme in Brechts Theaterarbeit dar.

Nachdem Brecht seine Überlegungen zum epischen Theater seit 1926 in verstreuter Form veröffentlicht hatte, gab er ihnen um 1930 unter Verarbeitung seiner inzwischen erfolgten ›Erlernung‹ des Marxismus eine festere Systematik. In den *Anmerkungen zur Oper ›Aufstieg und Fall der Stadt Mahagonny‹* (1931) stellte er ein vielgerühmtes und -kritisiertes (und später überarbeitetes) Schema auf, in dem er das epische mit dem dramatischen Theater kontrastierte. Es bezieht seine entscheidenden Ansichten aus der Reflexion des Verhältnisses von Bühne und Publikum, insofern sich in diesem Verhältnis zugleich generelle Aspekte einer neuen Politik zur Änderung der Gesellschaft festmachen lassen. Brecht zielte mit der Charakterisierung des dramatischen Theaters auf die Ausdrucksform der überlebten bürgerlichen Gesellschaft und fixierte im epischen Theater die marxistischen Kampf- und Erkenntnisformen. Damit verlieh er dem Schema politische Überzeugungskraft, allerdings um den Preis, die Definition des spezifisch Theatermäßigen zu verunklären. Wenn er einleitend sagte: »Dramatische Form des Theaters: der Mensch wird als bekannt vorausgesetzt – Epische Form des Theaters: der Mensch ist Gegenstand der Untersuchung«, so fiel es Alfred Kerr, seinem berühmtesten Gegner auf der Theaterszene, nicht schwer zu erwidern: »Seit wann ist im Drama der Mensch als bekannt vorausgesetzt?« (NR 43,1932, 398). Kerrs scharfe Kritik an Brecht galt im übrigen immer auch Herbert Jhering, seinem Intimgegner, dessen Konzept vom Kampf ums Theater er nicht akzeptierte. Während Kerr wie Jhering Piscator und das Zeitstück begrüßte, teilte er nicht die von Jhering besonders intensiv vertretene Auffassung von der grundsätzlichen Krise des Theaters und der Notwendigkeit seiner epischen Erneuerung.

In der Tat läßt sich in Brechts Werk zu dieser Zeit eine Zusammenfassung und Weiterführung der in den zwanziger Jahren erarbeiteten Elemente eines antipsychologischen, antimimetischen, bewußt ›inszenierten‹ Theaters erkennen, eines Theaters, das eine sichtbare Konsequenz daraus zieht, daß dort, wo die Selbstherrlichkeit von Dialog, Spannung und Helden kritiklos aufrechterhalten wird, der Weg unausweichlich ins Museale führt. Brecht nahm manches von der expressionistisch-dadaistischen Verfremdung auf und lernte sie als Form der Untersuchung gesellschaftlichen Verhaltens zu gebrauchen. Das solcherart ›inszenierte‹ Theater begründet sich aus gesellschaftlicher Stellungnahme und verwirklicht sich im erkennenden Mitvollzug.

Das Zeitstück

»Stirbt das Drama?« Diese Frage der *Vossischen Zeitung* scheint angesichts der Äußerungen der Ratlosigkeit, die sich Mitte der zwanziger Jahre auch im Bereich des Theaters breitmachten, nicht aus dem Rahmen zu fallen. Die Zeitung begründete 1926 ihre Umfrage zu diesem Thema mit den Bemerkungen: »Immer mehr Stimmen werden laut, die den Untergang des Theaters in seiner jetzigen Form ankündigen oder gar schon feststellen. Daß unsere Zeit keiner Tragik fähig ist, ist eine alte Behauptung. Neu ist die Anklage, daß das Drama sich selbst als Kunstform überlebt habe. Voreilige Grabredner beerdigen es, um Kino, Radio, Operette, Revue, Boxkämpfe als seine Erben zu proklamieren« (4. 4. 1926). Wenn man von dem Aufstieg des Zeitstücks in den folgenden Jahren spricht, von der Tatsache, daß es in seiner Blütezeit 1928–1930 das Theater wieder in engen Kontakt mit den Auseinandersetzungen der Zeit brachte, so darf die Erwähnung der Krisenstimmung Mitte der zwanziger Jahre nicht fehlen.

Das Gefühl der Krise bezog sich nicht nur auf die Stücke (bis 1927 beklagten die Kritiker das Fehlen akzeptabler Dramen, welche die Probleme der Gegenwart behandelten), sondern auch auf die Institution Theater selbst. Was an dieser Institution faul war, fand Kurt Pinthus 1925 in einer Parodie auf das Theater, die drei Schauspieler der Berliner Komödie in einer Nachtvorstellung präsentierten, brillant und vergnüglich sichtbar gemacht. Pinthus stellte seiner Rezension in der *Weltbühne* die Feststellung voran: »Das Theater unserer Zeit ist nicht mehr Angelegenheit unserer Zeit. Sondern das Theater wird erst wieder leben können, wenn es tot ist. Und jeder, der erweist, daß unser Theater nicht mehr lebt, ist zu begrüßen, weil er zukünftiges Leben des Theaters fördert.« Was war nun an der Theaterparodie der Schauspieler Curt Bois, Else Eckersberg und Wilhelm Bendow so tödlich, daß es aufbauend wirkte? Pinthus berichtet von der Darbietung eines erotischen Trivialstücks, bei der die aktuellen Theaterstile so entlarvend vorgeführt wurden, daß Gelächter und Ernüchterung sich mischten. »Die gemacht elegante Redeweise und Tracht höchster Schichten, wie sie nur im Theater und Film existieren; die Geistfremdheit der Revuen; das klassisch-historische Drama; der abenteuerliche Reißer aus den Tropen; die ohnmächtige Hopserei kurioser Tanzreformationen; das Kokettieren mit Hysterie und Perversität – das alles wurde durch die Losgelassenen so komisch-abschreckend deutlich gemacht, daß niemand, der diese konzentrierteste Verhöhnung unsrer gesammelten Theaterausdrucksmittel gesehen hat, jemals mehr mit Ernst die Urbilder betrachten kann« (W 1925, 963). Hier stand die Inszenierungskultur insgesamt am Pranger, mitsamt den Entwicklungen von Reinhardt bis Lubitsch und Charell, von Wedekind bis Jessner und Bronnen. Pinthus fügte noch an, daß eine solche Bloßstellung mehr Wirkung zeitige als jedes gedruckte Pamphlet.

Es scheint, daß sich in dieser höchst lebendigen Form der Abrechnung mit dem Übergewicht des Inszenatorischen selbst wieder die Lebendigkeit des Theaters in diesem Jahrzehnt zeigte. Denn wenn der Vormarsch der Medien- und Massenkultur zu dieser Zeit immer intensiver wurde und, nach den Worten der *Vossischen Zeitung*, über das Theater hinwegzugehen drohte, so zeigt der Aufstieg des Zeitstücks doch tatsächlich eine erstaunliche Regenerationsfähigkeit der Bühnenkunst, sowohl im Formalen wie in der Einflußnahme auf die öffentliche Diskussion. Für diese – vorübergehende – Regeneration bildete ohne Zweifel eine zentrale Voraussetzung, daß gewisse Schichten im Theater immer noch eine wichtige Form von Öffentlichkeit anerkannten, genossen und praktizierten, was in den Jahren der Stabilisierung mit der generellen Aufwertung demokratischer Auseinandersetzung zusammenfiel, die bis 1929/30 anhielt. Damit vermochte das Theater – und darin liegt das große Verdienst von Piscator – den entscheidenden Sprung ins Wagnis politisch-gesellschaftlicher Diskussion zu machen, mit dem es sich noch einmal gegenüber dem enormen Unterhaltungswert von Rundfunk und Film behaupten konnte, der mit einer verharmlosenden Wohlverhaltensideologie einherging. Ende der zwanziger Jahre war es noch einmal das Theater, nicht Film oder Radio, das mit Stücken von Friedrich Wolf, Peter Martin Lampel, Ferdinand Bruckner, Hans José Rehfisch, Wilhelm Herzog, Erich Mühsam und anderen die öffentliche Auseinandersetzung über Justizwillkür und Krise der Jugend, Abtreibung und soziales Elend erzwang. Wie beim Zeitroman ist die Ausrichtung auf die demokratische Öffentlichkeit dieser Jahre von großer Bedeutung. Wie bei der Prosa entsprang der Berufung auf die Authentizität des Dargestellten beziehungsweise des Problems eine neue Legitimation des künstlerischen Mediums. Und noch stärker als der Roman, welcher der öffentlichen Vorführung nicht bedarf, geriet das Zeitstück um 1930 in die Fronten der Parteien, zwischen denen geschlagen, aber nicht mehr argumentiert wurde.

Daß ein Regisseur, nicht ein Autor in den Jahren 1924–1927 entscheidende Anstöße für den Aufstieg des Zeitstücks lieferte, empfanden schon die Zeitgenossen als symptomatisch für den Geist der Gegenwart. Piscator selbst betonte, daß in seiner Regiearbeit viel Vorübergehendes stecke und er auf ein neues großes Drama hoffe, das die ungenügenden Texte, die er für sein politisches Theater verwende, ablösen werde. Ähnliches äußerte Jhering, der die von Piscator gelieferten Impulse in der Streitschrift *Reinhardt, Jessner, Piscator oder Klassikertod* 1929 am bündigsten zusammenfaßte. Jhering schrieb vor allem Piscators *Räuber*-Inszenierung 1926 eine Schlüsselfunktion zu: »Sie war der Anlaß zum Wirklichkeitsbekenntnis der Dramatiker. Sie war der Anlaß zu einer Umschichtung der Spielpläne« (J 322). Bei seiner Charakterisierung des Neuen bezog sich Jhering also nicht primär auf die Wahl neuer Stoffe, sondern auf die Umstrukturierung des alten Theaters. Piscator vermochte somit, die von Diebold umrissene Verlagerung der Dramaturgie vom dramatischen

Text auf die Inszenierung zu einer handhabbaren Technik auszuformen, mit der die Dramatiker wieder Mut schöpften, aktuelle Probleme bühnenmäßig zu behandeln.

Wenn Jhering am Schluß der genannten Schrift darauf aufmerksam machte, daß Brecht, der Dichter, mehr den Theaterstil und Piscator der Regisseur, mehr das Drama beeinflußt habe, so umriß er höchst einsichtig die verschiedenen Ansätze des politischen Theaters Ende der zwanziger Jahre. Hierher gehört Brechts Bemerkung, nach ihm sei Piscator der größte lebende deutsche Dramatiker. Im Zusammenhang mit der Verwendung der Revueformen ist dafür schon das Stichwort gefallen: Piscators Herausarbeitung des dokumentarischen Dramas aus der revuehaften Präsentation eines zeitgeschichtlich bedeutsamen Stoffes. Der Titel *Trotz alledem!* verwies ja schon auf die Dramaturgie der optimistischen Tragödie, und wenn man Piscators weitere Inszenierungen – von Schillers *Räubern* und Ehm Welks *Gewitter über Gottland* (1927) bis zu Theodor Pliviers *Des Kaisers Kuli* (1930) – verfolgt, so ist dieser dramaturgische Impuls unübersehbar. Piscator spannte die Einzelszenen und -bilder auf die Endszene als den ideellen Höhepunkt der Aufführung hin, mit dem die historischen Perspektiven vollends deutlich werden, indem sie sich zur Gegenwart öffnen und aktives Handeln und Verändern herausfordern. Nicht Verharren im Tragischen war das Ziel, vielmehr das Fruchtbarmachen des Tragischen, das Überwinden derjenigen gesellschaftlichen Zustände, welche Tragödien hervorbringen. Vom Einzelschicksal wurde der Blick auf das Ganze gelenkt. Nur im Ganzen – in der »Totale«, wie es Piscator nannte – lag der Schlüssel zur Lösung der Probleme.

Piscators ›Apparat‹ war enorm. Seine Umstrukturierung der Stücke, seine Dokumentation mit Film, Projektion, Statistiken setzte große technische Mittel voraus, viel Geld, viele Statisten, viele Mitarbeiter. Das alles verführt dazu, seine eigentliche Leistung in den Bereich des Theatermanagements zu rücken (wogegen schon der zweimalige Bankrott seiner Bühne spricht). Jedoch war es nicht seine Megalomanie, aus der die Perspektive der Totalen ihre Ausformung erhielt, sondern ein anderer Faktor. Seine eigentliche Leistung bildete die Gewinnung eines neuen

Publikums, mit dem die Totalität des Gesellschaftlichen zwingend ins Zentrum rückte. Das Ganze, das er meinte, verstand sich vom Proletariat her, von der Gewißheit, daß das Ganze der vorhandenen Zustände revolutioniert werden müsse. Indem Piscator das Proletariat zum Adressaten seiner Dramaturgie machte, verpflichtete er sich als Marxist der Totalität der gesellschaftlichen Zustände. Diese Ausrichtung trug über die Tatsache hinweg, daß das reale Publikum, das seine Theateraufführungen besuchte, weitgehend zum Bürgertum gehörte, nicht nur zum Proletariat. Diese Bürger genossen das ›Ereignis‹ Piscatorbühne. Sie bezahlten das Ereignis, aber sie trugen es nicht. Sie waren nicht die Adressaten der Dramaturgie, auch wenn sie sich an ihr begeisterten.

Demgegenüber machten die meisten Autoren von Zeitstücken dieses Bürgerpublikum selbst zum Adressaten. Sie rückten spezifische gesellschaftliche Mißstände ins Zentrum, deren Beseitigung sie mit Hilfe des Appells von der Bühne anstrebten. Das zielte, wie erwähnt, vor allem auf Justizwillkür und die Krise der Jugend, auf Abtreibung und soziales Elend, Erscheinungen, die in einer demokratischen Öffentlichkeit mitentschieden werden konnten. Die Authentizität des Dargestellten bestätigte sich am individuell mitvollziehbaren Fall. Auch hier fand die Struktur der Desillusionierung ihre Ausprägung, wobei der Schluß des jeweiligen Stückes zu einer Manifestation des Änderungswillens gemacht werden konnte – wenn nicht das tragische Gewicht des Falles überzogen war. Das geschah allerdings nur allzuoft.

Wichtige Impulse vermittelte Piscator selbst an einige Dramatiker, etwa an Friedrich Wolf, mit dem er 1930/31 eng zusammenarbeitete. An einem von Piscator initiierten ›dramaturgischen Kollektiv‹ beteiligten sich unter anderem Erich Mühsam, Walter Mehring, Brecht, Döblin und Leo Lania. Hier gelangten einige der Prinzipien des epischen Theaters zu breiterer Diskussion, wovon nicht nur Lanias *Konjunktur* (1928) und Mehrings *Der Kaufmann von Berlin* (1929) zeugen, sondern auch das beachtliche Lehrstück *Die Ehe* (1929), in dem Döblin die Zerstörung der alten Eheform durch die moderne Wirtschaft demonstrierte, ohne allerdings mehr als eine vage Verkündigung der

Änderung bieten zu können. Für das Studio der Piscator-Bühne schrieb Günther Weisenborn 1928 eine Szenenfolge, in der er den Untergang eines amerikanischen U-Boots 1927 dokumentarisch ausbreitete. Das Stück *U-Boot S 4* wurde zugleich zum Argument in der öffentlichen Kampagne gegen den Bau eines Panzerkreuzers. Es kam nach dem Zusammenbruch der Piscator-Bühne unter Einbeziehung von Filmszenen in der Volksbühne zur Aufführung. Piscators Einfluß ist auch in dem Simultanstück über die Auswüchse der Justiz *Die Verbrecher* zu erkennen, mit dem Ferdinand Bruckner 1928 nach *Krankheit der Jugend* (1929) seinen zweiten Sensationserfolg verbuchte. Das gleiche gilt für jenes Werk, das als Prototyp des aktuell stellungnehmenden Zeitstückes galt, Peter Martin Lampels *Revolte im Erziehungshaus* (1928). Die teilweise kraß naturalistische Szenenfolge, die Lampel über Nacht berühmt machte, verdankte ihren Erfolg nicht zuletzt der Gruppe junger Schauspieler, die sich aus Kräften rekrutierte, die mit dem Zusammenbruch der Piscator-Bühne arbeitslos geworden waren. In seinem Stück *Staatsräson* gestaltete Erich Mühsam den Prozeß gegen Sacco und Vanzetti 1927 in den USA dokumentarisch nach, wobei er in der Ausweitung des Falles zur generellen Anklage gegen die kapitalistische Gesellschaft an Piscator anschloß. Schließlich wäre auch Piscators eigene Inszenierung von Carl Credés Stück *§ 218* (1930) zu nennen, dem er eine Rahmenhandlung hinzufügte, welche die jeweilige Vorstellung zu einer Art Volksversammlung gegen den Abtreibungsparagraphen werden ließ. Das Stück hatte damit auf seiner Tournee durch Deutschland großen Erfolg.

Peter Martin Lampels *Revolte im Erziehungshaus* setzte 1928 insofern Zeichen für das Zeitstück, als es weitgehend unbekannte Mißstände durch das Medium Theater ans Licht rückte und so beweiskräftig argumentierte, daß eine heftige öffentliche Diskussion über das unnötig grausame Zwangsverwahrungssystem für Jugendliche in Deutschland einsetzte und tatsächlich gewisse Änderungen erzwungen wurden. Lampel verarbeitete eigene Erfahrungen als Erzieher in einer Fürsorgeanstalt, über die er auch im Reportageband *Jungen in Not* Rechenschaft ablegte. Den Hintergrund bildete die Meuterei in einer der Anstalten, über die in der Presse berichtet worden war. Bezeichnend für die Wirkung des Stückes sind die Diskussionen, die man den Vorstellungen folgen ließ. Es erlebte im In- und Ausland über 500 Aufführungen und geriet in die parteipolitischen Auseinandersetzungen. Lampel selbst suchte sich jedoch von einer Identifikation mit einer politischen Partei freizuhalten. Der Schlußsatz des Werkes – »Schmeißt eure Vorstellung von Menschenliebe über Bord – und sucht die Schuld bei euch selber!« – gibt eine allgemein aktivistische Moral. Daß damit noch schärfere Konfrontationen mit den öffentlichen Institutionen möglich waren, bewies Lampels Stück gegen die heimliche Wiederaufrüstung in Deutschland *Giftgas über Berlin* (1929). Das Werk kam in dem von Ernst Maria Aufricht wagemutig geleiteten (privaten) Theater am Schiffbauerdamm in Berlin zur Aufführung, wurde allerdings sofort verboten. In den folgenden Stücken beschäftigte sich Lampel wieder mit Problemen der jungen Generation.

Der Jugendthematik verdankte auch Ferdinand Bruckner 1926 seinen Durchbruch. In der Beschäftigung mit der Krise der Jugend legte er die allgemeine Krise der Gesellschaft bloß, ohne jedoch spezifisch sozialistische Positionen zu vertreten. Der Skandal des Werkes *Krankheit der Jugend* entzündete sich an der freizügigen Behandlung der Sexualität; man verwies auf Wedekinds Wirkung mit *Frühlings Erwachen*. Demgegenüber lebt das Stück *Die Verbrecher*, in dem Motive von Hauptmanns *Die Ratten* anklingen, aus der Bloßstellung der Justizmaschinerie. Mit dem Schnitt durch drei Stockwerke eines Mietshauses brachte Bruckner verschiedene Schicksale simultan zur Darstellung. Er hielt die Verflochtenheit und Vieldeutigkeit menschlicher Beziehungen den Vereinfachungen und Informationsmängeln der Justiz entgegen. Doch zielte er über die aktuelle Gesellschaftskritik hinaus, wie die berühmt gewordene Sentenz »Wir sind alle Verbrecher« deutlich macht.

Gerichtsprozesse zogen die Dramatiker zu dieser Zeit besonders an. Hier konnten sie die Dokumentation eines Einzelfalles im Für und Wider allgemein gesellschaftlicher Perspektiven vorführen, hier ließ sich im Mitfühlen und Mitdenken Spannung erzeugen. Eines der wirkungsvollsten und politisch engagiertesten

Prozeßdramen stellte das von Hans José Rehfisch unter Mitarbeit von Wilhelm Herzog verfaßte Stück *Die Affäre Dreyfus* dar, das 1929 in der Berliner Volksbühne Premiere hatte. Im Prozeß gegen Zola, den unerschrockenen Vertreter von Rechtlichkeit und Humanität, rollten die Verfasser in engem Bezug zur Gegenwart die Probleme von Antisemitismus, Recht des einzelnen, Kastengeist des Militärs auf. Über der Kritik an der verkrusteten Bürger- und Militärgesellschaft bleibt der Fall des einzelnen immer sichtbar, auch wenn die Figur Dreyfus nicht auf der Bühne erscheint.

Die Suche nach Authentizität charakterisierte die meisten dieser Stücke, Authentizität nicht nur des Vorfalls, sondern vor allem des jeweiligen Problems. Wie im Zeitroman bezog diese Authentizität vom individuell dargebotenen Fall ihre aufrüttelnde Wirkung, wobei sich die individuelle Leistung des jeweiligen Schauspielers profilierte. Ohne die Tatsache, daß die Zeitstücke viel schauspielerische Entfaltung ermöglichten, wären sie auf den etablierten Bühnen kaum so erfolgreich gewesen. (Man denke nur an die Auftritte von Heinrich George, Gerda Müller, Friedrich Kaysler, Ernst Busch, Agnes Straub, Karl Paryla.) Im individuellen Aufzeigen von Entrechtung, Verstrickung und Zerstörung des Menschlichen lag das stärkste Mittel, um die moralische Verantwortlichkeit des bürgerlichen Zuschauers in Bewegung zu setzen. Da war der Weg zum naturalistischen Rührstück nicht weit, und Kritiker des Zeitstücks wie Carl Werckshagen warnten vor »Melodramatik, so zeitgemäß sie sich immer gebärden mag«. Werckshagen postulierte: »Es kommt darauf an, einen Überblick über den Gegenstand zu gewinnen, statt sich an ihm zu erregen, Orientierung zu geben, statt die Gemüter zu rühren«. Kernsatz dieser Kritik von 1931 ist die Feststellung: »Das Zeitstück hat die Nachfolge des Rührstücks angetreten« (*Die Szene* 21, 1931, 149ff.). Werckshagen verwies dafür auf Werke von Curt Corrinth, Gerhard Menzel, Franz Theodor Csokor, Fritz von Unruh (*Phaea*), Leonhard Frank, Bruckner (*Die Kreatur*) und Friedrich Wolf (*Cyankali*). Diese Kritik berührte sich mit der von Brecht, der sich zu dieser Zeit besonders schroff gegen Tragödien- und Einfühlungselemente wandte.

Brecht bewahrte seine Hochachtung nur vor Stücken wie *Fegefeuer in Ingolstadt* und *Pioniere in Ingolstadt* von Marieluise Fleißer, die er Mitte der zwanziger Jahre selbst inspiriert hatte und die häufig zwischen Zeitstück und Volksstück eingeordnet wurden. In den 1926 beziehungsweise 1929 in Berlin uraufgeführten und sowohl von Jhering wie von Kerr gelobten Werken verbarg die Autorin ihre Solidarität mit den Schwachen und Hilflosen nicht. Sie versuchte sich jedoch an keiner naturalistischen Anklage, sondern konzentrierte sich auf das sprachlich unbarmherzig genaue Bild einer Provinzstadt, *der* Provinzstadt allgemein, und sorgte für handfesten Skandal. Im Blick auf den Einbruch eines Pionierbataillons in das Alltagsleben von Ingolstadt, vor allem seiner weiblichen Bevölkerung, suchte sie in *Pioniere in Ingolstadt* das zu fassen, »was in Menschen unterer Schichten dumpf und dunkel an Unheimlichem und Triebhaftem nach Licht, Liebe, Ausdruck, Klarheit strebt« (Kurt Pinthus in R 930). Von hier führen Spuren zum frühen Brecht, doch ist die Verwandtschaft mit Horváth noch augenscheinlicher, besonders in der Art und Weise, wie Marieluise Fleißer die Sprache als Ausweis gesellschaftlicher und zugleich existentieller Situationen konturiert, mit eruptiven Sätzen, die sich in syntaktischen Fußangeln verstricken, und mit Pausen, in denen das Unausgesprochene noch größeres Gewicht bekommt als das Gesagte.

Von dieser Darstellungsform unterschieden sich die Erfolgsstücke von Friedrich Wolf sehr nachdrücklich. Seine am Tragischen orientierte Dramaturgie bestimmte sowohl das Stück *Cyankali*, das sich um das Schicksal des proletarischen Mädchens Hete entwickelt, als auch *Die Matrosen von Cattaro*, in dem Wolf die positive proletarische Kämpfergestalt Franz Rasch ins Zentrum einer gescheiterten Revolte auf einem österreichischen Schiff 1918 rückte. Die Aufnahme des letzteren Stückes zeigt, wie diese Dramaturgie in der politisch aufgewühlten Situation um 1930, als die materielle und seelische Not ins Unerhörte wuchs und auf der Linken neue Revolutionshoffnungen weckte, direkte politische Impulse stimulieren konnte. Wolf drängte die fatalistischen Tendenzen beiseite, formulierte das jeweilige Scheitern und Unterliegen als vorläufig, das heißt als dramatische Basis des neuen Aufstiegs, gemäß der auch von Piscator verwendeten Dramaturgie des ›Trotz alledem!‹ Endete *Cyankali* noch mit dem erschütternden Schrei: »Hilft uns denn niemand?«, so ließ Wolf das Scheitern der Matrosenrevolte in die Worte münden: »Kameraden, das nächste Mal besser!« und »Das ist nicht das Ende, Leutnant, das ist erst der Anfang!« Wie intensiv er damit das proletarische Publikum packte, zeigt die Tatsache, daß Wolf, um eine Absetzung des Werkes zu vermeiden, bei der dritten Aufführung vor den Vorhang trat und sagte: »Das Ende des Stückes ist erst der Anfang der wirklichen Diskussion; und die sollt ihr nicht hier im Theater führen, sondern auf dem Heimweg, in euren Betrieben, auf den Stempelstellen, in allen Arbeiterorganisationen! Da erzwingt ihr die klare Entscheidung« (Walther Pollatschek, *Friedrich Wolf*, 1963, 137). Daß Wolf auf das Musterstück dieser Dramaturgie (ebenfalls über eine Matrosenrevolte), nämlich Wsewolod Wischnewskis *Optimistische Tragödie* (1932), direkten Einfluß nahm, ist belegt. Auch Piscator verwandte diese Dramaturgie wieder, als er Anfang der dreißiger Jahre in der Sowjetunion die Geschichte einer gescheiterten Revolte verfilmte. Er veränderte ihren erschütternden Verlauf und pessimistischen Ausgang zu einem monumentalen ›Trotz alledem!‹ – abweichend von Anna Seghers *Aufstand der Fischer von St. Barbara*, die als Vorlage dienten.

Nach 1930 verlor das dokumentierende und argumentierende Zeitstück schnell seine Voraussetzung, seinen Adressaten: ein diskussionsbereites Publikum, das im Theater nicht nur Identifikation oder Unterhaltung suchte. Davon zeugen indirekt die enormen Erfolge von Kriegsstücken, die Ende der zwanziger Jahre zunächst als aufrüttelnde Zeitstücke verstanden wurden, sich bald aber zu Kristallisationsformen der Theaterarbeit der Rechten verwandelten. Hier gilt, was schon im Zusammenhang mit den Romanen über den Ersten Weltkrieg gesagt worden ist. Zunächst bewegte das Schicksal des einfachen Frontsoldaten, dessen Authentizität nicht schwer zu belegen war und das rasche Identifikation ermöglichte. Bei dem erfolgreichsten ausländischen Werk dieses Genres, Robert Cedric Sheriffs *Die andere Seite* (*Journeys end*), machte Jhering 1929 die bezeichnenden

Feststellungen, die auch auf Remarques Roman zutreffen: »Der Erfolg eines neuen Dichters? Der Erfolg eines persönlichen Erlebnisses, dargestellt an einem allgemeinen Erlebnis. Aber dieses persönliche Erlebnis, diese privateste Erfahrung ist gleichzeitig das Erlebnis von Millionen« (R 954). Mit ähnlichen Bemerkungen begrüßten Jhering und Kerr das vor Gerhard Menzels *Toboggan* (1928) erfolgreichste deutsche Kriegsstück *Die endlose Straße* von Sigmund Graff und Carl Ernst Hintze, das, bereits 1926 geschrieben, nach seiner Premiere 1930 über 5000mal im In- und Ausland aufgeführt wurde. Es zeigt in vier Bildern eine Kompanie Frontsoldaten in Unterstand und Barackenlager, müde, erschöpft und verloren, zuletzt (fast) gleichmütig in den Tod marschierend. Kerr verstand es als Tendenzstück gegen den Krieg und pries seine »Nichtsalssachlichkeit«. Jhering vermerkte: »Gemeinschaftsschicksal. Resignation. Kein Ausweg. Die endlose Straße« (R 1049). Immerhin gab der letztere 1932 zu bedenken, daß die politische Neutralität des Werkes nun nicht mehr am Platze sei. Vor allem dürfe sein Fatalismus in der gegenwärtigen Situation nicht einfach hingenommen werden.

Hier lag in der Tat der Ansatzpunkt für eine politisch hellhörige Kritik: wo die Kriegsstücke, wie es Eberhard Wolfgang Möllers *Douaumont* (1929), Friedrich Bethges *Reims* (1928), Karl Lerbs *Opfergang* (1931) und andere Werke zeigten, nicht mehr zur Argumentation, vielmehr zur Identifikation gebraucht wurden, zur Identifikation des einzelnen mit dem stummen ›Opfergang‹ der Gemeinschaft. Das Gefühl der Sinnlosigkeit des Krieges, bei Menzel und Graff/Hintze dominierend, wurde hier auf die neu zu schaffende faschistische Volksgemeinschaft umgepolt, indem man es zur heroischen Opfergesinnung verfälschte. Im Nacherleben der Kriegserfahrung vollzogen die Zuschauer ihre eigene Entmündigung mit. Bald gab es auch genügend faschistische Stücke, die direkt an die kämpferische Entschlossenheit des Publikums appellierten, wie *Schlageter* (1931) von Hanns Johst, das 1933 in Anwesenheit von Hitler uraufgeführt wurde.

Kein Wort wurde nach 1929 im Umkreis des Theaters so oft gebraucht wie das von der Krise. Diesmal verlor es den Charakter der Herausforderung, der ihm Mitte der zwanziger Jahre angehaftet hatte und dem es gerecht geworden war. Angesichts der enormen ökonomischen Krise, die Deutschland spätestens ab 1929 traf, hieß es: radikale Kürzung der öffentlichen Subventionen, Schließung und Pleite zahlreicher Bühnen, Tausende von arbeitslosen Schauspielern, Sängern, Choristen, Musikern, Tänzern, Regisseuren und Bühnenarbeitern. Der riesige öffentliche Apparat des Theaters zeigte nun seine ganze Verletzbarkeit. Mit den demokratischen Institutionen der Republik stand auch er auf dem Prüfstand, besser: am Pranger. Und wie in den Institutionen des Staates machte sich hier schon lange vor 1933 die Hand der Nationalsozialisten bemerkbar, nicht nur beim Auslösen regelrechter Zensurkampagnen in der Öffentlichkeit, sondern auch in den Hinterzimmern, wo Interna entschieden wurden, Spielpläne oder der Einsatz bestimmter Schauspieler und Regisseure.

Dabei trafen, wie oft festgestellt worden ist, äußere und innere Krise zusammen. Die ›äußere‹ Krise zeigte bald ein erschütterndes Bild. Nachdem schon 1930 eine große Anzahl von Bühnen schließen mußte, wurde 1931 zum Jahr des großen Theatersterbens; auch Opernhäuser und Sinfonieorchester waren davon betroffen. Immerhin hatten in Berlin gleich drei Opernhäuser mit vollem Programm miteinander konkurriert, in anderen Städten empfand man schon die Vielzahl von Orchestern als untragbar. Nur in Ausnahmefällen wurden die schwersten Nöte durch Zusammenlegung von Ensembles überwunden. Zu den Tausenden der durch den Tonfilm stellungslos gewordenen Musiker kamen Hunderte hinzu. Der Film, der mit dem Tonverfahren eine neue Konjunktur erlebte (wenngleich auch viele Kinos schließen mußten), konnte davon nur einen Bruchteil – kurzfristig – absorbieren. Selbst der Unterhaltungstheaterkonzern der Gebrüder Rotter mußte 1932 mit seinen neun Theatern schließen. Er hatte mit leichter Operetten- und Komödienware noch am ehesten Zugang zum krisengeschüttelten Publikum gehabt. Denn das stand außer Frage: daß das Publikum, sofern es überhaupt noch den Gang ins Theater antrat, der Ablenkung und Unterhaltung bei weitem den Vorzug vor zeitkritischen Stoffen gab, ja auch die Standardwerke des Bildungstheaters beiseiteschob. Nur durch die zu dieser Zeit stark anwachsenden Besucherorganisationen gelang es, dem ›seriösen‹ Theater einen Stamm von Zuschauern zu erhalten, der für kontinuierliche Arbeit unabdingbar war. Bei den immer wieder heraufgesetzten Eintrittspreisen konnten nur ausgesprochene Renner des Unterhaltungstheaters ihr Budget im freien Verkauf annähernd einspielen, während die Aufführung anderer Stücke die ermäßigten Karten der Besucherorganisationen voraussetzte. Und auch dann blieben die Häuser oft zu zwei Dritteln leer.

Nur einen vorübergehenden Ausweg eröffnete das Konzept des Schauspielerkollektivs, zu dem viele der arbeitslosen Schauspieler Zuflucht nahmen. Die Wurzeln lagen in den ab 1925/26 etablierten experimentellen Studiobühnen der großen Theater. In der Gruppe junger Schauspieler, die Lampels *Revolte im Erziehungshaus* durchsetzte, war es erfolgreich verwirklicht worden. Im allgemeinen gelang es jedoch kaum, die Theatergruppen als selbständige Wirtschaftsgebilde – als sozialistische Inseln im kapitalistischen Meer – besser durch die Notzeit zu steuern als unter einer festen Direktion. Die größere Flexibilität gegenüber der Zensur, wie sie sich bei der Durchsetzung von Wolfs *Matrosen von Cattaro* bewährte, bedeutete auch zugleich eine unstete Gefolgschaft. Trotzdem haben diese Gruppen für die Einschätzung des Theaters in den Jahren vor der nationalsozialistischen Machtübernahme großes Gewicht. Hier äußerte sich viel von dem kritischen, freien Geist, der in den ›öffentlichen‹ Instituten nicht mehr gedeihen konnte, hier formulierte sich bis ins Jahr 1933 hinein aktiver Protest gegen den Faschismus.

Damit ist auch die ›innere‹ Krise berührt, zumindest die Problematik, wie die Vertreter des Theaters auf die politische Herausforderung reagierten, die sich spätestens seit dem bestürzend großen Anwachsen der NSDAP bei der Reichstagswahl im September 1930 abzeichnete. Anders als bei Romanciers bedeutete ihr Tun von vornherein öffentliche Stellungnahme – ein Grund dafür, weshalb hier die Rückzugsbewegungen viel unmittelbarer sichtbar wurden. Auch dabei bewies Jhering sein Sensorium für aktuelle Strömungen und zugleich übergreifende Zusammenhänge, wenn er 1930 feststellte, daß die wahre Reaktion, die heraufziehe, nicht allein in der bloßen Polarisierung zwischen links und rechts gesehen werden dürfe. »Denn es ist ja nicht das die wahre Reaktion, daß auf eine scharfe Linksliteratur eine scharfe Rechtsliteratur, auf ein lebhaftes Linkstheater ein betontes Rechtstheater folgt, sondern das ist die Reaktion, das ist die Rückwärtsorientierung, daß die Schriftsteller selbst weich werden, unbestimmt werden, daß sie die Grenzen verwischen, daß geistige Koalitionen eingegangen werden. In der Kunst aber, im Theater kann es keine Koalitionen geben« (J 373). In diesem Sinne müssen zunächst die künstlerischen Reaktionen und der von Jhering apostrophierte »Einbruch der Idylle« als Ausdruck der Krise gerechnet werden, bevor den Theaterunternehmungen der Nationalsozialisten selbst größerer Stellenwert eingeräumt wird. Zwar drängten diese ab 1930 mit der nationalsozialistischen Volksbühne, einer Nachahmung der linken Volksbühne, in die Öffentlichkeit, konnten jedoch kein Repertoire vorweisen, das ihnen über die Routine rechtsstehender Vereinstheater hinaus den Einbruch in das Publikum des etablierten Theaters verschafft hätte. Auch das bereits seit langem von Hans Brandenburg formulierte Programm eines deutschen Nationaltheaters blieb auf recht kleine Zirkel beschränkt.

So wurde das Zeitstück verabschiedet, bevor Hitler in Reichweite der Macht kam. Wie es mit einer Liberalisierung der Öffentlichkeit aufgestiegen war, so wurde es nun in deren Zerstörung mit hineingerissen. Widerstände gab es, aber sie blieben zu schwach, da nicht der Weg zu künstlerischer Vertiefung, sondern nur zu bloßer Stofferweiterung ausgeschritten worden war. Das Publikum hatte das Bühnenexperiment mit den Problmen der Gegenwart geschätzt, solange es selbst über sie zu entscheiden vermeinte. In der schnell anwachsenden politischen Verunsicherung wog das Theater nicht schwer genug, um den Anspruch des öffentlichen Forums aufrechterhalten zu können. Nur wenn es ›Sicherheiten‹ bot, sei es in Weltanschauung oder Unterhaltung, fand es Gefolgschaft. *Das* bedeutete die eigentliche Reaktion, deren sich dann die Nationalsozialisten bedienten. Sie lieferten ihre ›Sicherheiten‹ auch auf dem Gebiete des Theaters. Allerdings überwanden sie mit der Krise des deutschen Theaters auch seine freie Äußerungsform.

Das Massenmedium

Während das Theater der Weimarer Republik stark von der Novemberrevolution 1918 mitgeformt wurde, war für den deutschen Film der Erste Weltkrieg der entscheidende Entwicklungsimpuls. Dafür ist seit jeher der Aufbau der Universal-Film-Aktiengesellschaft (Ufa), des in den zwanziger Jahren vorherrschenden Konzerns, durch die Oberste Heeresleitung im Kriegsjahr 1917 angeführt worden. Der Koloß der Ufa, den Ludendorff aus verschiedenen Filmfirmen unter Führung der Deutschen Bank zusammenzimmern ließ, um den erfolgreichen feindlichen Filmen eine eigene Filmpropaganda entgegenzusetzen, bildete eine Hinterlassenschaft des Krieges und bestand gleichsam unabhängig von der Republik weiter. Seine Loyalität galt nicht diesem Staat (der sich 1921 selbst aus der Aktienteilhaberschaft entließ), sondern den Geldgebern, den Banken und der Industrie. Das äußerte sich nicht nur in der zeitweiligen Ausrichtung auf nordamerikanische Interessen während der schweren Finanzkrise, in welche die Ufa nach 1925 geriet, sondern auch in ihrer Einordnung in den Pressekonzern des deutschnationalen Politikers Alfred Hugenberg, der die Ufa 1927 sanierte und 1933 als publizistisches Kronjuwel ins Dritte Reich einbrachte. Wenn die Ufa vor Ende des Ersten Weltkrieges auch nicht mehr direkt zur Produktion von Propagandafilmen eingespannt wurde, so blieb doch der Stempel ihrer Gründung in der Folgezeit erkennbar. Von Revolution war jedenfalls nicht die Rede, als der Aufstieg des deutschen Films, an dem sie wichtigen Anteil hatte, Anfang der zwanziger Jahre Schlagzeilen machte.

Für diesen Aufstieg brachte die Konzentration der deutschen Filmindustrie bedeutsame Vorteile, insofern damit zentrale Finanzierung und Produktion erleichtert wurden. Natürlich lag das Gewicht nicht allein bei der Ufa. Neben ihr ist die Deulig zu nennen, vor allem aber die Decla-Bioscop, die einen Großteil der expressionistischen Filmexperimente produzierte und 1921 in die Ufa überging. Entscheidend war, daß das Wort von der Film*industrie* bald nach 1918 seine Rechtfertigung erhielt. Mit Tausenden von Beschäftigten, zumeist in und um Berlin (Babelsberg), entstand eine wirkliche Industrie, die rasch zu einem wichtigen Devisenbringer für das vom Krieg ausgeblutete Land aufstieg. Angesichts des schwindenden Wertes der Mark wurde die Filmproduktion zu einem lukrativen Geschäft, während die zu dieser Zeit international bereits dominierende nordamerikanische Filmindustrie noch relativ wenig Interesse am deutschen Markt besaß. Die ›Kinoseuche‹, die nach dem Krieg um sich griff, sowie die – bald wieder eingeschränkte – Aufhebung der Zensur bescherte den Produzenten eine ungeahnte Konjunktur. Es entstand eine Unmenge trivialer Schinken und Schmachtfetzen, zugleich aber wurde so viel Kapital flüssig, daß bis zum Ende der Inflation eine nicht geringe Anzahl von künstlerischen Filmen hergestellt werden konnte, die ebenfalls den Weg zum Publikum fanden. Zu dieser Zeit erhitzten sich die Debatten, inwiefern die künstlerische Qualität dem Absatz eines Films zugute komme, noch nicht so sehr. In den Hallen der Ufa, wo Ernst Lubitsch mehrere historische Ausstattungsfilme drehte, schenkte man eher den propagandistischen Tendenzen Aufmerksamkeit, doch wußte man, wie Lubitschs *Madame Dubarry* (1919) zeigte, daß künstlerische Qualität nötig war, wenn man im Ausland tatsächlich Fuß fassen wollte.

Mit der Reform der Währung Ende 1923 kam dann für die deutsche Filmindustrie die Stunde der Wahrheit, und zwar sowohl in ökonomischer als auch in künstlerischer Hinsicht. Mit der Stabilisierung der Wirtschaft und der Wechselkurse verloren die deutschen Filme ihren Preisvorteil auf dem internationalen Markt, mehr noch, sie mußten nun auch im eigenen Land gegen die amerikanische Konkurrenz bestehen, die sofort ihre Chancen wahrnahm. Obwohl Deutschland die größte Filmproduktion und den größten Markt außerhalb Hollywoods besaß, sprengten die Amerikaner diese Bastion sehr rasch. Bereits 1925 mußte sich die Ufa von den Firmen Paramount und Metro-Goldwyn-Mayer mit mehreren Millionen Dollar vor dem Bankrott retten lassen.

Trotz der 1924 von der Reichsregierung verfügten Kontingentierung des Filmimports war der deutsche Film im Wettbewerb unterlegen. Die Amerikaner verstanden es sogar, die Bedingung, für jeden importierten Film einen Film in Deutschland herzustellen, zu ihren Gunsten zu wenden. Sie betrachteten diese deutschen Kontingentfilme nur als Zusatzgeschäft, wodurch die deutschen Regisseure von eigenständigem Arbeiten noch weiter abgebracht wurden. Die deutsche Filmindustrie folgte dieser Politik nur allzu bereitwillig und kopierte Hollywood, ohne das Original zu erreichen.

Das Gefühl einer enormen Filmkrise bestimmte die Jahre nach 1925, woran auch die Übernahme der Ufa in Hugenbergs national ausgerichteten Pressekonzern wenig änderte. 1928 überschrieb Kurt Pinthus, einer der wenigen profilierten deutschen Filmkritiker, seinen Überblick im *Tagebuch* einfach mit »Die Film-Krisis« (9, 1928, 574 ff.). Als ihm Willy Haas wenig später ebenfalls im *Tagebuch* antwortete, geschah das unter demselben Titel, nur wies Haas darauf hin, es handele sich um eine »Weltfilmkrise« (713). In der Tat war durch Rationalisierung und Standardisierung der Filmherstellung, die schließlich zu einem Überangebot führte, nicht nur in Deutschland der Besuchermarkt ausgeschöpft worden. Auch in den USA reagierte das Publikum zunehmend zurückhaltend auf die Attraktionen des Stummfilms, denen die Verleiher mit Doppelprogrammen und anderen Angeboten aufzuhelfen versuchten. Die Kurve zeigte überall eindeutig nach unten, was dann ab 1926 zur verstärkten Bemühung um den Tonfilm führte. Ihn setzte Warner Brothers 1927 mit *The Jazz Singer* durch – als letztes, erfolgreiches Manöver, um den Bankrott abzuwenden. Während die amerikanischen Unternehmer mit Hilfe der neuen Techniken (die teilweise in Deutschland entwickelt, jedoch von der Ufa aus der Hand gegeben worden waren) den Film langsam wieder aus der Flaute zogen, trieb man in Deutschland noch tiefer in die Krise hinein, taktierend und kritisierend, jedoch ohne zureichende Konzepte.

Auch Haas gestand zu, daß es mit dem Hinweis auf die größeren Kapitalien der Amerikaner nicht getan sei. In der Diagnose der Krisenursache stimmte er mit den anderen Kritikern in

Deutschland überein: sie liege im künstlerischen, nicht im finanziellen Versagen. Diese Diagnose war eingängig, allzu eingängig, als daß ihr in diesem Land widersprochen werden konnte, aber auch nicht immer adäquat, insofern die Marktmechanismen, die ja die Filme bis in ihre standardisierten Formen hinein bestimmten, zu wenig Berücksichtigung fanden. Wie schwer es fiel, aus den etablierten Formen herauszukommen, zeigen die wenigen Werke sozial engagierter Regisseure, die der Beschönigung der gesellschaftlichen Wirklichkeit in der gängigen Filmproduktion zu begegnen suchten. Doch hatten wohl diejenigen Kritiker recht, die sich nicht mit dem Hinweis auf den Mangel an künstlerischen Spitzenfilmen begnügten, sondern sich vor allem an die Krise des ›mittleren‹ Unterhaltungsfilms hielten, der alltäglichen Kost zahlloser Kinogänger. Hier herrschte gedankenlose Serienproduktion nach geschäftlich erfolgreichen Vorbildern, etwa als Imitation von Ludwig Bergers *Walzertraum*, wie Pinthus in dem erwähnten Artikel konstatierte. Pinthus verwies auf die »Massenproduktion elendster Operettenfilme, in Nachfolge von ›Fridericus Rex‹ die verlogensten Militär- und historischen Filme... gar nicht zu reden von den Alt-Heidelberg-, Rhein- und Weinfilmen« und fügte an: »Jedes dieser Nachahmungsprodukte brachte ein Absinken der Qualität bis zur Qualitätslosigkeit, die bewirkte, daß das ›Made in Germany‹ eines Films schon genügte, um als Abschreckungsmittel für das Publikum zu dienen – zumindest, das ist statistisch exakt erwiesen, für das sogenannte wohlhabende wie für das Arbeiterpublikum, also die beiden Besucherkategorien, ohne die der Film nicht leben kann« (T 9, 1928, 576). Das implizierte, daß der mittlere deutsche Unterhaltungsfilm, in dem die schlimmsten Klischees über den Glanz von Nation und Preußentum, Obrigkeit und Bürgertum neue Politur bekamen, vor allem vom Kleinbürgertum getragen wurde.

Um 1923/24 ging die Selbstverständlichkeit des künstlerischen Experiments, die Anfang der zwanziger Jahre geherrscht hatte, auch im Bereich des Films verloren. Selbst beim Film blieb mit den neuen ökonomischen und politischen Gegebenheiten das Publikum für diese Formen aus. Natürlich besaß der Film nach wie vor ein Monopol auf leichte Unterhaltung und bestimmte das Freizeitverhalten der Bevölkerung mit. Doch mußte er damit auch eine viel größere Anfälligkeit für die Schwankungen des Publikumsgeschmacks hinnehmen. Noch viel stärker als beim Theater ging es beim Film um eine vermarktete Inszenierung von Wirklichkeit. Daß sich die Krise ausgerechnet in der Periode ausbreitete, in der man die Neue Sachlichkeit als Tendenz propagierte, zeigt wiederum die Begrenztheit dieses Begriffs, sofern er als Programm verstanden wurde. Ausgerechnet der Film, dem man wie keinem anderen Medium Wirklichkeitsvermittlung nachsagte, gab dem Anspruch auf Authentizität nur in wenigen Werken unverwechselbaren Ausdruck. Es geschah gewiß nicht von ungefähr, daß gerade in dem Moment, da die Filmwelt von der Krise gezeichnet war, das Zeittheater in Deutschland seinen großen Aufschwung nahm. Auch die steigende Bedeutung des Rundfunks ist für diese Phase symptomatisch. Technische Verbesserungen und billigere Geräte ermöglichten eine enorme Popularisierung dieses Mediums. Zugleich war es der Zeitpunkt großer Fortschritte in der Herausbildung von Zeitreportage und Hörspiel.

Von den Krisenerscheinungen im deutschen Film zeugte Mitte der zwanziger Jahre nicht zuletzt der Weggang bekannter Filmleute nach Hollywood, unter ihnen Friedrich Wilhelm Murnau, Lupu Pick, Paul Leni, Emil Jannings, Conrad Veidt. Ihnen waren Ernst Lubitsch und Dimitri Buchowetzki schon 1922 vorangegangen. Als Ewald André Dupont mit dem Zirkusfilm *Variete* 1925 einen sensationellen Erfolg in den USA verbuchte, bedeutete das die Fahrkarte nach Hollywood. Viele Regisseure mußten sich in diesen Jahren auf eine wenig schöpferische Standardarbeit einstellen. Zu den Ausnahmen gehörten nur wenige Regiestars wie Fritz Lang und G. W. Pabst. Schließlich wurde auch das niedrige Niveau der deutschen Filmkritik als Symptom verstanden. Tatsächlich führte die Filmkritik neben der glanzvollen und vielbeachteten Theaterkritik ein Schattendasein. Wären nicht einige kundige Beobachter wie Béla Balázs, der 1924 die grundlegende Studie *Der sichtbare Mensch oder Die Kultur des Films* herausbrachte, Hans Siemsen, Siegfried Kracauer, Herbert Jhering, Kurt Pinthus, Willy Haas, Manfred Georg, Rudolf

Kurtz (*Expressionismus und Film*, 1926) oder später Rudolf Arnheim gewesen, hätte sich der Vorwurf bewahrheitet, die Filmkritik stelle in den Zeitungen zumeist nur das redaktionelle Anhängsel der Kinoinserate dar.

Angesichts dieser Situation wird verständlich, welch stimulierende Wirkung von den ›Russenfilmen‹ ausging, welch tiefen Eindruck vor allem der beste dieser Filme, Sergej Eisensteins *Panzerkreuzer Potemkin*, machte. Schon die Durchsetzung dieses Werkes 1926 gegen den hartnäckigen Widerstand der deutschen Zensur, woran Alfred Kerr und Paul Levi maßgeblichen Anteil hatten, setzte Signale auch im Hinblick auf die Anerkennung des Mediums Film als Politikum. Die breite öffentliche Kampagne der Linken weckte Ansprüche, mit denen die Kritik an der aktuellen Filmsituation von nun an über bloßes Unbehagen hinausging. Von Eisenstein kamen 1927 *Streik*, 1928 *Das Ende von St. Petersburg* und *Zehn Tage, die die Welt erschütterten* in die deutschen Kinos, von Wsewolod Pudowkin 1927 *Die Mutter* und 1929 *Sturm über Asien*, vom Dokumentaristen Dsiga Wertow 1926 *Ein Sechstel der Erde* und 1929 *Der Mann mit der Kamera*, von Alexander Dowschenko 1930 das ukrainische Epos *Erde*. Diese Filme bildeten einen Kontrapunkt zur Krise, insofern sie nicht nur neue visuelle, geistige und agitatorische Möglichkeiten des Mediums aufzeigten, sondern auch die kapitalistische Filmproduktion bloßstellten. Es schien, als ob sie jene Wirklichkeitsvermittlung lieferten, die man so oft für die Kunst der Gegenwart postulierte. Mit ihrer Einordnung des Individuums ins Kollektiv, in die Masse, gewannen die Hoffnungen auf spezifisch proletarische künstlerische Formen eine neue Basis. Sie bildeten einen zentralen Impuls für die Propagierung einer proletarisch-revolutionären Literatur, deren sich ab 1928 der BPRS annahm, und sie beschleunigten die von Willi Münzenberg in der Internationalen Arbeiterhilfe angekurbelte Modernisierung der Agitations- und Propagandatechniken (*Erobert den Film,* 1925). Die Kommunisten, die ohnehin in starkem Maße vom Hinweis auf Sowjetrußland abhingen, erhielten ein schlagendes Werbemittel, dessen Bedeutung für die westlichen Länder zuvor nicht einmal in der Sowjetunion voll erkannt worden war.

Allerdings wirkten sich die Impulse der ›Russenfilme‹ bis zum Ende der Weimarer Republik eher im Bereich von Literatur und politischem Theater als in dem des linken Films aus. Was an sozialkritischen oder sozialistischen Filmen nach 1927 in Deutschland entstand, erlangte bis auf wenige Ausnahmen wie Piel Jutzis *Mutter Krausens Fahrt ins Glück* (1929), Werner Hochbaums *Brüder (1929)* und Dudow/Brechts *Kuhle Wampe* (1932) kaum eigenes Profil, geschweige denn besonderes Gewicht im Kampf um politische Ziele. Die Leistungen der von Münzenberg Ende 1925 gegründeten Prometheus-Film GmbH und des 1927 aufgebauten proletarischen Filmkartells Weltfilm bezogen sich in erster Linie auf den Verleih der sowjetischen Filme, nicht auf eigene Produktion. Das war angesichts des enormen finanziellen Aufwandes, den die Filmherstellung benötigt, und der beim Film besonders scharfen staatlichen Zensur und Beaufsichtigung verständlich, vielleicht allzu verständlich. Denn oft genug führte der Hinweis, daß das, was in Deutschland nicht geschehen könne, in der Sowjetunion um so perfekter geschehe, zur umgekehrten Fogerung: was dort geschehe, brauche hier nicht unvollkommen gemacht zu werden. Das aber bedeutete, daß die Existenz der ›Russenfilme‹ auch behindernd wirken konnte, verstärkte sie doch die Anschauung der Linken, daß beim kapitalistischen Film ohnehin nichts zu holen sei und man die Hände von der Filmherstellung lassen solle. Als dann in der KPD die Parole von der Agitpropisierung des Films ausgegeben wurde, fehlten wichtige praktische und theoretische Voraussetzungen. Das Hauptinteresse galt ohnehin dem Agitproptheater, und selbst hier äußerten sich 1931 starke Zweifel am ungebrochenen Agitationskonzept.

Unbestritten bleibt die Tatsache, daß mit der Aufnahme der sowjetischen Filme in der zweiten Hälfte der zwanziger Jahre eine Politisierung der Filmrezeption einherging, auch wenn dies nur langsam geschah. Wie kein anderes Medium, einschließlich des staatlich kontrollierten Rundfunks, bezog ja der Film von dem Interesse an einer gesellschaftsumspannenden, arm und reich gleichermaßen erfassenden Kunst einen Großteil seiner Ausstrahlung. Hier schien Demokratisierung der Kultur visuell nachvollziehbar zu werden, als Element des Alltags, der wachsenden Freizeit. Hier schien die Entfeudalisierung des kulturellen Verhaltens Wirklichkeit zu werden – womit nur die feudalen Filmstoffe, die da ›demokratisch‹ über die Leinwand flimmerten, kontrastierten. Dieser Kontrast forderte Ende der zwanziger Jahre mehr als nur Proteste der Arbeiterparteien und Intellektuellen heraus. Anfang 1928 wurde der Volksfilmverband (zunächst unter dem Namen Volksverband für Filmkunst) gegründet, der sich gegen den Monopolisierungsprozeß in der deutschen Filmwirtschaft sowie die ideologische Vernebelung des Publikums wandte und für eine Hebung des künstlerischen Niveaus der Filme eintrat. Die Solidarisierung der Linken, die sich beim Kampf gegen das Verbot von *Panzerkreuzer Potemkin* ergeben hatte, sollte festere Formen gewinnen; dem Vorstand des Verbandes gehörten unter anderem Heinrich Mann, Erwin Piscator, Béla Balázs, Leo Lania, Käthe Kollwitz, Leonhard Frank, Arthur Holitscher, G. W. Pabst, Alfons Goldschmidt, Edmund Meisel und Franz Höllering an. Der Verband sollte die Vorführung guter Filme ermöglichen und die Filmproduktion selbst beeinflussen, er trug die Hoffnungen der linken Intelligenz, innerhalb des Systems zu Veränderungen zu gelangen.

Wenn schließlich die Herausgabe der Zeitschrift *Film und Volk* (1928-1930) zum einzigen anerkannten Erfolg des Volksfilmverbandes führte, so hatte das mit dieser Einstellung viel zu tun. Schon das Vorhaben, durch die Vorführung der ›Russenfilme‹ ein gewisses Monopol zu erlangen, zerschlug sich angesichts der Tatsache, daß diese Filme als Devisenbringer für die Sowjetunion auch an kommerzielle Kinos verliehen wurden. Insofern bot auch die enge Anlehnung an die KPD, die 1929 offiziell bestätigt wurde, nicht viel Hilfe, außer daß man deren Feststellung, das ganze System müsse verändert werden, für den Bereich des Films übernahm. In diesem Bereich bahnten sich jedoch gerade zu diesem Zeitpunkt grundsätzliche Veränderungen an, die der Filmwirtschaft, speziell der Ufa, neues Selbstvertrauen vermittelten und zu einer ausgesprochenen Konjunktur führten – in frappierendem Gegensatz zu der sich um 1930 ständig verschärfenden Weltwirtschaftskrise.

Nach langem Zögern hatte die Ufa 1929 die Herausforderung

des Tonfilms angenommen und sich, nachdem sie unter neuer Leitung bereits aus den roten Zahlen herausgekommen war, die neue Technik mit großer Umsicht zunutze gemacht. Die Tonfilmproduktion förderte den Konzentrationsprozeß in der Filmindustrie noch weiter, insofern die neue Technik viel umfangreicherer Investitionen bedurfte als die des Stummfilms und den Personalaufwand vervielfachte. Für die Klangkulisse und die Dialoge wurde eine große Anzahl von Musikern und Autoren benötigt. Sehr bald erkannte man, daß Tonfilm keine bloße Weiterentwicklung des Stummfilms mit Ton, sondern ein ästhetisch und wirtschaftlich neues Phänomen darstellte. Viele Filmleute lehnten ihn zunächst ab. Mit ihm verloren wohletablierte künstlerische Konzepte ebenso wie eingefahrene Mechanismen des internationalen Marktes ihre Basis. Immerhin aber verschaffte der Tonfilm, indem er die verschiedenen Sprachen zur Geltung brachte, den nationalen Filmkulturen in der Folgezeit wieder eigenes Profil. Trotz mehrsprachiger Versionen der jeweiligen Tonfilme verlor Hollywood die absolute Vorherrschaft. Auf dem europäischen Markt gelangen der Ufa mit Filmen in mehreren Sprachen große Erfolge, zumal im Genre des Revue- und Operettenfilms. Dieses Genre bot angesichts der Sorgen und Nöte der Wirtschaftskrise die populärste Form der Ablenkung und Unterhaltung. Neben dem Welterfolg *Der Kongreß tanzt* (1931) von Eric Charell entstanden in den gleichen Jahren einige Prestigefilme wie *Der blaue Engel* (1930), mit denen die Ufa ihre politische und kulturelle Elastizität zeigte. Weder die Produktion von nationalen Filmen in der Nachfolge des *Friedricus Rex* noch die der Unterhaltungsfilme brauchte nach 1933 Abänderungen zu erfahren.

Aufstieg und Krise des deutschen Films

Wie wenig der deutsche Film vor 1933 vom politischen Geschehen in der Weimarer Republik abgelöst werden kann, hat Siegfried Kracauer, der die Filmentwicklung in der *Frankfurter Zeitung* kritisch kommentierte, in seinem Buch *Von Caligari bis Hit-*

ler (1947) dargelegt. Schon der Titel des Werkes, in dem Kracauer zwischen der 1919 entstandenen fiktiven Tyrannengestalt des Caligari und dem politischen Tyrannen Adolf Hitler einen Bezug herstellte, macht es unmöglich, den für den Ruhm des deutschen Films bahnbrechenden Streifen *Das Cabinett des Doktor Caligari* ohne zeitgeschichtliche Assoziationen oder ohne Bezugnahme auf die späteren Geschehnisse in Deutschland einzuordnen. In Kracauers Betrachtungsweise erscheint jeder Film zugleich als historisches Dokument, insofern er die – bewußten oder unbewußten – Wünsche des Publikums erkennen läßt, an denen der Filmproduzent wegen des enormen finanziellen Risikos auf keinen Fall vorbeigehen kann, ja die er oft in den Mittelpunkt seines Schaffens stellen muß, um überhaupt konkurrenzfähig bleiben zu können. Kracauer wertete deshalb das von einem Kollektiv produzierte Medium Film – weit über alle anderen Künste hinaus – als einen soziologisch-psychologischen Seismographen und stellte es wegen seiner ungewollten Dechiffrierung des kollektiven Unterbewußten selbst über Rundfunk, Illustrierte, Bestseller, Sprachmoden, Inserate und andere sogenannte „Beiprodukte" des kulturellen Lebens. Mit diesem, zum erstenmal 1927 in der Artikelserie *Die kleinen Ladenmädchen gehen ins Kino* skizzierten Gedanken, der bereits bei seinem ersten Erscheinen ein beträchtliches Aufsehen erregte, machte er seine Geschichte des deutschen Films zu einer Geschichte des kollektiven Unterbewußten der Deutschen in der Weimarer Republik.

Kracauers Argumentation ist von der Fragestellung geprägt, mit der sich viele der von Hitler aus Deutschland vertriebenen Kritiker und Intellektuellen in den dreißiger und vierziger Jahren beschäftigten: Wie konnte es geschehen? Auch Kracauer suchte den Sieg des Nationalsozialismus aus einer ›tieferen‹ Veranlagung der Deutschen zu erklären und umriß für die Periode nach dem Ersten Weltkrieg eine Art Inkubationszeit, auch wenn er nicht so weit ging, eine direkte Beeinflussung der Massen durch den Film zu behaupten. Immerhin machte er deutlich, in wie starkem Maße das neue Massenmedium Film Gegenaufklärung produzierte. Dabei berührte er sich mit den Untersuchungen, welche die ebenfalls exilierten Vertreter des Frankfurter Instituts für Sozialforschung Max Horkheimer und Theodor W. Adorno in der *Dialektik der Aufklärung* (1944) über die Stützung der modernen Herrschaft durch die Massenmedien anstellten. Hier wie dort kommt der Darlegung autoritärer Sehnsüchte und Erfüllungen im deutschen Film zentrale Bedeutung zu.

Vom Film ließen sich generelle Schlüsse zum Verhältnis von Massenmedien und Herrschaft ableiten. Allerdings entging Kracauer mit dem Konzept vom Kino als moralischer Anstalt nicht ganz der Gefahr der Vereinseitigung des politisch-historischen Aspekts. So implizierte er eine Zwangsläufigkeit der Entwicklung auf den Sieg Hitlers hin, die seiner eigenen Kritik an der Schicksalsideologie in den Filmen widersprach. Wie viele andere überging er bei der Herausarbeitung des kollektiven Unterbewußten der Deutschen weitgehend die Verknüpfung mit den realen Komponenten der Filmproduktion, sowohl in der organisatorischen als auch in der ästhetischen Sphäre. Daher haben bei ihm gerade diejenigen expressionistischen Filme der Phase bis 1924 eine zentrale Beweislast für die Prädisposition zum Nationalsozialismus zu tragen, die künstlerisch am intensivsten und innovativsten wirkten und sich von der Masse der Trivialfilme (auf die Kracauers Beweisführung eigentlich zielte) abhoben. Und doch bleibt Kracauers Analyse von großer Bedeutung für das Verständnis des deutschen Films dieser Ära, nicht zuletzt weil sich in ihr selbst jener Zug manifestiert, mit dem der deutsche Film seine internationale Resonanz fand: in dem Sinn für die Doppelnatur der Wirklichkeit, für das Andere, Abgründige, Unbekannte, das zum Sichtbaren und scheinbar Normalen hinzugehört. Indem Kracauer dieses Abgründige im Kinoalltag der Deutschen erkennbar machte, wandte er auf seine Weise den Impuls des deutschen Films ins Kritische und Analytische.

Damit ist auch schon die Ambivalenz dessen angedeutet, was dem deutschen Film von den Experimenten Paul Wegeners um 1913 (*Der Student von Prag*, *Der Golem*) über *Caligari* bis zu Murnaus *Nosferatu* (1922) und Paul Lenis *Wachsfigurenkabinett* (1924) ein eigenes Gesicht verschaffte. Im Rückgriff auf die – trivialisierte – Romantik und in der Berührung mit dem literarischen und malerischen Expressionismus entstand eine filmische Welt, welche die ›normale‹ bürgerliche Welt zugleich herausforderte und bestätigte. Die Gruselerlebnisse, die seit der Romantik das Abgründige des alltäglichen Lebens aufgedeckt hatten, gewannen mit der von Freud und anderen Psychologen vorangetriebenen Aufhellung des Unterbewußten eine aufrüttelnde und beunruhigende Wirkung. Stärker als anderswo fügte sich der Film in Deutschland in die antinaturalistische und antipositivistische Welle zu Beginn des 20. Jahrhunderts ein. Viele Schriftsteller entdeckten ihn erst dadurch als beachtenswertes Medium, als Verbündeten bei der Konfrontation mit der erstarrten Bürgergesellschaft und ihren kommerziellen Riten. Die Verbindung des Films mit dem Expressionismus läßt sich weniger in spezifischen Formen fixieren als in dieser ästhetisch fundierten Konfrontationsgesinnung, die wie bei einem großen Teil der expressionistischen Literatur zur Introspektion tendierte. Die Schockbehandlung galt der Seele, nicht der Gesellschaft.

Vom »Kino der Seele« sprach Kurt Pinthus im Vorwort zu dem von ihm 1914 herausgegebenen *Kinobuch*, das Filmentwürfe von Walter Hasenclever, Max Brod, Albert Ehrenstein, Else Lasker-Schüler, Ludwig Rubiner, Heinrich Lautensack und anderen Autoren vereinte. Pinthus' Enthusiasmus richtete sich auf das Wunderbare und Groteske des Kinos, wobei er so weit ging zu sagen, der Leser könne diese Filmentwürfe schließlich auch selbst in seiner Phantasie inszenieren, sie bedürften nicht unbedingt der szenischen Umsetzung. Hier wird deutlich, wie der Begriff Kino zunächst weniger auf den technischen Apparat als auf die Möglichkeit der Wirklichkeitsdurchbrechung und Phantasieerweiterung zielte. Angesichts dieses poetischen Konzepts ist die Tatsache nicht überraschend, daß Pinthus wenig später auch die wichtigste Anthologie expressionistischer Lyrik, *Menschheitsdämmerung*, herausgab und darin dem ›Weltumarmer‹ Franz Werfel am meisten Platz widmete. Die zu dieser Zeit dominierende Vorliebe für Märchen- und Legendenstoffe mit ihren einfachen Gestalten wie auch Alraune-, Doppelgänger- und Zaubererfiguren zeugte von den Hoffnungen, unter der zivilisatorischen Oberfläche menschlichere und ursprünglichere Lebensformen aufleuchten zu lassen. Bis Anfang der zwanziger Jahre erhofften nicht wenige Intellektuelle vom Film eine Erneuerung der Kunst aus ebendieser Fähigkeit, das Menschliche und Ursprüngliche – ohne den hohen Anspruch der traditionellen Kunst – neu sichtbar und damit allem Volk verständlich zu machen.

Zugleich aber äußerte sich in der Vorliebe für die magischen Verwandlungen auch vieles von der Ratlosigkeit der deutschen Intelligenz und ihrem bedenklichen Glauben an das Chaos, wo es doch vielmehr darum gegangen wäre, rationale Einsichten über die Gegenwart, über die Entstehung des Krieges und die Niederlage des Landes zu gewinnen. Dabei gaben nicht nur die Tyrannengestalten des Homunculus (in der gleichnamigen Filmfolge von 1916), des Doktor Caligari oder des Doktor Mabuse (in Fritz Langs *Dr. Mabuse, der Spieler*, 1922) der Vorstellung Nahrung, daß dem Regiment der Mächtigen kaum Einhalt geboten werden könne, sondern auch die verschiedensten Elemente des ›magischen‹ Wirklichkeitskonzepts, mit denen an die Stelle realer geschichtlicher Kräfte geheimnisvolle Mächte traten. Die magischen Verwandlungen der Realität kamen der Überzeugung von der Unabänderlichkeit von Geschehnissen entgegen und intensivierten somit den Schicksalsglauben. Der jungen deutschen Demokratie, die frei handelnde und verantwortliche Staatsbürger brauchte, wurde damit wenig geholfen.

Natürlich dürfen in diesem Zusammenhang einige allgemeine Aspekte des Films nicht übergangen werden, die in der Stummfilmphase, zumal in der Euphorie über das neue visuelle Medium, besondere Wirkung besaßen. Vor allem faszinierte die Tatsache, daß dieses Medium seine Authentizität bereits im fotografischen Ablauf gewann. Die verschiedenartigsten Situationen, Bilder, Geschehnisse bezeugten bereits insofern ihren Realitätsgehalt, als sie – einfach da waren. So konnte man folgern: Je seltsamer der Vorgang, um so größer der Eindruck. Je mehr Bewegung, um so mehr Vergnügen. Je erfindungsreicher die Handlung, um so geringer das Bedürfnis nach Erklärungen. Beim stummen Film war der Zuschauer stets aufgefordert, sich einzufühlen. Das Fehlen von unmittelbarem Dialog betonte das

Eigengewicht der Vorgänge. Man beobachtete sie, fühlte sich in sie ein, ohne daß sie damit zwangsläufig ganz durchschaubar wurden. Was geschah, sah wie Schicksal aus. Es war ›Wirklichkeit‹. Sie wurde geheimnisvoll bewegt. Es genügte, daß sie sich bewegte.

In dieser – scheinbar – eigengesteuerten Authentizität des Mediums lagen nicht nur die Voraussetzungen für die erfolgreiche Verlebendigung außergewöhnlichen und übernatürlichen Geschehens, sondern auch für die neuartige Präsentation wohlbekannter Stoffe aus Literatur und Theater. Was sich in Literatur und Theater den Ruch der Kolportage oder des Kitsches zugezogen hatte, besaß im Film durchaus eine Chance, ja bekam gerade hier eigene Aussagekraft. Denn angesichts der Authentizität visueller Vergegenwärtigung wurden die eingefahrenen Kriterien literarischer Rezeption außer Kraft gesetzt. Differenzierungen und Aktualisierungen, die für die literarischen Genres eine Selbstverständlichkeit darstellten, verloren beim Film ihr Gewicht. Demgegenüber rückten wieder einfachste Formen der Gefühlserregung ins Zentrum. Die Strukturen von Tragödie und Melodram, die im seriösen Theater nur noch verfremdet genutzt wurden, bildeten hier wieder Bezugsrahmen für die ästhetische Anteilnahme. Tragik wurde wieder eine legitime Kategorie, Pathos eine bewegende Kraft, Angst eine direkte Erfahrung. Nicht zu vergessen das gute Ende, das Happy-End, das in Literatur und Theater längst fragwürdig geworden war.

Und daran gab es in Deutschland kaum Zweifel: daß der Film sehr viel Literatur und Theater übernahm, mehr als etwa in den USA,wo er sich ohne Rückgriff auf die Bildungstradition entwickelte. Wenn auch der Versuch zwischen 1911 und 1914, namhafte Schriftsteller wie Gerhart Hauptmann, Hugo von Hofmannsthal, Max Halbe, Hermann Sudermann für den Film zu gewinnen, kaum brauchbare Ergebnisse brachte – der sogenannte Autorenfilm zeigte deren Unfähigkeit, mit dem neuen Medium umzugehen –, so war damit die ernsthafte Adaption literarischer Stoffe doch stark angekurbelt worden. Diese Aktivitäten blieben schließlich nicht ohne Bedeutung für den entscheidenden Durchbruch des künstlerischen Films, der im Umkreis von Max Reinhardt geschah, teilweise von ihm selbst mitgetragen wurde. In dem Film *Eine venezianische Nacht* von 1913 brachte Reinhardt bereits einen Großteil der visuellen Arrangements und Theatereffekte, die den deutschen Film in der Folgezeit prägten (mitsamt dem Helldunkel, den mehrfach übereinanderkopierten Bildern in einer Traumsequenz und dem Motiv des unglücklich verliebten Studenten), und der Reinhardt-Schauspieler Paul Wegener setzte mit seiner Anknüpfung an romantische Motive (wie das Doppelgängermotiv bei E.T.A. Hoffmann) den Ton für die filmische Wiederkehr der Romantik. Für diese Wiederkehr hatte zudem die Unterhaltungsliteratur dieser Periode, vor allem in den Büchern von Hanns Heinz Ewers und Gustav Meyrink, den Weg geebnet. Hier waren die Gruselmotive vom Versuch, den Tod zu überlisten, vom künstlichen Menschen, vom doppelten Ich, vom verkauften Schatten, die auf Hoffmann, Jean Paul, Chamisso, Tieck und Hauff verwiesen, bereits für eine Massenleserschaft zubereitet worden. Zu Wegeners *Student von Prag* schrieb Ewers selbst das Drehbuch.

Wie die Schrittmacherrolle der Unterhaltungsliteratur zeigt, war die Literarisierung des Films auch für seine Rezeption von großer Bedeutung. Erst die Verbindung mit Literatur und Theater gewährleistete in diesem Land den Durchbruch zu einem breiteren bürgerlichen Publikum. Während der Film bis in die Jahre vor dem Ersten Weltkrieg noch stark als Jahrmarktsvergnügen des Proletariats gegolten hatte, rückte er nun an die Sphäre der Kunst heran und überwand einige der Barrieren kulturellen Prestigedenkens der Bürger und Kleinbürger. Bezeichnend dafür sind die Aktivitäten der Kinoreformbewegung, besonders Konrad Langes, der den Film eng an die Vorlagen der – ›sittlichen‹ – Literatur binden wollte und scharf gegen seine freie Entfaltung opponierte, da damit die Moral des Volkes, speziell der Jugend, unterminiert würde. Erst mit dieser für die deutsche Bildungsgesinnung so bezeichnenden Auseinandersetzung läßt sich die zunehmende Intensität verstehen, mit der die Filmenthusiasten hier die Distanzierung des Films vom Theater postulierten. Carlo Mierendorffs Kritik in der Schrift *Hätte ich das Kino* (1920), der Entwicklung des Films schade nichts so sehr wie die

Ambition, Kunst zu sein, entsprach diesem Denken. In anderen Ländern, in denen der Film kontinuierlicher als eigenes Medium verstanden wurde, blieben solche Debatten am Rande des Interesses.

So gab Axel Eggebrecht, als er 1926 in der *Weltbühne* die Gründe für die Krise des deutschen und die Dominanz des amerikanischen Films erörterte, einer geläufigen Meinung Ausdruck, wenn er feststellte: »Reichte es bei uns zu der negativen Erkenntnis, daß Film vom Theater grundsätzlich verschieden sei, schließlich aus, so entwickelte man drüben das Filmwerk ganz naiv und unbelastet, vom rein Optischen her. Man brauchte die ganze psychologische Dramatik nicht erst hinauszuschmeißen, setzte nicht ›ins Bildliche um‹, sondern setzte den rein bildlichen Ausdruck auch da, wo er im normalen Leben ›keinen Sinn hatte‹. Chaplin war nur möglich, weil man hier traditionslos war, und weil man aus dem Vollen heraus, materiell wie ideologisch, die Darstellungsart des industriellen Maschinenzeitalters projizieren konnte. Hier allein fand der Film jene innige Verbindung seiner Gestaltungskraft mit den industriellen Grundlagen der zu gestaltenden Lebensform, die ihn selbst zur geschlossenen, expansiven Kunstindustrie, Darstellungsindustrie machten.« Damit liefere der amerikanische Film zugleich Symbole und Vorbilder für die Gegenwart, nach denen man sich in aller Welt ausrichte, speziell im Bereich der Erotik und des Frauentypus. In Europa gedeihe nichts Vergleichbares (22, 229).

In Eggebrechts Darlegung wird deutlich, was sich mit dem – nicht unproblematischen – Begriff der ›Literarisierung‹ des deutschen Films zwischen 1912 und 1924 verband. Auf ihn verwies die wachsende Antipathie gegen ›bloß‹ literarische, ›bloß‹ expressionistische Elemente Mitte der zwanziger Jahre. Zu dieser Zeit rückte das ›magische‹ Wirklichkeitskonzept zugunsten einer realistischeren Einstellung in den Hintergrund. Was Chaplin ebenso wie die ›Russenfilme‹ boten, machte viele auf die Abgeschlossenheit, Künstlichkeit und literarische Atmosphäre des deutschen Films aufmerksam. Seine Vorzüge wurden nun zu Nachteilen. Der Marktwert der ›magischen‹ Qualitäten sank rapide, ohne daß neue künstlerische Konzepte sichtbar geworden wären. Die Produzenten verbargen ihre Ratlosigkeit hinter dem Run auf den Unterhaltungsfilm à la Hollywood.

Für den Niedergang des deutschen Films in dieser Phase, von dem immer wieder gesprochen worden ist, sind die kommerziellen und künstlerischen Gründe recht offenkundig. Doch haben schon zeitgenössische Kritiker betont, daß es mit den Hinweisen auf die allgewaltige Macht der Produzenten und ihrer Marktgesinnung sowie auf die Erschöpfung der Regisseure und Filmautoren nicht getan sei. Zu intensiv war die in den verschiedensten Künsten spürbare Identitätskrise, als daß sie nicht auch für den Film Fragen aufgeworfen hätte. Allerdings besaß der Film mit den neuen Publikumsschichten und ihren aktuellen Interessen beste Chancen für einen neuen künstlerischen Aufschwung. Gegenüber den traditionellen Formen von Literatur und Theater erschien hier die Ausgangslage wesentlich günstiger. Und doch kam gerade der Film dem für Literatur und Theater schließlich auch kommerziell erfolgreichen Anspruch eines neuen Realismus nur sehr zögernd nach. Die Tendenz zur Faktographie fand mit Walter Ruttmanns Querschnittfilm *Berlin. Die Symphonie einer Großstadt* (1927) zwar die Anerkennung der Experten, jedoch keine breitere Wirkung. Die Behandlung sozialer Thematik in den sogenannten Zille-Filmen – inspiriert oder mitgestaltet von dem populären Zeichner des Berliner Proletariats – befreite sich nicht von den etablierten Formen des Melodrams, stieß erst bei Piel Jutzi zu einer präziseren gesellschaftskritischen Stellungnahme vor. Nur G.W. Pabst gelang eine künstlerisch überzeugende und zugleich publikumswirksame kritisch-realistische Darstellung der Wirklichkeit. Wenn es sich hierbei um Ausnahmefälle handelte, so ließ sich fragen, ob das Realismuspostulat, das man so oft mit der Neuen Sachlichkeit verband, in Literatur und Theater vielleicht deshalb erfolgreicher war, weil hier ein Publikum Unterstützung zeigte, das bildungsmäßig höher stand als das Publikum, auf das der Film zielte. Wollte das deutsche Filmpublikum nur leichte Unterhaltung und keine aktuellen Probleme sehen? Gegen diese Annahme sprachen die Tatsachen der vorangegangenen Periode, sprachen die Erfolge guter ausländischer Filme. Dennoch lag in dieser Frage ein wichtiger Ansatz, insofern sie die Publikumsreaktion mit in die Diskussion einbezog. An diesem Punkt knüpfte Béla Balázs an, als er 1928 im *Tagebuch* unter dem Titel »Die Film-Krisis« einige grundsätzliche Feststellungen zur Situation des deutschen Films machte, die auch späterhin ihre Bedeutung behalten haben.

Balázs stritt deutschen Filmen das künstlerische Niveau nicht ab. (Er bezog die Filme vor 1924 mit ein.) Aber er fragte, warum sich deren Niveau nicht in geschäftlichem Erfolg niederschlage, während es bei amerikanischen Filmen durchaus Erfolg habe. Offensichtlich sei das künstlerische Niveau – hüben und drüben – nicht von derselben Art. Und das gelte nicht nur für den Film. Die künstlerische Anstrengung führe in Deutschland nicht zum Volkstümlichen hin, sondern von ihm weg. In der deutschen Literatur fehle, anders als in England, Frankreich und den USA, »diese Oberflächenkunst, die nicht oberflächlich ist, diese Feinheit ohne Finessen, diese unmittelbare, naive Vision, diese sinnliche Freude am Gegenständlichen, dieser Charme der leichten Mitteilung, diese Magie des einfachen Geschichteerzählens, die ohne intellektuelle Kompliziertheit bedeutsam und poetisch ist.« In Deutschland gelte, was nicht gedanklich tief ist, als flach, und Einfachheit werde hier triviale Simplizität. Für den Film habe diese Diskrepanz von bildungsgetragener Kunst und flacher Unterhaltung schlimme Folgen. Einigen künstlerisch hochwertigen Filmen, die kein breiteres Publikum gewönnen, stünden die Massenfilme gegenüber, die besonders flach seien. Balázs fügte an, es sei bezeichnend, daß sogar Kurt Pinthus in seinem Artikel *Die Film-Krisis* sage, man müsse dem Publikum zuliebe Konzessionen (im Stofflichen) machen. »Ja. Der deutsche Regisseur und Autor muß Konzessionen machen, um volkstümlich zu sein. Aber erkauft etwa Chaplin seine Popularität mit Konzessionen? Es gibt eine Kunst, es muß eine geben, die nicht erst auf ihrer niedersten Stufe, sondern auf ihrer höchsten Stufe einfach ist. Nicht daß wir Konzessionen machen, sondern daß wir sie machen *müssen*, darin liegt die Gefahr« (9, 1928, 759 f.).

Daß in Deutschland der Weg der Künstler zum Volk immer schon weit war, bedurfte keiner Erläuterung. Daß er aber auch durch den Film nicht viel kürzer wurde, schälte sich zu dieser Zeit heraus. Vom Film her ließ sich fast noch genauer erkennen, wie schwer es fiel, künstlerische Programme für die Massengesellschaft der Gegenwart zu entwickeln. Bis 1923/24 war die von Balázs skizzierte Diskrepanz mit dem ›magischen‹ Wirklichkeitskonzept und seinen literarischen Assoziationen und Motiven eine Zeitlang überdeckt worden. Danach ließ sie sich nicht mehr übergehen. Es wurde deutlich, wie stark der deutsche Film tatsächlich literarisiert gewesen war. Aus dieser Phase blieben hervorragende Kameratechnik, Filmarchitektur und -ausstattung, melodramatische Motive und traumhafte Sequenzen bestehen. Aber wofür ließen sie sich einspannen? Wohin konnten sie das Publikum nun bewegen?

Balázs betonte in seiner Analyse, daß es ebenso literarisch abstrakt sei, für den deutschen Film bloß Wirklichkeit und wieder und nur Wirklichkeit zu fordern. »Es ist das Modeschlagwort der Sachlichkeits-Dogmatiker, die in dem Tatsachenrealismus das Heil des Films sehen. Und sie merken nicht, wie konstruiert, wie abstrakt, wie doktrinär diese Forderung ist. Wieder ein typisch intellektueller Bildungskomplex. Kurt Pinthus schreibt, das Publikum habe sich für den Auslandsfilm entschieden und die ›guten Auslandsfilme‹ haben erwiesen, daß die filmisch scharf gesehene Wirklichkeit dem ›Phantastischen‹ überlegen ist. Stimmt denn das? Ist denn in jenen erfolgreichen, guten amerikanischen Filmen so sehr realistische Wirklichkeit gezeigt? So wie das Leben tatsächlich ist? Bleiben wir bei Chaplin. Zeigt er in ›Goldrausch‹ und in ›Zirkus‹ ›scharf gesehene Wirklichkeit‹? Verdankt Chaplin seinen Erfolg dem unerbittlichen Realismus? Wohl in einzelnen russischen Filmen ... von denen aber nur jene große Erfolge hatten, in denen das ekstatische, große Pathos einer revolutionären, also keiner Alltags-, sondern einer sehr außergewöhnlichen und abenteuerlichen Wirklichkeit gezeigt worden ist« (760 f.). Der engagierte Sozialist Balázs ließ keinen Zweifel daran, daß auch die sowjetischen Filme von ihrem Pathos lebten, einem Pathos allerdings, das in Eisensteins Montage die fiktive Welt des Films zur politischen Welt der Gegenwart aufbrach.

Balázs wies nach, daß es auch beim Medium Film mit der bloßen Realismusforderung nicht getan sei. Ruttmanns hochgelobte und vom Publikum zurückgewiesene Filmsymphonie *Berlin* bringe keine Wirklichkeit. »Denn es gibt keine Wirklichkeit ohne den Menschen, ohne seine Gefühle, Stimmungen und Träume.« Balázs war sich des Exemplarischen der Analyse bewußt. An den Schluß setzte er den Satz über die deutsche Filmbranche: »Ihre Krisis ist eine Krisis der deutschen Bildung überhaupt.« Er hatte nicht Unrecht. Im Bereich des Films trat diese Krisis noch deutlicher als in den traditionellen Künsten hervor. Im Kino war die Begegnung mit dem modernen Massenpublikum unerbittlicher. Hier wurden die künstlerischen Konzepte schärfer auf ihre Volkstümlichkeit, ihre geistig-sinnliche Durchschlagskraft geprüft. Demgegenüber halfen in Literatur und Theater die etablierten Traditionen doch weiter, und sei es auch nur, indem sie der Herausforderung des Traditionellen das öffentliche Podium boten. Vieles von dem Interesse, das Brechts und Piscators künstlerische Provokationen auf sich lenkten, hatte darin seinen Ursprung.

Hier dürfte nicht zuletzt ein Grund für die Tatsache liegen, daß auch Brecht und Piscator, die relativ enge Beziehungen zum Film hatten (Piscator bezog ihn intensiv in seine Inszenierungen ein), den Film in dieser Phase ausgesprochen kritisch angingen und kaum als eigenständiges Medium für ihre politischen Aussagen betrachteten. Gewiß ermutigte die kommerzielle Struktur der Filmbranche kaum zu einem stärkeren Engagement, und gewiß lagen in der Stummheit des damaligen Films Hindernisse für die politische Argumentation. Dennoch fällt auf, daß Brecht, der für sein episches Theater viele Anregungen vom Film übernahm, seine primäre Bindung an das Theater auch in der Folgezeit nicht angetastet wissen wollte. Piscator, der Anfang der dreißiger Jahre in der Sowjetunion Anna Seghers' Erzählung *Aufstand der Fischer von St. Barbara* verfilmte, betonte 1928 trotz aller Begeisterung für Eisensteins *Panzerkreuzer Potemkin*, er werte das Theater als dem Film im Hinblick auf politische Aufklärung überlegen. Er sah »den prinzipiellen Fehler des ›Potemkin‹-Films darin, daß Eisenstein sich damit begnügte, eine Revolte auf einem Schiff zu zeigen, statt diesen Vorfall in Beziehung zu allen Kräften der Revolution von 1905 zu setzen. In der Aufrollung der großen Zusammenhänge ist das Theater dem Film weit überlegen. Gerade die Verbindung von Bühne und Film, von epischer Schwarzweiß-Kunst und der Dramatik des gesprochenen Wortes und des dreidimensionalen Menschen, scheint mir das wesentlichste Mittel zur Erreichung dieses Zieles« (2,36). Es waren die Argumente eines deutschen Theatermannes. Sie bezeugen beispielhaft den Zug zur sichtbar intellektuellen Inszenierung, ohne den ein Großteil der Kunst in diesem Land kaum auskommt.

Die ›magischen‹ Filme vor 1924

Die künstlerische Entwicklung des deutschen Films läßt sich nicht ohne den Einfluß von Max Reinhardt denken. Im Nebeneinander von Ausstattungsfilm und Kammerspielfilm, der künstlerisch zunächst wichtigsten Filmformen, schlugen sich zentrale Elemente seiner Theaterarbeit nieder: einerseits die Tendenz zum intimen Seelendrama, die er 1906 mit der Gründung der Berliner Kammerspiele institutionalisierte, andererseits die Tendenz zum monumentalen Spektakel, die er ab 1910 in Massenaufführungen und Ausstattungs-›Opern‹ verwirklichte und 1919/20 im Großen Schauspielhaus wieder aufnahm. Von Reinhardt kamen sowohl zahlreiche Schauspieler – von Paul Wegener war schon die Rede – als auch Bühnenbildner wie Ernst Stern und Emil Pirchan sowie prominente Regisseure wie Ernst Lubitsch, Richard Oswald, Dimitri Buchowetzki, Richard Eichberg, Paul Lini, Friedrich Wilhelm Murnau. Wenn diese Herkunft über spezifische Schauspiel-, Regie-, Licht- und Ausstattungsformen hinaus etwas aussagt, so vor allem über die Vorstellung vom Film als poetisch-imaginativem Geschehensraum, in dem Reinhardts Auffassung vom Theater ›filmisch‹ wurde. Auch im Film kam nun, wie es bei Reinhardt geschehen war, die suggestive Inszenierung einer eigenen Wirklichkeit, die den Alltag auf ›höhere‹, ›verzaubernde‹ Weise herausforderte, zu Ruhm. Diese Herausforderung hatte nichts mit der Brechung und Verfremdung des Theatralischen zu tun, die sich zu Beginn der zwanziger Jahre im Theater mit dem Motto »Los von Reinhardt!« verband.

Dem standen auch Regisseure wie Lubitsch und Murnau fern, die ihren eigenen Weg über Reinhardt hinaus fanden. Sie suchten den Raum des filmischen Geschehens zu differenzieren und zu bereichern, nicht ins Aktuelle aufzubrechen.

Ernst Lubitsch, der dem deutschen Film bald nach Kriegsende internationales Ansehen verschaffte, inszenierte seine historischen Ausstattungsfilme *Madame Dubarry* (1919), *Anna Boleyn* (1920), *Das Weib des Pharao* (1921) sowie die orientalische Märchenrevue *Sumurun* (1920, nach Reinhardts gleichnamiger Pantomime) von privaten Episoden her, in denen die jeweilige ›große‹ Geschichte als Funktion der Machenschaften und seelischen Konflikte weniger einzelner erscheint. Der Griff in die Geschichte diente zur pompösen Ausstattung individueller Verwicklungen, in denen der Zuschauer die Hoffnungen und Ängste des Alltags auf höhere Weise illustriert fand. Die Französische Revolution in *Madame Dubarry* hat mit den realen Geschehnissen nur Kostüme und Massenszenen gemein. Lubitsch lieferte das Spektakel einer Revolution, in der zwar die Leidenschaften hochschlagen, sich jedoch vor allem auf eine Frau, Madame Dubarry, richten und nicht auf politische oder ökonomische Umsturzideen. Dabei wird das Theatralische und Künstliche keineswegs verdeckt: Eigentliche Wirklichkeit kommt nur den privaten Affären zu, womit alles andere – die Historie – ins Bedrohliche, Lächerliche, Unwirkliche oder Sinnlose zurücksinkt. Lubitschs Kritik der Mächtigen und ihrer unmenschlichen Launen blieb unpolitisch.

Andererseits begnügte sich Lubitsch nicht mit der filmischen Aufbereitung von Reinhardtschen Theatereinfällen wie andere Regisseure, die mit ihm die italienische Vorherrschaft im Genre des Kolossalfilms brachen. Gegenüber Buchowetzki, dem in *Danton* (1921) einige wirksame Revolutionsszenen gelangen (ohne daß das die Verzerrung der Französischen Revolution verminderte) sowie Oswald (*Lucrezia Borgia*, 1922) und Eichberg (*Monna Vanna*, 1922), die sich ebenfalls Reinhardts Massenregie und Helldunkel geschickt zunutze machten, entwickelte Lubitsch erste Ansätze zu einer spezifischen Filmkomik, in welcher Detail und Totale einander witzig kommentieren und die

Groteske zugunsten ironischer Bildverknüpfungen und -verkürzungen zurücktritt. Bedeutete das Anfang der zwanziger Jahre auch noch nicht den später gerühmten *Lubitsch touch*, so zielte es doch in eine Richtung, die der deutsche Film gebraucht hätte, aber nicht mehr kontinuierlich ausbildete: die anspruchsvolle Filmkomödie. Lubitsch stieg mit diesem Genre zu einem der führenden Regisseure Hollywoods auf.

Letzteres mißlang Murnau, dessen bedeutendste Werke im wesentlichen vor dem Weggang nach Hollywood liegen. Murnau war und blieb sehr viel stärker der Repräsentant des deutschen Films. Er war es als Meister der ›magischen‹ Wirklichkeitsperspektive, jedoch weniger durch symbolische Vertiefung des poetisch-imaginativen Geschehensraumes als durch dessen virtuose Handhabung. Davon zeugen der Gebrauch der ›entfesselten‹ Kamera in *Der letzte Mann* (1924, Kamera: Karl Freund) ebenso wie der der Tiefenschärfe und des kontinuierlichen Schnitts, die Verarbeitung der Techniken von D.W. Griffith im *Faust* (1926) ebenso wie die Souveränität, mit der Murnau den Film ohne Zwischentitel verwirklichte und das filmische Kammerspiel durchsetzte. Murnaus Virtuosität tritt um so stärker hervor, als er zumeist einfache Stoffe zugrundelegte, an denen er die geistigen und psychologischen Elemente mit immer neuen Mitteln herausarbeitete. Wo er kompliziertere Stoffe wählte, wie bei *Faust* und *Tartüff* (1925), vereinfachte er sie drastisch, um sie seinen visuellen Phantasien anzupassen, am schlagendsten bei Fausts und Mephistos Fahrt über die Wolken. Bezeichnend ist die Tatsache, daß die Helden seiner Werke meistens passiv sind (mit Ausnahme der Frauen) und dem Zuschauer die Identifikation gegenüber der Fremdheit der begegnenden Welt erleichtern. Murnaus Interesse galt der Entwicklung einer spezifisch filmischen Sehweise, nicht politisch-gesellschaftlichen Inhalten, und wenn sein neben *Nosferatu* berühmtestes Werk *Der letzte Mann* zuweilen als soziale Anklage verstanden wurde, so entsprach das kaum seiner Absicht. Mit seiner spezifisch filmischen Sehweise suchte er Menschheitsgleichnisse aufzuzeigen, in denen Liebe und Haß, Verlorenheit und Hoffnung, vor allem aber Angst und Bedrohung mitvollziehbar würden. Die eigentlich bewegenden

Kräfte bleiben unsichtbar. Am Ende der Filme wird das Böse vertrieben oder löst sich, wie der Vampir in *Nosferatu*, einfach auf. In verschiedenen Werken erscheint ein Sonnenaufgang, das Bild naturgegebener Erlösung.

Murnaus Filme sind zu Recht als Filmballaden gekennzeichnet worden, womit zugleich die literarische Tradition der exotisch-geheimnisvollen Elemente erfaßt ist, die Tendenz zur Kolportage, zum Melodramatischen und Sentimentalen, ja Kitschigen. In *Nosferatu* verband Murnau die Geschichte des reinen Mädchens und ihrer standhaften Liebe mit der eines Vampirs, der, von ihrem Bräutigam in den Karpathen aufgespürt, übers Meer in die norddeutsche Hafenstadt kommt und die Pest bringt. In diesem im Biedermeier angesiedelten Film ist durchaus Platz für ironische Andeutungen, die das Thema des Grauens keineswegs so dominieren lassen, wie der Untertitel *Eine Symphonie des Grauens* suggeriert. In der Verbildlichung des Außergewöhnlichen manifestiert sich unverkennbar Murnaus Faszination der Erkundung des jungen Mediums Film. Ähnliches gilt für den in der Gegenwart spielenden *Letzten Mann*, nur daß es sich hier um die Verbildlichung des Gewöhnlichen handelt, des Schicksals eines Hotelportiers, der zum Koffertragen zu alt wird, seine prächtige Uniform abgeben muß und zum Toilettenwärter absteigt. Murnau machte aus diesem sozialen Abstieg eines alternden Mannes eine Tragödie, wie sie in solchem Pathos in keinem aktuellen Theaterstück mehr denkbar war. Jedoch vollzog sich die Vereinseitigung der Perspektive auf den Portier mit einer so brillanten Kameraführung und Schnittechnik, daß sich, etwa in den Stadien seiner Trunkenheit oder der demütigenden Begegnungen mit den bösen Nachbarn, ganz neuartige Bilderfahrungen ergaben. Während Emil Jannings das Gebärdenspiel über Gebühr theatralisierte, gewann der Szenenablauf von selbst eine Zwangsläufigkeit, die keiner Zwischentitel bedurfte. Der einzige Zwischentext verknüpft diese Tragödie mit einem nachträglich angehängten Happy-End, das offensichtlich auf Betreiben der Filmfirma entstand. Der Schlußteil, der den Portier im Glück zeigt (er ist über Nacht Erbe eines großen Vermögens geworden), ist so geschickt als Burleske angelegt, daß er keineswegs als bloßer Zusatz erscheint, vielmehr das Vorhergehende kommentiert. Mit der Burleske relativiert sich das Tragische zu einem Element desillusionierter und desillusionierender Weltsicht.

Wie ein Großteil der anderen künstlerischen Spitzenfilme seit *Caligari* verdankte dieser Film Entscheidendes dem Skript von Carl Mayer, der inzwischen als der bedeutendste deutsche Filmautor der zwanziger Jahre verdienten Nachruhm erhalten hat. Mit Mayer fand der deutsche Film den Autor, der dem poetisch-imaginativen Geschehensraum die visuelle Dramaturgie verschaffte, das heißt, über Reinhardts Verzauberung hinausgehend, eine dramatische Sogwirkung herstellte, mit welcher der Zuschauer nicht nur mehr sehen, sondern auch tiefer fühlen lernte. Die Gleichsetzung von Mayers Leistung mit der Arbeit am *Caligari*-Film hat lange Zeit verdeckt, daß es ihm um mehr als die Schaffung eines (expressionistischen) Stils ging, nämlich um eine neue filmische Aussageform. Nur anfangs dominierten spezifische Stilelemente. Schon der Mißerfolg von *Genuine* (1920), dem nächsten Film nach *Caligari* (wie dieser unter Robert Wienes Regie) offenbarte, daß es nicht genügte, die in *Caligari* angewandten Stilformen mit Hilfe eines bekannten Malers (César Klein) und einer berühmten Schauspielerin (Fern Andra) zu steigern. Mayer entwickelte in Zusammenarbeit mit Murnau (*Der Gang in die Nacht*, 1920; *Schloß Vogelöd*, 1921) und Lupu Pick (*Scherben*, 1921; *Sylvester*, 1923) eine neue Form des filmischen Kammerspiels, bei der sich die ›magische‹ Wirklichkeitsperspektive mit den realistischen Elementen des lange Zeit führenden skandinavischen Kammerspiels verband. Hier geschah die Reduktion auf wenige Figuren (etwa in Dreiecksgeschichten) und die vielgerühmte symbolische Verlebendigung von Objekten (unter Bevorzugung von Uhren) und zeigten sich wichtige Schritte zum Film (fast) ohne Zwischentitel. Lupu Pick entfaltete einen bemerkenswerten Symbolisierungsdrang, gelangte allerdings nur zu einer langatmigen ›optischen Beweisführung‹, über der sich das zu Beweisende zur Seelenstimmung verflüchtigte. Die Tendenz zum Melodram wirkte in den zu dieser Zeit etablierten Formen auch noch auf spätere Filme nach, die eine durchgehend realistische Ausrichtung besaßen.

Die Herausforderung spezifisch expressionistischer Stilelemente im Film ist, wie oft festgestellt, nur mit dem *Cabinett des Doktor Caligari* in stärkerem Maße wirksam geworden, wozu die Ausstattung der Maler Walter Reimann, Walter Röhrig und Hermann Warm sowie das Spiel von Werner Krauss und Conrad Veidt entscheidend beitrugen. In diesem Film gelang es, die Atmosphäre einer aus den Fugen gehenden Welt im Bild einer alten deutschen Kleinstadt einzufangen, in der eine Serie von Morden geschieht. Für das Aus-den-Fugen-Gehen wirkten die Verzerrungen der expressionistischen Ausstattung so zwingend, daß der beabsichtigte Aussagewert des Werkes für die Gegenwart sofort verstanden und gepriesen wurde. Dabei bemerkte Herbert Jhering, daß diese Symbolisierung der Gegenwart im Film etwas zu billig hergegeben werde, indem der Expressionismus nur als Ausdruck der Krankheit erscheine. Die Tatsache, daß die Geschichte in einer Rahmenhandlung als die Vision eines Irren dargeboten wird, veranlaßte ihn zu der Bemerkung: »Der Wahnsinn als Entschuldigung für eine künstlerische Idee« (*Berliner Börsen-Courier*, 29. 2. 1920). In Zukunft, meinte er, dürfe der Expressionismus im Bereich des Films nicht als »sensationelles Experiment« verstanden werden. Man solle, den »übernaturalistischen Forderungen des Filmspiels« gemäß, an der »Entwicklung einer präzisen, akzentuierten, durch Sachlichkeit phantastischen mimischen Kunst mitarbeiten«.

Jherings Hoffnungen erfüllten sich allerdings nicht. Die an *Caligari* anknüpfenden Filme blieben bei der Forcierung expressionistischer Elemente, vornehmlich im Dekor, stehen, auch wenn Wienes *Raskolnikow* (1923) und *Orlacs Hände* (1924) sowie Wegeners zweiter Golem-Film (mit einer von Hans Poelzig entworfenen mittelalterlichen Stadt) und andere Werke zweifellos eindrucksvolle Szenen enthalten. In *Das Wachsfigurenkabinett* stilisierte Paul Leni 1924 noch einmal Ausstattung und Spiel in eine expressionistische Richtung, mit einer wirkungsvollen Alptraumvision am Schluß, in der ein Dichter träumt, seine Geliebte werde von Jack the Ripper (»Springer Jack«) verfolgt.

Wie sehr es in *Caligari* in der Tat gelungen war, die stilistischen Elemente zu einem Ganzen zu verschmelzen, gestand Jhering schon wenig später ein, als er Karl Heinz Martins caligaresken Film *Das Haus zum Mond* scharf kritisierte. An einem solchen Film werde erst deutlich, welches »Meisterwerk« der *Caligari* in »seinen Variationen, Schwebungen und rhythmischen Verschiebungen« darstelle. Jhering ging kaum auf die seit jeher verwirrende Fabel ein, auf das Doppelspiel des Irrenarztes Dr. Caligari, der zugleich Schausteller ist und einen Somnambulen nachts auf Mordtaten ausschickt. Die von Kracauer später vorgenommene politisch-psychologische Deutung des Werkes – als einer (vom Regisseur) abgeschwächten Auflehnung gegen die Autorität – spielte zur Zeit der größten Wirkung dieses Films keine Rolle. Die Zeitbezogenheit erkannte man in der Bildwerdung des Phantastischen und Unheimlichen. Mit den »rhythmischen Verschiebungen« gewann der Film seine besondere Eindringlichkeit, vom langsamen Beginn bis zum turbulenten Finale, über das Louis Delluc 1922 schrieb: »Das Wort ›Ende‹ überrascht uns wie eine Ohrfeige.«

Kracauers Fixierung auf Autoritätsfiguren fand eher bei dem ebenfalls höchst erfolgreichen Streifen *Dr. Mabuse, der Spieler* Nahrung, den Fritz Lang (der zunächst in *Caligari* hatte Regie führen sollen) 1922 nach dem Drehbuch seiner Frau Thea von Harbou inszenierte. Hier besitzt die Hauptfigur Dr. Mabuse tatsächlich Attribute des Tyrannischen. Er ist Psychoanalytiker, führt aber zugleich eine Bande von Mördern und Falschmünzern an und setzt seine hypnotische Macht skrupellos zu seinem Vorteil ein. Am Ende, als ihn der Gegenspieler Wenk aufgespürt hat, wird er wahnsinnig. Langs Absicht, den Film zum »Bild unserer Zeit« zu machen, wie der Untertitel lautet, wurde von den Zeitgenossen sofort erkannt. Doch auch hier zielten die Kritiker vor allem auf die Fülle von Verwicklungen, Verfolgungsjagden und Gruselsituationen, als sie den Film zum realistischen Spiegel der chaotischen Gegenwart erklärten.

Der zeitgenössische Gebrauch des Begriffs ›realistisch‹ ist kennzeichnend: zwar richtete sich Lang an realen Situationen aus, inszenierte aber keineswegs realistisch. Ein Großteil des *Mabuse*-Films ist von visuellen Reizen und Überraschungen geprägt, die ihren filmischen Charakter kaum verleugnen und offenbar gerade damit das Zeitgefühl genauer trafen als eine abbildrealistische Darstellungsform mit psychologischer Glaubwürdigkeit. Wie schon beim Film *Der müde Tod* (1921), mit dessen technisch und künstlerisch perfekter Bildsprache Lang seinen internationalen Ruhm begründete, arbeitete er daran, Realität in bildhaft-symbolischen Szenen vieldeutig werden zu lassen, ohne einen Schlüssel mitzuliefern. Verständnis und Erkenntnis ergaben sich nicht von der Fabel, sondern von der ästhetischen Inszenierung her, indem diese direkt auf das diffuse Sensorium von Wünschen und Visionen im Publikum zielte. Damit erreichte Lang im Nibelungen-Film (*Siegfried*, 1923; *Kriemhilds Rache*, 1924) eine Wirkung, die man fast als politisch bezeichnen kann. Er selbst sagte später, ihn habe das Thema der Nibelungen von einem rein dekorativen Standpunkt aus interessiert. In der Tat überdeckt die Ornamentierung die Handlung so stark, daß die spannende Abfolge von Intrigen und Gegenintrigen, die in dem Epos enthalten ist, kaum sichtbar wird. Die Hinzuziehung von Walter Ruttmann für die experimentell graphische Darstellung des Falkentraums sowie die gewaltigen Architekturen und (beinahe) stehenden Bilder bezeugen ein distanziertes Verhältnis zu einer bloß erzählenden Fabel. Die Menschen werden, wie Kracauer festgestellt hat, selbst zum Ornament. Was auf der Leinwand abläuft, ist geschichtslos, ist die Inszenierung eines geschichtlosen Musters, bei dem die Kulisse zum Eigentlichen wird. Den Zeitgenossen galt weniger die Erscheinung als bedenkenswert, daß die Helden von diesem ›Eigentlichen‹ schließlich geradezu erdrückt werden, als die Großartigkeit dieser ästhetischen Existenz, das selbstbewußte Eigenleben des germanischen Mythos. Hier sprang politische Argumentation aus Bildern hervor, von einem Volk gierig aufgegriffen, das seine nationale Würde verletzt sah, sich jedoch nicht mit einer genaueren politischen Analyse (und Diagnose) befassen wollte. Man schickte Schulklassen geschlossen in den Film. Lang berührte Gefühlsschichten, an welche politische Redner zu dieser Zeit nicht herankamen. Ohne es zu wollen, schuf er am Bildinstrumentarium des Dritten Reiches mit. Was in Deutschland vorübergehend zur Mode wurde (etwa Kriemhilds Gewänder oder die Wandornamentik) gewann zehn Jahre später weltanschauliche Bedeutung.

Damit werden gewisse Linien zum Dritten Reich sichtbar, allerdings weniger in Vorausnahmen des autoritären Syndroms als in spezifischen Elementen der Inszenierungskultur der zwanziger Jahre. Fritz Lang repräsentierte diese Inszenierungskultur im Bereich des Films am bewußtesten und kontinuierlichsten. Bei ihm machte sich die Krise nach 1924 weniger bemerkbar als bei anderen Regisseuren, auch wenn er erst wieder nach 1930 mit Tonfilmen an die künstlerischen Leistungen Anfang der zwanziger Jahre anknüpfen konnte. Zumindest fesselte er weiterhin einen beachtlichen Teil des Publikums. Im Gegensatz zu anderen Regisseuren, die mit der gewandelten Situation nach 1924 aus dem Gleis geworfen wurden, hatte er nicht auf den poetisch-imaginativen Geschehensraum hingearbeitet, dessen Ursprünge bei Reinhardt lagen, war vielmehr von Architektur und Bildformen ausgegangen und hatte seine Filmsprache in Korrespondenz zu den neuen Bild- und Dingmythen entwickelt. Seine Magie war von der eines Carl Mayer stark verschieden. Bei Lang spielte der einzelne Mensch von vornherein keine konstituierende Rolle für die filmische Realität.

Im Zeichen des Realismus

Eisenstein hat von Chaplin gesagt, sein Geheimnis bestehe darin, die schrecklichsten, erbärmlichsten, tragischsten Geschehnisse mit den Augen eines lachenden Kindes zu sehen. Diese Ansicht ist nicht unwidersprochen geblieben. Chaplin habe, so entgegnete man, die Konfrontation mit der schlimmen Wirklichkeit nicht naiv wie ein Kind vorgebracht. Immerhin verdeutlichte Eisenstein die Optik, mit der Chaplin die Begegnung mit der Gegenwart, ihrem Tempo, ihrer Brutalität, ihrer Häßlichkeit und ihren kleinen Tröstungen, in einer das Publikum der ganzen Welt überzeugenden Weise gestaltet hat. Chaplin zeigte diese Gegenwart nicht in romantischer Verkleidung. Er poetisierte ihre Häßlichkeit nicht. Worauf er sich konzentrierte, waren die Mechanismen dieser Wirklichkeit, genauer: ihre Automatismen. Sie ließ er zusammenprallen - mit Charlie dazwischen. Damit legte er ihre Absurditäten bloß. Er war realistisch, indem er die Realität nicht literarisierte, sondern zu Ende dachte.

Auch Chaplin brachte Sentimentalitäten, fügte künstliche Happy-Ends an. Doch geschah dies bei fortlaufender Differenzierung und Verfeinerung der Bewegungsabläufe, wodurch neue Nuancen der Realität sichtbar wurden. Demgegenüber verließen sich die deutschen Regisseure bei dem Bemühen, die Aufmerksamkeit auf die Fragwürdigkeiten der gesellschaftlichen Wirklichkeit zu lenken, auf die in Theater und Literatur bewährten Muster der sozialen Anklage. Allzu oft verwischten sie wichtige Einblicke mit der bittersüßen Tinktur des Melodrams. Als sich Bruno Rahn bei dem Film *Dirnentragödie* (1927) darum bemühte, nicht in die Verklärung des Themas Prostitution zurückzufallen, wurde er nur durch das eindrucksvolle Spiel Asta Nielsens in der Rolle einer alternden Dirne vor dem Abgleiten ins Melodram gerettet. In überlegener Form machte Asta Nielsen die Psyche einer Frau erkennbar, die an bürgerlichen Fehlhaltungen und an der Ausbeutung durch die Männerwelt zugrunde geht. Ein anderes bedeutsames Milieu-Melodram, Leo Mittlers *Jenseits der Straße* (1929), litt darunter, daß die authentisch gezeichneten Schauplätze einer großen Hafenstadt mit der klischeehaften Fabel vom Kampf um eine Perlenkette verknüpft wurden. Mehr Disziplin zeigte Carl Junghans, der in der deutsch-tschechischen Produktion *So ist das Leben* (1929) Leben und Tod einer Prager Waschfrau aufrollte. In Anlehnung an den russischen Film gerieten ihm besonders die Szenen um Tod und Beerdigung zu eindrucksvollen Bildern kleinbürgerlicher Not und Ausweglosigkeit.

Auch G. W. Pabst löste die moralische Anklage seiner Filme nicht ganz vom Melodramatischen, zumindest nicht in seinen Anfängen Mitte der zwanziger Jahre. In seinem Erfolgsfilm *Die freudlose Gasse* (1925), für den Willy Haas das Drehbuch nach Hugo Bettauers gleichnamigem Roman über die Inflationsjahre in Wien schrieb, spielt das Seelendrama der Verarmten und Unterprivilegierten, vornehmlich der Frauen, noch ins Sentimentale hinein. Aber nicht nur Asta Nielsens und Greta Garbos hervorragende Darstellung, sondern auch Pabsts sozialpsychologischer Ansatz halten das Werk im allgemeinen in kritischer Distanz. Am Geschehen in einer Wiener Gasse wird das Psychogramm verschiedener Gesellschaftsschichten, vor allem die Verarmung des Bürgertums, ausgebreitet. Trotz Happy-End wirkte der Film mit seinem ständigen Szenenwechsel zwischen reich und arm als Anklage gegen die Diktatur des Geldes. Das Spiel ging in Dokumentation über und erhielt damit aktuellen gesellschaftskritischen Aussagewert. Es war eine dünne Linie, die Pabst in Richtung auf größeren Realismus überschritt, eine Linie, die beim generellen Anspruch des filmischen Mediums auf visuelle, beglaubigte Authentizität nur schwer zu erkennen ist. Pabst verließ sich nicht mehr auf den vorgegebenen Authentizitätsanspruch. Er bezog die filmische Welt sichtbar auf die äußere Realität. Zwar gestaltete auch er mit kontinuierlicher Bildführung einen spezifisch filmischen Geschehnisraum, doch förderte und befriedigte er im Zuschauer die Neigung, darin nicht mehr das Magische, sondern das Wirkliche zu suchen, mit anderen Worten: die zahllosen Gegenstände, Details und Bilder, die sich zur Realität verknüpfen, für sich anzuerkennen. Pabst machte an filmischen Landschaften, Gesichtern und Vorgängen das Authentische interessant und berührte sich dabei mit den »Querschnittfilmen«, die Kracauer für die Neue Sachlichkeit als typisch bezeichnete. Allerdings setzte Pabst mit der Bezugnahme auf individuelle Schicksale, wie es in *Geheimnisse einer Seele* (1926), *Die Liebe der Jeanne Ney* (1927) und *Das Tagebuch einer Verlorenen* (1929) geschah, wesentlich mehr Phantasie in Bewegung.

Nach 1929 gelangen Pabst schließlich zeitkritische Filme, die, auf die von Kracauer und Balázs beschworenen individuell und sinnlich faßbaren Erfahrungen gestützt, für den deutschen Film aufzuholen begannen, was in Literatur und Theater Ende der zwanziger Jahre die Öffentlichkeit bewegte. Als einer der ersten bedeutenden Tonfilme setzte sich *Westfront 1918* (1930) mit der Kriegserfahrung auseinander, die mit Remarques Roman *Im Westen nichts Neues* zu einem zentralen Thema geworden war. Pabsts Film (nach dem Roman *Vier von der Infanterie* von Ernst Johannsen) steht dem Buch von Remarque sowohl in der pazifistischen Grundhaltung als auch mit der Konzentration auf die Perspektive des einfachen Soldaten nahe. Auf eine durchgehende Fabel ist verzichtet. Der Blick richtet sich auf den Alltag einiger Soldaten, der dem von Millionen diesseits und jenseits der Front gleicht, faßbar und mitvollziehbar wie das, was Remarques Paul Bäumer erlebt, und doch anonymes Geschehen in einer unmenschlichen Maschinerie. Auch hier wurde die Authentizität und Sachlichkeit, von der sich Pabst die entscheidende Wirkung des Films versprach, von der jeweiligen individuellen Erfahrung her gewährleistet. Aus der Verknüpfung dieser Erfahrungen ging ein Gesamteindruck hervor, mit dem nicht die Ursache, sondern der unmenschliche Alltag des Krieges zum aktuellen Argument aufstieg. Das geschah im selben Jahr, als Goebbels die Vorführung von Lewis Milestones ähnlich angelegtem Film *Im Westen nichts Neues* mit Hilfe von Stinkbomben und weißen Mäusen sprengen ließ. Die Film-Oberprüfstelle verbot bald darauf den Film, weil er »das deutsche Ansehen im Ausland gefährde«. Die Behörden der Republik wichen bereits vor dem Nationalsozialismus zurück. Demgegenüber hatten die militaristischen Filme und Kasernenhofklamotten, die sich Anfang der dreißiger Jahre auf der Leinwand breit machten, keinerlei Eingriffe zu gewärtigen. Sie folgten bewährten Mustern, wobei das Fridericus-Rex-Thema zu neuer Blüte kam, und errangen großen Erfolg beim Publikum. Sie befriedigten den Wunsch nach Ablenkung ebenso wie den nach Erneuerung der hierarchisch-simplen Ordnungen, in denen die Welt aus Befehlen und Gehorchen besteht – ein auch visuell einfaches Modell der Krisenbewältigung.

In scharfem Gegensatz dazu stand der wohl beste politische Film dieser Periode, Pabsts 1931 nach dem Drehbuch von Karl Otten, Peter Martin Lampel und Ladislaus Vajda inszenierter Streifen *Kameradschaft*. Mit der dokumentarisch-sachlichen Darstellung eines Bergwerkunglücks in Frankreich, zu dem deutsche Retter über die Grenze kommen, zielte der Film auf den Abbau des Nationalismus und den Aufbau eines proletarischen Internationalismus, der sich ohne Assoziation von Parteien aus dem Solidaritätsgefühl der Arbeiter entwickelt. Deutsche und französische Arbeiter schlagen in der gemeinsamen Hilfeleistung Brücken zueinander, wobei Pabst die trennenden Erfahrungen keineswegs aussparte. In einer eindrucksvollen Szene geschieht es einem verschütteten französischen Bergmann, daß er in den mit Gasmasken entgegenkommenden deutschen Rettern den Feind aus dem Grabenkrieg halluziniert und sich auf deren Anführer stürzt, dem die Aktion eigentlich zu verdanken ist. Wie schon in *Westfront 1918* verwandte Pabst den Ton überaus eindrucksvoll: das Rattern der Preßlufthämmer geht hier in das von Maschinengewehren über. Das Akustische bereicherte die Aussagekraft des Films, ohne die Bildwirkung, auf die Pabst entscheidenden Wert legte, einzuschränken. Er beließ die Sprache jeweils im Original, so daß sich das Nichtverstehen zwischen Deutschen und Franzosen direkt mitteilte und der Wert der gemeinsamen Aktion um so eindringlicher erkennbar wurde. Während der Film in Deutschland von der Rechten angegriffen und vom Publikum wenig beachtet wurde, fand er in Frankreich großen Widerhall.

Kameradschaft kam wie *Westfront 1918* bei der Nero-Filmgesellschaft heraus, die zu dieser Zeit viel Mut bewies und einige bedeutende Filme produzierte, mit denen das meiste, was die Ufa hervorbrachte, auch künstlerisch in den Schatten gestellt wurde. Allerdings war der Mut nicht unbegrenzt. Er reichte nicht aus, um Brechts Textbuch zur Verfilmung der *Dreigroschenoper*, *Die Beule*, mit seiner politischen Kampftendenz zu akzeptieren, woraus sich ein Prozeß entwickelte. Brechts im *Dreigroschenprozeß* formulierte Angriffe gegen die Nero haben deren sonstige Aktivitäten allzusehr in den Hintergrund treten lassen. Die Verfilmung von Brechts Stück wurde unter Pabsts Regie und mit den Darstellern Rudolf Forster, Carola Neher, Lotte Lenya zu einem eigenständigen, großen Film, der, zugleich in einer französischen Version hergestellt, starken Erfolg hatte. Mit der Lokalisierung des Geschehens in einem geheimnisvollen spätviktorianischen London schuf Pabst eine unverwechselbare Atmosphäre. Die Abmilderung von Brechts politischer Tendenz suchte er durch den Schluß wettzumachen, mit dem er zeigt, daß es profitabler ist, eine Bank zu eröffnen als eine Bank zu berauben.

Pabst stand der SPD nahe, ohne sich in seinen Filmen ausdrücklich für sie zu engagieren. Auf jeden Fall spielte die politische Stellungnahme, wie auch bei Schriftstellern und Künstlern, für seinen um 1930 erreichten Realismus eine entscheidende Rolle. Es war eine an individueller Erfahrung geschulte und auf individuelle Bewußtwerdung zielende Stellungnahme gegen die Rechte, gegen den Nationalsozialismus. Wie sehr sie seine visuelle Dokumentation bis in die Struktur hinein bestimmte, bezeugt der spätere Niedergang seiner Filmarbeit, als er diesen Weg verließ.

Piel Jutzi, der vor 1933 als linksengagierter Regisseur bei den Sozialisten Anerkennung fand, nach 1933 allerdings noch mehr als Pabst politischen Mut und künstlerische Konsequenz vermissen ließ, begegnete der Tendenz zum Melodramatischen mit einer drastischen sozialkritischen Dokumentation. Für den Streifen *Hunger in Waldenburg* (1929) filmte er unter Arbeitern im schlesischen Industriegebiet Waldenburg; wichtige Handlungsmomente fügte er in nachträglich gespielten Szenen ein. Hier wurde die Authentizität des spezifisch Filmischen ganz von der des proletarischen Alltags abgelöst. Im Eindruck des Unverstellten, Direkten dieser »Semidokumentation«, wie sie Jutzi nannte, sollte der Zuschauer ebenso direkt Stellung nehmen. Damit machte er eine Technik, die von der Ufa zur besseren Wirkung trockener Lehrfilme entwickelt worden war, der sozialistischen Agitation zugänglich. Demgegenüber ist *Mutter Krausens Fahrt ins Glück* ein künstlerisch durchkomponierter Film, der das Berliner Proletariermilieu sachlich schildert. Der melodramatische Schluß – Mutter Krause nimmt sich das Leben – ist nüchtern wiedergegeben, vor allem aber durch Szenen mit jungen kampfbereiten Arbeitern kontrapunktiert.

Noch vor diesem Film entstand Werner Hochbaums Streifen *Brüder* (1929) als ein Versuch, »mit einfachen Mitteln einen proletarischen deutschen Film zu machen«. Hochbaum, der dem linken Flügel der SPD nahestand, rekonstruierte den Hamburger Hafenarbeiterstreik des Winters 1896/97 in einer wirkungsvollen Verbindung von Dokumentation und politischer Argumentation. Die Geschichte zweier Brüder, die sich als Polizist und

Arbeiter auf verschiedenen Seiten der Streikfront befinden, ist ohne Sentimentalität in den Gesamtablauf integriert, der ein kämpferisches ›Trotz alledem!‹ anzielt. Allerdings erreichte der Film kaum die Öffentlichkeit, und auch Hochbaums späterer Film *Razzia in St. Pauli* (1932), eine eindrucksvolle Studie über die Lethargie politisch indifferenter Kleinbürger, blieb weitgehend unbekannt. Hochbaum stellte den Film ganz auf präzise Beobachtung, Einfachheit und Milieuechtheit. Hier ist nichts mehr von der Rührstück-Dramaturgie früherer sozialer Filme zu bemerken.

Auch Slatan Dudow, der Regisseur des bedeutendsten von den Kommunisten geförderten Films *Kuhle Wampe oder Wem gehört die Welt?* (1932), kam vom dokumentarischen Film her. Er hatte über die schlechten Wohnverhältnisse des Berliner Proletariats den Streifen *Wie wohnt der Berliner Arbeiter?* gedreht. Eine Zeitungsnotiz, daß ein junger Arbeitsloser sich aus dem vierten Stock einer Mietskaserne stürzte, nachdem er zuvor seine Armbanduhr auf das Fensterbrett gelegt hatte, inspirierte ihn 1930 zu einer Filmgeschichte, die von diesem Selbstmord ihren Ausgang nimmt. Er gewann Brecht und Ernst Ottwalt für das Drehbuch, Hanns Eisler für die Musik. Der Film widmet sich im ersten Teil der vergeblichen Arbeitssuche von Arbeitslosen auf Fahrrädern – eine visuell und rhythmisch eindrucksvolle Schilderung mit sparsamem Gestus. Der zweite Teil zeigt Kuhle Wampe, eine Arbeitslosensiedlung am Rande Berlins, in der die Liebe zwischen Fritz und Anni, die von ihm ein Kind erwartet, ihre Bewährungsprobe erfährt. Hier retardiert der Film sichtlich zu einer Milieustudie, um dann zu den Massenszenen eines Arbeitersportfestes überzuleiten, dem Symbol für den kämpferischen Gemeinschaftsgeist des Proletariats. Daran schließt sich ein politisches Streitgespräch in der S-Bahn an, bei dem die Klassenkonfrontation, die der Film nicht direkt ins Bild hebt, im Dialog verdeutlicht wird. Änderungswillen und Solidaritätsgesinnung sind die zentralen Themen dieses Werkes, für die Eisler einprägsame musikalische Äquivalente schuf, vor allem das schnell populär gewordene Solidaritätslied. Eislers Musik psychologisiert nicht, sondern betont das Bedeutsame und Typische, entsprechend der

Regie von Dudow, die den illustrierend-expressiven Gestus zugunsten des gesellschaftlichen zurückdrängt. Der Film entstand unter schwierigen Bedingungen und mit sparsamstem Budget. Erst nach dreimaligem Zensurverbot konnte er mit Schnitten aufgeführt werden und erreichte einen Teil des proletarischen Publikums.

Es waren nicht viele Filme, in denen sich die Dokumentation des sozialen Alltags überzeugend mit politischer Aussage verband. Es blieb in Deutschland bei Versuchen, die zugleich die enormen Schwierigkeiten solcher Bemühungen erkennen lassen. Sie zeigen die Möglichkeiten und Grenzen des dokumentarischen Realismus, mit dem zu dieser Zeit in Theater und Literatur experimentiert wurde, auch im Bereich des Films. Damit griff man über die Milieumelodramen hinaus, aber auch über einen Film wie *Metropolis* von Fritz Lang, der 1927 eine beispielhafte Auseinandersetzung mit der modernen Arbeitswelt liefern sollte. *Metropolis*, eines der aufwendigsten und technisch innovativsten Werke der Filmgeschichte, exemplifizierte aufs neue die Inszenierungskultur dieser Ära. Es war ein Film, in dem zwar die Entfremdung des Arbeiters und sein Aufbegehren gezeigt, jedoch durch eine Kitschfabel über die Versöhnung von Kapital und Arbeit völlig verzerrt wurden. Bei der Verfilmung von Thea von Harbous Buch hatte Lang die Arbeits- und Lebensverhältnisse in einer Riesenstadt zu einer Folge von groß entworfenen Massenszenen stilisiert, in die er Szenen der Konfrontation von Vater und Sohn, Mittelalter und Moderne, Heilsbringerin und Hexe, Kapitalist und Arbeiterführer einfügte. Er erreichte einen Grad der Stilisierung von Mensch und Ding – Arbeiterkolonnen bewegen sich wie monolithische Blöcke –, daß in der Tat neuartige Eindrücke entstanden. Allerdings war darin mehr von unverdautem Expressionismus als von jener Versachlichung zu sehen, die das Publikum dieser Jahre bevorzugte, und der Film erlangte nur eine flaue Rezeption, stürzte die Ufa, die sich viel erwartet hatte, noch tiefer ins Defizit. Als sich Goebbels 1933 darum bemühte, Lang in seine Dienste zu nehmen, spiegelte das in starkem Maße die Begeisterung für Geist und Ästhetik dieses Films. Fritz Lang lehnte Goebbels' Angebot ab und emigrierte.

Auch er befaßte sich um 1930 intensiv mit dokumentarischer Technik und brachte sie virtuos in seinem ersten Tonfilm *M* (1931) zur Geltung, mit dem er das hohe künstlerische Niveau seiner frühen Filme wieder erreichte. Langs Gebrauch des Dokumentarischen in diesem Film über die Jagd nach einem Kindermörder (Peter Lorre), bei welcher Polizei und Verbrecherorganisationen einander abwechseln, war jedoch von der Dokumentation der sozialkritischen Filme sehr verschieden. Auch er ging von Zeitungsnotizen aus und gründete den Film auf Tatsachenmaterial, konzentrierte sich aber ganz auf den vermittelten Charakter dieser Informationen, setzte das Ereignis als ein öffentliches, gemachtes Ereignis ins Bild. Wiederum fand er eine neue Technik in der filmischen Montage der Realität, wobei seine brillante Verwendung von Musik und Dialog besonderes Aufsehen erregte. In diesem Werk, das wie Langs folgender Streifen *Das Testament des Dr. Mabuse* (1932) die Ambivalenz moralischer und politischer Verhaltensformen in der Krisenzeit vor 1933 sichtbar macht, gelang ihm ein weiteres Dokument für die Inszenierungskultur der Zeit – nun jedoch im virtuosen Umgang mit Tatsachenmaterial.

Lang machte in dieser Periode, da die Filmpoetik mit der Einführung des Tonfilms erneut in eine Krise geriet, deutlich, daß Realismus im Medium Film wohl der Dokumentation bedürfe, daß aber abbildrealistische Gestaltung kein Patentrezept zur Erschließung der aktuellen Realität darstelle. Wenn Brecht im *Dreigroschenprozeß* schrieb, die eigentliche Realität sei in die Funktionale gerutscht, man müsse etwas »Künstliches«, etwas »Gestelltes« aufbauen, um ihr nahezukommen, so korrespondierte das durchaus mit Langs Behandlung des Mediums Film. (Brecht und Lang arbeiteten später im Exil am Film *Hangmen Also Die* zusammen.) Zwar förderte der Tonfilm die Tendenz zum Realismus, aber er bedurfte, wenn diese Tendenz einem breiten Publikum zugänglich gemacht werden sollte, zugleich einer neuen Reflexion des Mediums. So wenig es Pabst bei der politischen Dokumentation beließ, so wenig taten es Lang oder Robert Siodmak, der mit dem dokumentarischen Stummfilm *Menschen am Sonntag* (1929) sowie den Tonfilmen *Abschied*

(1930) und *Voruntersuchung* (1931) auf einen kritischen Filmstil zusteuerte. Auch der Sensationserfolg der Regisseurin Leontine Sagan mit *Mädchen in Uniform* (1931), einer Kritik der unmenschlichen Erziehungspraxis in einem preußischen Mädchenpensionat, ist nicht auf das Konto bloßer Dokumentation zu buchen.

Wenn der neue filmische Realismus auch erst in Umrissen erkennbar wurde, so verhalf er dem Tonfilm in Deutschland vor 1933 doch noch zu einer eigenen Aussage. Daß dabei der Ruhm des *Blauen Engel*, den Josef von Sternberg 1930 nach dem Roman *Professor Unrat* von Heinrich Mann für die Ufa drehte, alles andere überstrahlte, braucht nicht übergangen zu werden. Auch dieser Film gehört zu den Bemühungen, dem Tonfilm gegenüber dem Stummfilm zu einer eigenen Qualität zu verhelfen. Nicht zu übersehen ist hier der Rückgriff auf die vertrauten Requisiten des deutschen Films: Melodram und winklig-altes Städtchen, doch war es natürlich der keß-kleinbürgerliche Charme Marlene Dietrichs als Sängerin Lola-Lola, der diesem Film zum Welterfolg verhalf.

Es blieb genügend Skepsis bestehen. Rudolf Arnheim sprach nicht wenigen Zeitgenossen aus der Seele, als er in seinem Buch *Film als Kunst* (1932) darlegte, nur der Stummfilm sei der im eigentlichen Sinne künstlerische Film, indem er nicht auf die realistische Abbildung, sondern die radikale Künstlichkeit und Synthetik der Bilder ziele. Diese Position ließ dem Tonfilm nicht viel Spielraum. Mit ihr verband sich die Befürchtung, der Film werde nun den künstlerischen Kredit verspielen, den er mit der Arbeit von Eisenstein, Chaplin und anderen beim Publikum erworben habe. Aber ging es allein um die Wahrung künstlerischer Ansprüche? Mit dem Ton wurde der Film noch stärker als zuvor zu einem öffentlichen Medium, das sich nicht nach herkömmlichen Kunstbegriffen einordnen ließ. Nicht von ungefähr hielt gerade Walter Benjamin den Film für geeignet, die fruchtlose Konfrontation von Kunst und Wissenschaft zu beenden und in einer Synthese aufzuheben. Hitlers Machtübernahme verhinderte, daß die Möglichkeiten einer kritisch-realistischen Verwendung des Films in Deutschland weiter erprobt werden konnten.

Der Einbruch des Expressionistischen

Von einer ›Musik der Weimarer Republik‹ hat man bisher selten oder nie gesprochen. Auf den ersten Blick scheint es auf diesem Gebiet nicht viel zu geben, was in Richtung Republikbewußtsein, Demokratisierung, Technologie oder Sachlichkeit drängt. Wie schon in früheren Epochen wird auch in diesem Zeitraum die Musik gern als die abstrakteste aller Künste hingestellt, die nicht so unmittelbar mit dem Zeitgeschehen oder der sozialen Basis verbunden ist wie die anderen Kunstarten. Dies gilt selbst für die turbulenten Anfangsjahre dieser Republik, als in Literatur, Malerei und Baukunst eine Fülle revolutionärer Stilrichtungen um die Gunst des Publikums rangen und es aus älteren Rezeptionsgewohnheiten herauszureißen versuchten. Im bürgerlichen Konzertbetrieb traten dagegen nach der Novemberrevolution kaum irgendwelche gravierenden Änderungen ein. Für die hier versammelten Kreise galt die Musik weiterhin als die heiligste, anbetungswürdigste aller deutschen Künste, als die Ars sacra deutscher Innerlichkeit und deutschen Traditionsbewußtseins, die man gerade in den Schrecken der Kriegs- und Nachkriegszeit mit besonderer Inbrunst verehrte und als Jungbrunnen seelischer Erneuerung feierte. Was daher in den Konzertprogrammen dieser Ära den Ton angab, waren weiterhin die Klassiker, vor allem die deutschen Klassiker von Bach bis Brahms und Wagner. Von Zeit zu Zeit ließ man sich auch einige gemäßigte ›Neutöner‹ wie Richard Strauss, Max Reger und Gustav Mahler gefallen, um nicht in den Verdacht des Altmodischen zu geraten. Doch die eigentliche Liebe der meisten Konzertbesucher galt nach wie vor der Musik des 18. und 19. Jahrhunderts, der klassischen und der romantischen Musik.

Wirklich moderne Tendenzen, wie sie Arnold Schönberg und sein Kreis (Alban Berg, Anton von Webern) vertraten, wurden darum von der Mehrheit der Musikliebhaber überhaupt nicht wahrgenommen. Und so gibt es selbst in den musiktheoretischen Auseinandersetzungen der Jahre 1918/19, die sich mit der Frage der Ismen beschäftigen, noch immer keine Expressionismus-Debatte. Selbst die Vertreter der Wiener Schule bilden da keine Ausnahme. Schönberg und Theodor Hartmann waren zwar schon 1912 im *Blauen Reiter* entschieden für eine Neue Musik eingetreten, hatten diese jedoch nicht als expressionistisch, sondern als atonal, frei oder anarchistisch charakterisiert. Auch den ersten Aufführungen Schönbergscher Werke in Berlin, die Hermann Scherchen 1912 und 1913 dirigiert hatte, war eine epochemachende Wirkung versagt geblieben. Als sich daher im Dezember 1918 in Berlin die expressionistisch-revolutionäre Novembergruppe konstituierte, der Vertreter aller Künste angehörten, waren anfangs nur zwei Musiker, nämlich Scherchen und Heinz Tiessen, ein Berliner Komponist der Richard-Strauss-Schule, mit von der Partie. Ab Ende 1919 führte die Neue Musik-Gesellschaft erstmals Werke von Skrjabin, Schönberg, Bartók, Tiessen, Berg und Erdmann einem größeren Publikum vor. Eine ähnliche Funktion übernahmen die Donaueschinger Kammermusikfeste (ab 1921) und die Konzerte der Berliner Novembergruppe (ab 1922) unter Max Butting, die sich fast ausschließlich für die Propagierung modernster Musik einsetzten.

Während also auf literarischem und bildkünstlerischem Gebiet seit 1919 immer häufiger lautstarke »Tod-dem-Expressionismus«-Parolen ertönten, wurde in der Musik der Expressionismus in diesen Jahren überhaupt erst endeckt und als neuer Ismus verkündet. Wohl die wichtigste Rolle spielten dabei die zeitgenössischen Musikzeitschriften, die sich bei ihrem Engagement für einen musikalischen Expressionismus weitgehend auf die Pionierleistungen des Wiener Schönberg-Kreises beriefen, um nicht völlig mit leeren Händen dastehen zu müssen. In Wien waren das die *Musikblätter des Anbruch* (ab 1919), in Berlin der von Scherchen gegründete *Melos* (ab 1920), zu denen sich 1922 noch *Die Musik* gesellte. In diesen Zeitschriften wurde plötzlich auch von einem »tönenden Expressionismus« geredet, der bisher nur de facto, aber nicht als Programm existiert habe. Scherchen forderte dabei im *Melos* neben »Tonalitätsdurchbrechungen«

und »Rückgriffen auf die vortonale Zeit« auch eine stärkere Berücksichtigung des »soziologischen Unterbaus«, um so eine auf alle Lebensbereiche ausgreifende »Aktivität zu entwickeln« (1,2). Doch leider blieb er mit diesen Thesen weitgehend allein. Andere Musikkritiker oder Komponisten, die sich ebenfalls für den Expressionismus begeisterten, betonten an dieser Richtung fast ausschließlich die »atemberaubende seelische Eruptions-Dämonie« (1,35) und erhoben das Kühnste, Intensivste, Geistigste, Tiefinnerlichste, Ekstatischste zum klanglichen Telos. Lediglich Heinz Tiessen trat im frühen *Melos* etwas kämpferischer und novembristischer auf. Was er verlangte, war ein konzentrierter »Empfindungsausdruck«, hinter dem sich die »geistige Mission« verberge, »unsere Zeit« wieder an die »tiefsten menschlichen Werte« zu erinnern (1,106). Im Hinblick auf dieses Ziel war ihm selbst der vielzitierte »Aufstand der Dissonanzen«, der zum erstenmal in Schönbergs Ganztonreihe zum Ausdruck komme, noch nicht »aktiv-energetisch« genug (1,7).

Doch wie sollte sich dieser musikalische Aktivismus eigentlich äußern, wenn man als Leitbild eines radikalen Expressionismus immer nur das Modell Schönbergs vor Augen hatte, das heißt eines Komponisten, der noch weitgehend dem esoterisch-elitären Gedankengut des Sezessionismus der Jahrhundertwende verhaftet war? Schließlich hatte dieser Mann bisher vornehmlich exklusive Privatkonzerte veranstaltet, Stefan-George-Texte vertont und somit eine Aura des Meisterlich-Genialen um sich verbreitet, die fast ans Sakrale grenzte. Was man damals als expressionistisch empfand, war bei ihm zwar in der Formgebung, aber nicht im Inhaltlichen zum Ausdruck gekommen. Die Schönbergsche Musik konnte daher den jungen Komponisten nach 1918 viele formalistisch-avantgardistische Techniken, aber keine neuen Inhalte vermitteln. Obendrein war sie zutiefst im älteren bürgerlichen Konzertbetrieb verankert und ließ sich deshalb nur im Rahmen solcher Organisationsformen rezipieren. In den Konzertsälen saß jedoch noch immer ein Publikum, das sich an der Musik der Klassiker und Romantiker laben wollte. Und so kam gerade die schönbergisch-expressionistische Musik überhaupt nicht zum Zuge. Den bürgerlichen Konzertbesuchern erschien sie als der Inbegriff des Seelenlosen, Widernatürlichen, ja geradezu Kakophonischen. Die jungen Komponisten empfanden sie dagegen als viel zu subjektivistisch, um sie in einem revolutionären Sinne für eine breitere unbürgerliche Musikentwicklung nutzbar machen zu können. Der Schönberg-Kreis blieb darum für lange Jahre ein höchst singuläres Phänomen, über das zwar in exklusiven Zeitschriften weiterhin lebhaft diskutiert wurde, dem aber sowohl die Masse der üblichen Konzertbesucher als auch die sich progressiv dünkende Avantgarde die Gefolgschaft verweigerte. Und es war Schönberg selbst, der dies wohl am klarsten erkannte. Aufgefordert, sich über »sein Publikum« zu äußern, sagte er 1930 resigniert im Rückblick auf die zwanziger Jahre: »Ich glaube, ich habe keines« (Q 10,222). Auch Hanns Eisler, wohl sein begabtester Schüler, nannte daher die Schönbergsche Musik immer wieder »die Musik, die niemand will«.

Was der Wirkung Schönbergs hemmend im Wege stand, war jedoch nicht nur die Unmöglichkeit, den hochgespannten Subjektivismus seiner Klangwelt in einen gesellschaftsbezogenen Aktivismus umzusetzen, sondern – wie bereits erwähnt – auch und vor allem der Konservativismus des durchschnittlichen Konzertpublikums, das sich aus Trägheit, Gewöhnung, kulinarischer Einstellung, mehr oder minder eingebildeter Seelenhaftigkeit wie auch borniertem Nationalismus allen Tendenzen ins ›Neutönerische‹ von vornherein verschloß. Viel stärker als auf anderen Gebieten wollte man in der Musik einfach den Status quo erhalten. Und diesem Status quo kamen vor allem bekannte Symphonien, virtuos gespielte Instrumentalkonzerte und die alte, halb feudale, halb bürgerliche Opernkultur entgegen. Als der markanteste Vertreter dieser Status-quo-Gesinnung zeichnete sich damals Hans Pfitzner aus, der sich als programmatischer Spätromantiker, glühender Nationalist und zugleich Feind aller ›Neutönerei‹ einen Namen zu machen versuchte. Diesem Manne erschien alles Moderne von vornherein verrucht. Selbst Ferruccio Busoni und Paul Bekker, zwei höchst gemäßigten Vertretern eines neuen Kurses in der Musik, rückte er mit militanten Schriften wie *Futuristengefahr* (1917) und *Neue Ästhetik der musikalischen Impotenz* (1919) auf den Leib. Für Pfitzner beruhte Schöpfertum in der Musik allein auf Inspiration und zugleich innigster Vertrautheit mit den Werken der alten Meister, was er in didaktischer Form in seiner Oper *Palestrina* (1917) darzustellen versuchte. Palestrina (sprich Pfitzner) soll hier im Auftrag des Papstes (sprich der staatlichen Obrigkeit) eine Messe komponieren, die der Kirchenmusik (sprich der deutschen Musik) ein neues leuchtendes Vorbild setzt. Und das gelingt ihm auch, weil er sich allein auf den genialen Einfall und die *unio mystica* mit den alten Meistern stützt, statt einem Modernismus um jeden Preis nachzujagen. Die gleiche Tendenz liegt seiner romantischen Kantate *Von deutscher Seele* (1921) zugrunde, die auf Texten von Eichendorff beruht und die der von Pfitzner gereizte Paul Bekker als die Kantate *Von deutscher Phrase* attackierte. Um so begeisterter äußerte sich natürlich die musikalische Rechte, die sich um die einst von Schumann gegründete *Zeitschrift für Musik* gruppierte, über dieses Werk. Sie überschüttete es mit denselben Lobeshymnen wie Pfitzners hochromantisches Violinkonzert, das 1924 uraufgeführt wurde. Die Kritiker der *Zeitschrift für Musik* fühlten sich durchaus mit jenen Leuten identisch, die 1924, als nach zehnjähriger Pause die Bayreuther Festspiele neu eröffnet wurden, nach einer Aufführung der *Meistersinger* spontan aufstanden und mit nationalistischer Verblendung »Deutschland, Deutschland über alles« anstimmten.

In den Jahren zwischen 1918 und 1923/24 wirkt also die musikalische Szene relativ einheitlich. Was vorherrscht, ist eindeutig die klassich-romantische Tradition, und zwar in den gewohnten Rezeptionsformen des Konzertsaals und des Opernhauses. Es gab damals fast niemanden, der diese Haltung in Frage stellte. Die Rechten unterstützten sie ohne Vorbehalt, ja versuchten die damit verbundene ›Erbepflege‹ ins eindeutig Chauvinistische zu steigern – und das liberale Bürgertum machte einfach mit. All das sollte kaum jemanden verwundern, der mit den musikalischen Traditionen Deutschlands vertraut ist. Die wenigen linksbürgerlichen Komponisten und Dirigenten, die sich in diesen Jahren volksbildnerischen Aufgaben zuwandten, fallen dagegen kaum ins Gewicht. Obendrein standen diesen Ausnahmen, die auf dem Weg über die bestehenden Arbeiterchöre oder Arbeiterkonzerte Kontakte mit der breiten Masse der Werktätigen zu gewinnen versuchten, fast überhaupt keine revolutionären Werke zur Verfügung, mit denen man auf diese Massen hätte einwirken können. Daher blieb es meist – wie schon bei den alten Volksbühnen – bei einem unverbindlichen Nebeneinander von klassisch-romantischen und gemäßigt-modernen Werken, was sich in nichts von den herkömmlichen Konzertprogrammen unterschied. Eigentlich war es nur der ›linke‹ Scherchen, der sich in diesen Jahren für eine radikal modernistische Musik einsetzte, um damit das Bildungsbürgertum herauszufordern. Doch, wie gesagt, mit Schönberg allein war ein solcher Aufstand nicht zu inszenieren. Das sahen schließlich selbst junge Komponisten wie Paul Hindemith, Ernst Křenek und Kurt Weill ein, die in ihren Anfängen durchaus mit expressionistischen Stiltendenzen sympathisierten, jedoch dieser Richtung – wegen ihrer Esoterik – bald wieder den Rücken kehrten.

Rückkehr zu ›objektiver Gestaltung‹

Eine leicht veränderte Situation trat im Musikwesen erst in der Periode der ökonomischen Stabilisierung zwischen 1923/24 und 1929 ein. Was sich nicht änderte, war selbstverständlich die schichtenspezifische Aufspaltung der Hörermassen. Die Arbeiterklasse blieb auch in diesem Zeitraum von der ›seriösen‹ Musik fast völlig ausgeschlossen. Die Rechten verharrten bei der Tradition und sperrten sich weiterhin gegen jede Form von Modernismus, ja wurden in manchem in ihrer Haltung noch hartnäckiger, da sich in den bürgerlichen Konzert- und Opernbetrieb in diesen Jahren auch einige modernistische, avantgardistische, progressive Elemente einschlichen, die in den sensationslüsternen Gazetten beträchtliches Aufsehen erregten. Schließlich machte der allgemeine Stabilisierungsprozeß, der zwangsläufig einen Trend ins Umsatzsteigernde und damit Modische mit sich brachte, sogar vor diesen ›heil'gen Hallen‹ nicht halt. Mit bloßer Erbpflege war es Mitte der zwanziger Jahre, als sich breite Schichten des Bürgertums plötzlich fortschrittlich, modern, technisch-avanciert vorkamen, nicht mehr getan. Ein auf Konjunktur drängendes System kann nun einmal keine einseitigen Beharrungstendenzen dulden. Es sieht sich gezwungen, ständig neue Moden zu propagieren, um die angekurbelte Produktion auch unter die Leute zu bringen. Bekanntermaßen gilt das nicht nur auf ökonomischer, sondern auch auf kultureller Ebene. Das Spezifische dieser Phase ist darum ein Modernismus, der nicht umstürzlerisch, sondern im Gegenteil verfestigend wirkt. Und das läßt sich nur mit dem Prinzip der Mode, das heißt der progressionslosen Progression erreichen. Klaus Pringsheim sprach daher 1926 in der *Weltbühne* von einer »pseudo-revolutionären Stagnation« innerhalb der Musikentwicklung, die auf der »Stabilisierung« der »Halbheit« beruhe (22, 148).

Was man also in diesen Jahren innerhalb des Konzertlebens erst einmal zurückdrängte, war der Expressionismus, der für viele noch immer im Verdacht des Rebellischen, ja Revolutionären stand. In der Musik wäre eine solche Kampagne eigentlich gar nicht nötig gewesen, da hier der Expressionismus von vornherein eine höchst untergeordnete Rolle gespielt hatte. Doch wenn man von rechts gegen den Expressionismus zu Felde zog, wollte man ja nicht nur dem Expressionismus, sondern jeder Art von Ideologisierung der Kunst den Garaus machen. Der künstlich hochgespielte Kampf gegen den Expressionismus war daher eigentlich ein Kampf gegen Weltanschauungsmusik, gegen Tendenzmusik und damit gegen politisierte Musik schlechthin. Wie auf allen anderen Gebieten setzte um 1923/24 auch auf diesem Sektor eine Abwertung des Ideologischen ein, die zu einer immer stärkeren Propagierung rein formalistischer Kunstprinzipien führte. Selbst diese Richtung griff zu Schlagworten wie Sachlichkeit oder Neue Sachlichkeit, um so eine Tendenz zum Beruhigten, Objektivierten, Harmonischen anzudeuten. Überzeugte Idealisten sahen in diesem Vorgang sogar eine fortschreitende Demokratisierung der Musik.

Wohin man in diesen Jahren auch blickt, immer wieder stößt man auf die Forderung, nur ja keinem seine Meinung aufzuzwingen, alles gelten zu lassen, tolerant und pluralistisch zu sein, keine falschen Barrieren zwischen ›hoch‹ und ›niedrig‹ zu errichten, jeden mit den von ihm gewünschten Produkten zu beliefern, und ähnliche Forderungen. Das klingt auf Anhieb wesentlich demokratischer als die Kunstverkultung der wilhelminischen Ära, soll aber letztlich vor allem zwei Dinge bezwecken: erstens jene ideologischen Tendenzen unterdrücken, die der erhofften Stabilisierung gefährlich werden könnten, indem man sie als lächerlich, als himmelstürmend, als expressionistisch, das heißt als sinnlose Ekstasen diffamiert, zweitens auch den Musikbetrieb dem kapitalistischen Marktprinzip von Angebot und Nachfrage und somit dem System der Moden und Trends unterwerfen. Dadurch entstand zwar äußerlich der Eindruck einer höchst lebhaften Entwicklung, die jedoch bei näherem Zusehen meist auf einen Avantgardismus ohne weltanschauliches Zeil, ein modebewußtes Neuigkeitswesen und damit einen fortschrittslosen Fortschritt hinausläuft. Wie im Bereich der Frühjahrs- und Herbstmoden wollte man auch das Musikpublikum immer stärker auf den jeweils letzten Schrei konditionieren, um ihm so das trügerische Gefühl des *Up-to-date*-Seins zu geben. Eine solche Entwicklung führte zwangsläufig zu einer journalistischen Cliquen- und Claquenwirtschaft, die selbst die ›heilige‹ Musik nur noch auf ihren *Nouveauté*-Charakter hin überprüfte.

In den zeitgenössischen Dokumenten hört sich das allerdings etwas harmloser an. Hier wurde diese Wende ins Sachliche meist als eine Wende ins Zeitgemäße hingestellt. Und zwar charakterisierte man diese Zeitgemäßheit im Sinne des ›Geists von Locarno‹ und der Stresemann-Briand-Politik vorwiegend als eine positive Entwicklung zum Europäischen, Internationalen oder zumindest Modernen. Die Hauptschlagworte dieser von Affekten und Ideologien gereinigten Sachlichkeit waren daher fast immer ›Freiheit‹ und ›Unabhängigkeit‹. So strich sich etwa die Zeitschrift *Melos* in diesen Jahren ständig als unabhängig und fortschrittlich heraus, das heißt als ein Blatt der Neuen Musik für die ›guten Europäer‹. Ähnliches gilt für die *Musikblätter des Anbruch*, in denen Hans Heinz Stuckenschmidt 1928 eine Musik für »moderne Menschen« forderte (10,207). Überhaupt vertraten die liberalen Musikzeitschriften mehr und mehr das Konzept einer sachlichen, gemäßigt-modernen oder lediglich modischen

Avantgarde, bei der wieder die Qualität und nicht die Ideologie im Vordergrund stehe. Immer wieder berichtete man, wer ›aufgefallen‹ sei, wer einen ›neuen Trend‹ geschaffen habe, wer das bessere ›Fingerspitzengefühl‹ besitze, aber nicht wer wen ideologisch beeinflussen wolle.

Da diese Richtung ein starkes Vorurteil gegen große Worte hatte und lediglich Sachlichkeit propagierte, begnügte sie sich in ihren theoretischen Verlautbarungen, falls sie überhaupt solche hervorbrachte, meist mit recht allgemeinen Statements. Eins ihrer wichtigsten Argumente war die bereits erwähnte Pluralismusthese. Man solle den Leuten endlich einmal »alles« bieten, schrieb Kurt Weill 1925 bewußt sachbetont, auch die »noch weniger bekannte alte Musik aller Epochen« und die »gute neue Musik jeder Richtung« (KW 111). Worin allerdings die hier beschworene Qualität besteht, wird nicht gesagt und kann auch auf einer so unverbindlichen Basis gar nicht definiert werden. Neben dieser Pluralismusthese stößt man ebenso häufig auf die Antisubjektivitätsthese, die scheinbar ins Kollektivistische und damit Telosorientierte zielt, jedoch letztlich ebenfalls die fortschreitende Entleerung und damit Entideologisierung unterstützen soll. Deshalb zogen die Avantgardisten immer wieder gegen die übersteigerte Subjektivität der spätromantischen und expressionistischen Musik zu Felde, die sich einem »berauschenden Klangzauber, hinreißenden Effekten und narkotisierender Romantik« hingegeben habe und dadurch ins total Formlose und Willkürliche entgleist sei, wie Heinrich Kaminski 1926 schrieb (MA 8,7). All das galt plötzlich als bloße Laune, als vages Ungefähr, als virtuosenhafte Manier, als private Eitelkeit – ob nun im Bereich des Kompositorischen oder des rein Reproduzierenden. So machte sich etwa Walter Gieseking in seinem Aufsatz *Neue Sachlichkeit im Klavierspiel* (1930) über jene »mähnenumwallten Virtuosen« lustig, die ständig »verzückte Blicke« ins Publikum werfen und dabei gewaltig »transpirieren« (Q 10,240). Auch er verlangte eine konsequente Abkehr »von den Entartungserscheinungen der nachromantischen Epoche« und bestand auf »Sauberkeit«, »Sachlichkeit« und »Werktreue« (Q 10,241).

Als Allheilmittel gegen diese Hypertrophie des Subjektiven empfahlen fast alle Vertreter der Neuen Sachlichkeit ein »Zurück zu absoluter Gestaltung« (Heinrich Strobel), worunter sie eine puristische Entschlackung des musikalischen Materials von allen individualistischen und sogenannten »außermusikalischen« Elementen verstanden. Musik sollte wieder »kombinatorische Konstruktion«, wieder »durchmathematisierte Motorik«, wieder »tönend bewegte Form« werden, wie es schon Eduard Hanslick gefordert hatte. Auf die Frage »Was will diese neue Musik eigentlich?«, antwortete Paul Bekker schon 1923: »Sie will nicht darstellen, will nicht ergreifen oder erschüttern, sie ist eine Musik ohne jegliches Pathos und Sentiment. Was aber ist sie? Ein *Bewegungsspiel* der Klänge« (MA 5,17). Eine solche »erhöhte Bedeutung des formalen Elements und der Objektivierung der Musik«, schrieb Ernst Latzko 1928 im *Melos* noch prononcierter, läßt sich nur durch eine »möglichst vollständige Emanzipierung von der Persönlichkeit« erreichen (7,192). Sich überhaupt noch für das Subjektive in der Musik zu engagieren, blieb einem Theodor W. Adorno vorbehalten, der im Hinblick auf den Rückgang »revolutionärer Gruppenbildungen« 1927 in *Die Musik* resignierend feststellte, daß die »sprengende« Kraft heute nur noch von den großen »Einzelnen« ausgehen könne, worunter er in expressionistischer Tradition selbstverständlich Schönberg verstand (19, 879).

Neue Sachlichkeit in der Musik hieß daher für viele erst einmal strengere Form, größere Statik, objektiviertere Motorik und damit ein Anwachsen aller übersubjektivistischen Elemente. Unter Ausschaltung alles Romantischen, Programmatischen, Psychologisierenden, Expressiven, Ekstatischen wollte man der Musik wieder einen absolut autonomen Charakter geben, wie es hieß, indem man ihre innere Dynamik rein aus dem musikalischen Material und nicht aus dem Gestaltungswillen des jeweiligen Komponisten oder reproduzierenden Künstlers zu entwikkeln versuchte. Strawinsky schrieb damals provozierend, daß Musik »wie eine Nähmaschine laufen« solle. Andere sprachen von »barocken Spielfiguren«, von »maschinellen Ostinatoformen«, ja sogar von einer fortschreitenden »Vergleichgültigung des musikalischen Materials«. Und zwar äußerte sich diese steigende Objektivierung, »Entpersönlichung« und »Autonomie« der klanglichen Substanz, um aus einem *Melos*-Aufsatz von 1929 zu zitieren (8, 528), auf höchst verschiedene Weise: als Renaissance älterer ›vorsubjektivistischer‹ Musikformen, als modische Begeisterung für den pausenlosen *drive* der nordamerikanischen Jazzorchester, als Verkultung des Motorischen und Maschinellen, als Hinwendung zu sogenannter Gebrauchsmusik, als Interesse an mechanisierter Musik im Rahmen der neuen Film- und Funkindustrie sowie an allen Genres der herkömmlichen Zweckmusik in Form von Tanzmusik, Militärmusik, Volksmusik und ähnlich ›überindividuellen‹ Ausdrucksformen. Da diese Bestrebungen fast alle gleichzeitig zum Durchbruch kamen, steht die bürgerlich-liberale Musikdiskussion der Jahre zwischen 1923 und 1929 fast ausschließlich im Zeichen der Neuen Sachlichkeit, die als Sammelbegriff für all diese Tendenzen fungierte. Es ist manchmal nicht einfach, die einzelnen Spielarten dieser Richtung säuberlich auseinanderzuhalten, da sie fast alle miteinander korrespondieren und sich zum Teil überschneiden. Doch gibt es auch hier einige modische Varianten, die sich als Nacheinander bestimmter Trends darstellen lassen. Beginnen wir mit den zeitlich am Anfang stehenden Wiederbelebungsversuchen älterer Musik, den sogenannten Renaissancen.

Neue Klassizität

Worin sich dieser Trend zu Renaissancen zuerst bemerkbar macht, ist der auffällige Rückgriff auf Formen vorbürgerlicher, vorsubjektivistischer Musik, der in den frühen zwanziger Jahren einsetzte und sich in der Praxis weitgehend als Wiederentdekkung und -belebung sogenannter Barockmusik auswirkte. Dies geschah entweder in Anlehnung an gewisse internationale Tendenzen (Strawinsky) oder in Weiterführung bereits bestehender neobarocker Tendenzen, die sich bei Max Reger und Ferruccio Busoni schon um 1910 abzuzeichnen beginnen. Nach Zeiten spätromantischer und zum Teil auch expressionistischer Aktivität und Gefühlsekstase macht sich in diesen Jahren auch im Musikleben ein deutliches Bedürfnis nach Harmonie, Genüßlichkeit, Altbewährtem bemerkbar, das aufs engste mit den politischen Stabilisierungstendenzen nach 1920/21 zusammenhängt. Man wollte wieder »etwas für's Ohr haben«, wie es damals hieß, und das war für die bürgerlichen Konzertbesucher noch immer das Klassische. Deshalb erhielt diese Bewegung den Namen Neue Klassizität oder Neoklassizismus, obwohl ihr in Wirklichkeit meist eine Bevorzugung wesentlich älterer, ›barockerer‹ Musikformen zugrunde lag.

Davon zeugt bereits die Händel-Renaissance, die unter der Fahne der Neuen Klassizität segelte und 1920 mit der Inszenierung von Händels *Rodelinde* durch Oskar Hagen in Göttingen begann. In ihren Anfängen war diese Bewegung noch stark mit expressionistisch-konstruktivistischen Elementen durchsetzt und hob vor allem das Stilisierte der Händelschen Musik hervor. Doch diese Tendenz wich im Laufe der Jahre einem deutlichen Behagen am Kulinarischen des Belcanto und erreichte damit eine Breitenwirkung, die 1924 zur Gründung der Deutschen Händel-Gesellschaft führte. Ähnliches gilt für die Wiederentdeckung der Instrumentalkonzerte Antonio Vivaldis und der Rosenkranz-Sonaten Heinrich Ignaz Bibers, für deren Bekanntwerden sich vor allem Paul Hindemith einsetzte. Selbst die »Mozartsche Klarheit« gewann im Rahmen dieser Bewegung wieder energische Befürworter, wie ein Aufsatz von Siegfried Günther in *Die Musik* von 1922/23 beweist (15, 678).

Zur wichtigsten und folgenreichsten dieser Renaissancen wurde zweifellos die Bach-Renaissance, die in den gleichen Jahren einsetzte und fast alle Komponisten und ausübenden Künstler in ihren Bann zog. Was die Vertreter der Neuen Sachlichkeit an Bachs Musik besonders schätzten, war vor allem ihre ›stählerne‹ Rhythmik, ihr unnachgiebiges Tempo, ihre genau kalkulierte Terrassendynamik, das heißt ihre ›Sachlichkeit‹ in Melodie- und Formstruktur. Nach Zeiten eines rein virtuosenhaften oder subjektivistisch-romantischen Bach-Verständnisses setzte um 1923/24 plötzlich eine »straffe, entschwulstete Bach-Interpretation« ein, wie sie vor allem Hermann Scherchen und Otto Klemperer vorexerzierten (M 10, 1929, 533). Während man bisher einer »formlosen Programmatik« gehuldigt habe, schrieb Erik Reger 1929, halte man sich jetzt eher an die »Formenstrenge« und den unmittelbaren »Gebrauchscharakter« der Bachschen Werke (DM 22, 262). Ein besonderer Kult entwickelte sich dabei um die *Kunst der Fuge*, die 1927 in der Instrumentierung Wolfgang Graesers von Karl Straube uraufgeführt wurde. 1928 folgte die Leipziger Premiere des *Musikalischen Opfers*, das wie die *Kunst der Fuge* fast 200 Jahre als unaufführbares Lehrbuch gegolten hatte. Doch gerade die Abstraktheit dieser Werke übte auf die Form- und Sachfanatiker dieser Jahre einen besonderen Reiz aus. In Werken wie diesen, schrieb ein Kritiker des *Melos* 1928 begeistert, werde die »Kunst des 18. Jahrhunderts« aufs engste mit der »Gegenwart« verknüpft (7, 447).

Die Neue Klassizität führte allerdings nicht nur zu folgenreichen Exhumierungen, sondern auch und vor allem zu einer neuen Stilrichtung innerhalb der neusachlichen Musik dieser Jahre, da man in diesem Neoklassizismus ein brauchbares Programm, ja vielleicht sogar einen wirklichen Ismus gefunden zu haben glaubte. Als Vorbilder fungierten dabei neben Bach, Händel und Vivaldi auch Reger und vor allem Busoni, der als Kompositionslehrer einen maßgeblichen Einfluß auf eine Reihe junger Komponisten ausgeübt hatte. So pries etwa Kurt Weill 1925 Busoni als den ersten Vertreter der heute allgemein geforderten »jungen Klassizität« (KW 21). Auf Weills *1. Symphonie* von 1921, die noch eine sozialistisch-expressionistische Grundtendenz aufweist, wie schon aus dem vorangestellten Motto aus Johannes R. Bechers *Arbeiter, Soldaten und Bauern* hervorgeht, folgten in diesen Jahren ein *Divertimento für kleines Orchester* (1923) und ein *Violinkonzert* (1925), die beide ausgesprochen neoklassische Züge aufweisen. Überhaupt wurde es in diesen Jahren wieder Mode, Divertimenti, Suiten, Sonaten, Instrumentalkonzerte, Symphonien, ja sogar Fugen, Concerti grossi und Passacaglien zu schreiben. So komponierte Heinrich Kaminski 1922 ein *Concerto grosso*, das ganz auf der barocken Konfrontation von Tutti und Soli beruht. Ähnliches findet sich bei Ernst Křenek, der 1924 ebenfalls ein *Concerto grosso* und ein relativ konventionelles *Violinkonzert* herausbrachte. Am bekanntesten innerhalb dieses Trends wurde Paul Hindemith, der nach halbwegs expressionistischen Anfängen – dem *Nusch-Nuschi*-Ballett und auch den Kurzopern nach August Stramm und Oskar Kokoschka – im *Marienleben* von 1924 seine Zuhörer plötzlich mit barocker Polyphonie überraschte, die ein intensives Bach-Studium verriet. Noch deutlicher zeigt sich dieser Trend in seinen sechs *Kammermusiken mit Soloinstrumenten* (1924-1927), die ganz bewußt den *Brandenburgischen Konzerten* nachgebildet sind und Hindemith den ironischen Ehrentitel eines »Bach des 20. Jahrhunderts« eintrugen. Der Grundgestus dieser Werke ist durchaus antiromantisch, indem hier der Solist nur als Primus inter pares auftritt und damit seine subjektiv dominierende Rolle verliert. In allen diesen Werken herrscht eine musikantische Spielfreudigkeit und Formenstrenge, die damals allgemein als ›objektiv‹ empfunden wurde. Wie in Suiten oder Concerti grossi des frühen 18. Jahrhunderts wird hier das subjektive Gefühl ständig von figurativ-objektivierenden Elementen überspielt. Manchmal entsteht so fast der Eindruck eines musikalischen Perpetuum mobile, das sich auf höchst unkomplizierte rhythmische Grundmotive stützt und dann einfach pausenlos »wie eine Nähmaschine läuft«. Selbst das Spiel der Soloinstrumente wird nie effektvoll unterbrochen oder ins Ekstatische gesteigert, sondern soll lediglich formale Disziplin und kontrapunktierende Geschicklichkeit demonstrieren. Ein Mann wie Adorno sah darin selbstverständlich nur das »Mechanische«, »Objektivierende« und »Archaisierende«, wie es in einer seiner *Musik*-Kritiken aus dem Jahr 1926 heißt (19,26). Noch schärfer äußerte sich Schönberg über diesen Neuen Klassizismus, den er 1925 in seinen *Drei Satiren für gemischten Chor* mit folgenden Worten angriff: »Das ist ja der kleine Modernsky! / Hat sich ein Bubizopf schneiden lassen ... / Ganz der Papa Bach!«

Woran diese Richtung scheiterte, war nicht der Sarkasmus eines Schönberg, sondern ihr hoffnungslos elitärer Charakter und ihre regressive Unzeitgemäßheit. Schließlich bedeutete Sachlichkeit nach 1923 nicht nur ein beliebiges Strukturprinzip, sondern auch eine ideologische Haltung, die weit über das Formale hinausgriff und im Zuge der gesellschaftlichen Stabilisierung nach neuen, zeitgemäßeren Inhalten verlangte. Wie die neusachliche Literatur und die neusachliche Malerei begann daher auch die Musik nach 1923/24 ins bewußt Modernistische vorzustoßen und sich in den Bereich jenes Amerikanismus vorzuwagen, der sich in dieser Phase der relativen Stabilisierung des Kapitals als die führende Ideologie herauszubilden begann. Von den Vertretern dieser Richtung wurde die voraufgegangene spätromantisch-expressionistische Musik nicht mehr als sentimental-überspannt, sondern einfach als veraltet oder lebensfremd hingestellt, als eine Musik, der man im Zeichen der Neuen Sachlichkeit Werte wie Lebenszugewandtheit, Sportlichkeit, Optimismus, Aktualität und Technizismus entgegensetzte. So erschien 1925 einem Kritiker wie Hans Heinz Stuckenschmidt der Expressionismus eines Schönberg als Ausdruck einer »alphaften Zerrissenheit und Furcht«, der sich nur im Zusammenhang mit den Schrecken des Ersten Weltkriegs erklären lasse. Im Zuge der allmählichen Stabilisierung der Verhältnisse setzte er darum den Vertretern der älteren Generation folgende neusachliche Erklärung entgegen, die sich bewußt forsch und fortgeschritten gibt: »Wir haben es leichter als jene. Es gibt Autos, Aeroplane, Lunaparks, Sport und Reisen« (K 9,56).

Den Auftakt zu dieser spezifisch neusachlichen Gesinnung bildete die allgemeine Begeisterung für die Wonnen jener Vergnügungsindustrie, die sich nach dem Krieg geradezu lawinenartig ausgebreitet hatte. Ab 1923/24 wurde selbst in ›seriösen‹ Blättern allenthalben das Lob der Revue, des Kabaretts, des Schlagers und des Jazz gesungen. Wohl den größten Einfluß auf die musikalische Entwicklung übte dabei zweifellos der Jazz aus. Zugegeben, der Jazz hatte auch schon im Expressionismus eine gewisse Rolle gespielt, war jedoch dort in Form des Shimmy, Boston oder Ragtime nur als brutal-exotisches Element verwendet worden, um dem mit Klassik und Romantik großgewordenen Konzertpublikum bestimmte Klangschocks zu versetzen. Auch die vereinzelten Jazzelemente, die durch Werke wie Strawinskys *Ragtime* (1918) oder das Negerballett *La création du monde* (1923) von Darius Milhaud, das auf Eindrücken Harlemer Jazzorchester beruht, in die bürgerlichen Konzertsäle gedrungen waren, hatten an dieser Situation nicht viel geändert. Einen wirklichen Durchbruch erzielte der Jazz in Deutschland erst in den Jahren 1924/25. 1924 traten die ersten original-nordamerikanischen Jazzorchester in Berlin auf, denen 1925 die Siegeszüge der Negerband von Sam Wooding und der ›Chocolate Kiddies‹ mit Duke Ellington folgten. Diese Gruppen machten den Charleston in Deutschland zum führenden Modetanz und ließen außerdem den Verkauf von Jazzschallplatten rapide ansteigen. Zu den ersten deutschen Jazzorchestern gehörte die ›Julian Fush Follies Jazzband‹, die einen maßgeblichen Einfluß auf spätere Jazztanzorchester wie das von Bernard Etté ausübte. Als 1927 Josephine Baker mit ihrer ›Charleston Jazzband‹ nach Berlin kam, hatte die Jazzbegeisterung bereits ihren Höhepunkt erreicht. In diesen Jahren galt Jazz bereits als etwas Schickes, Modisches, Elegantes, dem ein fester Platz in der herrschenden Vergnügungsindustrie eingeräumt wurde. Während man um 1920 diesem Genre noch Brutalität und wilde Exotik nachgesagt hatte, empfand man jetzt den Jazz als eine großstädtische, erotisierende, amerikanische Gebrauchsmusik, deren tänzerisch synkopisierte Rhythmen, deren Banjo- und Saxophonklänge und deren unablässiger *drive* ein höchst kultiviertes Vergnügen ermöglichten.

Wie die liberale Musikkritik auf diese Jazzbegeisterung reagierte, belegt wohl am besten das Aprilheft des Jahres 1925 der *Musikblätter des Anbruch*, das ausnahmslos dem Jazz gewidmet ist und in dem der Herausgeber Paul Stefan im Hinblick auf den Jazz folgende Thesen aufstellte: »Für uns bedeutet der Jazz: Auflehnung dumpfer Völkerinstinkte gegen eine Musik ohne Rhythmus. Abbild der Zeit: Chaos, Maschine, Lärm, höchste Steigerung der Extensität. Sieg der Ironie, der Unfeierlichkeit,

Ingrimm der Höchstegüterbewahrer. Überwindung biedermeierlicher Verlogenheit, die noch allzu gern mit Romantik verwechselt wird; Befreiung also von ›Gemütlichkeit‹. Reichtum, Glück, Ahnung lichterer Musik.« Ja, Hans Heinz Stuckenschmidt stellte 1927 im *Melos* den Jazz als jenes rettende Element hin, ohne das »90% der neuen Musik nicht denkbar« sei (6, 74). Auch hier wird also der Jazz nicht mehr als etwas Brutales oder Expressives empfunden. Im Gegenteil. Seit George Gershwins *Rhapsody in Blue* von 1924 rechnete man ihn eher unter die sportlich-vergnügungsbetonten Elemente der »jungen amerikanischen Kultur«, wie derselbe Stuckenschmidt am 7. Mai 1927 in seinem Aufsatz »Neue Sachlichkeit in der Musik« in der *Vossischen Zeitung* beteuerte. Er ist »ein Spiegel«, schrieb Manfred Bukofzer 1929 im *Melos*, »in dem Sport, Technik und Film reflektiert wird« (10, 390). Und auch Brecht empfand den Jazz zu diesem Zeitpunkt nicht mehr als etwas Archaisches, sondern als etwas höchst Avanciertes und sprach von »Jazzbands, in denen lauter Ingenieure Musik machten« (20, 592). So sehr hatte sich das Bild dieser Musikart inzwischen gewandelt.

Vom Einfluß des Jazz bis zum Einfluß des Maschinenkults auf die neusachliche Musik ist darum ein wesentlich kleinerer Schritt, als man gemeinhin angenommen hat. Schließlich dominiert in beiden eine starre Motorik, die dem Hörer ständig denselben Grundrhythmus aufzuzwingen versucht. Die Befürworter des Technischen in der Musik waren deshalb dieselben, die sich auch für den Jazz begeisterten – allen voran der unermüdliche Stuckenschmidt, der bereits 1923 im *Kunstblatt* behauptete: »Auf die seelischen Pollutionen der hyperexpressiven Epoche folgt notwendig und abrupt das Bestreben nach Verhaltenheit, klarer Form, Objektivität. Das Skandieren elektrischer Kraftzentren, die magische Präzision grandioser Stahl-Strukturen, das Symbol der Schalttafeln wird künstlerisches Erlebnis. Nicht mehr der Mensch mit seinen privatesten Bedürfnissen, sondern seine in gefährlichen Hochspannungen, in der Kausalität eines Hebels latente Energie, bestimmt das Schaffen. Das Gesicht des Kunstwerks, bisher verzerrt, ekstatisch, schamlos, wird hart, sachlich und transzendent« (7, 221). Was in diesen Zeilen noch zum Konstruktivistischen tendiert, nahm in der Folgezeit rein ingenieurhafte Züge an. So setzte Stuckenschmidt 1927 im *Melos* der Schönbergschen »Esoterik« und »exzentrischen Autokratie des Geistes«, denen noch immer eine romantische Genieideologie zugrunde liege, die im Technischen verankerte Zeitgenossenschaft der strengen »Sachlizisten« entgegen. Hier heißt es mit spezifisch neusachlicher Emphase: »Der Komponist muß heute aus seiner Werkstatt heraus; an die Luft, in die Untergrundbahn, in die Fabriken« (6, 74). Stuckenschmidt stand mit solchen Theorien nicht allein. Auch andere Kritiker forderten in diesen Jahren immer wieder, dem Geräusch, dem Technischen und Naturalistischen innerhalb des musikalischen Aufbaus mehr Raum zu geben als bisher, um auch in der Musik endlich die neusachliche Modernität zu erreichen. Es gab um 1925 Komponisten, die behaupteten, daß man ihre Kompositionen eigentlich »nur in Straßenbahnen aufführen« könne, wie Hanns Eisler einmal sarkastisch bemerkte (1, 62). Sie konnten sich dabei sogar auf ein paar sensationell berühmt gewordene Werke berufen. Man denke an die *Maschines agricoles* (1919) von Darius Milhaud, den *Pacific 231* (1923) von Arthur Honegger, die *Airplane Sonata* (1923) von George Antheil, das *Konzert für Schlagorchester und Sirene* (1924) von Edgar Varèse und den *Tanz des Stahls* (1927) von Sergej Prokofieff, in denen die herkömmliche Programmusik mit bruitistischen und maschinenkultischen Elementen vermischt wird, um so den Zuhörern das Gefühl zu geben, an einer entstehenden Sachkultur, einem modischen Amerikanismus oder zumindest am vielbeschworenen ›Tempo der Zeit‹ teilzuhaben.

Im Bereich der deutschen Musik war es jedoch weniger die symphonische Dichtung als die sogenannte Zeitoper, die in den Jahren zwischen 1924 und 1930 ein starkes Publikumsinteresse auf sich zog, ja sogar internationale Resonanz hatte. Schließlich ließen sich hier Technik und Jazz viel stärker ins Bildhafte und damit Modisch-Eingängige umsetzen als im Bereich der reinen Konzertmusik, die mit wesentlich abstrakteren Mitteln auskommen muß. Der Begriff ›Zeit‹ bedeutet dabei Aktualität in einem journalistischen Sinn. Diese Opern sind zwar modernistisch und aktuell, indem sie sogar das Neueste vom Neusten – den Jazz und die Technik – auf die Bühne bringen, aber selten wirklich engagiert. Gerade die Zeitoper wurde so zum Tummelplatz jener »Affen der Zeit«, wie sich Tucholsky einmal ausdrückte (3, 366), die ihre Zeit bloß widerspiegeln wollten, anstatt ihr einen kritischen Spiegel vorzuhalten.

Den eigentlichen Durchbruch zu diesem Genre erzielte Ernst Křenek mit seiner Oper *Jonny spielt auf* (1927), die so erfolgreich war, daß sie noch im gleichen Jahr von fünfzig deutschen Bühnen nachgespielt wurde und sich anschließend die internationalen Bühnen eroberte. Auch Křenek hatte einmal mit seiner Oper *Die Zwingburg* (1922), die in einer Menschheitsrevolution gipfelt, als Expressionist angefangen. Doch schon in seiner Ehescheidungsposse *Der Sprung über den Schatten* (1924) war er zum Neusachlichen übergegangen und hatte das operettenhafte Geschehen mit Telphongesprächen, Jazzelementen, Bekenntnissen zum »freien Amerika« und auf Foxtrott-Rythmen beruhenden Schlagern vermischt. All das nimmt in *Jonny spielt auf* noch stärker modische Züge an, indem sich Křenek diesmal fast ausschließlich auf Jazz und Technik beschränkt. Die Handlung des Ganzen ist äußerst banal: Ein junger, vergrübelter Komponist gewinnt die Liebe einer mondänen Sängerin, und der Neger Jonny reißt sich eine wertvolle Geige unter den Nagel, auf der er am Schluß der begeisterten Menge einige Jazzmelodien vorspielt. Doch entscheidender als diese Hintertreppenstory ist das betont technische Drum und Dran: die klingelnden Telephone, die surrenden Telegraphen, die geräuschvollen Staubsauger, die vorbeijagenden Polizeiautos, die ein- und ausfahrenden Züge, was an modische Revuen oder neusachliche Filme erinnern soll. Die Musik, die dazu erklingt, wirkt wie ein seltsames Gemisch aus Puccini und Jazz, wobei der Jazz schließlich die Oberhand behält. Immer wieder hört man Blues-, Shimmy-, Tango-, Foxtrott- oder Charlestonklänge, und zwar in einem »schnellen Grammophon-Tempo«, wie es ausdrücklich heißt. Gespielt wird diese Musik von einer Jazzband, die am Rande der Bühne sitzt und folgende Zusammensetzung hat: 2 Saxophone, Trompete, Posaune, Schlagzeug, Glockenspiel, Sweeneewhistle, Jazzbesen,

Flexaton, Klavier und Harmonium. Doch nicht allein der Jazz siegt hier, sondern auch der in ihm verkörperte Amerikanismus. Denn der Jazzgeiger Jonny ist zugleich ein Symbol für die ungebrochene Vitalität der Neuen Welt, neben der das alte Europa geradezu dekadent erscheint. Und so weitet sich das Ganze, das als Satire auf die romantische Liebesoper beginnt, schließlich zu einem gewaltigen Loblied auf die USA aus. Dafür spricht der rauschhafte Schlußchor, der von allen Darstellern gesungen wird: »Es kommt die neue Welt übers Meer gefahren und erbt das alte Europa durch den Tanz!« Daß es Křenek damit völlig ernst war, beweist sein Aufsatz »›Materialbestimmtheit‹ in der Oper«, der 1927 im *Opern-Jahrbuch* erschien. Er vertritt dort die These, daß die »zeitgenössischen Tanzformen« eine wahrhaft »gesellschaftsbildende Macht« besäßen und damit zur »direkten Gestaltung des lebendigen Lebens« beitrügen (49). Und dies abstrakte »Leben« ist für ihn die »Zeit«. Dazu paßt, daß Křenek am Schluß seines Aufsatzes geradezu apodiktisch erklärt: »Das Theater ist kein Institut zur Propagierung irgendeiner Idee, sei es einer moralischen oder politischen« (52).

Ähnliche Überzeugungen prägen Hindemiths Zeitopern. Sein Einakter *Hin und Zurück* (1927) beruht auf einem kurzatmigen Kabaretteinfall und ließ deshalb die konventionellen Opernbesucher völlig kalt. Auch seine abendfüllende Zeitoper *Neues vom Tage* (1929), in der er wesentlich mehr Register zieht, blieb eine Eintagsfliege. Hier handelt es sich wieder um eine Ehescheidungsposse, wobei in neusachlicher Manier ein »Büro für Familienangelegenheiten« engagiert wird, um den anstehenden Fall so glatt und unauffällig wie möglich zu regeln. Als dieses Büro den »schönen Hermann« schickt, ergeben sich zwangsläufig einige Komplikationen, die jedoch am Schluß wieder ausgeräumt werden. Entscheidend ist auch hier das neusachliche Drum und Dran: der Jazz, das Technische, die ariose Verarbeitung von Zeitungslektüre, ein Museumsbesuch, Hinweise auf den *Baedecker*, womit der Eindruck einer journalistischen Tagesaktualität erweckt werden soll, dem der von Marcellus Schiffer geprägte Slogan »Hinein in die Zeit« zugrunde liegt. Wie schon der Titel verrät, soll alles so alltäglich, so banal, so revuemäßig wie möglich wirken. Im 1. Akt hört man eine Einlage mit klappernden Schreibmaschinen. Im 2. Akt sitzt die Heldin Laura nackt in der Badewanne und singt folgende Arie: »Nicht genug zu loben sind die Vorzüge einer Warmwasserversorgung. Heißes Wasser tags, nachts. Kein Gasgeruch, keine Explosion, keine Lebensgefahr. Fort, fort mit den alten Gasbadeöfen!« Jazz erscheint dagegen nur sporadisch. Um so stärker wird dafür mit Kabarettschlagern der Kurfürstendamm-Revuen gearbeitet. Daß selbst Schönberg von diesem Trend zu profitieren versuchte, beweist seine Zeitoper *Von heute auf morgen* (1930), die ebenfalls auf einer mondänen Eifersuchtsgeschichte beruht und sogar mit Tangomelodien, Saxophonklängen und Hinweisen auf den Gasmann operiert. Dennoch blieb Schönberg auch in diesem Werk seinem strengen Zwölftonstil treu und wandte sich kurz darauf – wahrscheinlich aus schlechtem Gewissen – wieder seinem spätexpressionistischen Monumentalwerk *Moses und Aaron* zu, das er jedoch nie vollendete.

Um so intensiver nützte dagegen Kurt Weill in seinen Zeitopern die neuen Jazzelemente. Allerdings gilt das nicht für seine frühen Bühnenwerke, in denen das Zeitgemäße noch recht aufgesetzt wirkt. Man denke an Opern und Ballett-Pantomimen wie *Royal Palace* (1925), *Der Protagonist* (1926) und *Der Zar läßt sich photographieren* (1927), die in Zusammenarbeit mit Iwan Goll und Georg Kaiser entstanden. Einen wirklichen Durchbruch erzielte Weill erst, als ihn Brecht stärker ins Populäre drängte. Davon zeugt bereits das *Mahagonny-Songspiel*, das im Juli 1927 beim Deutschen Kammermusikfest in Baden-Baden uraufgeführt wurde und in dem der Jazz nicht mehr Staffage, sondern Grundlage des Ganzen ist. Hier hörte man zum erstenmal den *Song von Mandelay* und *Surabaya-Jonny*, in denen jener Weill-Ton zum Durchbruch kommt, der inzwischen fast zu einem Markenzeichen geworden ist. In noch stärkerem Maße gilt das natürlich für die *Dreigroschenoper* (1928), dem zweiten großen Hit der Zeitoper nach Křeneks *Jonny spielt auf* vom Jahr zuvor, der durch Brechts schnoddrige Witzigkeit und Weills anreißerische Blues-, Charleston- und Foxtrottmelodien schnell internationale Berühmtheit erlangte. Ob nun der *Kanonen-Song*, die *Ballade vom angenehmen Leben*, das *Lied der Seeräuber-Jenny* oder *Die Moritat von Mackie Messer*: all diese Songs, deren Melodien nicht nur auf Jazzelementen, sondern auch auf parodistisch verwendeten Opernklischees, Kirchenchorälen, Bänkelgesängen und Kaffeehausschnulzen beruhen, wurden von manchen fast als Schlager aufgefaßt. Doch nicht nur das. Mit diesem Werk bekam die Zeitoper endlich jenen Zug ins Satirische, den sie bisher peinlichst gemieden hatte. Hier wurde Aktualität zum erstenmal als Kritik und nicht als bloße Widerspiegelung verstanden. Inhaltlich geht es diesmal nicht primär um Technik oder Alltagsbanalitäten wie bei Křenek und Hindemith, sondern um das scheinbar unzeitgemäße Establishment des viktorianischen England, das vornehmlich in seiner kapitalistischen Schnödigkeit dargestellt wird – was letztlich viel zeitgemäßer war als irgendwelche ariosen Telefongespräche. Bei diesem Werke sollte man mitdenken und sich nicht einfach aktualistisch amüsieren. Daß Brecht und Weill diese Absicht nur zum Teil erreichten, ist allgemein bekannt. Trotz seines »gestischen Charakters« hatte eben auch der Jazz noch zu viele »kulinarische« oder »narkotisierende« Elemente (KW 41). Doch eins war Brecht und Weill mit diesem Werk gelungen, nämlich der »Einbruch in eine Verbraucherindustrie«, die sich gesellschaftskritischen Tendenzen bisher weitgehend verschlossen hatte (KW 54). Damit schienen sich neue Möglichkeiten zu eröffnen. Allerdings brauchte Weill eine Weile, um diese Chance bis zu ihren letzten Konsequenzen zu durchdenken. Noch 1928 stellte er in seinem Aufsatz *Zeitoper* wie Křenek die These auf, daß dieses Genre auf keinen Fall der Symbolisierung einer »Idee« oder gar der »Proklamierung einer Tendenz« dienen dürfe. Es solle lediglich auf »epische« Weise über die eigene »Zeit« berichten, um damit dem Zuschauer die Möglichkeit eines eigenen Urteils zu lassen (KW 38). Erst bei der Zusammenarbeit mit Brecht an *Aufstieg und Fall der Stadt Mahagonny* (1930) rang sich Weill von dieser liberalen Illusion zu der Anschauung durch, daß es auch in der Zeitoper vor allem um die Darstellung »größerer Zusammenhänge« gehe, wie es in seinem Aufsatz *Aktuelles Theater* vom Dezember 1929 heißt (KW 48). Jedoch: mit solchen Absichten stieß die Zeitoper bereits an

53 Max Beckmann: *Tanzbar Baden-Baden* (1923). München, Bayerische Staatsgemäldesammlungen

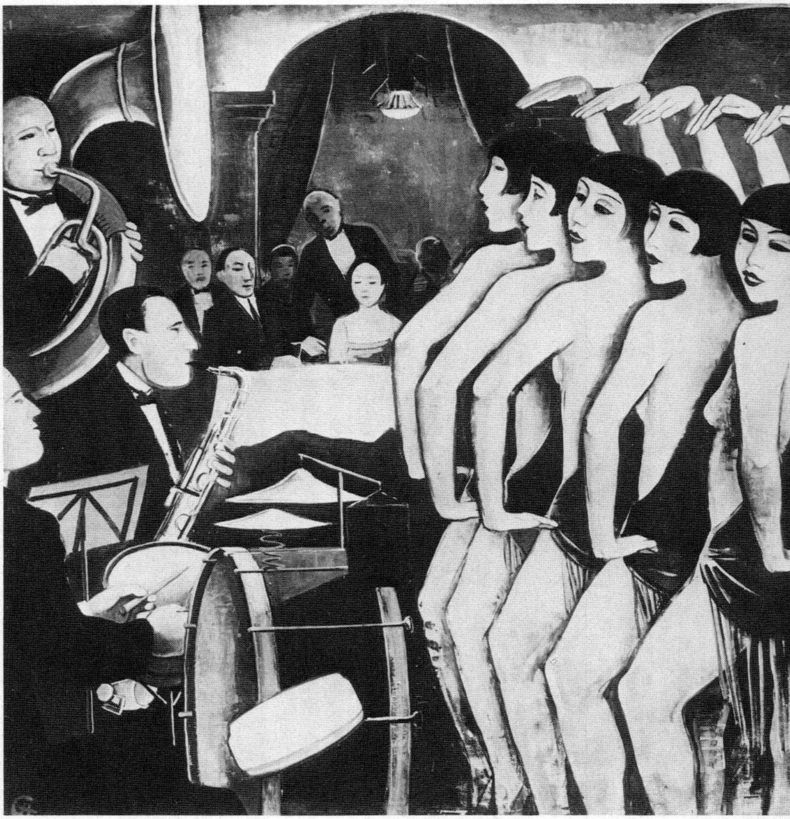

54 Karl Hofer: *Nachtlokal* (1927)

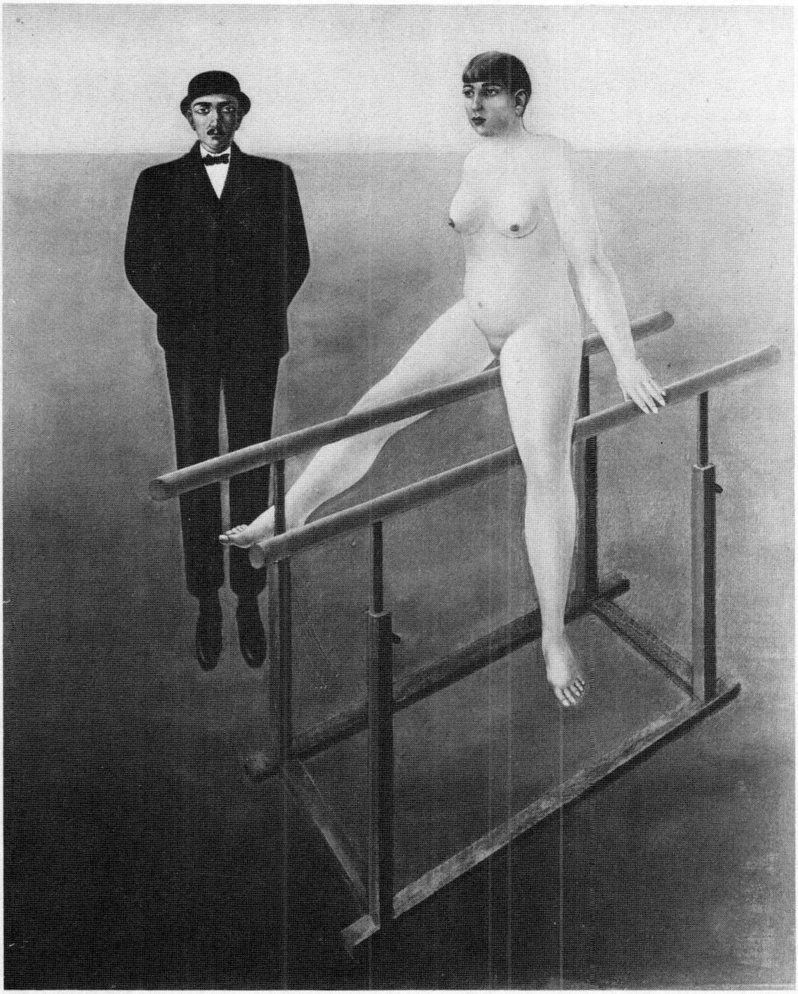

55 Anton Räderscheidt: *Akt am Barren* (1925)

56 Guido Joseph Kern: *Blick aus dem Stationsgebäude* (1933). Berlin, Nationalgalerie (DDR)

57 Christian Schad: *Josef Matthias Hauer* (1927)

58 Kurt Günther: *Radionist* (1927). Berlin, Nationalgalerie (DDR)

59 Karl Grossberg: *Der große Kessel* (1933)

60 August Sander: *Handlanger* (1927)

61 August Sander: *Fabrikdirektor und demokratischer Abgeordneter* (1927)

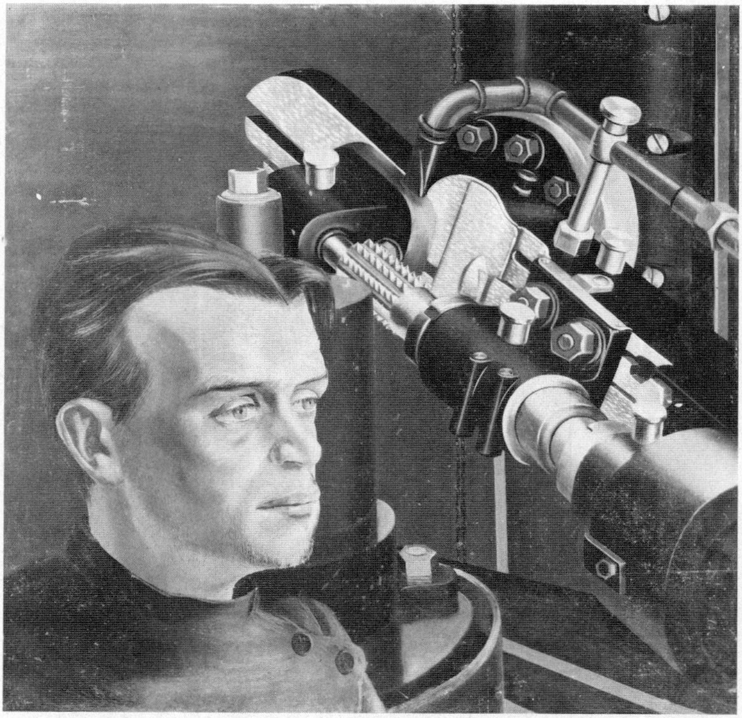

64 Albrecht Kettler: *Meine Eltern* (1930). Wuppertal, Von-der-Heydt-Museum

Linke Seite
62 Wilhelm Lachnit: *Der Kommunist Frölich* (1924/28). Berlin, Nationalgalerie (DDR)
63 Otto Griebel: *Die Internationale* (1928/29). Berlin, Museum für deutsche Geschichte

65 John Heartfield: Fotomontage für die *Arbeiter-Illustrierte-Zeitung* (1932)

66 John Heartfield: Titelseite für die *Arbeiter-Illustrierte-Zeitung* (1930)

67 Curt Querner: *Demonstration* (1930). Berlin, Nationalgalerie (DDR)

68 Grethe Jürgens: *Liebespaar* (1930). München, Galleria del Levante

69 Otto Nagel: *Parkbank am Wedding* (1927). Berlin, Nationalgalerie (DDR)
70 Georg Schrimpf: *Schlafende Mädchen* (1926)

die Grenzen liberaler Toleranz. Der eklatante Mißerfolg der *Mahagonny*-Oper bewies das nur allzu deutlich. Indem in dieser Oper das Kulinarische des Opernhaften zum eigentlichen Opernthema erhoben wurde, wie Brecht bemerkte (14, 1015), jagte man schließlich auch die letzten Bürger, die zu den treuesten Anhängern dieser Institution gehörten, zum Operntempel hinaus.

Die gleiche Erfahrung machte Max Brand mit seiner Zeitoper *Maschinist Hopkins*, die inhaltlich und musikalisch an den spätexpressionistischen Konstruktivismus anknüpfte und 1929 in Duisburg uraufgeführt wurde. Brand setzte wirklich alles ein, was sich in den zwanziger Jahren an neuen Mitteln herausgebildet hatte: Sprechchöre, Zwölftonmusik, Jazzelemente, Filmisches, kitschigen Groschensong, Kolportagehaftes und Technisches in Form eindrucksvoller Schalttafeln, Wendeltreppen und Glaswände. Wie in Fritz Langs *Metropolis* spielt sich das Ganze hauptsächlich in riesigen Fabrikhallen, Arbeitervierteln, Büroräumen und Vergnügungsstätten der Direktoren ab. Dabei kommt es zu einer eindrucksvollen sozialen Konfrontation, die zum Schluß – à la *Mahagonny* – in einen großen Protestmarsch der Armen und Entrechteten mündet, die mit drohender Gebärde und »im gleichen schweren Schritt durch das Tor gerade auf die Rampe zu« marschieren und nur durch den Schlußvorhang an einer unmittelbaren Auseinandersetzung mit dem Publikum gehindert werden.

Mit solchen Szenen stieß die Zeitoper an eine unumstößliche Schranke. Ein Musentempel, in dem bisher fast ausschließlich das Traditionelle vorgeherrscht hatte, ließ sich nun einmal nicht total umfunktionieren. Man konnte das auf Neuigkeiten bedachte Opernpublikum zwar desillusionieren, schockieren, vielleicht sogar reizen – es aber nicht auf seine anachronistische Situation hinweisen. Wladimir Vogel, einer der jungen linken Komponisten, schrieb daher 1930 im *Kunstblatt* im Rückblick auf solche Versuche höchst einsichtsvoll: »Durch Einfügung von neuesten technischen Errungenschaften (Flugzeuge, Kino, Radio, Maschinen) gedachten wir schon ›modernes‹ Theater zu machen« (14, 248). Das sei ein Trugschluß gewesen. Eine wirkliche

Zeitoper erschien Vogel nur möglich, wenn das Theater »verkollektivisiert« wird, wenn die »Schranke des Repräsentativen« fällt, wenn die »Bühne in den Zuschauerraum« vorstößt, wenn die Effekte der »›Montage‹ nicht nur rein künstlerisch ästhetische ›Tricks‹ bleiben«, wenn das Theater an »Eindringlichkeit und propagandistischer Kraft gewinnt«, das heißt wenn nicht nur die Sujets, sondern die gesamten soziologischen Voraussetzungen und Rezeptionsbedingungen geändert werden. Eine solche Wirkungsmöglichkeit erhoffte er sich allerdings erst von einem »proletarischen Theater« (14, 249).

Musik in den neuen Medien

Doch nicht nur die Linken, auch namhafte bürgerliche Liberale gaben im Verlauf der Weimarer Republik immer deutlicher der Überzeugung Ausdruck, daß sich der Bereich der Musik nicht auf dem Weg über den Neoklassizismus oder die neusachliche Zeitoper demokratisieren lasse. Auch ihnen erschienen die beiden Hochburgen des bürgerlichen Musikbetriebs, der Konzertsaal und das Opernhaus, elitär und undemokratisch. Selbst sie sahen ein, daß die Neue Klassizität und die Neue Sachlichkeit innerhalb der Musik reine E-Kulturphänomene geblieben waren, von denen keine demokratisierenden und damit republikfreundlichen Tendenzen ausgehen konnten. All das hatte lediglich die Funktion der üblichen Ismen erfüllt und einem bürgerlichen Publikum die erwarteten Neuigkeitswerte offeriert. Daher kam es schon kurz nach 1923 zu Überlegungen, wie man über Konzertsaal und Opernhaus hinaus zu Musikformen und Rezeptionsbedingungen vorstoßen könne, mit denen sich eine wirkliche Demokratisierung der Musik ermöglichen lasse. Die meisten setzten in dieser Frage ihre Hoffnungen auf die fortschreitende Mechanisierung des Musikalischen innerhalb der neuen Medien, das heißt auf die Schallplattenindustrie, den Rundfunk, den Tonfilm oder die Entwicklung mechaniserter Musikinstrumente. Ja, manche sahen hierin überhaupt die eigentlichen Wirkungsfelder einer wahrhaft Neuen Musik. Wandte sich diese Medienwelt nicht von vornherein an die breiten Massen? Versprach sie nicht das schlechthin Neue, das Kollektivistische, die endgültige Überwindung des bürgerlichen Subjektivismus, Romantizismus und aller damit verbundenen Verinnerlichungstendenzen? Kein Wunder also, daß in den Jahren zwischen 1923 und 1930 ständig mit höchsten Erwartungen vom ›mediengerechten‹ Gebrauch der Neuen Musik die Rede ist. Alles sollte plötzlich ›funkgerecht‹ oder ›kinospezifisch‹ klingen, um nur ja die breiten Massen nicht zu verfehlen. Immer wieder gab man sich der Illusion hin, daß es sich bei diesen Medien um völlig wertneutrale Zweckformen handele. Der liberale Optimismus auf diesem Gebiet war daher manchmal recht groß, während die Einsicht in den Klassencharakter auch oder gerade dieser Medien, recht gering blieb. Viele sprachen einfach von den ›unbegrenzten Möglichkeiten‹ der neuen Medien, durch die sich endlich die Chance ergeben habe, das ganze Volk an der Neuen Musik teilhaben zu lassen. Daß dieses ›Volk‹ weder die gleiche Bildung noch die gleiche finanzielle Basis besaß wie das Bürgertum, wurde meist übersehen.

In manchem hatten diese Kritiker natürlich recht. Diese Jahre sind für die moderne Musikentwicklung wirklich in vieler Hinsicht von einschneidender Bedeutung. Massenhaft vervielfältigte Bücher und massenhaft vervielfältigte Kunstdrucke hatte es schon seit langem gegeben. Aber massenhaft vervielfältigte Musik gibt es erst seit den zwanziger Jahren. Zugleich waren die bürgerlichen Ideologen dieser Ära die ersten, die darin eine ungeahnte Möglichkeit der politischen Beeinflussung sahen und diese Chance unverzüglich in ihrem Sinne zu nutzen wußten. Denn zur Vervielfältigung von Musik gehört nun einmal Kapital, viel Kapital sogar – und das befand sich nur in bürgerlichen Händen. Dabei lassen sich vier Hauptgebiete der technischen Reproduktion von Musik unterscheiden, die bereits damals mit zunehmender Intensität in Angriff genommen wurde: der Bau mechanisierter Musikinstrumente, die Herstellung von Schallplatten, die Radiomusik und die Musik für den sich allmählich entwickelnden Tonfilm. Beginnen wir mit dem Sektor der mechanisierten Musikinstrumente.

Daß diese Form der Mechanisierung in den zwanziger Jahren

überhaupt eine solche Rolle spielte, hat mehrere Gründe: 1. die allgemeine Faszination von allem Technischen; 2. das Bestreben, einen Höchstgrad an musikalischer Präzision zu erreichen und damit den subjektiven Faktor innerhalb der Musikwiedergabe auszuschalten; 3. das Bestreben, mit der mechanisierten Musik möglichst breite Massen an Zuhörern zu gewinnen. Wohl die wichtigsten Überlegungen auf diesem Gebiet lieferte auch hier Hans Heinz Stuckenschmidt, der 1926 in den *Musikblättern des Anbruch* unter dem Titel »Mechanisierung« schrieb: »Die Hypertrophie des Individualismus, die uns die narkotische Ideologie von der alleinseligmachenden großen Persönlichkeit bescherte, weicht in unseren Tagen ihrem Gegenpol. Nie redete man so viel von Kollektivismus, von Sachlichkeit und Objektivität wie heute.« Im Anschluß an diese Behauptung empfahl er, sich bei solchem Objektivierungsbestreben vor allem auf die »Maschine« zu stützen, da sie das einzige sei, was den Menschen durch eine »präzisere, billigere und bessere Mechanik ersetzen« könne (8, 345). Nur durch sie werde man endlich jene lang ersehnte »Authentizität« erreichen, die alles »Sentimentale« weit hinter sich lasse, ja den vielgerühmten »Interpreten« mit einem Schlage in die Vergangenheit versetze, wie Stuckenschmidt schon 1925 im *Kunstblatt* festgestellt hatte (9, 280). Auch Lázló Moholy-Nagy sprach sich 1926 in den *Musikblättern* energisch für eine mechanisierte Musik aus, um endlich jene dilettantischen »Reproduktionstalente« obsolet werden zu lassen, die sich trotz aller Stümperei noch immer etwas auf ihre »persönliche Note« einbildeten (8, 366). Schönberg schrieb im gleichen Heft der *Musikblätter*, daß gerade die Neue Musik oft sehr unzulänglich wiedergegeben werde, und setzte sich ebenfalls für die »Benützung aller mechanischen Musikinstrumente« ein, um so ein Höchstmaß an Authentizität zu garantieren (8, 401).

Ein strenger ›Sachlizist‹ wie Stuckenschmidt sah deshalb die Zukunft der Musik allein in ihrer Mechanisierung und empfand die Jahre um 1925 als den Anfang einer Epoche, die man später einmal als die wichtigste in der Geschichte der neueren Musik betrachten werde. Dazu paßt, daß er schon damals von einem »Riesenorchestrion« träumte, das die Funktion eines gesamten

Symphonieorchesters übernehmen könne. Einige ›Sachlizisten‹ machten sich sogar daran, solche Instrumente zu entwerfen und praktisch auszuprobieren. Man denke an elektrische Klaviere wie den Neo-Bechstein-Flügel und das Welte-Mignon-Klavier, die sich in den zwanziger Jahren einer gewissen Beliebtheit erfreuten und die sogar Strawinsky zur Wiedergabe seiner Werke benutzte. Auch andere Musikinstrumente mit elektrischer Tonerzeugung wurden für kurze Zeit berühmt und bei Konzerten oder auf Musiktagen vorgestellt. Dazu gehörten neben dem mechanischen Klavier vor allem die mechanische Orgel oder Instrumente wie Trautonium, Hellertion, Vibraphon und Sphärophon, für die zeitweise sogar Originalkompositionen geschrieben wurden. So komponierte etwa Hindemith die Musik zu Oskar Schlemmers *Triadischem Ballett*, das 1926 bei den Donaueschinger Musiktagen aufgeführt wurde, ausdrücklich für mechanische Orgel. Eine wirkliche Breitenwirkung haben diese Instrumente allerdings nicht gehabt. Jedenfalls wurde die Masse, die man ursprünglich als Zielgruppe ins Auge gefaßt hatte, davon nicht erreicht.

Anders stand es dagegen mit der Schallplattenproduktion, die sich schnell aus ihren obskuren Anfängen befreite und eine enorme Breitenwirkung erzielte. Anfangs wurde auch sie von vielen Komponisten vor allem deshalb begrüßt, weil sie dem Bedürfnis nach absoluter Authentizität entgegenkam. In der Schallplatte glaubte man endlich eine Möglichkeit gefunden zu haben, der subjektiven Willkür einen Maßstab absoluter Perfektion entgegenzusetzen. Doch nicht nur das. Die Schallplatte galt zugleich als das einzige Medium einer genuinen Geräusch- und Musikwiedergabe im Sinne jener Neuen Sachlichkeit, der es vor allem um die totale Authentizität der klanglich evozierten Wirklichkeit ging. Aus diesem Grunde schwärmte ein Dokumentarist wie Edlef Köppen wiederholt von »Wirklichkeitsplatten«, auf denen man lediglich Fabrikgeräusche oder den Lärm bei einem Fußballspiel höre (NB 6, 1928, 256). Aber das blieben letztlich bloße Spielereien. Als wesentlich wichtiger erwies sich auf diesem Sektor die massenhafte Reproduktion von populärer, aber auch von klassischer und moderner Musik, die um 1925 einsetzte. Von diesem Zeitpunkt ab erschien manchen ›Sachlizisten‹ die Schallplatte wichtiger als das herkömmliche Konzert mit all seinen steifen Gesellschaftsformen und seinen technischen Unvollkommenheiten. Denn mit der Schallplatte war nach ihrer Meinung auch der Mehrheit der Bevölkerung zum erstenmal die theoretische Chance gegeben, sich die besten Orchester und die besten Solisten der Welt in ihren eigenen vier Wänden anzuhören, ja überhaupt erst einmal auf den Geschmack an ernster Musik zu kommen. Eine solche Möglichkeit hatten schließlich bis dahin nur ganz wenige gehabt. Doch selbst diese Schichten wurden von den liberalen Musikkritikern nach 1925 dazu angehalten, ihren Kindern lieber Schallplatten zu kaufen als sie weiterhin in die Klavierstunde zu schicken und zu »bürgerlichen Stümpern« auszubilden (MA 8, 370). Wohl der beste Ausdruck dieser Schallplattenbegeisterung ist die 1929 gegründete Zeitschrift *Musik und Schallplatte*, die sich – neben rein kommerziellen Absichten – die ›Kulturaufgabe‹ stellte, ihre Leser zu einer »gediegenen Versachlichung der musikalischen Kultur« anzuhalten (2, 1930, 101). Ähnliche Zielsetzungen wurden auf dem Ersten Deutschen Schallplattentag vertreten, der am 30. November 1930 in Mannheim stattfand.

Fast die gleichen Tendenzen finden sich auf dem Gebiet der Rundfunkmusik, da hier ebenfalls die Faszination durch die Technik, das Problem der Authentizität und die mögliche Massenwirkung ins Spiel kamen. Ja, auf diesem Sektor hegten die überzeugten ›Sachlizisten‹ fast noch größere Hoffnungen. Schließlich war die Schallplattenindustrie privat, der Rundfunk dagegen ein Instrument der öffentlichen Hand. Von ihm erwartete man also eine wesentlich stärkere Tendenz ins Idealistische, Volksbildnerische, Qualitätvolle und Tendenzlose. Außerdem war damals die Tonqualität der Kopfhörer der der Phonographen noch weit überlegen. Die wahren Moderne-Fanatiker stürzten sich deshalb auf den Rundfunk und nicht auf die Platte, zumal sich der Rundfunk in den Jahren nach 1924/25 rapide verbreitete und um 1930 bereits 10 Millionen Hörer erreichte. Auf diesem Gebiet konnte man also tatsächlich von einer echten Massenwirkung sprechen.

Was somit bei den theoretischen Diskussionen der liberalen Sachlichkeitsfanatiker stets im Vordergrund stand, war der Optimismus, durch den Rundfunk die breiten Massen sowohl für die klassische als auch für die moderne Musik zu gewinnen. Immer wieder hieß es, daß man diesen Massen endlich die Scheu vor der steigenden Mechanisierung, das heißt ihren Affekt gegen ›Musik aus der Dose‹ nehmen müsse. Aber niemand merkte, daß man sich mit solchen Thesen lediglich gegen die Puristen des bestehenden Konzertbetriebes wandte. Denn nur diese Kreise hatten eine tiefgehende Aversion gegen ›Musik aus der Dose‹, weil sie diese als nivellierend und damit deklassierend empfanden. Die breiten Massen hatten dagegen keine Abneigung gegen die steigende Mechanisierung der Musik. Sie waren ja vom bürgerlichen Konzertbetrieb ohnehin ausgeschlossen geblieben.

Dazu seien einige programmatische Erläuterungen von seiten liberaler Musikkritiker zitiert. Heinrich Strobel beteuerte 1926 im *Melos*, daß der »Rundfunk« den »sanktionierten Konzertbetrieb« bereits überflügelt habe, und wies dabei auf das Wirken von Hermann Scherchen hin, der damals Leiter des Königsberger Rundfunkorchesters war und als solcher viel Neue Musik in den Äther schickte (8, 548). Frank Warschauer wandte sich im selben *Melos*-Heft unter dem Titel »Rundfunk als geistige Aufgabe« gegen die Manieriertheiten der großen Stars und des bürgerlichen Modepublikums und erklärte am Schluß optimistisch: »Der Rundfunk ist ein Vorläufer zukünftiger Gesellschaftsbildung: er antizipiert die wahrhafte Gleichheit der Menschen« (8, 304). Ja, Ernst Latzko forderte an gleicher Stelle, daß man im Rundfunk vor allem die Werke des »Neuen Klassizismus« und der »Neuen Sachlichkeit« spielen solle, die sich durch ihre »Emanzipierung von der Persönlichkeit« und die damit verbundene »Objektivierung« besonders gut für die Radioübertragung eigneten. Während im Konzertsaal das »Gesehenwerden« stets zu Pathos oder Sentimentalität verführe, herrsche im Rundfunkstudio die absolute Sachlichkeit und Anonymität (8, 192). Kurt Weill forderte daher 1929 alle modernen Komponisten auf, endlich »rundfunkgemäße Kunstformen« zu entwickeln, um diesem massenbezogenen Medium auch ästhetisch gerecht zu werden

(KW 139). Dasselbe verlangte Hermann Scherchen in seinem Aufsatz »Arteigene Rundfunkmusik«, der 1930 in der Zeitschrift *Die Musikpflege* erschien. Er träumt hier von einem neuen »Hörertyp«, der gerade das Medienspezifische der ihm im Radio gebotenen Musik zu schätzen wisse (1, 97). Jedenfalls waren alle diese Kritiker fest davon überzeugt, daß sich das Konzert als Hauptform der Musikrezeption weitgehend überlebt habe.

In die gleiche Richtung zielt das Interesse an der Filmmusik, das sich in den späten zwanziger Jahren entwickelte, da es auch hier vornehmlich um Phänomene wie Mechanisierung, Authentizität und Massenwirksamkeit ging. In der Stummfilmära hatte es diese Probleme noch kaum gegeben. Dort war die musikalische Untermalung meist von einer kleinen Kapelle oder einem einzelnen Klavierspieler ausgeführt worden. Seit 1923/24 experimentierte man jedoch auch auf diesem Gebiet immer stärker mit einer mechanisierten Synchronisation. So entwickelte Béla Balász schon 1923 die Theorie der ›Bildassoziation‹, die auf der Grundthese beruht, daß man die Filmmusik direkt aus dem bildlichen Material entwickeln müsse. Zu einer sprunghaften Zunahme ›mediengerechter‹ Filmmusik kam es jedoch erst mit der Entwicklung des Tonfilms, das heißt der Musik zu *Fox Tönende Wochenschau* (ab Sommer 1927) und der Musik zu den frühen Trickfilmen, die nach dem Riesenerfolg der ersten *Mickeymouse*-Serie seit 1929 den Filmmarkt überfluteten. Von diesem Zeitpunkt an begannen sich auch ›seriöse‹ Komponisten ernsthaft mit dem Thema Film auseinanderzusetzen. In Frankreich gehörten dazu vor allem Darius Milhaud und Erik Satie. In Deutschland war es wiederum Stuckenschmidt, der bereits 1926 in seinem Aufsatz »Die Musik zum Film« der Filmmusik eine große Zukunft voraussagte (M 7, 11). 1929 zeigte man im Rahmen des Musikfestes in Baden-Baden zum erstenmal anspruchsvolle Tonfilme mit synchronisierter Musik, die von Hugo Hermann, dem Tobis-Mitarbeiter Rudolf Wagner-Regeny und Paul Dessau, der sich längere Zeit in Berlin als Filmdirigent betätigt hatte, stammten. Von Hindemith wurde anläßlich dieses Festes die Musik für mechanisches Klavier zu einem Spukfilm von Hans Richter uraufgeführt. Selbst Schönberg gewann Interesse an diesen Experimenten und brachte 1930 seine *Begleitmusik zu einer Lichtspielszene* heraus, wie sich auch einige linksengagierte Komponisten, allen voran Hanns Eisler, ab 1929/30 aktiv der Filmmusik zuwandten, weil sie in diesem Medium eines der wirkungsvollsten Betätigungsfelder sahen. Welche Probleme, ja zum Teil unüberwindlichen Schwierigkeiten dabei entstanden, hat Brecht in seinem *Dreigroschenprozeß* (1930) dargestellt. Davon wird später noch im Zusammenhang mit den linken Musiktendenzen um 1929/30 die Rede sein.

Natürlich beherrschten die ›Sachlizisten‹, die glaubten, mit den neuen Medien die breiten Massen für die klassische oder auch moderne Musik zu gewinnen, nicht allein das Feld. Daneben gab es selbstverständlich auch jene, die in diesem Ansturm der Medien neben der politischen Manipulierung zugleich eine entmenschende Mechanisierung des Gefühlslebens sahen, die jedes wahre Musikempfinden abstumpfe, wenn nicht töte. So schrieb ein Liberaler wie Rudolf Sonner 1930 in *Musik und Gesellschaft*, daß man durch die technische Produktion von Geräuschkulissen die breiten Massen lediglich zu empfindungslosen »Musikverbrauchern« mache (1, 73). Obendrein erkannte man sehr wohl, daß der Film, der Rundfunk und die Platte den bürgerlichen Starkult gar nicht abgeschafft, sondern im Gegenteil ins Überdimensionale vergrößert hatte. Denn statt der bisherigen Konzert- und Opernstars gab es jetzt die Stars der Schallplatte, des Radios und des Films, deren Kunst zu einer Millionen einbringenden Ware geworden war. Zugegeben, die breiten Massen konnten jetzt sogar zum Frühstück Caruso hören – aber hatte diese totale Kommerzialisierung ihnen die Musik wirklich näher gebracht?

Gebrauchs- oder Gesinnungsmusik?

Gegen den neusachlichen Medienkult bildete sich in den gleichen Jahren als dialektischer Gegenschlag die These heraus, daß sich das wahre Musikerleben nur beim Selbstmusizieren einstelle und durch die ›Musik aus der Dose‹ bloß abgestumpft werde. Der zentrale Slogan dieser Richtung war die Behauptung: »Musik machen ist besser als Musik hören.« Die Massen wurden darum aufgefordert, selbst zu singen oder zu musizieren, um wieder ein ›unentfremdetes‹ Verhältnis zur Musik zu gewinnen. Aus diesem Grunde propagierte man eine Musik, die sowohl auf das Virtuosenhaft-Komplizierte des späten 19. Jahrhunderts als auch das Technisch-Komplizierte der sogenannten Neuen Musik verzichtet und selbst von Laien gesungen und gespielt werden kann. Diese Art von Musik hieß seit 1925 allgemein ›Zweckmusik‹, ›Laienmusik‹ oder ›Gebrauchsmusik‹. Was man darunter verstand, war eine A-Musik (Allgemeinmusik), die weder so ›trivial‹ wie die massenhaft verbreitete U-Musik (Unterhaltungsmusik) noch so ›schwierig‹ wie die E-Musik (ernste oder elitäre Musik) ist. Die Liberalen unter den Verfechtern einer solchen Gebrauchsmusik gingen dabei durchaus vom Gedanken einer fortschreitenden Demokratisierung aus. Allerdings rückten sie nicht Technik, Jazz oder Mechanisierung, sondern Kriterien wie Allgemeinverständlichkeit und Spielbarkeit in den Mittelpunkt ihrer Überlegungen, womit sie sich gleichermaßen gegen den bürgerlichen Konzertbetrieb als auch gegen den neusachlichen Medienkult zur Wehr zu setzen versuchten, ohne dabei in irgendwelche regressiven Kunstkonzepte zurückzufallen. Als wahre Musik erschien ihnen nur das, was von allen ausgeübt wurde oder zumindest ausgeübt werden konnte. Ihr Ideal des ›Musikanten‹ war daher gleichweit vom Typ des bloßen Musikkonsumenten als auch vom bürgerlichen Kunstgenießer entfernt. Was sie verlangten, war allgemeine, aktive Partizipation.

Viele sahen darin keinen wirklichen Gegensatz zur Neuen Sachlichkeit, sondern deren eigentliche Erfüllung, wie Heinz Joachim noch 1931 im *Melos* erklärte (10, 417). Deshalb wurde der Begriff Neue Sachlichkeit schon 1927 von Marie-Therese Schmücker einfach mit »elementarer Spielfreudigkeit« gleichgesetzt (M 6, 329). Auch Erich Doflein behauptete 1929 im *Melos* unter dem Titel »Gegenwart, Kitsch und Stil«, daß gerade die Neue Sachlichkeit zu einer von allen subjektiven Elementen gereinigten »Beschäftigungsmusik« geführt habe. »So zwang der Weg über die Sachlichkeit«, heißt es bei ihm, »zur Suche nach dem Zweck und zur Bejahung des Gebrauchsmäßigen. Die Ausschließlichkeit von Konzertsaal und Oper hebt sich auf. Eine neue Mannigfaltigkeit von Werten ergibt sich« (8, 299). Auf der Grundlage solcher Erkenntnisse erschien manchen dieser Kritiker der bürgerliche Konzertbetrieb als das »Weltfremdeste« und »Isolierteste«, was es im Bereich der zeitgenössischen Künste gebe, wie Kurt Wilhelm Neumann 1930 in der Zeitschrift *Musik und Gesellschaft* schrieb, die sich im Untertitel ausdrücklich »Arbeitsblätter für soziale Musikpflege und Musikpolitik« nannte (1, 14). »Es ist denkbar und sogar wahrscheinlich«, bemerkte Stuckenschmidt in denselben Jahren, »daß die musikalische Kultur der schon näheren Zukunft sich auf den heute noch untergeordneten und verachteten Arten der ›Gebrauchsmusik‹ aufbauen wird« (M 8, 816).

Dabei faßte man stets das gesamte Spektrum der sogenannten musikalischen Zweckformen ins Auge. Hans Böttcher verstand 1930 unter Gebrauchsmusik in erster Linie »Musik fürs Haus, für Jugendkreise, für die Kirche, für bestimmte repräsentative Veranstaltungen, für Vereine, für die Arbeiterschaft . . . für den Rundfunkhörer, für den Laien und Liebhaber. Musik für das Volk, Musik für alle« (MG 1, 18). Von einem bürgerlich-liberalen Gesellschaftskonzept ausgehend, dessen Grundprinzip der Pluralismus der Meinungen und damit auch der künstlerischen Zwecke ist, trat Böttcher gegen jede Musikform in die Schranken, die auf einem »Privileg wirtschaftlicher und gesellschaftlicher Art« beruht, und forderte statt dessen eine allgemeine »Zugänglichkeit« (1, 19). Und das forderten damals viele, jedenfalls die meisten Kritiker von Zeitschriften wie *Melos, Musik und Gesellschaft, Musikblätter des Anbruch, Die Musik* und *Das Kunstblatt*.

Das Angebot an Gebrauchsmusik, das sich in diesen Jahren findet, ist daher recht vielfältig. In diesem Bereich gibt es fast für jede Gesellschaftsschicht, jede Klasse, jede Altersschicht, jede Konfession, jede Berufsgruppe das zu ihr Passende. Wohl am reichhaltigsten war das Angebot an sogenannter Hausmusik. Auf diesem Gebiet wurden nicht nur eine Fülle älterer Werke durch Neudrucke des Bärenreiter-Verlags wieder zugänglich gemacht, sondern auch eine Menge ›spielbarer‹ moderner Kompositionen geschaffen. In den gleichen Zusammenhang gehört die Wiederentdeckung älterer Instrumente wie des Cembalos und der Gambe, die Popularisierung der Blockflöte durch Peter Harlan wie auch der Nachbau vieler älterer Tasten-, Streich- und Blasinstrumente. All das führte zu einer regelrechten Hausmusik-Bewegung, die schließlich in den Kasseler Kreis für Hausmusik einmündete, der 1932 den 21. November zum offiziellen Tag der Hausmusik erklärte. Eine ähnliche Tendenz liegt dem verstärkten Interesse an Kirchenmusik zugrunde, das zu einem Wiederaufleben älterer Chormusik und einer regelrechten Orgel-Bewegung führte. In diesem Zusammenhang sei an Namen wie Joseph Haas, Joseph Ahrens, Otto Jochum, Hugo Distler, Ernst Pepping, Heinrich Kaminski, Kurt Thomas und Heinrich Spitta erinnert, die in diesen Jahren eine Fülle sing- und spielbarer Messen, Motetten, Kantaten, Evangeliengeschichten und Oratorien für Laienensembles komponierten. Selbst die Militärmusik profitierte von diesem Trend und wurde im Juli 1926 bei den Donaueschinger Musiktagen, zu denen Paul Hindemith, Ernst Křenek, Ernst Toch und Ernst Pepping eine Reihe von Originalkompositionen für Militärkapellen beisteuerten, in den Mittelpunkt eines der wichtigsten Festivals für moderne Musik gestellt.

Doch das meiste Aufsehen erregten die Aktivitäten auf dem Gebiet der Schul-, Theater- und Lehrstückmusik, da hier auch einige der wichtigsten Autoren, etwa Bertolt Brecht, ins Spiel kamen. Im Bereich der Schulmusik zeichnete sich vor allem Carl Orff aus, der 1931 den ersten Band seines umfangreichen *Schulwerks* herausbrachte, das ebenfalls auf der These »Musik machen ist besser als Musik hören« beruht und sich weitgehend auf einfache Instrumente wie Blockflöte, Triangel, Trommel, Tamburin, Glocken und Schlagzeug stützt. Ebenso typisch für diesen neuen Geist sind die verschiedenen ›Schulopern‹ dieser Jahre. Man denke an Hindemiths *Wir bauen eine Stadt* (1930), Kurt Weills *Der Jasager* (1930) nach einem Text von Brecht oder Paul Dessaus *Das Eisenbahnspiel* (1932), die sämtlich auf die Stimm- und Spielmöglichkeiten von Zehn- bis Vierzehnjährigen zugeschnitten sind und nur wenige Instrumente benötigen. Ja, selbst einige der berühmten Lehrstücke, die damals in Donaueschingen oder Baden-Baden als modellhafte Experimente uraufgeführt wurden, fallen durchaus in den Bereich der Gebrauchsmusik. So schrieb etwa Heinrich Strobel 1929 im *Melos* über das *Badener Lehrstück* von Brecht/Hindemith, daß hier eine »neue Form des aktiven Theaters« ausprobiert worden sei, die »alle Anwesenden zur aktiven Teilnahme« gezwungen habe, was er als einen konsequenten Gegenschlag zum »Niedergang des auf Musikgenuß gerichteten Konzert- und Opernwesens« interpretierte (8, 397). Immerhin hatten Brecht und Hindemith selbst bei dieser exklusiven Aufführung ein Plakat mit der Aufschrift »Besser als Musik hören, ist Musik machen« aufhängen lassen. Obendrein wurden Filmeinlagen und Lautsprecherdurchsagen eingeblendet, um das Publikum zu aktiver Stellungnahme herauszufordern. Wie nicht anders zu erwarten, führte das zu »ohrenbetäubenden Protesten«. Ja, manche diffamierten diese Aufführung ganz offen als »bolschewistischen Schwindel« (M 8, 1929, 400). Und damit stieß auch diese ›Gebrauchsform‹ an die Grenzen der ideologischen Toleranz. Die ›musikalischen Laienspiele‹ eines Martin Luserke hätte ein solches Publikum sicher anstandslos beklatscht, aber nicht eine Musikform, die eine wirkliche ›Gebrauchsanweisung‹ enthielt.

Das Konzept der wertneutralen Gebrauchsmusik wurde daher von stärker aktivistisch orientierten Gruppen schnell und notwendig durch das der ›Gemeinschaftsmusik‹ oder ›Gesinnungsmusik‹ ersetzt, das nicht mehr auf einer pluralistisch-liberalen Gesellschaftsauffassung beruhte, sondern auf eine politische und soziale Verbindlichkeit der künstlerischen Aussage drängte. Ihnen war es nicht mehr um ein bloßes Musizieren zu tun. Sie wollten mehr – in manchen Fällen viel mehr. Statt weiterhin irgendwelchen demokratischen Idealen nachzulaufen, die in der Praxis lediglich zu einem chaotischen Nebeneinander selbstsüchtiger Einzelinteressen führten, setzten sie sich für Gemeinschaftskonzepte wie ›Jugend‹, ›Volk‹ oder ›Arbeiterklasse‹ ein, bei denen sie die Mehrheit der Bevölkerung hinter sich glaubten.

In den programmatischen Erklärungen dieser Gruppen ist daher viel von konsequenter »Überwindung der Vereinzelung«

oder »neuer Bindung« die Rede. Während im Bereich der Gebrauchsmusik noch die These der vielgestaltigen ›Gesellschaft‹ im Vordergrund gestanden hatte, dreht sich hier alles um die Idee der ›Gemeinschaft‹. So schreibt Erich Doflein 1928 im *Melos* zur Situation der Gegenwartsmusik: »Sei es nun die Masse, die Gemeinschaft oder die Gemeinde, die sich in der Stellung zur Kunst um eine neue Tradition bemüht, alles sind verschiedene Formen einer neuen Zusammengehörigkeit von Menschen, die der Gesellschaft entgegengesetzt sind« (7,290). Noch konkreter äußerte sich ein Jahr später Hans Mersmann in der gleichen Zeitschrift, indem er zugleich die politischen Zielrichtungen dieser Gemeinschaftskonzepte ins Auge faßte: »Die Ablösung der Musik aus der subjektiven Isolierung des Komponisten, die Tendenz zur Einfachheit, zur Darstellbarkeit und zur Gemeinschaftlichkeit, ist nur unter der Perspektive einer größeren Entwicklung in ihrer ganzen Bedeutung zu erkennen. Was an einer Stelle die Jugendmusikbewegung, an einer anderen die russische Arbeitermusik erstrebt, ist nur Teil eines soziologischen Entwicklungsprozesses, dessen Wurzeln in einer Abstoßung von der Spätromantik liegen. Die neue Tendenz zur Gemeinschaftsmusik, scheinbar auf der Hand liegend, unserem Denken und unseren Lebensformen mühelos und bequem sich einordnend, wirkt sich nach mehreren Richtungen hin aus. Die Musik sucht Bindungen im Leben, dessen Erscheinungsformen sie umspannt« (8,311).

Die hier erwähnte »Jugendmusikbewegung«, die zum Teil bis auf die Anfänge des Wandervogels zurückgeht, war wohl der erste Vorstoß in diese Richtung. Man hat diesen Entwicklungsstrang bisher oft als eindeutig reaktionär oder zumindest konservativ hingestellt. Doch damit charakterisiert man an sich nur den rechten Flügel dieser Bewegung, die in Wirklichkeit viel umfassender war und vor allem gegen Ende der zwanziger Jahre auch manche progressiven Tendenzen entwickelte. Zu Anfang überwogen allerdings die Sehnsucht nach Bindung, nach ›Volkhaftigkeit‹, nach Verkultung des Heimatlichen oder ähnlich regressive Ziele, für die sich besonders der völkische Flügel des Wandervogels und die Bündische Jugend begeisterten. Andere Gruppen, wie die norddeutsche Musikantengilde unter Fritz Jöde (gegründet 1921) und der süddeutsche Finkensteiner Bund um Walther Hensel (gegründet 1922), die sich ebenfalls der Wiederbelebung älteren Liedguts, der Chorarbeit, des Volkstanzes und des leichten Instrumentalspiels widmeten, setzten sich dagegen im Verlauf der zwanziger Jahre auch eine Reihe progressiver, auf die Gesamtgesellschaft ausgreifender Ziele. Dies gilt vor allem für Fritz Jöde, der 1923 auf Anregung von Leo Kestenberg, dem zuständigen Musikreferenten im Preußischen Kultusministerium, als Professor für Volksmusik nach Berlin berufen wurde und dort weitreichende Aktivitäten entfaltete. So forderte Jöde schon 1924 im *Melos* eine »Musikerziehung«, die auf der »tätigen Anteilnahme aller Schichten unseres Volkes beruht« (5,27). Seine Ideen von einer musischen Erziehung sind in manchem kaum von den sozialdemokratischen Vorstellungen auf diesem Gebiet zu unterscheiden. Jöde ging es nicht um eine Stärkung präfaschistischer Tendenzen, sondern um eine echte »Volkskultur«, wie er es immer wieder nannte. Das zeigt sich wohl am deutlichsten in seiner Zeitschrift *Musik und Gesellschaft* (gegründet 1930), in der auch Brecht publizierte und worin Hanns Eisler, den die bürgerliche Presse weitgehend ignorierte, durchaus positiv besprochen wurde.

Linksliberale wie Heinz Tiessen fanden diese Art eines neuen »Gemeinschaftsgeistes« in der Musik recht »fruchtbringend«, wie es in seiner *Geschichte der jüngsten Musik* heißt (1928,57). Statt die Musik weiterhin zu einem »Luxusobjekt eines blasierten Genießerpublikums in äußerlich gesellschaftlicher Aufmachung« zu erniedrigen, bemühe man sich im Rahmen dieser Bewegung durch eine Ablehnung des »Virtuosentums« und eine »allgemein-zugängliche Klarheit der Ausdrucksweise« wirklich darum, die »Kluft zwischen Schaffenden und Empfangenden« endlich zu überbrücken (57). Hier betreibe man eine nicht-regressive Vereinfachung, die sogar bei der »musikbegabten Arbeiterjugend« Anklang fände, wie Tiessen behauptete (57). Ähnlich positiv äußerte sich Fritz Thöne 1930 in *Musik und Gesellschaft* über diese Bestrebungen, welche eine besonders »lebendige Wechselwirkung zwischen Spieler und Hörer« erlaubten oder gar den Hörer überhaupt abschafften (1, 13).

Auf dieser Basis fand schließlich selbst ein auf Vereinfachung drängender ›Neutöner‹ wie Paul Hindemith zur Jugendmusikbewegung, der im Oktober 1926 mit Hans Mersmann, Friedrich Blume, Heinrich Kaminski, Armin Knab, Kurt Thomas, Ludwig Weber und anderen Musikkritikern und Komponisten an der Ersten Hochschulwoche der Musikantengilde in Brieselang im Osthavelland teilnahm und sofort Feuer fing. Wie eng seine Beziehungen zu dieser Bewegung wurden, beweisen folgende Fakten. Hindemith begann schon 1927 zusammen mit Fritz Jöde und Hans Mersmann mit der Herausgabe der einflußreichen Sammlung *Das neue Werk. Gemeinschaftsmusik für Jugend und Haus*. Noch im gleichen Jahr komponierte er unter anderem die *Spielmusik* (Opus 43) und das *Schulwerk für Instrumental-Zusammenspiel* (Opus 44), denen 1928 die Kantate *Frau Musica* und die *Sing- und Spielmusiken für Liebhaber und Musikfreunde* (Opus 45) folgten, die beim Treffen der Musikantengilde in Baden-Baden uraufgeführt wurden. Ja, Hindemith setzte sich sogar als Autor für diese Bewegung ein und erklärte 1930 in der Zeitschrift *Musik und Gesellschaft* unter dem Titel »Forderungen an den Laien«, daß das »Selbstspielen« genauso wichtig sei wie das »Vorspielen«, um so den immer noch bestehenden Gegensatz zwischen »Produzierenden und Konsumierenden« aus der Welt zu schaffen (1,9 f.). Ihren Höhepunkt erlebte diese Zusammenarbeit am 22. Juni 1932 beim Plöner Musiktag, für den Hindemith neun Stücke für geselliges Musizieren komponiert und selbst einstudiert hatte. Doch mit dem bloßen Musizieren, vor allem wenn es auch einige atonale Elemente enthielt, war es zu dieser Zeit schon nicht mehr getan. Daher kam es bei diesem Treffen zu einer Reihe völkisch inspirierter Störaktionen, die schließlich in Zwischenrufen wie »Wo bleibt denn da die deutsche Seele?« kulminierten.

Doch diese Entwicklung sollte niemanden wundern. Eine Bewegung wie die Jugendmusikbewegung, die so deutlich von antigroßstädtischen, ja antizivilisatorischen Zielsetzungen geprägt war, mußte in den späten zwanziger Jahren – im Zuge der steigenden Polarisierung in links und rechts – zwangsläufig immer stärker ins völkische und schließlich faschistische Lager abgleiten. Denn trotz mancher ›Neutöner‹, wie etwa Hindemith, war ja der Hauptimpuls dieser Bewegung stets das ›Große Zurück‹, das Zurück zu den Quellen der deutschen Musik, zum Volkslied und damit zur Volkssubstanz gewesen. Die Radikaleren innerhalb der Jugendmusikbewegung hatten alle ›moderne‹ Musik seit Bach stets konsequent verworfen und vor allem Musik des 16. und 17. Jahrhunderts gepflegt, ja die vielzitierte ›Einheit von Musik und Leben‹ vornehmlich im Sinne völkischer Bindungsgedanken verstanden. Sie lehnten daher an der Moderne geradezu alles ab: die Technik, die steigende Intellektualisierung, den Jazz, den Gesellschaftstanz, das politische Kabarett wie überhaupt alle Formen des großstädtischen Gesellschaftslebens und vertraten weitgehend reaktionär-völkische Landschulheim- und Heimatkunstkonzepte. Ihr Ideal war der volksbewußte Musikant, den Adorno später so brillant attackiert hat. Und leider standen sie damit nicht allein. Selbst ein Mann wie Jöde hat dieser Richtung – trotz lauterster Absichten – Vorschub geleistet, indem er immer wieder beteuerte, daß Musik nicht die Angelegenheit einer Partei, einer Ideologie sein dürfe, sondern der Sehnsucht nach Volksgenossenschaft entspringen müsse – was auf Anhieb recht sozialistisch klingt, aber letzten Endes den Faschisten zugute kam. Dafür spricht Jödes programmatische Einleitung zu *Musik und Gesellschaft* von 1930, in der es heißt: »Denn nur wer singt oder dem Singen nahe ist, vermag noch zu verstehen, um was es geht bei dem, was wir Volk nennen. Denn im rechten Singen offenbart sich, auf welchem Grunde allein Volk wird. Rechtes Singen überwindet die Zahl, die Partei, den Nebenmann, die Masse und findet den Menschen, den Mitmenschen, die Schar, die Gemeinsamkeit« (1,2).

Der Vorstoß der Linken

Im Zuge einer solchen Entwicklung, die in fast allen ihren Spielarten ins Neutralistisch-Moderne, Gebrauchsmäßige, Musikantische oder auch ›Rechte‹ tendierte, nimmt es nicht wunder, daß seit 1925 und dann verstärkt nach dem Ausbruch der Weltwirtschaftskrise auch die linksbürgerlichen, sozialistischen und kommunistischen Stimmen wieder an Gewicht gewannen. Sie wandten sich entweder gegen das Unverbindliche der bloßen Gebrauchsmusik oder das allzu Verbindliche der reaktionären Tendenzen auf der Rechten, denen das Konzept einer wahrhaft progressiven Musik entgegengestellt wurde. Die ersten Angriffe dieser Art kamen weitgehend aus linksbürgerlichen Kreisen. Man denke an die auch in diesen Jahren noch immer aktive Novembergruppe, zu der um 1926 auf musikalischem Sektor so unterschiedliche Geister wie Kurt Weill, Hans Heinz Stuckenschmidt, Stefan Wolpe und Hanns Eisler gehörten – in etwa mit der literarischen Gruppe 1925 vergleichbar, zu deren Mitgliedern Johannes R. Becher, Bertolt Brecht, Alfred Döblin, Egon Erwin Kisch und Kurt Tucholsky zählten. Die Kritik dieser Kreise, der sich auch Heinz Tiessen und Bruno Stürmer anschlossen, richtete sich letztlich gegen alles, was in der musikalischen Entwicklung seit dem Ersten Weltkrieg vorgeherrscht hatte: den Neuen Klassizismus, die Neue Sachlichkeit, das bloße Musikantentum, die Trennung in E- und U-Musik, das heißt den modischen Pluralismus und die kapitalistische Geschäftemacherei. Selbst die Sehnsucht nach Gemeinschaft innerhalb der Jugendmusikbewegung befriedigte sie nicht, da durch diese Bewegung die immer krasser werdende Spaltung in E- und U-Musik nicht überwunden, sondern eher sanktioniert werde.

Vor allem nach 1929, als die politische Polarisierung immer deutlicher hervortrat, wurde auch diese Form der Kritik immer dringlicher. So wandte sich Bruno Stürmer 1930 in der Oktobernummer der *Musik* in einem offenen Brief gegen Hindemith und beschuldigte ihn einer schamlosen Konjunkturhascherei in »geschäftstüchtiger Zeit«. Es gebe heute geradezu keinen Musikmarkt mehr, den Hindemith nicht mit dem jeweils Gewünschten versorge: ob nun die Laienmusik, die Unterhaltungsoper, die Filmmusik, die Musik für mechanische Instrumente, die atonal-avantgardistische Musik, die neoklassische Musik oder die Musik der Neuen Sachlichkeit. Noch kritischer äußerte sich Heinz Tiessen in seiner *Geschichte der jüngsten Musik* (1928) über die verschiedenen Spielarten der Neuen Sachlichkeit, denen er »baunausische Zünftigkeit« (73), »Ausschalten der Gefühlskraft« (74) und »musikantisch geschwätzige, inhaltsarme mechanische Geläufigkeit und Kontrapunktik um jeden Preis« (75) vorwarf. Die Begriffe »Sachlichkeit«, »Nur-Musik« oder »Es-Musik«, heißt es bei ihm, »werden oft nur als falsche Schlagworte dazu mißbraucht, menschlich leeres Artistentum zu beschönigen und Gesinnungslosigkeit als Forderung aufzustellen« (74). Ebenso scharf verurteilte 1930 Kurt Weill eine »Gebrauchskunst«, die lediglich elitäre Mittel und Formen auf »den Gebrauch breiterer Schichten zuschneidet« (KW 192). Auch er setzte sich zunehmend für musikalische Veranstaltungen ein, die nicht mehr »Treffpunkte der eleganten Welt«, sondern »erhebende Feierstunden für die Menge eines Volkes, das musikliebend veranlagt ist«, sind (KW 144), um so über das bloß Gesellschaftliche ins Gemeinschaftliche vorzustoßen. Nicht minder kritisch wandte sich Bertolt Brecht gegen eine »Gebrauchsmusik«, die lediglich den »Kulinarismus« innerhalb der Musik zu retten versuche, und forderte auch von den Komponisten wieder »Weltanschauung« (17,1014).

Doch der überragende Analytiker der musikalischen Situation dieser Jahre war im linken Lager zweifellos Hanns Eisler, der von einer rein kritischen Position schließlich zu sozialistischen Konzepten überging. Ihm erschien der gesamte zeitgenössische Konzert- und Opernbetrieb wie ein hoffnungsloser Anachronismus aus feudalaristokratischer Zeit. Vor allem die Opernhäuser empfand Eisler als sinnlos gewordene Mausoleen, als Orte des »Gähnens«, wo man »teuer und unbequem zu schlafen« pflege (1,77). Auch die darin aufgeführten Werke seien längst veraltet. So bezeichnete Eisler etwa die Händel-Renaissance als reine Antiquitätenschau, als Feier des Status quo. Noch verächtlicher äußerte er sich über die verkrampfte Moderne der sogenannten Avantgardisten. Diese »Musik hat kein Publikum«, schreibt er einmal apodiktisch, »niemand will sie« (1,32). Hier spüre man nirgends den »Atem der Zeit« (1,32). Hier sei alles auf Zeitlosigkeit, auf bloßen Schein, auf Technizismus oder Gemeinschaftslosigkeit hin stilisiert. Hierin komme das »Agonieröcheln eines Sterbenden« zum Ausdruck (1,31), mit dem man »einigen Feinschmekkern zu immer raffinierteren Genüssen zu verhelfen« suche (1,89). Ebenso sarkastisch äußerte sich Eisler über die Musik der Neuen Sachlichkeit, die an die Stelle des revolutionären Pathos eines Beethoven die »Spielfreudigkeit« eines Hindemith gesetzt habe (1,56). Wohl ihre prägnanteste Formulierung erfährt dieses Totalverdikt in seinem Aufsatz »Relative Stabilisierung der Musik», der am 3. Juli 1928 in der *Roten Fahne* erschien. In ihm heißt es: »Hier wünscht anscheinend eine kleine Schicht von Künstlern aus der Gegenwart so auszutreten, wie man aus der Schule austritt. Hier wirkt die Hilflosigkeit gegenüber der Situation ihrer Klasse geradezu tragisch. Aber: der moderne Musiker bejaht ja alle technischen Errungenschaften der Gegenwart. Er benützt sie. Er liebt die Großstadt, ihren Lärm, er ist verliebt in den präzisen Rhythmus der Maschinen. Nur die Menschen, die diese Maschinen bedienen, interessieren ihn nicht. Und in seiner Kunst strebt er den höchsten Grad der Ausdruckslosigkeit, der Objektivierung an. Hinter diesen ganzen unklaren Phraseologien, hinter dieser anscheinend so radikalen Fortschrittlichkeit, hinter dieser Abkehr von Sentimentalität des Natur- und Liebeserlebens steckt aber nichts als der Kleinbürger, der mit einem Trick dem Schicksal seiner Klasse entfliehen will. Der bürgerliche Musiker, auf der Suche nach einem Inhalt seiner Kunst, propagiert, da er keinen findet, die Inhaltslosigkeit als Zweck und Sinn seiner Kunst. Unfähig, die gesellschaftliche Situation zu verstehen, schreibt er Musik, die über alles Menschliche erhaben ist« (1,80).

Nicht minder kritisch äußerte sich Eisler über die Bestrebungen der Jugendmusikbewegung und ihrer Singgemeinden zur »Erneuerung der deutschen Musik aus dem Geiste des Volkstums«. All dies erschien ihm wie eine regressive Verklärung vorkapitalistischer Zustände, deren ideologisches Ziel eine rechtsorientierte Volksgemeinschaft sei. Eisler schrieb über Fritz Jöde: »Sein Hauptideal war, daß sein Stahlhelm immer mit dem Roten Frontkämpfer zusammen ›Maria ging durch den Dornwald‹ singt.« Solche Tendenzen bezeichnete er in der *Roten Fahne* bereits am 28. Januar 1929 als »Liebäugeln mit dem Faschismus« (1,64). Ja, 1931 griff Eisler die radikale Ablehnung aller »Zivilisationsmusik«, wie sie die Jugendmusikbewegung praktiziere, in aller Offenheit als »Musikfaschismus« an (1,117).

Eisler stützte sich in seiner Kritik stets auf eine mehr oder minder sorgfältige Klassenanalyse. Den Hauptträger der traditionsverpflichteten und faschisierten Musikkonzepte sah er im reaktionären Kleinbürgertum. Das demokratisch gesinnte Kleinbürgertum, das sich in den *Musikblättern des Anbruch* oder im Musikteil der *Frankfurter Zeitung* und des *Berliner Tageblatts* zum Wort melde und eine politische Ideologie vertrete, die von der Staatspartei bis zur Deutschen Volkspartei und zum Zentrum reiche, sei dagegen weitgehend pluralistisch eingestellt. Es spreche sich für Tradition und gemäßigten Fortschritt, für Beethoven und Schulmusik, für Schönberg und gewisse Formen der Arbeitermusikbewegung aus. In diesen Schichten schwöre man auf Talent und Qualität, ohne sich jedoch die Frage nach der Funktion von Musik innerhalb der Gesellschaft zu stellen. Die Hauptvertreter der linksbürgerlichen Richtung sah Eisler vor allem im *Melos* und in Komponisten wie Weill, Toch und Hindemith. Diese Richtung sei zwar eklektisch, habe aber höchst interessante formale Neuerungen in die Musik eingeführt. Diese Gruppe bilde die »Avantgarde des Untergangs der bürgerlichen Musik«, behauptete Eisler, indem sie die Musik als bloßes »Genußmittel« endgültig liquidiere (1,154). Ihre positivste Leistung sei keine wahrhaft neue Musik, sondern lediglich eine Tabula rasa. Während Eisler in Literatur und Malerei um 1928 durchaus eine »Anzahl linksgerichteter Köpfe«, nämlich Upton Sinclair, Bert Brecht, Kurt Tucholsky, George Grosz und Rudolf Schlichter, am Werke sah, herrsche in der Musik, wie er schrieb, weiterhin das »schäbigste Kleinbürgertum« und damit ein »entsetzlicher Zustand der Unklarheit«. Die kommende »soziale Revolution«, folgerte Eisler aus diesen Verhältnissen, wird darum »die Musikproduktion der letzten Jahre auslöschen wie einen Tintenklecks« (1,64).

Eine solche Kritik war allerdings rigoros. Doch wenn Eisler selbst in den linksbürgerlichen Komponisten nur Avantgarde-Spezialisten, aber keine wirklichen Kämpfer sah, wie sah er dann sich selbst? Und woran sollte man in einer solchen Situation anknüpfen? Gab es denn damals überhaupt Kreise, mit denen sich eine andere, bessere, linkere Musik machen ließ? Sicher nicht innerhalb der SPD, die Eisler nicht müde wurde, als »reformistisch« anzuprangern. Was die SPD in diesen Jahren als Musikpolitik vertrat, war immer noch das alte Konzept der ›Kunst für alle und alles‹. »Der reformistische Musikbetrieb der Sozialdemokraten«, schrieb Eisler 1931, »ist nur ein Abklatsch der bürgerlichen Mittelgruppe. Sie sind für Konzertmusik und für Jöde und für Strawinsky und für Richard Strauss. Sie sind überhaupt für alles« (1,155). Ebenso verrottet erschien Eisler der Deutsche Arbeiter-Sängerbund (DAS), der ebenfalls auf reformistischer SPD-Linie lag. Selbst diese Organisation, schrieb Eisler, »steht politisch unter der Führung des Reformismus und des Kleinbürgertums, der Demokratie, übernimmt wahllos alle Musikmeinungen. Ihre Tendenzkunst ist kleinbürgerliches, rotgefärbtes Musikmaterial. Formal eher reaktionär als fortschrittlich, politisch reformistisch, ist ihr Zustand am besten mit dem Worte ›Konfusion‹ zu bezeichnen« (1,118). Wie in der Jugendmusikbewegung werde hier der »unverbindliche Genuß« lediglich »noch weiter demokratisiert« (1,155).

Das sind starke Worte – doch sie entbehren nicht ganz der Wahrheit. Der DAS war wirklich eine der größten aktiven proletarischen Kulturorganisationen, die es in den zwanziger Jahren in der kapitalistischen Welt gab, und zählte zeitweilig bis zu 375000 Mitglieder. Was jedoch innerhalb seiner Einzelverbände gesungen wurde, war – außer ein paar veralteten Tendenzliedern – weitgehend die bürgerliche Männergesangsvereinmusik des 19. Jahrhunderts. Und das änderte sich auch im Laufe der zwanziger Jahre kaum. Während man bis 1920 weitgehend die berüchtigten *Kaiserliederbücher* benutzt hatte, wurde jetzt zwar die *Chorsammlung* von Alfred Guttmann zum offiziellen Gesangbuch des DAS. Doch auch sie enthielt fast nur älteres Liedgut und brachte selbst in der Rubrik »Musik unserer Tage« hauptsächlich Chöre von Wagner, Cornelius, Schillings, Schreker und Mussorgsky, aber nichts wirklich Politisches. Die einzigen, die sich Anfang der zwanziger Jahre für progressive Tendenzen innerhalb der Arbeitermusikbewegung eingesetzt hatten, waren Hermann Scherchen und Jascha Horenstein gewesen, die jedoch diese Tätigkeit nur als Sprungbrett zu ›Höherem‹ benutzten. Auch die Sprechchöre, die Heinz Tiessen mit Arbeitern einstudierte, wie auch die Chorlieder eines Erwin Lendvai, die auf Texten von Max Barthel und Karl Bröger beruhten und technisch hohe Ansprüche stellten, blieben weitgehend folgenlos. Und so führte der DAS 1928 bei seinem ersten großen Bundesfest in Hannover fast ausschließlich Werke von Bach, Händel, Haydn, Brahms und Verdi auf, als wolle er damit beweisen, daß er über den Klassenkämpfen stehe und Kunst als eine Feiertagsangelegenheit betrachte.

Nach 1929 mußte es jedoch auch auf diesem Gebiet zu einer politischen Polarisierung und damit zu einer gewissen Chance für Hanns Eisler kommen. Daß einer wahrhaft sozialistischen Musikkultur damals geradezu unüberwindliche Schwierigkeiten entgegenstanden, hatte zweierlei Gründe. Erstens die mangelnde Vorarbeit von seiten der KPD, die es trotz »politischer Klarheit« zu »keiner theoretischen Formulierung« auf diesem Sektor brachte, wie Eisler noch 1931 schreibt (1,118). Zweitens die mangelnden materiellen Voraussetzungen. Der DAS war nun einmal fest in der Hand der SPD. Radio, Film, Theater, Opernhäuser und Schallplattenindustrie befanden sich in den Händen des Bürgertums. Wo hätte die KPD da anfangen oder einhaken sollen? »Erst nach Ergreifung der Macht durch das Proletariat«, schrieb Eisler schon 1927, »kann eine neue Musikkultur allmählich entstehen« (1,45), da zu einer umfassenden Musikkultur nun einmal »der Besitz der musikalischen Produktionsmittel« gehöre (1,118).

Um einen solchen Zustand herbeizuführen, tat Eisler bereits in diesen Jahren alles, was in seinen Kräften stand. Er entwikkelte dabei zwei Strategien: die Strategie der dialektischen Aneignung des kulturellen Erbes und die Strategie der unmittelbaren Agitation. Unter dialektischer Aneignung verstand Eisler damals vor allem die Umfunktionierung der bei Schönberg gelernten Techniken aus dem Idealistisch-Bürgerlichen ins Konkret-Unbürgerliche. Daß Schönberg die überalterte Spätromantik und ihren Psychologismus in der Musik liquidiert hatte, erkannte Eisler dankbar an. Doch das allein genügte ihm nicht. Im

Gegensatz zu anderen bürgerlichen Avantgardisten ging es ihm nicht nur um eine formale Entschlackung, Entfettung, Entromantisierung und Entpsychologisierung des musikalischen Materials, das heißt um primär ästhetische Innovationen, sondern um einen Funktionswandel der Musik »in der Gesellschaft« schlechthin (1,157). Er wollte aktivieren, in die Tat umsetzen und damit eine wirkliche Revolution in Gang bringen. Was er von Schönberg übernahm, war daher lediglich das entromantisierte Formenarsenal, um so die musikalische Materialrevolution mit dem unbürgerlich-kollektivistischen Ausdrucksverlangen der neuen Klasse zu verbinden. Eislers Verhältnis zu Schönberg blieb deshalb das eines dankbar-kritischen Dialektikers. Er schrieb darüber: »So glaube ich, daß gerade die Methode Schönbergs außerordentlich wichtig für die neue soziale Musik werden kann, wenn wir verstehen, sie *kritisch* zu benützen. Es wird sich darum handeln, gewissermaßen Schönberg vom Kopf auf die Beine zu stellen, nämlich auf den Boden unserer sozialen Verhältnisse« (1,394).

Das tat Eisler dann auch, angefangen mit seinen kritisch-realistischen *Zeitungsausschnitten*, die 1927 – zusammen mit Werken von Schönberg und Alban Berg – in Berlin uraufgeführt wurden und das bürgerliche Publikum durch ihre satirische Absicht herausfordern sollten. Doch das Gegenteil trat ein: Die Fachkritik lobte dieses Werk ausdrücklich, und die Zuhörer applaudierten wie rasend. All das brachte Eisler zur Einsicht, wie sinnlos es ist, mit einer unbürgerlichen Gesinnung ein bürgerliches Publikum satirisch reizen zu wollen, ohne es lediglich zu amüsieren. Er verband sich darum noch im selben Jahr mit der Berliner Agitpropgruppe Das rote Sprachrohr, die zum KVJD, zum Kommunistischen Jugendverband Deutschlands gehörte, und begann zugleich, Besprechungen für die *Rote Fahne* zu schreiben, um sich mit Wort und Musik an jene Schichten zu wenden, die jenseits des bürgerlichen Musikbetriebes standen. Als Genre wählte Eisler in erster Linie den Chorgesang, von dem er noch am ehesten eine direkte Wirkung erhoffte. Schließlich gab es in diesen Jahren nicht nur das Rote Sprachrohr, sondern auch verschiedene Arbeiterchöre, die mit der Vorstandspolitik des DAS unzufrieden waren und sich allmählich zu radikalisieren begannen. Eines der ersten Chorwerke, das Eisler für diese Gruppen schrieb, ist sein berühmter *Vorspruch* von 1928, der sich gegen die neutrale Sangesseligkeit der üblichen Liedertafeln wendet, indem er sich in aller Offenheit zu dem Motto »Auch unser Singen muß ein Kämpfen sein!« bekennt und obendrein den Anfang der *Internationale* zitiert. Dasselbe gilt für die folgenden Eislerschen Arbeiterchöre (Opus 17, 19, 35), in denen es höchst konkret um Streikbrecher, Militaristen oder Noske-Polizisten geht. Im Gegensatz zu den Chören der Jugendmusikbewegung fallen diese Werke nicht in ein vorindividuelles Kollektivbewußtsein zurück, sondern wollen ein genau umrissenes Klassenbewußtsein entwickeln – ein Vorgang, den Eisler selbst mit »Agitproprisieren« umschrieb. Eisler fühlte sich nicht nur als Chordirigent, sondern zugleich als Agitator, Funktionär, ja geradezu Schulungsleiter und gab ab 1928 sogar Kurse an der Marxistischen Arbeiterschule (MASCH) in Berlin. Doch nicht nur Eisler, auch andere junge bürgerliche Komponisten reihten sich in diese Front ein. Man denke an Arbeiterchordirigenten wie Josef Schmidt oder auch an Karl Rankl, der ebenfalls ein Schüler Schönbergs gewesen war. Zu den Komponisten dieser Richtung zählen vor allem Wladimir Vogel und Franz Szabó, die 1932 mit Chorwerken wie *Sturmbezirk Wedding*, *Jungpionierschritt* und *Der 7. November* hervortraten.

Mit derselben Verve, mit der sich Eisler dem Arbeiterchorgesang widmete, setzte er sich gegen die sozialdemokratische Verkleinbürgerlichung der Kunst- oder Volksliedkultur ein. Das »eigentliche Volkslied des Proletariats« war für ihn das »Kampflied« (1,253). Er lehnte sich daher in seinen Liedern, für die er 1929 als kongenialen Interpreten Ernst Busch gewann, weniger an das Volkslied als an das russische Revolutionslied, den Gassenhauer oder den Schlager an. Er wollte auch auf diesem Gebiet keine bloße Gefühlsmusik unterstützen, sondern etwas Aktivierendes, Kämpferisches schaffen. Während andere, auch ›linke‹ Komponisten immer noch von Natur und Liebe sangen, ging er jeder vagen Stimmung aus dem Wege und bevorzugte jenes Konkrete, Aktuelle, Eingreifende, das er in den Texten von Bertolt Brecht, Erich Weinert und David Weber fand. Man denke an den *Roten Wedding* von 1929 oder das *Stempellied*, die *Ballade vom Neger Jim*, die *Ballade von den Säckeschmeißern* und das *Solidaritätslied* von 1930, die alle die gleichen scharfen Kontraste, die gleiche unmittelbare Verständlichkeit, die gleiche Aggressivität, den gleichen musikalischen *drive* haben. Diese Lieder erklangen weniger in Konzerten als auf Arbeiterversammlungen, auf Sportfesten, bei der Straßenagitation, bei Streiks oder auf den Hinterhöfen der großen Mietskasernen, weshalb Eisler auf intime Begleitinstrumente wie Streicher weitgehend verzichtete und dafür lieber Klarinetten, Saxophon, Banjo, Trompeten, Schlagzeug, also die Instrumente der klassischen Dixieland-Band, verwandte.

Ihren Höhepunkt erlebte diese Arbeitermusikbewegung, die sich für die politischen Ziele der KPD einsetzte, in den Jahren 1930/31, als die wirtschaftliche Not ständig größer wurde und immer mehr Arbeiter, Arbeitslose und kleine Angestellte mit den Ideen des Kommunismus zu sympathisieren begannen. So gründeten Eisler und Rankl 1931 die Kampfgemeinschaft revolutionärer Arbeiter-Sänger, um dem Deutschen Arbeiter-Sängerbund eine Organisation entgegenzustellen, die ausgesprochen klassenkämpferische Aktivitäten entwickelte. Und sie hatten damit, wenigstens für kurze Zeit, einen gewissen Erfolg in agitatorischer Hinsicht. Als ebenso effektiv erwiesen sich die Schalmeienkapellen des Roten Frontkämpferbundes (RFB) und des Kommunistischen Jugendverbands Deutschlands (KJVD) wie auch die Spielmannszüge der oppositionellen Arbeitersportvereine. In Berlin soll es in diesem Zeitraum etwa 20 Schalmeienkapellen, 20 Spielmannszüge, drei Blasorchester und eine Balaleikapelle gegeben haben, die von der KPD zur politischen Werbung eingesetzt werden konnten. Das führende Organ dieser Bewegung war die Zeitschrift *Kampfmusik*, die 1931 unter starker Beteiligung von Eisler gegründet wurde und von dem Motto ausging: »Jeder Chor, jede Musikgruppe eine ›proletarische Kulturkampfzelle‹!« Manche dieser Aktivitäten erwiesen sich als so effektiv, daß ihnen sogar die *Linkskurve* ihre Aufmerksamkeit zuwandte. So lobte etwa Peter Watt im Januarheft von 1931 Hanns Eisler ausdrücklich als einen Komponisten, der »den Weg aus dem exklusivsten, wenn auch formal ›revolutionären‹ Lager der bürgerlichen Kunst zu einer neuen proletarisch-revolutionären Musik gefunden« habe, die auch auf »den musikalisch Ungebildeten eine elementare Wirkung« ausübe (17).

Damit erzielte die KPD zumindest auf dem Sektor der Chormusik und des Liedes einige Erfolge, obwohl sie sich auch hier dauernden Zensurschikanen, Organisationsschwierigkeiten und vor allem leeren Kassen gegenübersah, was schon 1932 dazu führte, daß viele der kommunistischen Singgruppen ihre Tätigkeit einstellen mußten. Immerhin: auf diesem Gebiet kam es wenigstens zu ersten Ansätzen einer sozialistischen Musikkultur. In anderen Bereichen wirkten sich die offiziellen Repressionstaktiken und die chronische Finanzmisere noch verheerender aus. So gab es in diesen Jahren kaum Schallplatten kommunistischer Lieder oder Chöre, da die KPD nicht über die technischen und finanziellen Voraussetzungen zu ihrer Herstellung verfügte und die bürgerlichen Läden und Versandhäuser den Verkauf solcher Platten sicher abgelehnt hätten. Als ebenso frustrierend erwies sich die Situation auf dem Sektor des Hörfunks, der sich entschieden weigerte, irgendwelche ›Arbeitermusik‹ in seine Programme aufzunehmen. Auch die Forderung der KPD nach einem Arbeitersender blieb unerfüllt, da man auf bürgerlicher Seite die politische Agitation, wenn sie von seiten des Gegners kam, als einen Verstoß gegen den demokratischen Pluralismus empfand. Hanns Eisler konnte daher seine Rundfunkkantate *Tempo der Zeit* (1929), nach einem Text von Robert Gilbert, die sich gegen den Technikkult der Neuen Sachlichkeit wandte, nur bei bürgerlichen Musikfesten zur Aufführung bringen. Schließlich wurde hier die herrschende Klasse – viel schärfer als in Brechts *Der Flug der Lindberghs* – mit der unbequemen Frage konfrontiert, wem eigentlich der zivile Luftverkehr zugute komme. Und auf diese Frage gaben Gilbert/Eisler eine eindeutige Antwort: »Vernichtet die Ausbeutung! Dann erst wird der technische Fortschritt denen dienen, die ihn schaffen. Ändert die Welt: sie braucht es!« Daran mußten ›kultivierte‹ Ohren natürlich Anstoß nehmen. Nicht viel anders verhielt es sich auf dem

Gebiet des Tonfilms, welcher der KPD ebenfalls verschlossen blieb. Das einzige Werk, das damals mit Unterstützung der KPD gedreht werden konnte, war der Film *Kuhle Wampe. Wem gehört die Welt?* (1931), an dem neben Slatan Dudow und Bert Brecht auch Hanns Eisler, Josef Schmidt, Ernst Busch, die Agitpropgruppe Das rote Sprachrohr und 4 000 Arbeitersportler mitarbeiteten, die am Schluß Brecht/Eislers *Solidaritätslied* anstimmten. Die Musik zum nächsten Film, dem *Heldenlied* von Joris Ivens, der den Aufbau eines Eisenhüttenkombinats in Magnitogorsk durch russische Komsomolzen beschreibt, mußte Eisler bereits in der Sowjetunion komponieren. In Deutschland wurde damals die Frage »Wem gehört die Welt?« schon eindeutig faschistisch beantwortet.

In den letzten Jahren vor 1933 fand Eisler noch am ehesten ein Betätigungsfeld beim Theater, da hier der Staat selbst systemkritischen Künstlern etwas mehr Freiheit ließ. So verfaßte er die Musik zu Brechts *Maßnahme*, die Ende 1930 im Berliner Großen Schauspielhaus mit drei Arbeiterchören uraufgeführt wurde und die eindeutig ins Monumentale tendiert. Ohne sich von »Stimmung«, »Einfühlung« oder ähnlich »narkotischen« Mitteln leiten zu lassen, wie Eisler schreibt, wird hier der Chorgesang wie ein »Massenreferat« behandelt, das etwas Kaltes, Scharfes, Schneidendes hat (1,168). Hier verwandelte sich das Theater fast in einen »politischen Schulungsraum«, wie es Eisler auch im ersten Heft der Zeitschrift *Kampfmusik* forderte (1931,1,3). Die Musik zur *Maßnahme* wurde daher von Organen wie der *Linkskurve* als Eislers »wichtigste«, »hinreißendste Leistung« hingestellt (1931, 1, 17). Ähnliches, das heißt ein enges »Zusammenwirken von Agitproptruppen, Arbeiterchören, Arbeiterorchestern und projizierten Schriften« und damit eine Umwandlung des Theaters in ein »politisches Meeting«, versuchten Brecht/Eisler noch einmal mit dem Stück *Die Mutter,* das im Januar 1932 seine Premiere erlebte und zu dem Eisler eine ausgesprochen gestische, das heißt referierende und politisch Stellung beziehende Musik verfaßte (1,224). Doch danach setzte sich selbst auf dem Theater die Reaktion durch. Während in der Sowjetunion in diesen Jahren noch immer ›Gesellschaften für proletarische Musiker‹ gegründet wurden, große Symphonieorchester ohne Dirigenten auftraten und Arbeiterchöre in Riesenbesetzungen bei ›Musikalischen Olympiaden‹ sangen, ergriff in Deutschland ein Mann wie Hitler den Dirigentenstab und machte den letzten Bemühungen um eine sozialistische Musikkultur endgültig den Garaus.

Das Ende

Daß Hitler dies so leicht gemacht wurde, hängt nicht nur mit der Schwäche der KPD, sondern auch mit der Orientierungslosigkeit der liberalen und linksbürgerlichen Komponisten, Kritiker und Dirigenten zusammen. Die Stimmung, die in diesen Kreisen zwischen 1928 und 1932 Platz griff, war weitgehend Resignation, die meist zu einem Rückzug ins rein Geistige, Künstlerische und scheinbar Ideologielose führte. Hier wollte man weiterhin, als hätte sich nichts geändert, in erster Linie Musik und nicht Politik machen. So schwor beispielsweise Kurt Weill noch 1930 allein auf »Qualität«, wenn auch auf eine Qualität, die sich vornehmlich »auf die großen, umfassenden Ideen ihrer Zeit stützt« (KW 192). 1932 erklärte er etwas dringlicher: »Vor ein paar Jahren genügte es noch, den ›Kampf um das Neue‹ als Parole auszugeben. Heute sind andere Entscheidungen nötig« (190). Doch was er als Heilmittel vorschlug, war lediglich eine »Einheitsfront« aller liberalen Komponisten, deren Hauptkampf Dingen wie »Phrasenhaftigkeit, Schwall, Unnatur und falschem Pathos« in der Musik zu gelten habe (191). Auch Ernst Křenek trat 1931 in *Musik und Gesellschaft* – anläßlich einer Rezension des Buches *Sozialismus und Musik* (1930) von Walter Howard – lediglich für »Qualität« ein und bezeichnete Gesinnung als »irrelevant« (2,199). »Es gibt in Wirklichkeit«, behauptete er, »nur eine Sorte Musik, die Christen und Juden, Bankdirektoren und Straßenbahnkondukteuren, Professoren und Sozialisten gleich zuträglich ist, nämlich die gute, und eine andere soll nicht gepflegt werden. Wenn es gute Werke sind und er (der Künstler) sich mit Talent und Ernst der *Sache* widmet, wird er für sich, für die Kunst und für die Gesellschaft das Bestmögliche geleistet haben« (2,199). Ja, Theodor Wiesengrund Adorno schrieb 1931 in *Die Musik* noch elitärer und hilfloser, daß sich die Qualität aller großen Musik hauptsächlich in ihrer Negativität, das heißt ihrem Fremdheitscharakter der eigenen Zeit gegenüber ausweise (23, 650). Er bezog als Schönbergianer strengster Observanz die Position des großen ›Asozialen‹ und vertraute in utopischer Naivität auf jene Arbeiter, die einmal in fünfzig Jahren selbst den *Pierrot lunaire* so eingängig wie ein Volkslied empfinden würden. Falls man in diesen Kreisen überhaupt etwas Neues anzubieten hatte, handelte es sich meist um eine undefinierte »Neue Geistigkeit«. So phantasierte Herbert Trantow 1931 im *Melos* von einer Musik, die über bloße Fugentechnik, kaltschnäuzige Neue Sachlichkeit, inhaltslose Motorik und blutarmen Klassizismus hinaus wieder Idealen wie Größe, Schönheit und Weihe nachstrebe (10, 261). Wie jedoch ein solches Ziel zu erreichen sei, darauf wußte auch Trantow keine sinnvolle Antwort.

Die einzigen, die auf diese Frage eine klare Antwort hatten, waren die Völkischen, die Präfaschisten und später die Nationalsozialisten. Ihre Antwort bestand in der ›Mobilmachung des Nationalen‹. Sie stellten sich gegen alles, was in den zwanziger Jahren an modernistischer, neusachlicher oder gar linker Musik komponiert worden war, und priesen weiterhin den unerschöpflichen Born der deutschen musikalischen Tradition. Es waren diese Schichten, wie Hans Mersmann 1928 im *Melos* schrieb, die in Wagner den »Hüter des heiligsten deutschen Kulturgutes« sahen und von dieser Position aus »Bannflüche gegen jene modernen bolschewistischen Musiker« schleuderten, die selbst die Musik, die Ars sacra der deutschen Nation, in den Sumpf des Internationalismus zu ziehen versuchten. So schimpfte etwa Alfred Heuss in der *Zeitschrift für Musik* seit 1924/25 geradezu pausenlos über den musikalischen Vandalismus der sogenannten Expressionisten und bezeichnete Schönbergs Berufung an die Berliner Akademie der Künste, die im Jahre 1925 erfolgte, als einen »Schlag gegen die Sache der deutschen Musik, wie er zur Zeit herausfordernder kaum gedacht werden könne« (92, 583). Ein solcher Mann war für ihn lediglich ein »wurzelloser Jude« (584).

Als im gleichen Jahr endlich Alban Bergs *Wozzeck*, wohl die bedeutendste Leistung des Wiener Spätexpressionismus, in Berlin uraufgeführt werden konnte, schrieb Paul Zschorlich am 15. Dezember in der *Deutschen Zeitung*, daß man dieses Werk eines »Chinesen aus Wien«, das nur aus »Brocken, Fetzen, Schluchzern und Rülpsern« bestehe, bloß mit dem Adjektiv »verrückt« charakterisieren könne. Mit »europäischer Musik« habe derlei »nichts mehr zu tun«. Kurze Zeit später wurde in der *Zeitschrift für Musik* die Musik eines Weill als grenzenlos »banal«, die eines Hindemith als total »grotesk« hingestellt. Eine solche Musik schien den Völkischen aus den Bereichen »niederster Instinkte« herzurühren (95,205). An anderer Stelle fielen sogar Worte wie »Kloaken-Geschlechtsdramatiker« oder »Perversitätsorgien-Komponisten« (95,54). Überhaupt galt in diesen Kreisen alles, was nicht deutschromantisch klang, das heißt nicht von Hans Pfitzner, Robert Heger, Joseph Haas, Hermann Erpft, Paul Graener, Walter Braunfels oder jüngeren Komponisten religiöser und jugendbewegter Musik stammte, von vornherein als Ausländerei, Hunnentum, Obszönität oder jüdischer Kulturbolschewismus.

Ihren ersten Höhepunkt erlebten diese Hetzkampagnen im Jahre 1928, in dem Alfred Rosenberg den Kampfbund für deutsche Kultur gründete, dessen Parolen von der *Zeitschrift für Musik* voll und ganz befürwortet wurden. Wohl der rabiateste Streiter für eine ›rein-deutsche‹ Musik war Fritz Stege, der als aktives Mitglied des Kulturbundes und der NSDAP mit einer solchen Schärfe gegen alles Linke und Undeutsche, gegen Scherchen, gegen Eisler, gegen Kestenberg, gegen Jöde zu Felde zog, daß sich ihm nach 1930/31 auch andere bürgerliche ›Tat‹-Aktivisten anzuschließen begannen. Als daher 1933 – nach der Machtübergabe an die Nationalsozialisten – die kulturelle Gleichschaltung erfolgte, stieg die *Zeitschrift für Musik* zum führenden Organ im Musikleben des Dritten Reiches auf, während *Melos* ihr Erscheinen einstellen mußte. Wer vor 1933 in *Melos*, den *Musikblättern des Anbruch* oder *Die Musik* gelobt worden war, mußte sich jetzt Invektiven wie ›niggerhaft‹, ›semitisch‹, ›entartet‹ oder ›zersetzend‹ gefallen lassen. Viele der bürgerlich-modernen oder linken

Komponisten (darunter Hindemith, Křenek, Weill, Eisler, Dessau, Toch, Schönberg) verließen daher Deutschland oder wurden ihrer Posten enthoben.

Was die Nationalsozialisten der Musik der sogenannten ›Systemzeit‹ an eigener Musik entgegenzusetzen hatten, nimmt sich – außer dem unverdienten Schatz der Tradition – höchst kümmerlich aus. Genau besehen, waren es lediglich einige Provinzkomponisten spätestromantischer Gesinnung und ein paar Gebrauchsmusiker, die sich auf die Herstellung nationalsozialistischer ›Gemeinschaftslieder‹ spezialisierten. Daß diese Lieder meist von älteren Soldatenliedern oder aus dem Liedgut der Bündischen Jugend abgeleitet wurden, ist allgemein bekannt. Zugegeben, die Melodie des *Horst-Wessel-Liedes*, das 1930 zur »Hymne der Bewegung« erklärt wurde, war ganz effektvoll. Einen Hanns Eisler hat jedoch die nationalsozialistische Musikbewegung nicht hervorgebracht. Worin sie brillierte, waren hauptsächlich zackige Märsche oder spießige Schunkellieder. Doch von ihr erwartete niemand, daß sie sich etwas Neues einfallen ließ. Sie vertrat ja lediglich den kleinbürgerlichsten Status quo.

Visuelle Künste

Die ›Kunstismen‹

Wohl auf keinem Sektor des kulturellen Lebens war die Situation um 1918/19 so spannungsreich und widerspruchsvoll wie auf dem Gebiet der bildenden Künste. Von 1919 bis 1923 – also während der ersten Phase der Weimarer Republik – gab es hier nicht nur einen vollentwickelten Expressionismus, der trotz mancher Beerdigungsversuche ständig neue Urständ feierte, sondern auch eine Fülle neuer Stilrichtungen, die sich zwar weitgehend gegen den Expressionismus wandten, jedoch die gleiche revolutionäre Unruhe mit ihm teilten und oft spätexpressionistische Formen annahmen. Diese Epoche ist daher in den bildenden Künsten eine Zeit, die trotz entschiedenster Ablehnung aller bisherigen Stile nicht davor zurückschreckte, selber eine Unzahl neuer Ismen in die Welt zu setzen. Ja, vielleicht ist sie die ismenreichste Zeit, die es überhaupt in der Geschichte der bildenden Künste gegeben hat. Aus diesem Grund wies Paul Westheim schon 1921 im *Kunstblatt* neben dem Expressionismus auf Strömungen hin, die man »neuerdings« als »Suprematismus, Tatlinismus, Kompressionismus, Kubo-Futurismus, Neo-Klassizismus und Neo-Primitivismus« bezeichne (5,32). Als El Lissitzky und Hans Arp 1925 ihr Büchlein *Die Kunstismen* herausgaben, zählten sie im Rückblick auf diesen Zeitraum bereits dreizehn verschiedene Kunstrichtungen auf: Kubismus, Futurismus, Expressionismus, Metaphysische Kunst, Suprematismus, Simultanismus, Dadaismus, Purismus, Neoplastizismus, Merz-Kunst, Proun-Kunst, Verismus und Konstruktivismus. Doch nicht genug damit. Andere Kunstkritiker dieser Jahre versuchten obendrein Stilbezeichnungen wie Novembrismus, Progressivismus, Abstraktionismus, Dingismus, Neuer Naturalismus, Magischer Realismus, De-Stijl-Bewegung oder Bauhaus-Stil in die allgemeine Debatte einzubringen.

Was man damals als das Entscheidende empfand, war erst

einmal die absolute Andersartigkeit und Einmaligkeit all dieser Stile. Von heute aus gesehen, wirken dagegen die meisten der eben aufgezählten Richtungen relativ ähnlich. Was in ihnen zum Ausdruck kommt, ist an sich immer wieder dieselbe politische, geistige und künstlerische Radikalität, die sich in vielen europäischen Ländern dieser Jahre bemerkbar macht und die aufs engste mit Ereignissen wie der russischen Oktoberrevolution, dem Kriegsende, den Novemberunruhen, dem Spartakusaufstand, den faschistischen Putschversuchen und schließlich der Inflation und Währungsreform zusammenhängt. Kein Wunder also, daß es zwischen 1917 und 1923 auch in der Kunst zu einer Fülle gewagtester Richtungsänderungen, Utopiebildungen, ästhetischer Kursumschwünge, ja regelrechter Revolutionsversuche kam, welche den deutschen Expressionismus, dem ebenfalls ein Totalaufstand gegen die bestehende Gesellschaft zugrunde lag, an programmatischer Entschiedenheit noch zu überbieten suchten. All diese Richtungen, so verschieden ihre ideologischen Zielsetzungen auch sein mochten, legten Programme vor, die auf eine konsequente Abschaffung der bisherigen ›bürgerlichen‹ Kunstpraktiken hinausliefen. Den meisten ging es nicht mehr ausschließlich um die Kunst, sondern auch und vor allem um das Leben, das heißt die Praxis, die gesellschaftliche Realität, die politische Agitation oder den industriellen Nutzwert ihres Schaffens, ob nun in direkter oder ästhetisch vermittelter Hinwendung zur sogenannten Wirklichkeit in Form des politischen Happenings, gewisser Agitprop-Tendenzen, proletkultischer Anwandlungen, der Bevorzugung des Fotos, der Technikschwärmerei oder des handwerklichen Formentwurfs. Da sich jedoch für solche Tendenzen oder Projekte nicht sofort eine revolutionär gesinnte Anhängerschaft fand und zudem für die handwerklich-architektonischen Zielsetzungen in der Misere der unmittelbaren Nachkriegszeit jede materielle Basis fehlte, blieb im Rahmen dieser Bewegungen vieles bloßer Entwurf, bloße Utopie oder bloßer Bürgerschreck. Und so entstand eine Situation, in der man aus Frustrierung und Verzweiflung ständig neue, noch radikalere Ismen kreierte, um so den revolutionären Prozeß, der einen Rückschlag nach dem anderen erlebte, wieder neu anzufeuern.

Auf den ersten Blick wirkt daher diese Phase innerhalb der bildkünstlerischen Entwicklung, in der fast dreißig Stilrichtungen miteinander konkurrieren, höchst chaotisch. Jeder erhebt hier seinen Stil, seine ästhetische Innovation, seinen Ismus zum alleinigen Maßstab aller Dinge – und das so lauthals wie nur möglich. Und doch haben die Stiltendenzen dieser Zeit mehr gemeinsam als Einseitigkeit oder Frustrierung. Schließlich liegt ihnen ein und derselbe Hauptimpuls zugrunde: ihre betonte Frontstellung gegen die bisherige E-Kunst. Selbst der Expressionismus blieb davon nicht verschont und wurde als eine spezifisch bürgerliche E-Kunst-Revolution hingestellt. Was dagegen die Vertreter der neuen Ismen propagierten und zum Teil auch taten, war dreierlei: entweder die Verdammung der Kunst schlechthin oder die unmittelbare Wendung zur Masse – oder beides. Jedenfalls setzten sie sich alle übersubjektive und damit unbürgerliche Ziele: ob nun das Kollektiv oder die Technik. Ihr Telos war keine Revolution auf Büttenpapier, sondern eine wirkliche Revolution. Viele verfuhren dabei recht grob und erklärten den Expressionismus zum Hauptsündenbock. Dabei war gerade der Expressionismus, wenn man von seinen oberflächlich-subjektivistischen Intentionen einmal absieht, bereits weit ins Gebiet des Sachlichen und Konstruktivistischen vorgestoßen. Gewiß hatten sich viele Expressionisten in momentaner Verzükkung an Dingen wie absoluter Triebentfesselung, Südsee-Konzepten oder religiösen Ekstasen berauscht und waren dadurch einem bürgerlich-liberalen Ichkult verfallen. Aber neben solchen hatte es auch andere gegeben, denen es von Anfang an mehr um eine neue Tektonik, eine neue Form gegangen war. Man denke an den Konstruktivismus eines Schmidt-Rottluff und Feininger oder die Abstraktionsbemühungen der Maler des Blauen Reiter, deren Stiltendenzen eine auffallende Ähnlichkeit mit dem italienischen Futurismus, dem französischen Kubismus, dem russischen Suprematismus und der holländischen Stijl-Bewegung aufweisen. All das hatte sich bereits in den Jahren zwischen 1910 und 1917 abgespielt.

Die deutsche Situation war somit um 1918/19 höchst spannungsreich und widerspruchsvoll. An der Oberfläche herrschte weitgehend ein Expressionismus-Antiexpressionismus-Streit, der das von vielen verachtete Stilkarussell wieder auf Hochtouren brachte. Untergründig ereigneten sich jedoch viel wichtigere Verschiebungen und Entwicklungen, die letztlich alle – trotz verschiedener Zielsetzungen – auf eine steigende Abstraktion und damit einen versachlichenden Konstruktivismus hinausliefen. Bei diesem Vorgang wirkten sowohl spezifisch deutsche, vom Expressionismus herkommende Tendenzen, als auch eine Fülle außerdeutscher Einflüsse zusammen. Daß die Richtungskämpfe auf diesem Gebiet manchmal recht aggressive Formen annahmen, hängt zweifellos mit der Hektik der Revolutions- und Nachkriegssituation zusammen, in der alle das Neue um jeden Preis, und das so schnell wie nur möglich, durchsetzen wollten. Am schwächsten erwiesen sich dabei die italienischen und französischen Einflüsse, welche der Expressionismus bereits vorher absorbiert hatte. Von Futurismus oder Kubismus ist deshalb nach 1918 nicht mehr viel die Rede. Um so mehr wird jener Konstruktivismus diskutiert, der sich in Holland und in einer Reihe osteuropäischer Länder herausgebildet hatte, da diese Tendenzen den vom stilkünstlerischen Purismus, vom Werkbund und vom Frühexpressionismus entwickelten Konzepten wesentlich stärker entgegenkamen.

Die Hauptschrittmacher innerhalb der holländischen Kunst waren Theo van Doesburg und Piet Mondrian. Sie hatten 1917 mit Architekten wie J.J.P. Oud und Gerrit Rietveld die Gruppe De Stijl gegründet, die sich für absolute Logik, funktionale Reinheit und weitestgehende Harmonie aller verwendeten Formelemente einsetzte. In der Malerei äußerte sich diese Tendenz in der Beschränkung auf einfachste geometrische Formen, in der Architektur in einem geradezu puritanischen Funktionalismus. Das Ergebnis dieser Richtung war ein Konstruktivismus, der den Gegensatz zwischen den einzelnen Künsten überhaupt aufzuheben versucht und die elementare Formgestaltung, die in ihrer Reinheit und Logik keiner weiteren künstlerischen Verbrämung mehr bedarf, zum höchsten Ideal erhebt.

Noch wichtiger wurden jedoch jene Einflüsse, die von Osten kamen, wo – im Gegensatz zur saturierten holländischen Situation – eine ähnlich revolutionäre Unruhe und eine ähnliche Frustrierung herrschten, denn auch in Rußland gab es in den ersten Jahren nach der Revolution kaum wirkliche Realisierungschancen für irgendwelche übergreifenden Kunstkonzepte. Daher kam es dort ebenfalls zu einer Fülle kühnster Ismen, die sich – wie im Bereich der Weimarer Kultur – durch ihre Radikalität wechselseitig zu überbieten suchten. Einen ersten Eindruck dieser konstruktivistischen Revolutionskunst erhielt man in Deutschland durch den Aufsatz »Der Tatlinismus oder die Maschinenkunst« von Konstantin Umansky, der im Januar 1920 in der Zeitschrift *Der Ararat* erschien, und dann durch das Buch *Neue Kunst in Rußland. 1914 bis 1919* des gleichen Autors, das im Herbst 1920 bei Kiepenheuer herauskam. Hier hörten viele zum erstenmal von dem seit 1913 entwickelten Suprematismus eines Kasimir Malewitsch, der sich auf rein geometrische Formen beschränkt, von der Skulpto-Malerei eines Alexander Archipenko, den Reliefkonstruktionen eines Wladimir Tatlin, der Proun-Kunst eines El Lissitzky, dem Abstraktionismus von Ljubow Popowa und Alexander Rodschenko, das heißt von all jenen Konstruktivisten, die in ihren entstofflichten Bildarchitekturen einen Beitrag zu einer unbürgerlich-revolutionären Kunst zu liefern versuchten. Dies waren die Künstler, die in Rußland bis 1921/22 als die eigentliche Avantgarde der Revolution galten und als Laborkünstler kommunistischer Formgebung angesehen wurden. Viele unter ihnen gaben in den Jahren zwischen 1919 und 1921 die Malerei und Skulptur völlig auf und wandten sich einer sozialistischen Produktionskunst zu, deren Zielkomplexe Dinge wie Technik, Industrie, Fotografie, Agitation, Festgestaltung, Typografie und ähnliches waren. Nicht der Kunst wollten diese ›Produktionisten‹ dienen, sondern dem Leben, was zum Teil zu vandalistischen Überspitzungen (»Weg mit allen Gemälden!«) und proletkultischer Emphase (»Einswerden mit dem Proletariat!«) führte. All diese Entwicklungstendenzen wurden in Deutschland ebenso lebhaft verfolgt wie die Aktivitäten der ungarischen Konstruktivisten, die sich unter der Führung von Lázló Moholy-Nagy, Lajos Kassak und Alfred Kemeny 1919 in der Gruppe MA (Heute) zusammengeschlossen hatten, oder auch jener tschechischen Konstruktivisten, von denen sich vor allem Karel Teige mit seinen Aufrufen zu einer konsequenten »Liquidierung« der Kunst einen Namen machte.

Ihren Höhepunkt erlebten diese konstruktivistischen Tendenzen, und zwar bei fast allen revolutionären europäischen Künstlergruppen dieser Ära, im Jahr 1922. In Rußland formierte sich in diesem Jahr die Front der linken Kunst (LEF), in der sich Suprematisten, Dingisten, Produktionskünstler und Konstruktivisten zu einer sozialistischen Arbeitsgruppe zusammenschlossen. Eine erste umfassende Schau dieser Künstler, auf der vor allem Werke von Archipenko, Kandinsky, Lissitzky, Tatlin, Malewitsch, Rodschenko und Naum Gabo zu sehen waren, wurde noch im gleichen Jahr in Berlin veranstaltet. Anläßlich dieses Ereignisses kamen Ilja Ehrenburg und El Lissitzky nach Berlin und gründeten dort als Organ der internationalen konstruktivistischen Bewegung die dreisprachige Zeitschrift *Gegenstand-Objet-Vesch*. Überhaupt begann man in diesem Jahr allerorten Kontakte miteinander aufzunehmen. So trafen sich Doesburg mit Mies van der Rohe und Le Corbusier, Lissitzky mit Moholy-Nagy. Durch diese Kontakte entstand bei vielen Avantgardisten das Gefühl einer internationalen Solidarität jenseits aller Unterschiede der gesellschaftlichen Systeme, was sie zu großen Hoffnungen beflügelte. Wohl das beste Beispiel dafür ist das 1922 von Doesburg mitverfaßte Manifest der *Konstruktivistischen Internationale*, das sich nicht auf irgendwelche »humanitären, idealistischen oder politischen Gesinnungen« berief, sondern sich als Ergebnis von Formanschauungen verstand, die sich »auf Wissenschaft und Technik stützen«. Doch dieser Optimismus währte nur wenige Jahre. In Deutschland äußert er sich wohl am überschwenglichsten in dem Aufsatz »Der Wille zur Architektur« von Ludwig Hilberseimer, der 1920 im *Kunstblatt* erschien und sich zu einem »schöpferischen Rationalismus« bekannte, der auf die Schaffung singulärer Kunstwerke völlig verzichtet und sich der »Wirklichkeit selber« zuwendet. Nicht mehr »Kunst zu schaffen«, sondern durch Formgebung »die menschlichen Beziehungen zu ordnen«, wird hier als die vordringlichste Aufgabe einer konstruktivistischen Avantgarde hingestellt

(7,133). Ähnliches vertrat Ernst Kallai 1924 im *Jahrbuch der jungen Kunst*, wo er den Konstruktivismus eines Malewitsch, Lissitzky, Oud, Mondrian, Doesburg und gewisser Bauhaus-Künstler als den gelungensten Versuch einer Überwindung des bürgerlichen »Individualismus« charakterisierte (5,374). Und auch Paul F. Schmidt sprach in seinem Aufsatz »Konstruktivismus«, der 1924 im *Kunstblatt* erschien, noch einmal – mit Hinweisen auf die Russen, Holländer, Moholy-Nagy, Schlemmer und Léger – von der Gewalt der neuen Formgestaltung, die alles unter das »Bildungsgesetz der Maschine« zwinge und durch die »Untrennbarkeit der Künste und ihrer Vereinigung im tektonischen Raum« ein neues, »großes Gemeinschaftsgefühl« schaffe (8,83f.). Danach ging jedoch auch den unentwegtesten Revolutionären unter den Konstruktivisten allmählich der Atem aus. Denn so schnell und so leicht, das heißt nur durch einen Wandel in der Formgebung, war eine totale Neuordnung der Gesellschaft nun doch nicht herbeizuführen. In der Sowjetunion entstand bereits 1922 eine Gegenbewegung traditioneller Künstler, die sich in der Gesellschaft der Staffeleimaler (OST) und der Assoziation der Künstler des revolutionären Rußland (ACHRR) zusammenschlossen und sich im Sinne einer größeren Volksnähe wieder realistischer Darstellungsmethoden bedienten, wobei sie sich auf Lenins ›Erbe‹-Theorie und Lunatscharskis Hinweis auf die Realisten des 19. Jahrhunderts beriefen. Eine Reihe der aktivsten Konstruktivisten (Kandinsky, Lissitzky, Naum Gabo, Antoine Pevsner) verließ daher 1922 Rußland und ging vorübergehend oder für immer nach Deutschland, während sich andere Vertreter der LEF-Front (Brik, Arwatow) der industriellen Produktion widmeten. Auch in Deutschland nahmen die konstruktivistischen Tendenzen merklich ab, als 1923/24 die sogenannte Stabilisierungsphase des Kapitalismus einsetzte – und damit der bisherige ›Revolutionismus‹ mehr und mehr in den Hintergrund trat. Denn dieser Konstruktivismus hatte nun einmal die ideologische Basis all jener ›Kunstismen‹ gebildet, in denen sich in den Jahren zwischen 1919 und 1923 – wenn auch auf eine höchst widerspruchsvolle Weise – erste Vorstöße in den Bereich einer als sozialistisch gedachten Sach- und Leistungskultur abzeichneten.

Der erste Ismus dieser Art war in Deutschland der ›Novembrismus‹, der aufs unmittelbarste mit den Ereignissen des Kriegsendes und der Umwandlung des bisherigen Kaiserreichs in eine Republik zusammenhängt. Diese Richtung geht auf jene expressionistischen Künstler zurück, die sich am 3. Dezember in Berlin als ›Novembergruppe‹ konstituierten. Zu ihnen zählten vor allem Max Pechstein, César Klein, Georg Tappert, Rudolf Belling und Moritz Melzer, die noch am gleichen Tag an alle Künstler ein *Rundschreiben* verschickten, in dem sie erklärten: »Die Zukunft der Kunst und der Ernst der jetzigen Stunde zwingt uns Revolutionäre des Geistes (Expressionisten, Kubisten, Futuristen) zur Einigung und engem Zusammenschluß.« Ja, sie sprachen sogar in »geistrevolutionärer« Zielsetzung von einer immer stärkeren »Vermischung von Volk und Kunst«. Ähnlich radikaldemokratisch klingt ihr kurz darauf verfaßtes *Manifest*, das mit den Sätzen beginnt: »Wir stehen auf dem fruchtbaren Boden der Revolution. Unser Wahlspruch heißt: Freiheit, Gleichheit, Brüderlichkeit!« Aufgrund einer so idealistischen Revolutionsgesinnung sah die Novembergruppe ihr Hauptziel nicht im »politischen«, sondern im »sittlichen Aufbau« des »jungen freien Deutschland«. Und zwar sollte das auf der Basis »uneingeschränkter Äußerung« jedweder »Anschauung« geschehen. »Wir sind keine Partei noch Klasse«, schrieben die Unterzeichner dieses *Manifests*, sondern »Menschen«. Wie ein ›Kunstrat‹ oder ›Kunstsowjet‹ wollten sie sich einerseits »gemeinschaftlicher harter und nie ermüdender Arbeit« zum »Nutzen und Frommen des ganzen Volkes« widmen, andererseits jedoch weiterhin in pluralistischer Toleranz »jede Ansicht«, »jede Form« respektieren. Genauso hochfliegend wirken jene *Richtlinien* vom Januar 1919, in denen die Novembergruppe noch einmal ihre Radikalität betonte und von den staatlichen Organen verlangte, daß man ihr »bei allen Aufgaben der Baukunst als einer öffentlichen Angelegenheit«, der »Neugesteltung der Kunstschulen«, der »Umwandlung der Museen«, der »Vergebung von Ausstellungsräumen« und der »Kunstgesetzgebung« einen maßgeblichen »Einfluß« einräumen solle. Daß sie mit solchen Zielsetzungen durchaus einer weitverbreiteten Stimmung unter den damaligen Künstlern entgegenkam, beweist der große Zulauf, den die Novembergruppe hatte. So schlossen sich ihren Reihen nicht nur Architekten wie Peter Behrens, Walter Gropius und Ludwig Mies van der Rohe oder expressionistische Maler wie Ludwig Meidner, Heinrich Campendonk, Wassily Kandinsky, Alexej von Jawlensky, Lázló Moholy-Nagy, Lyonel Feininger und Willi Baumeister, sondern auch engagiertere Künstler wie George Grosz, Conrad Felixmüller, Otto Dix, Rudolf Schlichter, Karl Völker, Otto Nagel und Heinrich Ehmsen an.

Was diese Künstler vereinte, war zunächst ein vager Revolutionismus, der auf expressionistisch-kommunionistischen oder radikaldemokratischen Vorstellungen beruhte. Wie in der ›Dresdner Gruppe 1919‹, der Hallenser ›Künstlergruppe‹, der ›Gruppe Rih‹ in Karlsruhe oder der Vereinigung ›Das junge Rheinland‹ in Düsseldorf standen hier Expressionisten neben Futuristen, Kubisten, Abstraktionisten, Konstruktivisten, Dadaisten oder Veristen und versuchten – jeder auf seine Weise – sich für die Revolution nützlich zu machen. Trotz ihrer vielversprechenden Anhängerschaft waren jedoch die politischen, ja selbst die kulturpolitischen Erfolge der Novembergruppe gleich null. Das lag nicht nur an ihren ästhetischen Formprinzipien, die den Arbeitern zu ›bürgerlich‹ und den Bürgern zu ›bolschewistisch‹ erschienen. Um wirklich effektiv zu werden, fehlte dieser Gruppe die ideologische Gemeinsamkeit. Fast jeder Novembrist vertrat seine eigenen Vorstellungen von einer radikaldemokratischen, anarchistischen, syndikalistischen oder sozialistischen Zukunft des »jungen freien Deutschland«. Daher blieb es nicht aus, daß schon nach kurzer Zeit die politisch Entschiedeneren mit dem Ganzen höchst unzufrieden waren – eine Unzufriedenheit, die 1921 in einem *Offenen Brief* von Otto Dix, George Grosz, John Heartfield, Raoul Hausmann, Rudolf Schlichter, Georg Scholz und anderen an den Vorstand der Novembergruppe ihren politischen Ausdruck fand. Diese Künstler warfen der Novembergruppe vor, daß ein solcher Pluralismus lediglich die Reaktion unterstütze, und erklärten daher ihren Austritt.

Von diesem Zeitpunkt an verwandelte sich die Novembergruppe immer stärker in einen bürgerlichen Kunstverein, der seinen Mitgliedern absolute Freiheit ließ. Getreu ihrem Statut: »Die Novembergruppe muß für alle neuen Versuche zugänglich sein«, bevorzugte sie in der Malerei einen gemäßigten Expressionismus, eine gemäßigte Abstraktion und eine gemäßigte Neue Sachlichkeit – und existierte so bis zum Jahr 1933 weiter. Einen Einfluß konnte sie aufgrund ihrer Programmlosigkeit allerdings nicht mehr ausüben. Sie war und blieb eine Dachorganisation, ein Klub unverbindlicher Avantgardisten, ja wurde schließlich zu einem Verkaufsinteressenverband, der sich völlig den Gesetzen des etablierten Kunsthandels unterwarf.

Ein ähnliches Schicksal hatte der sogenannte Arbeitsrat für Kunst, der Anfang 1919 von Expressionisten wie Erich Heckel, Ludwig Meidner, Max Pechstein, Karl Schmidt-Rottluff, Lyonel Feininger, Otto Mueller, Emil Nolde und Architekten wie Walter Gropius und Bruno Taut gegründet wurde. Was hier im Vordergrund stand, war – unter dem Einfluß des sozialdemokratischen Kunstkritikers Adolf Behne – der Zusammenschluß aller bildenden Künstler zu einer wirklichen Arbeitsgemeinschaft. Statt weiterhin die bürgerlichen Galerien und Mäzene mit kostbaren Einzelwerken zu beliefern, wollte man auch hier in radikaldemokratischer Absicht direkt ›ins Volk hinein‹ wirken. Dafür spricht der Sammelband *Ja! Stimmen des Arbeitsrats für Kunst*, der 1919 herauskam und sich wie das *Manifest* der Novembergruppe zu einer immer stärkeren Verbindung von Volk und Kunst bekannte. Allerdings lag dabei der Akzent mehr auf architektonischen Projekten wie großen Volkspalästen, Volksarenen und Volkstheatern als auf Gemälden oder Grafiken. Diese Richtung wurde vor allem von Utopikern wie Bruno Taut unterstützt, der damals von gigantischen Licht- und Gartenstädten träumte, denen ein dezentralisiertes Rätesystem zugrunde liegen sollte. Als es nach der gescheiterten Revolution zur Einsicht in die Unausführbarkeit solcher radikalidealistischen, expressionistischen oder syndikalistischen Projekte kam, zog der Arbeitsrat für Kunst daraus die Konsequenz und löste sich – im Gegensatz zur Novembergruppe – am 30. Mai 1921 einfach auf.

Wohl am bekanntesten von all diesen Gruppen sind bis heute die Dadaisten geblieben, die durch ihr bizarres Auftreten am meisten Furore machten. In unmittelbarem Zusammenhang mit den hier aufgezeigten Tendenzen stehen die Berliner Dadaisten, die sich in ihrer politischen Ausrichtung von dem 1916 in Zürich propagierten Dadaismus mehr und mehr entfernten und schließlich in aller Offenheit mit Anarchismus und Kommunismus sympathisierten. Gegründet wurde der Berliner Dada-Club im April 1918. Zu seinen Anhängern gehörten so radikale Künstler wie Raoul Hausmann, Johannes Baader, Richard Huelsenbeck, Wieland Herzfelde, Franz Jung, Erwin Piscator, John Heartfield, George Grosz und Georg Schrimpf, die erst in der Dada-Zeitschrift *Freie Straße* (gegründet 1918) und dann in *Der Dada* (gegründet 1919) ihre Thesen vortrugen. Im Gegensatz zu den Expressionisten in der Novembergruppe oder im Arbeitsrat ging es den Berliner Dadaisten von Anfang an nicht um eine neue Kunst, sondern um einen neuen Bezug zum Leben. Ihr Ismus sollte ein Ismus sein, der endlich allen Ismen ein Ende bereitet. Statt also an die Stelle der alten Kunst eine neue Kunst zu setzen, erklärten sie sich gegen Kunst überhaupt und priesen statt dessen das Foto, die Maschine oder das politische Happening. Weiterhin Kunst abzusondern, erschien ihnen selbst in expressionistischer Variante als romantische Lügenhaftigkeit, hoffnungslose Bürgerlichkeit oder peinliche Geschlechtsverirrung, das heißt als Flucht in die ›überschwengliche Misere‹. »Die Dussel«, schrieb Hausmann 1919 im *Dada*, »die unfähig sind, Politik zu treiben, haben die aktivistische Aeternistenmarmelade erfunden, um sich doch an den Mann, hier den Proletarier, zu bringen. Aber so doof, verzeihen Sie, ist der Proletarier gar nicht, daß er die unfruchtbare Toberei aus lauterer Hohlheit nicht merkte. Kunst ist ihm, was vom Bürger kommt.« Schon die ersten Aktivitäten der Berliner Dadaisten standen daher im Zeichen eines aggressiven, politisch gefärbten Antiästhetizismus. So hielt etwa der Oberdada Johannes Baader am 17. November 1918 im Berliner Dom eine Ansprache unter dem Titel *Jesus Christus ist euch Wurscht*. Andere Dadaisten klebten nichtsahnenden Passanten Unter den Linden Schilder auf den Rücken, welche Aufschriften trugen wie »Dada, tritt mich in den Steiß, das hab ich gerne«, »Dada, Dada über alles« oder »Dada siegt«.

Um dem Ganzen dennoch ein Programm zu geben, veröffentlichten Hausmann und Huelsenbeck 1919 in der ersten Nummer des *Dada* ein regelrechtes »Dadaistisches Manifest«, in dem sie unter anderem folgende Forderungen vertraten: »1. Die internationale revolutionäre Vereinigung aller schöpferischen und geistigen Menschen der ganzen Welt auf dem Boden des radikalen Kommunismus. 2. Die Einführung der progressiven Arbeitslosigkeit durch umfassende Mechanisierung jeder Tätigkeit. 3. Die sofortige Expropriation des Besitzes (Sozialisierung) und kommunistische Ernährung aller, sowie die Errichtung der Allgemeinheit gehörender Licht- und Gartenstädte, die den Menschen zur Freiheit entwickeln.« Außerdem verlangten sie die »Verpflichtung aller Geistlichen und Lehrer auf die dadaistischen Glaubenssätze«, den »brutalsten Kampf« gegen den Expressionismus und den *Sturm*-Kreis, die sofortige »Errichtung eines Staats-Kunsthauses« und ähnlich radikaldemokratische Maßnahmen.

Die gleiche antibürgerliche ›Witzigkeit‹ dominierte bei ihren Kunst-Ausstellungen wie der Ersten Internationalen Dada-Messe (1920) in der Galerie Otto Burchart in Berlin, wo vor allem Fotocollagen, Klebebilder, Witzplakate, ausgestopfte Puppen und ähnliches zu sehen waren. Was bei all diesen Werken im Vordergrund stand, war das Montierte, Geklebte, Collagierte, Kubistische, Klamaukartige, also das betont Antimalerische. Manche, wie der Monteurdada Heartfield, unterzeichneten daher ihre Objekte nicht mehr mit »pinx.«, sondern einfach mit »mont.«. Und doch brachte das Ganze, bei aller Provokation, auch Positives, nämlich die Propagierung moderner Technologie, des Fotos und der Maschine. Sich im Zeitalter der Fotografie noch immer mit einer mühseligen ›Pinselei‹ abzuplacken, erschien den Dadaisten besonders fragwürdig. So schrieb Wieland Herzfelde in seiner Einleitung zum Katalog der Ersten Internationalen Dada-Messe: »Wenn früher Unmengen von Zeit, Liebe und Anstrengung auf das Malen eines Körpers, einer Blume, eines Hutes, eines Schlagschattens usw. verwandt wurden, so brauchten wir nur die Schere zu nehmen und uns unter den Malereien, fotografischen Darstellungen all dieser Dinge ausschneiden, was wir brauchen.« Ähnlich ›lebenserleichternd‹ empfand man die moderne Technik, wobei man sich gern auf den Maschinenkult der jungen Sowjetunion berief. So posierten Grosz und Heartfield bei der Eröffnung der erwähnten Dada-Messe mit dem Schild: »Die Kunst ist tot. Es lebe die neue Maschinenkunst Tatlins.« Raoul Hausmann schuf im gleichen Jahr seine berühmte Dadacollage *Tatlin at home*, die einen Mann darstellt, der nichts als Maschinen im Kopf hat. Das sieht zwar witzig, ja fast hanebüchen aus, unterstreicht jedoch selbst in der totalen Blödelei den radikalen Ernst, der dieser Nicht-Kunst zugrunde liegt.

Bei einer solchen Einstellung nimmt es nicht wunder, daß manche Dadaisten schließlich nicht nur den Expressionismus, sondern die bürgerliche Kunst schlechthin verwarfen. So riefen etwa Grosz und Heartfield, die Radikalsten innerhalb dieser Gruppe, 1920 in der Zeitschrift *Der Gegner* allen Ernstes dazu auf, die gesamte bürgerliche Malerei von Rubens bis Kokoschka einfach zu verbrennen. Wie Heinrich Vogeler oder auch Max Herrmann-Neiße empfanden sie den Ersten Weltkrieg als einen Ausverkauf aller bisherigen Kunst- und Weltanschauungen und erhofften sich die Morgenröte einer proletarischen Kultur nur von einem totalen Bruch mit der Vergangenheit, einer Tabula rasa, einem konsequent gesetzten Nullpunkt. Dies – und einige Schüsse in der Dresdner Galerie – führte 1920 zur sogenannten Kunstlump-Debatte, in der sich Gertrud Alexander, die Kunst-Kritikerin der *Roten Fahne*, auf die Seite der Mehringschen Erbe-Vorstellungen stellte und obendrein auf Lenins Schrift *Über die Aufgaben der Jugendverbände* von 1920 hinwies, in der letzterer den Tabula-rasa-Konzepten des russischen Proletkults die Forderung der »kritischen Aneignung des bürgerlichen Erbes« entgegengestellt hatte.

Daß diese Debatte, die in den Kontext der größeren Diskussion über den Linksradikalismus als einer »Kinderkrankheit des Kommunismus« gehört, damals nicht konsequent ausgetragen wurde, hängt weitgehend damit zusammen, daß um 1920 weder die deutschen noch die russischen Kommunisten eine kohärente

Kunsttheorie besaßen und sich die Zeit zwischen 1920 und 1923 obendrein als eine äußerst turbulente erwies, in der die Kunstdebatte erst einmal hinter wichtigeren Problemen zurückstehen mußte. Daß selbst ein kommunistisch ausgerichteter Dadaismus keine Lösung in dieser Hinsicht bot, sahen schließlich sogar Grosz und Heartfield ein, die sich am entschiedensten für ihn eingesetzt hatten. Während ein harmloser Mitläufer – wie der ›Merz‹-Künstler Kurt Schwitters – den Dada-Konzepten noch jahrzehntelang die Treue bewahrte und immer neue Nicht-Kunst, Un-Kunst oder Un-Art produzierte, stießen sie zu einer politisch aggressiven Agitprop-Kunst vor, wie sie vor allem in ihren Beiträgen zu Zeitschriften wie *Die Pleite* (1919-1921) und *Der Gegner* (1919-1924) zum Ausdruck kommt. Daß die Dadaisten 1922 noch einmal einen Dada-Kongreß nach Weimar beriefen, kümmerte sie wenig. Auch daß sich die ganze Bewegung 1923 einfach auflöste, stimmte sie nicht wehmütig. Sie hatten sich inzwischen zu der Erkenntnis durchgerungen, daß man sich im Rahmen des bürgerlichen Kunstbetriebs als Kommunist nur satirisch betätigen kann. Und das taten sie denn auch – vor allem George Grosz, der in diesen Jahren einen satirischen Stil entwikkelte, der auf dem Prinzip der totalen Negation der bestehenden Verhältnisse beruht. Das demonstrieren unter anderem seine Zyklen *Gott mit uns* (1920), *Im Schatten* (1921), *Das Gesicht der herrschenden Klasse* (1921), *Ecce homo* (1923) und *Abrechnung folgt* (1923), in denen Grosz mit nie wieder überbotener Schärfe gegen den Kapitalismus, die militaristische Tradition und den Weißen Terror der frühen Weimarer Republik zu Felde zieht. Die Welt des Gegners wird dabei oft ins Tierische oder zumindest Subhumane heruntergezogen. Da gibt es Raffkes mit Schweinsäuglein und Hängebäckchen, die mit wulstigen Lippen über schmutzige Geschäfte grinsen. Da gibt es wolfsköpfige Richter, kapitalistische Faultiere, Lebegreise mit Rammlervisage oder glatzköpfige Pastoren, deren Gesichter wie Spanferkel glänzen. Da gibt es Stammtischschweine mit tropfenden Bierkrügen, Oberlehrer mit Wotansbärten oder verblödete Kleinbürgersgattinnen, die *Stille Nacht, heilige Nacht* krächzen, während sich ihr wurstfingriger Gemahl eine Festtagszigarre in die

Affenschnauze klemmt – als sei ganz Deutschland ein einziger Spießerwald voll mickriger Ungetüme und gefährlich frustrierter Monster. Grosz bedient sich dabei eines Stils, der in seinem grotesken Realismus sowohl von Brueghel, Bosch und Ensor als auch vom Futurismus, Expressionismus und Dadaismus herkommt, ja sogar Einflüsse wie den Kritzelstil der Abortwände nicht verschmäht. Diese Zeichnungen wollen in ihrer Kaltschnäuzigkeit, ihrem Zynismus, ihrer Aggressivität nicht mehr Kunst sein, sondern nur noch böser Spott, ätzende Kritik, beißende Satire. Mit solchen Karikaturen, schrieb Friedrich Sieburg 1923 in der *Weltbühne*, versuche Grosz »seinem Zeitalter ein glühendes Eisen in die luetische Fresse« zu stoßen (19, 669).

Wie verlogen Grosz damals den ›künstlerisch‹ ausgerichteten Expressionismus oder gar Neoklassizismus seiner bürgerlichen Kollegen fand, geht aus seinem im November 1920 verfaßten Bekenntnis »Zu meinen neuen Bildern« hervor, das 1921 im Maiheft des *Kunstblatts* erschien. Kunst im herkömmlichen Sinne wird hier als eine absolut »sekundäre« Angelegenheit hingestellt. Was heute zähle, sei einzig die Frage: »Stehst Du auf seiten der Ausbeuter oder auf der Seite der Massen, die diesen Ausbeutern ans Leder gehen?« (11) Doch leider hätten das immer noch zu wenige begriffen. Wohin man blicke, herrsche weiterhin »individualistische Künstler-Eigenbrödelei«, ja ein »ungläubiger Bourgeois-Nihilismus«, der jedes »realistische Verhältnis zur Umwelt« vermissen lasse. Was daher im Vordergrund stehe, seien immer noch die Probleme des »Ateliers«, aber nicht die Inhalte der Gesellschaft. »Geht in ein Proletarier-Meeting«, ruft Grosz hier den anderen Malern zu, »und seht und hört, wie dort die Leute, Menschen wie ihr, über eine winzige Verbesserung ihres Lebens diskutieren« (11). »Begreift«, fährt er an anderer Stelle fort, »diese Masse ist es, die an der Organisation der Welt arbeitet! Nicht ihr!« (14) Angesichts dieser Situation sei das Einzelschicksal heute überhaupt nicht mehr wichtig. Was zähle, behauptet er, seien Technik, Massensport, Politik, Kollektivbewußtsein. Auch die engagierte Kunst müsse die Schärfe einer »Ingenieurszeichnung« annehmen, um sich an der Heraufführung einer neuen Welt beteiligen zu können. Statt sich wie »expressionistische« oder »bohemienhaft schwammige« Anarchisten zu gebärden, die trotz »rebellischer« Gesinnungen »zynisch hin und her schwankten« und letztlich nur »Kunst« für die »oberen Zehntausend« in die Welt setzten, fordert Grosz seine malenden Zeitgenossen auf, sich als »Arbeiter in kollektiver Gemeinschaft« zu fühlen und zu versuchen, sich »der ganzen arbeitenden Menschheit mitzuteilen« (14). »Die Entwicklung der Malerei«, heißt es daher am Schluß optimistisch, »sehe ich in zukünftigen Werkstätten, im rein Handwerklichen, nicht in heiligen Kunsttempeln« (14). Doch um diesen Zustand zu erreichen, müsse man erst kämpfen, erbittert kämpfen. Und dazu eigne sich nur die Satire.

Verismus und Progressivismus

Was Grosz in den nächsten Jahren in seiner eigenen ›Werkstatt‹ produzierte, war fast ausschließlich Agitprop. Andere trafen ähnliche Entscheidungen. Beweis dafür sind jene früheren Dadaisten oder Vertreter des linken Flügels der Novembergruppe, zu denen Otto Dix, Rudolf Schlichter, Georg Scholz, Otto Griebel, Karl Hubbuch, Hans Bellmer und zeitweise Max Beckmann gehörten, die sich ab 1920/21 zu einem sozialkritischen Realismus mit gewissen expressionistisch-dadaistischen Restelementen durchrangen, den die Weimarer Kunstkritiker bald darauf als ›Verismus‹ bezeichneten. So unterschied Georg Friedrich Hartlaub bereits 1923 bei seinen Planungen zur Ausstellung »Neue Sachlichkeit«, die dann 1925 in Mannheim stattfand, ausdrücklich zwischen idyllischen Klassizisten und aggressiven Veristen. Auch Willi Wolfradt sprach 1923 im *Cicerone* im Hinblick auf die jüngsten Werke von Otto Dix von schockierendem »Verismus« (15,174). Die erste zusammenfassende Darstellung dieser Gruppe findet sich in dem Aufsatz »Die deutschen Veristen« von Paul F. Schmidt, der 1924 im *Kunstblatt* erschien. Selbst er empfand diese Bewegung, trotz aller Liberalität, als reichlich »bedrohlich« (8,369). Hier dominiere nicht mehr das »Harlekinshafte« des Dadaismus, sondern das unvermittelt Realistische,

Rohe, Krasse, Aufreizende. Die meisten Werke des Verismus wirkten wie »kunstlose Bilderbogen« oder »nüchterne Reportagen des Alltäglichen«, die gerade das »Kitschige und Widrige«, die »gemeine Gefühlsrohheit« und das »Unselige des Lasters« ins grelle Licht des Tages zu ziehen suchten (8,370). Doch trotz dieser Wirklichkeitsnähe und fotografischen Penetranz herrsche zugleich ein »ungemeiner Aufwand künstlerischer Mittel«, eine Betonung »architektonischer Strenge und Plastizität«, in denen sich noch immer die expressionistisch-dadaistischen Anfänge dieser Bewegung äußerten. Trotz aller minutiösen Detailliertheit erinnere vieles an Totes, Konstruiertes, Maschinelles oder Montiertes und lasse sich eher mit dem Dadaismus als mit dem Realismus des 19. Jahrhunderts vergleichen. Ähnliches ist dann im Hinblick auf diese Gruppe allenthalben zu lesen. Franz Roh betonte in seinem Buch *Nach-Expressionismus* (1925) vor allem die Kälte, das Typisierte, das kraß Realistische dieser Bewegung. Daß all dies vielfach Ausdruck einer satirischen, aggressiven, ja geradezu kämpferischen Grundgesinnung war, verschwieg man dagegen nur allzu oft.

Dabei ist diese Tendenz geradezu mit Händen zu greifen. Denn was die betont veristischen Maler darstellen, sind nicht nur Nutten, Zuhälter und Ganoven, das heißt die das Bürgertum schockierende Welt des Lumpenproletariats, die Welt der Sumpfblüten des Großstadtdschungels, der Nachtlokale, der Räuberhöhlen, der Bordelle, die Welt des Lasters oder des billigen Amüsierbetriebs (die schon der ›schwarze Expressionismus‹ so geliebt hatte), sondern auch und vor allem die Welt der militaristischen, kapitalistischen und chauvinistischen Reaktion, die Welt der brutalen Raffkes, Schieber, Superpatrioten und Kriegsgewinnler, die rücksichtslos prassen, während auf den Straßen die Kriegskrüppel noch immer frieren, Streichhölzer verkaufen oder von den Hunden der ›feinen Gesellschaft‹ angepißt werden.

Doch es sind nicht nur die Themen, es sind auch die Stilmittel, die diese Bilder so aufreizend machen. Mitten in höchst penible, ja geradezu altmeisterlich gemalte Partien werden oft einfach Fahrscheine, Reklameprospekte oder Zeitungsausschnitte eingeklebt, um den Betrachter unmittelbar in die Wirklichkeit zurückzureißen. Die gleiche Funktion haben jene Stilmittel, die der Verismus der Schauerreportage, den Kitschpostkarten, dem grotesk verzerrenden Stummfilm oder der Welt des Zirkus entlehnt. Außerdem hält er sich im Motivlichen mit Vorliebe an das Alte, Verwesende, Verkrüppelte, Kranke, Sterbende, Häßliche, Irrsinnige, Nackte, Viehische oder Derb-Sexuelle, wobei er sich einer fotografischen Direktheit bedient, die jede Illusion des Ästhetischen unmöglich macht. Am weitesten geht dabei George Grosz, von dem Lissitzky und Arp in ihren *Kunstismen* von 1925 schreiben, daß er als guter »Verist« seinen Zeitgenossen »den Spiegel vor die Fratze halte«, um ihnen zu zeigen, wie »häßlich, krank und verlogen« sie alle seien. Wie bereits hervorgehoben wurde, sieht man auf seinen Zeichnungen immer wieder die gleichen tierähnlichen Visagen und bloßgelegten Geschlechtsteile, als habe man es mit einem menschlichen Bestiarium zu tun. Doch auch Otto Dix, der ja wie Grosz ebenfalls dadaistisch begann, schenkt seinen Betrachtern wenig oder nichts. Man denke an seine *Suleika, das tätowierte Wunder* (1920), die *Kriegskrüppel* (1920), die *Skatspieler* (1920), den *Salon* (1922), den *Geschäftsmann* (1922), die *Zuhälter und Nutten* (1922), die *Venus des kapitalistischen Zeitalters* (1923) oder das *Selbstbildnis mit Modell* (1923): auf all diesen Bildern dominiert ein Verismus des Schockierenden, der mit Vorliebe Totenköpfe, ausgemergelte Akte, übelste Fratzen, aufgedunsene Leichen, mitleiderregende Krüppel oder verbrauchte Hurenleiber in den Mittelpunkt der Darstellung rückt. Und das geschieht mit einer bis zum Kitschigen gehenden Eindeutigkeit, die trotz aller expressionistischen Schärfe und grotesken Verzerrung dennoch den Eindruck fotografischer Exaktheit erweckt. Paul Westheim sprach daher 1926 im *Kunstblatt* im Hinblick auf Dix von einem »intransigenten Realismus«, der bei aller thematischen Grauenhaftigkeit durch seine frappierende »Exaktheit« geradezu an »Präzisionsmaschinenarbeit« erinnere (10,145).

Nicht minder aggressiv veristisch wirken jene Darstellungen von Verbindungsstudenten, Schlotbaronen, Industriebauern und Kriegsveteranen, die Georg Scholz zwischen 1919 und 1923 in fratzenhafter Verzerrung und zugleich dokumentarischer

Exaktheit malte. Auch hier finden sich neben säuberlich gemalten Partien viel dadaistische Restelemente in Form eingeklebter Zeitungsausschnitte oder Maschinendarstellungen, die den veristischen Charakter eher verstärken als abschwächen. Hans Curjel lobte daher Scholz 1923 im *Kunstblatt* als einen Polemiker gegen »Verbohrtheit, Banausenmentalität, gepfropfte Sexualität, kapitalistische Rohheit und vaterländische Dummheit«, der durch seinen »neuen Naturalismus« dem »Wesen der Dinge« wirklich auf den Leib rücke (7,260). Die gleiche Satire auf Spießermilieu, Kleinstadtmief, Philistererotik und bürgerlichen Chauvinismus findet sich bei Karl Hubbuch und noch verstärkt bei Rudolf Schlichter, der bei seinen Bildern zum Teil ebenfalls aufgeklebte Kleidungs- und Einrichtungsgegenstände verwendet. Obendrein läßt er seine Figuren – wie auf der Zeichnung *Das Kapital beim Wunderdoktor* (1925) – gern als menschenähnliche Roboter oder andere satirisch gesehene Automaten auftreten. Doch der schärfste Satiriker dieser Gruppe ist wohl Otto Griebel, der auf seinem Bild *Sonntagnachmittag eines Kriegskrüppels* (1920) das grenzenlos Spießige innerhalb des Nachkriegselends karikiert, indem er einen blinden und zudem fuß- und armlosen Kriegsveteranen in einem Kleinbürgermilieu gerahmter Ordensbänder und niedlicher Goldfischgläser darstellt. Ebenso dadaistisch-veristische Züge trägt sein *Marzipan-Kriegsgedenkblatt* (1922), das an alte religiöse Bilderbögen erinnert, nur daß hier Gott eine Pickelhaube trägt, auf den Wolken Generalstäbler sitzen und die zu Engeln gewordenen Spießbürger »Hurra« brüllen. Noch aggressiver fand man damals Griebels Bild *Menschen, die billigste Ware* (1923), auf dem ein ganzes Schaufenster voller Menschenakte vorgeführt wird, die sich auf jede Weise prostituieren: sei es nun als muskelstarke Proleten oder schönhüftige Huren.

Daß diese Veristen ihr Schaffen als spezifisch anti-bürgerlich empfanden, darüber besteht wohl kein Zweifel. Ob sie jedoch zugleich pro-proletarisch dachten, ist eine andere Frage. Griebel, der bereits 1921 trotzig blickende Arbeiter vor konstruktivistischen Fabriken malte, wohl noch am ehesten. Bei den anderen ist diese Tendenz nicht so stark. Bei ihnen hat man eher das Gefühl, als ob sie aus bloßem Affekt gegen die alte, mitleidsvolle Armeleute-Malerei des Naturalismus mit ihren Nähmädchen, Zille-Göhren und rührenden Graubärten die soziale Misere lieber so knallhart wie nur möglich präsentieren. Die Opfer dieser Misere werden meist ebenso mitleidlos und ekelerregend dargestellt wie die Verursacher dieser Zustände – wodurch sich die satirische Absicht vieler Veristen oft in totaler Negation und damit einem unterschiedslosen Grauen verliert.

Einen ähnlichen Vorwurf – wenn auch unter umgekehrten Vorzeichen – könnte man den sogenannten Kölner Progressiven machen. Hier handelte es sich um eine Reihe junger Künstler wie Franz Wilhelm Seiwert, Heinrich Hoerle, Otto Freundlich, Gerd Arntz, August Tschinkel und andere, die sich offiziell »Gruppe progressiver Künstler, Köln« nannte. Was sie mit den Veristen gemeinsam hatte, war ihre dadaistische Herkunft. Seiwert und Hoerle gehörten anfangs zum Kölner Dada-Club um Max Ernst und Johannes Theodor Baargeld, von dem sie sich jedoch schnell lösten, um sich stärker sozialkritisch engagieren zu können. So lassen sich bereits in Hoerles Grafik-Mappe *Krüppel* (1919) eindeutig veristische Züge erkennen. Doch auch diese, vorwiegend satirische Richtung sagte ihnen auf die Dauer nicht zu, zumal sie inzwischen mit linkskommunistischen Verbänden wie der Allgemeinen Arbeiter-Union (AAU) und der Kommunistischen Arbeiterpartei Deutschlands (KAPD) Kontakte aufgenommen hatten und ins Fahrwasser eines linksradikalen Utopismus geraten waren. Davon zeugen jene Aufsätze in Franz Pfemferts *Die Aktion*, in denen sich Seiwert gegen die deutsche KPD als Ordnungsmacht erklärte und sich statt dessen für eine weitgehende Dezentralisierung, eine regionale Automomie, ein syndikalistisches Rätesystem und schließlich für »herrschaftsfreie Kollektive« einsetzte. Auf ästhetischem Gebiet führte das bei Seiwert zu einer totalen Verwerfung der leninistischen ›Erbe‹-Theorie und einer geradezu vandalistischen Antibürgerlichkeit. Er engagierte sich daher in der Kunstlump-Debatte eindeutig auf der Seite von Grosz/Heartfield gegen die *Rote Fahne* und schrieb 1920 in der *Aktion*: »Es können gar nicht Kunstwerke genug zerstört werden, wegen der Kunst. Genossen! Fort mit der Achtung vor dieser ganzen bürgerlichen Kultur! Schmeißt die alten Götzenbilder um! Im Namen der kommenden proletarischen Kultur!« (H.29/30)

Seiwert setzte sich für den russischen Proletkult ein, der im Sinne Bogdanows die Autonomie der Kunst von der Parteiorganisation beanspruchte, um sich ganz einem in die Zukunft gerichteten Schaffen zu widmen. Er und andere Kölner Progressive verfolgten dabei den Traum einer kommunistischen Gemeinschaft, in der alle »in der Produktion tätig sind«, in der alle »Dinge des Gebrauchs herstellen«, in der aus Künstlern endlich »Ingenieure« werden. Wie in den Produktions-Theorien der russischen Konstruktivisten wurde deshalb bei den Kölnern Kunst und Produktion oft gleichgesetzt. Da sie jedoch von der wirklichen, das heißt industriellen Produktion ausgeschlossen blieben, äußerte sich dieses Streben wiederum nur als Kunst: nämlich in einer weitgehenden Geometrisierung und Anonymisierung ihrer Figurenwelt, die im Betrachter Assoziationen wie Kollektivität, Technik und Planmäßigkeit hervorrufen sollte. Sie verwandten daher bei ihren Gemälden und Grafiken sowohl Stilzüge des russischen Suprematismus, des Tatlinschen Konstruktivismus, des französischen Kubismus, der Stijl-Bewegung eines Doesburg und Mondrian als auch gewisse deutsch-expressionistische Formelemente, ohne dabei völlig ins Gegenstandslose zu verfallen. Denn letztlich ging es ihnen stets um den Menschen, um die Menschenmasse, das Kollektiv, was etwa Hoerles *Fabrikarbeiter* (1922) oder Seiwerts *Arbeitsmänner* (1925) demonstrieren, die in ihrer chiffreartigen Geometrisierung teils an Ingenieurskonstruktionen, teils an die Roboter-Serie (1921) von George Grosz erinnern. Mit solchen ›Piktogrammen‹, wie sie es nannten, wollten die Kölner nicht nur die numerische Überlegenheit des Proletariats und die Rolle der Technik in der modernen Industriegesellschaft herausstreichen, sondern wesentlich mehr erreichen. Die Organisationsstrenge dieser Bilder sollte zugleich Einsichten in die Organisation der Gesamtgesellschaft vermitteln, indem sie die kollektive Basis allen Geschehens herausstellte, der Masse der Arbeiter bildkünstlerische Monumentalität verlieh und damit den kommenden Sozialismus zu antizipieren suchte. Die naturalistische Darstellung proletarischer Alltagsszenen empfanden darum die Kölner als regressiv, als bloße Armeleute-Malerei. Wonach sie sich sehnten, war ein anonymes Kollektivbewußtsein jenseits aller bürgerlichen Individualisierungs- und Einfühlungstendenzen. »Das Werk«, schrieb Seiwert 1921 im Juliheft der *Aktion*, »wird aus dem Kollektivbewußtsein geschaffen, wo das Ich, das das Werk schafft, nicht mehr die bürgerliche Vereinzelung, sondern Werkzeug des Kollektivbewußtseins ist.« Als daher einige von Seiwerts Werken 1924 auf der großen Deutschen Kunstausstellung in Moskau gezeigt und von sowjetischen Museen angekauft wurden, fühlte er sich durchaus bestätigt. Im Hinblick auf Deutschland erschien ihm allerdings seine »revolutionäre Optik«, die marxistische Erkenntnisse mit avantgardistischen Darstellungstechniken zu verbinden suchte, später etwas problematisch. Im Rückblick auf den frühen Konstruktivismus der Kölner Gruppe erklärte er 1931 in der Zeitschrift *a bis z,* daß man damals »im Rahmen des Kapitalismus« eine Kunst geschaffen habe, »als ob die Gesellschaft schon kommunistisch sei« (20, 77).

Nun, mit solchen Bemühungen standen die Kölner zwischen 1919 und 1923 nicht allein da. Andere versuchten sogar, ihr Kollektivbewußtsein und ihren bildkünstlerischen Konstruktivismus im Rahmen wesentlich größerer Kulturaufgaben zu realisieren als auf dem Gebiet der Malerei, und wechselten zum Handwerklichen oder Architektonischen über, wo die materielle Basis für linke Tendenzen an sich noch schmaler war, da man hier weder über den kapitalistischen Reichtum der Holländer noch über eine staatliche Unterstützung wie in der Sowjetunion verfügte. Man denke an Enklaven dieses konstruktivistischen Utopismus wie die Architektengruppe Die gläserne Kette um Bruno Taut, an den Berliner Arbeitsrat für Kunst oder die Bemühungen Heinrich Vogelers, der in Worpswede eine kommunistische Kommune aufbaute, die sich der handwerklichen Produktion widmete. Breiteren Erfolg hatte jedoch im Rahmen dieser Bemühungen eigentlich nur eine Gründung: das Bauhaus.

Gegründet wurde das Bauhaus von Walter Gropius, einem Praktiker und Aktivisten, der zum Berliner Arbeitsrat für Kunst gehörte und im Februar 1919 mit Unterstützung der USPD-Regierung in Thüringen die ehemals Großherzogliche Hochschule für Bildende Kunst in Weimar in das Staatliche Bauhaus verwandelte. Um Unterstützung zu haben, berief Gropius im Laufe der folgenden vier Jahre Leute wie Johannes Itten, Lothar Schreyer, Lyonel Feininger, Gerhard Marcks, Adolf Meyer, Oskar Schlemmer, Paul Klee, Georg Muche, Wassily Kandinsky, sowie die ehemaligen Schüler Joseph Albers, Marcel Breuer, und schließlich Lázló Moholy-Nagy nach Weimar, von denen die meisten vom deutschen Expressionismus, sei es vom Blauen Reiter, der Hoelzel-Schule oder von Waldens *Sturm*-Kreis, herkamen. In den ersten Jahren ging Gropius stark von älteren Werkbund-Vorstellungen aus, nämlich der Idee, das Handwerk in moderner Formgestaltung zur Kunst zu erheben. Daher nannten sich die Bauhäusler nicht Künstler, sondern Meister, Gesellen und Lehrlinge. Aus dem gleichen Grunde traten in Weimar an die Stelle der Ateliers Werkstätten, an die Stelle der freien Künste die angewandten Künste, an die Stelle des Subjektivismus der Kollektivismus. Nicht Kunst sollte hier geschaffen werden, sondern Handwerk, Form, Design. Die Grundlage des Ganzen bildete der sogenannte ›Vorkurs‹, in dem es rein um gewerbliche Formgestaltung ging. Statt sich weiterhin zu prostituieren, indem man sich in den Dienst der Industrie stellte, wollte man musterhafte Modelle entwerfen, die bereits auf eine zukünftige, bessere Gesellschaft vorausweisen. Ja, manche empfanden sich in mittelalterlicher Bauhüttengesinnung und zugleich proletkultischem Produktionsethos als die Schöpfer jenes Werkes, das einmal in der ›Kathedrale des Sozialismus‹ kulminieren würde. Man arbeitete deshalb in den Anfängen weitgehend theoretisch, das heißt rein idealistisch, utopisch. Schließlich sollte das Ganze eine Experimentierstätte radikalen Gestaltens sein, in der nicht der bürgerliche Geniekult, sondern die sozialistische Gesellschaftsbezogenheit im Vordergrund stand.

Während im Jugendstil selbst bei Tendenzen zum Gesamtkünstlerischen die letzte ästhetische Instanz stets der Einzelkünstler gewesen war, der allem – vom Grundriß eines Hauses bis zum letzten Aschenbecher – seinen Formwillen aufzuprägen suchte, strebte man im Bauhaus nach einer kollektiven Leistung, die sich aus der geistigen Bezogenheit auf einen gemeinsamen Formwillen ergeben würde. Das Bauhaus verstand sich darum in seinen Anfängen vor allem als schöpferische Werkgemeinschaft, die keine arbeitsteilige Entfremdung kennt und sich auch nicht in den Dienst kapitalistischer Profitinteressen stellt, als eine Gruppe, bei der die kollektive Selbstverwirklichung im Vordergrund steht. Sein Ziel war, jene ideale Form zu finden, die zugleich die ideale Form des Kollektivs sein könnte. Anstatt sich mit ästhetisch isolierten Leistungen zu begnügen, bemühte man sich um eine Form, die mit dem Gesamtwillen der erstrebten Gemeinschaft identisch ist und von allen als die ihre erkannt wird, weil sie die sinnvollste und damit beste ist. Die vom Bauhaus entwickelten Modelle der Produkt- und Umweltgestaltung beruhen daher fast alle auf der konsequenten Reduktion des gegebenen Objekts auf elementarste Gestaltungsformen, ob nun Kreis, Kubus, Quadrat oder Rechteck, weil man sich nur von dieser Durchmathematisierung des kreativen Formwillens eine Logik im Sinne innewohnender Gesetzmäßigkeiten und funktionaler Zwecksetzungen versprach. Wonach man strebte, war also nicht mehr die ästhetische Besonderheit, die weitgehend mit Luxus gleichgesetzt wurde, sondern eine Zweckmäßigkeit, die im Sinne größtmöglicher Simplizität zugleich ein Leben in größtmöglicher Simplizität und damit gesellschaftlicher Gleichheit ermöglicht. Das letzte Ziel des Bauhauses war deshalb nicht das ›Gesamtkunstwerk‹, sondern das ›Gesamtwerk‹, das von der Gesamtheit der Gesellschaft als das ihr gemäße anerkannt wird, das heißt an dem jeder teilhaben kann, weil es den sinnvollen Gebrauchscharakter über das Prinzip der künstlerischen Verbrämung, der individuellen Besonderheit, der ›persönlichen Note‹ stellt.

Der Slogan »Zurück zum Handwerk!«, mit dem das Bauhaus 1919 angefangen hatte, mußte daher im Laufe seiner Arbeit allmählich in den Hintergrund treten, um auch den technisch-industriellen Fertigungsweisen, mit denen sich solche vereinheitlichenden Tendenzen viel leichter bewerkstelligen ließen, mehr Platz zu geben. Deshalb geriet das Bauhaus schon 1920/21 in eine deutliche Nähe zur holländischen Stijl-Gruppe und zu den russischen Konstruktivisten. Die Beziehungen zur Stijl-Bewegung sind geradezu mit Händen zu greifen. So nahm Gropius bereits 1920 Kontakte mit Doesburg auf und lud ihn 1921 zum erstenmal zu Vorträgen nach Weimar ein. Ebenso vertraut war man am Bauhaus mit den Werken Rietvelds und Mondrians. Was man bei dieser Gruppe so anregend fand, war vor allem die bewußte Unterdrückung des individuellen Gestaltungswillens und die damit verbundene Entwicklung kollektiver Formstereotype. Denn auch die Stijl-Bewegung geht stets von einem ornamentlosen, rechtwinkligen Funktionalismus aus, der bereits wie eine Antizipation der Klassenlosigkeit wirkt. Auch in ihren Bauten gibt es daher keinen Raum für individuelle Gemütlichkeit oder ästhetische Surrogate. Die angestrebte Harmonie wird hier rein durch die Logik der Formgestaltung erreicht. Ob nun bei Doesburg, Rietveld oder Oud, die seit 1921 eine Ingenieursarchitektur entwickelten, die auf Stahlskelettkonstruktionen beruhte, stets wird eine Simplizität angestrebt, die alles Zusätzliche in Form von Kunst von vornherein überflüssig macht. Hier ist die Formgebung selbst zur Kunst geworden und damit die Autonomie des Ästhetischen endgültig liquidiert.

Auf der gleichen Linie, das heißt der Hinwendung zu totalem Funktionalismus und damit der Aufhebung des Künstlerischen in gewerblicher Formgestaltung, bewegten sich die russischen Konstruktivisten. Daher nahm das Bauhaus schon früh Beziehungen zu Malewitsch, Lissitzky und Naum Gabo auf, die sich in Moskau in einer ähnlichen Laboratoriumssituation befanden. Vor allem die Proun-Gebilde Lissitzkys, die er als eine »Umsteigestation von der Malerei zur Architektur« bezeichnete, stießen in Weimar auf lebhaftes Interesse. Doch auch anderes faszinierte. Schließlich hatte man 1920 in Moskau eine bauhausähnliche Werkstätte für Architektur und Kunst (WCHUTEMAS) gegründet, an der konstruktivistische Architekten wie Moissei Ginsburg, Konstantin Melnikow und Alexander Wesnin lehrten.

Und auch dort – wie am Institut zur Erforschung künstlerischer Kultur (GINCHUK), das 1922 in Petrograd gegründet wurde – ging man von handwerklicher immer stärker zu kollektiver Gestaltung über, die Anschluß an industrielle Fertigungsweisen zu gewinnen suchte. Auch dort begann man, im Rahmen eines konstruktivistischen Dingismus den bisherigen Kunst-Begriff überhaupt in Frage zu stellen und sich den Prinzipien der Zweckmäßigkeit, Energieeinsparung und Materialgerechtheit, das heißt einer »Liquidierung der Kunst durch Ökonomie« (Malewitsch) zuzuwenden. Durch diese rein utilitäre Bestimmung der Kunst traten darum wie bei der Stijl-Gruppe auch im russischen Konstruktivismus immer stärker Kriterien wie Ingenieurhaftigkeit, Modellcharakter, Sachkenntnis oder Organisation des Arbeitsprozesses in den Vordergrund, was zu einer weitgehenden Verwissenschaftlichung und Technisierung der Kunstproduktion führte. Die Zeitschrift *Linke Kunstfront* forderte daher 1923 in ihrer ersten Nummer alle Künstler auf, nicht Kunsthandwerker, sondern Produktionskünstler oder Künstlerkonstrukteure zu werden. »Eure Schule ist die Fabrik!«, heißt es hier lapidar.

All diese Tendenzen und Einflüsse führten natürlich auch im Bauhaus zu einem verstärkt konstruktivistischen Kurs, der ab 1922/23 deutlich greifbar wird. Man denke an die berühmten Stühle, die Marcel Breuer zwischen 1922 und 1926 entwarf, bei denen wie bei Rietveld alles auf elementarste geometrische Formen reduziert ist. Ähnliche Gestaltungsprinzipien liegen den Küchengeräten und elektrischen Lampen zugrunde, die in diesen Jahren im Bauhaus entworfen wurden. Auch die Figurinen, die Oskar Schlemmer 1922 für sein *Triadisches Ballet* konzipierte, sind alle aus elementarsten mathematischen Grundformen heraus entwickelt. Das gleiche deutet sich in den ersten Architekturmodellen des Bauhauses an, die weitgehend auf Le Corbusiers Konzept der ›Wohnmaschine‹ beruhen, das er 1920/21 in der Zeitschrift *L'esprit nouveau* entwickelt hatte. Wohl der beste Beweis für diese Kursänderung ist die erste größere Ausstellung, die das Bauhaus 1923 als repräsentative Schau seiner Leistungen veranstaltete und bei der neben eigenen Produkten auch Werke französischer, russischer und holländischer Konstruktivisten vorgestellt wurden. Erst durch diese Ausstellung wurde das Bauhaus für viele zum Begriff, und zwar zum Begriff des Materialgerechten, Zweckmäßigen und Funktionalistischen. Als im besten Sinne meinungsbeeinflussend erwies sich dabei der Vortrag *Kunst und Technik, die neue Einheit*, den Gropius anläßlich dieser Ausstellung hielt und in dem er den Weg vom Handwerk zu konstruktivistisch-industrieller Formgestaltung wies. Walter Passarge lobte diesen Akt 1923 im *Kunstblatt* als die endgültige Überwindung des expressionistischen Utopismus und als praxisnahe Verknüpfung von Kunst mit moderner Wirklichkeit (7,309).

Eine noch weitere Verstärkung erfuhr dieser Trend zum Konstruktivistischen durch die im gleichen Jahr erfolgte Berufung Lázló Moholy-Nagys ans Bauhaus, der mit Doesburg und Lissitzky befreundet war und als einer der wichtigsten Exponenten dieses Kurses galt. Moholy-Nagy übernahm den alles Weitere beeinflussenden Vorkurs, wo er vor allem mit Glas, Metall und Fotos experimentierte, um die Schüler von vornherein auf spezifisch technische Gestaltungsweisen vorzubereiten. Sein Hauptinteresse galt dem Film, der Typografie, der Reklame, dem Ausstellungswesen, während er Handwerk und Malerei als bürgerliche Romantizismen hinstellte. Was er an der Malerei allenfalls gelten ließ, waren abstrakte Formexperimente. Eine abbildende Funktion gestand er lediglich dem Foto zu, wie er in seinem Buch *Malerei, Fotografie, Film* (1925) erklärte. Wie für El Lissitzky waren auch für Moholy-Nagy die drei Hauptantriebskräfte des 20. Jahrhunderts »Technologie, Maschine, Sozialismus«, was er in seiner eigenen Arbeit in einen praktischen Funktionalismus umzusetzen versuchte. Nachdrücklich unterstützt wurde er darin von Ernst Kallai, der sich 1923/24 vor allem für die Werke Lissitzkys einsetzte, an denen er die »fanatische Besessenheit von den Wundern moderner Technik« und die daraus resultierende »schneidende, stahlharte Präzision« rühmenswert fand, wie es 1924 in einem seiner Aufsätze im *Cicerone* heißt (16, 1058). Auch Franz Roh, ein eher traditionell eingestellter Kunstkritiker, bescheinigte dem Bauhaus 1924 im *Cicerone*, daß es endlich die »industrieferne Handwerksromantik« überwunden habe und die »Maschine als modernstes Mittel der Gestaltung« benutze, um eine »größtmögliche Typisierung« seiner Produkte zu erreichen (16,368).

Doch mit dieser Entwicklung zum Konstruktivismus wurden die von Anfang an am Bauhaus bestehenden Spannungen eher größer als kleiner und führten schließlich zu einem offenen Konflikt. Itten und Schreyer fühlten sich durch den Antisubjektivismus dieser Richtung zu stark eingeengt und verließen das Bauhaus. Auch Künstler wie Kandinsky, Klee, Muche, Feininger und Marcks, die man zwar zu ›Formmeistern‹ erhoben hatte, waren an solchen kollektivistischen Zielsetzungen weniger interessiert als Gropius, Bayer, Breuer oder Moholy-Nagy. Und so gab es – trotz vieler Gemeinsamkeiten – immer wieder Richtungskämpfe innerhalb des Bauhauses, vor allem hinsichtlich der Frage, ob man den Hauptakzent mehr auf das Handwerklich-Künstlerische oder das Industrielle, mehr auf die Einzelleistung oder die Kollektivleistung legen solle. Am meisten litten natürlich die Maler unter diesem Widerspruch. Für sie gab es im Zuge der neuen Entwicklung am Bauhaus eigentlich keinen Platz mehr. Dort erwartete man von ihnen nicht mehr Malerei, sondern reine Formgestaltung. Strenge Konstruktivisten wie Moholy-Nagy und auch Schlemmer konnten einer solchen Erwartung selbstverständlich leichter entsprechen als Kandinsky, Klee oder Feininger. Und so wehrten sich letztere immer wieder dagegen, zu bloßen Formgestaltern degradiert und damit zwecklos zu werden. Sie wollten keinen Konstruktivismus betreiben, sondern die Eigenwürde der abstrakten Malerei verteidigen, die für sie noch immer expressionistische Ausdruckswerte wie Seelenhaftigkeit und metaphysische Tiefe besaß. Während die Konstruktivisten selbst im Hinblick auf Malerei vornehmlich von Flächenhaftigkeit, rhythmischem Gleichgewicht oder geometrischen Raumelementen sprachen, spielte bei ihnen auch das Verlangen nach Einfühlung noch eine wichtige Rolle. Obwohl sie fast ausschließlich Balken, Kreise und Striche malten, die an sich bloße Konstruktionselemente waren und logischerweise eine Liquidierung der Malerei implizierten, versuchten sie diese immer wieder mit Gefühlswerten aufzuladen. Wohl den besten Beweis dieser Haltung bietet die Tatsache, daß sich Kandinsky, Klee, Feininger und Jawlensky 1924 zu der Malergruppe Die blauen Vier zusammenschlossen, um so an den Blauen Reiter anzuknüpfen und auf ihre ursprünglich expressionistischen Zielsetzungen hinzuweisen.

Ähnliche Spannungen und Widersprüche ergaben sich aus der Hinwendung zu industrieller Fertigung innerhalb des konstruktivistischen Lagers. Denn bei einem solchen Kurs mußte das Bauhaus notwendig seine bisherige Isolierung verlassen, sich den Bedürfnissen der kapitalistischen Industrie anpassen und an den großen Industriemessen teilnehmen, das heißt seine Produkte auf dem offenen Markt zum Verkauf anbieten, wenn es überhaupt eine Wirkung haben wollte. Und das geschah dann auch. Aus handwerklichen Modellwerkstätten wurden so allmählich industrielle Designer-Laboratorien. Doch nicht nur das. Durch diesen Kurswechsel mußte das Bauhaus neben den linken Kunstkritikern plötzlich auch die Industriellen zu Partnern gewinnen, was zwangsläufig zu einem auffälligen Schwanken zwischen kollektiver Praxis und bürgerlicher Isolierung, zwischen utopischem Sozialismus und Anpassung an den Kapitalismus führte. So baute Gropius zwar einerseits ein Denkmal für die Märzgefallenen des Jahres 1921, das fast an Tatlins geplantes Monument für die III. Internationale gemahnt, schickte aber 1923 – auf dem Höhepunkt der Inflation – zugleich Bettelbriefe an Dollarkönige wie Henry Ford, John Rockefeller, Paul Warburg und William Hearst, um sie für die Arbeit des Bauhauses zu gewinnen. Darin pries er das Bauhaus als eine Vereinigung von Künstlern, Technikern und Kaufleuten in »praktischer Werkarbeit«. Hier habe sich eine Gemeinschaft gebildet, erklärte Gropius, wo der Künstler die beste Form, der Ingenieur die beste Technik und der Kaufmann die beste Ökonomie liefere. Daß er darauf keine Antworten erhielt, versteht sich wohl von selbst.

Zu diesen inneren Schwierigkeiten kamen 1924, als sich in Deutschland mit amerikanischer Unterstützung eine rapide Stabilisierung des Kapitalismus vollzog, noch die äußeren Schwierigkeiten hinzu. Denn durch diese Wendung war auch in Thüringen 1924 wieder eine rechte Regierung ans Ruder gekommen, die allen Bauhausmeistern – unter frenetischem Beifall der völkisch-nationalsozialistischen Kreise – zum 1. April 1925 einfach kündigte. Damit ging die erste Phase des Bauhauses und auch des deutschen Konstruktivismus ihrem Ende zu. Wie sich das Bauhaus später entwickelte, wird noch zu zeigen sein.

Das Ende der Kunstrevolution?

Was 1924 passierte, bedeutete nicht nur das Ende des Weimarer Bauhauses, sondern das Ende aller revolutionären Kunstbewegungen nach 1918: des Novembrismus, Dadaismus, Verismus, Progressivismus und schließlich auch des Konstruktivismus, in den die meisten dieser Tendenzen nach 1921/22 eingemündet waren. All das verlor plötzlich an politischer Brisanz und wurde durch bilanzierende Rückblicke oder feuilletonistische Querschnitte ersetzt. Die Kunstkritiker stellten dabei vor allem zwei Haupttendenzen heraus: einerseits den krassen Realismus (Dadaismus, Verismus), andererseits die weitgehende Abstraktion (Progressivismus, Bauhaus, Konstruktivismus), wobei sie selbstverständlich auch einige Ausnahmen und Verbindungslinien gelten ließen. Was es mit dieser Polarisierung tatsächlich auf sich hatte, blieb den meisten, die ohnehin nur in Ismen dachten, ein Rätsel. Sie sahen in dem Ganzen lediglich ein Stilproblem, das man nüchtern konstatierte, ohne irgendwelche ideologischen Folgerungen daraus zu ziehen. So schrieb Carl Einstein 1923 im *Kunstblatt*, daß es heute in der bildenden Kunst einerseits die »Konstrukteure« mit ihrer »Diktatur der Form«, andererseits die »Veristen« mit ihrer »prägnanten Sachlichkeit« gebe (7, 97). Doch was sich hinter dieser Konfrontation verbarg, wurde selbst von Einstein, der zu den besten Kunstkritikern dieser Ära zählte, nicht erkannt.

In der steigenden Polarisierung ein spezifisch politisches Problem zu sehen, blieb – wie so oft – der kleinen radikalen Minderheit vorbehalten. Und zu dieser gehörten George Grosz und Wieland Herzfelde, die 1925 in ihrem Büchlein *Die Kunst ist in Gefahr* die These aufstellten, daß sich für die bildenden Künstler heute nur noch die Wahl abzeichne, Agitprop-Satiriker oder »Architekt, Ingenieur und Reklamezeichner« zu werden, das heißt, sich im herrschenden »Klassenkampf« entweder gegen die Ausbeuter oder für die Ausbeuter zu engagieren (32). Reine Kunst sei dagegen zur bloßen Illusion geworden. Grosz und Herzfelde äußerten sich deshalb recht abfällig über das Bauhaus, die Konstruktivisten, ja über alle sogenannten »Formrevolutionäre«, die nur noch »Kreisel oder Kuben« malten, da solche Tendenzen lediglich dem Kapitalismus zugute kämen (41). Was sie – unter den gegebenen Umständen – als sinnvoll empfanden, war einzig und allein der Kampf. Aus diesem Grunde betonten sie immer wieder: weg mit dem Individualismus, weg mit dem Bürgertum, weg mit der Kunst! Während Wieland Herzfelde in seiner Schrift *Gesellschaft, Künstler und Kommunismus* von 1921 – im Gegensatz zu Gertrud Alexander – gerade auch in der expressionistisch-konstruktivistischen Phase einen legitimen Weg zum Kommunismus gesehen hatte, trat jetzt im Rahmen dieser Gruppe immer stärker das Realistisch-Veristische in den Vordergrund. Eine typische Manifestation dieser Tendenz ist der Aufsatz »Grün oder – rot?«, den John Heartfield 1926 in der *Weltbühne* gegen den bisherigen Konstruktivismus veröffentlichte und in dem er allen Ausflügen ins »Abstrakte« à la Kandinsky und Schlemmer die gesellschaftskritische Gegenständlichkeit der veristischen Malerei entgegenstellte (22,434). Doch war das wirklich das letzte Wort in diesen Dingen?

Einer der wenigen, der bei allem politischen Engagement diese Situation etwas differenzierter sah, war Alfred Kemeny in seinem Aufsatz »Die abstrakte Gestaltung des Suprematismus bis heute«, der 1924 im *Kunstblatt* erschien. Für ihn war die Hauptkunst dieser Ära eindeutig jener Konstruktivismus, der an die Stelle der »abbildenden reproduktiven Tätigkeit« die »schöpferische Gestaltung« gesetzt habe (8,244). Zu den wichtigsten Untergruppen dieser Richtung zählte er den Suprematismus (Malewitsch), den Maschinismus (Tatlin), den Neo-Plastizismus (Mondrian), die Proun-Kunst (Lissitzky), die russische Gruppe ›Obmohu‹ und die holländische Stijl-Bewegung, die sich alle auf die »elementare Gestaltung aus elementarer Relation elementarer Mittel« beschränkten (8,245). Allerdings lasse sich dabei ein gravierender Unterschied feststellen: Während im Westen eindeutig das Statische überwiege, habe in der Sowjetunion diese Kunst – infolge der anderen gesellschaftlichen Voraussetzungen – einen enorm dynamischen Charakter erhalten. Im Westen sei deshalb aus dem revolutionären Konstruktivismus ein eskapistischer Abstraktionismus geworden, der überhaupt keinen konkreten Bezug zur Wirklichkeit besitze, während der Konstruktivismus im Osten dem Aufbau des Sozialismus diene. Mondrian stimme dämpfend, behauptete Kemeny, Malewitsch feuere dagegen den Betrachter an. Aufgrund dieser politischen Konstellation stellte Kemeny als die wichtigsten Künstler innerhalb der deutschen Situation nicht die Konstruktivisten, sondern jene Veristen hin, die sich mit realistisch-tendenziösen Mitteln für eine »bessere Gesellschaftsform der Zukunft« einsetzten (8,246). Und das waren für ihn hauptsächlich George Grosz, John Heartfield, Rudolf Schlichter und Otto Dix. Ungefähr dasselbe sagte 1924 Lunatscharski in Moskau, der die deutschen Veristen vor allem wegen ihres »Realismus« und ihrer »Wendung zu den Massen« lobte.

Fast zu den gleichen Einsichten kam Paul F. Schmidt in seinem Aufsatz »Konstruktivismus«, der ebenfalls 1924 im *Kunstblatt* erschien und in dem das konstruktivistische »Streben nach Wahrheit, nach absoluter Gesetzmäßigkeit und Hingabe an die unsentimentale Reinheit der Form« als absolut vorbildlich hingestellt wurden, da in diesen Tendenzen ein unbürgerlicher »Kollektivismus« zum Ausdruck komme (8,85). Eine Realisierungschance für diese Richtung sah jedoch auch Schmidt nur in der Sowjetunion, wo man bei festlichen Anlässen »ganze Straßen und Städte« durch »improvisierte Riesenmonumente, Filmvorführungen und Propagandazüge« in gestaltete Wirklichkeit verwandle. Dies war für ihn ein Fingerzeig, »wessen eine ihrer selbst bewußt werdende Kultur der entschlossenen Tat fähig sein wird« (8,85). Was in den westlichen Demokratien notwendig Projekt, Programm, Enklave bleiben müsse, da es hier an einem gesamtgesellschaftlichen Ziel fehle, habe im Sozialismus stets die Chance, an einer wirklichen Veränderung der Verhältnisse mitzuarbeiten, behauptete er. Und daraus zog auch Schmidt die Folgerung: Verismus für Deutschland – Konstruktivismus für Rußland.

Stabilisierungstendenzen

In den Jahren nach 1923 hat man es in den bildenden Künsten mit einer ganz neuen Situation zu tun. Nachdem die linken und rechten Revolutionsversuche gescheitert waren und sich plötzlich der nordamerikanische Dollarsegen über Deutschland ergoß, setzte auf vielen Gebieten eine Phase relativer ökonomischer Sicherheit und Prosperität ein, die auch auf bildkünstlerischem Sektor zu einem merklichen Abflauen der bisherigen revolutionären Unruhe führte. Die Welt der Ismen – eben noch bewundert und hochgejubelt – wurde jetzt in den führenden Kunstzeitschriften in steigendem Maße als ein absolutes Chaos hingestellt, in dem lediglich ideologische Verstiegenheit, maßlose Hirnverbranntheit oder grotesker Utopismus geherrscht hätten. Statt dessen pries man eine bürgerliche Status-quo-Gesinnung, die sich auf Schlagworte wie Sachlichkeit oder Neue Sachlichkeit stützte, welche zuerst auf die Beruhigungstendenzen innerhalb der Malerei, dann auf die allgemeine Stilsituation, ja schließlich auf die gesamte Lebenshaltung angewandt wurden. Diese Neue Sachlichkeit äußerte sich auf zweierlei Weise: entweder als bloße Auffrischung älterer bürgerlicher Kunst- und Lebensformen oder als Ingebrauchnahme jener vom Konstruktivismus vor 1923 entwickelten Sachkonzepte im Rahmen eines kapitalistisch operierenden Funktionalismus. Wohl die wichtigsten Impulse gingen dabei von jenen Gruppen oder Einzelkünstlern aus, die sich selbst im Rahmen des industriellen Profitgetriebes als fortschrittlich empfanden. Die entscheidenden Vertreter dieser Stabilisierungsphase innerhalb der bildenden Künste sind daher nicht jene, die lediglich anknüpften oder wiederbelebten (wie später die Nationalsozialisten), sondern jene, die bewußt avantgardistisch auftraten und auf diese Weise viele der jungen Idealisten in ihren Bannkreis zogen. Und so wirkt diese Bewegung – bei aller Widersprüchlichkeit – doch relativ einheitlich, indem sie auf allen Gebieten einfach das Neue akzentuierte: ob nun in der Malerei die Neue Sachlichkeit, in der Architektur das Neue Bauen oder im Gewerblichen das Neue Wohnen. Angesichts einer solchen Einheitsfront, hinter der sich ein wohlorganisiertes Ausstellungswesen, eine kapitalkräftige Bauindustrie und einflußreiche Inneneinrichtungswerkstätten verbargen, hatten die altmodischen Reaktionäre und die wirklich Fortschrittlichen natürlich einen schweren Stand. Vor allem für die extreme Rechte war in diesem System, das sich selbst als Vertretung des Kapitals fühlte, kein eigentlicher Bedarf mehr. Zugegeben: es gab zwar noch immer alte Völkische aus der Ära um die Jahrhundertwende, also Kunsttheoretiker wie Paul Schultze-Naumburg, aber ihre Zeit kam erst nach 1929. Eine ähnlich marginale Rolle spielten jene Kreise, die weiterhin vor dem Ersten Weltkrieg gegründeten Zeitschriften wie *Kunst und Künstler*, *Die Kunst. Monatsschrift für freie und angewandte Kunst*, *Dekorative Kunst. Illustrierte Zeitschrift für angewandte Kunst* oder *Deutsche Kunst und Dekoration* die Treue zu halten versuchten, ja sich von der sogenannten Stabilisierungsphase einen neuen Auftrieb der alten Bürgerlichkeit erhofften. So verteidigte etwa *Kunst und Künstler* noch immer das alte impressionistische Ideal der freien, genußempfänglichen Persönlichkeit und stellte den Konstruktivismus als öden, geistlosen Schematismus hin, der weder ästhetischen Geschmack noch persönliche Note verrate. In der *Kunst*, der *Dekorativen Kunst* oder der *Deutschen Kunst und Dekoration*, die aus der Jugendstil-Tradition kamen, wurden dagegen wie eh und je kultivierte Bürgerhäuser mit fliesengeschmückten Vorhallen, eleganten Herrenzimmern, handgewebten Teppichen, lauschigen Kaminecken, intarsiengeschmückten Möbeln und von Gärtnern gepflegten Blumenbeeten abgebildet, wobei das Vorbild der *Art-Nouveau*-Bewegung zum Teil jenem verspielten Kubismus weicht, den man später Art-deco genannt hat. All das ist Kunst für bestbürgerliche Ansprüche. Selbst die Gemälde und Plastiken, meist stilkünstlerischer oder neusachlicher Art (die den Expressionismus einfach überspringen), haben sich hier dekorativ in das Raumensemble einzuordnen. Was daher überwiegt, sind elegante Damenporträts, dekorative Akte oder

Blumenstilleben, also ›Qualitätvolles‹, was man mit einigem Wohlwollen mit dem Begriff ›Salonsachlichkeit‹ umschreiben könnte. Zeitbezogenes oder gar Politisches wird dagegen strikt gemieden, um nur ja nicht gegen das Gebot der ›ästhetischen Perfektion‹ zu verstoßen. So wettert etwa Ernst von Niebelschütz in der *Deutschen Kunst und Dekoration* 1927 massiv gegen den Kollektivismus der »Konstruktivisten« einerseits und den »Idiotismus« der »Veristen« andererseits (59,370), während W. Lützel 1925 im gleichen Organ – in wilhelminisch-jugendstiliger Tradition – das »Schöne« als das alleinige Ziel aller Kunstbestrebungen hinstellt (56,97).

Auch die Linken spielen in diesem Zeitraum in den bildenden Künsten eine recht untergeordnete Rolle. So verloren etwa die Veristen nach 1923/24 merklich an Aggressivität und reihten sich schließlich als linker Flügel in die Neue Sachlichkeit ein; das gilt zum Teil selbst für ehemalige Radikale wie Otto Dix und Georg Scholz. Die meisten versuchten, sich von nun ab einfach aus dem Tageskampf herauszuhalten, oder liefen ganz offen zur Bourgeoisie über. Als zynische Umschreibung für dieses Anpassen an die ›schlechte Wirklichkeit‹ bürgerte sich auch hier der Begriff ›Sachlich-Werden‹ ein. Nicht ganz so passiv verhielten sich die ehemaligen Progressivisten. So schuf etwa Karl Völker, der sich eine Zeitlang auch als Architekt mit konstruktivistischen Neigungen betätigt hatte, noch um 1925 für die Zeitschrift *Das Wort* eine Reihe linker Piktogramme, die nichts an expressiver Radikalität eingebüßt haben. Auch Franz Wilhelm Seiwert bekannte sich noch am 2. Januar 1926 in der *Sozialistischen Republik* mit Hinweisen auf Malewitsch und Trotzki zu einer »revolutionären Optik«, die auf dem »Bündnis der äußersten Linken der bürgerlichen Kunstentwicklung und der politischen Bewegung des Proletariats« beruht, und verteidigte weiterhin den Konstruktivismus gegen den »Schwindel der Neuen Sachlichkeit«. Ja, Adolf Behne setzte sich 1925 in seiner Schrift *Von der Kunst zur Gestaltung*, die im Arbeiterjugend-Verlag erschien, noch einmal für einen linken Konstruktivismus ein, der »Kraft, Wille, Aktivität« demonstriert (82), der sich dem Ethos der Produktivität verschreibt, der die »Serienherstellung« über die Aura der

»Originalität« stellt (74), der nicht mehr Fassade, sondern Gestaltung ist, der keine Klassentrennungen mehr kennt, der von einer Gemeinschaft der »Tätigen, Wollenden, Arbeitenden« getragen wird (84), wobei er sich sowohl auf Zitate von Marx und Lenin als auch auf Werke von Mondrian, Kandinsky, Lissitzky und Moholy-Nagy stützte. Doch mit solchen Ansichten stand er zu diesem Zeitpunkt bereits auf verlorenem Posten. Denn dieser Konstruktivismus war inzwischen längst kapitalistisch umfunktioniert worden, da sich im Zuge des neuen Amerikanismus der konstruktivistische Maschinenkult auch als Fordismus oder Taylorismus verkaufen ließ. Andere Kritiker verhielten sich daher dem Konstruktivismus gegenüber viel negativer. Eine solche »Maschinenromantik«, hatte Paul Westheim bereits 1923 anläßlich der ersten Bauhaus-Ausstellung im *Kunstblatt* geschrieben, komme innerhalb der bestehenden Gesellschaftsordnung lediglich dem Kapitalismus, aber nicht einem linken Kollektivismus zugute. Als »Antiseptikum gegen Sinnwidrigkeit und Sentimentalität« war ihm diese Bewegung ganz sinnvoll erschienen (7, 36), aber ansonsten, behauptete er, demonstriere sie nur ein »Äußerstes an (kapitalistischer) Leistungsfähigkeit« (7, 37).

Diesem Konstruktivismus traten selbst im linken Lager immer mehr Kritiker entgegen, zumal sich auch in der Sowjetunion seit 1922 eine starke Opposition zur Linken Kunstfront gebildet hatte, die in Malerei und Architektur wesentlich traditionellere Ansichten propagierte. Die allgemeine theoretische Situation innerhalb des linken Lagers ist daher nach 1923/24 recht verworren, zumal es auf seiten der KPD – außer Alfred Kemeny, der 1924 ständiger Mitarbeiter und Redakteur der *Roten Fahne* geworden war – nur wenige ernstzunehmende Kunstkritiker gab. Auch die Gründung der Roten Gruppe, die 1924 erfolgte und der sich vor allem George Grosz, John Heartfield und Rudolf Schlichter anschlossen, blieb relativ wirkungslos. Sie veröffentlichte zwar noch im gleichen Jahr in der *Roten Fahne* (Nr.57) eine Erklärung, daß sie sich in »engster Verbindung mit den örtlichen Organen der Kommunistischen Partei« in den »Dienst des Klassenkampfes« stellen wolle, um so die bisherige »anarchistische Produktionsweise« auf seiten der linken Künstler durch ein

»planmäßiges Zusammenwirken« zu ersetzen, aber konkrete Ergebnisse erzielte sie damit nicht. Auch die kommunistische Fraktion im Reichsverband bildender Künstler, die von Heinrich Vogeler und Edwin Gehrig-Targis geleitet wurde, löste sich schnell wieder auf. Was daher die linke Kunst in diesen Jahren überhaupt am Leben erhielt, waren hauptsächlich gewisse Parteiaktionen oder die politische Satire. Wohl das wichtigste Organ der satirischen Richtung war *Der Knüppel*, der 1923 gegründet wurde und für den vor allem die Künstler der Roten Gruppe, also Grosz, Heartfield und Schlichter, aber auch Zeichner wie Alfred Beier-Red, Peter Paul Eickmeier, Alois Erbach, Otto Nagel, Helen Ernst, Herbert Sandberg, Alex Keil und andere arbeiteten. Zu den Parteiaktionen gehörte die von Otto Nagel und Eric Johansson organisierte Deutsche Kunstausstellung (1924) in Moskau und die Plakat- und Grafikwelle, mit der man sich 1924 für den Achtstundentag und gegen die Gefahr eines neuen Weltkriegs engagierte – und aus der vor allem das bekannte Plakat *Nie wieder Krieg* von Käthe Kollwitz herausstach.

Doch ansonsten dominierte in diesen Jahren weit und breit jene Neue Sachlichkeit, die sich nach dem Zurückdrängen des linken Flügels der expressionistisch-konstruktivistischen Richtung, das heißt aller ins Revolutionäre zielenden Tendenzen, als Ideologie des bürgerlichen Pluralismus, der offenen Gesellschaft, der liberalen Fortschrittlichkeit oder der repressiven Toleranz etablierte. Auf dem Sektor der bildenden Künste äußert sich diese Tendenzwende wohl am deutlichsten in der steigenden Beliebtheit einer Zeitschrift wie *Der Querschnitt* (gegründet 1921), die sich ein bewußt liberales, internationalistisches, pluralistisches, modernistisches Image gab und vor allem neue Medien wie Film und Foto favorisierte. Hier dominierte das Neue im modisch-avantgardistischen und nicht im dialektisch-progressiven Sinn. Daher setzten sich ihre Mitarbeiter zwar scharf von der Sowjetunion ab, erwärmten sich dagegen für Mussolini, da die Faschisten – nach ihrer Meinung – dem bürgerlichen Subjektivismus mehr Spielraum einräumten als die Kommunisten. Ebenso internationalistisch, pluralistisch und modernistisch verhielt sich *Das Kunstblatt*, das ebenfalls die modisch-avantgardistische Novität über alles stellte. Es vertrat zuerst den Expressionismus, dann den Konstruktivismus und schließlich die Neue Sachlichkeit, wobei es sich – jenseits aller weltanschaulichen Zielsetzungen – aus all diesen Bewegungen das jeweils ›Qualitätsvollste‹ heraussuchte.

Doch nicht nur in diesen Blättern, auch in anderen bürgerlich-liberalen Zeitungen und allgemeinen Rundschauzeitschriften macht sich zwischen 1923 und 1929 im Hinblick auf die bildenden Künste eine deutliche Stabilisierungstendenz bemerkbar, die immer wieder zu Schlagworten wie Sachlichkeit oder Neue Sachlichkeit greift. Während die Rechtsliberalen in diesen Begriffen vor allem eine willkommene Schützenhilfe für die von ihnen ersehnte Rückkehr zu Ruhe und Ordnung sahen, versuchten die Linksliberalen, diese Begriffe eher zur Verstärkung einer fortschreitenden Demokratisierung einzusetzen. Welche Widersprüche sich aus dieser Entwicklung ergaben, die immer wieder in das Spannungsfeld von kommerzieller Ausbeutung und liberaler Fortschrittlichkeit geriet, werden die folgenden Abschnitte zur Genüge zeigen.

Neue Sachlichkeit in Malerei und Fotografie

In der Malerei gelang es der Neuen Sachlichkeit bereits um 1923/24, alle älteren Richtungen mehr oder weniger in den Hintergrund zu drängen. Am leichtesten hatte sie es dabei mit dem Verismus, den sie einfach in sich aufzunehmen verstand. Die Abstrakten, von denen sich Kandinsky, Klee, Feininger und Jawlensky 1924 in der Gruppe Die blauen Vier zusammengeschlossen hatten, ließen sich dagegen nicht so leicht vereinnahmen. Also stellte man sie einfach als altmodische Sondergruppe hin, die hinter der künstlerischen Entwicklung zurückgeblieben sei. So schrieb Franz Roh 1924 im *Cicerone*, daß die Maler am Bauhaus durch ihren »Abstraktionstrotz« und ihre »Maschinenromantik« reichlich »gesucht« wirkten und von den Malern der »neuen Gegenständlichkeit« bereits »überholt« worden seien (6, 68). Otto Bratskoven charakterisierte die abstrakte Malerei

1926 in der *Neuen Bücherschau* als eine interessante Abwegigkeit, die man nicht als »vollgültige Bildkunst« ansehen könne (4, 176). Auch Georg Friedrich Hartlaub erklärte in seinem »Rückblick auf den Konstruktivismus«, der 1927 im *Kunstblatt* erschien, daß sich diese Richtung angesichts der allgemeinen Wendung zu »naturverbundener Menschlichkeit« von selber ins ästhetische Aus, das heißt in den »luftleeren Raum« begeben habe (11,262). Als er diese Gruppe – als guter Pluralist – dennoch im gleichen Jahr in der Kunsthalle Mannheim im Rahmen einer Ausstellung zur Diskussion stellte, wies er im Vorwort ausdrücklich auf die völlige »Unpopularität« dieser Richtung hin, so stark war das Interesse an den Abstrakten inzwischen zurückgegangen.

Um so intensiver wandte sich die bürgerliche Kunstkritik ab 1923/24 der Malerei der Neuen Sachlichkeit zu, worunter man alle nachexpressionistischen oder antikonstruktivistischen Tendenzen zusammenfaßte. Und zwar stellte man dabei stets die neue Gegenständlichkeit, die Besinnung auf das Gegebene als das Hauptkriterium dieser Richtung hin. So veröffentlichte Paul Westheim bereits 1922 in einer Sondernummer des *Kunstblatts* eine Rundfrage unter dem Titel »Ein neuer Naturalismus??«, auf welche die Mehrheit der angeschriebenen Kritiker zustimmend reagierte und Begriffe wie Neo-Naturalismus, Neuer Klassizismus, Ingrismus, Idealer Realismus, Neuer Realismus oder Neue Gegenständlichkeit in die Debatte warf. Vor allem Hartlaub setzte sich für diese Richtung ein, da nun einmal der »Erneuerungswille« gescheitert sei und sich heute ein allgemeiner »Rückschlag« beobachten lasse (390). George Grosz empfand dagegen das Ganze als eine »schlechte Biedermeiermode« (382), während Kandinsky selbst in dieser Neuen Gegenständlichkeit nur eine Übergangsphase zur »abstrakten Kunst« erblickte (387). Auch Adolf Behne lehnte diesen »Neo-Naturalismus« ab, da er ein Stil der »neuen Reichen« und krassen »Materialisten« sei, der jede revolutionäre »Dynamik« vermissen lasse (383). Doch mit so wenigen Gegenstimmen war die Entwicklung zur Neuen Sachlichkeit nicht mehr aufzuhalten. Das zeigte sich bereits 1923, als in allen Kunstzeitschriften erste Definitionsversuche dieser Richtung angestellt wurden. Paul Fechter sprach in diesem Jahr im *Kunstblatt* von einem »neuen Naturalismus« (7,323), Franz Roh im selben Blatt von einem »magischen Realismus« (7,268), Willi Wolfradt im *Cicerone* von einem neuen »Linearismus«, »Ingrismus« oder »Klassizismus«, der auf »sachlicher Wahrheit« beruhe (15,174). Ja, im gleichen Jahr verschickte Georg Friedrich Hartlaub am 18. Mai ein Rundschreiben an alle nachexpressionistischen Künstler, das heißt all jene, »die in den letzten 10 Jahren weder impressionistisch aufgelöst noch expressionistisch abstrakt« gemalt hätten, sondern » die der positiven greifbaren Wirklichkeit mit einem bekennerischen Zuge treu geblieben oder wieder treu geworden« seien, in dem er sie zu einer Ausstellung unter dem Titel »Die neue Sachlichkeit« einlud. Da dieses Rundschreiben auch im *Querschnitt* abgedruckt wurde, bekam es eine weite Publizität und machte den Begriff Neue Sachlichkeit zu einem geflügelten Wort. Die Ausstellung selbst fand jedoch erst zwischen dem 14. Juni und 13. September 1925 in der Mannheimer Kunsthalle statt, und zwar unter dem Titel »Neue Sachlichkeit. Deutsche Malerei seit dem Expressionismus«, wobei der Schwerpunkt mehr auf dem rechten als dem linken Flügel lag. Das Entscheidende dieser Richtung sah Hartlaub bei seiner Katalogeinleitung darin, daß die hier ausgestellten »Künstler – enttäuscht, ernüchtert, oft bis zum Zynismus resignierend, fast sich selbst aufgebend, nach einem Augenblick grenzenloser, beinahe apokalyptischer Hoffnungen – sich mitten in der Katastrophe auf das besinnen, was das Nächste, das Gewisseste und Haltbarste ist: die Wahrheit und das Handwerk.« Besser hätte man dieses Abfinden mit der ›schlechten Realität‹ kaum ausdrücken können. Im selben Jahr erschien zugleich die erste zusammenfassende Darstellung dieser Richtung, das Buch *Nach-Expressionismus. Magischer Realismus* von Franz Roh, in dem das »ruhige Anstaunen« der Wirklichkeit als das Hauptcharakteristikum der neuen Richtung hingestellt wird (29). Allerdings griff dabei Roh viel weiter aus als Hartlaub und versuchte mit dem Begriff »Nach-Expressionismus« den neuen Realismus in der Malerei aller europäischen Länder zu umschreiben. Im Gegensatz zu jenen Revolutionären, die entweder nach »rechts« oder nach »links« tendierten, habe man es hier mit einer »abklärenden Verarbeitungsbewegung« zu tun, die einen ausgesprochen stabilisierenden Grundzug besitze, sich also im Unterschied zu den dynamischen und ekstatischen Tendenzen des Expressionismus vor allem durch Nüchternheit, Objektivität, Statik, Stille, Harmonie und Kultiviertheit auszeichne (26), wie es in schematischer Vereinfachung heißt. Um diese Tendenz ins Harmonische, Zeitlose, Altmeisterliche und zugleich Gut-Europäische noch zu verstärken, wurden Roh und andere nicht müde, unentwegt auf die zahlreichen Querbeziehungen zur Malerei anderer europäischer Länder und zugleich auf die unübersehbaren Einflüsse der älteren Malerei auf die Neue Sachlichkeit hinzuweisen. Aus dem Einzugsgebiet der abendländischen Malerei wurden dabei als Vorbilder eines objektivistischen Linearismus vor allem Maler wie Brueghel, Mantegna, Carpaccio, Piero della Francesca, Altdorfer, Holbein, Canaletto, Chardin, Ingres, die Nazarener, Wasmann, Runge, Friedrich, Leibl und Haider herangezogen. Unter den zeitgenössischen Einflüssen und Querverbindungen hob man vor allem die zu den italienischen Malern der *Pittura metafisica*, also zu Giorgio de Chirico, Alberto Savinio und Carlo Carrà hervor, die sich seit 1918 um die römische Zeitschrift *Valori plastici* scharten. Außerdem wies man auf den Ingrismus Picassos, den Neoklassizismus eines André Derain und den *Réalisme nouveau* eines Fernand Léger hin. Ja, manche zogen als Vergleichsmomente sogar den Surrealismus eines Delveaux, den Primitivismus von Rousseau, Vivin und Bombois wie auch die nordamerikanische *Ashcan School* und die Maler der *American Scene* der zwanziger Jahre heran.

Schon die Verschiedenartigkeit dieser Einflüsse beweist, daß die Neue Sachlichkeit keine wirklich geschlossene Gruppe war. Aber das wollte sie auch gar nicht. Im Gegenteil. Sie wollte so offen, so pluralistisch, so theorielos wie nur möglich sein. Es wurde daher beliebt, im Hinblick auf die Malerei der Neuen Sachlichkeit von einem neoklassischen, neobiedermeierlichen, neonazarenischen, ingristischen oder veristischen Flügel dieser Bewegung zu sprechen und die einzelnen Sparten einer säuberlichen Stilanalyse zu unterwerfen. Doch all diese wissenschaftlichen

Puzzle-Spiele täuschen nicht darüber hinweg, daß diese Richtung von Anfang an ins Stabilisierende tendierte und daher der Unterschied der einzelnen Flügel letztlich ein rein formaler blieb. 1922 war Hartlaub in seiner Antwort auf die Rundfrage des *Kunstblatts* noch berechtigt gewesen, zwischen Rechten und Linken, zwischen Klassizisten und Veristen zu unterscheiden. Doch als Roh 1925 noch einmal das gleiche tat, hatte sich die Situation an sich schon geändert. All das Grelle, Zynische, Sarkastische, Zeitbezogene, das er zur Charakterisierung des linken Flügels dieser Richtung heranzog, hat mit der neusachlichen Malerei nach 1923 nur wenig zu tun und bezieht sich eher auf die veristischen Restelemente aus den Anfängen dieser Bewegung. Das Charakteristische der späteren Neuen Sachlichkeit besteht viel stärker in dem, was er und Hartlaub für den rechten Flügel dieser Richtung typisch fanden, nämlich das Kühle, Zeitlose, Objektivierte, ja geradezu Unorganisch-Erstarrte. Das Bild der beiden ›Flügel‹ ist daher letztlich irreführend. In Wirklichkeit vollzog sich eine Entwicklung vom Veristisch-Krassen zum Sachlich-Objektivierten, der sich selbst ein Mann wie Otto Dix anschloß, der am 3. Dezember 1927 – in einer seiner wenigen theoretischen Äußerungen – in der *Berliner Nachtausgabe* höchst lapidar erklärte: »Das Objekt ist das Primäre«, ja sich kategorisch gegen die Sucht nach »neuen Ausdrucksformen« wandte und statt dessen das Studium der »alten Meister« empfahl. Von veristischer Zeitbezogenheit ist daher in diesen Jahren nicht mehr viel die Rede. Schließlich hatte sich schon Hartlaub am 19. März 1924 unter dem Titel »Zynismus als Kunstrichtung?« in der *Frankfurter Zeitung* energisch gegen jene veristische »Kaltschnäuzigkeit« gewandt, die überhaupt nichts »Positives« anzubieten habe, da ihr der »Glauben« an das Ewige fehle. Und so wirkt die Neue Sachlichkeit – trotz aller Vereinzelung, Theorielosigkeit und pluralistischen Grundgesinnung – paradoxerweise doch wie eine recht einheitliche Bewegung, in der sich im Laufe der Jahre immer stärker das Resignierende, Abgekühlte, Objektivistische, ja geradezu Neobiedermeierliche und Neonazarenische durchsetzte.

Was ihren Stil betrifft, so operiert die neusachliche Malerei in ihren Anfängen noch durchaus mit veristischen und konstruktivistischen Elementen, während sie später mehr und mehr zu einer fotografistischen Altmeisterlichkeit neigt. Für die Frühphase ihrer Entwicklung sind daher vor allem folgende Dinge charakteristisch: erstens das Montierte, Apparathafte, Abstrahierende, Konstruierte, Kubische, ja Kubistische, das noch vom Konstruktivismus herkommt; zweitens das Illusionslose, Krasse, Brutale, Häßliche, Panoptikumhafte, das noch vom Dadaismus oder Verismus herkommt. Es gibt zwar Maler der Neuen Sachlichkeit, die wie Anton Räderscheidt diese konstruktivistischen Elemente oder wie Christian Schad diese veristischen Elemente auch in den späten zwanziger Jahren nie ganz aufgegeben haben. Doch die Mehrheit der ›Sachlizisten‹, wie man sie damals nannte, ging um 1924/25 zu einer wesentlich glatteren, beruhigteren Stilhaltung über, die mehr und mehr zum Nüchternen, Alltäglichen, Banalen, Anspruchslosen tendierte. Es wäre daher falsch, in der Neuen Sachlichkeit eine Rückkehr zum sozialkritischen Realismus eines Courbet oder Liebermann zu sehen. Denn so ›realistisch‹ wurde man selten oder nie, dazu fehlte es den meisten einfach an Standpunkt, Weltanschauung, Engagement. Doch es wäre ebenso verfehlt, in dieser Richtung lediglich eine Rückkehr zur konventionellen Gattungsmalerei des 19. Jahrhunderts zu sehen, dazu fehlte es den meisten Malern an Einfühlung, Gemüt, Naturverbundenheit. Trotz aller Wirklichkeitsbezogenheit kommt selbst in dieser Bewegung jene Neigung zu Abstraktion und Stilisierung zum Durchbruch, die zu den Hauptcharakteristika des Expressionismus und Konstruktivismus gehört. Sie will zwar wieder ›Natur‹ sein – und ist doch Ausdruck jener steigenden Hochschätzung alles Technologischen, die dieser Ära nun einmal ihr Gepräge gibt. Das Ergebnis dieser Zwiespältigkeit ist eine Wirklichkeitsbesessenheit und zugleich Tendenz zur Versachlichung, die sich malerisch als unsentimentale Schärfe, als forcierte Gleichgültigkeit, als metallische Härte, als Atmosphärelosigkeit, als statuarische Strenge, als technischer Genauigkeitsfimmel, als Herauslösen einzelner Gegenstände aus ihren gesellschaftlichen Funktionszusammenhängen, das heißt als Gegenständlichkeit ohne menschliche Beseelung äußert.

Die gleiche Entwicklung läßt sich auf thematischem Gebiet beobachten. Auch hier tritt das mehr Zeitbezogene im Laufe der Entwicklung immer stärker hinter dem ins Zeitlose Stilisierten zurück und verschwindet schließlich ganz. Was auf den ersten Blick wie eine Restauration der älteren Gattungsmalerei aussieht, erweist sich auch hier bei genauerer Betrachtung als eine merkliche Reduktion auf ganz bestimmte Bildtypen, die sich am leichtesten formelhaft vereinfachen ließen. Während die ältere realistische Gattungsmalerei noch eine Fülle lebensstrotzender Genres (Historienbild, Genrebild, Landschaft, Stadtvedute, Straßenbild, Massen- oder Gruppenbild, Porträt, Stilleben, Tierbild usw.) aufwies, beschränkt sich die Neue Sachlichkeit weitgehend auf Stilleben und Porträt, wo sie ihrer Neigung zum Technisch-Versachlichten oder Physiognomisch-Typisierten am widerstandslosesten frönen konnte. Gruppenbildnisse, die Menschen in gemüthaften oder gesellschaftspolitischen Funktionszusammenhängen zeigen, sind daher nicht besonders beliebt. Noch am ehesten widmeten sich Außenseiter wie Max Beckmann und Carl Hofer solchen Themen und malten zwischen 1923 und 1929 eine Reihe neusachlicher Bilder, auf denen Barbetrieb, Revuegirls, tanzende Paare, kartenspielende Männer, Fußballspieler oder Strandszenen dargestellt sind. Auch Christian Schad wagte sich mit seinem *Operationssaal* (1929) in den Bereich solch modernistischer Themen vor. Doch ansonsten wich man auf diesem Sektor, falls man sich ihm überhaupt zuwandte, entweder ins Skurrile oder ins Stillebenhafte aus. So malten Werner Hofmann und Georg Scholz Berliner Straßenszenen oder Bahnwärterhäuschen, die etwas ausgesprochen Abseitiges, Am-Rande-Liegendes und damit fast Idyllisches haben. Die Städtebilder von Carl Grossberg, Wilhelm Schnarrenberger, Julius Bissier und Alexander Kanoldt neigen dagegen eher zum anderen Extrem. Hier handelt es sich um menschenleere Architekturlandschaften, die wie die Hafenbilder von Franz Radziwill in ihrem Dingfetischismus fast ans Magische grenzen. Das gleiche gilt für die neusachlich gemalten Maschinenhallen, Rundfunkstationen, Öltanks, Eisenbahnwaggons und Pump- und Röhrensysteme von Georg Scholz, Carl Grossberg und Guido Joseph Kern, die so unbewohnt, verlassen, menschenleer, ja ausgestorben wirken, daß sich auch hier der Eindruck des Magischen einstellt, der von manchen Malern in Form boshaft starrender Lemuren oder Fledermäuse sogar noch plakativ unterstrichen wurde.

Eines der zwei Lieblingsgenres der neusachlichen Malerei wurde konsequenterweise das Stilleben, das alle diese Elemente (Leblosigkeit, Statik, Genauigkeit, Dingfetischismus) in sich vereinigt. Hier konnte man realistisch sein und sich seine Welt doch so zurechtrücken, wie man sie sehen wollte: das heißt als eine Welt der sachlichen Gebrauchsgüter, der Alltäglichkeit. Die Interieurs der Neuen Sachlichkeit sind daher fast immer statisch und menschenleer. Manche Künstler, wie Alexander Kanoldt, Eberhard Viegener, Hannah Höch und Georg Scholz, bevorzugen dabei das Kubistische, indem sie mit ganz einfachen Dingen wie Flaschen, Gläsern, Malgeräten, Bilderrahmen oder Kakteen, Schusterpalmen und Gummibäumen auszukommen versuchen. Andere, wie Adolf Dischinger, Willi Müller-Hubschmid und Hans Mertens, wählen dagegen auch thematisch ausgesprochen ›sachliche‹ Gegenstände wie Bierflaschen, Abfalleimer, Waschschüsseln, Handtücher, Rasierpinsel, Elektrokocher, Schrubber oder Besen, also möglichst banale Dinge, die zwar eine gewisse Lebensnähe verraten, aber so funktionslos dargestellt werden, daß sich auch hier der Eindruck des Verfremdeten, Unorganischen, Stillebenhaften einstellt.

Das zweite Lieblingsgenre der Neuen Sachlichkeit ist, wie gesagt, das Porträt. Und hierin leistete diese Bewegung vielleicht ihr Bestes, da sie auf diesem Gebiet nicht völlig ins Leblose, Tote, Stillebenhafte abgleiten konnte. Gerade hier mußten sich durch den Widerspruch zwischen fotografisch-erfaßter Realität und bewußter Stilisierungstendenz höchst frappierende Wirkungen ergeben. Dabei lassen sich eine Reihe von Teilgenres unterscheiden. Was auf Anhieb überrascht, sind die erstaunlich vielen Selbstporträts, die an sich eine Neigung zu introvertierter Selbstbespiegelung vermuten lassen. Doch gerade dieses Element fehlt völlig. Die meisten malen sich entweder mit den Attributen ihres Gewerbes, also mit Pinsel, Bleistift und Palette (Wilhelm Heise, Julius Bissier, Otto Dix, Heinrich Maria Davringhausen), oder vor bewußt versachlichtem Hintergrund, also vor einer Industriesilhouette (Christian Schad) oder einer Litfaßsäule (Georg Scholz), um so den Eindruck des Bohemienhaften, Übernatürlichen und Genialen, der auf früheren Selbstbildnissen oft im Vordergrund gestanden hatte, durch den des Schlichten, Banalen, ja geradezu Alltäglichen zu verdrängen. Das gleiche gilt für die Porträts anderer Menschen. So betonen Dix, Grosz, Schad, Schlichter und Carlo Mense selbst bei der Darstellung bekannter Persönlichkeiten, wie den Porträts von Max Scheler, Theodor Däubler, Alfred Flechtheim, Paul F. Schmidt, Max Herrmann-Neiße, Bertolt Brecht, Marianne Vogelsang, Matthias Hauer oder Sylvia von Harden, nicht das Genialische dieser Personen, sondern eher ihre Durchschnittlichkeit, was durch Attribute wie Hosenträger, Zigarren, Bierflaschen oder Telefonhörer noch besonders unterstrichen wird. Ja, selbst auf den neusachlichen Damenporträts, einem seit altersher zu bewußter Aufhübschung neigenden Genre, dominiert um 1925 ein Fotografismus, der neben modisch-schicken Attributen wie Bubikopf, Schlips, Durchsichtbluse und kniefreiem Rock zugleich in objektivistischer Neutralität übergroße Nasen, Leberflecken, Krähenfüße oder Hängebusen hervorhebt. Viele dieser Porträts wirken daher durch ihre physiognomische Genauigkeit, gestochene Schärfe und aufdringliche Nahbildlichkeit fast wie Fotografien – aber doch wie Fotografien, die zugleich das Typische einer bestimmten Person hervorkehren sollen. Es gibt deshalb auch Gattungs-, Berufs- oder Typusporträts, die überhaupt keine Namensbezeichnungen mehr tragen, sondern sich einfach *Der Geschäftsmann*, *Der Journalist*, *Der Arzt*, *Die Hure* oder *Der Radionist* nennen, und die doch wie Fotos aussehen.

Und damit sind wir bereits mitten in den Problemen des ›Neuen Fotos‹, das sich in den gleichen Jahren durchzusetzen beginnt und sich an veristische, konstruktivistische oder neusachliche Tendenzen anzuschließen versucht. Wohl das beste Beispiel für das sozialkritische Berufs- und Gattungsporträt bietet der Fotoband *Antlitz der Zeit* (1929) von August Sander, in dem sechzig Aufnahmen gesellschaftsbedingter Typen zu sehen sind, die bei aller exemplarischen Verallgemeinerung zugleich eine eminent realistische Exaktheit aufweisen. Ohne Namensangabe finden sich hier *Der Werkstudent*, *Der Revolutionär*, *Der Handlanger*, *Die Putzfrau*, *Der Polizeibeamte*, *Der Gymnasiast*, *Der bürgerliche Abgeordnete*, *Der Industrialist*, *Der Corpsstudent* oder *Der Arbeitslose*. In diesem Band sind keine »Menschen, sondern Typen« abgebildet, schrieb Kurt Tucholksy 1930 bewundernd (III,393). Doch zu einer solchen – an Politik und Gesellschaft orientierten – Sehweise waren im Bereich der Neuen Fotografie nur wenige fähig. Während Sander, der den Kölner Progressiven nahestand, nie auf eine ideologische Durchleuchtung verzichtete, neigten die anderen Avantgardisten unter den Fotografen eher zu einer neutralisierenden Sachlichkeit. Für den spezifisch modernistischen Trend innerhalb dieser Richtung ist bereits das Buch *Malerei, Fotografie, Film* (1925) von Lázló Moholy-Nagy repräsentativ, wo unter dem »Zeitgemäßen« der jeweils letzte technische Standard verstanden wird. Eine solche Anschauung läuft notwendig darauf hinaus, die älteren »Ideologien« durch »mechanische Darstellungsverfahren« zu ersetzen, wie Moholy-Nagy schreibt (13), die völlig sachlich, sprich objektgerecht und damit ideologielos sein sollen. Moholy-Nagy spricht sich daher nachdrücklich gegen das »romantische Foto« aus und propagiert ein Fotokonzept, das noch stark an den Konstruktivismus der voraufgegangenen Ära erinnert und auch das Fotogramm, die Fotoplastik und die Fotomontage in seine »objektiven Darstellungsverfahren« einbezieht (46). Einen ähnlichen Standpunkt, nämlich die Welt als ein Formenarsenal abstrakter Strukturen zu sehen, vertrat Max Burchartz, der vom Bauhaus zur Folkwangschule in Essen überwechselte und wie Moholy-Nagy das Kunstfoto mit rhythmisierten, kubistischen Elementen anreicherte. Es ist diese Richtung innerhalb der Neuen Fotografie, die dann 1929 zu Büchern wie *Es kommt der neue Fotograf* von Werner Gräff und *Foto-Auge – Oeil et Photo – Photo Eye* von Franz Roh und Jan Tschichold führte, in denen, wie auch in den Zeitschriften *Der Querschnitt* und *Neue Revue*, alle technischen Errungenschaften der Neuen Fotografie dieser Jahre vorgestellt werden: Fotogramm, Fotomontage, Werbefoto, Pressefoto, Foto in Verbindung mit Grafik und Malerei, Foto in Verbindung mit typographischen Elementen. Als Beispiele dienten dabei hauptsächlich Arbeiten von El Lissitzky, Hans Richter, Herbert Bayer, Max Burchartz, John Heartfield, Werner Gräff, Willi Baumeister und Man Ray. Wohl die interessanteste Ausstellung dieser Neuen Fotografie veranstaltete der Deutsche Werkbund im gleichen Jahr unter dem Titel »Film und Foto« in Stuttgart, wo das Bauhaus und die Sowjetunion mit eigenen Abteilungen auftraten und in den Einzelkabinen wiederum Bilder von Fotografen wie Burchartz, Lissitzky, Moholy-Nagy, Richter und anderen zu sehen waren.

Parallel zu dieser Richtung entwickelte sich zu gleicher Zeit das sogenannte Sachfoto oder Realfoto, das unter Ausschluß von Fotomontage und Fotogramm ein Äußerstes an dokumentarischer Treue zu erreichen suchte. Im Rahmen dieser Bewegung machten sich vor allem Aenne Biermann, Herbert List, Walter Peterhans und Hans Finsler mit ihren Alltagssujets, Hugo Erfurth mit seinen Prominentenporträts und Helmar Lerski mit seinen *Köpfen des Alltags* (1931) einen Namen. Diese Richtung bemühte sich vor allem um absolute Authentizität, leidenschaftslose Präzision und lapidare Nüchternheit. Hier wollte man lediglich »sachlich« sein, wie Otto Bratskoven 1929 in der *Bücherschau* schrieb, indem man einerseits auf das »edel Frisierte«, andererseits auf die »kritische Distanz« verzichtete (7,332). Gute Belege dafür liefern Fotobücher wie *Die Welt ist schön* (1928) von Albert Renger-Patzsch, *Technische Schönheit* (1929) von Hans Günther oder die Serie *Das deutsche Lichtbild*, die 1928 zu erscheinen begann und in der vornehmlich Dinge wie »Reinlichkeit«, »Dokumentarismus« und »fotogene Exaktheit« gepriesen wurden. So liest man in der Einleitung zu dem Band *Das deutsche Lichtbild* von 1930, daß auch das Foto zum vollgültigen Ausdruck der »Neuen Sachlichkeit« werden müsse (7). Im Gegensatz zum bisherigen Stimmungsfoto wird hier die sachgerechte technische Aufnahme gefordert, die voll ausgeleuchtet ist und auf jede poetische Schummrigkeit verzichtet. »Die *sachliche* Darstellung«, heißt es an gleicher Stelle apodiktisch, »hat jede Unklarheit zu vermeiden, sie hat die Objekte in dokumentarischer Treue mit aller Schärfe und Realistik zu geben. Dabei kommt allerdings nur die Oberfläche heraus. Aber das will man eben. Nichts weiter« (7). Besser hätte es Franz Roh im Hinblick auf die strengen Objektivisten innerhalb der Malerei der Neuen Sachlichkeit auch nicht formulieren können.

Funktionalismus in Design, Wohnen und Bauen

Sachlichkeit war jedoch zu diesem Zeitpunkt bereits ein wesentlich umfassenderes Programm geworden, als das Roh oder auch Hartlaub um 1923 hätten voraussehen können. Wenn man nach 1925 von Sachlichkeit oder Neuer Sachlichkeit sprach, meinte man damit weit mehr als eine neue Richtung in Malerei oder Fotografie. Unter Sachlichkeit wurde in diesen Jahren bereits eine viel allgemeinere Stilhaltung, ja ein grundsätzlich neues Lebenskonzept verstanden, in dem viele die entscheidende Ideologie der sogenannten Stabilisierungsperiode erblickten. Wer also in diesen Jahren den Begriff Sachlichkeit in die kulturpolitische Debatte warf, meinte damit zugleich Dinge wie Fordismus, Taylorismus, fortschreitende Rationalisierung, avancierte Technologie, also all jene Tendenzen, die auf eine quantitativ gesteigerte und qualitativ verbesserte Produktion hinausliefen, um dem Schlagwort *Made in Germany* wieder einen qualitätsverbürgenden Klang zu geben. Dinge wie Fabrikwesen, Technik oder Industrie, die man bürgerlicherseits bisher als schmutzig, proletarisch oder gar links empfunden hatte, wurden daher nach 1923 innerhalb der mittelständisch-liberalen Ideologie zusehends ins Positive umfunktioniert und als Ausdruck einer amerikanisierten Fortschrittlichkeit hingestellt. Aufgrund dieser Umorientierung ist unter dem Banner der Neuen Sachlichkeit plötzlich viel vom *american way of life* die Rede. Während die Expressionisten noch wenige Jahre zuvor eine Utopie nach der anderen aufgestellt hatten, empfahlen die Sachlichkeitsvertreter einen bewußt unsentimentalen Pragmatismus, der, wie sie behaupteten, viel schneller zum allgemein gewünschten Ziel, der gesellschaftlichen Gleichheit aller auf der Basis einer akzelerierten Industrieproduktion, führe als die noch tief im 19. Jahrhundert steckenden sozialistischen Theorien. Im Sinne einer postrevolutionären Affirmationstendenz wird darum kaum noch von Kapitalismus oder Kommunismus, sondern nur noch von einem modernen Amerikanismus und einem antiquierten Bolschewismus gesprochen. Viele beriefen sich dabei auf die 1923 auch auf deutsch erschienene Selbstbiographie *Mein Leben und Werk* von Henry Ford, in der die monopolistische Rationalisierung als der einzig gangbare Weg zu steigendem Wohlstand und einem krisenfreien Funktionieren der Gesellschaft hingestellt wird. Wie bei Ford wurden auch in Deutschland von den Strategen der Neuen Sachlichkeit die Widersprüche des Kapitalismus mehr und mehr auf bloße Organisationsprobleme reduziert und damit scheinbar entideologisiert. Wenn nur die Fließbänder im richtigen Tempo laufen, erklärte man, wird sich alles andere – einschließlich der Klassenfrage – von allein regeln.

Der Begriff Sachlichkeit wurde dadurch nach 1924/25 zur Grundlage aller sich fortschrittlich gebenden bürgerlichen Ideologien und somit zum entscheidenden Regulativ menschlichen Verhaltens und industrieller Formgebung schlechthin. Während um 1920/21 vor allem unter den Linken im konstruktivistischen Lager von Sachlichkeit, Funktionalität, Zweckmäßigkeit und Materialgerechtheit die Rede war, hört man diese Begriffe von nun ab auch in bürgerlich-avantgardistischen Kreisen. Viele der ehemaligen Konstruktivisten ließen sich von diesen Taktiken einfach blenden – und dann ins Schlepptau nehmen. Doch was sollten sie in Deutschland anderes machen? Schließlich war hier der Kapitalismus der einzige Arbeitgeber und damit der einzige Ermöglicher ihrer Ideen, vor allem in den Jahren nach 1923, als die Gemeinden und die Privatwirtschaft wieder über die nötigen Investitionssummen verfügten. Diese Leute konnten sich nicht einfach dem Aufbau des Sozialismus widmen wie ihre russischen Kollegen, sondern mußten sich in den Dienst einer Gesellschaftsordnung stellen, die viele von ihnen zutiefst ablehnten. Doch das Bemühen um Reformen schien ihnen auch im Deutschland der Weimarer Republik nicht völlig fehl am Platze, weshalb eine Reihe führender ›Sachlizisten‹ – unter nicht besonders günstigen Bedingungen – durchaus ihr Bestes in Richtung

Demokratie oder gar Aufhebung der bisherigen Klassenschranken versuchte. Auf der Grundlage dieser komplizierten Voraussetzungen entwickelte sich in den folgenden Jahren auch in den bildenden Künsten eine ›Ästhetik des technischen Zeitalters‹, die sich weitgehend auf dieselben gemeinschaftsbezogenen Ideale stützte, wie sie bereits der Konstruktivismus verkündet hatte, nur daß diese Vorstellungen jetzt aus dem Sozialistisch-Kollektivistischen ins Kapitalistische übertragen wurden. Um diesen Prozeß nicht allzu deutlich werden zu lassen und zugleich das Marktbedürfnis nach modischen Neuheiten zu befriedigen (ohne sich dabei der ideologischen Gefahr eines neuen Ismus auszusetzen), wurde dieser kapitalistisch umfunktionierte Konstruktivismus von seinen Geldgebern und Managern meist unter der Warenmarke des Eben-erst-Erfundenen, des Neuen angepriesen: ob nun als Neue Sachlichkeit in der Malerei oder als Neue Fotografie, als Neue Reklame, als Neue Mode, als Neues Wohnen, als Neue Architektur, das heißt als jener New Look, mit dem sich der letztlich progressionslose Kapitalismus seit eh und je ein ständig ›neues‹, ja geradezu ›brandneues‹ Aussehen zu geben versucht.

Daß solche Taktiken auch auf Widerstand stießen, ließ sich kaum vermeiden. Doch dieser Widerstand war erstaunlich gering. So sahen etwa einige Werkbund-Idealisten in dieser Neuen Sachlichkeit einen totalen Ausverkauf ihrer Ideen, ja geradezu einen Pakt mit dem Teufel. Man denke an Walter Riezler, der 1925 im ersten Band der Zeitschrift *Die Form*, dem offiziellen Organ dieses Bundes, schrieb, daß der Einfluß des »Fordismus« auf Industrie und Formgestaltung notwendig verheerende Folgen haben müsse, da eine so rücksichtslose Rationalisierung nur zu »Formlosigkeit« und damit »Häßlichkeit« führen könne (203), und weiterhin das Prinzip der »Vergeistigung« der deutschen Arbeit gegen »technische Mechanisierung« verteidigte (204). Doch solche Stimmen wurden im Laufe der Jahre immer seltener. Viele der ehemaligen Idealisten resignierten einfach oder stellten diesen Fordismus als eine Verjüngung oder zumindest Gesundung Deutschlands hin. So schrieb Waldemar George über diese Form der Neuen Sachlichkeit 1927 im *Kunstblatt*:

»Die ›Neue Sachlichkeit‹ ist Amerikanismus, ist Kultur des Zweckes, der nackten Tatsache, der Vorliebe für funktionelle Arbeit, berufsmäßige Gewissenhaftigkeit und Nützlichkeit. Dank der ›Neuen Sachlichkeit‹ hat die deutsche Kunst wieder etwas Optimistisches gewonnen. Sie ist von robuster Gesundheit und Jugendlichkeit. Sie wird logisch und rationell. Sie verschreibt ihre Seele dem Teufel. Ihr Ziel ist die Gesundung Deutschlands« (11,395). Selbst ein Mann wie Adolf Behne, der vom Berliner Arbeitsrat und vom linken Konstruktivismus herkam, sah 1929 in dem Band *Das neue Berlin* in dieser »flotten Schwenkung zur Bürgerlichkeit«, die auf einer Mischung aus »Optimismus und Zynismus« beruhe, wenigstens einen Teil des »totgesagten Konstruktivismus« verwirklicht. Er schrieb im Hinblick auf die neue Konsumkultur, die sich vor allem in den überfüllten Schaufenstern manifestierte: »Heute ist der Gedanke des Konstruktivismus verwirklicht. Die Kunst lebt an der Straße, in der Straße, auf der Straße. Hier werden die Massen gepackt, praktisch und vergnüglich. Keep smiling« (151).

Ja, andere gingen noch einen Schritt weiter und stellten sich ganz offen in den Dienst dieser Sachlichkeit, in der die überspannten Ideen des Konstruktivismus endlich eine praktische Form angenommen hätten, wie es hieß, und bezeichneten Dinge wie Konsum, Sport, Fotografie oder Mode als die eigentlichen Lebenskünste von heute – ja, kamen sich wunder wie revolutionär vor, wenn sie für Kunst im engeren Sinne nur noch ein müdes Lächeln übrig hatten. All das erschien ihnen – im Zeichen einer steigenden Selbstrealisierung der wirklichen Bedürfnisse der Menschheit – als bloßes Surrogat, als elitärer Klüngel, als altmodisches Statussymbol. Um so faszinierender empfanden sie dagegen alles, was sich in den Dienst der Demokratisierung stellte – und das war für sie vor allem die Werbung, die Neue Reklame, die sich für Qualitätssteigerung und egalitäre Bedürfniserwekkung einsetze (wie sie behaupteten). Die Jahre zwischen 1924 und 1929/30 sind daher für die Entwicklung der modernen Reklame in Deutschland vielleicht die wichtigsten überhaupt. Den Auftakt dazu bildete 1923 die Gründung der Zeitschrift *Gebrauchsgrafik*. 1925 etablierte sich der Bund der Schaufensterdekorateure Deutschlands, der noch im gleichen Jahr mit der Herausgabe der Zeitschrift *Schaufenster – Kunst und Technik* begann. Im Oktober 1927 erschien darin ein Aufsatz unter dem Titel »Neue Sachlichkeit«, der sich gegen alles Komplizierte und Dekorative wandte und statt dessen eine Werbung mit sachlich ansprechender Typografie und geschickt ausgewählten Realfotos propagierte. Ähnliches findet sich auf den Gebieten des Plakatwesens, der Lichtreklame, der Inseratwerbung oder der Prospektgestaltung, wobei man sich häufig auf das Buch *Reklame, die lohnt* (1926) des Amerikaners Roy S. Durstine berief. 1929 folgte dann in München die große Internationale Plakatausstellung, bei der Slogans wie »Das Plakat ist ein Kulturfaktor«, »Das Plakat erfüllt eine wirtschaftliche Sendung« oder »Die soziale Funktion des Plakats« vorherrschten, in denen sich das endgültige Einswerden von Kunst und Kommerz manifestierte.

Aufgrund dieser Entwicklung trugen schließlich auch die Kunstkritiker ihr Scherflein zu dem allgemeinen Werbeenthusiasmus bei. Wohl am affirmativsten äußerte sich Walter F. Schubert 1927 in seinem Buch *Die deutsche Werbegrafik*, der die Reklame als ein »unentbehrliches Glied im modernen Wirtschaftskörper« hinstellte, welche sich »angesichts des ungeheuren Wettbewerbs« in eine »Reklamekunst« verwandelt habe, die sich durch ihre (kapitalistische) »Zweckmäßigkeit« weit über die »Afterkunst des Futurismus« erhebe (8). Das sind deutliche Worte. Doch selbst Adolf Behne schrieb 1929 in *Das neue Berlin*, daß das »moderne Schaufenster« die Massen endlich auf »ein neues Kunstniveau« hebe und damit doch einige Ideale des »so gern totgesagten Konstruktivismus« verwirklicht habe (150). Und so behauptete auch Georg Friedrich Hartlaub 1928 im *Kunstblatt*: »Werbekunst ist wahrhaft sozial, kollektiv, wahrhafte Massenkunst: die einzigste, die es heute noch gibt. Sie schafft dem namenlosen Kollektivum der Öffentlichkeit seine optischen Gewohnheiten« (12,173). Denn für diese Masse seien heute Plakatsäule, Schaufenster, Inseratseite und Werbeprospekt die »einzige ästhetische Anregung« (174). Damit hatte er zweifellos recht. Bedenklich stimmt nur, daß Hartlaub diesen Vorgang begrüßt, statt ihm mit einer sinnvollen Alternative entgegenzutreten. Seine ideologische Haltung blieb daher reichlich ambivalent. So begrüßte er einerseits das »Märchenhafte der Lichtreklame« und das »Grandiose der Himmelsschriften« (171), erkannte jedoch andererseits, daß sich in der Reklame der »moderne Wirtschaftskapitalismus in der ganzen Unverhülltheit seines egoistischen ›Willens zum Geschäft‹« bloßstelle (170). Dennoch verlangte Hartlaub – mit radikalidealistischer Emphase – von den Reklamekünstlern, sich zu »Volkserziehern« aufzuschwingen und durch eine »anständige Form der Werbung« wenigstens ein »Stück Rechtfertigung, Reinigung und ›Sühne‹« des »problematisch gewordenen Prinzip des Geschäfts« zu leisten (174). Aufgrund solcher Anschauungen gelangte er schließlich zu dem Fazit, daß die Neue Werbung dem Willen jener Generation entspreche, »die aller Romantik abhold, entschlossen zu unserer aufs Technische, Normierte und ›Amerikanische‹ gerichteten Lebensgewohnheit *ja* sagt und die versucht, künstlerisch und moralisch für eine zukünftige Kultur daraus ›das Beste zu machen‹« (175).

Und so kam es nach 1924/25 – neben den unaufhaltsam weiterbestehenden Kitschreklametechniken – auch zu einer Werbung, die aus der gewandelten Situation tatsächlich ›das Beste zu machen‹ versuchte. Die Hauptmittel, die man dabei verwandte, waren eine von Dada und Bauhaus herkommende Form der Fotocollage und eine gleichfalls von Dada und Bauhaus stammende Typografie. Ebenso beliebt wurde auf diesem Gebiet jene Fotomontage, wie sie seit 1924 in Rußland El Lissitzky, Alexander Rodschenko und Dsiga Wertow und am Bauhaus Lázló Moholy-Nagy, Herbert Bayer, Max Burchartz und Joost Schmidt entwickelt hatten – und die jetzt auf die kapitalistische Werbung angewandt wurde. Ja, es gab sogar Kunstkritiker, die diesem Trend eine theoretische Legitimation zu geben suchten. So trat Fritz Hellwag 1931 im Juliheft der Zeitschrift *Gebrauchsgrafik* ausdrücklich für eine Wirtschaftswerbung ein, die sich der »neusachlichen« Fotomontage bedient, während sich Paul Renner in seinem Buch *Mechanisierte Grafik* (1931) für eine »neusachliche« Typografie einsetzte, die das »bürgerliche Selbstgefühl«, das stets auf »strenger Symmetrie« bestehe, durch eine bewußte

»Asymmetrie« der typografischen Elemente zu verdrängen suche, um so einem künftigen Kollektivismus vorzuarbeiten.

Das Ergebnis einer so ›versachlichten‹ Gesinnung war eine Haltung, die nicht nur in der Werbung, sondern auf geradezu allen Gebieten – ob nun dem der Mode, der Gebrauchsartikel, des Wohnens, der Architektur, ja schließlich der Planung gesamter Städte – auf Zweckmäßigkeit, absolute Funktionalität, Standardisierung und Serienherstellung drängte. Die sich daraus ergebende Uniformität wurde von den Theoretikern dieser Richtung gern als fortschreitende Egalisierung der Gesellschaft hingestellt, diente aber in ihrer beschleunigten Serienproduktion selbstverständlich auch der steigenden Umsatzrate. Aufgrund dieser höchst widerspruchsvollen Entwicklung kam es zwar zu einer deutlichen Frontstellung gegen jene ›ältere Bürgerlichkeit‹, die noch auf Würde, Exklusivität, Repräsentation, Kulturbewußtsein und ähnliche Dinge bedacht war. Gegen die ›neue Bürgerlichkeit‹ erhob sich dagegen nicht eine Stimme – denn damit hätte man sich ja selbst angegriffen. So wandten sich etwa die Theoretiker der Neuen Sachlichkeit auf dem Gebiet der Damenmode energisch gegen jene Gesellschaftstoiletten, die rein repräsentativen Zwecken dienten, und propagierten statt dessen zweckmäßige Bewegungs- und Straßenkleider für die Frau von heute, die eine bewußt sportliche Note hatten. Statt weiterhin lediglich im Hause herumzusitzen und zu repräsentieren, solle sich die moderne Frau, wie es hieß, endlich ins Leben einmischen, das heißt einen Beruf ergreifen oder Sport treiben. Und das sei nur möglich mit einem Bubikopf, einem kessen Blusenschnitt, taillenlosen Sackkleidern oder kniefreien Röcken. Schon diese kurze Aufzählung zeigt, welche Schicht von Frauen hier angesprochen wird: die der modernen Bürgerinnen und nicht die der Arbeiterinnen. Die letzteren waren schon immer berufstätig gewesen und konnten sich auch in den zwanziger Jahren noch keine Tenniskleider leisten.

Ähnliche Beobachtungen lassen sich auf dem Sektor der Gebrauchsgüterindustrie und der Wohnungsausstattung machen. Was sich hier in den Vordergrund drängte, waren jene betont sachlichen Standardartikel, die durch die Serienherstellung zwar einfacher, aber nicht unbedingt billiger wurden. So pries man plötzlich allenthalben schlichtestes weißes Geschirr, monochrome Keramiken, simpelste Gläser und unverzierte Bestecke an, das heißt einfachste Gebrauchsgegenstände, die das Bürgertum nach Zeiten üppig wuchernder Dekors als hinreißend modern empfand. Doch das Proletariat war an sich schon immer mit schlichten, zweckmäßigen und damit nach neuester Terminologie ›modernen‹ Geräten ausgekommen. Und so zeigt sich auch hier die gleiche Ambivalenz: während die einen wirklich gute Formen entwarfen, ging es den anderen lediglich um den gesteigerten Umsatz, der sich daraus ergab. Das beweist ein Buch wie *Der neue Markt. Standardartikel aus der industriellen Serienproduktion* (1931) von Richard Vogt, das sich in völlig unkritischer Form für eine immer schlichtere und damit immer größere Gebrauchsgüterindustrie einsetzt.

Nicht minder widersprüchlich sind die meisten Theorien, die sich auf das Neue Wohnen beziehen. So publizierte Bruno Taut schon 1924 im *Cicerone* einen Aufsatz unter dem Titel »Die neue Wohnung. Die Frau als Schöpferin«, in dem er sich für eine möglichst dekorationslose, »neutrale Wohnung« einsetzte, die vornehmlich den »Vorgängen des täglichen Lebens dient« und damit der Hausfrau so viel Arbeit wie nur möglich abnimmt (16, 653). Das Neue Wohnen wird hier ausdrücklich als eine Hinwendung zum Praxisbetonten dargestellt, was in manchem dem von Corbusier bereits 1920/21 entwickelten Konzept der ›Wohnmaschine‹ entspricht, die so praktisch eingerichtet ist, daß sie quasi von selbst läuft – oder lediglich ein Minimum an persönlichem Arbeitsaufwand verlangt. Wohnungen dieser Art sollten den Menschen nicht mehr durch Fülle versklaven, sondern durch Leere befreien. Siegfried Gideon propagierte daher 1927 im *Cicerone* einen Wohnungstyp, in dem es »keine Tapeten, keine Vorhänge, keine Tischtücher« mehr gibt und in dem obendrein alles »abwaschbar« ist (19, 459), um so den Bewohnern ein Höchstmaß an persönlicher Freiheit zu ermöglichen. Wohl den besten Querschnitt durch diese Richtung bot die Ausstellung »Die Wohnung«, die der Deutsche Werkbund unter der Leitung von Ludwig Mies van der Rohe vom 23. Juli bis 9. Oktober 1927 in Stuttgart-Weißenhof veranstaltete – und über die Paul Westheim noch im gleichen Jahr im *Kunstblatt* schrieb, daß bei diesen »Wohnungen des Mittelstandes« zwar das Kulissenhafte früherer Wohnungen, aber zugleich auch deren »Intimität und Abgeschlossenheit« gefehlt habe (11, 340). Doch von solchen Kritiken ließen sich die Theoretiker des Neuen Wohnens nicht beirren. Sie propagierten auch weiterhin das Ideal einer rein funktionellen Wohnung, die auf alles Surrogathafte in Form von Kunst, Blumen oder Gemütlichkeit verzichtet, und deren Schönheit allein in der Zweckmäßigkeit ihrer Gebrauchsformen besteht. Zu den Vertretern dieser Theorie gehörte vor allem ein Mann wie Walter Müller-Wulckow, der sich in seinem Buch *Die deutsche Wohnung der Gegenwart* (1930) gegen den individualistischen Wohnungsstil der »vorigen Generation« wandte und eine »Typisierung des Hausrats« verlangte (8), die von »puritanischer Einfachheit« ist (48). Seine Ideale waren »knappste Ausstattung« und »funktionellste Reibungslosigkeit« (62). In einem »sachlichen Mobiliar« lebe der Mensch nach seiner Meinung wesentlich konzentrierter und erreiche durch die »räumliche Bewegungsfreiheit« zugleich eine größere Freiheit des »Geistes« (53). Müller-Wulckow sah daher in weißen Wänden eine »Quelle der Regeneration« (12) und in federnden Stahlrohrsesseln die »beste Folie« für die modernen, »sport- und gymnastikgestählten Körper« (11). Ähnliches behauptet Werner Gräff in seinem Buch *Zweckmäßiges Wohnen für jedes Einkommen* (1931), das sich ebenfalls gegen den bisherigen »Repräsentationsfimmel« wendet und statt Ornamentiertheit und altfränkischer Gediegenheit »Gegenstände von möglichst einfacher, klarer und materialgemäßer Form« empfiehlt (7), die einen hohen »Nutzungswert« hätten und – bei Bedürfnis nach »Abwechslung« – ohne weiteres durch neue, ebenso billige, weil serienmäßig hergestellte Produkte ersetzt werden könnten (15). Auch hier läuft vieles auf den bereits erwähnten Widerspruch hinaus: selbst die Gegenstände des täglichen Gebrauchs sollen den höchsten, zeitlosen Standard haben – und doch nicht »zu langlebig« sein, wie Müller-Wulckow schreibt (15), weil man sonst die Produktion drosseln müßte.

Und so sehen diese puritanisch demokratisierten Wohnungen

dann auch aus! Die meisten sind an sich recht klein, täuschen aber Größe und Weiträumigkeit vor, da fast alle Zimmer ineinander übergehen und somit den Eindruck einer durch nichts eingegrenzten Wohnfläche erwecken. Im Zentrum, falls man davon überhaupt sprechen kann, befindet sich oft ein großes Wohn- oder Gemeinschaftszimmer, während alle anderen Räume, vor allem die Küche und die Schlafzimmer, eher den Charakter kleinerer Kabinen haben. Für persönliche Entfaltung ist in diesen Wohnungen nicht viel Raum. Das verhindern nicht nur die mangelnden Türen, sondern auch die weißgetünchten Wände und die großen Fenster, wodurch das Ganze so hell, so unpersönlich, so sachlich wie nur möglich wirkt und fast an Hotels, Sanatorien oder Krankenhäuser erinnert. Auch die neusachlichen Möbel tragen zu dieser Unpersönlichkeit bei. Meist handelt es sich um Schleiflackmöbel mit Metallteilen, die auch im Behandlungszimmer eines Zahnarztes stehen könnten. Überhaupt dominiert das Lackierte, Verchromte, Stählerne, Synthetische, während warme Holztöne fast völlig fehlen. Man denke an Mies van der Rohes freischwingende Stahlrohrstühle, die sogenannten MR-Stühle, oder jene hartkantigen Stuhlgebilde, die Marcel Breuer entworfen hat. Doch selbst dann, wenn man Liegesitzmöbel oder Polsterkuben verwendet, die einen möglichst »ungezwungenen Lebensstil« ermöglichen sollen, wie *Die Form* 1931 schreibt (6,162), stellt sich selten der Eindruck des Bequemen oder Genußversprechenden ein. Alles bleibt sachlich, kühl, unpersönlich, ja geradezu abweisend. Die einzige Tugend dieser Möbel scheint ihre funktionelle Nützlichkeit zu sein, was besonders für die Klappbetten, die Klapptische oder die Sofas mit Bettkästen gilt. Doch nicht nur solche Möbel sind klappbar. Fast alles ist klappbar, schwenkbar, verstellbar, stapelbar, wegstellbar und damit letztlich austauschbar und könnte ebensogut von jemand anderem benutzt, weggestellt oder weggeklappt werden.

Die gleiche Funktionalität haben Wände, Decken und Fußböden. Auch hier verzichtet man auf alles Warme und Belebende: die Wände und Decken sind weiß gestrichen, die Böden mit Linoleum ausgelegt. Auf Teppiche, Tapeten oder schmückende Bilder wird weitgehend verzichtet, und zwar nicht nur aus Ökonomie, sondern auch aus Prinzip. Ein Bild würde ja einer solchen Wohnung eine eminente ›persönliche Note‹ geben. »Man hat von einer ›Entseelung der Wand‹ gesprochen«, schreibt Franz Matzke in seinem Buch *Jugend bekennt: so sind wir!* (1930), »darüber können wir nur froh sein. Wir wollen keine Seele an den Wänden; dazu ist uns die Seele, dazu sind uns andererseits auch die Wände zu schade. Seele als Wandverkleidung: das ist typische ›Kultur‹ von gestern. Wir wollen nicht von Seele umgeben sein, sondern von Dingen« (225). Um so stärker wird daher alles Apparathafte und Verdinglichte akzentuiert: die Zentralheizung, die Chrom-Nickel-Geräte in der Küche, der Müllschlucker, die elektrischen Kugellampen, die einschiebbaren Klapptüren – wie überhaupt alles, was aus Glas und Metall hergestellt ist. An die Stelle der bürgerlichen Wohnung, die in ihrer Betonung der Gemütlichkeit oft ans Kitschige grenzte, tritt so die reine Wohnmaschine oder Wohnkiste, die überhaupt keine Gemütswerte mehr aufweist, sondern nur noch zum Gebrauch da ist. Und damit wird selbst auf diesem Gebiet das konstruktivistische Ideal der in atelierhafter Umgebung lebenden ›produktiven Menschen‹ ins rein Utilitaristische korrumpiert. Diese Wohnungen, wie sie auch Walter Curt Behrendt und Adolf Behne propagierten, wirken zwar in ihrer Betonung des Geräthaften und ihrer ungemütlichen Helligkeit äußerst technisiert, aber doch technisiert im Sinne des Verbrauchens und nicht des Produzierens. Darüber täuscht auch der Fabrikationsjargon nicht hinweg, der in dieser Zeit im Hinblick auf das Neue Wohnen Mode wurde. So sprach man gern von arbeitssparender Betriebsführung, erhob die Küche zur ›Fabrik des Hauses‹ und die Hausfrau zur ›Kücheningenieurin‹: betonte also in allem und jedem das Normierte, Rationalisierte, Taylorisierte, das an sich in den Bereich einer sozialistischen Sachkultur zielt, ließ aber das Prinzip des Privatbesitzes unangetastet. Zugegeben: auf diese Weise verschwand zwar die altbürgerliche Protzeneitelkeit, nicht jedoch jener neubürgerliche Stolz auf die eigene Maschinenwelt, die nun auch in die Wohnungen Einzug hielt.

All das ging Hand in Hand mit einer ähnlichen Einstellung zum Neuen Bauen, das die Grundlage dieses Neuen Wohnens bildete. Auch hier setzte sich das Prinzip der totalen Funktionalität und damit der Gesamtrationalisierung im Sinne einer industriellen Fertigungsweise durch, während das Handwerkliche mehr und mehr in den Hintergrund trat. Hatte man im Jugenstil noch das bürgerliche Einfamilienhaus mit einer geradezu unendlichen Fülle an individuellen Einzelzügen als zentrale Bauaufgabe empfunden, so schob sich jetzt auch auf dem Gebiet der Architektur das Prinzip der Serienherstellung in den Vordergrund. Das hatte nicht nur ästhetische, sondern auch ganz konkrete Gründe. Schließlich war durch den langen Baustop, der von 1914 bis 1923, also fast zehn Jahre, währte, in den deutschen Großstädten eine solche Wohnungsnot entstanden, daß man von allen Seiten auf schnelle und drastische Maßnahmen drängte. Der Schrei nach der Siedlung, dem genossenschaftlichen Bauen, wie überhaupt neuen Formen des Wohnungsbaus wurde daher nach 1919 von Jahr zu Jahr lauter. Kein Wunder, daß sich viele der ehemaligen Expressionisten und Konstruktivisten von diesen neuen, sozialistisch klingenden Parolen gefangennehmen ließen und sich nach 1923, als die Gelder in der Bauindustrie wieder flüssig wurden, in den Dienst der architektonischen Serienproduktion stellten.

Das beweist in besonders exemplarischer Form das Bauhaus, das nach seinem Umzug von Weimar nach Dessau die frühe Laboratoriumsphase weitgehend hinter sich ließ und zu einer Serienherstellung überging, welcher der Gedanke einer sozialistisch verstandenen Kollektivität zugrunde lag, der einen mißreißend antizipierenden Charakter haben sollte. Es blieb zwar bei der These der ›formschönen Gestaltung‹, nur daß diese zusehends in einem praktisch-pragmatischen Sinne verstanden wurde. Das zeigt sich nicht nur daran, daß das Bauhaus jetzt immer stärker Lizenzen für die industrielle Vervielfältigung seiner Modelle vergab, sondern auch selbst als Produzent auftrat. So errichtete es nicht nur das Bauhaus selbst, das in seiner geradezu spartanischen Schlichtheit zu einem der maßgeblichen Vorbilder der Neuen Architektur wurde, sondern baute auch im Auftrag der Stadt Dessau in den Jahren zwischen 1926 und 1928 in Törten 316 Einfamilienhäuser, wobei es sich einer industriellen Produktionsweise bediente, die hauptsächlich mit am Bauplatz hergestellten Fertigteilen operierte. Auf einer ähnlichen Linie lagen die Entwürfe für raumsparende Klappmöbel, die Musterstoffe für die Textilindustrie, die Bauhaus-Tapeten, die Breuerschen Stahlrohrmöbel und all jene Architekturmodelle, die Gropius für Piscator und die Sowjetunion anfertigte. In dieser Musterkollektion äußert sich eine Werkgesinnung, die auf der »entschlossenen Bejahung der lebendigen Umwelt der Maschinen« beruht, wie die Bauhäusler immer wieder beteuerten. Anstatt in mühseliger und zeitraubender Handwerksarbeit weiterhin wertvolle soziale Energien zu vergeuden, propagierten sie nach 1924/25 verstärkt eine industrielle Produktionsweise, die durch die radikale Akzentuierung des Gebrauchscharakters jedweden Luxus ausschalten und damit die bisherigen Klassenschranken abbauen sollte. Man wollte nur noch »Typen für die nützlichen Gegenstände des Gebrauchs« entwerfen, wie Gropius in seinen *Grundsätzen der Bauhausproduktion* erklärte, da die »Lebensbedürfnisse der Mehrzahl der Menschen in der Hauptsache gleichartig« seien.

Ihren Höhepunkt erlebte diese Tendenz, als Gropius 1928 die Leitung des Bauhauses aufgab und Hannes Meyer die Amtsführung übernahm, der als Architekt vom genossenschaftlichen Siedlungswesen herkam und den sozialistischen Kurs noch verstärkte, indem er marxistische Grundkurse in das Bauhaus-Programm einführte. Auch Meyers These war »Volksbedarf statt Luxusbedarf«, nur daß er diese These wesentlich radikaler als Gropius verstand, indem er sich einem Konstruktivismus verschwor, der alles bloß Künstlerische als überflüssig empfand. Gleich nach seiner Amtsübernahme verkündete er 1928 in der *Bauhauszeitschrift*, daß er unter einem Architekten keinen »Künstler«, sondern einen »Spezialisten der Organisation« verstehe (2,4,12), und umgab sich mit Architekten wie Ludwig Hilberseimer, Anton Brenner und Karl Rudelt, die wie er gegen eine Autonomie der ›Freien Künste‹ eingestellt waren. Für ihn war Bauen kein ästhetischer, sondern nur noch ein technischer Prozeß, was den alten Konflikt zwischen Technik und Kunst, bloßer Formerfindung und gesellschaftlicher Relevanz, den

Gropius notdürftig in der Balance gehalten hatte, erneut zum Ausbruch brachte. So wandten sich die linken Studenten Ende 1929, nach dem Ausbruch der Weltwirtschaftskrise und der mit ihr verbundenen politischen Spannungen, mehr und mehr gegen Kandinskys ›Formalismus‹, wie überhaupt gegen die ›unpopuläre Arroganz‹ der abstrakten Malerei und forderten in allen Werkstätten ein verstärktes Kollektivbewußtsein, das nicht mehr auf dem Verhältnis von Meister und Lehrling beruht. Es war Kandinsky, der mit Unterstützung von Albers diese Politisierung ausdrücklich verwarf, ja sogar bei den Behörden die Entlassung von Meyer betrieb. Und die erfolgte dann auch im Jahr 1930, da man eine so offen sozialistische Gesinnung nicht zulassen wollte. Selbst Meyer sah diesen Widerspruch, nämlich die Welt vom Reißbrett aus revolutionieren zu wollen, schließlich ein und ging 1930 folgerichtig in die Sowjetunion, um sich am Aufbau des Sozialismus zu beteiligen. »In einem kapitalistischen Staat«, kommentierte 1930 die *Arbeiter-Illustrierte Zeitung* lapidar, »war ein revolutionäres Bauhaus eine Illusion«.

Die gleiche bittere Erfahrung mußten die Idealisten des Deutschen Werkbundes in diesen Jahren machen, nur daß sich hier die Entwicklung nicht so dramatisch vollzog. Der Werkbund existierte bereits seit 1907, erlebte aber nach 1923/24 einen ungeahnten neuen Aufschwung, als er sich ebenfalls vom Kunstgewerbe abwandte und zur industriellen Produktionsweise überging. Das dokumentiert sich nicht nur in seiner praktischen Arbeit, sondern auch in seinem seit 1925 erscheinenden Verbandsorgan *Die Form*, das sich im Untertitel »Zeitschrift für gestaltende Arbeit« nannte und den gleichen Radikalidealismus wie das Bauhaus vertrat. Auch hier hoffte man, der deutschen Gesellschaft – rein von der Formgestaltung her – eine humanere, sozialere Struktur zu geben. »Die neue Welt der Arbeit«, schrieb Walter Curt Behrendt im Geleitwort zum ersten Heft anklagend und fordernd zugleich, »hat bisher noch keine Ordnung gefunden«. Daß ein solcher Ordnungsprozeß nicht nur ein »ästhetisches Problem« war, sondern eine konstruktive Neugestaltung der politischen und sozialen Verhältnisse voraussetzte, war selbstverständlich auch ihm bewußt. Behrendt versprach daher seinen Lesern, daß man in der *Form* nicht »allzuviel von Kunst« reden, sondern eher den sachlichen »Meinungsaustausch der Fabrikanten und Künstler, der Ingenieure und Architekten« vorantreiben werde (2). Allerdings solle dies nicht im Sinne eines rohen Fordismus geschehen, sondern weiterhin der Vergeistigung und Veredelung der gewerblichen Arbeit dienen. Das klang in der Theorie ganz passabel, führte jedoch in der Praxis meist zu einer verstärkten Anpassung an die Realitäten des Marktes. Daher kam es auch in dieser Organisation, vor allem durch den Einfluß Mies van der Rohes, zu einer immer stärkeren Wendung ins Technische, die 1930 in der Werkbund-Ausstellung »Das vorbildliche Serienerzeugnis« kulminierte. Während bis 1923 das Handwerkliche im Vordergrund gestanden hatte, widmete sich der Werkbund in diesen Jahren zusehends Aufgaben wie der Gebrauchsgüterherstellung, dem sozialen Wohnungsbau und schließlich der Planung ganzer Städte, indem er Pläne von Zukunftsstädten vorlegte, die auf einem gelungenen Gleichgewicht von Hochhäusern und Grünanlagen, Fabriken und Sportplätzen beruhten, als ob es dazu nur der Entscheidung des Architekten und nicht der Entscheidung der kapitalistischen Bauherren bedurft hätte.

Doch dieser Zwiespalt von Utopie und Praxis bestimmte nicht nur die Tätigkeit des Deutschen Werkbundes, sondern die Arbeit fast aller fortschrittlichen Architekten dieser Jahre, die ihre Reformkonzepte im Rahmen eines vornehmlich auf Profit bedachten Wirtschaftssystem zu realisieren suchten. Auch sie, die sich immer wieder mit theoretischen Äußerungen zu Worte meldeten, ruhten nicht, auf die Verwirklichung ihrer radikaldemokratischen oder sozialistischen Zielsetzungen zu pochen. Aus diesem Grunde setzten sie auch nach 1923 weiterhin neue architektonische Utopien oder zumindest utopische Teilkonzepte in die Welt, wobei sie entweder auf den stilkünstlerischen Purismus der Jahrhundertwende oder den novembristischen Konstruktivismus von 1918/19 zurückgriffen. Walter Müller-Wulckow betonte daher schon 1925 in seinem Buch *Bauten der Arbeit und des Verkehrs*, daß in der Neuen Architektur ein allgemeiner Wille nach »konstruktiver« Baugesinnung herrsche (5), in dem sich der »Wille unserer Generation zur Sachlichkeit« manifestiere (10). Er umschrieb diesen Trend vor allem mit folgenden Kriterien: »rationelle Gestaltung«, »Vereinheitlichung«, »technische Zweckbestimmtheit«, »ruhige Schlichtheit«, »sachlich straffe Formgebung« oder einfach »zweckvoll«, »formbestimmt«, »unrepräsentativ«, dem »Flugzeug artverwandt« und »nach amerikanischem Vorbild«.

Ähnliches haben auch die Architekten selbst immer wieder gefordert. So setzte sich Siegfried Gideon in seinem Aufsatz »Zum Neuen Bauen«, der 1927 im *Cicerone* erschien, für eine sachlich entschiedene »Ingenieursachitektur« ein (19,59). Bruno Taut schrieb 1928 in der *Bauwarte*, daß der neue Architekt nicht mehr von seinem »subjektiven Privatwillen«, sondern vom Sachlich-Organisatorischen ausgehen solle. »Das Pathetische steigt ins Grab«, heißt es bei ihm. »Pathos, Pose, Sich-in-die-Brust-Werfen, bloße Gesten, Altertümelei wie Modernetum« seien endgültig vorbei (4,621). Ja, Ludwig Hilberseimer entwarf 1927 in seinem Buch *Großstadtarchitektur* Pläne zu Städten der Zukunft, die völlig auf dem Prinzip der industriellen »Typisierung« und »Normisierung« beruhten (25). Statt weiterhin der »mittelalterlichen Form der Einzelarbeit« nachzutrauern, forderte auch er Planung, Rationalisierung, Organisation und wies dabei auf Corbusier hin, der bereits um 1925 neue Millionenstädte entworfen habe. Daß die bisherige »Desorganisation« der Großstädte weitgehend das Produkt eines anarchischen Kapitalismus sei, dessen war sich auch Hilberseimer bewußt (2). Doch als Alternative schlug auch er nicht den Sozialismus, sondern einen auf nordamerikanischen Wolkenkratzeridealen und Henry-Ford-Zitaten beruhenden Planungsidealismus vor, bei dem der »Bodenspekulant« einfach durch den »Architekten« ersetzt werde (22). Wenn das geschehe, schreibt er optimistisch, werde sich auch die Großstadt in eine wohlfunktionierende Maschine verwandeln, die auf folgenden Prinzipien beruhe: »Logik, Unzweideutigkeit, Mathematik, Gesetz« (103). Ein ähnlicher Utopismus liegt dem von Martin Wagner und Adolf Behne herausgegebenen Sammelband *Das neue Berlin* (1929) zugrunde, der das Problem Weltstadt – im Sinne einer »Ästhetik des technischen

Zeitalters« (19) – ebenfalls rein als Planungsproblem behandelt. Im Jargon des herrschenden Amerikanismus werden dabei die Plätze bloß noch als »*Clearing*«-Punkte, die Innenstadt als »*City*«, ja das gesamte Stadtgefüge als ein fordistisches System von Arbeit und Sport aufgefaßt, das heißt als ein architektonisches Ballungszentrum, das einerseits aus Fabriken, Messehallen und Warenhäusern, andererseits aus Wohnblocks, Schwimmbädern und Sportarenen besteht. In einer solchen »mechanisierten Weltstadt«, für die Ludwig Hilberseimer geradezu beängstigende Architekturphantasien mit riesigen Hochhäusern und Hochstraßen entwarf, werde sich das Leben, wie Martin Wagner schreibt, einmal »reibungslos« zwischen den Polen Arbeit und Sport abspielen – und jedermann zufrieden sein (109).

Wohl die reinste Verkörperung dieser fordistisch-neusachlichen Architekturgesinnung ist das Buch *Befreites Wohnen* (1929) von Siegfried Gideon, das auf einen bloßen Funktionalismus hinausläuft. Gideons Befreiungs-Konzepte haben etwas rein Formales und beschränken sich weitgehend auf große Glasfenster und weißgetünchte Wände, die es den Menschen ermöglichen sollten, wieder frei zu atmen und frei zu schauen. Nur in solchen Häusern könne sich der »Gleichklang eines durch Sport, Gymnastik, sinngemäße Lebensweise befreiten Körpergefühls« entwickeln, wie wir lesen (3). Gideon schlägt daher vor, dem Konzept des »Hauses« endlich seinen bisherigen »Ewigkeitscharakter« zu nehmen und ihm statt dessen einen reinen »Gebrauchscharakter« zu geben (3). Dies könne jedoch nur auf »industrieller Basis« geschehen. Er schreibt deshalb forsch optimistisch: »Jeder Generation ihr Haus« (3) – und beruft sich dabei ausdrücklich auf Henry Ford, der einmal gesagt haben soll, daß man Häuser nicht so massiv bauen solle, weil sie sonst zu lange hielten und man sie nicht schnell genug durch neue ersetzen könne. Aus diesem Grunde laufen auch Gideons Parolen – gewollt oder ungewollt – auf einen Weißen Sozialismus hinaus, der trotz aller Befreiungs-Absichten vornehmlich das Prinzip der ›geplanten Obsolenz‹ unterstützt.

Aber das ist nur eine Seite der Medaille. Es gibt in diesen Jahren auch Architekten, die über die rein fordistisch-rationalisierenden Aspekte zu einer Baugesinnung vorzustoßen suchen, die einen wahrhaft sozialen, wenn nicht sozialistischen Charakter hat. Dazu gehörten vor allem jene, die sich im Ring fortschrittlicher Architekten zusammenschlossen und sich dem Bau von Siedlungen, Wohngenossenschaften und Trabantenstädten zuwandten. Statt sich weiterhin im Einzelbau zu betätigen, wo man sich meist dem Geschmack des jeweiligen Bauherrn anzupassen hat, wollten diese Architekten endlich einmal im Großen ihre eigenen konstruktivistischen Ideen verwirklichen. Und dazu bot sich nach 1923 – aufgrund der von der SPD und den Gewerkschaften unterstützten Baugenossenschaften – durchaus eine Chance. Da zwischen 1914 und 1923 der Wohnungsbau fast völlig zum Erliegen gekommen war, fehlten 1923 plötzlich mehr als eine Million Wohnungen. Ein solcher Rückstand ließ sich nur mit Hilfe der öffentlichen Hand aufholen. Es kam daher in den folgenden Jahren zu einer engen Zusammenarbeit zwischen Gemeinden, Gewerkschaften, gemeinnützigen Wohnungsbaugenossenschaften und Sozialdemokraten. So gründete der Allgemeine Deutsche Gewerkschaftsbund (ADGB) im Jahre 1924 sowohl die Reichswohnungsfürsorge AG (REWOG) als auch die Gemeinnützige Heimstätten-, Spar- und Bau-AG (GEHAG), um endlich auch den Arbeitern menschenwürdigere Wohnverhältnisse zu ermöglichen. Insgesamt wurden zwischen 1924 und 1929, dem Jahr, in dem der Wohnungsbau aufgrund der ökonomischen Krise erneut eingestellt werden mußte, fast 85 Prozent der neugebauten Siedlungen und Wohnblocks mit Mitteln der öffentlichen Hand finanziert.

Wohl am stärksten äußerte sich diese Bauwelle in Berlin, das den größten Nachholbedarf und zugleich die größte Zuwanderung hatte. Berlin war damals die »erdrückendste Mietskasernenstadt« der Welt, die Werner Hegemann noch 1930 in seinem anklagenden Buch *Das steinerne Berlin* schrieb. Während in London, statistisch gesehen, 7,8, in Amsterdam 13, in Paris 38 Menschen in einem Haus wohnten, wohnten in den Berliner Häusern um 1925 durchschnittlich 75,9 Menschen. Um diesen Kasernierungs-Charakter zu überwinden, setzten sich fortschrittliche Architekten mehr und mehr für einen Siedlungsbau mit niedrigen Häusern und möglichst vielen Grünflächen ein, um auch den kleinen Angestellten und Arbeitern bessere Wohnverhältnisse anzubieten. Die größten Möglichkeiten hatte dabei Bruno Taut, der in Berlin mit Unterstützung der SPD Chefarchitekt der GEHAG wurde und oft mit Martin Wagner eine Reihe bis heute vorbildlicher Siedlungen (Britz, Zehlendorf, Prenzlauer Berg) schuf. Um endlich die enormen Produktionskosten im Siedlungsbau herabzusetzen, trat Taut schon 1924 in der Zeitschrift *Wohnungswirtschaft* dafür ein, den Fordismus auch »auf den Häuserbau anzuwenden« (1, 157), und wandte bei seinen eigenen Bauprojekten eine Skelett- und Fertigbauweise an, die durchaus der taylorisierten Fließbandarbeit in anderen Wirtschaftszweigen entsprach. Allerdings verband er mit dieser avancierten Technologie eine Baugesinnung, die auf dem Prinzip der »genossenschaftlichen Solidarität« beruhte und sich gegen die bisherige bürgerliche »Eigenbrötelei« im Wohnungsbau wandte. Was Taut vorschwebte, war eine Baugesinnung, in der das Lebensgefühl des »Fünften Standes« zum Ausdruck kommt, wie er 1926 in der *Weltbühne* schrieb (22, 502). Ihre überzeugendste Verwirklichung fand diese Absicht in Berlin-Britz, wo er eine Siedlung entwarf, die durch ihre großzügige Hufeisenform und die Verwendung der Farbe Rot an markanten Stellen sich geradezu programmatisch zur Idee einer ›Welt der Gleichen‹ bekannte und daher auch architektonisch auf alle hierarchischen Elemente verzichtete. Neben Taut betätigten sich damals in Berlin Hans und Wassili Luckhardt mit Alfons Anker, Max Taut, Walter Gropius, Ludwig Mies van der Rohe, Erich Mendelsohn, Ludwig Hilberseimer, Martin Wagner und Hans Scharoun in einem ähnlichen Sinne und bauten in Zehlendorf, Tegel, Siemensstadt, Lankwitz und anderen Stadtteilen Tausende von Wohnhäusern und großzügig geplante Siedlungen. In Frankfurt war es vor allem Ernst May, der als Stadtbaurat zwischen 1926 und 1929 Siedlungsprojekte am Ginnheimer Hang, in Praunheim und in der Bruchfeldstraße durchführte, bei denen er dieselbe Fließbandbauweise wie Bruno Taut anwandte. Selbstverständlich entsprachen nicht alle diese Projekte den ursprünglichen Träumen dieser Architekten von expressionistischen

Licht- und Gartenstädten, von ›Stadtkronen‹ oder Volkskommunen, hatten aber doch so viel gesellschaftliche Relevanz, daß sich manche selbst bei den Siedlungsvorhaben der späten zwanziger Jahre fast wie Baumeister des Sozialismus vorkamen. Einen guten Überblick über die dabei entwickelten Bauweisen bot die Stuttgarter Weißenhof-Siedlung, die 1927 im Auftrag des Deutschen Werkbundes gebaut wurde und bei der fast alle wichtigen Vertreter des Neuen Bauens, also Architekten wie Mies van der Rohe, Corbusier, Oud, Behrens, Gropius, Hilberseimer, Poelzig, Scharoun und Bruno Taut, ›ihr‹ Reihenhaus oder ›ihren‹ Wohnblock vorstellen konnten, ohne dabei an bestimmte Richtlinien gebunden zu sein. Trotz alledem hatte das Ganze eine erstaunliche Geschlossenheit, da sich alle der hier vertretenen Architekten um größtmögliche Typisierung und Rationalisierung bemühten. Fast alle arbeiteten mit der gleichen Stahl- oder Betonskelettbauweise, verwandten die gleichen flachen Dächer, gingen von der Grundfarbe Weiß aus und gebrauchten soviel Glas wie möglich, um den Eindruck des Hellen, Funktionalen, Kubistischen zu erzielen. Dies war wirklich eine Siedlung, welche völlig vom Optimismus des Neuen Bauens durchdrungen war und ein Vertrauen in eine technische Aufwärtsentwicklung ausstrahlte, die einmal jedermann den gleichen hohen Lebensstandard ermöglichen werde.

Dagegen blieb alles, was die gleichen Architekten in diesen Jahren außerhalb solcher Ausstellungen und Siedlungsprojekte schufen, notwendig Stückwerk. Es gelang ihnen zwar mancher architektonisch hervorragende Warenhausbau, manches vorbildliche Verwaltungsgebäude, manches ebenso sachgerechte Kino oder Schwimmbad, doch von ihren größeren Projekten verwirklichten sie nichts. So konnten sie keine neuen Städte bauen, keinen ›Platz der Republik‹ schaffen, ja nicht einmal den Umbau des Alexanderplatzes beeinflussen, obwohl sie für alles hinreißende Pläne entwickelten. Auf diesem Sektor erwiesen sich die verschiedenen Kapitalinteressen doch stärker als der planende Geist, und mochte dieser noch so revolutionär gesinnt sein. Aber selbst für ihre Einzelleistungen blieben diesen Architekten nur drei bis vier Jahre Zeit, da mit der 1929 einsetzenden

Weltwirtschaftskrise auch in Deutschland das Baugewerbe wieder weitgehend zum Erliegen kam.

Zuspitzung der Gegensätze nach 1929

Während die deutsche Kunstszene zwischen 1923/24 und 1928 eine relative Stabilität aufweist, zeichnet sich ab 1928/29 eine immer schärfere Polarisierung ab. Durch den Beginn des 1. Fünfjahresplanes in der UdSSR (1928) und den Beginn der großen Wirtschaftskrise in den USA (1929) wurde das Vertrauen in einen krisenfesten und planmäßig voranschreitenden Kapitalismus aufs neue merklich erschüttert. Und so begann die Linke wieder Hoffnung zu schöpfen, während die Rechte – unter dem Druck der Verhältnisse – immer weiter nach rechts rückte und schließlich die NSDAP ins Feuer schickte, um ihre Machtstellung zu behaupten.

Von einer spezifisch nationalsozialistischen Kulturpolitik in Sachen Bildende Kunst läßt sich darum erst ab dem Jahr 1928 sprechen. Natürlich hatte es bereits vorher ›Völkische‹ wie Julius Langbehn, Karl Vinnen, Ferdinand Avenarius, Theodor Alt und andere gegeben, die ab 1890 unablässig gegen die sogenannte Moderne anzukämpfen versuchten. Aber erst der 1928 von Alfred Rosenberg gegründete Kampfbund für deutsche Kultur gab diesen altnationalen Bestrebungen eine unübersehbar nationalsozialistische Färbung. Das beweist das im gleichen Jahr erschienene Buch *Kunst und Rasse*, in dem Paul Schultze-Naumburg nach Jahrzehnten braver ›Heimatschutz‹-Publikationen plötzlich dazu überging, die Figurenwelt des Expressionismus und Verismus mit Geisteskranken und Verkrüppelten zu vergleichen, um ihr damit politisch und ästhetisch den Todesstoß zu versetzen. Auch das Vokabular dieser alten völkischen Garde erfuhr mit einem Mal eine merkliche Verschärfung ins Faschistische. Während man die Moderne bis dahin in nationalbewußten Kreisen vornehmlich als ›undeutsch‹ angegriffen hatte, gebrauchte man jetzt in steigendem Maße Schimpfworte wie ›entartet‹, ›untermenschlich‹, ›jüdisch-zersetzend‹ oder ›kulturbolschewistisch‹.

Als die Nationalsozialisten 1930 in Thüringen im Rahmen einer bürgerlichen Koalitionsregierung zum erstenmal an der Macht beteiligt wurden, veranlaßte dann auch der dortige Innenminister Wilhelm Frick, im Weimarer Schloßmuseum sofort alle Bilder von Dix, Feininger, Kandinsky, Klee, Marc und Nolde als Schandmale einer undeutschen ›Negerkultur‹ zu entfernen. Ja, Schultze-Naumburg, der neue Leiter der Vereinigten Kunstlehranstalten Weimars, ging so weit, Schlemmers Wandfresken aus der Frühzeit des Bauhauses einfach abkratzen zu lassen.

Was die Nationalsozialisten diesen ›undeutschen‹, ›jüdischen‹, ›negroiden‹ Tendenzen entgegenzusetzen hatten, war freilich kümmerlich genug. Es war an sich nur – wie in der Musik – der unverdiente Schatz des großen deutschen Kulturerbes, den sie einfach für sich in Anspruch nahmen. Außerdem verfügten sie über ein paar drittrangige Karikaturisten, die ihnen die Zeichnungen für ihre Kampfblätter lieferten, und den Parteifotografen Heinrich Hoffmann, der 1932 den Bildband *Das braune Heer* herausbrachte. In der Malerei gibt es dagegen vor 1933 fast nichts, was spezifisch nationalsozialistisch wirkt. Doch solche Bekenntnisse verlangten die Nationalsozialisten damals noch gar nicht. Sie waren schon zufrieden, wenn sich gewisse Maler der Neuen Sachlichkeit immer stärker nach rechts bewegten und ihre letzten veristischen Züge aufgaben. Nicht die Neue Sachlichkeit wurde daher von den Nationalsozialisten attackiert, sondern nur immer wieder Expressionismus, Dadaismus, Konstruktivismus und Verismus, die ihnen als ›kulturbolschewistisch‹ erschienen, wobei sie allerdings in ihrer kleinbürgerlichen Beschränktheit übersahen, daß Teile dieser Bewegungen um 1928/29 bereits in einen industriellen Funktionalismus eingemündet waren, den sie später – in Form von Autobahnen und Volkswagen – selbst als höchst nützlich erkannten. Während sie also den tieferen Sinn der Neuen Sachlichkeit in Architektur und Formgestaltung erst begriffen, als sie selbst an der Macht waren und diese Dinge in die Tat umsetzen konnten, begannen sie mit dem rechten Flügel der Neuen Sachlichkeit, jenen Malern, die sich hauptsächlich dem Stilleben, der deutschen Landschaft und schließlich auch dem ›deutschen Menschen‹ zuwandten, schon vor 1933 zu sympathisieren. Wie stark dieser Trend zum Traditionsbewußten, zu den ›bewährten Tümlichkeiten‹ schon damals war, zeigt sich vor allem bei Theo Champion, Adolf Dietrich, von Hugo, Alexander Kanoldt, Franz Lenk, Franz Radziwill und Georg Schrimpf, die sich 1932 zu der Gruppe Die Sieben zusammenschlossen. Welchen Kurs diese Gruppe steuerte, belegt ein Aufsatz wie »Was ich will« von Lenk, der 1931 in *Die Kunst für alle* erschien und in dem er von der neuen Malerei vor allem »Glauben« und »Bescheidenheit« verlangt. »Außerdem bleibe sie im Lande«, heißt es hier apodiktisch, »sie stammt von keinen schlechten Eltern und ist ihnen durch Tradition und Schicksal verbunden« (47, 377). Daher überwiegt auf den Bildern dieser Gruppe nicht das Großstädtische und Technische, sondern das Naturbezogene, Kleinstädtische, Bäuerliche. Hier trägt niemand einen Bubikopf oder Overall – hier dominiert der Knoten, der Zopf, das Dirndlkleid, die Tracht, der träumerische Blick in die Ferne. Aus diesem Grunde nannte Curt Gravencamp die Werke von Lenk, Heise, Radziwill, Champion, Schrimpf, Mense, Peiner und anderen im selben Jahr in der gleichen Zeitschrift nicht mehr »neusachlich«, sondern einfach »neuromantisch« (47, 189). Und auch die Kestner-Gesellschaft in Hannover, die 1933 eine Ausstellung mit Werken von Kanoldt, Schrimpf und Radziwill veranstaltete, gab ihrer Ausstellung den programmatischen Titel »Neue Deutsche Romantik«. Ähnliches tat Bruno Kroll in seinem Buch zur *Deutschen Malerei der Gegenwart* noch 1940, wo er neusachliche Maler wie Schrimpf, Kanoldt, Lenk, Radziwill, Unold und Peiner im Hinblick auf Caspar David Friedrich, Carus und Haider unter der Kapitelüberschrift »Zurück zur Natur« als Maler einer »stillen Sachlichkeit« und »gottverbundenen Allbeseelung« charakterisierte.

All das verlief relativ unkompliziert. Hier wurde einfach an Dürer und Thoma angeknüpft und jede Abweichung vom Altmeisterlichen als ›undeutsch‹ abgestempelt. Um wieviel komplizierter vollzog sich dagegen die Kunstentwicklung nach 1928/29 im linken Lager; und das trotz einer merklichen Bolschewisierung der deutschen kommunistischen Partei, die in diesen Jahren unter Thälmann ein wesentlich strafferes Gefüge als in den frühen zwanziger Jahren erhielt. Doch wirkte sich diese Zentralisierung eher politisch als kulturpolitisch aus. So führte zwar der XI. Parteitag der KPD in Essen (1927), auf dem vor allem Organisationsfragen diskutiert wurden, ein Jahr später in Berlin zur Gründung der Assoziation revolutionärer bildender Künstler Deutschlands (ARBKD oder auch kurz ASSO genannt), doch ein einheitliches Programm wurde auch von dieser Organisation nicht erarbeitet, zumal es auch in der UdSSR in diesen Jahren noch immer eine Vielfalt miteinander konkurrierender Kunsttheorien gab, die erst 1932/33 einer kulturpolitischen Einheitsfront wichen. Auch die deutsche Situation ist in diesen Jahren alles andere als konformistisch. Wie in der Sowjetunion standen sich hier verschiedene Gruppen gegenüber: die einen wollten den Konstruktivismus weiterführen, andere vertraten eine technisch ausgerichtete Produktionsästhetik, dritte wollten nur bestimmte Agitprop-Tendenzen gelten lassen, und schließlich propagierte eine weitere Gruppe ein konsequentes Anknüpfen an das ›kulturelle Erbe‹, da der Marxismus neben einer notwendig vereinfachenden Massenagitation und der Beschleunigung der industriellen Produktion zugleich die Einbringung des fortschrittlichen Kulturerbes der feudalistischen und bürgerlichen Vergangenheit auf seine Fahnen schreiben muß, wenn er sich als legitimer Vertreter der Gesamthoffnungen der Menschheit hinstellen will.

Und so sind auch in Deutschland im Rahmen der kommunistischen Kunstdebatten zwischen 1928/29 und 1933 fast die gleichen Richtungen vertreten, die es damals in der Sowjetunion gab. Einerseits zeichnet sich eine gewisse Neigung zu jener Produktionsästhetik ab, für die Lu Märten in ihrem Aufsatz *Kunst und Proletariat* (1925) die ideologische Grundlage geschaffen hatte, in dem sie sich sowohl gegen Proletkult als auch gegen bloßen Agitprop wendet und statt dessen die »Logik der Maschinen« als Voraussetzung einer neuen Kunst hinstellt. Doch solche Tendenzen, die vom Aufbau des Sozialismus in der UdSSR ausgingen, waren damals auf Deutschland noch nicht zu übertragen. Das sah niemand schärfer als Durus, alias Alfred Kemeny, der im Februar 1932 in der *Roten Post* erklärte: »Der Übergang vom

Konstruktivismus zur proletarischen Kunst ist ein schwieriger und langwieriger Vorgang. Die Maschinenromantik als konstruktivistische Weltanschauung, der Hang zur Herstellung der Kunst am laufenden Band der Technik muß überwunden werden. Erst nach der Aufhebung des Konstruktivismus als einer bürgerlichen Richtung der Kunst kann die Aufbewahrung bestimmter formaler Elemente der planmäßig konstruktiven Gestaltung auf einer höheren weltanschaulichen Stufe gelingen« (Nr.8). Als ebenso verfrüht empfanden es manche der kommunistischen Kunstkritiker, bereits in der Phase des unerbittlichen Kampfes gegen das Bürgertum an die Techniken der bürgerlichen Malerei anzuknüpfen. Und auch hier war es wiederum Durus, der bereits am 23. November 1928 in der *Roten Fahne* den Kurs angab, indem er den Realismus der Neuen Sachlichkeit, den manche der linken Maler als logische Fortsetzung älterer Realismen empfanden, als logische »Folge der relativen Stabilisierung und Rationalisierung« disqualifizierte, die zu einer größeren Starre, einem Verlust an Totalität und damit einer bloßen »Nasenspitzensachlichkeit« in der bürgerlichen Malerei geführt hätten.

Um so größeren Anklang fand dagegen alles, was sich gegen die bürgerliche Kunst schlechthin wandte und auf verschärfte Konfrontation drängte, das heißt jene agitatorischen Zweckformen, in denen die Kunst zur Waffe wird. Diesen Kurs vertrat unter anderem Alfred Kurella, der damals im Gegensatz zu den eher traditionalistisch eingestellten Ölmalern innerhalb der ACHRR den Kurs der Gruppe *Oktabr* (Oktober) vertrat, die alle Bemühungen in Richtung auf Agitprop-Zeichnung, Plakatgestaltung, Film, Transparent, Arbeiterklub-Ausgestaltung usw. unterstützte. Kurella regte 1928 auch die deutschen ASSO-Mitglieder an, eine Unterabteilung für Plakate, Buch- und Broschürengestaltung, Fotos, Fotomontagen und agitatorisch-propagandistische Kunst einzurichten, um so die ASSO, die als bloßer Künstlerklub angefangen hatte, in eine Organisation zu verwandeln, an der jeder klassenkämpferisch eingestellte Arbeiter teilhaben konnte. Diese Anregung fiel auf höchst fruchtbaren Boden und führte zu einem ungeahnten Aufschwung an optischem

Agitprop, wie er sich unter anderem in Massenorganen wie der *Roten Fahne*, dem *Arbeiterkalender*, der *Arbeiterstimme*, der *Sächsischen Arbeiterstimme*, der *Roten Post*, der *Jungen Garde*, dem *Klassenkampf* wie auch dem *Eulenspiegel* (dem späteren *Roten Pfeffer*) findet, an denen Künstler wie Alfred Beier-Red, Paul Eickmeier, Sandor Ek (Alex Keil), Otto Griebel, Wilhelm Lachnit, Max Lingner, Alfred Frank, Karl Völker, Käthe Kollwitz, Otto Nagel, Herbert Sandberg, Conrad Felixmüller und viele andere mitarbeiteten.

Wohl das wichtigste Blatt innerhalb dieser Gruppe war die von Willi Münzenberg geleitete *Arbeiter-Illustrierte-Zeitung* (*AIZ*), die zuerst unter dem Titel *Sowjetrußland im Bild* erschien, jedoch ab 1928/29 zu einem wirklich einflußreichen Massenorgan wurde und zeitweilig eine Auflage von 300 000 erreichte. Die *AIZ* arbeitete zwar auch mit Zeichnungen und zählte unter anderen Nagel, Kollwitz und Felixmüller zu ihren Mitarbeitern, bediente sich jedoch ansonsten hauptsächlich des Fotos, und zwar in Form des Fotogramms, der Fotomontage wie auch der Kombination von aktuellem Foto und dazu verfaßtem Gedicht – ging also stets von einem Arrangement von Text und bildlicher Aussage aus, anstatt wie das neusachliche Realfoto bei einer nichtssagenden Oberflächlichkeit stehenzubleiben. Die *AIZ* erfüllte damit aufs Haar jenes Postulat, das Kurt Tucholsky bereits 1925 in seinem Aufsatz *Die Tendenzfotografie* gestellt hatte, in dem er die Kommunisten aufforderte, endlich eine »tendenzfotografische illustrierte Kampfzeitung« zu gründen (II,107). Die dazu nötigen Fotografien wurden zum Teil von einem weitgespannten Korrespondentennetz von Arbeiterfotografen geliefert, die ab 1928 auch für die Zeitschrift *Der Arbeiter-Fotograf* arbeiteten. Dazu kamen ab 1929/30 die vielen Fotomontagen, die John Heartfield für die *AIZ* schuf und die wohl zu dem Bedeutendsten gehören, was die kommunistische Kunst dieser Jahre überhaupt aufzuweisen hat. Heartfield stützte sich vor allem auf den seit 1924 vom Bauhaus und von Sowjetkünstlern wie Gustav Kluzis und El Lissitzky entwickelten Typ der Fotomontage, der stets von einer Kombination aus Bild und Schlagworttext ausgeht, um nicht der Verführung der sogenannten ›fotografischen Authentizität‹ auf den Leim zu gehen. Jede ›mechanische‹ Wiedergabe der Realität empfand er von vornherein als Lüge. Im Gegensatz zu den Vertretern des neusachlichen Realfotos erkannte Heartfield schon früh, daß gerade die Fotografie »in den Händen der Bourgeoisie zu einer furchtbaren Waffe *gegen* die Wahrheit geworden« ist, wie dann auch Brecht 1931 anläßlich des zehnjährigen Bestehens der *AIZ* schrieb (20,599).Bloßes Fotografieren, das keine Montage, keinen Umbau, keine Deutung der vorgegebenen Realität vornimmt, also nichts »künstlerisch Gestelltes« enthält, erschien Heartfield als ausgesprochen »reaktionär«. Wie später Brecht wollte er sich nicht mit jener berühmten »Fotografie der Krupp-Werke oder der AEG« zufrieden geben, die nichts über den ›wahren‹ Charakter dieser Institute aussagt, sondern wollte immer zugleich bloßlegen, attackieren, das heißt das Foto als Waffe einsetzen. Welche Wirkung Heartfield damit erzielte, beweist unter anderem die Fotomontage-Ausstellung, die 1931 im Berliner Kunstgewerbemuseum stattfand und auf der hauptsächlich seine eigenen Werke wie die seiner Gesinnungsgenossen Alex Keil und Alixe Lex-Nerlinger zu sehen waren.

Im Vergleich zu dieser Form der Fotomontage hatte es die linke Malerei wesentlich schwerer, als ›Waffe‹ aufzutreten. Und doch wurde auch um sie in diesen Jahren erbittert gerungen, da man selbst auf diesem Gebiet, wo man aufgrund der bestehenden Ausstellungsbedingungen von vornherein zum ›Elitären‹ verurteilt war, den Rechten das Feld nicht einfach kampflos überlassen wollte. Deshalb wandte sich Fritz Schiff in seinem Aufsatz »Bildende Kunst und Proletariat«, der im *Volksbuch 1930* erschien, energisch gegen die herkömmliche Ölmalerei und forderte statt dessen eine monumentale Wandmalerei (80). Da es jedoch für die Linken überhaupt keine Wände gab, blieben sie erst einmal bei der Leinwand. Bei genauerem Zusehen lassen sich innerhalb dieser Gruppe zwischen 1928/29 und 1933 drei Untergruppen unterscheiden: die Maler und Grafiker, die noch vor 1914 großgeworden waren, die linken Konstruktivisten, die auch in diesen Jahren ihren spätexpressionistischen Idealen treu zu bleiben versuchten, und die jungen Realisten, die sich weitgehend in der ASSO zusammenschlossen. Zur ersten Gruppe zählen vor allem jene Prominenten, die im Rahmen älterer bürgerlicher Kunstrichtungen wie dem Naturalismus, dem Jugendstil oder dem Expressionismus angefangen hatten, sich jedoch in den zwanziger Jahren von ihrer Klassenbindung lösten und zu links eingestellten Einzelgängern wurden, die in Momenten der Krise stets ihre Solidarität mit dem Proletariat bekundeten. Dazu gehörten vor allem Käthe Kollwitz, Heinrich Vogeler, Conrad Felixmüller, Heinrich Ehmsen und Otto Nagel, die angesichts der politischen Polarisierung nach 1928/29 immer stärker nach links tendierten. Ja, manche von ihnen entwickelten in den folgenden Jahren ausgesprochen aktivistische Züge. Man denke an Werke wie Vogelers *Hamburger Werftarbeiter* (1928), Nagels *Bewaffnete Arbeiter* (1931), Ehmsens *Erschießung des Matrosen Eglhofer* (1932) oder das *Propellerlied* (1931) von Kollwitz, die sich alle auf zum Befreiungskampf der Arbeiterklasse bekennen.

Die zweite Gruppe sind die linken Konstruktivisten, die sich in diesen Jahren um die Berliner Zeitgemäßen und die Kölner Progressiven scharten. Während sich andere Konstruktivisten in ihrem Streben nach gestalterischen Grundformen längst in den Dienst eines kapitalistischen Funktionalismus gestellt hatten, versuchten diese Gruppen weiterhin ihren proletkultischen Idealen treu zu bleiben. Das gilt vor allem für die Kölner Progressiven, die sich trotz ihrer kommunistischen Grundgesinnung sowohl gegen jenen ›heroischen Realismus‹ der russischen ACHRR-Maler als auch gegen den Realismus der meisten deutschen ASSO-Maler wandten. All das empfanden sie als naturalistische Farbfotomalerei, wie Franz Wilhelm Seiwert 1929 anläßlich einer Ausstellung sowjetischer Malerei in Köln erklärte. Sie zogen darum skrupellos gegen jede Form der moralisierenden Armeleute-Malerei oder der proletarischen Schlachten- und Historienmalerei zu Felde, da ihnen weder Mitleid noch Heldenverehrung besonders marxistisch erschienen. Statt dessen propagierten sie in ihrer Zeitschrift *a bis z* (1929-1933) wie schon um 1920/21 ein Kollektivbewußtsein, das zu einer total anonymisierenden Figurendarstellung neigt und überhaupt keine individuellen Einzelzüge mehr kennt. Aus diesem Grunde erschienen ihnen der Suprematismus eines Malewitsch und der Neo-Plastizismus eines Mondrian wesentlich revolutionärer als die Stilmittel eines Grosz oder einer Kollwitz, welche sie als bürgerlich, als bloß reproduzierend empfanden. In der Zeitschrift *a bis z* schrieben deshalb neben Seiwert und Hoerle auch Leute wie Roul Hausmann, Ernst Kallai, Kasimir Malewitsch und Stanislaw Kubicki, die sich nicht nur über Kommunismus und Proletkult, sondern auch über Kubismus, abstrakte Malerei, surrealistische Filme oder Künstler wie Severini, Brancusi, Ozenfant und Doesburg äußerten. Ja, diese Tendenz wurde im Laufe der Jahre eher stärker als schwächer. Während man dabei bis 1930 noch im Ästhetischen blieb und – wie August Tschinkel – den ›Naturalismus‹ der ASSO als einen großväterlichen »Defreggerstil« der »schwieligen Fäuste« und »Schweißtropfen« hinstellte, das heißt als »kleinbürgerliche Idealisierung des Proletariats« im Sinne der achtziger und neunziger Jahre des vorigen Jahrhunderts (12,45), ging man ab 1931 immer stärker dazu über, diese »miserable Aufwärmung« der bürgerlichen »Elendsmalerei« als Ausdruck der steigenden Bürokratisierung, ja Stalinisierung der kommunistischen Kulturpolitik zu charakterisieren und dementsprechend abzuwerten. Was man diesen Tendenzen entgegenstellte, war weiterhin eine kritische Aneignung jener Moderne, welche im Sinne des Kubismus und Konstruktivismus die »objektiv materialgerechten Formen« innerhalb der bildenden Künste freigelegt habe, deren gesamtgesellschaftliche Funktion jedoch erst in einer zukünftigen »Gemeinschaftskultur« zum Tragen kommen würde.

Die Berliner Zeitgemäßen, zu denen vor allem Oskar Nerlinger, Alice Lex-Nerlinger, Paul Fuhrmann, E. O. Albrecht, Karl Haacker und Adolf Köglsperger gehörten, standen dagegen trotz ihrer konstruktivistischen Stilmittel der ASSO wesentlich näher, ja traten ihr sogar zum Teil als Mitglieder bei. Die meisten von ihnen kamen aus dem *Sturm*-Kreis, hatten bis etwa 1927/28 total gegenstandslos gemalt und sich Die Abstrakten genannt. Die Bezeichnung Die Zeitgemäßen legten sie sich erst 1931 zu, obwohl sie bereits 1928 zu eindeutig politisierten Bildthemen fortgeschritten waren. So hatte ein Mann wie Nerlinger 1924 in Berlin noch mit seinem suprematistischen Bild *Schwarzer Bogen* Furore gemacht, während er ab 1928 immer stärker gegenständliche Elemente aus der Welt der Technik und der Großstadt in seine Bilder einbaute, wobei er sich zum Teil auf Anregungen von Fernand Léger, Lissitzky, Rodschenko oder der Künstler der Fotomontage stützte, um so den Eindruck des Technisierten zu verstärken. Doch selbst das war ihm noch nicht zeitgemäß genug, weshalb er nach 1930 zur direkten Agitation überging. So stellt er auf seinem Bild *Stützen der Gesellschaft* (1931) eine Gruppe überlebensgroßer Richter und Junker dar, die rücksichtslos auf dem Rest der Gesellschaft herumtrampeln. Ähnliches gilt für die Bilder *Die Politischen* (1931) von Paul Fuhrmann oder das Agitationsbild gegen den Paragraphen 218, das Alice Lex-Nerlinger 1931 malte, auf denen der gleiche Technizismus und die gleiche kollektivistische Entindividualisierung wie auf den Bildern der Kölner Progressiven herrscht und denen daher trotz ihres Engagements von der *Roten Fahne* eine leidenschaftslose Kälte und eine Verirrung ins Konstruktivistische vorgeworfen wurde.

Weniger zu kritisieren fand dagegen die *Rote Fahne* an den Werken jener ASSO, die im März 1928 als Bruderorganisation der russischen ACHRR gegründet worden war, welche 1926 auf der großen Moskauer Mammutschau unter dem Titel »Leben und Alltag der Völker der UdSSR«, auf der 2000 ›realistische‹ Bilder von über 300 Malern zu sehen waren, ihren ersten überwältigenden Triumph gefeiert hatte. Die ASSO, die ebenfalls einen strikt realistischen Kurs vertrat, gab die Zeitschrift *Der Stoßtrupp* heraus und hatte anfangs etwa 200 Mitglieder, konnte jedoch ihre Mitgliederzahl bis 1932 auf 800 steigern. Ihre Hauptzentren waren Berlin (Otto Nagel, Werner Scholz), Dresden (Otto Griebel, Wilhelm Lachnit, Curt Großpietsch, Hans und Lea Grundig, Rudolf Bergander, Curt Querner) und Leipzig (Alfred Frank, Fritz Schulze, Alfred Kochan). Obwohl sie sich anfänglich auch der Grafik, dem Plakat, wie überhaupt jeder Art von Sichtwerbung für die KPD widmete, überwog doch – aufs Ganze gesehen – das Tafelbild. Was die ASSO-Maler dabei von den älteren Veristen unterscheidet, ist, daß sie nicht nur antibürgerlich, sondern zugleich pro-proletarisch auftraten, und zwar im Sinne jenes ›Sozialistischen Heroismus und Realismus‹, wie er von der ACHRR propagiert wurde. So finden sich zwar unter ihren Gemälden noch viel bloße Elendsdarstellungen, aber auch schon ebensoviel kämpferische Themen, wobei stets eine eindeutig proletarische Perspektive überwiegt. »Die Kunst ist eine Waffe der Künstler und Kämpfer im Befreiungskampf des Volkes gegen ein bankrottes System«, heißt es im *Manifest des ARBKD* von 1931, um so dem »Faschismus« entgegenzutreten, der eine »rücksichtslose Diktatur des Kapitals« anstrebe.

Am aktivsten war wohl die Gruppe in Dresden, wo sich der ASSO-Klub alle vierzehn Tage zu politischen Diskussionen traf und eine strikte sozialistische Parteilichkeit im Sinne Lenins vertrat. Dafür sprechen Bilder wie Querners *Demonstration* (1930) oder Griebels *Internationale* (1929), auf der sich der Künstler demonstrativ in die geradezu unübersehbare Masse des Proletariats einreiht. Ihren Höhepunkt erlebten diese Tendenzen auf der Ersten Reichskonferenz der Assoziation im Jahre 1931, auf der man Resolutionen gegen individualistischen Spontanismus, gegen Mechanisierung des dialektischen Materialismus, gegen einseitigen Praktizismus und für ein leninistisches Organisationsgefüge beschloß, wodurch der ARBKD schließlich auf 160 Ortsgruppen anwuchs. Dennoch blieben die objektiven Schwierigkeiten stets die gleichen: finanzielle Mittellosigkeit, kaum Ausstellungsmöglichkeiten und damit mangelnde Öffentlichkeit der einzelnen Gruppen. Es gab daher einige, die den politischen Nutzwert einer solchen Malerei überhaupt in Frage stellten. Doch solchen Pragmatikern, die nur noch die Aktion gelten ließen, trat gerade auch ein Mann wie Brecht entgegen, der sich immer wieder für eine linke Kunst mit der aggressiven Schärfe eines George Grosz einsetzte. Statt einfach ein »rotes Unbestimmtes« zu malen, schrieb er in seinem Aufsatz *Über gegenstandslose Malerei* mit anti-konstruktivistischer Tendenz, »zeigt lieber auf euren Bildern, wie zu unserer Zeit der Mensch dem Menschen ein Wolf ist, und sagt: ›Das wird nicht gekauft in unserer Zeit‹. Denn Geld für Bilder haben in unserer Zeit nur die Wölfe. Aber das wird nicht immer so sein. Auch unsere Bilder werden dazu beitragen, daß das nicht immer so sein wird« (18, 267).

Noch viel größer, ja geradezu unüberwindlich waren die objektiven Schwierigkeiten auf dem Gebiet der sozialistischen Architektur. Denn auf diesem Sektor gab es niemanden, der einem linken Architekten eine Realisierungschance bieten konnte. Einige Theoretiker versuchten daher, den linken und den rechten Funktionalismus einfach gleichzusetzen und auch in der »Sachlichkeit« des Neuen Bauens in Deutschland den Ausdruck einer »proletarischen Gesinnung« zu erblicken, wie das Fritz Schiff im *Volksbuch 1930* tat (84). Ähnlich verhielt sich Bruno Taut, der 1924 zum erstenmal in die Sowjetunion reiste, anschließend Mitglied der Gesellschaft der Freunde des Neuen Rußland wurde und Lunatscharski bei einem Berlinbesuch seine Britz-Siedlung zeigte. Ja, selbst die *Rote Fahne* stand manchen Tendenzen innerhalb des Neuen Bauens in Deutschland nicht völlig ablehnend gegenüber, zumal das Werkbund-Organ *Die Form* häufig lobende Aufsätze über jene neue Sowjetarchitektur brachte, die den Werken der deutschen Architektur-Avantgardisten allerdings sehr ähnlich war. Doch andere Linke verhielten sich in diesem Punkte kritischer. So warf etwa die *Linkskurve* 1930 dem Bauhaus vor, daß es sich in den »Dienst der herrschenden Klasse« gestellt habe und vorwiegend »Reklame für die großen Konzerne« entwerfe (2,6,29). Das hatten jedoch manche der fortschrittlichen Architekten inzwischen selbst eingesehen und zogen daraus nach 1929, als in Deutschland die Bauindustrie weitgehend zum Erliegen kam, die ideologischen und praktischen Konsequenzen – und gingen in die Sowjetunion. Und dazu gehörten nicht die schlechtesten Architekten dieser Ära: nämlich Bruno Taut, Ernst May und Hannes Meyer. Doch auch andere, wie Erich Mendelsohn und Walter Gropius, entwarfen in diesen Jahren Bauten für die UdSSR. Wohl am entschiedensten vollzog Hannes Meyer diesen Schritt, der 1930 im Dezemberheft der *Linkskurve* im Hinblick auf seine bisherige Bauhaus-Tätigkeit schrieb, daß es sinnlos sei, »marxistisch denken und bürgerlich – Verzeihung – sozialdemokratisch handeln« zu wollen, weshalb er sich dem »Aufbau des sozialistischen Staates in der UdSSR« zur Verfügung gestellt habe, da hier eine »Umwelt« herrsche, die genau dem »proletarischen Bauwillen«

der »Bauhäusler« entspreche (2,15,5). Ernst May ging im Oktober 1930 mit 21 Mitarbeitern nach Moskau, da er hier ungeahnte planerische Möglichkeiten erblickte, die er in Frankfurt nicht realisieren konnte, und widmete sich begeistert dem Aufbau von Magnitogorsk. Außerdem setzte er mit Unterstützung der Arbeiter des Moskauer ›Dynamo‹-Werkes die Idee im Grünen gelegener Trabantenstädte durch, um so die großstädtische Ballungsmisere zu überwinden. Andere deutsche und sowjetische Architekten wie Moissei Ginsburg, Konstantin Melnikow und Alexander Wesnin widmeten sich zur gleichen Zeit dem Bau riesiger Kulturhäuser, Arbeiterklubs, Warenhäuser, Partei- und Gewerkschaftsbauten sowie der Anlage großer neuer Industrie- und Wohngebiete, da im Zuge der rapide zunehmenden Industrialisierung, die vor allem nach 1928, dem Beginn des Ersten Fünfjahresplans, gewaltig angekurbelt wurde, das Bedürfnis nach etwa 200 neuen Städten in der Sowjetunion entstanden war. Gerade diese Jahre waren in der UdSSR Jahre kühnster Programme und Planungsideen. Allenthalben setzte man sich damals für die Anlage sozialistischer Wohnkombinate mit kommunalen Einrichtungen ein, um die Frau von der Hausarbeit zu befreien und zugleich eine neue Form des gemeinschaftlichen Lebens einzuführen. Ebenso beliebt war die Idee der ›Deurbanisierung‹ der bisherigen Städte durch große Grünanlagen und einer konsequenten Beseitigung des mittelalterlichen Gegensatzes von Stadt und Land, um damit endlich die bisher nie in Angriff genommene »Bewohnbarmachung der Erde« durchzuführen, wie das vor allem El Lissitzky in seinem Buch *Rußland. Architektur für eine Weltrevolution* (1929) und N. A. Miljutin in seinen *Grundlagen der rationellen Planung von Städten und des Städtebaus in der UdSSR* (1930) darstellten. Das mußte auf die Fortschrittlichen unter den deutschen Architekten natürlich höchst verlockend wirken.

Gegenüber den deutschen Verhältnissen wurden diese Kreise immer kritischer. Während sie bisher nur die Ähnlichkeiten zwischen dem in der Sowjetunion praktizierten Funktionalismus und dem kapitalistischen Funktionalismus gesehen hatten, öffneten sich ihnen plötzlich die Augen für die radikalen Unterschiede dieser beiden Gestaltungsweisen. Daher veranstaltete das Kollektiv für sozialistisches Bauen, wie wir 1931 im Juliheft der *Linkskurve* erfahren, im Frühjahr 1931 in Berlin eine Ausstellung, in der vor allem die skrupellose Profitgier des sogenannten Neuen Bauens in Deutschland angeprangert wurde, die an dem proletarischen Wohnungselend wenig oder nichts geändert habe, und stellte der Unbarmherzigkeit dieses Systems Beispiele des Neuen Bauens in der Sowjetunion gegenüber. Noch empörter waren die Linken, als selbst die kümmerlichen Notbauten der Jahre 1931/32 von manchen Architekten vornehmlich als ›Formprobleme‹ hingestellt wurden. So erklärte Roger Ginsburger 1932 erbittert in *Die Form*, daß der Deutsche Werkbund sogar die Stadtrandsiedlungen der Arbeitslosen lediglich unter dem Gesichtspunkt eines sachgerechten Gestaltungswillens sehe und sich damit in den Dienst eines schäbigen Reformismus stelle, obwohl es allzu offensichtlich sei, daß sich solche Probleme nur noch politisch lösen ließen (7,191). Auch Brecht schrieb in diesen Jahren immer wieder, daß die »Nützlichkeit« des Neuen Bauens vor allem für die Bauherren »sehr nützlich« sei, während sie von den Arbeitern, denen diese Bauten äußerst kalt und ungemütlich erschienen, radikal abgelehnt würden (19,386), und wies 1935 als Gegenbeispiel auf die kollektive Schönheit der Moskauer Metro hin.

Doch ein solcher Bruch mit den bisherigen Gewohnheiten erschien Brechts ›Mitbürgern‹, selbst als die Situation nach 1931 immer bedrohlicher wurde, nun doch zu radikal. Zugegeben: es gab auch die eben erwähnten Architekten, die in die Sowjetunion gingen, weil sie dort in großem Maßstab ›bauen‹ konnten, aber sonst herrschte in diesen Jahren im bürgerlichen Lager eher die Attitüde der Anpassung, des Verstummens oder des Ausweichens vor. Wohl das beste Beispiel dafür ist wiederum das Bauhaus, das 1930 – nach dem erzwungenen Abgang von Hannes Meyer – von dem Werkbündler Ludwig Mies van der Rohe übernommen wurde, der die Bauhaus-Produktion stark einschränkte und wieder die Lehrtätigkeit in den Vordergrund rückte, und zwar eine Lehrtätigkeit, die das Politische völlig eliminierte und sich ausschließlich der Erziehung zu ›qualitätvoller

Gestaltung‹ widmete. Doch selbst dieses akademische Wohlverhalten bewahrte das Bauhaus nicht davor, im August 1932 geschlossen zu werden. Und zwar wurde dieser Entscheid – aufgrund eines Gutachtens von Paul Schultze-Naumburg – vom Bürgerblock der Deutschnationalen und der Nationalsozialisten im Dessauer Stadtrat durchgepaukt, wobei nur der Oberbürgermeister Hesse und die KPD-Fraktion mit Nein stimmten, während sich die DPD – wie fast immer in solchen Fragen – der Stimme enthielt. Das Bauhaus zog zwar anschließend sofort nach Berlin-Steglitz um, wurde aber dort von den Nationalsozialisten am 11. April 1933 endgültig geschlossen, da man es immer noch für kulturbolschewistisch hielt.

Einen ähnlichen Kurs wie das Bauhaus versuchte der Deutsche Werkbund zu steuern. Auch er bemühte sich, in diesen Jahren ins Unpolitische auszuweichen. So wandte sich etwa Walter Riezler 1932 in der *Form* scharf gegen die These, Kunst mit »soziologischen« Maßstäben zu messen, und vertrat weiterhin mit radikalidealistischer Emphase die Forderung »sachgerechtester Gestaltung« (7,265). Wilhelm Lotz bedauerte 1931 in der gleichen Zeitschrift zwar die Schließung des Bauhauses, sah jedoch darin keinen »politischen oder gar weltanschaulichen« Akt, sondern lediglich das Ergebnis »kleinbürgerlicher Kirchturmspolitik« (7,291). Schließlich sei die Arbeit am Bauhaus stets »fern von jeder nur irgendwie politischen Weltanschauung« vor sich gegangen und habe sich bloß »der großen Idee der Verantwortung zum Schaffen wahrhafter Qualität« unterstellt (7,291). Den gleichen Standpunkt bezog Lotz in der Frage der Stadtrandsiedlungen. Hier behauptete er 1932, daß man selbst solche Dinge nicht von politischer oder wirtschaftlicher Warte aus, sondern nur im Hinblick auf das »Kulturelle« beurteilen dürfe (7,196). Walter Riezler schrieb daher in seiner vielbeachteten Grundsatzerklärung »Front 1932« in der *Form*, daß der Werkbund selbst in Zeiten größter Not vor allem ein »Hüter der Form« bleiben müsse, und verteidigte weiterhin die Idee der »Vergeistigung der deutschen Arbeit« gegen den »Sozialismus« einerseits und die »kulturelle Reaktion« andererseits, welche man »eine Zeitlang kaum ernst nehmen konnte«, die aber plötzlich »drohend« geworden sei (7,4). Er hoffte dabei – als guter Bürger – auch in Zukunft auf die »Bundesgenossenschaft« all derer, denen nicht nur die »Massenware«, sondern auch die Dinge des »verfeinerten« Bedarfs am Herzen lägen, um nicht völlig vom Pfad der »Kultur« abzuweichen (7,5).

Mit solchen Thesen stand Riezler unter den verschreckten Liberalen dieser Jahre nicht allein. Auch andere bürgerliche Kunstheoretiker klammerten sich verzweifelt an Begriffe wie ›Geist‹, ›Qualität‹, ›höhere Ansprüche‹ oder ›künstlerische Autonomie‹, um sich der allgemeinen Polarisierung in ein rechtes und ein linkes Lager zu entziehen. So schrieb Paul Westheim 1931 im *Kunstblatt*, daß es heute mehr denn je um eine Verteidigung des »Geistes« gehe, und zwar eines »Geistes«, der sich sowohl vom »Salonmob« als auch vom »Mob der Straße« distanziere (15,72). Doch eine solche Position verschaffte Westheim nur wenige Anhänger – weshalb das *Kunstblatt* bereits 1932 sein Erscheinen einstellen mußte. Einen ähnlichen Kampf focht Karl Scheffler in der Zeitschrift *Kunst und Künstler*, welche sich bis zum letzten Heft zum Ideal der freien, schöpferischen und genialen Einzelpersönlichkeit bekannte, die sich von allem Politischen freizuhalten versucht. Daher behauptete Emil Waldmann noch 1932 in seinem Aufsatz »Moskauer Ästhetik«, daß alle großen Kunstwerke aus dem Bereich »des Nichtmateriellen, des Nichtsozialen und Nichtpolitischen« stammten und damit Ausdruck »freier, schöpferischer Geister« seien – und wertete die sowjetische Kunst, in der das »Politische« vorherrsche, dementsprechend ab (31,186). Ähnlich idealistisch ausgerichtet ist sein Aufsatz »Technik und Schönheit«, der ebenfalls 1932 in *Kunst und Künstler* erschien und in dem er einen Schönheitsbegriff aufzustellen versuchte, der jenseits jeder direkten oder indirekten »Zweckbestimmung« angesiedelt ist (31,46).

Doch all das waren nur noch Rückzugsgefechte. Die Sieger in diesem Kampf blieben nicht die bürgerlichen Idealisten, sondern die nationalsozialistischen Provinztalente, die Schultze-Naumburg und Schmidt-Lausitz, die im Frühjahr 1933 mit der Unterstützung Hitlers und Rosenbergs auch auf dem Gebiet der bildenden Künste den Kommandostab an sich rissen und den meisten anderen die Weiterarbeit unmöglich machten. Ob nun Expressionismus, Futurismus, Kubismus, Dadaismus oder Konstruktivismus: alle modernen Kunstbewegungen galten plötzlich als ›instinktunsicher‹, ›artfremd‹, ›untermenschlich‹, ›rassisch uneins‹, ›semitisch‹, ›kulturbolschewistisch‹ oder ›niggerhaft‹. Angesichts dieser Entwicklung zogen es Maler wie Beckmann, Campendonk, Feininger, Lea Grundig, Itten, Kandinsky, Klee, John Heartfield, Purrmann, Schwitters und andere vor, ins Ausland auszuweichen. George Grosz hatte Deutschland wohlweislich bereits vor der Machtübergabe an die Nationalsozialisten verlassen. Auch die berühmten Bauhaus-Meister, Männer wie Gropius, Albers, Breuer, Mies van der Rohe und Moholy-Nagy, kehrten fast alle ihrer bisherigen Heimat den Rücken. Wer nicht freiwillig ging, wurde von den Nationalsozialisten entweder aus seinen bisherigen Stellen und Ehrenämtern entfernt (Dix, Dressler, Hofer, Hubbuch, Kirchner, Kollwitz, Kaufmann, Nolde, Schnarrenberger, Schmidt-Rottluff, Georg Scholz u.a.) oder bekam Ausstellungverbot (Felixmüller, Griebel, Hoerle, Jaeckel, Lachnit, Mense, Nagel, Nerlinger, Schlichter, Völker u.a.). Ja, um die von diesen Malern und Grafikern vertretene Kunst ein für allemal als ›unwürdig‹ abzustempeln, veranstalteten die Nationalsozialisten 1933 in Dresden, Stuttgart, Mannheim und Karlsruhe Ausstellungen unter Titeln wie »Regierungskunst. 1918-1933«, »Kulturbolschewismus« oder »Spiegelbilder des Verfalls in der Kunst«. Weiterarbeiten konnte an sich nur der rechte Flügel der Neuen Sachlichkeit, also Maler wie Grossberg, Kanoldt, Lenk, Radziwill, Schrimpf. Einige davon, wie Kanoldt, Lenk und Schrimpf, erhielten 1933 sogar Akademiesitze und Professorenstellen, obwohl selbst diese Maler schon nach wenigen Jahren wieder in Ungnade fielen oder sich selbst isolierten. Wirklich erfolgreich waren daher in den nächsten Jahren nur subalterne Talente wie Bernhard Dörries, Werner Peiner und Adolf Ziegler, die sich auch inhaltlich den nationalsozialistischen Konzepten der ›Neuen Schönheit‹ des deutschen Menschen und der deutschen Landschaft anschlossen und sich damit direkt in den Dienst des braunen Ungeistes stellten.

Literaturhinweise

Folgende Gesamt- oder Werkausgaben werden im Text nur nach Band- und Seitenzahl zitiert: Bertolt Brecht, *Gesammelte Werke in 20 Bänden,* Frankfurt 1967; Hanns Eisler, *Schriften*, München 1973; Thomas Mann, *Gesammelte Werke*, Frankfurt 1960; Erwin Piscator, *Schriften*, Berlin 1968; Kurt Tucholsky, *Gesammelte Werke,* Reinbek 1967. Alle anderen Werke werden – wenn nicht anders angegeben – nach den Seitenzahlen der Erstausgaben zitiert. Abkürzungen sind folgendermaßen aufzulösen: A = *Die Aktion,* DM = *Die Musik*; J = Herbert Jhering, *Der Kampf ums Theater und andere Streitschriften 1918 bis 1933,* Berlin 1974; K = *Das Kunstblatt;* KW = Kurt Weill, *Ausgewählte Schriften,* Frankfurt 1975; LW = *Die literarische Welt;* M = *Melos;* MA = *Musikblätter des Anbruch;* MG = *Musik und Gesellschaft*; NB = *Die neue Bücherschau;* Nr = *Die neue Rundschau;* R = Günther Rühle, *Theater für die Republik. 1917–1933 im Spiegel der Kritik,* Frankfurt 1967; Q = *Querschnitt;* T = *Das Tagebuch;* W= *Die Weltbühne*. Die in Klammern gesetzten Ziffern bezeichnen Jahrgang und Seitenzahl der zitierten Zeitschrift.

Quellennachweis der Abbildungen

Die angegebenen Ziffern bezeichnen die Abbildungsnummer im Bildteil, bzw. bei Textillustrationen die Seitenzahl.

Originalfotografien:

Berlin, Bauhaus-Archiv 37
Berlin, Deutsche Kinomathek 24, 25, 26, 27
Berlin, Staatliche Museen 56, 58, 62, 69
Berlin, Museum für deutsche Geschichte 63
Düsseldorf, Landesbildstelle Rheinland 3
Düsseldorf, Foto Stoedtner 13, 54
Hannover, Niedersächsische Landesgalerie 17, 18
Karlsruhe, Kunsthalle 14
Köln, Institut für Theaterwissenschaft 22, 23, 28, 29, 30, 31, 32, 33, 34, 35, 36
Köln, Rheinisches Bildarchiv 4, 55
Mannheim, Kunsthalle 6

Marburg, Foto Marburg 2, 12, 39, 57
München, Bayerische Staatsgemäldesammlungen 53
München, Galleria del Levante 5
New York, Museum of Modern Art 9
Stockholm, Moderna Museet 1
Stuttgart, Staatsgalerie 7, 19
Wuppertal, Städtisches Museum, Foto M. Abel-Menne 20
Wuppertal, Von-der-Heydt-Museum, Foto Santvoort 16, 64

Reproduktionen aus Büchern und Zeitschriften:

Arbeiter-Illustrierte-Zeitung 65, 66
Bild der Klasse, Berlin 1958 21
Das Kunstwerk 59
Das neue Berlin hrsg. von Martin Wagner, Berlin 1930 S.83
Deutsche Kunst und Dekoration 70
Die dreißiger Jahre, München 1977 51
Carl Einstein, *Die Kunst des 20. Jahrhunderts,* Berlin 1926 11
Wend Fischer, *Bau, Raum, Gerät*, München 1957 48
George Grosz, *Die Gezeichneten*, Berlin 1930 S.24
Helmuth Heinz, *Curt Querner*, Dresden 1968 67
Kurt Junghanns, *Bruno Taut*, Berlin 1970 S.60
Egon Erwin Kisch, *Wagnisse in aller Welt*, Berlin 1929 S.102
Udo Kultermann, *Wassili und Hans Luckhardt*, Tübingen 1958 40, 43
Walter Müller-Wulckow, *Die deutsche Wohnung der Gegenwart,* Königstein 1932 52
Walter Müller-Wulckow, *Wohnbauten und Siedlungen*, Königstein 1929 42
Die Pleite S.16
Politische Konstruktivisten, Berlin 1975 S.32, 53
Der Querschnitt S.72
August Sander, *Deutschenspiegel*, Gütersloh 1962 60, 61
Diether Schmidt, *Bauhaus*, Dresden 1966 38
Diether Schmidt, *Karl Hubbuch*, München 1976 8
Wieland Schmied, *Neue Sachlichkeit und Magischer Realismus in Deutschland*, Hannover 1969 68
Klaus-Jürgen Sembach, *Stil 1930*, Tübingen 1971 41, 45, 49, 50
Simplicissimus S.27
Tendenzen 10, 15, S.60
Hans M. Wingler, *Das Bauhaus*, Bramsche 1968, 44, 46, 47

Namenregister